個體經濟學

蔡攀龍、張寶塔　著

序

　　Microeconomics在臺灣各大學的課程中，原稱價格理論。一直到六十二學年度都是如此，然後自該學年度起改為「個體經濟學」。美國情況亦復如是。芝加哥大學R. Friedman教授，在其經濟系博士班課程中，所講授有關個體經濟學的內容，由其弟子整理筆記成書，命名為*Price Theory*予以出版。

　　個體經濟學的前身是價格理論，而價格理論的前身則是在經濟學中最古老、最為核心的部分——價值論。但因「價值」一詞意義甚為混沌，難以掌握，一般把價值分為兩大類：一為難以量化的精神面，一為可以量化的物質面。譬如，一般說「死有輕於鴻毛，有重於泰山」，此屬於前者；後者則是價值的貨幣化。價值貨幣化即成為價格，因為價格是明顯的，易於掌握，不像價值那般捉摸不定。

　　個體經濟學的創始人是A. Marshall，在此以前先賢們多致力於總體經濟的課題，譬如亞當・斯密的《國富論》，李嘉圖的《賦稅與政治經濟學》，馬爾薩斯的《人口論》，從其書名即知其內容多攸關總體經濟課題。Marshall於1890年出版*Principles of Economics*，改以個別消費者(家計單位)與個別生產者(廠商)為對象，分析其消費行為與生產行為。Marshall同時是把供需放在一起的第一人，供需二線交點決定均衡價格與均衡數量，不像先賢之中，有人認為供給面決定價格，有人認為需求面決定價格。Marshall認為是供需共同決定價格，在價格的決定上，供給與需求就像剪刀之兩股，二者影響力相同，無分軒輊。然時間愈長，供給面益形重要；時間愈短，則需求面益形重要。

　　除產品市場外，Marshall還注意到要素市場的供需。於此，Marshall提出引伸需求四定律，這四定律各含一個變數，即產品需求彈性、替代彈性、該要素之份額、以及其他要素之供給彈性。Marshall於其書附錄中，將此定律化為公式，以測度引伸需求彈性，但此公式僅含三個變數——即缺少替代彈性。以三個變數來闡釋四條定律顯然不足，即是under identification。J. R. Hicks於*Theory of Wages*的附錄中，重建引伸需求彈性公式。該公式包

含四個變數，才使該公式完整呈現引伸需求四定律。

　　由於Marshall的*Principles*出版於十九世紀末，所以二十世紀初，許多名家多致力於個體經濟學之研究，尤其1930年代人才輩出，佳作如林。其中尤以Hicks、J. Robinson、E. H. Chamberlin為箇中翹楚。Hicks的*Value and Capital*奠定消費者與生產者無差別曲線的基礎，*Theory of Wages*探討要素市場之供需；其他二人致力於市場類型的分析，將獨佔與競爭兩個類型之中，再增加寡佔與獨佔性競爭兩種，使市場分為四種類型。

　　蔡攀龍和張寶塔兩位先生，都是清華大學經濟學教授，二人教學之餘撰寫個體經濟學鉅著，凡二十章。L. Walras曾說：「自由競爭下之價格決定理論，將是數學化的理論。」所以這本書中使用了大量數學。但考慮到讀者之接受程度，特以第二章專論基本數學概念。本書另一特色，則是將近年來新的個體經濟學分析方法，蒐羅殆盡。譬如獨賣的差別取價方法有五種，另外還有包裹定價法三種。此外，不但提出問題，而且說明對策，譬如生產與消費方面的外部性是一大問題，同時提出消除的方法。就目前來說，本書是最佳作品，故樂為之序。

侯家駒 謹識

民國九十四年四月於稼居

自序

　　市面上中文經濟學書籍中，個體經濟學算是較多的一種。在這種情形下，人們或許覺得應有足夠的理由，再加上另外一本方有意義。但我們寫這本書的動機並沒那麼複雜，而是基於下列兩個簡單的原因：首先，「家有敝帚，享之千金」的心理。不管如何，我們兩人在清華大學經濟學系均有將近二十年的教學經驗，且這期間教個體經濟學及與個體經濟相關的課程也較多，因此總覺得不應讓這些年來累積的心得隨風而散，而應將其與其他同道、學生分享。其次，我們深信「競爭帶來進步」，在個體經濟學教科書的市場亦然。我們相信，多提供讀者一個選擇，絕對不可能使他們的福利下降，而這本書的優劣，市場將是最無私的仲裁者。

　　這本書雖未涵蓋所有個體經濟學的內容，但篇幅則相對較長，主要是我們在教學過程中，堅持對所有的觀念、問題的說明，盡量包括直覺經濟意義的闡釋、圖解分析以及簡單的數學推導三個層次。我們希望透過不同的解說方式，可使對文字、圖形、數學領悟力不同的學生，都能學到應學的內容，更希望學生能藉由不同的分析工具，較深入了解每一個題材的意義。另一方面，在犧牲了諸如因素市場的專章討論下，我們很完整地介紹了本書水準的數學方法(第二章)，以為一些數理基礎較弱的學生作準備。而對一些過去較被忽略的課題，如賽局理論與策略行為(第十六章)、一般均衡理論(第十七、十八章)、與市場失靈相關的訊息不對稱理論(第十九章)、外部性與公共財(第二十章)，則給予更詳盡的解說。我們相信，這樣的安排應可滿足一些好奇心較強的讀者的需求。

　　這本書從醞釀到完成歷經五年之久。在此，我們特別要感謝侯家駒教授，沒有他不斷的鼓勵與督促，或許再過另一個五年還是停留在醞釀階段。其次，我們要感謝近二十來，作為我們教學實驗對象的清華學生，沒有他們的挑戰、質疑、甚至犧牲奉獻，絕無法累積出目前看來還算有系統的成果。再者，在這段漫長期間，我們的研究助理及學生，楊惠婷、徐歆怡、郭恬婷、徐淑雯、李映萱、徐琬婷、段宛君等均先後參與打字、製圖、校閱及協

助整理等工作，對於他們辛勤的幫忙，我們在此也獻上最深的謝忱。最後，很感謝聯經出版公司，尤其是方清河主任、沙淑芬小姐在出版事宜的多方協助，使本書終能順利面世。

學海無涯，即便是教學多年，當場「掛在黑板上」的時刻終是在所難免。因此，期盼本書的讀者能以懷疑的眼光，挑戰我們任何可能的謬誤。當然，我們更希望讀者能將所發現的問題，隨時讓我們知道，以便本書有機會再版時，進行必要的修正。

蔡攀龍　pltsai@mx.nthu.edu.tw
張寶塔　btchang@mx.nthu.edu.tw

目次

1 個體經濟學與市場經濟體系

1.1 稀少性

想像一種情形，每個人晚上要睡覺前，將自己隔天所想要的東西，寫在一張清單上。隔天醒來，一睜開眼睛，只要喊聲「芝麻開門！」，所有清單上所列的的東西就完全實現。在這種情況下，是否會有人擔心找不到工作？是否會有人擔心失業？擔心景氣低迷，擔心通貨膨脹？擔心外勞輸入，擔心資本外移呢？相信，絕大部份人的答案都是否定的。反正，任何想得到的東西，都可以擁有，那還要工作做什麼？通貨膨脹或資本外移根本就不會影響生活品質。很不幸的是，這種情境畢竟只存在於「想像」的世界。在現實生活中，上面所提的各種問題，幾乎是每個人，每個社會，每個國家所必須面對的殘酷事實。換句話說，上面這些一般所認為的典型的經濟問題，其所以存在、所以令人操心的根本原因，在於基本上我們都不可能擁有我們所想要的所有東西，或者說，我們每個人所想要的東西，都遠超過我們所擁有的或所可能擁有的。這種現象，在經濟學上稱之為稀少性 (scarcity)。上面的想像世界與現實世界的對比，很清楚地告訴我們，一切經濟問題的根源，均在於稀少性。因此，我們可以這樣說，沒有稀少性，即沒有經濟問題，就不會有經濟學的發展，不會有經濟系的存在。

稀少性既然是「想要的」超過「所可能擁有的」的現象，那麼一個最直接的結果是，任何一個人在各種情況下都必須進行選擇 (choice)；也就是說，因為你不能得到所有你想要的東西，因此，為了得到某些東西，你就必須放棄其他的東西。由此可知，任何人的任何選擇行為，都牽涉到「捨棄」的問題；而這些被捨棄的東西，就是你決定某一選擇時所付的代價或成本。經濟學家常說的：「天下沒有白吃的午餐」，就是指這種任何選擇都必須支付代價或成本的現象。

　　當然一般人所想要的東西可能很多，因此在做了一個選擇的同時，可能得放棄很多其他選擇。在這種情況下，為這一個選擇所付出的代價或成本，並不是所有其他放棄的選擇總和，因為你並不能同時選取其他所有的選擇。因此，任何一個選擇的代價或成本，事實上只是所放棄的選擇中價值最高的那一個選擇。在經濟學上，我們稱所放棄的選擇中價值最高的選擇為原來選擇的**機會成本** (opportunity cost)。由於機會成本的概念在經濟分析上相當重要，也可說是一切經濟分析的起點，我們在此以一簡單的例子來說明。

　　假定你目前即將大學畢業，故你必須決定大學畢業後何去何從。假定你有兩個選擇：投考國內研究所或立即進入職場工作，且因為制度性的原因，你不能一邊讀研究所，一邊工作。在這種情況下，你如果選擇進入研究所，就必須放棄進職場工作；反之，如果你選擇立即工作，就必須放棄進入研究所。現在很清楚了，當你選擇了「某一條路」，就必須放棄「另一條路」。而因為你所放棄的選擇只有一個，故所放棄的也就是你所作的選擇的機會成本。換句話說，選擇進研究所的機會成本就是所放棄的職場工作；選擇職場工作的機會成本就是不進研究所。在這個例子中，你的選擇只是二選一，因此機會成本很容易確定。但當選擇項目超過兩項時，就會變得較為複雜些。

　　假定在上面的例子中，除了工作，進國內研究所外，你還可以選擇出國留學。那麼，當你選擇工作時，你就放棄了出國留學和進國內研究所。現在，重要的是，選擇工作的機會成本並不是「出國留學和進國內研究所」，因為你無法同時進國內研究所與出國留學。那工作的機會成本又是什麼呢？這是一個看似簡單，但往往是相當困難的問題。根據前面機會成本的定義，我們只要比較，進國內研究所和出國留學對你而言，哪個價值較高即可。如果出國留學價值較高，那麼選擇工作的機會成本就是出國留學；如果進國內研究所價值較高，則選擇工作的機會成本就是進國內研究所。但問題是，如何決定這兩種選擇的價值？一般來說，如果有客觀的衡量標準，且可精確的衡量的話，這也不是問題。可惜的是，很多機會成本不但牽涉到客觀的標準，還多牽涉到主觀的評價。例如：比較進國內研究所與出國留學，你可能主觀上認為，出國留學除了學習知識外，還可趁機擴展視野，接觸異國文化，且回國後較受重視

等。在許多情況下，即使有客觀的衡量標準，也未必能精確衡量；例如，留學或國內進修對未來收入的影響，這本是可客觀衡量的，但由於這些數據均未實現，也無法精確估計，於是也就無法百分之百精確比較兩者的價值了。儘管機會成本的計算有許多困難，但因其為稀少性的具體反映，故仍是經濟分析中最基本、最重要的概念之一，也是一切「經濟學思考方式」(economic way of thinking) 的起點，讀者應多由日常生活中慢慢去體會其意義與重要性。

生產可能曲線

到目前為止，我們有關稀少性、選擇與機會成本的討論，均以個人為對象。但這些問題就整個社會、國家，甚至全世界而言，同樣存在，同樣成立。我們知道，在任何一個時點，一個經濟體系，例如一個國家，所擁有的資源，包括土地，勞動力，資本等都是固定的，而它所能從事生產的技術也是給定的。在這種情況下，這個國家所能生產的產品數量也有一定的限度。那麼，在人們對各種產品的需求超過這個國家所能提供的數量時，稀少性就出現了。

　　為了具體點說明這個現象，我們假定一個國家所能生產的產品可歸納成兩種，一為社會福利 (S)，一為國防 (D)。由於生產資源與生產技術均固定，因此若將所有生產資源用於社會福利的生產，則可生產某一最大數量的 s_m；當然，這個時候該國是沒法生產國防的，即 $d = 0$。我們可以熟悉的直角座標來描繪這樣的生產組合。在圖 1.1 中，橫軸代表社會福利的產量，縱軸代表國防的產量，則上述將所有資源使用於社會福利的生產的結果，可以圖中 s_m 點來表示。現在，考慮減少一單位的社會福利的生產，並將因而所釋放出來的資源用於生產國防。假定這些資源所能生產的最大數量國防為 d_1，則我們可以圖中之 a 點代表 $(s_m - 1, d_1)$ 的社會福利與國防的生產組合。同樣地，我們可假設再減少一單位的社會福利的生產而得到圖中 b 點或 $(s_m - 2, d_2)$。持續這個過程，直到將所有資源都用於國防的生產，我們可得到圖 1.1 中之 d_m 點，代表這個國家不生產社會福利時，所能生產的最大數量的國防為 d_m。我們可將上述之 $s_m, a, b, ..., d_m$ 各點以一曲線 $d_m b a s_m$ 連接起來，則該曲線上各點，均代表在一定的資源、技術以及社會福利產量下，這個國家所能生產國防的最

圖 1.1

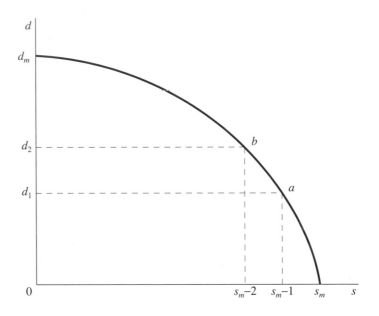

大數量。經濟學上就稱這條曲線為這個國家的**生產可能曲線** (production possibility frontier)，代表該國在既有資源及技術水準下，所能生產的所有社會福利與國防的最大組合。另外，我們稱生產可能曲線與兩軸所包圍的區域，如圖 1.1 中之 $0d_ms_m$，為**生產可能集合** (production possibility set)。由前面有關生產可能曲線的討論，生產可能集合內任一生產組合，都是一國在現有資源與技術水準下所能進行的生產，但只有生產在生產可能曲線上才不會發生浪費生產資源的現象（為什麼？）。因此，除非有特別的交代，接下來的討論，我們都將以生產可能曲線上的生產組合為對象。

　　生產可能曲線的一個最重要的性質是，它是一條負斜率的曲線。這代表，當這個國家決定多生產社會福利時，就必須減少國防的生產；反之，若欲增加國防生產，就必須犧牲一些社會福利。因此，負斜率的生產可能曲線本身，已適度的反映了稀少性，以及國家必須在社會福利與國防的生產間從事選擇的事實。值得注意的是，即使生產可能曲線必然是負斜率，但我們仍可以有不同「形狀」的生產可能曲線，而這些不同的

圖 1.2

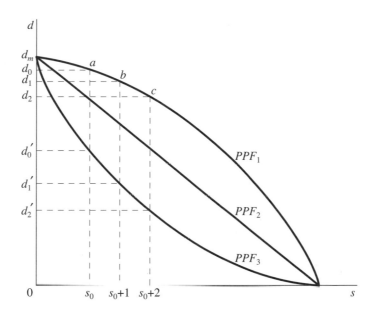

形狀又代表相當不同的意義。在圖 1.2 中，我們繪出了三種最簡單的生產可能曲線，其中 PPF_2 為連接 d_m 和 s_m 的直線，PPF_1 和 PPF_3 則除了兩端點外，分別位於 PPF_2 東北和西南方。首先我們看 PPF_1 之 a 點，在該點社會福利與國防的產量分別為 s_0 和 d_0。現在考慮多生產一單位的社會福利，使其產量成為 $s_0 + 1$，則由圖上可知，生產組合將移到 b 點，國防的產量成為 d_1。因此，為了多生產一單位的社會福利，該國必須放棄 $d_0 - d_1$ 單位的國防。換句話說，此時多生產一單位的社會福利的機會成本為 $d_0 - d_1$ 單位的國防。由於這些機會成本是因「額外」多生產一單位的社會福利所引起，在經濟學上特地將其稱為邊際機會成本 (marginal opportunity cost)。讀者在本書，或任何經濟學書籍中，將不斷接觸到各種不同的「邊際」(marginal) 概念，這都是與「額外」增加或減少某種數量有關，宜特別小心。同樣道理，由圖 1.2 我們可看到，自 $s_0 + 1$ 再增加一單位的社會福利的生產，其邊際機會成本將是 $d_1 - d_2$。雖然我們不擬在此嚴謹證明，但讀者應可由圖上看到 $d_1 - d_2 > d_0 - d_1$ 的現象。也就是說，隨著社會福利產量的增加，額外多生產一單位的社會福利的邊際

機會成本將跟著增加。事實上，只要生產可能曲線像圖 1.2 中 PPF_1 這種凹性 (concave) 的形狀，上述這種生產社會福利的邊際機會成本，隨其產量增加而遞增的結果就成立。當然，讀者也可輕易推得，生產國防的邊際機會成本也是隨著國防產量的增加而遞增。因此，我們可歸納得到，當生產可能曲線是像 PPF_1 這種凹性形狀時，代表的正是生產的邊際機會成本遞增的情形。

上面有關邊際機會成本的概念，可直接推論到任何形狀的生產可能曲線。現在請讀者自行分析，說明在圖 1.2 中，生產可能曲線 PPF_2 代表生產社會福利或國防的邊際機會成本均是固定；而當生產可能曲線為圖中 PPF_3 之凸性 (convex) 形狀時，生產社會福利或國防之邊際機會成本卻是隨產量增加而遞減。雖然，從純理論的角度來看，上述邊際機會成本遞增、固定和遞減的現象都可能存在，但從實際生產的角度來看，邊際成本遞增應該是最正常的情形。我們將在第十八章一般均衡分析時再回到此點，在此我們直接以邊際機會成本遞增為討論對象。

前面已經提到，生產可能曲線本身以可反映稀少性的事實。在此，我們可從整個國家資源配置的觀點，利用生產可能曲線，進一步說明稀少性的意義。在一個國家中，我們經常看到的是，有人強調國家安全是最重要的，沒有足夠的國防，就沒有安全、安定的國家，就談不上經濟發展與樂利的社會。因此，為了一國的長治久安，以圖 1.3 為例，至少要生產 d_0 的國防。由於 d_0 仍在該國生產能力之內（為什麼？），故作此要求的人並不會覺得過份。另一方面，有些人認為一個國家最重要的責任就是照顧全體國民，特別是國內的弱勢團體，因此主張生產足夠的社會福利。考慮整體國家的生產能力，這些人主張生產圖 1.3 中 s_0 的社會福利，方能達到照顧全民的目的。雖然，單從社會福利或國防的生產來看，s_0 和 d_0 均在這個國家生產能力範圍之內，但由圖 1.3 我們清楚看到，(s_0, d_0) 的生產組合已在該國的生產可能曲線之外，不是這個國家在現有的資源與技術條件下所能生產的。於是，這個國家所希望得到的社會福利與國防組合，超過了這個國家所可能生產，所可能擁有的。與個人的情形完全相同，整個國家或社會也必須面對「稀少性」的事實，必須進行各種選擇。

從整個經濟體系、社會或國家的觀點來看，其所必須進行的的選擇

圖 1.3

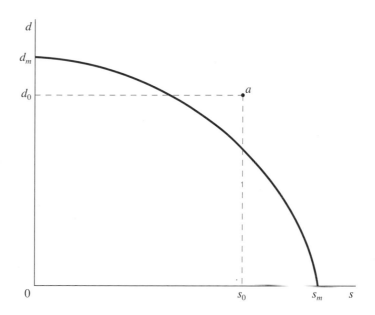

包括下列三個彼此相互關聯的問題。首先，必須選擇生產那些產品，以及每種產品生產多少，也就是一般所稱的**生產什麼** (what to produce) 的問題。簡單的說，就是要選擇生產可能曲線上那一點的生產組合。其次，在選擇了生產組合之後，一個經濟體系接下來要決定的就是**如何生產** (how to produce) 的問題。因為，一般而言，生產某一定量的產品的方法並非唯一一種，不同的生產技術，可能要不同的生產因素投入；有些生產技術需要使用相對大量的勞動力，有些生產過程則偏向採用大量的機器設備；有些生產方法要求較高層次的技術工人，有些則較依賴非技術性工人。由於不同經濟社會所擁有的生產資源不同，一般而言，必須採用不同的生產技術或生產方法方可達到最高的效率。因此，衡量經濟社會處境，採取最適當的生產方式，就成為決定了「生產什麼」之後的一個重要課題。最後，決定了「生產什麼」以及「如何生產」之後，一個經濟體系就必須面對如何將所生產的產品分配到該經濟體系的每一份子手中，即**為誰生產** (for whom to produce) 的問題。我們已經知道，不管如何，一個經濟體系或國家，所能生產的最多就是其生產可能曲線上的各

種生產組合；因此，只要某些人多分到某些產品，其他的人就只能減少對該產品的消費。在這種情形下，發展一套分配產品的機制遂成為每一個經濟體系所必須解決的問題。

雖然，古往今來每一個經濟體系或國家，都同樣要面對「生產什麼」、「如何生產」以及「為誰生產」三個問題，但不同時代、不同國家則會有不同的解決機制。粗略而言，我們可將這些解決的機制分成兩類：一為中央計畫經濟體系 (central planning economy)，一為市場經濟體系 (market economy)。在中央計畫經濟體系下，上述三個問題完全由中央政府規劃，再交由相關生產、分配單位執行。最有名的例子為解體前的蘇聯及東歐國家，和開放前的中國大陸。反之，在市場經濟體系下，政府本身對上述三個問題並不直接加以干預，而是由市場上成千上萬的生產者和消費者，各自決定並彼此互動來獲得答案。這是絕大部分西歐、北美國家所採行的制度，也是本書最主要的討論對象。更具體來說，所謂個體經濟學 (microeconomics)，正是探討在市場經濟體制下，每一個經濟個體 (economic unit)，包括消費者、廠商和生產因素擁有者的決策、選擇行為，以及這些經濟個體間彼此互動所型塑出的產業或市場現象。另外，讀者將會很快發現，在市場經濟體制下，價格在消費者或生產者的選擇和決策過程中，扮演了關鍵性的角色；因此，傳統上也常將個體經濟學稱為價格理論 (price theory)。

1.2　經濟模型

經濟社會及經濟活動本身都是相當複雜的社會現象，即使是個體經濟學所針對的消費者或廠商行為，其所牽涉的層面都遠遠超乎想像。要直接對如此錯綜複雜的現象進行研究，並獲致具體結論，是一件不可能的任務。因此，和自然科學家一樣，經濟學家透過適當的經濟模型 (economic model) 來描述、探討相關的經濟課題。經濟模型的主要精神在於「簡化」(simplify) 複雜的經濟現象，以便研究者有能力進行分析工作。雖然，簡化的概念很容易理解，但在實際從事簡化過程、建立經濟模型時，往往相當困難。主要癥結在於簡化並不是一種機械式的過程，而是一種平衡「過度簡化」與「過度複雜」的藝術。當模型過度簡化事實時，所得到的結論很可能流於毫無意義的恆真命題 (tautology)；反之，當模型過度複雜

時，很容易得到任何結果都可能發生的結論，因而與未進行研究沒有兩樣。

　　一般而言，簡化是透過假設 (assumption) 來進行。雖然，隨著探討的主題、對象與目的不同，研究者必須設立不同的假設以建立模型，但在個體經濟學，甚至絕大部分經濟模型中，通常「明確地」(explicitly) 或「隱含地」(implicitly) 包括三個假設：

(1)　經濟個體是具有「目的性的」(goal-oriented)，

(2)　經濟個體會從事「理性選擇」(rational choice)，

(3)　「其他狀況不變」(*ceteris paribus*; other things being equal)。

　　我們假設每一個經濟個體都具有某種目的，並追求實現這個目的。因為唯有在追求某種目的時，才有前面所提「想要的」東西的問題，才可能遭遇稀少性的困境。從這個角度看，這個「明確的」假設，事實上是隱含於一切經濟問題中，將其明確列出，只不過是讓所建立的模型更為完整、更為具體而已。有關這個「目的性」的假設，在此必須特別提醒讀者，它和「自私自利」(self-interested) 並沒有直接關聯。由於經濟學家在有關消費者行為的分析中，通常假定消費者是追求自己最大的快樂，而在廠商理論中又假設廠商只追求自身最大的利潤，故常遭受批評、責難，認為經濟學家把所有人都看成自私自利，這顯然與現實生活經驗不一致，因而所得到的結論也就未必可靠了。對於這種批評，我們可由兩個方向來解釋。首先，經濟學家所獲致的結論是否可靠，是要看這個結論是否經得起實證資料 (empirical evidence) 的檢驗，而不是由其假設是否完全與事實一致來判定。這點我們在下面會有更深入的討論。其次，更根本的是，「目的性」的假設並不等於自私自利。經濟學家雖然假設了「目的」的存在，但並未限定這個「目的」是什麼。消費者大可由餽贈他人，擔任義工，收養流浪犬獲得快樂；同樣地，廠商除了追求利潤外，也可能從事其他社會公益活動。

　　接著來看理性選擇 (rational choice) 或理性 (rationality) 的假設。簡單地說，所謂理性選擇指的是，經濟個體不會浪費或放棄任何可以達到其所追求的目的的機會。這個假設可說是經濟模型和其他社會科學模型的最大差別所在；事實上，有些學者認為，任何一個模型，只要未包含理性選擇的假設，就不是經濟模型，就不屬於經濟學的範疇。由此可見，

理性選擇的假設在經濟分析中所扮演的關鍵角色。或許正因如此，理性
選擇的假設所受到的挑戰也特別嚴厲。

　　和「目的性」的假設一樣，對「理性」假設的挑戰，主要來自和現實
生活所觀察到的行為通常並不一致。在日常生活中，我們不但常看到一
些特立獨行的人，即便是芸芸眾生，我們也絕無法信服他們的行為是滿
足理性選擇的假設。那何以在這種事實勝於雄辯的情況下，經濟學者仍
甘冒大不韙，繼續堅持理性選擇的假設呢？雖然這個問題的答案可能和
問題本身一樣的具爭議性，但在此我們指出幾個可能的思考方向。

　　第一，理性選擇的假設雖然不能令人完全滿意，但可接受。為什麼
呢？我們知道，質疑這個假設的人的主要論點在於，大部分人的行為並
不是理性的。因此，如果要放棄理性選擇的假設，就必須提出一「非理性
選擇」的假設來代替。問題是，「理性選擇」只有一種，但「非理性選擇」
則有無窮多種，而到目前為止，除了晚進由 2002 年諾貝爾經濟學獎得主
卡尼曼 (Daniel Kahneman) 所倡導的前景理論 (prospect theory)，在這方
面有較成功的進展外，我們還找不到任何可以真正求解的非理性選擇模
型。由於前景理論尚在起步階段，因此，在沒有任何更好、更令人信服
的替代假設之前，理性選擇的假設自然也就一直沿用下去了。第二，雖
然理性選擇的假設本身並不完美，不全然合乎事實，但這種現象並非經
濟模型所獨有。即使在一般公認最嚴謹的物理學中，與事實相左的假
設，如絕對真空等，同樣到處可見，但這並不影響在這些假設下所推演
得到的物理定律的可靠性。因此，只要在理性選擇假設下所得到的結
論，經得起實證資料的檢驗，可以描述、預測現實經濟狀況，那麼理性
選擇的假設就沒有加以事先棄絕的必要。而事實是，許許多多基於理性
選擇假設的經濟模型，確實可以達到解釋與預測經濟現象的目的。第
三，雖然有些經濟單位的行為，乍看之下與理性選擇假設不符，但如果
觀察的時間夠長，所牽涉的代價夠大，通常我們會發現，人們的行為會
漸漸趨於理性。讀者或許仍有記憶，當台灣剛開始發行樂透彩券時，全
民是何等的瘋狂與「不理性」。但隨著時間經過，激情逐漸冷卻，人們購
買彩券的行為也逐漸趨於理性。因此，除了特殊狀況外，樂透推出初
期，人聲鼎沸，大排長龍的景像已不復見。第四，當我們從事研究的目
的是在評估、並試圖改進某種社會制度 (social institution) 時，理性選擇

的假設就極為重要。為什麼呢？社會制度之所以要改善乃是因制度本身有缺陷，因此確定缺陷所在，就成為從事制度改革的第一步。但如果我們無法確定在這社會制度下的經濟個體本身沒有缺陷，則即使我們發現制度運作出了問題，我們也無法確定這些問題是來自制度本身，還是來自制度中的各個參與者。於是我們也就無法確定所需要的到底是制度的改進，或者是經濟個體的再教育。而經由長久的研究，經濟學者發現，理性選擇的假設確實對社會制度的變革有著極大的貢獻。

最後，有關「其他狀況不變」的假設。從純粹方法論的觀點來看，這個假設不像理性選擇那麼受到爭議。但從日常生活以及教學經驗中，我們發現這是最常被一般人和初學者質疑的假設。常聽到的批評大概是這樣的：「經濟學家分析問題時總假設其他狀況不變，但事實是一切事物都是不斷在改變，因此他們所得到的結論根本就無法應用於實際生活上。」這種看法，看似無懈可擊，但事實卻是，作這種「其他狀況」不變的假設的，並不限於經濟學家，而是包括批評者在內的每一個人。試想：我們不是常常和他人約定「某日在某餐廳一同吃午餐」嗎？當和對方作這種約定時，雖然未明講「在其他狀況不變下」，但實際上已經隱含了這個假設。我們怎麼會知道那天不會突然因感冒而不能赴約？怎麼會知道對方不會因突發事件不克前往？怎麼會知道那家餐廳不會在前一天關門歇業呢？我們當然是不知道的，但我們在作此約定時，基本上已經假定這些事情不會發生，假定會面當天的情形和約定當時完全相同，不是嗎？因此，有趣的是，當一般人無時無刻在作「其他狀況不變」的假設時，大家習以為常，而當經濟學家明確地提出這個假設時，卻導致許多人的困擾跟質疑。

關於「其他狀況不變」的假設，還有一點值得注意的地方，即經濟學家雖然是在這個假設下進行分析，但他們真正關心的問題卻往往是：「如果這些不變的狀況發生改變，會有什麼影響？」例如，我們知道在正常天氣狀況下，夏季蔬菜的平均價格大約是多少。但我們更想知道，在颱風侵襲前後，蔬菜價格又會如何波動，以便及早進行必要的準備。由此可知，「其他狀況不變」的假設只是從事經濟分析的第一步，探討狀況改變的結果才是經濟分析的主要目的，因而一般人對這假設的質疑，可說是來自於對經濟學分析方法的誤解。在經濟學中，這種探討「其他狀況」發

生改變的分析，稱為**比較靜態分析** (comparative statics analysis)，讀者在本書各章節中，將不斷看到這種分析方法。

經濟模型的檢定

前面已經提到，經濟學家透過各種假設來簡化現實經濟現象，從而建立經濟模型，再經由經濟模型進行分析，以期解釋與預測經濟現象。不過，除了上面所討論的三個共通的假設外，通常還需要許多進一步的假設，方能真正達到簡化的目的。但這個過程就隱含了一些問題。我們已經指出，簡化或假設的設定並非機械性的過程，而是一種藝術。因此，不同的研究者，基於不同的理由，可能設定完全不同的假設，以致推導出不同，甚至相反的結論。在這種情況下，我們立即面對一個現實的問題：到底哪一個模型才是可靠的模型？到底我們要相信哪個結論？這些看來很稀鬆平常的問題，答案並不簡單。事實上，這些曾是上個世紀，五、六十年代經濟學方法論戰的焦點。我們並不想在此探討方法論的問題，而僅是點出一些概念性的方向。首先，我們必須認知，模型乃是事實的簡化，不是事實的複製，對事實的複製也稱不上是「模型」。因此，基本上，沒有所謂的完美無缺的模型；每一個模型都會因簡化的方向、簡化的方式不同而與事實存在差距。在這種情況下，以假設與事實的差異來評斷一個模型的好壞就不恰當。那又要怎麼評斷呢？

　　一般而言，即使一個模型具備了可以接受的假設，且在形成邏輯上沒有任何問題，但所得到的結論卻是：「視情況而定，什麼都可能發生」。這種表面上看來漂亮、嚴謹的模型，並不能稱為好的模型，因為它並沒告訴我們任何不透過這個模型就無法得知的東西。反之，一個好的模型的基本要件是，能推演出清楚、明確，且**可接受事實檢定的命題** (testable hypothesis)。在此必須注意，「好」的模型，並不等於「正確」的模型，因為根本沒有所謂「正確的模型」。當一個模型符合好模型的基本要件後，要評斷其是不是「真的好」，就必須接受現實資料的檢驗。這又包括兩個層次：首先，這個模型是否能夠「解釋」(explain) 已經發生的事實。如果一個模型能夠在相當程度內解釋觀察到的事實，那接下來就是檢驗這個模型對未來的「預測」(prediction) 能力。當一個模型在解釋已發生的事情及預測後續發展上都有良好的能力時，我們就可接受這是一個

好的模型。反過來,任何模型即使滿足了好模型的基本要件,但在解釋現狀或預測未來的能力方面若不理想,那就不算是個好的模型,研究者就必須根據研究過程中所得到的各種資訊,將模型加以修改、修正。在極端不理想的情況下,甚至必須完全放棄,另建立新的模型。

上述模型建立、檢定、修改、修正,甚至放棄的過程,或許會讓人感到氣餒,但讀者也不必為此懷憂喪志,而應以「正面的」(positive) 的態度來看待此事,因為這一連串的過程正是包括經濟學在內的一切科學發展與進步的必經過程。即使是一個好的模型,也很可能隨者時間的拉長,知識的累積而被批評、推翻、取代。但也唯有這樣,更好的模型、更完整的理論才會產生。

1.3　循環流量模型

我們已經提過,市場經濟體系將是本書最主要的討論對象。我們也討論了經濟模型的意義、重要性,以及好的經濟模型的基本要件。現在,我們就要利用這些概念,介紹市場經濟體系中兩個最簡單、最基本的模型,並以之說明市場經濟體系如何透過價格機能 (price mechanism) 的運作,解決生產什麼、如何生產、為誰生產等三個問題。本節先介紹描繪整個經濟體系如何運行的循環流量模型 (circular flow model),最後一節則討論供需模型 (supply and demand model)。

即使是都採用市場經濟體制的國家,彼此也可能有很大差異,而在任何一個國家之內,其經濟體系也都十分複雜。因此,為了反映市場經濟體系的共同特色,我們在此明確列出一些較重要的假設,至於其他較次要的假設則不贅述,請讀者運用自己的思考能力,作必要的推論。首先,我們假設,只有一個國家,或者說,雖然有很多國家,但我們所關心的這個國家採取閉關自守的政策,不與其他國家貿易往來。因此,我們只要就這個國家的市場經濟體系來探討即可。第二,我們假定一種最簡單的市場狀態,市場上只有家計單位 (household) 和廠商 (firm) 兩種經濟個體。也就是說,我們假定沒有政府部門存在,因此不會有個人或廠商與政府間的互動問題。第三,儘管家計單位和廠商的數目可能都很龐大,但我們假定所有家計單位均相同,所有廠商也都一樣。因此,家計單位彼此之間與廠商彼此之間不會有任何交易活動。讀者應已發現,上

面這些假設，每一項都與現實相去甚遠，因而或許會懷疑，依據這些假設所建立的模型是否有意義。事情並沒有那麼悲觀，讀者將很快發現，這些假設確實可以將現實市場體系中許多複雜的因素排除，但又能有效掌握市場經濟體系的精義。

在市場經濟體系模型中，家計單位同時扮演產品與勞務 (goods and services) 消費者和生產因素 (factors) 或投入 (inputs) 供給者的角色，而廠商則是產品與勞務的供給者以及生產因素或投入的需求者。家計單位以其出售生產因素所獲得的所得購買產品與勞務。在此同時，廠商則以出售產品或勞務所獲得的收入購買勞動力、土地、資本等生產因素來從事產品與勞務的生產。因此，家計單位的支出，剛好成為廠商的收入，而廠商又以這些收入購買生產因素而成為家計單位的所得，如此循環不已。於是整個市場經濟體系的活動，成為一循環的過程。正因為如此，這樣一個經濟模型就被稱為循環流量模型。

我們可以圖解的方式，更詳細描繪循環流量模型。圖 1.4 中的左、右兩個圖形物件分別代表此經濟體系中的兩個經濟單位，即家計單位與廠商；上、下兩個長方形則是產品與勞務市場和生產因素市場。如圖中箭頭所示，家計單位將各種生產因素提供到因素市場，透過交易獲取所得，然後再將這些所得拿到產品市場中購買其所需的產品與勞務。因此，家計單位在因素市場所獲致的所得，成為其在產品與勞務市場的消費支出。再由圖中箭頭可以看到，家計單位的消費支出，正好是廠商的銷售收入，然後廠商再以其銷售收入，在因素市場購買其生產過程中所需之各種生產因素，於是廠商的銷售收入變成了其生產的成本支出。最後，這些生產成本又回流到家計單位成為他們的所得。讀者或許已發現，上面的解說，主要是以圖 1.4 中外環圈圈所指的方向為對象。不過，讀者也應該注意到，在上述外環圈圈之內，另有一個箭頭指向與外環圈圈完全相反的內環圈圈。根據上面的解說，外環圈圈箭頭的指向乃代表在此經濟體系中貨幣流動 (monetary flow) 的方向，而內環圈圈箭頭的指向則代表與貨幣流動對應的實物流動 (physical flow) 的方向。當此市場經濟體系不受外界的任何干擾時，它就會如上面所述的，生生不息地運行下去。

圖 1.4 也隱含了市場經濟體系如何解決「生產什麼」、「如何生產」、

圖 1.4

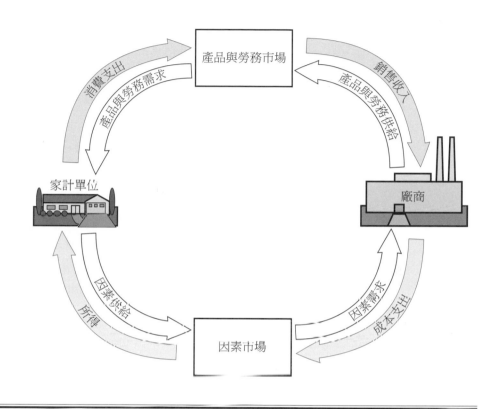

「為誰生產」三個問題。很顯然地，家計單位與廠商在產品與勞務市場的交易結果，就決定了「生產什麼」。另一方面，他們在因素市場的交易，則同時解決了「如何生產」與「為誰生產」的問題。為什麼呢？我們知道，因素市場交易的結果，決定了廠商會購買那些因素從事生產活動，因而解決了「如何生產」的問題。但廠商決定使用那些生產因素的同時，也決定了那些生產因素的擁有者獲得多少數量的所得。而唯有擁有所得的人才能消費產品與勞務，因此，因素市場的交易就決定了誰能取得那些產品與勞務，或消費多少產品與勞務的「為誰生產」的問題。

　　循環流量模型雖然相當簡化，但卻充分掌握了市場經濟體系的基本架構，有效地幫助我們瞭解市場經濟體系的運作原理，以及預測可能的運行與發展方向。因此，它可算是個相當好、相當成功的經濟模型。事實上，讀者將會發現，絕大部分個體經濟學的書籍，包括本書在內，都是以此模型作為編排、討論的基礎，由家計單位、廠商、市場逐步進行

分析。然而,在此我們要特別指出,上面的討論中,我們一直很模糊地說,家計單位和廠商在產品與勞務市場或因素市場進行交易,但並未明確交代,這些交易到底如何進行。到底是什麼力量能使千千萬萬個彼此不相識的家計單位與廠商在這些市場上完成交易?雖然,就描述經濟體系的運行來說,這些並不是不可缺少的,但就深入瞭解市場經濟體系的功能來說,這是相當重要的一個問題。答案很簡單,這些交易是透過價格機能來完成。在任何市場上,任一產品都有它的價格,當市場上欲購買此產品的數量超過市場上想銷售的數量時,就產生缺貨現象,從而會使該產品價格上昇。反過來,如果某一產品市場上欲銷售的數量超過人們欲購買的數量時,就會發生存貨累積現象,因而只得削價求售。透過這種價格調整,帶動市場上產品欲購買的數量以及欲銷售的數量的變化,市場的交易因而完成。

不過,這裡還有一些問題:我們怎麼確定每一個產品都會有一個價格,使得該產品的交易完成?更進一步說,在產品如此眾多的市場上,我們如何確定有一組產品價格,使得所有產品的交易同時完成?後面這個問題明確牽涉到不同產品或(和)因素之間的互動關係,因此較為困難。這種必須同時考慮所有產品或(和)因素之間互動關係的分析,在經濟學中稱為**一般均衡分析** (general equilibrium analysis),我們要等到本書最後一部份再行討論。另一個問題則較為簡單,透過「其他狀況不變」的假設,我們可就某一單一產品或因素市場進行分析。這種不考慮與其他產品或生產因素之間的互動關係,專就某一市場進行分析的方法稱為**部份均衡分析法** (partial equilibrium analysis),也是大部分經濟分析所採用的方法。現在我們就以最簡單的供給、需求模型來說明價格機能如何導引一產品市場完成交易。

1.4　供需模型

考慮某一產品 X,並假定其目前市場價格為 p_0。如果在此價格下,銷售者所提供的數量超過購買者所願購買的數量,則 X 產品市場必然有些產品銷售不出去,我們將這種滯銷現象稱為市場上有超額供給 (excess supply)。為了避免存貨累積,銷售者只得採取降價求售的策略,於是價格將由 p_0 下降到 $p_1 < p_0$。當 X 價格下降時,一方面購買者會因 X 變便宜而

增加對此產品的購買量；另一方面，因產品價格不如前，銷售者會減少所提供的數量。購買者和銷售者的反應都會促使市場上的超額供給減少。但是，只要在價格 p_1 下，市場仍有超額供給時，銷售者就會再度降價。這種調整過程，將持續到 X 市場不再有超額供給才停止。若 X 的價格為 p^* 時，其超額供給剛好完全消除，那麼價格就沒有再下降的壓力。反過來，如果一開始時市場價格為 $p_4 < p^*$，則購買者所欲購買的數量會超過價格為 p^* 時的水準（為什麼？），而銷售者所欲銷售的數量則會低於價格為 p^* 時的水準（為什麼？）。在此情況下，市場上所欲購買的數量遠大於所欲銷售的數量，產生了*超額需求* (excess demand) 的現象。為了爭取購買 X，購買者將會競相提高價格。假定價格提高到 $p_3 > p_4$，則購買者會因 X 變貴而減少所欲購買的數量，而銷售者則會因價格提高而願提供較多的數量，如此一來，將使市場上的超額需求減少。但是，只要 $p_3 < p^*$，超額需求就會繼續存在，X 的價格也會持續向上調整。唯有在價格上升到 p^* 時，超額需求才會完全消失，市場上不再有調整價格的壓力。換句話說，只有當 X 的價格為 p^* 時，市場才沒有超額供給或超額需求，才不再有調整價格的力量。換句話說，當價格達到 p^* 時，只要市場不受外來因素的影響，p^* 將會永遠維持下去，這也是為什麼一般稱 p^* 為*市場均衡價格* (equilibrium price) 的原因。

　　上面的敘述，已經清楚呈現在市場經濟體系下，市場價格的調整如何導引購買者和銷售者的行為，使市場得以完成交易的目的。在此值得一提的是，價格所扮演的*訊息* (information) 傳遞角色。在整個過程中，購買者不必認識銷售者，不必知道 X 的生產技術，生產歷程；同樣地，銷售者也沒必要知道購買者是哪些人，他們何以要購買某一特定數量的產品。他們所需知道的就是價格在那個水準，從而決定各自的購買量或銷售量；而當此兩數量不相等時，價格就會因超額供給或超額需求的產生而跟著調整，直到均衡價格達到為止。

　　為了更有系統、更具體地描述價格機能運作情形，我們要建立一個正式的供需模型。首先，我們必須指出，在接下來的討論中，均假設購買者和銷售者都是所謂的*價格接受者* (price taker)，他們完全沒有影響價格的能力。這個假設相當重要，但目前暫不討論，請讀者先行接受，等到我們討論市場結構時自可瞭解其重要性。現在我們定義對某一產品 X

的需求 (demand) 和供給 (supply)。我們說，對某一產品 X 的需求為：「在某一段期間內，假定其他狀況不變，購買者在每一個不同的 X 的價格下，所願意且有能力購買的數量」。這個需求的定義，有幾個值得特別注意的概念。第一，需求是一個流量 (flow) 的概念，因此我們討論的是某一段期間內的購買量，而不是某一特定時點的購買量。當然，這段期間可能是一小時、一天、一個月或一年，完全視所探討的問題而定。第二，需求所指的僅是 X 的不同價格與購買量之間的關係，不考慮其他因素的影響，因此我們明確標出其他狀況不變。否則，即使 X 的價格沒有改變，只要其他狀況發生變化（例如所得增加），購買者也可能改變其購買量。第三，需求除了考慮購買者的意願，還考慮到購買者實際上是否有購買某一數量的能力。我們沒有必要探討一個年所得不到一百萬台幣的人對波音七四七飛機的需求，不管他是多麼希望擁有這種飛機。

同樣道理，我們定義某一產品 X 的供給為：「在某一段期間內，假定其他狀況不變，銷售者在每一個不同的 X 的價格下，所願意且有能力提供銷售的數量」。將供給的定義和需求的定義比較，我們立即發現，兩者具有完全類似的性質；兩者都是流量的觀念，都是在其他狀況不變的假設下，探討 X 產品價格與數量間的關係，都同時考慮意願和能力兩個因素。因此，我們沒有必要再重複這些概念。

我們可將需求和供給的概念以圖形來表示。首先來看需求。圖 1.5 中，縱軸代表產品 X 的價格 (p)，橫軸則是某一段期間內 X 的購買量 (x)。假定當 X 的價格為 p_1 時，人們願意且有能力購買的數量為 x_1，則我們可得到圖中的 a_1 點。若 X 的價格由 p_1 下降到 p_2，則因 X 變得較為便宜，有些原來不購買 X 的人會開始購買，而原來已購買的人也可能會增加購買。因此，一般而言，在 p_2 下的購買量 x_2 會較 x_1 來得大；我們可以圖中之 a_2 來表示。同樣道理，我們可得到如圖中之 a_3。將 a_1、a_2 和 a_3 以一平滑曲線連接起來，所得到的那條曲線，就稱為 X 的*需求曲線* (demand curve)，或 X 的*需求函數* (demand function)，也就是一般所說的需求。需求曲線上任何一點，均告訴我們在某一特定價格下，人們所要購買的數量，這個數量稱為*需求量* (quantity demanded)。因此，當我們沿著需求曲線移動時，需求量也跟著不斷改變。更具體點說，當我們沿需求曲線移動時，我們會發現，隨著的價格不斷下降，市場上 X 的需求量

圖 1.5

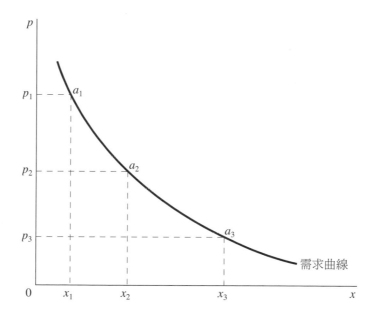

也不斷上升，一般稱這種價格與需求量間的反向關係為需求定律 (law of demand)，這是經濟學中一個很重要的結果。

　　我們已經提到，需求曲線就是一般所稱的需求。因此，當我們沿著某一條需求曲線移動時，雖然需求量不斷改變，但需求並沒改變。需求的改變，指的乃是整條需求曲線的移動。那麼，那些因素才會引起整條需求曲線的改變呢？記得，在描繪圖 1.5 中的需求曲線時，我們是在「其他狀況不變」的假設下進行。因此，直覺上，只要這些「其他狀況」中的任何一個發生變化，我們所繪出的新的需求曲線就會與圖中這條不同。如果我們將這條新的需求曲線看成是由舊有的那一條移動而來，那我們就可以說，任何「其他狀況」發生改變，就會引起整條需求曲線或需求的改變。那麼「其他狀況」又是什麼呢？當然，這可泛指 X 本身價格以外的任何其他因素。不過，在一般經濟分析中，除了產品本身價格外，影響需求的因素主要包括所得、相關產品價格和購買者的嗜好。現在我們以購買者的所得變動為例，說明所得變動如何影響 X 的需求。圖 1.6 中，假定在本來的所得 m_0 下，需求曲線為 $D(m_0)$。如果購買者的所得增加到

圖 1.6

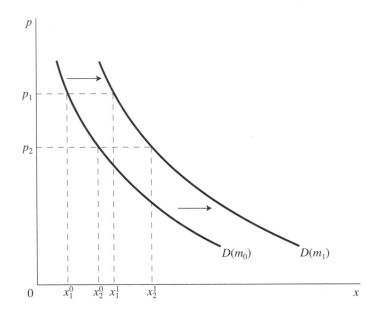

$m_1 > m_0$，則對 X 的需求會有什麼影響呢？在未對 X 產品的性質加以任何限制的情況下，我們並無法確定所得增加對 X 的需求的影響。為了便於解說，我們假定，所得增加以後，人們因為變得比較富有，故不管 X 的價格為何，都會購買較所得為 m_0 時更大的數量。以圖 1.6 為例，當價格為 p_1 時，購買量由所得為 m_0 時的 x_1^0，增加為 x_1^1；當價格為 p_2 時，購買量由所得為 m_0 時之 x_2^0，增加到 x_2^1。於是我們可以看到，在所得增加後，新的需求曲線 $D(m_1)$ 將位於舊需求曲線 $D(m_0)$ 的右邊或上方。我們也可以說，所得增加使得 X 的需求曲線往右或往上移動。當需求曲線往右或往上移動時，一般稱為需求增加。當然，上述結果是由假設而來，我們也可能碰到，所得增加卻使需求曲線往左或往下移動，需求減少的現象。上述有關需求變動的分析，可完全適用於嗜好改變、相關產品價格變動，或任何「其他狀況」的改變，我們不再重複。

接著來看供給或供給曲線。圖 1.7 中兩軸的意義和圖 1.6 相同，只不過必須將橫軸的 x 解釋成在一定期間內所願意且有能力提供的數量。如果在 X 的價格為 p_1 時，銷售者所願意且有能力提供銷售的數量為 x_1，

圖 1.7

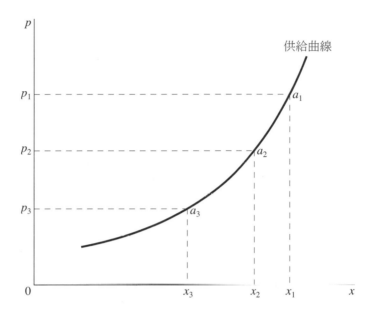

則我們可得到圖中的 a_1 點。現在如果價格由 p_1 下降到 p_2，則一般而言
會有些廠商因入不敷出而停止供應 X，即使是繼續供應 X 的廠商也會因
價格大不如前而減少所供應的數量。因此，在價格為 p_2 時，銷售者所願
意且有能力提供的數量 x_2 將會比價格為 p_1 時少。我們可將 (x_2, p_2) 以圖
中之 a_2 表示。同理，我們可得到 a_3。將 a_1、a_2 和 a_3 以一平滑曲線連接
起來，即得到 X 的供給曲線 (supply curve) 或供給函數 (supply function)。
和需求曲線相似，我們稱供給曲線上任何一點所對應的數量為供給量
(quantity supplied)，而整條供給曲線為供給。因此，當我們沿著某一條供
給曲線移動時，供給量會隨價格上昇而不斷增加，但供給並沒有改變。
只有在我們描繪供給曲線時，假定為不變的「其他狀況」發生變化時，方
會引起整條供給曲線或供給的變動。在一般討論中，除了 X 本身價格
外，影響供給的「其他狀況」包括相關產品價格，生產技術和生產因素的
價格等。

現在以某一生產因素的價格由 r_0 上昇到 r_1 為例，說明其對 X 的供
給的影響。圖 1.8 中，$S(r_0)$ 代表生產因素價格為 r_0 時 X 的供給曲線。當

圖 1.8

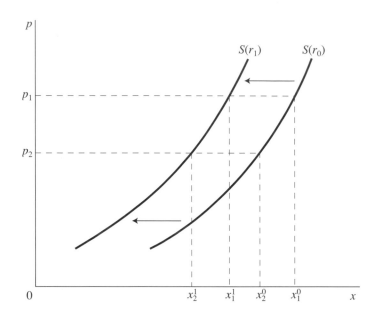

生產因素價格上昇到 $r_1 > r_0$ 時，若 X 的價格仍然維持在 p_1，則有些銷售者會因發生虧損而不再提供此產品，而未停止銷售的廠商會因成本上昇而減少他們供應的數量。由此可知，在生產因素價格上昇後，面對價格 p_1 的供給量將會小於 x_1^0，如圖中之 x_1^1。同樣道理，價格為 p_2 時的供給量會由 x_2^0 減少到 $x_2^1 < x_2^0$。因此，我們得知，在生產因素價格上昇後，新的供給曲線 $S(r_1)$ 將位於原來的供給曲線 $S(r_0)$ 的左方或上方。換句話說，生產因素價格上昇會使供給曲線往左或往上移動。因不管價格為何，對應於 $S(r_1)$ 的供給量均小於 $S(r_0)$ 供給量，我們將這種移動稱為供給減少。經由完全相同的推論過程，我們可得到：生產因素價格下降將會帶來供給增加，供給曲線往右或往下移動。我們要提醒讀者，上面的說明，是在 X 為產品或勞務的假設下得到。當 X 本身就是生產因素時，我們將發現生產因素價格變動會引起其供給量的變動，而產品價格變動則會導致生產因素供給變動的結果，請讀者務必確定，自己清楚其間的差別。最後，我們還要指出，在圖 1.7 和 1.8 中，我們均假定 X 的價格和供給量間有同時增加或減少的正向關係。一般而言，當 X 為產品或勞務時，這

圖 1.9

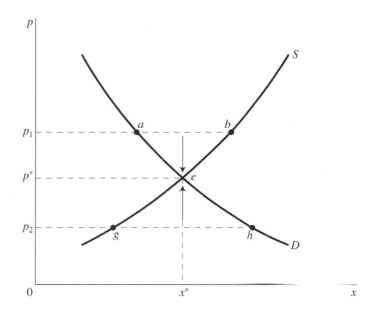

種關係是成立的,但如果 X 是生產因素,則這種價格與供給量的正向關係就不一定成立。在本書第六章,我們對此會有較詳細的討論。

市場均衡

需求曲線告訴我們,不同價格下的需求量,而供給曲線則告訴我們不同價格下的供給量。因此,單由需求曲線或供給曲線並不能告訴我們市場上的實際價格為何。市場價格的決定,必須同時考慮供給和需求兩因素。圖 1.9 將圖 1.5 和圖 1.7 結合在一起,其中 D 代表需求曲線,S 則是供給曲線。由圖可清楚看到,當 X 的價格為 p_1 時,市場上的需求量為 p_1a,供給量為 p_1b,因而有超額供給,故銷售者會降價求售,使價格下降,如圖上箭頭所示。當 X 的價格下降時,需求量會逐漸增加,供給量逐漸減少。雖然,這兩股力量同時會使得超額供給變小,但只要市場上的超額供給沒完全消除,降格就會持續下降。只有當價格下降至 p^* 時,市場上的需求量和供給量均等於 p^*e,而不再有超額供給時,價格才會停止往下調整。同樣道理,若一開始時,市場價格為 p_2,則市場上會出現

超額需求 gh。於是在購買者競爭之下，價格會逐漸上昇，使得需求量逐漸減少，供給量不斷增加。但只要市場上的超額需求仍然存在，價格就不會停止上升。只有在價格調整至 p^*，超額需求完全消失時，價格方不再上升。由此可知，不管市場上一開始的價格為何，經由市場的力量，價格最後都會調整到 p^*。而且，只要「其他狀況不變」，這個 p^* 的價格將永遠維持下去。因此，我們稱 p^* 為均衡價格，在此均衡價格下的市場交易量 x^* 為均衡交易量 (equilibrium quantity)，而對應於此均衡價格與均衡交易量的 e 點為均衡點 (equilibrium point)。圖 1.9 清楚顯示，均衡點 e 正是需求曲線 D 和供需曲線 S 的交點。由此可知，在部分均衡分析架構下，要決定某一產品的均衡價格及均衡交易量並不困難；我們只要將需求曲線和供給曲線畫出，再找出此兩曲線的交點即可。

比較靜態分析

我們已經知道，當市場達到均衡時，只要「其他狀況」維持不變，這個均衡就會永遠持續下去；也因為這樣，這種均衡被稱為靜態均衡 (static equilibrium)。但由前面有關需求和供給的討論，我們知道，只要任何「其他狀況」發生改變，需求和 (或) 供給也會跟著發生改變。如此一來，均衡點也會跟著改變。經濟學家常常關心的問題是，這新的均衡和舊的均衡之間有什麼差別呢？回答這樣的問題的分析，就稱為比較靜態分析。因此，所謂比較靜態分析，基本上就是比較兩個靜態均衡的分析。

　　圖 1.10 中，市場的供給和需求原為 S 和 D_1，均衡點為 e_1，均衡價格與交易量分別為 p_1^* 與 x_1^*。現在考慮圖 1.6 所描述的情形：所得增加使得人們對 X 的需求增加。根據圖 1.6 的說明，圖 1.10 之需求曲線將往右移至如圖中之 D_2。由圖可以看出，當需求因所得提高而增加以後，在原來的均衡價格 p_1^* 下，市場會產生 e_1f 的超額需求。於是 X 的價格將會開始往上調升整，此時市場的供給量會隨著價格上升而沿著供給曲線 S 由 e_1 點往 e_2 點調整，而需求量則沿著新的需求 D_2 由 f 往 e_2 點逐漸減少。當價格調整到 p_2^* 時，市場的供給量再度與需求量相等而達到新的均衡點 e_2。比較 e_1 和 e_2，我們發現，如果所得增加造成對 X 需求的增加，則 X 的均衡價格與均衡交易量將會同時上升。

　　前面我們提過，經濟學家雖然一直在「其他狀況不變」的假設下從事

圖 1.10

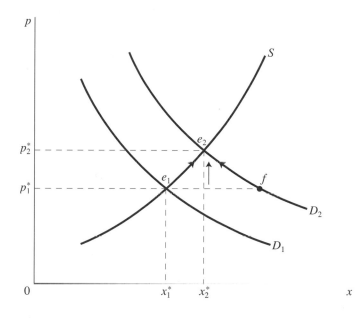

分析，但他們更為關心的問題則是這些不變的狀況發生改變的後果。在此所探討的所得改變對均衡價格與交易量的影響，即是典型的比較靜態分析，其原理並不困難，但卻非常重要。讀者宜詳細咀嚼，嘗試以其他「狀況」改變為例，多加練習，以其掌握其精義。

數學模型

前面我們分別以文字敘述和幾何圖形兩種方法描述、分析經濟模型。但除了文字敘述與幾何圖形外，我們還可以數學方式來呈現經濟模型。以數學方法來刻畫經濟模型有一最大優點，即它能很明確地界定各個經濟變數間的關係，並易於連結經濟模型與實證研究，進行統計檢定工作。當然，數學模型也有其缺點，因為對數理基礎較為薄弱的初學者來說，往往較難接受。另外，如研究或學習的注意力完全集中於數學模型的推導，以致忽略模型更根本的經濟意義，那也會流於捨本逐末的不幸後果。儘管如此，不可否認的，利用數學方法建立經濟模型，乃是當前經濟分析的主要方向，特別是在較深入的經濟研究上。因此，在本書中，

除了利用文字與圖形說明外，在可能的範圍內，我們也會儘量將相關經濟模型以數學方式來呈現，以期讀者能經由不斷的接觸和練習，逐漸適應這種分析方法。現在，我們將本節所討論供需模型，以最簡單的數學模型來描述。讀者若完全不具備任何數學知識，可略過這一部份，先研讀第二章的基本數學材料。

　　根據前面的討論，我們知道，需求乃是某一產品 X 的價格與其對應的購買量間的關係。因此，在最簡化的情況下，我們可將需求或需求函數寫成下列函數的形式：

$$x_d = f(p)$$

上式中 x_d 代表需求量，p 則是 X 的價格。但是，一般而言，除了產品本身的價格外，影響一產品購買數量的因素還很多；例如，前面所提到的相關產品的價格 $(p_1, p_2, ..., p_n)$、所得 m 和嗜好 t 等。因此，完整點，我們應將需求函數寫成

$$x_d = f(p; p_1, p_2, ..., p_n, m, t) \tag{1.1}$$

細心的讀者應已經發現，我們將 p 和其他「自變數」以分號分開，而不是用逗號分開。這是因為在討論需求函數時，我們關心的是產品本身價格 p 和其對應的需求量間的關係，故在討論時均假定 p_1、p_2、$\cdots$、p_n、m、t 這些變數並不改變。也就是說，在需求函數中，自變數 p 和其餘的自變數，性質上有一些不同，因此才特地以分號分開。讀者或許已注意到，p 以外的自變數，正代表前面定義中所說的「其他狀況不變」的那些「其他狀況」。

　　完全相同的原理，如果假定 X 產品的供給 x_s，除了受本身價格的影響外，還受其他產品價格 $(p_1, p_2, ..., p_m)$ 及生產因素價格 $(r_1, r_2, ..., r_k)$ 的影響，則我們可將供給或供給函數寫成

$$x_s = g(p; p_1, p_2, ..., p_m, r_1, r_2, ..., r_k) \tag{1.2}$$

同樣地，在 (1.2) 式中分號之後的自變數代表維持不變的所有可能的「其他狀況」。現在，在「其他狀況不變的假設下」，(1.1) 式包含兩個變數 x_d 和 p，(1.2) 式也包括兩個變數 x_s 和 p，因此供需兩條方程式共包含三個

變數 p, x_d, x_s。我們只要再利用市場到均衡時，需求量等於供給量的條件

$$x_d = x_s \tag{1.3}$$

就可由 (1.1)、(1.2) 和 (1.3) 三條方程式求解這三個變數。從幾何的觀點來說，將 (1.1) 式繪於 x_d-p 平面上即是需求曲線，將 (1.2) 式繪於 x_s-p 平面上即是供給曲線，而 (1.3) 則表示此兩條曲線的交點。由此可知，上面所說由 (1.1)、(1.2) 和 (1.3) 求解 x_d、x_s 與 p 三個變數，與找出需求曲線和供給曲線的交點根本就是同一回事。因此，所得到的解，也就是 X 的均衡價格 p^* 與均衡交易量 $x^* = x_d^* = x_s^*$。

在此要特別注意的是，當我們利用 (1.1)、(1.2) 和 (1.3) 求得均衡交易量和均衡價格時，都是在「其他狀況不變」的假設下進行。因此，我們所得到的均衡價格與均衡交易量也只是在這些「其他狀況」($p_1, p_2, \ldots, p_n,$ $\ldots, p_m, r_1, r_2, \ldots, r_k, m, t$) 不變時方成立。以數學的語言來說，這表示均衡價格和均衡交易量都是 p_1、p_2、$\cdots$、p_n、$\cdots$、p_m、r_1、r_2、$\cdots$、r_k、m 與 t 的函數，因而可寫成

$$x^* = h(p_1, p_2, \ldots, p_n, \ldots, p_m, r_1, r_2, \ldots, r_k, m, t) \tag{1.4}$$

$$p^* = j(p_1, p_2, \ldots, p_n, \ldots, p_m, r_1, r_2, \ldots, r_k, m, t) \tag{1.5}$$

由 (1.4) 和 (1.5) 可清楚看到，只要這些「其他狀況」中任何一項發生變化，均衡價格和均衡交易量將隨之改變，這正是前面所提到的比較靜態分析。

上面有關供需模型的介紹，雖然已涵蓋了這個模型的主要概念和精神，但我們必須指出，這些討論在理論層次上是相當粗糙的。基本上，我們是以直覺觀察一般市場現象，來陳述與推導需求和供給函數。但我們知道，不管是產品市場或生產因素市場，其供給和需求都是由家計單位和廠商決策而來，因此，只有經由探討家計單位與廠商的決策過程，我們才能真正深入瞭解需求與供給函數的理論基礎。這些問題，將是本書接下來有關家計部門決策與廠商行為探討的主要對象。

 基本數學概念

在這一章中，我們將簡要介紹一些本書裡可能用到的數學概念及工具，以供讀者研讀本書時查閱與參考。由於這一章的主要目的乃在幫助對數學方法不熟悉，或數理基礎較弱的讀者，因此我們將儘量以相關概念的直覺闡釋與數學工具的操作、應用為原則，而不特別顧慮數學邏輯的嚴謹性。此外，我們所要介紹也僅限於本書中常用的數學工具，而不是整套的經濟學數學方法，因此數理程度較好的讀者，可以完全跳過本章，直接從下一章開始研讀。讀者若有興趣進一步探討較嚴謹的經濟數學方法，則應參閱其他較為專門的書籍。

2.1 集合與函數

集合的概念

粗略地說，集合 (set) 是任何事物的聚集，但事實上，我們通常不會使用如此毫無限制的集合概念，而是將集合限定於具有某些共同特性的事物的聚集。例如，我們可說集合 A 為某系的老師所構成，而該系因為才剛成立，所以只有張三、李四、王五、趙六四位老師，在此情況下，我們可將集合 A 寫成 $A = \{$張三、李四、王五、趙六$\}$。同理，如果集合 B 為東亞四小龍所組成，則可將其記為 $B = \{$台灣、香港、南韓、新加坡$\}$。我們將一個集合中的任何一件事物稱為該集合的一個元素 (element)。因此，李四為集合 A 的一個元素，而台灣為集合 B 的一個元素。數學上將這種元素與集合的關係記成，李四 $\in A$，台灣 $\in B$，分別稱為李四屬於 A，台灣屬於 B。同樣道理，因台灣不是集合 A 的元素，王五不是集合 B 的元素，而將其記為台灣 $\notin A$，王五 $\notin B$，分別稱為台灣不屬於 A，王五不屬於 B。在此順便指出兩點：第一，由集合的定義我們知道，集

合中各元素排列的次序完全不影響該集合。例如,我們可將集合 A 寫成 $A = \{$李四、王五、張三、趙六$\}$,或其他任何元素的排列方法,但所得到的仍然是集合 A。第二,集合雖是定義為具有某些特性的元素的聚集,但卻不排除具有這些特性的元素根本不存在的情況。因此,我們可能會有完全沒有元素的集合,這種集合稱為空集合 (empty set),記為 $\emptyset$。

在上面兩個例子中,我們將集合的每一元素明確地寫出來,這種表示集合的方法稱為表列式,它的好處是很清楚地看出集合的內容,但這種表示方法卻有很嚴重的缺陷。首先,如果集合的元素數目很龐大,則很難用這種方法加以描述。例如:若 C 為全世界所有國家所成的集合,就很難將其用表列式寫出來。其次,有些集合根本就無法以表列式寫出;例如,若 D 為所有非負的實數所構成的集合,則我們完全無法用表列式來表示。為了解決這種困境,另外有一種表示集合的方法,稱為定性式,其表示方法為

$$A = \{x \mid x \text{ 具有特性 } p\}$$

這個符號的意義可說成,集合 A 為所有具有特性 p 的元素 x 所組成的集合。例如,當特性 p 代表聯合國會員時,則

$$A = \{x \mid x \text{ 為聯合國會員}\}$$

因此,集合 A 代表所有聯合國會員國的集合,故日本 $\in A$,而台灣 $\notin A$。同理,

$$R_+ = \{x \mid x \text{ 為非負的實數}\}$$

表示 R_+ 乃是所有非負的實數所成的集合。如果我們採用數學上的符號,以 R 代表實數所成的集合,則上述的 R_+ 就可寫成

$$R_+ = \{x \mid x \in R, x \geq 0\}$$

因此,$3 \in R$,$3 \in R_+$,但 $-3 \in R$,$-3 \notin R_+$。

比較 R 和 R_+ 兩個集合,直覺上,我們會覺得集合 R 比集合 R_+ 來得「大」,因為 R_+ 中的任何一個元素均可在 R 中被找到;但反過來,R 中有些元素卻不在 R_+ 中。這種直覺完全正確,事實上,如果集合 S 中的任何一個元素都在集合 T 中時,則 S 就是 T 的一個部分集合 (subset),而

將其記為 $S \subset T$，稱為 S 包含於 T。當 $T \subset S$ 和 $S \subset T$ 同時成立時，我們很容易發現，S 的元素和 T 的元素根本完全相同，因此稱 S 和 T 兩個集合為相等，記為 $S = T$。有關部份集合的概念，最後我們提醒讀者，數學上是將空集合視為任何一集合的部份集合；換句話說，對任一集合 A，恆有 $\varnothing \subset A$ 的關係。

在說明函數的意義之前，先來介紹集合的**直接乘積** (direct product)。兩個集合 X 和 Y 的直接乘積記為

$$X \times Y = \{(x, y) \mid x \subset X, y \in Y\} \tag{2.1}$$

上式中 (x, y) 稱為**序偶** (ordered pair)，為一個具有兩個元素的集合，但和一般的集合不同，序偶中兩個元素的次序具有一定的意義，是不可隨意改變的。為了較清楚說明這一點，我們可以考慮 $X = Y = R_+$ 的情形。在這種情況下，(x, y) 正是代表平面座標中第一象限上的一個點，x 代表此點的第一座標（橫座標），而 y 則是此點的第二座標（縱座標）。事實上，

$$X \times Y = R_+ \times R_+ = R_+^2$$

就是第一象限的所有點的集合。如圖 2.1 所示，R_+^2 就是代表第一象限。現在假設 $x = 5$，$y = 1$，則序偶 $(x, y) = (5, 1)$ 即是圖 2.1 中的 a 點，而序偶 $(y, x) = (1, 5)$ 則是圖中的 b 點。讀者現在應該很清楚，何以在序偶中，各元素的位置不能隨便改變的原因。上面有關序偶與直接乘積的概念，可直接擴展到 3 偶 (triple) 或 n 偶 (n-tuple)。因此，我們可有

$$R \times R \times \cdots \times R = R^n = \{(x_1, x_2, \ldots, x_n) \mid x_i \in R, i = 1, 2, \ldots, n\}$$

這就是一般所熟悉的 n 度歐幾理德空間 (Euclidean n-space)，而當 $n = 2$ 時，R^2 即代表平面。

函數

具備了這些集合的基本知識後，現在我們可以正式來定義**函數** (function) 這個重要概念。為了讓我們的討論儘量和本書的需要相結合，從現在開始，除非有特別聲明，我們所考慮的任何一個集合均指實數 R 或平面 R^2

圖 2.1

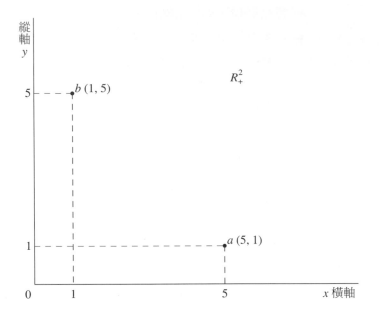

的部份集合。現在考慮兩個集合 $X \subset R^n$ $(n = 1, 2)$，$Y \subset R$，則由集合 X 到集合 Y 的一個函數乃是將每一 X 中的元素對應到 Y 中唯一一個元素的一種對應規則，一般將其記成

$$f : X \to Y \tag{2.2}$$

或

$$y = f(x), x \in X, y \in Y \tag{2.3}$$

其中集合 X 為函數 f 的定義域 (domain)，而集合 Y 為其對應域 (target)。在 (2.3) 中，我們稱 x 為自變數 (independent variable)，y 為 x 的函數值 (value of a function)、映像 (image) 或應變數 (dependent variable)。函數 f 的所有函數值所形成的集合稱為該函數的值域 (range)，記為

$$f(X) = \{ y \in Y \mid y = f(x), x \in X \}$$

(2.2) 和 (2.3) 雖是函數的標準表示法，但有時一個函數的定義域和對應域相當明顯，在這種情況下，我們通常直接將其寫成 $y = f(x)$，而不再特別指明定義域和對應域，這也是本書採用的習慣。在此必須特別提醒讀者，函數的一個重要性質是，任何一個自變數，只能有一個函數值或映像，否則就不是函數。但反過來，函數則允許任何數目的自變數，具有相同的映像。另外，在有些書本中，將函數稱為映射 (mapping) 或轉換 (transformation)，在本書中，有時依照習慣，我們也會使用到這兩個名詞。

【例 2.1】

假設 $X = \{1, 2, 3\}$，$Y = \{1, 4, 9, 10\}$，則下列各式中，何者為函數，何者不是函數？

(I)　$f : X \to Y$

　　$f(1) = 1,\ f(2) = 4,\ f(3) = 9$

(II)　$g : X \to Y$

　　$g(1) = 1,\ g(1) = 4,\ g(2) = 9,\ g(3)=10$

(III)　$h : X \to Y$

　　$h(1) = 1,\ h(2) = 1,\ h(3) = 1$

【解答】

(I) 之定義域中，每一個元素均對應到對應域中唯一一個元素，故 f 為一函數。反之，(II) 中自變數 $x = 1$ 可同時對應到對應域中之 1 和 4 兩個元素，故根據定義，g 並不是一個函數。最後，在 (III) 中，h 的定義域中任一元素都對應到對應域中的同一個元素，因此，h 是一個函數，只是所有自變數均有同樣的函數值。另外，請讀者自行練習，寫出 f 和 h 兩函數的值域。

在 (2.2) 中，我們明確將函數 f 的對應域限制為 R 的部份集合，這種以實數或其部份集合為對應域的函數稱為實函數 (real-valued function)。實函數在經濟分析中扮演極端重要的角色，在本書中，我們所應用的函數也以實函數為限。例如，在消費者行為中，我們有效用函數

$$U(x, y) = x^\alpha y^\beta，x \geq 0, y \geq 0，\alpha \text{ 和 } \beta \text{ 為常數} \tag{2.4}$$

在生產理論中有成本函數

$$C(x) = a + bx + cx^2, x \geq 0, a, b, c \text{ 為常數} \tag{2.5}$$

在 (2.4) 式中，$x \geq 0$ 和 $y \geq 0$ 的限制也可寫成 $(x, y) \in R_+^2$；同樣地，(2.5) 式中 $x \geq 0$ 則可寫成 $x \in R_+$。而 α、β、a、b、c 為常數則可寫成 $\alpha, \beta \in R$ 和 $a, b, c \in R$。事實上，這些限制在經濟學中已是「常態」，因此除非特別需要，均可省略。實函數因為函數值為實數，故有關實數的運算均可直接引用。例如，考慮兩函數 $f: X \to R，g: X \to R，X \subset R^n (n = 1, 2，以後討論中，定義域 X 均如此，不再重複)，則我們可有下列結果：

(1)　$(f \pm g)(x) = f(x) \pm g(x)$

(2)　$(fg)(x) = f(x)g(x)$

(3)　若 $g(x) \neq 0$，則 $(f/g)(x) = f(x) / g(x)$

(4)　$(cf)(x) = cf(x)$，c 為常數

(5)　$\max(f, g)(x) = \max(f(x), g(x))$

(6)　$\min(f, g)(x) = \min(f(x), g(x))$

(7)　$|f|(x) = |f(x)|$

上面 (5) 中等號右邊，$\max(f(x), g(x))$ 代表 $f(x)$ 和 $g(x)$ 中較大的一項；同理，$\min(f(x), g(x))$ 代表兩項之中較小的一項，若 $f(x) = g(x)$，則

$$\max(f(x), g(x)) = \min(f(x), g(x)) = f(x) = g(x)$$

又，(7) 中之 $|f(x)|$ 代表 $f(x)$ 的絕對值。

　　前面提到，函數的重要特性是定義域中任何一個元素均只有一個函數值，但容許不同元素具有相同的函數值。如果我們進一步考慮，將函數限制在每一自變數的函數值都不能相同的情形，則值域中每一個元素都僅有唯一的自變數和它對應。如此一來，定義域 X 的元素個數就和值域 $f(X)$ 的元素個數完全相同，而且彼此有一對一的對應關係。如果一個函數具有這種性質，我們就將其稱為一對一函數 (one-to-one function)。讀者應很輕易可以查證，【例 2.1】中 (a) 為一對一函數，而 (c) 則非一對一函數。

　　由上面的解釋，我們得知當 f 為一對一函數時，則值域 $f(X)$ 中任一元素 y，恰有唯一的 $x \in X$，使得 $y = f(x)$ 成立。因此，換個方向來看，我們可將 $f(X)$ 視為某一函數 f^{-1} 的定義域，而將 X 視為它的對應域，則我們可將 f^{-1} 定義成

$$x = f^{-1}(y) = f^{-1}(f(x)),\, y \in f(X)$$

很顯然地，函數 f 和 f^{-1} 之間有很密切的關係；從 f 的角度看，任一自變數 x' 的函數值為 $y' = f(x')$，但從 f^{-1} 的角度看，自變數 y' 的函數值剛好就是 $x' = f^{-1}(y') = f^{-1}(f(x'))$。換句話說，$f^{-1}$ 只不過將原來函數 f 之自變數和應變數的角色對調而已。也因為這個緣故，f^{-1} 一般稱為函數 f 的反函數 (inverse function)。在此再強調一次，只有當 f 為一對一函數時，我們才有可能定義它的反函數 f^{-1}。讀者可自行驗證【例 2.1】中 (I) 之函數 f 有如下列的反函數：

$$f^{-1} : f(X) \to X$$

$$f^{-1}(1) = 1,\ f^{-1}(4) = 2, f^{-1}(9) = 3$$

　　經濟學中對產品 x 的需求函數定義為其價格 p_x 的函數，即 $x = f(p_x)$，$p_x > 0$。如果 f 為一對一的函數，則根據上面的分析，我們可得需求函數 f 的反函數，一般將此反函數稱為逆需求函數 (inverse demand function)，記成 $p_x = f^{-1}(x) = p_x(x)$。如果我們考慮下面這特別形式的需求函數

$$x = f(p_x) = a - bp_x，\ p_x > 0, a \geq 0, b > 0$$

則我們可立即得知此為一對一函數（為什麼？），因而可利用代數運算，得到其逆需求函數

$$p_x = p_x(x) = \frac{a}{b} - \frac{x}{b}$$

　　最後，我們來介紹兩個函數所形成的合成函數 (composite function)。考慮兩個函數 $f : X \to Y$，$g : Y \to Z$，則對任一 $x \in X$，我們知道有唯一的 $y \in Y$，且 $y = f(x)$，但 $y \in Y$，因此又有唯一的 $z \in Z$，使得 $z = g(y)$。於

圖 2.2

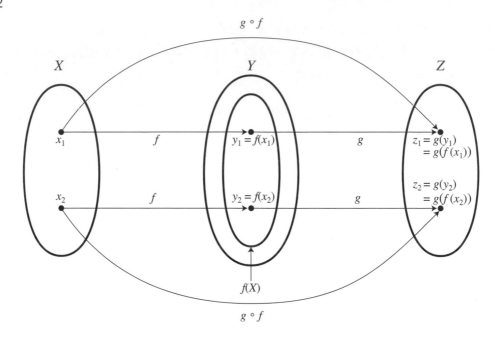

是，對任何 $x \in X$，我們必可找到唯一的 $z \in Z$，使得 $z = g(f(x))$ 成立。根據函數的定義，我們可定義一函數

$$g \circ f : X \to Z$$

且

$$z = g \circ f(x) = g(f(x))$$

$g \circ f$ 這個函數，基本上就是由 f 和 g 兩個函數結合而成的，因而稱其為 f 和 g 的合成函數。圖 2.2 即描繪 f、g 和 $g \circ f$ 三個函數間的關係。

【例 2.2】

設兩函數

$$f(x) = 3 + x^2，x \in R$$

$$g(x) = \sqrt{x}，\; x > 0$$

試求 $f \circ g$ 和 $g \circ f$ 兩合成函數。

圖 2.3

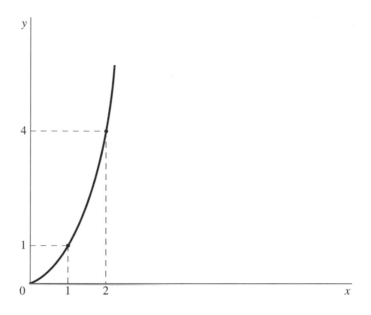

【解答】

$$f \circ g(x) = f(g(x)) = f\left(\sqrt{x}\right) = 3 + \left(\sqrt{x}\right)^2 = 3 + x$$

$$g \circ f(x) = g(f(x)) = g(3 + x^2) = \sqrt{3 + x^2}$$

2.2 實函數及其圖形

實函數有一個非常方便的性質,即它可以用圖形來加以描繪。例如,我們可很輕易地將函數 $y = f(x) = x^2$, $x \geq 0$,以圖 2.3 表示;將函數 $y = g(x) = 2 + 3x$ 以圖 2.4 表示。

前面兩個圖有幾個共同的特性:首先,它們的定義域均在一度空間 R 或其部份集合中,因而函數圖形可以繪於兩度空間(平面)R^2 中。其次,兩個圖形均沒有任何缺口或跳躍的地方,因此兩函數均是所謂連續函數 (continuous function)。第三,不僅連續,我們還可看到,這兩條曲

圖 2.4

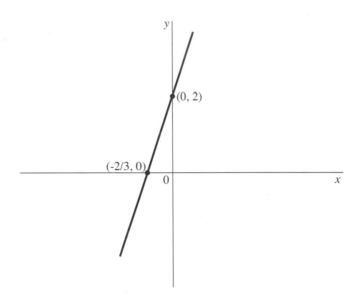

線均相當「平滑」(smooth)，沒有任何尖銳的「轉角」(kink)，是所謂的可微分函數 (differentiable function)。可微分性是個相當良好的性質，可以免除微積分中有關極限是否存在的憂慮，也是本書中大多數函數所具有的性質。第四，這兩個圖形均顯示應變數的值隨著自變數的值增加而增加，因此，它們都是單調遞增函數 (monotonically increasing function)。當然，讀者應可舉一反三，何為不連續函數 (discontinuous function)？何為單調遞減函數 (monotonically decreasing function)？不管是單調遞增或遞減函數，我們都可將之稱為單調函數 (monotonic function) 或單調轉換 (monotonic transformation)。利用單調函數的觀念，讀者現在應可自行查驗，前面所提一對一函數，其實就是單調函數。因此，唯有單調函數方可能有反函數。最後，我們也可清楚看到，這兩個函數有一個很明顯的差異，即圖 2.4 的圖形為「直線」(linear) 而圖 2.3 之圖形則為「曲線」(curve) 或「非直線」(nonlinear)。只要圖形為直線的函數，我們稱其為線性函數 (linear function)，其函數形態可表示成 $y = a + bx$，其中 a、b 為常數；反之，只要函數的圖形不是直線，我們就稱其為非線性函數 (nonlinear

圖 2.5

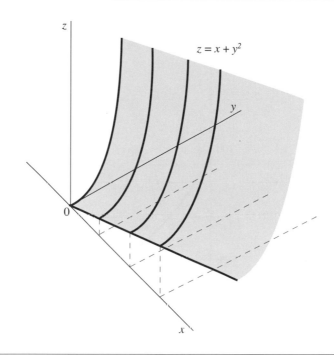

$z = x + y^2$

function)。

　　現在我們來看，如果函數的定義域在二度空間 R^2 或其部份集合中，如 $z = f(x, y) = x + y^2$，$x \geq 0$，$y \geq 0$，其圖形又是如何呢？很顯然地，自變數代表的是平面 R_+^2 上的一個點，因而其函數值 z 必須表現於三度空間中，如圖 2.5 所示。

　　在本書中，我們將一再遭遇類似圖 2.5 這種兩個自變數的函數，如效用函數 $u = U(x, y)$，生產函數 $x = f(K, L)$，社會福利函數 $W = W(u_1, u_2)$ 等。當讀者嚐試描繪圖 2.5 時，會發現這種三度空間的圖形相當難畫，且其形狀有時也無法在三度空間中清楚地顯現出來。因此，在經濟學中，我們通常會將這種問題設法在二度空間(平面)中討論。其方法是將定義域中所有使函數值為某一固定水準的元素找出，這些具有共同映像的元素集合，就稱為水平集合 (level set) 或等值曲線 (iso-value curve)。更具體點說，我們可以考慮效用函數

$$u = U(x, y) = x + \sqrt{y} \qquad (2.6)$$

圖 2.6

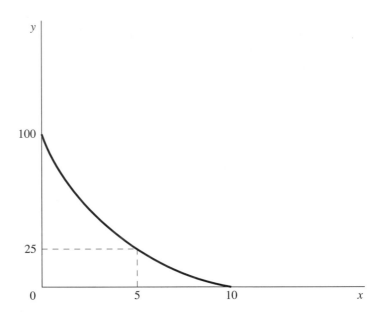

則使效用函數達到一定的水準，如使 $u = 10$，的所有自變數 (x, y) 必然滿足

$$x + \sqrt{y} = 10$$

上式可寫成

$$x + \sqrt{y} - 10 = 0 \tag{2.7}$$

或

$$y = (10 - x)^2 \tag{2.8}$$

(2.8) 正是我們前面所定義的，以 x 為自變數，y 為應變數的函數。(2.7) 和 (2.8) 既然代表相同的關係，當然，它也是代表著一種函數關係，只不過，在 (2.7) 中，我們沒法明確看出 x 和 y，那個是自變數，那個是應變數罷了。數學上，為了區別 (2.7) 和 (2.8) 這兩種函數表示方法，將 (2.7) 稱為隱函數 (implicit function)，而將 (2.8) 稱為顯函數 (explicit function)。

圖 2.7

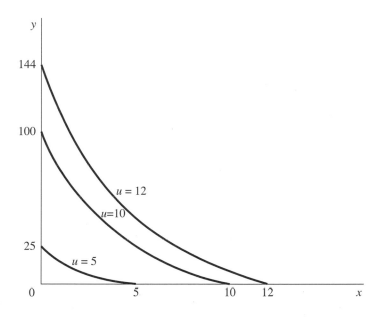

現在，利用 (2.8) 我們可將效用水準為 $u = 10$ 的水平集合繪如圖 2.6，這條曲線，也就是消費者行為中所稱的**無異曲線** (indifference curve)。同樣道理，我們可繪出對應於所有不同效用水準的無異曲線，而得到**無異曲線圖** (indifference map)。圖 2.7 即是對應於效用函數 (2.6)，含有三條無異曲線的無異曲線圖。在本書中，讀者將發現，所有這類兩個自變數的函數，都會利用二度空間中的等值曲線圖來進行分析，這不但大量簡化作圖，也使分析過程更加清楚易懂。因此，對於等值曲線的概念，讀者一定要充分掌握，在閱讀本書，或任何其他經濟書籍時才不致發生困難。在下面的討論中，我們將會更進一步介紹有關等值曲線的描繪方法與相關性質。

線上移動與線的移動

利用上面描繪無異曲線與無異曲線圖的過程，我們可以說明兩個很重要，但卻完全不同的概念，即線上移動與整條線的移動。回到效用函數 $u = U(x, y)$，我們知道，所謂無異曲線（或等值線、水平集合）只不過是

圖 2.8

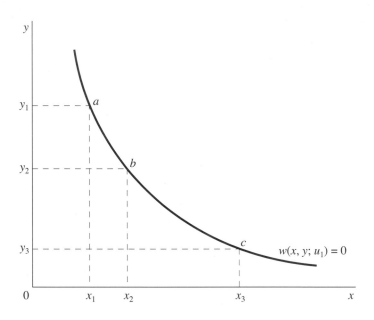

使得效用達到某一固定值 $\bar{u}$ 的所有 (x, y) 的集合。因此我們可將對應於此固定效用水準的無異曲線表示成

$$U(x, y) = \bar{u}$$

或

$$w(x, y; \bar{u}) = U(x, y) - \bar{u} = 0 \tag{2.9}$$

(2.9) 式是以隱函數的形式表示的無異曲線。在 $w(x, y; \bar{u})$ 中，我們將 $\bar{u}$ 和 x、y 以分號分開是有特別目的的。這表示 x 和 y 為作圖時的兩軸上的變數，而 $\bar{u}$ 則不直接出現在座標軸上。因此，每當我們在 (x, y) 平面上作圖時，必須將 $\bar{u}$ 固定下來（如 $\bar{u} = u_1$），而得到一條對應於此 u_1 的曲線，如圖 2.8 中之 $w(x, y; u_1) = 0$。由圖上可知，當自變數 x 為 x_1 時，其函數值為 y_1，因此代表圖上之 a 點。當 x 的值上升到 x_2 時，其函數值變成 y_2，對應到圖上之 b 點。因此，在 $\bar{u}$ 的值給定為 u_1 的前提下，自變數改變所引起的變動是反映在該條無異曲線上由一點移到另外一點罷了。

圖 2.9

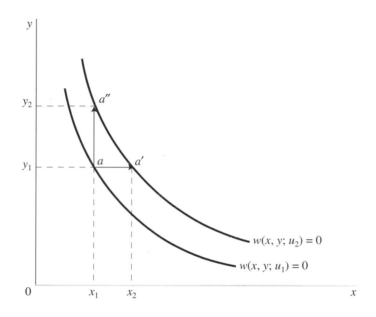

同樣道理，當 $x = x_3$ 時，$y = y_3$，又會移到 c 點。換句話說，只要 $\bar{u}$ 的值不改變，自變數變動所引起的變動必表現在同一條無異曲線上的不同點，也就是「線上的移動」。

　　反過來，如果我們將圖 2.8 之 $w(x, y; u_1) = 0$ 複製於圖 2.9 中，但考慮另外一條無異曲線 $w(x, y; u_2) = 0$，$u_1 \neq u_2$。很顯然地，在一般情形下，因 $u_1 \neq u_2$，因此滿足 $w(x, y; u_1) = 0$ 的 (x, y) 的集合與滿足 $w(x, y; u_2) = 0$ 的 (x, y) 的集合並不相同，因而我們應可得到異於 $w(x, y; u_1) = 0$ 的另外一條無異曲線，如圖 2.9 中的 $w(x, y; u_2) = 0$。更明確點看，假定在 $\bar{u} = u_1$ 時，若 $x = x_1$，則函數值為 y_1，此為圖中 $w(x, y; u_1) = 0$ 線上的 a 點。現在，假定 $x = x_1$ 仍舊沒有改變，但 $\bar{u}$ 由 u_1 變成 u_2，則 x_1 的函數值將跟著改變成 y_2，於是 (x_1, y_2) 就成為對應於 $\bar{u} = u_2$ 的無異曲線上的一個點 a''。我們可重複上面的過程，考慮不同的自變數 x 的值，描繪出所有對應於 $\bar{u} = u_2$ 的點，即可得到圖 2.9 中之新無異曲線 $w(x, y; u_2) = 0$。由此可知，當 $\bar{u}$ 改變時，在圖中所反映出來的就好像整條無異曲線「往上」移動，也就是通稱的「線的移動」。

在此，我們要提醒讀者幾點：

(1) 上面過程中，我們是在 $\bar{u}$ 改變後，考慮不同的 x 值，再來看對應的 y 值如何改變。圖中假定對應於任何 x 的值，新的對應值 y，均較舊的對應於同樣 x 值的 y 值大（如對應於 $x = x_1$，當 $\bar{u} = u_1$ 時，$y = y_1$，而當 $\bar{u} = u_2$ 時，$y = y_2$，且 $y_2 > y_1$），因而讓整條無異曲線往上移動。但這只是「假定」的結果，在不同的假定下，我們也可能得到相反的 $w(x, y; u_2) = 0$ 位於 $w(x, y; u_1) = 0$ 下方的結果。換句話說，$\bar{u}$ 由 u_1 變成 u_2 時，無異曲線同樣也有可能「往下」移動。

(2) 在 $\bar{u}$ 的值改變時，我們也可以考慮不同的 y 值，再來看對應於相同的 y 值下，x 的值如何改變。例如圖 2.9 中，當 $\bar{u}$ 由 u_1 變成 u_2 時，對應於 $y = y_1$ 的 x 值也由 $x = x_1$ 變成 $x = x_2$，因而 a' 為 $w(x, y; u_2) = 0$ 上的一點。我們可針對不同的 y 值，重複上述過程，得到無異曲線 $w(x, y; u_2) = 0$，代表在 $\bar{u}$ 變動後，無異曲線整個「往右」移動。此外，跟我們在 (1) 所提的道理一樣，對應於新的 $\bar{u}$ 值，無異曲線也可能「往左」移動。

(3) 很明顯地，不管我們是看不同的 x 值來決定「往上」或「往下」移動，或者看不同的 y 值來決定「往右」或「往左」移動，其結果完全相同。問題是那一種方法較好？我們可以說，兩者的優劣並無一般性的法則，完全視所面對的函數性質而定，讀者在問題看多、作多以後，自會有某些「靈感」指引應考慮那一種方法較為簡單，較為省力。

(4) 前面提到，我們將 (2.9) 中的 $\bar{u}$ 和 x，y 以分號分開是有目的的。讀者現在應該多少得到些許啟示。簡單地說，x、y 的變動所引起的乃是同一條線上的移動，而 $\bar{u}$ 的變動所引起的乃是整條曲線的左、右或上、下的移動。經濟學上，將這種置於分號之後，不出現在平面圖形兩軸上的變數稱為**參數** (parameter)，或**外生變數** (exogenous variable)，而將 (x, y) 稱為**內生變數** (endogenous variable)。由此我們得知，任何內生變數改變所引起的變動都是同一線上的移動，而任何外生變數或參數變動所引起的都是整條線的移動。因此，當讀者充分了解這種內生變數與外生變數或參數的差別，以及它們變動所引發的線上移動與線的移動的不同後，利用分號來區分此兩種變數也就不一定必要了。

2.3 函數圖形之進一步分析

斜率、切線與導數

上一節談到以圖形來表示函數時,我們並未明確說明如何描繪那些圖形,特別是它們何以會有那些特殊的形狀或曲度。由於圖形分析在本書以及絕大部份初、中級經濟學書籍中佔有相當重要的地位,我們在此要進一步介紹一些有關圖形描繪的重要概念。此外,讀者會很快發現,這些原本純數學上的概念,在經濟學上卻有很重要的含意。

在以圖形表示一個函數時,除了要確定該圖形會通過那些重要的點外,我們必須知道的是該函數的**斜率** (slope)。如果我們知道函數 $y = f(x)$ 通過 (x_0, y_0) 這點,並假定自變數 x 的值變成

$$x_1 = x_0 + \Delta x$$

而對應於此新自變數的 y 值成為

$$y_1 = y_0 + \Delta y = f(x_0 + \Delta x)$$

則我們稱 $\Delta y / \Delta x$ 為函數 $y = f(x)$ 在點 (x_0, y_0) 的斜率。在此值得特別一提的是,依據上面的定義,一般而言,函數 $y = f(x)$ 的斜率並非唯一,而是有無窮多。也就是在不同的點,甚至取不同的 Δx 就會得到不同的斜率,因而嚴格地說,我們應將 $\Delta y / \Delta x$ 稱為斜率函數,記為

$$g(x, \Delta x) = \frac{\Delta y}{\Delta x}$$

但是,上面的論述有一重要的例外,當函數 $y = f(x)$ 為線性函數時,此函數上任何點的斜率都一樣。為什麼呢?我們已知道,線性函數可寫成

$$y = a + bx \qquad (2.10)$$

現在假定 (x_0, y_0) 為 (2.10) 上任何一點,則

$$y_0 + \Delta y = a + b(x_0 + \Delta x)$$

圖 2.10

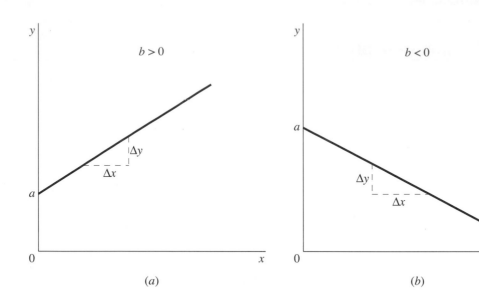

(a) 　　　　　　　　　　　　　(b)

$$= a + bx_0 + b\Delta x$$

故

$$\Delta y = b\Delta x \ (為什麼？)$$

所以

$$\frac{\Delta y}{\Delta x} = b$$

由此可知，一線性函數上任何一點的斜率均為自變數 x 的係數。圖 2.10 中分別描繪了 $a > 0$ 時，$b > 0$ 和 $b < 0$ 兩條線性函數。圖 2.10(a) 中，y 的值隨 x 值增加而增加，因此 $\Delta y / \Delta x = b > 0$，圖形為一單調遞增的直線，一般將其稱為正斜率。同理，圖 2.10(b) 之圖形具有負斜率，為一單調遞減的直線。

　　雖然，線性函數具有唯一斜率的良好特性，但非線性函數則不同。現以圖 2.3 中之函數 $y = x^2$ 為例，考慮此函數上一點 (x_0, y_0) 的斜率。根據定義，我們可得

$$y_0 + \Delta y = (x_0 + \Delta x)^2$$
$$= x_0{}^2 + 2x_0\Delta x + (\Delta x)^2$$

故

$$\Delta y = 2x_0\Delta x + (\Delta x)^2$$

所以

$$\frac{\Delta y}{\Delta x} = 2x_0 + \Delta x \tag{2.11}$$

如前所言，在此斜率是決定於我們所考慮的是那個點 (x_0, y_0) 和 Δx，而不是固定的常數。為了去除不同 Δx 所帶來的影響，在數學上乃考慮 Δx 非常小的情形，記為 $\Delta x \to 0$（但 $\Delta x \neq 0$）。以數學符號表示，在此情況下 (2.11) 成為

$$\lim_{\Delta x \to 0} \frac{\Delta y}{\Delta x} = \lim_{\Delta x \to 0} (2x_0 + \Delta x) = 2x_0 \tag{2.12}$$

因此，函數 $y = x^2$ 在點 (x_0, y_0) 的斜率就等於 $2x_0$ 而完全確定下來。

由 (2.11) 到 (2.12) 的過程中，包括了另外兩個本質上與斜率相同的概念，一為導數 (derivative)，另一為切線 (tangent line)。以函數 $y = f(x)$ 為例，若 (x_0, y_0) 為此函數上的一個點，則數學上定義函數 $y = f(x)$ 在點 (x_0, y_0) 的導數為

$$\frac{dy}{dx} = \lim_{\Delta x \to 0} \frac{\Delta y}{\Delta x} = \lim_{\Delta x \to 0} \frac{f(x_0 + \Delta x) - f(x_0)}{\Delta x} \tag{2.13}$$

現在讀者可很清楚看到，(2.13) 第一個等號右邊那一項和 (2.12) 第一項根本是相同的。因此，一個函數在其上某一點的斜率與在該點的導數其實是同一件事。在此還是再提醒讀者一下，除了線性函數外，一般函數上任何一點的斜率通常都不同，因此函數的斜率或導數本身就是自變數的函數。為了明確表示這種函數關係，數學上使用了另外一個符號 $f'(x)$ 來表示導數，以便清楚表示其為自變數的函數。因此，我們可將 (2.13) 寫成

$$\frac{dy}{dx} = f'(x) = \lim_{\Delta x \to 0} \frac{\Delta y}{\Delta x} \tag{2.14}$$

【例 2.3】

求函數 $y = x^2$ 上各點之導數,並繪出此函數及其對應之斜率函數。

【解答】

由 (2.12) 得知,此函數上任何一點之導數均為該點之 x 值的兩倍,故其導數可寫成 $f'(x) = 2x$。但 $f'(x)$ 代表該函數在點 $(x, f(x))$ 的斜率,故 $f'(x)$ 事實上也是此函數的斜率函數。尤有進者,我們知道 $f'(x) = 2x$ 為一斜率等於 2 的線性函數,且通過原點,因此我們可繪出如圖 2.11 之圖形(先不管 a 點及直線 $g(x)$)。

　　與斜率或導數相關的另一個概念是切線。如果函數 $f(x)$ 和 $g(x)$ 的圖形有一共同點,但在此一共同點它們並不彼此「交錯而過」(crossing),則我們說函數 $f(x)$ 和 $g(x)$ 在該點「相切」(tangent)。現在假定 $f(x)$ 和 $g(x)$ 在點 $(x_0, f(x_0))$ 相切,且 $g(x)$ 為一線性函數,則我們稱 $g(x)$ 為函數 $f(x)$ 在點 $(x_0, f(x_0))$ 的切線。圖 2.11 中,$g(x)$ 即為函數 $y = x^2$ 在點 a 的切線。由圖上我們可以看到,$f(x)$ 和 $g(x)$ 在點 a 的斜率(導數)是相同的。事實上,只要函數 $y = f(x)$ 為一平滑的函數(這是本書的假設),則其上任何一點的切線都與該函數在該點有相同的斜率。反過來,我們也可以說,函數 $y = f(x)$ 上任何一點的切線,就是通過該點且斜率與 $y = f(x)$ 在該點的斜率相同的直線。

　　現在回到 (2.11),我們知道,當自變數 x 變動了 Δx 時,應變數 y 剛好變動了

$$\Delta y = (2x_0 + \Delta x)\Delta x \tag{2.15}$$

但由 (2.12) 和 (2.14) 我們又知道函數 $y = x^2$ 在點 $(x_0, f(x_0))$ 的導數為

$$\frac{dy}{dx} = f'(x_0) = 2x_0 \tag{2.16}$$

圖 2.11

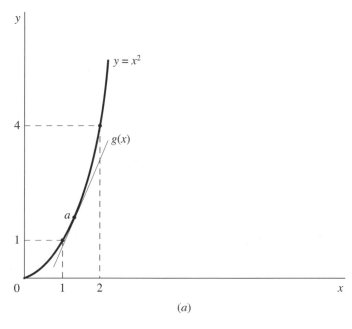

(a)

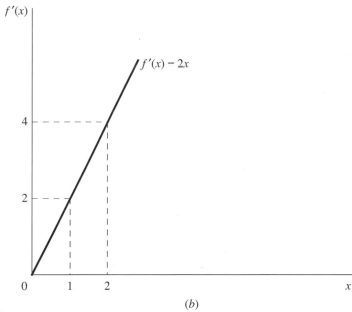

(b)

由 (2.16) 可得

$$dy = f'(x_0)dx = 2x_0 dx \tag{2.17}$$

比較 (2.15) 和 (2.17)，我們可將 dy 看成是 Δy 的「近似值」(approximation)，這個近似值稱為函數 $y = x^2$ 在點 $(x_0, f(x_0))$ 的微分 (differential) 或全微分 (total differential)。此概念可直接應用到任一函數上。假定 $(x_0, f(x_0))$ 為函數 $y = f(x)$ 上的一個點，且該點的導數為 $f'(x_0)$，則此函數在該點的（全）微分即為

$$dy = f'(x_0)dx$$

又因 $(x_0, f(x_0))$ 是 $y = f(x)$ 上的任何一個點，因此我們通常將此函數的全微分寫成

$$dy = df(x) = f'(x)dx \tag{2.18}$$

當我們要看某一特定點 $(x_0, f(x_0))$ 的全微分時，只要將該點代入 (2.18) 即可得到 $y = f(x)$ 在點 $(x_0, f(x_0))$ 的全微分。

　　反過來，如果我們知道函數 $y = f(x)$ 的全微分為 (2.18)，則我們可直接將其兩邊除以 dx 而得到導數

$$\frac{dy}{dx} = f'(x)$$

讀者現在應已發現，求一個函數的（全）微分或導數，事實上是一體的兩面，這也是為什麼在微積分中常將求導數的法則稱為微分法則 (rules of differentiation) 的原因。為了便於讀者查閱，現在我們將常用的微分法則整理如下：

常用的微分（求導數）法則

(1)　多項式：$y = f(x) = a_0 + a_1 x + a_2 x^2 + \cdots + a_n x^n$，$a_i$ 為常數。

$$\frac{dy}{dx} = f'(x) = 0 + a_1 + 2a_2 x + 3a_3 x^2 + \cdots + n a_n x^{n-1}$$

(2) 兩函數之和或差：$y = h(x) = f(x) \pm g(x)$

$$\frac{dy}{dx} = h'(x) = f'(x) \pm g'(x)$$

(3) 兩函數的積：$y = h(x) = f(x)g(x)$

$$\frac{dy}{dx} = h'(x) = f'(x)g(x) + f(x)g'(x)$$

(4) 兩函數的比：$y = h(x) = \dfrac{g(x)}{f(x)}$ ，$f(x) \neq 0$

$$\frac{dy}{dx} = h'(x) = \frac{f(x)g'(x) - g(x)f'(x)}{(f(x))^2}$$

(5) 鏈鎖法則 (chain rule)：$y = h(x) = f(g(x))$

$$\frac{dy}{dx} = h'(x) = \frac{df}{dg}\frac{dg}{dx} = f'(g(x))g'(x)$$

(6) 指數函數

    (a) $y = e^{ax}$

$$\frac{dy}{dx} = ae^{ax}$$

    (b) $y = a^{bx}$

$$\frac{dy}{dx} = ba^{bx}\ln a$$

(7) 對數函數：$y = \ln x$

$$\frac{dy}{dx} = \frac{1}{x}$$

雖然，我們所列出的微分法則僅短短七條，但這些法則也包含了其他特例，且將其結合運用，就可以解決相當多的問題。例如：多項式的微分

中，已經包含了 $y = f(x) = a_0$ 的常數函數。很顯然地，常數函數的導數永遠為 0。同樣地，當多項式中的 $n = 1$ 時，我們得到線性函數 $y = a_0 + a_1 x$，其導數為 a_1。另外，【例 2.4】則告訴我們如何結合運用這些法則。

【例 2.4】

試求下列三個函數的導數：

(I)　$y = \sqrt{1 + x^2}$

(II)　$y = \ln(ax + b)$，$ax + b > 0$

(III)　$y = (f(x))^{g(x)}$，$f(x) > 0$

【解答】

(I)　將原函數寫成

$$y = (1 + x^2)^{0.5} = u^{0.5}$$

其中

$$u = 1 + x^2$$

接著結合鏈鎖法則與多項式微分法則，可得到

$$\frac{dy}{dx} = \frac{dy}{du}\frac{du}{dx} = (0.5u^{-0.5})(2x)$$

$$= xu^{-0.5}$$

$$= x(1 + x^2)^{-0.5}$$

$$= \frac{x}{\sqrt{1 + x^2}}$$

(II)　將原函數寫成

$$y = \ln u$$

其中

$$u = ax + b$$

利用鏈鎖法則與對數微分法則即得

$$\frac{dy}{dx} = \frac{dy}{du}\frac{du}{dx} = \left(\frac{1}{u}\right)a = \frac{a}{ax+b}$$

(III) 這個式子稍為複雜，但因指數函數恆大於 0，故我們可先將原函數兩邊取對數，得到

$$\ln y = \ln(f(x))^{g(x)} = g(x)\ln(f(x))$$

利用（2.18）的全微分公式，將上式的兩邊微分，可得

$$d\ln y = d\big(g(x)\ln(f(x))\big)$$

現在利用對數微分與兩函數乘積微分法則可得到

$$\frac{1}{y}dy = g'(x)\ln(f(x))dx + g(x)\frac{1}{f(x)}f'(x)dx$$

$$= \left(g'(x)\ln(f(x)) + \frac{g(x)f'(x)}{f(x)}\right)dx$$

因此

$$\frac{dy}{dx} = y\left(g'(x)\ln(f(x)) + \frac{g(x)f'(x)}{f(x)}\right)$$

$$= (f(x))^{g(x)}\left(g'(x)\ln(f(x)) + \frac{g(x)f'(x)}{f(x)}\right)$$

最後一個等號乃是將原題目中的 y 代入而來。

二階導數、凹性與凸性

函數的導數或斜率雖然可以告訴我們該函數的圖形在不同點的走向（上升或下降），但即使是相同走向的圖形，其形狀也可能有極大的差異。在圖 2.12 中，三條線在任何一點的斜率均為正值，因此都是單調遞增的函數，但很明顯地，它們卻代表完全不同形狀的圖形。A 這條曲線，在往右上方延伸的同時，也往上彎曲；反之，C 則往下彎曲。至於 B 則為一

圖 2.12

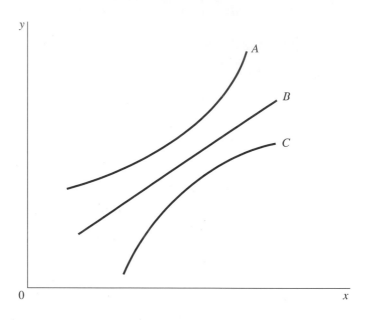

東北、西南方向的直線，既不往上，也不往下彎曲。由此可知，僅知道
一個函數的一階導數的符號或大小，只能告訴我們該函數圖形走向，但
無法告訴我們其確切的形狀。為了作圖更為精確起見，我們必須設法區
別諸如圖 2.12 中這三條正斜率曲線。一個最直接的方法就是比較這三條
曲線上各點斜率變化的情形。很顯然地，線性函數 B 的斜率為固定，不
會因不同點而不同。但曲線 A 和 C 的情形則不同，我們可以看到，隨著
x 的增加，A 上各點的切線變得越來越陡，因此我們可以說，A 上各點的
斜率隨著 x 的增加而增加。反之，C 上各點的斜率則是隨著 x 的增加而
遞減。如果我們將這三個函數的斜率函數描繪出來的話，我們將可得到
圖 2.13，其中 A'，B' 和 C' 分別代表 A、B 和 C 的斜率函數。當然我們
也不知道這三條斜率函數的明確形狀。但重要的是，我們知道 B' 為一水
平線，或常數函數，而 A' 和 C' 則分別為單調遞增和單調遞減函數。換
句話說，只要我們知道一個函數的斜率函數為常數，單調遞增或單調遞
減，我們就可知道此函數的彎曲情形。將這個情報，再配合原函數的導
數符號為正值或負值的性質，我們就可較為精確地描繪該函數的圖形

圖 2.13

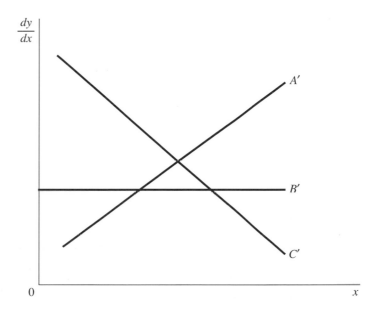

了。雖然，上面的推理是以圖 2.12 中單調遞增函數為例來說明，但讀者可自行練習，將圖 2.12 中的函數改為單調遞減，再繪出它們的斜率函數（小心符號），則可得到相同的結果。

　　既然斜率函數之是否為單調遞增，單調遞減，或常數函數，與原函數形狀有如此重要的關係，我們就必須明確來看斜率函數本身的斜率（或導數）與原函數之間的關係。假定原函數為 $y = f(x)$，則其斜率函數（或導數）為 $dy / dx = f'(x)$。現將此斜率函數寫成

$$g(x) = \frac{dy}{dx} = f'(x)$$

則函數 $g(x)$ 的斜率為

$$\frac{dg}{dx} = \frac{d\left(\frac{dy}{dx}\right)}{dx} = \frac{df'(x)}{dx} \tag{2.19}$$

數學上一般將 (2.19) 後兩項寫成

$$\frac{d\left(\dfrac{dy}{dx}\right)}{dx} = \frac{d^2y}{dx^2}$$

$$\frac{df'(x)}{dx} = f''(x)$$

故 (2.19) 即成為

$$\frac{dg}{dx} = \frac{d^2y}{dx^2} = f''(x) \qquad\qquad (2.20)$$

(2.20) 告訴我們，所謂斜率函數的導數，就是對原函數作兩次微分而已。因此，將 d^2y/dx^2 或 $f''(x)$ 稱為函數 $y = f(x)$ 的二階導數 (second derivative)，而將 dy/dx 或 $f'(x)$ 稱為一階導數 (first derivative)。

　　根據二階導數，我們就可區別圖 2.12 中三條曲線。更明確點說，當函數 $y = f(x)$ 具有 $f'(x) > 0$，$f''(x) > 0$ 的性質時，其圖形如圖 2.12 中之 A；若函數 $y = f(x)$ 具有 $f'(x) > 0$，$f''(x) < 0$，則其圖形如圖 2.12 中之 C；若函數 $y = f(x)$ 具有 $f'(x) > 0$，$f''(x) = 0$，則圖形為直線 B。如前所提，上面這些推論在 $f'(x) < 0$ 時仍然成立（請務必驗證！）。數學上稱任何具有 $f''(x) \geq 0$ 的函數 $f(x)$ 為凸函數 (convex function)；具有 $f''(x) \leq 0$ 的函數 $f(x)$ 為凹函數 (concave function)。當二階導數恆為正值時，即 $f''(x) > 0$，則此函數為嚴格凸函數 (strictly convex function)；反之，當 $f''(x) < 0$ 時，則為嚴格凹函數 (strictly concave function)。根據上述分類法，我們知道，當 $f''(x) = 0$ 時，$f(x)$ 同時為凹函數和凸函數，但既不是嚴格凹函數，也不是嚴格凸函數。

　　當然，因函數上各點的斜率未必相同，所以其斜率就可能不是永遠為正或永遠為負。如果一函數 $y = f(x)$ 的二階導數 $f''(x)$ 在某些點為正，某些點為負，則此函數就既不是凹函數，也不是凸函數了。最後提醒讀者，為了便於說明以及考慮本書的實際需要，在接下來的討論中我們常直接嚴格凹函數和嚴格凸函數簡稱為凹函數和凸函數。

【例 2.5】

試判別下列函數是否為凹函數或凸函數

(I)　$y = \ln x$，$x > 0$

(II)　$y = e^{-x}$

(III)　$y = a_0 + a_1 x + a_2 x^2 + a_3 x^3$，$x \geq 0$

【解答】

(I)　此函數的一階導數為

$$\frac{dy}{dx} = \frac{1}{x} > 0$$

二階導數為

$$\frac{d^2 y}{dx^2} = -\frac{1}{x^2} < 0$$

因二階導數恆為負值，故為一凹函數。又因一階導數恆為正值，因而此為一單調遞增的凹函數。

(II)　此函數之一階和二階導數為

$$\frac{dy}{dx} = -e^{-x} < 0$$

$$\frac{d^2 y}{dx^2} = e^{-x} > 0$$

由此可知，此為一單調遞減之凸函數。

(III)　利用微分法則可求得其一、二階導數

$$\frac{dy}{dx} = a_1 + 2a_2 x + 3a_3 x^2$$

$$\frac{d^2 y}{dx^2} = 2a_2 + 6a_3 x$$

顯然，二階導數的值受到 a_2 和 a_3 的符號及大小的影響，故隨著 x 的不同而可能為正值或負值。因此，一般而言，該函數既不是凹函數，也不是凸函數。

泰勒展開式

上面有關函數 $y = f(x)$ 的一階與二階導數的觀念，可直接推展到 n 階導數，即

$$\frac{d^n y}{dx^n} = \frac{d\left(\dfrac{d^{n-1}y}{dx^{n-1}}\right)}{dx} = \frac{d^2\left(\dfrac{d^{n-2}y}{dx^{n-2}}\right)}{dx^2} = \cdots = \frac{d^{n-1}\left(\dfrac{dy}{dx}\right)}{dx^{n-1}} = f^{(n)}(x)$$

換句話說，將二階導數(函數)，再作一次微分即得到三階導數，三階導數再作一次微分即得四階導數等，直到 n 階。有了各階導數的概念後，我們就可用以推導所謂的泰勒展開式 (Taylor expansion)。現在考慮任一函數 $y = f(x)$。假定我們希望以多項式

$$a_0 + a_1(x - x_0) + a_2(x - x_0)^2 + \cdots + a_n(x - x_0)^n$$

來表示 $f(x)$，則可寫成

$$f(x) = a_0 + a_1(x - x_0) + a_2(x - x_0)^2 + \cdots + a_n(x - x_0)^n + R \tag{2.21}$$

上式中 x_0 為定義域中任何一定點，a_i 為待定係數 $(i = 0, \ldots, n)$，R 為誤差。依導數的定義，我們可求得

$$f'(x) = a_1 + 2a_2(x - x_0) + 3a_3(x - x_0)^2 + \cdots + na_n(x - x_0)^{n-1}$$

$$f''(x) = 2a_2 + 6a_3(x - x_0) + \cdots + n(n-1)a_n(x - x_0)^{n-2}$$

$$\vdots$$

$$f^{(n-1)}(x) = (n-1)(n-2)\cdots 1 a_{n-1} + n(n-1)\cdots 2 a_n(x - x_0)$$

$$f^{(n)}(x) = n(n-1)\cdots 1 a_n$$

因此，$y = f(x)$ 在點 $(x_0, f(x_0))$ 的導數為

$$f'(x_0) = a_1$$

$$f''(x_0) = 2a_2$$

$$\vdots$$

$$f^{(n-1)}(x_0) = (n-1)(n-2)\cdots 1 a_{n-1} = (n-1)! a_{n-1}$$

$$f^{(n)}(x_0) = n(n-1)\cdots 1 a_n = n! a_n \qquad (2.22)$$

或

$$a_1 = f'(x_0)$$

$$a_2 = f''(x_0) / 2$$

$$\vdots$$

$$a_{n-1} = \frac{1}{(n-1)!} f^{(n-1)}(x_0)$$

$$a_n = \frac{1}{n!} f^{(n)}(x_0)$$

又,由 (2.21),我們可得

$$f(x_0) = a_0 \qquad (2.23)$$

結合 (2.21)、(2.22) 和 (2.23) 可得到

$$f(x) = f(x_0) + f'(x_0)(x - x_0) + \frac{f''(x_0)}{2}(x - x_0)^2 + \cdots$$

$$+ \frac{f^{(n)}(x_0)}{n!}(x - x_0)^n + R \qquad (2.24)$$

(2.24) 即是函數 $y = f(x)$ 在點 $(x_0, f(x_0))$ 的 n 階泰勒展開式。讀者可查閱相關的微積分書籍,(2.24) 中的誤差項 R 可明確寫成

$$R = \frac{f^{(n+1)}(\bar{x})}{(n+1)!}$$

其中 $\bar{x}$ 為介於 x_0 和 x 間的一個定值。但在 x 和 x_0 非常接近時,x_0 會更加接近 $\bar{x}$,因而在這種情況下我們可約略以 x_0 取代 $\bar{x}$,這也是本書所要採用的方法。泰勒展開式基本上是希望以一多項式來估計方程式 $f(x)$,因此

一階泰勒展開式

$$f(x) = f(x_0) + f'(x_0)(x - x_0)$$

乃是以一通過 $(x_0, f(x_0))$ 這一點,且斜率為 $f'(x_0)$ 的直線來代表 $f(x)$。由前面討論,我們知道通過點 $(x_0, f(x_0))$ 的直線即為函數 $f(x)$ 在該點的一階泰勒展開式,也就是在該點的切線。

2.4　偏導數

有了單一自變數函數的斜率、導數、微分等觀念後,我們接下來要將這些觀念擴展到兩個自變數的函數。這是相當重要的一步,因為在本書以及其他經濟理論書籍中,有許許多多的函數都不是單一自變數的函數。幸運的是,這種擴展相當直接,相當簡單。現在我們以下列函數來說明:

$$z = f(x, y) \tag{2.25}$$

假定 (2.25) 的函數圖形如圖 2.14 中之曲面 efg 所示,圖中點 a 代表圖形上的一個點 (x_0, y_0, z_0)。我們想知道此函數在 a 點的導數或斜率為何?我們的方法是將此二個自變數的情形,設法加以改變,使其成為和一個自變數的情形相同。因此,我們可先將自變數 x 的值固定於 $x = x_0$,然後考慮函數

$$z = f(x_0, y) \tag{2.26}$$

很顯然地,當 x 的值固定不變時,(2.26) 就回到一個自變數的情形,由而我們可將 (2.26) 視為單一自變數 y 的函數。如此一來,上一小節有關斜率、導數、微分等觀念就可直接引用到 (2.26) 來。但為了區別 (2.26) 和真正只有單一自變數函數 $z = f(y)$ 的情形,我們稱 (2.26) 的導數為 y 方向的**偏導數** (partial derivative),而將其記為

$$\frac{\partial z}{\partial y} = \left.\frac{dz}{dy}\right|_{dx=0} = f_y(x_0, y)$$

或

圖 2.14

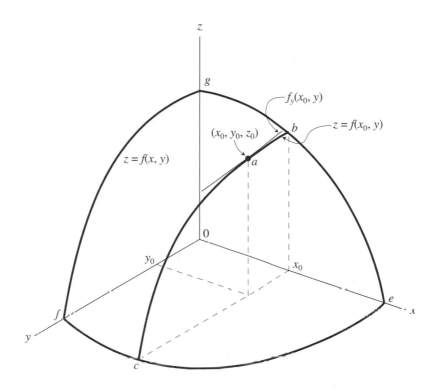

$$\frac{\partial z}{\partial y} = f_y(x, y) \tag{2.27}$$

另外，我們稱求此偏導數的方法為偏微分 (partial differentiation)，而上一節的微分法則也可直接引用(只不過將 x 視為定數而非變數罷了)。上述 y 方向偏導數的意義也可以圖 2.14 來說明。當 x 的值固定於 $x = x_0$ 後，我們所考慮的事實上只是 $z = f(x, y)$ 這圖形中的 bac 這條曲線而已，而 a 點的(y 方向)偏導數 $f_y(x_0, y)$，就是曲線 bac 在 a 點的斜率。同樣地，通過 a 點，而斜率為 $f_y(x_0, y)$ 的直線即是曲線 bac 在該點的切線。我們可以透過完全相同的推理，得出函數 $f(x, y)$ 在點 a 的 x 方向的導數如下：

$$\frac{\partial z}{\partial x} = \frac{df}{dx}\bigg|_{dy=0} = f_x(x, y_0)$$

或

$$\frac{\partial f}{\partial x} = f_x(x, y) \qquad (2.28)$$

除了固定 x 或 y 的偏導數外，我們當然也可考慮 x 和 y 同時發生變動時所引起的 z 變動，這就牽涉到類似 (2.18) 的全微分的概念了。簡單地說，我們可將 x 和 y 同時發生變動 dx、dy 所帶來的變動 dz（全微分），看成 x 和 y 各自發生變動所造成之變動的和，即

$$dz = \frac{df}{dx}\bigg|_{dy=0} dx + \frac{df}{dy}\bigg|_{dx=0} dy = f_x(x, y)dx + f_y(x, y)dy \qquad (2.29)$$

上式中，偏導數 $f_x(x, y)$ 代表當 y 不變時，一單位 x 所引起的 z 值的變動，因此 $f_x(x, y)dx$ 代表 y 不變時，x 變動 dx 單位所引起 z 的變動。同理，$f_y(x, y)dy$ 為 x 固定不變時，dy 單位 y 的變動所造成 z 的變動。

反過來看，我們可將 (2.29) 式中之 dy 設為 0，即假定 y 的值固定不變，因而得到

$$dz = \frac{df}{dx}\bigg|_{dy=0} dx$$

或

$$\frac{\partial z}{\partial x} = f_x(x, y)$$

此即 (2.28)。同理，在 (2.29) 中，令 $dx = 0$ 即可回到 (2.27)。

(2.29) 可直接用來推導隱函數的微分，將 (2.29) 改寫成

$$dz - \left(\frac{df}{dx}\bigg|_{dy=0} dx + \frac{df}{dy}\bigg|_{dx=0} dy \right) = 0$$

或

$$d(z - f(x, y)) = d(0) \qquad (2.30)$$

比較 (2.30) 和 (2.25)，我們發現，前者只不過是將 (2.25) 中右式移到左式，然後對兩邊加以微分而已。如果我們將 (2.25) 改寫成

$$z - f(x, y) = 0$$

然後將其左邊定義成一新函數 $g(x, y, z)$，則我們就有了下列之隱函數

$$g(x, y, z) = z - f(x, y) = 0$$

將上式左右兩邊(全)微分即得

$$dg(x, y, z) = d(0) = 0$$

或

$$\frac{\partial g}{\partial x}dx + \frac{\partial g}{\partial y}dy + \frac{\partial g}{\partial z}dz = 0$$

假定 $\partial g / \partial x \neq 0$，$\partial g / \partial y \neq 0$，$\partial g / \partial z \neq 0$，上式中，依次取 $dx = 0$，$dy = 0$ 和 $dz = 0$，即可得到

$$\frac{\partial z}{\partial y} = -\frac{\frac{\partial g}{\partial y}}{\frac{\partial g}{\partial z}} = -\frac{g_y(x,y,z)}{g_z(x,y,z)}$$

$$\frac{\partial z}{\partial x} = -\frac{\frac{\partial g}{\partial x}}{\frac{\partial g}{\partial z}} = -\frac{g_x(x,y,z)}{g_z(x,y,z)}$$

$$\frac{\partial x}{\partial y} = -\frac{\frac{\partial g}{\partial y}}{\frac{\partial g}{\partial x}} = -\frac{g_y(x,y,z)}{g_x(x,y,z)}$$

當然，讀者也可以同樣方法得到 $\partial y / \partial z$、$\partial x / \partial z$ 和 $\partial y / \partial x$，而且得知它們分別為 $\partial z / \partial y$、$\partial z / \partial x$ 和 $\partial x / \partial y$ 的倒數。

　　隱函數微分在經濟學中的應用極為廣泛。當效用函數為 $u = u(x, y)$

時，對應於此效用函數的無異曲線可寫成 $\bar{u} = u(x, y)$，對其全微分可得

$$d\bar{u} = du(x, y) = \frac{\partial u}{\partial x}dx + \frac{\partial u}{\partial y}\,dy$$

因 $d\bar{u} = 0$，故

$$\frac{dy}{dx} = -\frac{\dfrac{\partial u}{\partial x}}{\dfrac{\partial u}{\partial y}} \tag{2.31}$$

(2.31) 即表示將此無異曲線繪於 x-y 平面上的斜率，而 $-dy\,/\,dx$ 則是經濟學中所稱的邊際替代率 (marginal rate of substitution)。

【例 2.6】

求下列各函數的（一階）偏導數及（一階）全微分

(I)　$z = \dfrac{2xy}{x + y}$，$x + y \neq 0$

(II)　$z = (\alpha x^{-\rho} + \beta y^{-\rho})^{-1/\rho}$，$0 < \alpha, \beta < 1$，$\rho > -1$

(III)　$F(x, y, z) = 3xy + 2yz^2 + x^2yz - 10 = 0$

【解答】

(I)　$\dfrac{\partial z}{\partial x} = \dfrac{(x + y)2y - 2xy}{(x + y)^2} = \dfrac{2y^2}{(x + y)^2}$

$\dfrac{\partial z}{\partial y} = \dfrac{(x + y)2x - 2xy}{(x + y)^2} = \dfrac{2x^2}{(x + y)^2}$

$dz = \dfrac{\partial z}{\partial x}dx + \dfrac{\partial z}{\partial y}dy = \dfrac{2}{(x + y)^2}(y^2dx + x^2dy)$

(II)　$\dfrac{\partial z}{\partial x} = (-1\,/\,\rho)(\alpha x^{-\rho} + \beta y^{-\rho})^{-(1/\rho + 1)}\alpha(-\rho)x^{-(\rho + 1)}$

$\qquad = \alpha(\alpha x^{-\rho} + \beta y^{-\rho})^{-(1/\rho + 1)}x^{-(\rho + 1)}$

$$= \frac{\alpha z}{(\alpha x^{-\rho} + \beta y^{-\rho})x^{(1+\rho)}}$$

$$\frac{\partial z}{\partial y} = (-1/\rho)(\alpha x^{-\rho} + \beta y^{-\rho})^{-(1/\rho + 1)}\beta(-\rho)y^{-(\rho + 1)}$$

$$= \beta(\alpha x^{-\rho} + \beta y^{-\rho})^{-(1/\rho + 1)}y^{-(\rho + 1)}$$

$$= \frac{\beta z}{(\alpha x^{-\rho} + \beta y^{-\rho})y^{(1+\rho)}}$$

$$dz = \frac{\partial z}{\partial x}dx + \frac{\partial z}{\partial y}dy$$

$$= \frac{z}{(\alpha x^{-\rho} + \beta y^{-\rho})}\left(\frac{\alpha dx}{x^{1+\rho}} + \frac{\beta dy}{y^{1+\rho}}\right)$$

(III) $dF(x, y, z) = F_x dx + F_y dy + F_z dz = 0$

$$\frac{\partial z}{\partial x} = -\frac{F_x}{F_z}$$

$$\frac{\partial z}{\partial y} = -\frac{F_y}{F_z}$$

所以，我們先求 F_x、F_y、F_z 之值，再代回上二式

$$F_x = \frac{\partial F}{\partial x} = 3y + 2xyz$$

$$F_y = \frac{\partial F}{\partial y} = 3x + 2z^2 + x^2z$$

$$F_z = \frac{\partial F}{\partial z} = 4yz + x^2y$$

所以

$$\frac{\partial z}{\partial x} = -\frac{3y + 2xyz}{4yz + x^2y} = -\frac{3 + 2xz}{4z + x^2}$$

$$\frac{\partial z}{\partial y} = -\frac{3x + 2z^2 + x^2 z}{4yz + x^2 y}$$

$$dF = (3y + 2xyz)dx + (3x + 2z^2 + x^2 z)dy + (4yz + x^2 y)dz = 0$$

（此題還可算 $\partial y / \partial x$ 等其他偏導數，請讀者自行練習）

二階偏導數、凹性與凸性

我們已經知道，就函數 $z = f(x, y)$，可以定義 $f_x(x, y)$ 和 $f_y(x, y)$ 兩個偏導
數。因為這兩個偏導數本身又都是 x 和 y 的函數，所以我們可以同樣的
方法，定義它們自身的偏導數，$\partial f_x / \partial x$、$\partial f_x / \partial y$、$\partial f_y / \partial x$、$\partial f_y / \partial y$，我們
可將這個結果明確寫成

$$f_{xx}(x,y) = \frac{\partial f_x}{\partial x} = \frac{\partial\left(\dfrac{\partial f}{\partial x}\right)}{\partial x} = \frac{\partial^2 f}{\partial x^2}$$

$$f_{xy}(x,y) = \frac{\partial f_x}{\partial y} = \frac{\partial\left(\dfrac{\partial f}{\partial x}\right)}{\partial y} = \frac{\partial^2 f}{\partial x \partial y}$$

$$f_{yx}(x,y) = \frac{\partial f_y}{\partial x} = \frac{\partial\left(\dfrac{\partial f}{\partial y}\right)}{\partial x} = \frac{\partial^2 f}{\partial y \partial x}$$

$$f_{yy}(x,y) = \frac{\partial f_y}{\partial y} = \frac{\partial\left(\dfrac{\partial f}{\partial y}\right)}{\partial y} = \frac{\partial^2 f}{\partial y \partial y} \tag{2.32}$$

由 (2.32) 等號最右邊的式子，我們可明顯看出 $f_x(x, y)$ 和 $f_y(x, y)$ 之偏導數
與原函數 $f(x, y)$ 之間的關係。例如 $f_{xx}(x, y)$ 只不過是將 y 固定，再對 x 作
兩次偏微分罷了。由於這個緣故，我們通常將 (2.32) 中各式子稱為函數
$f(x, y)$ 的二階偏導數 (second-order partial derivatives)。另外，有時我們也
將 f_{xy} 和 f_{yx} 稱為交叉偏導數 (cross partial derivatives)。當函數 $f(x, y)$ 的（一

階）偏導數和二階偏導數函數都是連續函數時，對於交叉偏導數我們可得到 $f_{xy}(x, y) = f_{yx}(x, y)$ 的結果。換句話說，在這種情況下計算交叉偏導數時，對 x 和 y 作偏微分的次序並不影響其結果。

在單一自變數函數的情況下，我們曾經討論二階導數和該函數的凹性、凸性的關係；亦即當函數 $y = f(x)$ 的二階導數 $f''(x) < 0$ 時，該函數為一凹函數；當 $f''(x) > 0$ 時，該函數為一凸函數。現在的問題是，這種性質在兩個自變數時是否仍然成立？答案是：基本上仍然成立，但條件較為複雜。這個較為「複雜」的根源就在交叉偏導數這一項。為了說明二階偏導數和函數的凹性與凸性的關係，我們先回到 $y = f(x)$。我們知道其全微分為

$$dy = f'(x)dx \tag{2.33}$$

雖然，dy 為 x 和 dx 的函數，但通常我們將 x 的變動 dx 視為定數，如此 dy 仍為單一的變數 x 的函數，因而我們可再就 (2.33) 作一次全微分；並將其記為 d^2y，則

$$d^2y = d(dy) = \frac{d(dy)}{dx}dx = \frac{d(f'(x)dx)}{dx}dx$$

$$= f''(x)dxdx = f''(x)dx^2 \tag{2.34}$$

我們稱 (2.34) 為函數 $f(x)$ 的二階全微分 (second-order total differential)。因 $dx^2 = (dx)(dx)$，故只要 $dx \neq 0$，其值恆為正，所以二階全微分 d^2y 的符號與二階導數 $f''(x)$ 完全相同。根據上面的討論，當 $d^2y > 0$ 時，函數 $f(x)$ 為一凸函數，當 $d^2y < 0$ 時，$f(x)$ 為一凹函數。事實上，這種二階全微分的正、負與函數的凸、凹性間的關係並不因函數自變數的多少而改變。因此，我們可利用這個結果，來說明函數 $z = f(x, y)$ 的凹性、凸性與它的二階偏導數間的關係。

將 (2.29) 再作一次全微分即得

$$d^2z = d(f_x(x, y)dx + f_y(x, y)dy)$$

$$= \left(\frac{\partial f_x}{\partial x}dx + \frac{\partial f_x}{\partial y}dy\right)dx + \left(\frac{\partial f_y}{\partial x}dx + \frac{\partial f_y}{\partial y}dy\right)dy$$

$$= f_{xx}dx^2 + f_{xy}dxdy + f_{yx}dydx + f_{yy}dy^2$$

$$= f_{xx}dx^2 + 2f_{xy}dxdy + f_{yy}dy^2 \tag{2.35}$$

很明顯地，d^2z 的大小及符號不僅受 f_{xx} 和 f_{yy} 兩個二階偏導數的影響，也受到交叉偏導數 f_{xy} 的影響。為了確定 d^2z 的符號，我們利用配方法將 (2.35) 改寫成

$$d^2z = f_{xx}\left(dx^2 + \frac{2f_{xy}}{f_{xx}}dxdy + \left(\frac{f_{xy}}{f_{xx}}dy\right)^2 - \left(\frac{f_{xy}}{f_{xx}}dy\right)^2 + \frac{f_{yy}}{f_{xx}}dy^2 \right)$$

$$= f_{xx}\left(\left(dx + \frac{f_{xy}}{f_{xx}}dy\right)^2 + \left(\frac{f_{yy}}{f_{xx}} - \frac{f_{xy}^2}{f_{xx}^2}\right)dy^2 \right)$$

$$= f_{xx}\left(dx + \frac{f_{xy}}{f_{xx}}dy\right)^2 + \left(\frac{f_{xx}f_{yy} - f_{xy}^2}{f_{xx}}\right)dy^2$$

上式右邊包含兩個平方項，如果我們不考慮兩者均等於 0 的「無聊」情形，則 d^2z 的符號就取決於此兩平方項係數的符號及大小。不過，我們稍加思考即可得到下列的結果：

(1)　當 $f_{xx} < 0$，且 $f_{xx}f_{yy} - f_{xy}^2 > 0$ 時，則 $d^2z < 0$，

(2)　當 $f_{xx} > 0$，且 $f_{xx}f_{yy} - f_{xy}^2 > 0$ 時，則 $d^2z > 0$。

換句話說，我們可以得到一組分別保證 $d^2z < 0$ 或 $d^2z > 0$ 的充分條件。將此和上面所提有關全微分符號與凹性、凸性的關係相結合，我們得到

(1)　當 $f_{xx} < 0$，且 $f_{xx}f_{yy} - f_{xy}^2 > 0$ 時，$f(x, y)$ 為一凹函數，

(2)　當 $f_{xx} > 0$，且 $f_{xx}f_{yy} - f_{xy}^2 > 0$ 時，$f(x, y)$ 為一凸函數。

如此一來，我們就可由二階偏導數的相關符號來判別函數 $f(x, y)$ 的凹性、凸性。這就是我們前面所說，「基本上和一個自變數的情形相同，但較為複雜」的原因。此外，如果讀者熟習線性代數的話，我們可將上述兩條件中的第二部份，$f_{xx}f_{yy} - f_{xy}^2$，寫成行列式 $|H|$，

$$|H| = \begin{vmatrix} f_{xx} & f_{xy} \\ f_{yx} & f_{yy} \end{vmatrix} = f_{xx}f_{yy} - f_{xy}^2$$

則這兩條件又可寫成

(1) 當 $f_{xx} < 0$，且 $|H| > 0$ 時，$f(x, y)$ 為一凹函數，

(2) 當 $f_{xx} > 0$，且 $|H| > 0$ 時，$f(x, y)$ 為一凸函數。 (2.36)

行列式 $|H|$ 稱為賀辛行列式 (Hessian determinant)，或簡稱賀辛 (Hessian)。
最後，提醒讀者，在上面兩個充分條件中，我們雖然一直未單獨提及 f_{yy}
的符號，但由賀辛行列式的符號，我們立即可以得知，f_{yy} 和 f_{xx} 必定永遠
同為正值或負值（確定你知道啊！）

【例 2.7】
試判別下列兩函數的凹、凸性：
(I) $f(x, y) = x^2 + y^2$
(II) $f(x, y) = x^{\frac{1}{2}} y^{\frac{1}{3}}$，$x > 0$，$y > 0$

【解答】

(I) $f_x = 2x$，$f_{xx} = 2$，$f_{xy} = f_{yx} = 0$

$f_y = 2y$，$f_{yy} = 2$

$$\begin{vmatrix} f_{xx} & f_{xy} \\ f_{yx} & f_{yy} \end{vmatrix} = \begin{vmatrix} 2 & 0 \\ 0 & 2 \end{vmatrix} = 4 > 0$$

因 $f_{xx} > 0$ 且 $|H| > 0$，故知此函數為一凸函數。

(II) $f_x = \frac{1}{2} x^{-\frac{1}{2}} y^{\frac{1}{3}}$

$f_{xx} = -\frac{1}{4} x^{-\frac{3}{2}} y^{\frac{1}{3}}$

$$f_{xy} = \frac{1}{6} x^{-\frac{1}{2}} y^{-\frac{2}{3}} = f_{yx}$$

$$f_y = \frac{1}{3} x^{\frac{1}{2}} y^{-\frac{2}{3}}$$

$$f_{yy} = -\frac{2}{9} x^{\frac{1}{2}} y^{-\frac{5}{3}}$$

$$|H| = \begin{vmatrix} f_{xx} & f_{xy} \\ f_{yx} & f_{yy} \end{vmatrix} = \begin{vmatrix} -\frac{1}{4} x^{-\frac{3}{2}} y^{\frac{1}{3}} & \frac{1}{6} x^{-\frac{1}{2}} y^{-\frac{2}{3}} \\ \frac{1}{6} x^{-\frac{1}{2}} y^{-\frac{2}{3}} & -\frac{2}{9} x^{\frac{1}{2}} y^{-\frac{5}{3}} \end{vmatrix} = \frac{1}{36} x^{-1} y^{-\frac{4}{3}}$$

因 $x > 0$，$y > 0$，故 $f_{xx} < 0$，$|H| > 0$，所以此函數為一凹函數。

偏導數與線的移動

在 2.2 節中，我們曾經說明函數圖形線上的移動與整條線的移動的差別，其主要結論為「只要是圖形上兩軸的變數所引起的變動都是線上的移動，而任何參數變動所引起的都是整條線的移動」。現在，我們可以偏導數的觀念，更為明確點來說明線的移動的情形。假定我們可將無異曲線寫成下列隱函數形式

$$U(x, y; \bar{u}, w) = 0 \tag{2.37}$$

其中 $\bar{u}$ 代表某一固定效用水準，而 w 則是任何其他可能影響效用水準的變數（參數）。將 (2.37) 全微分可得到

$$\frac{\partial U}{\partial x} dx + \frac{\partial U}{\partial y} dy + \frac{\partial U}{\partial \bar{u}} d\bar{u} + \frac{\partial U}{\partial w} dw = 0 \tag{2.38}$$

如果我們進一步假定此一函數之各偏導數具有下列性質：$\partial U / \partial x > 0$，$\partial U / \partial y > 0$，$\partial U / \partial \bar{u} < 0$，$\partial U / \partial w > 0$，則由 (2.38)，我們可立即得到

圖 2.15

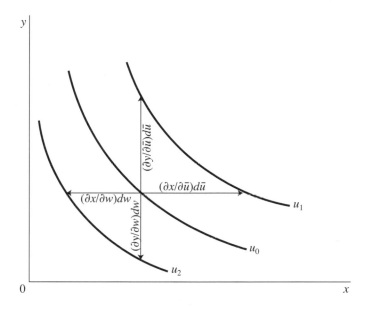

$$\frac{dy}{dx} = -\frac{\dfrac{\partial U}{\partial x}}{\dfrac{\partial U}{\partial y}} < 0$$

因此,我們知道此無異曲線在 x-y 平面上為如圖 2.15 之負斜率曲線 u_0。在此請讀者注意,雖然我們將無異曲線 u_0 繪成凸函數形狀,但這並不一定要這樣,只要是負斜率,其形狀如何並不影響接下來的討論。現在考慮 $\bar{u}$ 增加對此圖形的影響。在 2.2 節中,我們的作法是將 x 的值固定於某一水準,然後看 y 如何變動,或將 y 的值固定於某一水準,然後看 x 如何變動。但現在我們很清楚,這種作法只不過是求 $\partial y \,/\, \partial \bar{u}$ 或 $\partial x \,/\, \partial \bar{u}$ 而已。由 (2.38) 以及有關偏導數的假設,我們得到

$$\frac{\partial y}{\partial \bar{u}} = -\frac{\dfrac{\partial U}{\partial \bar{u}}}{\dfrac{\partial U}{\partial y}} > 0 \tag{2.39}$$

$$\frac{\partial x}{\partial \overline{u}} = -\frac{\dfrac{\partial U}{\partial \overline{u}}}{\dfrac{\partial U}{\partial x}} > 0 \tag{2.40}$$

(2.39) 表示，當 x 值維持不變，$\overline{u}$ 上升一單位時，y 值會增加多少。換句話說，當 $\overline{u}$ 增加 $d\overline{u}$ 時，整條曲線會往上移動 $(\partial y / \partial \overline{u})\, d\overline{u}$。同理，(2.40) 表示當 y 固定時，$\overline{u}$ 上升一單位，x 會增加多少。因此，當 $\overline{u}$ 增加 $d\overline{u}$ 時，整條曲線會往右移動 $(\partial x / \partial \overline{u})\, d\overline{u}$。圖 2.15 則清楚顯示，不管是往上或往右移動到 u_1，其結果是完全相同的。

接著來看 w 增加對無異曲線 u_0 的影響。與上面相同的過程，我們得到

$$\frac{\partial y}{\partial w} = -\frac{\dfrac{\partial U}{\partial w}}{\dfrac{\partial U}{\partial y}} < 0$$

$$\frac{\partial x}{\partial w} = -\frac{\dfrac{\partial U}{\partial w}}{\dfrac{\partial U}{\partial x}} < 0$$

讀者現在應可輕易得知，當 w 上升時，無異曲線 u_0 將向下（向左）移動到類似 u_2 這條線。

彈性

上面解釋導數或偏導數的概念時，我們是說（某一）自變數變動一單位時，應變數會改變多少。如果我們的目的僅在於知道導數的符號，或（某一）自變數與應變數之間的相互關係，那導數或偏導數的概念當然就已足夠。但在經濟學上，有時候我們不僅關心這種「關係」，我們更想知道這種關係的「強度」。如此一來，（偏）導數的概念就會產生嚴重的問題，因為（偏）導數的大小是受到自變數與應變數單位的影響。例如，假定 y 以公斤為單位衡量時，（偏）導數等於 1，則將 y 改以公兩衡量時所得到的（偏）導數就等於 10。但我們知道，這兩者是代表完全相同程度的關

係，表面上數字的差異純粹是由所使用的單位不同所造成。當然，如果我們在作比較之前能確定各變數的衡量單位都相同，就不會有這個問題了。不過，有時候並不是所有問題都能採用相同的單位，在這種情況下，上述方法也就無法採用。經濟學上用來解決這個問題的方法，可稱之為「去單位化」，即我們不考慮「自變數變動一單位時，應變數會變動幾單位」，而是考慮「自變數變動百分之一時，應變數會變動百分之幾」。因百分比本身沒有單位，或不受單位影響，故只要自變數和應變數關係的「程度」一定，則不管此兩變數用那一種單位來衡量，結果都是相同的。

現在，我們以函數 $y = f(x)$ 來說明這種「去單位化」的概念。當 x 變動 dx 時，其變動的比率可寫成 dx/x；同理 y 變動的比率可寫成 dy/y。根據上面的說明，我們可以下面的公式

$$e = \frac{\frac{dy}{y}}{\frac{dx}{x}} = \frac{dy}{dx}\frac{x}{y} \tag{2.41}$$

來衡量應變數 y 與自變數 x 兩者間關係的「程度」。我們將 e 稱為彈性 (elasticity)，它所衡量的正是「自變數變動百分之一時，應變數變動的百分比」，而它所代表的意義則是應變數 y 對自變數 x 發生變化時的反應的「敏感程度」。

仔細觀察 (2.41)，我們馬上可發現幾個特點：首先，由對數微分法則，我們知道 $d\ln x = dx/x$，因此彈性的公式可改寫成

$$e = \frac{d\ln y}{d\ln x}$$

這個寫法雖看起來平淡無奇，但將來讀者就會發現，它有許多意想不到的妙用。其次，由 (2.41) 最右邊一項，我們知道，所謂彈性剛好就是導數與 (x/y) 的乘積，因不同的 (x, y) 代表此函數圖形上的不同點，且我們知道，除了線性函數外，圖形上不同的點通常有不同的斜率，故一般而言，圖形上不同的點也會有不同的彈性。事實上，讀者馬上可以查驗，線性函數上任何兩點的彈性必然相異（除非此直線為水平或垂直線，

為什麼？)。最後，我們還可將 (2.41) 改寫成

$$e = \frac{\dfrac{dy}{dx}}{\dfrac{y}{x}}$$

我們已經知道，分子的 dy/dx 乃代表 x 變動一單位時所引起的 y 的變動量。在經濟學上，我們將其稱為 x 對 y 的邊際影響，或簡稱為邊際量。另一方面，分子的 y/x 表示每一單位 x 對 y 的平均影響，或簡稱為平均量。因此，我們可將函數圖形上某一點的彈性視為在該點的邊際量與平均量的比。

接著我們來看彈性的幾何意義。我們同時考慮圖 2.16 中兩條曲線上的 a 點，或 (x_1, y_1)。由上面討論，我們知道，這兩條曲線在 a 點的彈性為該曲線在 a 點的斜率再乘以 (x_1 / y_1)。由 (a) 圖形我們得知，a 點的斜率可表示成 $(-ax_1/x_1c)$，因此其彈性為

$$e = -\frac{ax_1}{x_1c}\frac{0x_1}{0y_1} = -\frac{0x_1}{x_1c} = -\frac{ab}{ac}$$

同樣道理，(b) 圖中 a 點的彈性為

$$e = \frac{ab}{ac}$$

我們清楚看到，上面兩個彈性公式間只差了一個負號，而這正反映圖 (a) 中之曲線為負斜率，圖 (b) 中之曲線為正斜率。因此，如果我們僅考慮絕對值，則這兩個彈性公式根本就是相同的。從幾何的觀點來看，任何一曲線上某一點的彈性可這樣得到：

(1) 作出該點的切線，並將其延長到與兩軸相交；

(2) 這一點的彈性就是這條切線到與應變數軸的交點的距離，與這條切線到與自變數軸的交點的距離的比。這個原理幾乎可以運用在任何情況，讀者若能充分了解，將會有莫大助益。

最後，在結束本小節之前，我們指出，上面有關彈性的概念可直接推廣到一個以上自變數的情形。例如，針對函數 $z = f(x, y)$，我們可定義

圖 2.16

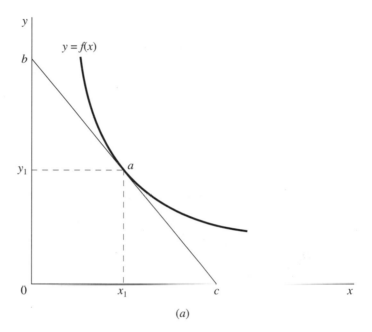

(a)

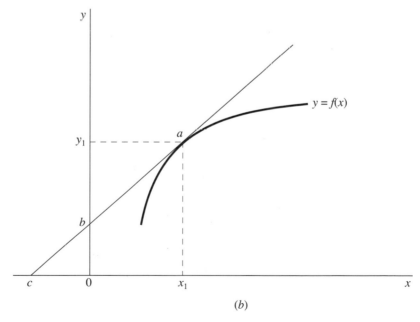

(b)

下列兩個偏彈性 (partial elasticity)。

$$e_x = \frac{\partial z}{\partial x}\frac{x}{z}$$

$$e_y = \frac{\partial z}{\partial y}\frac{y}{z}$$

【例 2.8】

求下列兩函數在點 p 之彈性或偏彈性。

(I)　$y = a - bx^{1/2}$，$a > 0$，$b > 0$，$p = (0, a)$

(II)　$z = cx^a y^b$，$c > 0$，$x > 0$，$y > 0$，$p = (1, 1, c)$

【解答】

(I)

$$\frac{dy}{dx} = -\frac{1}{2}bx^{-\frac{1}{2}}$$

$$e = \frac{dy}{dx}\frac{x}{y}$$

$$= -\frac{b}{2}x^{-\frac{1}{2}}\frac{x}{a - bx^{\frac{1}{2}}}$$

$$= \frac{-bx^{\frac{1}{2}}}{2\left(a - bx^{\frac{1}{2}}\right)}$$

故此函數在點 $(0, a)$ 之彈性為 $e = 0$。

(II)　將原方程式兩邊取對數可得

$$\ln z = \ln c + a \ln x + b \ln y$$

因此，我們可有下列兩個偏彈性

$$e_x = \frac{\partial \ln z}{\partial \ln x} = a$$

$$e_y = \frac{\partial \ln z}{\partial \ln y} = b$$

因兩個偏彈性均為定值,故在 $(1, 1, c)$ 之偏彈性即為 a 和 b。

2.5 無限制條件最適化理論

經濟學中最常使用的一個觀念就是均衡 (equilibrium),均衡分析也是任何經濟分析的第一個步驟。廣義而言,均衡的概念包括無標的均衡 (nongoal equilibrium) 和有標的均衡 (goal equilibrium) 兩種。前者均衡的達到並非任何個別經濟單位特意追求而來,如外匯市場均衡和國民所得均衡;反之,有標的均衡則是指某特定經濟單位刻意追求所得到的結果,如消費者均衡為消費者追求效用極大的結果,生產者均衡為生產者追求利潤極大的結果。從分析方法的角度來看,所謂有標的均衡分析正是一般所謂的最適化理論 (optimization theory),也就是數學上求極大和極小的方法與過程。在接下來兩小節中,我們就要介紹經濟學中這個重要的分析工具。我們先來看沒有任何限制條件的最適化理論。

首先考慮只有一自變數的函數 $y = f(x)$。我們的目的是在定義域中找到一個 x,使得函數值 $f(x)$ 達到極大 (maximum) 或極小 (minimum)。在這個問題中,我們稱函數 $f(x)$ 為標的函數 (objective function),因為它是我們要極大化或極小化的「對象」(objective)。我們所要作選擇的變數 x 則稱為選擇變數 (choice variable);另外,依場合不同,有時也將 x 稱為決策變數 (decision variable)、政策變數 (policy variable)、控制變數 (control variable) 或工具 (instrument)。當 x 的選擇未受到任何限制時,我們將這個問題稱為無限制條件最適化理論 (unconstrained optimization)。例如,在我們目前單一選擇變數的情況下,若 x 可以是任何實數,即 $x \in R$,則我們就有無限制條件的最適化問題,而可將其表示成

$$\max_x f(x) \tag{2.42}$$

或

圖 2.17

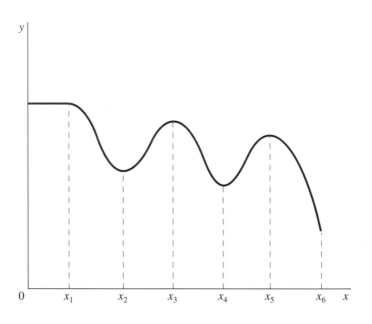

$$\min_{x} f(x)$$

上兩式中，max 和 min 分別代表極大化或極小化，而位於其下的 x 則是指明選擇變數為 x。由於求 $f(x)$ 的極小與求 $-f(x)$ 的極大完全相同（為什麼？），在接下來的討論中，我們以求極大為說明重點，讀者應自行嘗試相對應的極小化問題的求解。

在討論如何找到一函數的極大之前，我們必須先指出，極大有**全域** (global) 和局部 (local) 的分別。如果對任何 $x \in R$，恆有 $f(x^*) \geq f(x)$ 的關係，則我們稱 x^* 為函數 $f(x)$ 的一個**全域極大** (global maximum)。如果我們考慮的範圍只限於 x^* 附近的點，而不是整個實數集合 (R)，並得知在 x^* 鄰近的任何點 x 均有 $f(x^*) \geq f(x)$ 的關係，則稱 x^* 為函數 $f(x)$ 的一個**局部極大** (local maximum)。從這些定義中，我們可以很輕易看出，一個函數可能有超過一個以上的局部極大，甚至可能有無窮多局部極大。比較容易疏忽的是，一個函數同樣可能有超過一個，甚至無限多的全域極大。例如，圖 2.17 中，介於 0 和 x_1 間的任何一個 x 都是此函數的全域極大；另一方面，x_3、x_5 和任何介於 0 和 x_1 的點都是局部極大（局部極

小和全域極小呢？）。由此讀者也可得知，全域極大必然是局部極大，但
反過來則未必成立。當然，並不是所有函數都必然有極大或極小。有些
函數，例如

$$y = a + bx，a > 0，b > 0$$

既沒有全域極大，也沒有全域極小，也談不上局部極大或局部極小。另
有一些函數，只有極大（極小），但卻無極小（極大）；例如

$$y = x^2$$

只有極小（全域及局部）$x = 0$，但無全域（及局部）極大。

　　經濟學中所使用的極大主要是指全域極大。然而，在求取極大的方
法上，我們只在找尋局部極大方面有較有系統的發展。理論上，我們可
先求得該函數所有的局部極大，然後再由這些局部極大中找出最大的，
就是全域極大了。不過，這種方式有時並不簡單。因此，在初、中級經
濟分析中，我們均透過適當的假設，使得相關函數只有唯一的局部極
大，於是該一局部極大自然也就是全域極大，因而使問題大量簡化。在
本書中，我們所採用的也是這個策略，故除非在很特別的情況下，我都
不用擔心局部與全域的差別。

一階條件

現在回到 (2.42)，我們想找到一使得 y 達到最大的 x。我們知道，當 x 的
值由 $x = x^*$ 改變 dx 時，y 的值會隨著改變

$$dy = f'(x^*)dx \tag{2.43}$$

在上式中，只要 $f'(x^*) \neq 0$，我們就可找到適當的 dx，使得 $dy > 0$。如此
一來，原來的 x^* 就不是使 $y = f(x)$ 達到最大的點，或說 x^* 不是該函數的
一個極大。為什麼呢？當 $f'(x^*) > 0$ 時，我們可讓 x 的值由 x^* 繼續增加，
因 $dx > 0$，於是 $dy > 0$。換句話說，當 x 比 x^* 大時，$f(x) > f(x^*)$，故 x^* 不
是一個極大。反之，當 $f'(x^*) < 0$ 時，我們取 $dx < 0$，同樣得到 $dy > 0$，
因而 x^* 不是一個極大。於是我們得到一個重要結論：如果 x^* 是 (2.42) 的
解，則 $f'(x^*) = 0$。因為在此情況下，不管 dx 是多少，均無法使 y 的值再

增加，即 $dy = 0$。現在，我們可將這個結果寫成：若 x^* 為函數 $y = f(x)$ 的極大，則 $f'(x^*) = 0$。這個結果一般稱為求極大的一階條件 (first-order condition)，因為它牽涉到該函數在極大點的一階導數；另外，我們稱滿足此一階條件的點 x^* 為臨界點 (critical point) 或滯留點 (stationary point)。值得注意的是，這個結果只告訴我們，如果 x^* 為一極大，則必然要滿足 $f'(x^*) = 0$，但它並未說明，當某一點 x^* 滿足 $f'(x^*) = 0$ 時，x^* 是否為 $f(x)$ 的極大。因此，這個條件僅僅是極大的**必要條件** (necessary condition)，而非**充分條件** (sufficient condition)。這就是為什麼 $f'(x^*) = 0$ 也常被稱作 x^* 為極大的必要條件或一階必要條件的原因。

我們可以圖形說明上面的結果。首先來看圖 2.18(a)，很明顯地，x^* 為函數 $f(x)$ 的極大。我們也可清楚看出，此函數在 $(x^*, f(x^*))$ 這一點的切線為一水平線，其斜率等於 0（為什麼？）。但我們也知道通過 $(x^*, f(x^*))$ 這點的切線的斜率剛好是 $f'(x^*)$，因此 $f'(x^*) = 0$。這剛好印證前面所說，在極大點 x^*，該函數必滿足一階條件 $f'(x^*) = 0$；反之，當 $f'(x_0) \neq 0$ 時，x_0 必然不是此函數的極大。完全相同的解釋，可援用於圖 2.18(b) 中，只不過將上面說明中的極大改為極小而已。在此必須再提醒讀者兩點：第一、這裡所談的一階必要條件或臨界點，基本上都是指局部極大而言，因為圖 2.18(a) 只是描繪出此函數的部份圖形，當圖形繼續往兩邊延長時，我們就無法確定其形狀如何，因而也不知道是否有其他局部極大存在。當然，如果我們確知圖 2.18(a) 中之函數為一凹函數，那麼圖中之 x^* 將為唯一的臨界點，也是唯一的全域極大。第二、上面已經提過，一階條件只不過是極大的必要條件，而不是充分條件。這可由圖 2.18(c) 和圖 2.18(d) 來說明。在這兩個圖中，點 x^* 均滿足 $f'(x^*) = 0$，但很明顯地，x^* 既不是極大，也不是極小，因此滿足一階條件並不保證該點為一極大。數學上將圖 2.18(c) 和圖 2.18(d) 中的 x^* 或 $(x^*, f(x^*))$ 稱為**反曲點** (inflection point)。讀者若仔細觀察，反曲點乃是函數圖形由凹函數轉變為凸函數（圖 2.18(c)）或由凸函數轉變為凹函數（圖 2.18(d)）的點。

二階條件

我們已經知道，要求一個函數的極大（極小）的第一步就是找出該函數的臨界點，因為極大（極小）必然是個臨界點。但另一方面，我們也知道，

圖 2.18

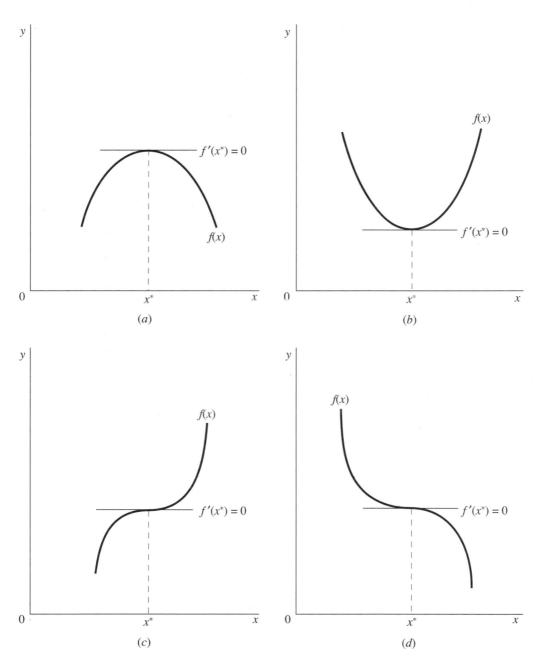

找到臨界點並不表示已經找到極大（極小），因為任何一個臨界點可能是該函數的極大、極小，也可能是既非極大也非極小的反曲點。因此，在找到臨界點後的第二步，就得設法分辨某一臨界點到底是極大、極小或反曲點，而這就牽涉到所謂的二階條件 (second-order conditions) 或二階充分條件 (second-order sufficient conditions) 的問題了。

由上節有關圖 2.18 的討論，我們發現，只要在臨界點 x^* 附近，函數為一凹函數（圖 2.18(a)），則該臨界點即為一（局部）極大。反之，若在臨界點 x^* 附近，此函數為一凸函數（圖 2.18(b)），則該臨界點即為一（局部）極小。另一方面，如果在臨界點 x^* 一邊此函數為凹函數，而在另一邊為凸函數，則該臨界點就是一個反曲點（圖2.18 (c)、(d)）。但我們知道，一個函數的凹、凸性質可直接由它的二階導數來判定。更明確地說，只要在相關範圍內，若 $f''(x) < 0$，則此函數在此範圍內就是個凹函數；同樣地，在相關範圍內，若 $f''(x) > 0$，則此函數在這個範圍內就是凸函數。圖 2.19 中四個圖所描繪的，正是圖 2.18 中各對應函數的一階導數的函數圖形。我們清楚看到，圖 2.19(a) 中，在 x^* 附近，$f'(x)$ 是一條負斜率的曲線，即 $f''(x^*) < 0$，故 $f(x)$ 在 x^* 附近為一凹函數，而臨界點 x^* 為一（局部）極大。在圖 2.19(b) 中，$f'(x)$ 在 x^* 附近均為正斜率，所以 $f''(x^*) > 0$，而 x^* 為一（局部）極小。至於圖 2.19(c) 和圖 2.19(d)，它們有幾個共同特色：

(1)　圖 2.19(c) 中，$f'(x)$ 的值恆不為負，而圖 2.19(d) 中，$f'(x)$ 的值恆不為正。

(2)　兩圖在 x^* 這點都是 $f'(x^*) = 0$。

(3)　兩個圖在 x^* 這點的切線均為水平，故均有 $f''(x^*) = 0$。

(4)　在 x^* 這點的左、右兩邊，$f'(x)$ 的斜率的符號都是相反。

由此可知，原函數 $f(x)$ 在 x^* 這點附近既非凹函數，也非凸函數，所以 x^* 不可能是極大或極小，而 為一反曲點。事實上，我們可利用 $f''(x^{**}) = 0$ 以及上面的第 (4) 個性質，來找函數 $f(x)$ 的反曲點。不過，我們要提醒讀者，反曲點雖然有 $f''(x^{**}) = 0$ 的性質，但 $f''(x^{**}) = 0$ 並不表示 x^{**} 一定是個反曲點，只有再加上 (4) 的性質方才能確定（讀者請以 $y = x^4$ 這個函數為例，自行查證這個論述）。現在我們將上面有關二階導數與極大（極小）的關係，歸納成下述的二階條件：若 $f'(x^*) = 0$，且 $f''(x^*) < 0$，則 x^*

圖 2.19

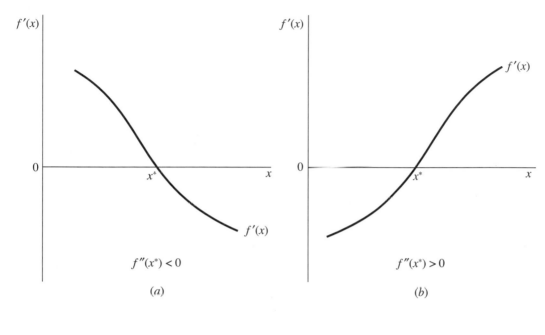

(a)   (b)

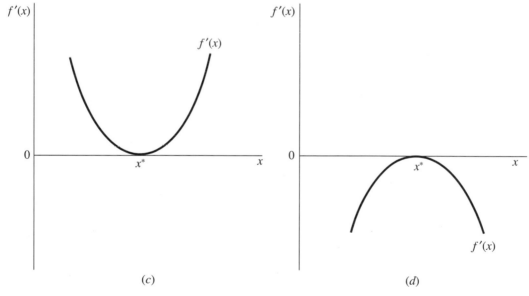

(c)   (d)

為 $f(x)$ 的一個（局部）極大；若 $f'(x^*) = 0$，且 $f''(x^*) > 0$，則 x^* 為 $f(x)$ 的一個（局部）極小。讀者請特別注意，上述的二階條件只是「充分條件」，不是必要條件。換句話說，即使有些點不滿足二階條件，該點仍然可能是個極大或極小。

【例 2.8】

求下列各函數的極大或極小，以及在極大或極小點的函數值。

(I) $y = -x^2 + 8x - 15$

(II) $y = \dfrac{x^2 + x - 1}{x^2 + 1}$

(III) $y = \ln x^2 - 4x, \ x > 0$

(IV) $y = x^4$

【解答】

(I) 函數的一階導數為

$$f'(x) = -2x + 8$$

故一階條件為

$$f'(x^*) = -2x^* + 8 = 0$$

由一階條件可解得臨界點

$$x^* = 4$$

又因

$$f''(x) = -2 < 0$$

二階導數恆為負值，所以此函數為一凹函數，$x^* = 4$ 為一極大，在該點之函數值為 $y = 1$。

(II) 函數的一階導數為

$$f'(x) = \frac{1 - x^2}{(x^2 + 1)^2}$$

故一階條件為

$$f'(x^*) = \frac{1 - x^{*2}}{(x^{*2} + 1)^2} = 0$$

所以臨界點為 $x^* = 1$ 或 $x^* = -1$。又

$$f''(x) = \frac{2x(x^2 - 3)}{(x^2 + 1)^3}$$

所以

$$f''(1) = -1/2 < 0$$

$$f''(-1) = 1/2 > 0$$

故知

$x^* = 1$ 為極大，其函數值為 $y - 1/2$

$x^* = -1$ 為極小，其函數值為 $y = -1/2$

(III) 函數的一階導數為

$$f'(x) = \frac{2}{x} - 4$$

故一階條件為

$$f'(x^*) = \frac{2}{x^*} - 4 = 0$$

所以臨界點為 $x^* = 1/2$。又

$$f''(x) = -\frac{2}{x^2} < 0$$

所以

$$f''(1/2) = -8 < 0$$

由二階條件得知 $x^* = 1/2$ 為一極大，其函數值為 $y = -2(\ln 2 + 1)$。

（因 $f''(x)$ 恆小於 0，故知此函數為一凹函數。因此極大之二階條件必然成立）

(IV) 函數的一階導數為

$$f'(x) = 4x^3$$

一階條件為

$$f'(x^*) = 4x^{*3} = 0$$

所以臨界點為 $x^* = 0$。又

$$f''(x) = 12x^2$$

故

$$f''(0) = 0$$

由此可知，本小題無法以二階條件來判別 $x^* = 0$ 為極大或極小。不過，我們知道，只要 $x \neq 0$，$y = x^4 > 0$，所以，當 $x = 0$ 時，$y = 0$ 必然是此函數的最小值。因此，臨界點 $x^* = 0$ 為此函數之極小，而其函數值為 $y = 0$。

兩個自變數函數的極大與極小

討論了一個自變數函數的極大（極小）之後，現在我但要將其推展到兩個自變數的情形。我們可以說，在兩個自變數時，找尋極大（極小）的「原理和一個自變數的情形完全相同，只不過較為複雜一點而已」。我們將以函數 $z = f(x, y)$ 來說明，考慮下列問題：

$$\max_{x,y} f(x, y)$$

求解這個問題的過程和一個自變數時完全相同，我們先由一階必要條件找出臨界點，然後再利用二階充分條件來判別某一特定臨界點是否為極

大（極小或其他情況）。

現在來看對應於 (2.29) 的 $z = f(x, y)$ 的全微分，

$$dz = f_x(x, y)dx + f_y(x, y)dx$$

如果 (x^*, y^*) 為 $f(x, y)$ 的一個極大，則我們立即可得知

$$f_x(x^*, y^*) = 0$$
$$f_y(x^*, y^*) = 0 \tag{2.44}$$

因為只要 (2.44) 中任何一式不成立，我們就可透過適當地選擇 dx 或 dy 的值使 z 值增加 $(dz > 0)$。例如，當 $f_x(x^*, y^*) > 0$，$f_y(x^*, y^*) = 0$ 時，我們可取 $dx > 0$，得到 $dz = f_x(x^*, y^*)dx > 0$，由而得知 (x^*, y^*) 並不是 $f(x, y)$ 的極大。同樣道理，當 $f_x(x^*, y^*) = 0$，$f_y(x^*, y^*) < 0$ 時，我們可取 $dy < 0$ 以讓 z 值上升。總結而言，我們得知 (2.44) 正是求函數 $f(x, y)$ 之極大（或極小，請確定您知道其所以然！）的一階條件，而滿足一階條件的點 (x^*, y^*) 則是函數 $f(x, y)$ 的一個臨界點。和一個自變數的情形一樣，一階條件只不過是極大的必要條件，而非充分條件。滿足一階條件的臨界點可能是極大，可能是極小，也可能是既非極大也非極小的馬鞍點 (saddle point)。所謂馬鞍點是兩個自變數時的特有狀況，在該點從某一個方向（如 x 軸）看是個極大，但從另一個方向（y 軸）看則為極小，因其幾何圖形狀似馬鞍，因而得名。

為了判別某一個臨界點 (x^*, y^*) 是否為極大，我們仍得訴諸二階充分條件。這裡所謂二階條件，原理仍與單一自變數的情形相同，即我們必須查看，在 (x^*, y^*) 點附近，函數為凹函數或凸函數。如果在 (x^*, y^*) 點附近，函數為凹函數，則 (x^*, y^*) 就是一個局部極大；如果在 (x^*, y^*) 點附近，函數為凸函數，則 (x^*, y^*) 就是一個局部極小。如果在 (x^*, y^*) 附近，無法確定該函數之凹、凸性質，則 (x^*, y^*) 就不是極大或極小。現在我們就利用 2.4 節中有關二階偏導數與函數凹、凸性質的結果來敘述二階條件。

將賀辛行列式在點 (x^*, y^*) 的估計值記為

$$|H|(x^*, y^*) = f_{xx}(x^*, y^*)f_{yy}(x^*, y^*) - (f_{xy}(x^*, y^*))^2$$

再利用 (2.36) 可得

(1)　若 $f_{xx}(x^*, y^*) < 0$，且 $|H|(x^*, y^*) > 0$，則函數 $f(x, y)$ 在點 (x^*, y^*) 附近為一凹函數。

(2)　若 $f_{xx}(x^*, y^*) > 0$，且 $|H|(x^*, y^*) > 0$，則函數 $f(x, y)$ 在點 (x^*, y^*) 附近為一凸函數。

結合上述結果及前面的分析，我們可將二階條件寫成

(1)　若 (x^*, y^*) 為 $f(x, y)$ 的一個臨界點且 $f_{xx}(x^*, y^*) < 0$，$|H|(x^*, y^*) > 0$，則 (x^*, y^*) 為 $f(x, y)$ 的一個（局部）極大。

(2)　若 (x^*, y^*) 為 $f(x, y)$ 的一個臨界點且 $f_{xx}(x^*, y^*) > 0$，$|H|(x^*, y^*) > 0$，則 (x^*, y^*) 為 $f(x, y)$ 的一個（局部）極小。

讀者應已發現，不管是極大或極小，二階條件中之賀辛行列式 $|H|(x^*, y^*)$ 必須為正值。反過來，當 $|H|(x^*, y^*) = 0$ 或 $|H|(x^*, y^*) < 0$ 時，二階條件就無用武之地。事實上，我們可以證明，當 $|H|(x^*, y^*) < 0$ 時，(x^*, y^*) 乃是一個馬鞍點。在 $|H|(x^*, y^*) = 0$ 時，其情況正如在單一自變數時的二階導數 $f''(x^*) = 0$ 一樣，(x^*, y^*) 仍可能是極大或極小，只不過無法利用二階條件加以判別而已。最後這一點正好也顯示了二階條件只是個充分條件，而不是必要條件的特性。

【例 2.9】

求下列各函數的極大或極小

(I)　$f(x, y) = 4x + 2y - x^2 - y^2 + xy$

(II)　$f(x, y) = x^2 - 3xy + y^2$

(III)　$f(x, y) = x^4 + x^2 + 3y^2 - 6xy$

【解答】

(I)　因

$$\frac{\partial f(x,y)}{\partial x} = 4 - 2x + y$$

$$\frac{\partial f(x,y)}{\partial y} = 2 - 2y + x$$

故一階條件為

$$4 - 2x^* + y^* = 0$$

$$2 - 2y^* + x^* = 0$$

由一階條件可解得臨界點 $(x^*, y^*) = (10/3, 8/3)$。又

$$\frac{\partial^2 f(x,y)}{\partial x^2} = -2 \; , \; \frac{\partial^2 f(x,y)}{\partial x \partial y} = \frac{\partial^2 f(x,y)}{\partial y \partial x} = 1 \; , \; \frac{\partial^2 f(x,y)}{\partial y^2} = -2$$

則賀辛行列式為

$$\begin{vmatrix} f_{xx} & f_{xy} \\ f_{yx} & f_{yy} \end{vmatrix} = \begin{vmatrix} -2 & 1 \\ 1 & -2 \end{vmatrix} = 3 > 0$$

因 $f_{xx} < 0$，$|H| > 0$，故知此為一凹函數，所以臨界點 $(10/3, 8/3)$ 為一極大。

(II)　因

$$\frac{\partial f(x,y)}{\partial x} = 2x - 3y$$

$$\frac{\partial f(x,y)}{\partial y} = -3x + 2y$$

故一階條件為

$$2x^* - 3y^* = 0$$

$$-3x^* + 2y^* = 0$$

由一階條件可解得臨界點 $(x^*, y^*) = (0, 0)$。又

$$\frac{\partial^2 f(x,y)}{\partial x^2} = 2 \; , \; \frac{\partial^2 f(x,y)}{\partial x \partial y} = \frac{\partial^2 f(x,y)}{\partial y \partial x} = -3 \; , \; \frac{\partial^2 f(x,y)}{\partial y^2} = 2$$

所以

$$\begin{vmatrix} f_{xx} & f_{xy} \\ f_{yx} & f_{yy} \end{vmatrix} = \begin{vmatrix} 2 & -3 \\ -3 & 2 \end{vmatrix} = -5 < 0$$

由於賀辛行列式恆為負值，故我們知道臨界點 $(0, 0)$ 為一馬鞍點。

(III) 一階條件為

$$f_x(x^*, y^*) = 4x^{*3} + 2x^* - 6y^* = 0$$

$$f_y(x^*, y^*) = 6y^* - 6x^* = 0$$

我們可由一階條件解得三個臨界點 $(0, 0)$、$(1, 1)$ 和 $(-1, -1)$。接著看二階導數

$$f_{xx} = 12x^2 + 2$$

$$f_{xy} = f_{yx} = -6$$

$$f_{yy} = 6$$

(i)　當臨界點為 $(0, 0)$ 時

$$f_{xx}(0, 0) = 2 > 0$$

$$|H|(0, 0) = \begin{vmatrix} 2 & -6 \\ -6 & 6 \end{vmatrix} = -24 < 0$$

故知 $(0,0)$ 為一馬鞍點

(ii)　當臨界點為 $(1,1)$ 時

$$f_{xx}(1, 1) = 14 > 0$$

$$|H|(1, 1) = \begin{vmatrix} 14 & -6 \\ -6 & 6 \end{vmatrix} = 48 > 0$$

由二階條件知 $(1, 1)$ 為一（局部）極小。

(iii)　當臨界點為 $(-1, -1)$ 時

$$f_{xx}(-1, -1) = 14 > 0$$

$$|H|(-1, -1) = \begin{vmatrix} 14 & -6 \\ -6 & 6 \end{vmatrix} = 48 > 0$$

故 (–1, –1) 同樣為（局部）極小。

2.6 等式限制條件最適化理論

上小節我們介紹了無限制條件的最適化理論。但經濟學所面對的根本問題是稀少性 (scarcity)，是如何將有限的資源做最有效率的運用，故經濟學中絕大部份的最適化問題都是有限制條件的。例如，我們都知道，個人消費支出受到所得的限制，而整個國家的經濟能力則受限於其所擁有的生產資源與技術條件。因此，就實際應用來說，有限制條件的最適化較無限制條件的最適化在經濟學中更為重要。雖然，限制條件可能是等式限制條件，也可能是不等式限制條件，但在如本書之基礎性課程中，一般均避免不等式限制條件問題，因而在此我們也只介紹等式限制條件最適化理論。和前面一樣，我們將以兩個自變數的情形加以說明。考慮函數 $z = f(x, y)$，我們可將等式限制條件問題寫成：

$$\max_{x,y} f(x, y)$$

$$\text{s.t. } g(x, y) = k \text{，} k \text{ 為常數} \tag{2.45}$$

上式中，$f(x, y)$ 為標的函數，$g(x, y) = k$ 則為限制條件，s.t. 代表「受限於」(subject to) 的意思。在此提醒讀者要特別小心，選擇變數的數目必須大於「等式」限制條件的數目，否則問題就變得毫無意義。例如：當我們要求 $f(x, y) = x + \ln y$ 的極大值，但又要求滿足 $x + y = 1$，$x - y = 0$ 兩個條件。在這種情況下，只有 $x = 1/2$，$y = 1/2$ 同時滿足此兩個限制條件，因而 $f(x, y)$ 的值也就固定，不再有任何「選擇」的餘地了。所以，就 (2.45) 這種兩個選擇變數的問題，最多就只能有一個等式限制條件。

一階條件

含有限制條件的最適化問題和沒有限制條件時相同，我們必須先由一階條件找出滿足限制條件的臨界點，再透過二階條件由臨界點中找出極大。現在假定函數 $f(x, y)$ 的圖形如圖 2.20(a) 中「倒碗形」的 qmr，限制式為 x-y 平面上的曲線 ab。曲線 snt 為 qmr 上直接位於曲線 ab 正上方的

點所成的集合。很明顯地,在沒有任何限制條件時,此函數的極大為 m',但當我們將選擇變數限制為滿足 $g(x, y) = k$ 的點時,所得到的限制極大 (constrained maximum) 成為 n'。因此,我們的問題是如何找到 n' 這一點。

最直覺的解決這個問題的方法是,由 $g(x, y) = k$ 的限制式,將 y 解成 x 的函數,如 $y = \phi(x)$,然後將其代入標的函數,使其成為

$$h(x) = f(x, y) = f(x, \phi(x))$$

如此一來,上式即成為單一選擇變數 x 的無限制條件最適化問題,則我們就可以直接引用上一節中所介紹求極大的方法了。當然,我們不一定可由 $g(x, y) = k$,解得 $y = \phi(x)$。在這種情況下,只要能將 x 解成 y 的函數,$x = \psi(y)$,再代回標的函數,同樣可以得到一無限制條件最適化問題,只不過選擇變數是 y 而已。現在的問題是,如果我們無法由限制式 $g(x, y) = k$,將 x 解成 y 的函數,或將 y 解成 x 的函數時,該怎麼辦呢?這就只能利用我們接下來要介紹的拉格朗日法 (Lagrange method) 了。

現在回到 (2.45),由於 $g(x, y) = k$ 的圖形在 x-y 平面上,我們可利用函數 $f(x, y)$ 的等值曲線來探討這個問題。圖 2.20(b) 除了畫出限制條件 ab 曲線外,並加入幾條等值曲線。由於圖 2.20(b) 完全對應於圖 2.20(a),故圖 2.20(b) 中的 m' 和 n' 同樣代表無限制條件和有限制條件的極大。比較圖 2.20(a) 和 (b),我們可看到越靠近 m' 的等值曲線,所代表的函數值越大。因此,我們只要在 $g(x, y) = k$ 這條線上找到一點,使得通過該點的等值曲線,較通過 $g(x, y) = k$ 上任何其他點的等值曲線更靠近 m' 即可。圖 2.20(b) 中,c 為 $g(x, y) = k$ 上的一點,故滿足限制條件。我們很容易看出,由 c 點沿 ab 往右下方移動,會移到越來越高的等值曲線上,所以 c 點並不是限制極大。但當我們移到 n' 時,不論往右下方或左上方移動,函數 $f(x, y)$ 的值都會下降,因此 n' 點就是限制極大。比較 c 和 n' 兩點,我們發現,兩者最主要的差異為:在 c 點,限制曲線 ab 和通過該點的等值曲線相交,而在 n' 點,限制曲線 ab 和通過該點的等值曲線相切。換句話說,我們在找尋限制極大時,首先要找的就是限制曲線上與標的函數 $f(x, y)$ 的等值曲線相切的點,而這些點就是我們所熟悉的臨界點了。

圖 2.20

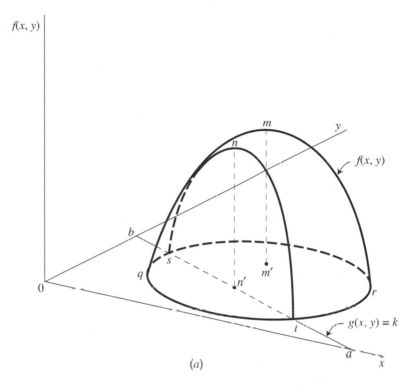

(a)

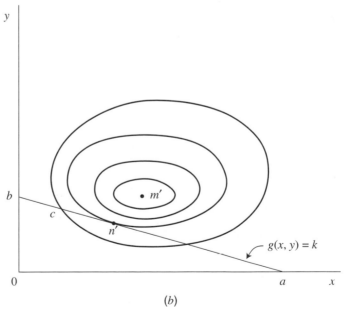

(b)

現在假定 n' 點的坐標為 (x^*, y^*)，我們知道在該點 $g(x, y) = k$ 和一條等值曲線 $f(x, y) = \bar{z}$ 相切。利用前面所介紹的穩函數微分法，我們可得到下列結果：

$$\left.\frac{dy}{dx}\right|_{\substack{g(x,y)=k \\ (x,y)=(x^*,y^*)}} = -\frac{g_x(x^*, y^*)}{g_y(x^*, y^*)} = -\frac{f_x(x^*, y^*)}{f_y(x^*, y^*)} = \left.\frac{dy}{dx}\right|_{\substack{f(x,y)=\bar{z} \\ (x,y)=(x^*,y^*)}} \tag{2.46}$$

上式中最左項和最右項分別代表限制式 $g(x, y) = k$ 和等值曲線 $f(x, y) = \bar{z}$ 在點 (x^*, y^*) 的斜率。我們可將 (2.46) 這個條件改寫成

$$-\frac{f_x(x^*, y^*)}{g_x(x^*, y^*)} = -\frac{f_y(x^*, y^*)}{g_y(x^*, y^*)} \tag{2.47}$$

令 (2.47) 等於 $-\lambda^*$，則得到

$$-\frac{f_x(x^*, y^*)}{g_x(x^*, y^*)} = -\frac{f_y(x^*, y^*)}{g_y(x^*, y^*)} = -\lambda^*$$

或

$$f_x(x^*, y^*) - \lambda^* g_x(x^*, y^*) = 0$$
$$f_y(x^*, y^*) - \lambda^* g_y(x^*, y^*) = 0 \tag{2.48}$$

總結而言，如果 (x^*, y^*) 是 (2.45) 的一個解，則 (x^*, y^*) 必須滿足 (2.48) 及限制條件，即

$$g(x^*, y^*) = k \tag{2.49}$$

而 (2.48) 和 (2.49) 這三條方程式也就是求解 (2.45) 的一階（必要）條件。由此一階條件，我們可解出 x^*, y^* 和 λ^* 三個變數之值，其中 (x^*, y^*) 即是前面所提的臨界點。

雖然有了 (2.48) 和 (2.49) 之後，我們就可解出臨界點。但問題是，我們每次都得從事全微分等手續以求得標的函數與限制式的斜率，在一些較複雜的問題中，這個過程是相當麻煩，也相當容易發生錯誤。為了避免這些問題，數學上遂有拉格朗日法的提出。這個方法的精神是，設法將 (2.45) 的限制條件問題轉化成一個包括三個選擇變數的無限制條件

最適化問題。具體說，我們設立下列的拉格朗日函數 (Lagrangean function 或簡稱 Lagrangean)

$$\mathcal{L}(x, y, \lambda) = f(x, y) + \lambda(k - g(x, y)) \tag{2.50}$$

其中變數 λ 稱為拉格朗日乘數 (Lagrange multiplier)。現在，將 (2.50) 看成 (x, y, λ) 的函數，然後求 (x, y, λ) 的極大。若 (x^*, y^*, λ^*) 為此函數的一個極大，則我們知道，其一階條件為：

$$\mathcal{L}_x(x^*, y^*, \lambda^*) = f_x(x^*, y^*) - \lambda^* g_x(x^*, y^*) = 0$$

$$\mathcal{L}_y(x^*, y^*, \lambda^*) = f_y(x^*, y^*) - \lambda^* g_y(x^*, y^*) = 0$$

$$\mathcal{L}_\lambda(x^*, y^*, \lambda^*) = k - g(x^*, y^*) = 0 \tag{2.51}$$

很清楚地，(2.51) 這三條式子，剛好就是 (2.48) 和 (2.49)。換句話說，等式限制條件最適化問題 (2.45) 與無限制條件最適化問題 (2.50) 的一階（必要）條件完全相同，因此我們就可直接以拉格朗日法來求取限制極大。事實上，這也是經濟分析中最常採用的方法，因為利用這個方法，計算過程方面通常較為簡化，而且，如我們下面即將說明的，拉格朗日乘數本身即穩含相當重要的經濟意義。但是，在此必須提醒讀者，拉格朗日法並未「真正地」將限制條件最適化問題轉化成無限制條件最適化問題，我們只是將極大化 (2.50) 的一階條件與極大化 (2.45) 的一階條件剛好相同這個性質加以利用而已。這點，在討論二階（充分）條件時就會更清楚了。此外，我們雖僅說明求限制極大的方法，但讀者應可自行驗證，限制極小的一階條件與限制極大完全相同，也是 (2.51)。與無限制條件問題完全相同，欲判定滿足一階條件的臨界點為限制極大或限制極小，就必須查驗二階條件。

二階條件

我們已經知道，一階條件只是必要條件，故和無限制條件的最適化問題一樣，滿足一階條件的臨界點 (x^*, y^*) 並不一定是 (2.45) 的解。因此在利用一階條件找到臨界點後，必須再經由二階條件來判別，該臨界點是否為一極大。由於我們所面對的是求極大的問題，那和無限制條件情形相同，只有在臨界點附近，該函數為一凹函數，方可保證此臨界點為一（局

部）限制極大。換句話說，我們必須有

$$d^2z\big|_{(x,y)=(x^*,y^*)}=f_{xx}(x^*,y^*)dx^2+2f_{xy}(x^*,y^*)dxdy+f_{yy}(x^*,y^*)dy^2<0 \qquad (2.52)$$

才可以保證 (x^*,y^*) 為 (2.45) 的一個（局部）限制極大。將限制條件在點 (x^*,y^*) 作全微分可解得

$$dx=-\frac{g_y(x^*,y^*)}{g_x(x^*,y^*)}dy \qquad (2.53)$$

將 (2.53) 代入 (2.52) 並略去偏導數中的變數 (x^*,y^*) 可得

$$d^2z=f_{xx}\left(-\frac{g_y}{g_x}dy\right)^2+2f_{xy}\left(-\frac{g_y}{g_x}dy\right)dy+f_{yy}dy^2$$

$$=\left(\frac{dy}{g_x}\right)^2\left(f_{xx}g_y^2-2f_{xy}g_xg_y+f_{yy}g_x^2\right)$$

$$<0 \qquad (2.54)$$

因此，若函數 $z=f(x,y)$ 在點 (x^*,y^*) 附近為一凹函數的話，(2.54) 中括號部分必須小於 0。為了方便，我們定義下列行列式：

$$|\bar{H}|(x^*,y^*)=\begin{vmatrix} f_{xx} & f_{xy} & g_x \\ f_{yx} & f_{yy} & g_y \\ g_x & g_y & 0 \end{vmatrix}=-(f_{xx}g_y^2-2f_{xy}g_xg_y+f_{yy}g_x^2) \qquad (2.55)$$

切記，上式中各偏導數均是在點 (x^*,y^*) 的值。比較 (2.54) 和 (2.55)，立即得到當 $|H|(x^*,y^*)>0$ 時，(2.54) 即成立。敏感的讀者應已發現，此行列式和無限制條件下的賀辛行列式十分神似，只是加上了限制條件的「一階偏導數的邊」而已。正因此，一般稱 $|\bar{H}|$ 為加邊賀辛行列式 (bordered Hessian determinant)。上述結果告訴我們，在兩個選擇變數，一個等式限制條件下，限制極大的二階條件就是加邊賀辛行列式為正值。同理可推得，限制極小的二階條件為加邊賀辛行列式為負值。

【例 2.10】

求下列各式之極大或極小

(I)　$f(x, y) = \ln x + \ln y$

　　s.t. $(x + 1)(y + 1) = 4$

(II)　$f(x, y) = 2 \ln x + \ln y$

　　s.t. $(i)\; x + y - 6 = 0$

　　或 $(ii)\; 6 - x - y = 0$

【解答】

(I)　此題之拉格朗日函數為

$$\mathcal{L}(x, y, \lambda) = \ln x + \ln y + \lambda(4 - (x + 1)(y + 1))$$

一階條件為

$$\frac{\partial \mathcal{L}}{\partial x} = \frac{1}{x^*} - \lambda^*(y^* + 1) = 0$$

$$\frac{\partial \mathcal{L}}{\partial y} = \frac{1}{y^*} - \lambda^*(x^* + 1) = 0$$

$$\frac{\partial \mathcal{L}}{\partial \lambda} = 4 - (x^* + 1)(y^* + 1) = 0$$

由一階條件可解得兩臨界點 (x^*, y^*, λ^*)，$(1, 1, 1/2)$ 和 $(-3, -3, 1/6)$。
接著來看二階條件，因

$$\frac{\partial^2 \mathcal{L}}{\partial x^2} = -\frac{1}{x^2} \;,\; \frac{\partial^2 \mathcal{L}}{\partial y^2} = -\frac{1}{y^2} \;,\; \frac{\partial^2 \mathcal{L}}{\partial x \partial y} = -\lambda$$

$$\frac{\partial g}{\partial x} = y + 1 \;,\; \frac{\partial g}{\partial y} = x + 1$$

(*i*)　在 (1, 1, 1/2) 的加邊賀辛行列式為

$$\begin{vmatrix} -1 & -1/2 & 2 \\ -1/2 & -1 & 2 \\ 2 & 2 & 0 \end{vmatrix} = 4 > 0$$

所以 (1, 1) 為一限制極大。

(*ii*)　在 (−3, −3, 1/6) 的加邊賀辛行列式為

$$\begin{vmatrix} -1/9 & 1/6 & -2 \\ 1/6 & -1/9 & -2 \\ -2 & -2 & 0 \end{vmatrix} = \frac{20}{9} > 0$$

故 (−3, −3) 亦為一限制極大。

(II)　當限制式為 (i) 時之拉格朗日函數為

$$\mathcal{L}(x, y, \lambda) = 2 \ln x + \ln y + \lambda(6 - x - y)$$

故一階條件為

$$\frac{\partial \mathcal{L}}{\partial x} = \frac{2}{x^*} - \lambda^* = 0$$

$$\frac{\partial \mathcal{L}}{\partial y} = \frac{1}{y^*} - \lambda^* = 0$$

$$\frac{\partial \mathcal{L}}{\partial \lambda} = 6 - x^* - y^* = 0$$

由一階條件解得 (x^*, y^*, λ^*) 為 (4, 2, 1/2)。又

$$\frac{\partial^2 \mathcal{L}}{\partial x^2} = -\frac{2}{x^2} \ , \ \frac{\partial^2 \mathcal{L}}{\partial y^2} = -\frac{1}{y^2} \ , \ \frac{\partial^2 \mathcal{L}}{\partial x \partial y} = 0$$

$$\frac{\partial g}{\partial x} = 1 \ , \ \frac{\partial g}{\partial y} = 1$$

故在臨界點的加邊賀辛行列式為

$$\begin{vmatrix} -1/8 & 0 & 1 \\ 0 & -1/4 & 1 \\ 1 & 1 & 0 \end{vmatrix} = \frac{3}{8} > 0$$

由此得知 (4, 2) 為一限制極大。

接著來看限制式為 (ii) 的情形，此時拉格朗日函數為

$$\mathcal{L}(x, y, \lambda) = 2 \ln x + \ln y + \lambda(x + y - 6)$$

故一階條件為

$$\frac{\partial \mathcal{L}}{\partial x} = \frac{2}{x^*} + \lambda^* = 0$$

$$\frac{\partial \mathcal{L}}{\partial y} = \frac{1}{y^*} + \lambda^* = 0$$

$$\frac{\partial \mathcal{L}}{\partial \lambda} = x^* + y^* - 6 = 0$$

由一階條件解得 (x^*, y^*, λ^*) 為 (4, 2, −1/2)。又

$$\frac{\partial^2 \mathcal{L}}{\partial x^2} = -\frac{2}{x^2} \ , \ \frac{\partial^2 \mathcal{L}}{\partial y^2} = -\frac{1}{y^2} \ , \ \frac{\partial^2 \mathcal{L}}{\partial x \partial y} = 0$$

$$\frac{\partial g}{\partial x} = -1 \ , \ \frac{\partial g}{\partial y} = -1$$

故在臨界點的加邊賀辛行列式為

$$\begin{vmatrix} -1/8 & 0 & -1 \\ 0 & -1/4 & -1 \\ -1 & -1 & 0 \end{vmatrix} = \frac{3}{8} > 0$$

由此得知 (4, 2) 為一限制極大。

拉格朗日乘數的意義

我們曾經提到，拉格朗日法乃是經濟分析中求解限制極大或極小最標準的工具，而且拉格朗日乘數本身也穩含重要的經濟意義。經過前面的說明，讀者應已體會到此方法的妙用，現在就來看拉格朗日乘數的意義。回到 (2.45)，並假定經由拉格朗日法我們求得最適解 (x^*, y^*)，及其所對應的拉格朗日乘數 λ^*。由求解過程，我們知道，這個最適解受到 (2.45) 中唯一一個參數 k 的影響，故只要 k 的值改變，(x^*, y^*, λ^*) 也就會隨著改變。因此，我們可以將最適解寫成參數 k 的函數，即 $x^* = x^*(k)$，$y^* = y^*(k)$，$\lambda^*(k)$。由於最適解必然滿足限制條件，故

$$g(x^*(k), y^*(k)) = k$$

因此我們有下列的恆等式關係

$$z^*(k) = f(x^*(k), y^*(k))$$
$$= f(x^*(k), y^*(k)) + \lambda^*(k)\big(k - g(x^*(k), y^*(k))\big)$$
$$= \mathcal{L}(x^*(k), y^*(k), \lambda^*(k), k) \tag{2.56}$$

上式中，我們明確將拉格朗日函數寫成 x、y、λ 和 k 的函數，因為我們的目的是要看參數 k 的影響，而 k 除了經由 x、y 和 λ「間接」影響標的函數值外，也透過限制條件「直接」影響最適值。將 (2.56) 對 k 作微分可得

$$\frac{dz^*}{dk} = \frac{\partial \mathcal{L}}{\partial x^*}\frac{dx^*}{dk} + \frac{\partial \mathcal{L}}{\partial y^*}\frac{dy^*}{dk} + \frac{\partial \mathcal{L}}{\partial \lambda^*}\frac{d\lambda^*}{dk} + \frac{\partial \mathcal{L}}{\partial k}$$

$$= \big(f_x(x^*(k), y^*(k)) - \lambda^*(k)g_x(x^*(k), y^*(k))\big)\frac{dx^*}{dk} +$$

$$\big(f_y(x^*(k), y^*(k)) - \lambda^*(k)g_y(x^*(k), y^*(k))\big)\frac{dy^*}{dk} +$$

$$\big(k - g(x^*(k), y^*(k))\big)\frac{d\lambda^*}{dk} + \lambda^*(k)$$

由 (2.51)，我們立即得到

$$\frac{dz^*}{dk} = \lambda^*(k)$$

這個結果告訴我們，在臨界點的拉格朗日乘數所代表的意義為，當我們將限制條件 k 放寬一單位時，會使標的函數的極大（極小）值增加 $\lambda^*(k)$ 單位。以經濟學的術語來說，$\lambda^*(k)$ 代表限制條件在均衡點（最適點）的邊際貢獻。反過來說，在達到均衡時，如果追求此標的函數極大（極小）的經濟單位可以支付某些代價來減少限制的話，那麼為了減少一單位的限制（即 k 增加一單位），此經濟單位所願支付的最高代價必定不會超過 $\lambda^*(k)$。但只要其所需支付的代價少於 $\lambda^*(k)$，此一經濟單位必然會支付這個代價以求限制之進一步減少，這種過程只有持續進行到其所支付的代價剛好等於 $\lambda^*(k)$ 才停止，才達到新的均衡。這也是為什麼經濟學上，常將拉格朗日乘數視為一種價格，並將其稱為影子價格 (shadow price) 以別於市場價格的原因。

2.7 齊次函數與位似函數

在本章最後這節中，我們要介紹兩種經濟學上廣泛使用的函數，讀者在本書不同部份也會遭遇以不同形態出現的這兩種函數，因而值得深入了解它們的性質。第一種函數稱為齊次函數 (homogeneous function)。為了簡化起見，我們利用兩個自變數的函數 $z = f(x, y)$ 來說明，但讀者可自行查驗，我們所介紹的各種結果，在超過一個自變數時，基本上都是一樣，而在一個自變數的情況，只要稍加注意或「修正」(modified) 也都可以成立。假定 $\lambda > 0$，且 $f(x, y)$ 具有下列性質

$$f(\lambda x, \lambda y) = \lambda^k f(x, y) = \lambda^k z \text{，} k \in R \tag{2.57}$$

則我們稱函數 $f(x, y)$ 為 x 和 y 的 k 次齊次函數 (homogeneous of degree k in x and y)。在此提醒讀者，上述定義中，我們雖然要求 $\lambda > 0$，但 k 則可能是任何實數，包括 0 或負值。將 (2.57) 第一個等號左右兩邊分別對 x 和 y 作偏微分可得

$$\frac{\partial f}{\partial x} \lambda = \lambda^k \frac{\partial f}{\partial x}$$

$$\frac{\partial f}{\partial y} \lambda = \lambda^k \frac{\partial f}{\partial y} \tag{2.58}$$

讀者必須非常小心,在 (2.58) 第一式左邊的微分中,我們採用了鏈鎖法則,首先對函數 $f(\lambda x, \lambda y)$ 之第一個自變數(即 λx)作偏微分,再乘以 λx 對 x 微分所得到的 λ,故偏微分後之偏導數 $\partial f / \partial x$ 仍為 λx 和 λy 的函數。而實際上,函數 $f(\lambda x, \lambda y)$ 對第一個自變數作偏微分等於函數 $f(x, y)$ 對第一個自變數 x 作偏微分後再代入自變數 $(\lambda x, \lambda y)$,所以 (2.58) 第一式左邊的 $\partial f / \partial x$ 等於 $f_x(\lambda x, \lambda y)$。另外,(2.58) 第一式右邊之 $\partial f / \partial x$ 則僅為 (x, y) 的函數,可以寫成 $f_x(x, y)$。同樣地,(2.58) 第二式左邊之 $\partial f / \partial y$ 等於 $f_y(\lambda x, \lambda y)$,而右邊之 $\partial f / \partial y$ 則等於 $f_y(x, y)$。將這些結果明確表示後,(2.58) 可寫成

$$f_x(\lambda x, \lambda y)\lambda = \lambda^k f_x(x, y)$$
$$f_y(\lambda x, \lambda y)\lambda = \lambda^k f_y(x, y) \tag{2.59}$$

由於 $\lambda > 0$,故將上式兩邊除以 λ 即得

$$f_x(\lambda x, \lambda y) = \lambda^{k-1} f_x(x, y)$$
$$f_y(\lambda x, \lambda y) = \lambda^{k-1} f_y(x, y) \tag{2.60}$$

上面兩個式子正好表示,一階偏導數 $\partial f / \partial x = f_x(x, y)$ 和 $\partial f / \partial y = f_y(x, y)$ 均為 (x, y) 的 $k-1$ 次齊次函數。因此,我們得到:當 $f(x, y)$ 為 (x, y) 的 k 次齊次函數時,一階偏導數 $\partial f / \partial x$ 和 $\partial f / \partial y$ 均為 (x, y) 的 $k-1$ 次齊次函數。將這個結果繼續類推下去,可以得到 $f(x, y)$ 的各個二階偏導數必為 (x, y) 的 $k-2$ 次齊次函數,m 階偏導數為 (x, y) 的 $k-m$ 次齊次函數。

(2.60) 有兩個相當重要的含意。首先,當 $k = 1$ 時,我們得到

$$f_x(\lambda x, \lambda y) = \lambda^0 f_x(x, y) = f_x(x, y)$$
$$f_y(\lambda x, \lambda y) = \lambda^0 f_y(x, y) = f_y(x, y)$$

現在取 $\lambda = 1 / x$,則上式成為

$$f_x(1, y / x) = f_x(x, y)$$
$$f_y(1, y / x) = f_y(x, y)$$

由此可知，當 $f(x, y)$ 為 (x, y) 的一次齊次函數時，其一階偏導數的值，僅受到兩自變數的「相對值」的影響，不論各個自變數的「絕對值」為何只要兩自變數的比值不變，一階偏導數的值將不會改變。(2.60) 的第二個重要含意是有關 k 次齊次函數的等值曲線或水平集合的斜率。我們已經知道，等值曲線 $\bar{z} = f(x, y)$ 的斜率為

$$\frac{dy}{dx} = -\frac{\frac{\partial f}{\partial x}}{\frac{\partial f}{\partial y}} = -\frac{f_x(x,y)}{f_y(x,y)}$$

現在假定 (x_0, y_0) 為該等值線上的一個點，則等值曲線在 (x_0, y_0) 的斜率為

$$\frac{dy}{dx}\bigg|_{(x_0,y_0)} = -\frac{f_x(x_0,y_0)}{f_y(x_0,y_0)}$$

同樣道理，我們得到通過 $(\lambda x_0, \lambda y_0)$ 這一點的等值曲線的斜率為

$$\frac{dy}{dx}\bigg|_{(\lambda x_0,\lambda y_0)} = -\frac{f_x(\lambda x_0,\lambda y_0)}{f_y(\lambda x_0,\lambda y_0)} = -\frac{\lambda^{k-1}f_x(x_0,y_0)}{\lambda^{k-1}f_y(x_0,y_0)}$$

$$= -\frac{f_x(x_0,y_0)}{f_y(x_0,y_0)} = \frac{dy}{dx}\bigg|_{(x_0,y_0)}$$

上式顯示，通過 (x_0, y_0) 與通過 $(\lambda x_0, \lambda y_0)$ 之兩條等值曲線在該兩點的斜率完全相同。從另一個角度看，因 $(\lambda x_0, \lambda y_0)$ 為位於由原點出發，且經過點 (x_0, y_0) 的射線上的一個點，故只要函數 $f(x, y)$ 為一齊次函數，則由原點出發的射線上任何一點之等值曲線的斜率完全相同。圖 2.21 描繪一齊次函數的三條等值曲線，其中 a, b, c 三點位於由原出發之射線 $0w$ 上，因此通過此三點的等值曲線斜率均相等，由而這三條等值曲線在此三點的切線也就彼此相互平行了。當然，這個結果對任何由原點出發的射線（如 $0v$），對任何一條等值曲線均成立。

圖 2.21

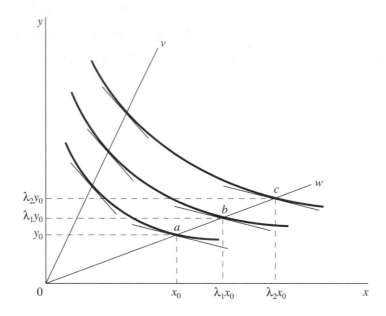

【例 2.11】

試判別下列各函數是否為一齊次函數。若是,試求其等值曲線在點 (2,1)
和 (4, 2) 的斜率。

(I)　$f(x, y) = x + x^{1/2}y^{1/2}$

(II)　$f(x, y) = 1 + x^{1/2}y^{1/2}$

(III)　$f(x,y) = xy^{-1}$

【解答】

(I)　$f(\lambda x, \lambda y) = \lambda x + (\lambda x)^{1/2}(\lambda y)^{1/2}$

$= \lambda x + \lambda^{1/2}x^{1/2}\lambda^{1/2}y^{1/2}$

$= \lambda\,(x + x^{1/2}y^{1/2})$

$= \lambda\,f(x,y)$

故知此為 (x, y) 的一次齊次函數。又其等值曲線的斜率可寫成

$$\frac{dy}{dx} = -\frac{\dfrac{\partial f}{\partial x}}{\dfrac{\partial f}{\partial y}} = -\frac{1+\dfrac{1}{2}x^{-\frac{1}{2}}y^{\frac{1}{2}}}{\dfrac{1}{2}x^{\frac{1}{2}}y^{-\frac{1}{2}}}$$

因此等值線在點 $(2,1)$，$(4, 2)$ 的斜率為

$$\left.\frac{dy}{dx}\right|_{(2,1)} = \frac{1}{2}+\sqrt{2} = \left.\frac{dy}{dx}\right|_{(4,2)}$$

(II) $f(\lambda x, \lambda y) = 1 + (\lambda x)^{1/2}(\lambda y)^{1/2}$

$\qquad\qquad = 1 + \lambda x^{1/2}y^{1/2}$

我們無法將 $f(\lambda x, \lambda y)$ 表示成 $\lambda^k f(x, y)$ 的形式，故知此一函數並非齊次函數（但請讀者算算看，此函數之等值曲線在點 $(2, 1)$ 和 $(4, 2)$ 的斜率是否相同？）。

(III) $f(\lambda x, \lambda y) = (\lambda x)(\lambda y)^{-1} = \lambda x \lambda^{-1}y^{-1} = \lambda^0 xy^{-1} = \lambda^0 f(x, y)$

故此函數為 (x, y) 的零次齊次函數。其等值曲線的斜率為

$$\frac{dy}{dx} = -\frac{\dfrac{\partial f}{\partial x}}{\dfrac{\partial f}{\partial y}} = -\frac{\dfrac{1}{y}}{-\dfrac{x}{y^2}} = \frac{y}{x}$$

故點 $(2, 1)$ 與 $(4, 2)$ 的斜率為

$$\left.\frac{dy}{dx}\right|_{(2,1)} = \frac{1}{2} = \left.\frac{dy}{dx}\right|_{(4,2)}$$

歐拉定理

剛剛導出 (2.58) ~ (2.60) 時，我們是將 (2.57) 第一個等號兩邊分別對 x 和 y 作偏微分。現在，我們對 λ 作微分可得

$$\frac{\partial f}{\partial x}x + \frac{\partial f}{\partial y}y = k\lambda^{k-1}f(x, y)$$

取 $\lambda = 1$ 代入上式即得

$$\frac{\partial f}{\partial x}x + \frac{\partial f}{\partial y}y = kf(x, y) \tag{2.61}$$

(2.61) 式即是著名的歐拉定理 (Euler theorem)。歐拉定理告訴我們，只要 $f(x, y)$ 為一 k 次齊次函數，則 x 和 y 的偏導數乘上其自身，再加總起來的結果就等於原函數的 k 倍。事實上，歐拉定理的逆定理仍然成立，即當 (2.61) 成立時，$f(x, y)$ 必為一 k 次齊次函數，但因其證明過程牽涉到一些積分技巧，我們不加以推導。另外，我們也可利用 2.4 節所介紹的彈性概念將 (2.61) 寫成

$$\frac{\partial f}{\partial x}\frac{x}{f} + \frac{\partial f}{\partial y}\frac{y}{f} = k$$

或

$$\eta_x + \eta_y = k$$

換句話說，只要函數 $f(x, y)$ 為 k 次齊次函數，則該函數之所有偏彈性 η_x、η_y 之和等於 k；反之，若一函數的所有偏彈性的和等於 k，則此函數為一 k 次齊次函數。

位似函數

除了齊次函數，經濟學上，尤其是消費者行為與生產理論中常用的另一種函數稱為位似函數 (homothetic function)。位似函數與齊次函數間有很密切的關係。具體點說，假定 $f: R^2 \rightarrow R$ 唯一齊次函數，$g: R \rightarrow R$ 為一單調遞增函數，若函數 h 為 f 和 g 的複合函數，則 h 就是一個位似函數，即當 $f(x, y)$ 為一齊次函數，且

$$h(x, y) = g(f(x, y)) \text{，} g' = \frac{dg}{df} > 0 \tag{2.62}$$

時，$h(x, y)$ 就是一個位似函數。經濟學上，我們也常說任何齊次函數的單調遞增轉換 (positive monotone transformation) 就是位似函數；或說，將任何齊次函數作單調遞增轉換即得位似函數。根據這個定義，我們得知齊次函數本身就是一個位似函數。為什麼呢？假設我們將 $g: R \to R$ 定義為 $g(x) = x$，則 $g'(x) = 1 > 0$，因此 $g(x)$ 為一單調遞增轉換。又因

$$h(x, y) = g(f(x, y)) = f(x, y)$$

故知位似函數 $h(x, y)$ 即是 $f(x, y)$ 本身，因而 $f(x, y)$ 為一位似函數。另一方面，我們可以輕易證明位似函數並不一定是齊次函數。例如，令

$$g(x) = a + x，a \in R，a \neq 0$$

則

$$h(x, y) = g(f(x, y)) = a + f(x, y)$$

因 $a \neq 0$，所以只要 $f(x, y)$ 為 $k \neq 0$ 的齊次函數，那麼 $h(x, y)$ 就不可能是齊次函數。但 $g'(x) = 1 > 0$，代表 g 為單調遞增函數，所以 $h(x, y)$ 為一位似函數。由此可知，齊次函數只不過是位似函數的一種特例，如圖 2.22 所示，它們是位似函數的一個部份集合。

位似函數雖與齊次函數不同，但它保留了齊次函數的一個重要性質，即它的等值曲線與由原點出發的任一射線的交點均有相同的斜率。假定 (2.62) 中之 $f(x, y)$ 為一 k 次齊次函數，則 $h(x, y)$ 為一位似函數。現在考慮由原點出發，經過點 (x_0, y_0) 的射線上任一點 $(\lambda x_0, \lambda y_0)$，則經過該點的等值曲線 $h(x, y) = h(\lambda x_0, \lambda y_0)$ 在該點斜率為

$$\left.\frac{dy}{dx}\right|_{(\lambda x_0, \lambda y_0)} = -\frac{h_x(\lambda x_0, \lambda y_0)}{h_y(\lambda x_0, \lambda y_0)} = -\frac{g'(f(\lambda x_0, \lambda y_0))f_x(\lambda x_0, \lambda y_0)}{g'(f(\lambda x_0, \lambda y_0))f_y(\lambda x_0, \lambda y_0)}$$

$$= -\frac{f_x(\lambda x_0, \lambda y_0)}{f_y(\lambda x_0, \lambda y_0)} = -\frac{\lambda^{k-1}f_x(x_0, y_0)}{\lambda^{k-1}f_y(x_0, y_0)} = -\frac{f_x(x_0, y_0)}{f_y(x_0, y_0)}$$

$$= -\frac{g'(f(x_0, y_0))f_x(x_0, y_0)}{g'(f(x_0, y_0))f_y(x_0, y_0)} = -\frac{h_x(x_0, y_0)}{h_y(x_0, y_0)}$$

圖 2.22

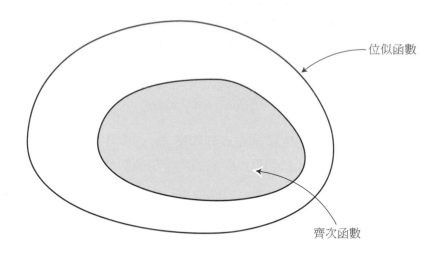

位似函數

齊次函數

$$= \left. \frac{dy}{dx} \right|_{(x_0, y_0)} \qquad (2.63)$$

由 (2.63) 我們得知，在點 $(\lambda x_0, \lambda y_0)$ 上的等值曲線的斜率剛好等於在點 (x_0, y_0) 上之等值曲線的斜率。因 (x_0, y_0) 與 $\lambda > 0$ 可為任何值，故上述結果表示，位似函數與齊次函數一樣，具有等值曲線與任何由原點出發之射線的交點，斜率完全相等的特性。事實上，在較深入的書籍中可以證明，具有這種特性的函數，必然是一位似函數，這也是為什麼有許多書籍直接以這個性質來定義位似函數的原因。

　　上面我們提到位似函數「保留了」齊次函數這個重要性質，這種說法並非偶然。基本上，等值曲線在由原點出發的射線上具有相同斜率的性質乃來自齊次函數，而所謂單調遞增轉換並無法改變這個性質。事實上，這是單調遞增轉換的一個更一般化性質；即任何函數的單調遞增轉換，並不會改變原函數的等值曲線的形狀，只是將各曲線所代表的「值」改變，但保留原來各等值線所代表的「值」的大小次序。具體點說，假定 (x_0, y_0) 與 (x_1, y_1) 為函數 $f(x, y)$ 之等值曲線 $f(x, y) = c_1$ 上的兩點，(x_0', y_0') 與

圖 2.23

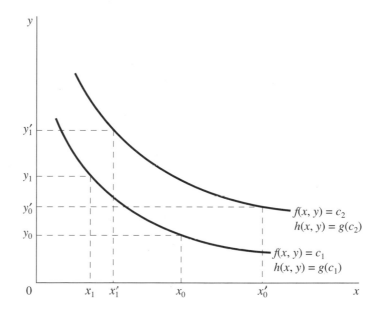

(x_1', y_1') 為等值曲線 $f(x, y) = c_2$ 上的兩點，且 $c_1 > c_2$，則我們有

$$f(x_0, y_0) = f(x_1, y_1) = c_1$$

$$f(x_0', y_0') = f(x_1', y_1') = c_2 \tag{2.64}$$

現在對 $f(x, y)$ 作正單調轉換得到 $h(x, y) = g(f(x, y))$，$g' > 0$，則 (2.64) 成為

$$h(x_0, y_0) = g(f(x_0, y_0)) = g(f(x_1, y_1)) = h(x_1, y_1) = g(c_1)$$

$$h(x_0', y_0') = g(f(x_0', y_0')) = g(f(x_1', y_1')) = h(x_1', y_1') = g(c_2)$$

由此可知 (x_0, y_0) 與 (x_1, y_1) 在轉換之後在 $h(x, y) = g(c_1)$ 的等值曲線上，而 (x_0', y_0') 與 (x_1', y_1') 則在 $h(x, y) = g(c_2)$ 的等值曲線上（為何 $g(c_1) > g(c_2)$？）。由圖 2.23 可以清楚看出，單調遞增轉換只是將原來 $f(x, y) = c_1$ 的等值曲線，重新寫作 $h(x, y) = g(c_1)$，以及將原來 $f(x, y) = c_2$ 的等值曲線，重新寫作 $h(x, y) = g(c_2)$ 而已，至於構成這兩條等值曲線的 (x, y) 並未受到影響。現在，我們已經知道齊次函數具有「等值曲線在由原點出發的射線上斜率均相同」的性質，而位似函數只不過是齊次函數的單調遞增轉換，由上面的討論得知其自然具有相同的性質了。

消費者行為

個別消費者和整個國家、社會一樣，都得面對最基本的經濟問題，即**稀少性** (scarcity) 問題。第一章中我們已經解釋過，所謂稀少性，指的是人們要求的超過了他們所擁有的，或可能擁有的東西。就個別消費者來說也是如此，或許每個人都希望擁有一棟像樣的房子，一輛看得過去的車子，平日吃穿不要太失面子，每個月上幾次館子，最好嘛！每年能到國外觀光一次，看看這世界到底是什麼樣子。然而，在此同時，又不得不面對每月三到五萬元的收入，每年不管如何節衣縮食也不到百萬元的存款的事實。你想要的，似乎永遠超過你所可能負擔的。事實上，除了「世俗的」金錢所得外，每人所面對的稀少性可說是如影隨形。我們每人每天就只有二十四小時，但我們所希望的時間往往超過這個數字，熱戀中的男女或大考前夕的考生應該最能體會這種「良時苦短」的心境。

　　現在問題是，在面對這種稀少性的現實下，個別消費者如何將自己所（可能）擁有的有限資源作最合理的使用。這裡所謂最合理的使用，以日常語言來說，指的乃是依事情的「輕重緩急」而將資源**配置** (allocate)、使用在「刀口上」；以經濟學的術語來說，就是所謂的**理性選擇** (rational choice)。為了有系統的分析消費者這種理性選擇的現象，我們必須先定義、描繪消費者對不同的**可選擇事物** (alternatives) 之間的評價，或優先順序的「主觀排列」。經濟學上，將消費者對不同的可選擇事物的主觀排列稱為此消費者的**偏好** (preferences)，這正是本章所要探討的第一個課題。有了消費者偏好之後，我們將接著介紹個別消費者所面對的「客觀限制」，以便反映稀少性的特質。這個客觀的限制，在消費者理論中一般稱為**預算集合** (budget set) 或**預算限制** (budget constraint)，有時也稱為**機會集合** (opportunity set) 或**消費可能集合** (consumption possibility set)。最後，我們將消費者的「主觀偏好」與所面對的「客觀限制」結合在一起，探討**消費者均衡** (consumer equilibrium) 的概念，從而回答上面所提的如何合

理使用有限資源的問題。

3.1　偏好

為了較具體明確地討論問題，我們假設一消費者所面對的是，如何將其所擁有的貨幣所得 (money income) 支用於購買兩種產品 X 和 Y。在此，首先要說明的是，雖然為了便於進行圖解分析，我們將產品種類簡化成兩種而顯得和現實生活有相當大的差距，但事實上這種簡化並不如表面上那麼嚴重，我們大可將其解釋成「X 產品」與「X 以外的所有其他產品 Y」。在這樣的解釋下，或許就不會覺得這種簡化太過脫離現實了。不過，更重要的是，由這兩種產品模型所得到的許多結果，在產品種類增加之後仍然成立。現在，消費者的問題是到底要購買多少的 X 和多少的 Y？顯然地，消費者的決定會受到此兩產品本身的性質、消費者的貨幣所得以及 X 和 Y 的價格影響。但讓我們先將此消費者所面對的限制擱下，考慮如果此消費者可以隨意選擇任何數量的 X 和 Y 的組合，那麼它會怎樣排列這些不同組合的優劣次序。

我們將消費者所面對的所有可能的 X 和 Y 的組合的集合稱為消費集合 (consumption set)，記為

$$S = \{(x, y) \mid x \geq 0, y \geq 0\}$$

我們稱 S 中的任一元素 (x, y) 為消費籃 (consumption basket)、消費組合 (consumption bundle) 或產品籃 (commodity basket)、產品組合 (commodity bundle)。由第二章的討論，我們知道在此產品組合就是指第一象限中的一個點，而消費集合 S 則剛好就是包括兩軸在內的第一象限。圖 3.1 中 a、b、c 三點即是代表 (5,1)、(5,5) 和 (1,5) 三個產品組合。

根據上面的定義，所謂消費者的偏好，就是如何排列消費集合中各產品組合的優劣次序的方法。為了保證這種排列的一致性 (consistency)，經濟學上要求個別消費者的偏好必須滿足三個「公理」(axiom)：

(1)　完全性 (completeness)：
這個性質要求消費者對任意兩個產品組合 (x_1, y_1) 和 (x_2, y_2)，必然能排列它們的優劣次序。他或是喜好 (x_1, y_1) 超過 (x_2, y_2)（記成 $(x_1, y_1) \succ (x_2, y_2)$），或是喜好 (x_2, y_2) 超過 (x_1, y_1)（記成 $(x_2, y_2) \succ (x_1, y_1)$），或

圖 3.1

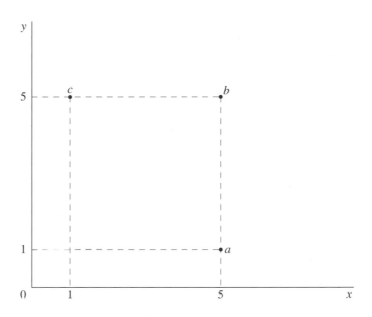

是認為兩個產品組合毫無差異（記成 $(x_1, y_1) \sim (x_2, y_2)$）。

(2) **反身性** (reflexivity)：

這個性質表示任何一產品組合和它本身都是沒有差異的。以上面所介紹的符號來表示就是 $(x_1, y_1) \sim (x_1, y_1)$，$(x_2, y_2) \sim (x_2, y_2)$。

(3) **遞移性** (transitivity)：

假定有三個產品組合 (x_1, y_1)，(x_2, y_2) 和 (x_3, y_3)，且 $(x_1, y_1) \succ (x_2, y_2)$，$(x_2, y_2) \succ (x_3, y_3)$，則必然得到 $(x_1, y_1) \succ (x_3, y_3)$。換句話說，如果消費者認為 (x_1, y_1) 比 (x_2, y_2) 好，而 (x_2, y_2) 比 (x_3, y_3) 好，則他必然認為 (x_1, y_1) 比 (x_3, y_3) 好。同理，若 $(x_1, y_1) \sim (x_2, y_2)$，$(x_2, y_2) \sim (x_3, y_3)$，則必然有 $(x_1, y_1) \sim (x_3, y_3)$ 的結果。

　　一般而言，完全性和反身性並沒太多爭議，因為如果完全性不滿足，那麼消費者在某些情況下就無法排列某些產品組合之間的優劣次序，則偏好的最根本的意義就不存在了。至於反身性，幾乎是不證自明，故不必多費唇舌再加解釋。然而，遞移性在現實生活中是否真的成立就值得存疑，尤其是有關「~」的遞移性，或許你可舉

出不少反例來說明它可能不會成立（試試看！）。不過，整體來說，我們應可接受，在大部份情況下，大部份的人的選擇行為應該還是滿足遞移性的。因此，在不流於毫無意義的邏輯遊戲的前提下，我們將直接接受這個性質。

當消費者的偏好滿足上述完全性、反身性和遞移性時，此消費者的偏好事實上就已完全決定，因而他可依據這個偏好進行「理性選擇」。利用我們所介紹的符號，我們可將理性選擇明確地加以定義如下：如果消費者自消費集合 S 中選取產品組合 (x, y)，則對任何 S 中的產品組合 (x', y')，均滿足 $(x, y) \succ (x', y')$ 或 $(x, y) \sim (x', y')$。換句話說，消費者必須永遠自消費集合中選取他最喜好的產品組合，方是理性的選擇。雖然，從理論的觀點來看，滿足上述三個公理的偏好，已可進行有關消費者理性選擇的分析，但為了有效運用我們在第二章中所介紹的各種數學工具，並考慮到經由分析所得的結果，是否受到現實生活中的實證資料 (empirical evidence) 的支持，經濟理論中通常在前述公理之外，再另外加上四個「假設」(assumption)。

(4) **連續性** (continuity)：

這個性質是指當 $(x_1, y_1) \succ (x_2, y_2)$ 時，若 (x_3, y_3) 與 (x_2, y_2) 足夠靠近的話，則 $(x_1, y_1) \succ (x_3, y_3)$ 一定成立。簡單地說，當消費者認為產品組合 (x_1, y_1) 較 (x_2, y_2) 好時，他必然認為 (x_1, y_1) 較 (x_2, y_2) 附近的任何其他產品組合好。當然，連續性也包括當 $(x_1, y_1) \sim (x_2, y_2)$ 且 (x_3, y_3) 與 (x_2, y_2) 足夠靠近時，必然有 $(x_1, y_1) \sim (x_3, y_3)$ 的結果。

基本上，這裡所說的連續性和我們在第二章裡所提的連續性是一樣的。以圖 3.1 來說，這代表消費集合中的兩種產品都可無限細分，因此 S 中的產品組合均緊密地連接在一起。加上連續性以後，我們立即可透過排列的方式，將消費集合中沒有任何差異的點聚集在一起，形成**無異曲線** (indifference curve)，然後由數條無異曲線構成**無異曲線圖** (indifference map)。圖 3.2 描繪出兩個無異曲線圖，各圖中之 I_1、I_2 和 I_3 分別代表三條無異曲線。圖上的箭頭指的乃是喜好程度增加的方向，因此，若 (x_i, y_i) 在 I_i 上，其中 $i = 1, 2, 3$，則我們有 $(x_3, y_3) \succ (x_2, y_2)$，$(x_2, y_2) \succ (x_1, y_1)$ 的關係。圖 3.2(*a*) 和圖 3.2(*b*) 有一個明顯的不同，圖 (*b*) 中偏好的強度隨兩種產品數量增加而不斷

圖 3.2

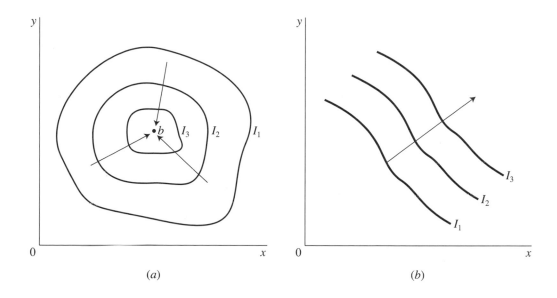

(a)

(b)

增加，但在圖 (a) 中，b 點所代表的產品組合則是此消費者認為最好的產品組合。從 b 點出發，不論 x 或 y 增加或減少，所得到的產品組合，消費者均認為不如 b 點的產品組合好。因此，我們常將 b 點稱為極樂點 (bliss point)，這在圖 3.2(b) 中是不存在的。

　　無異曲線（圖）有一個重要的性質，即任何兩條無異曲線不能相交。這可利用圖 3.3 來說明。假定圖 3.3 中，(x_1, y_1) 和 (x_2, y_2) 兩點有 $(x_2, y_2) \succ (x_1, y_1)$ 的關係，則 (x_1, y_1) 和 (x_2, y_2) 必然分別在兩條不同的無異曲線 I_1 和 I_2 上。現在假定 I_1、I_2 相交於 (x_3, y_3)，則由無異曲線的定義知，$(x_1, y_1) \sim (x_3, y_3)$，且 $(x_3, y_3) \sim (x_2, y_2)$，再由遞移性得知 $(x_1, y_1) \sim (x_2, y_2)$。但這與 $(x_2, y_2) \succ (x_1, y_1)$ 的假設彼此矛盾，因而得知 I_1 和 I_2 不可能有交點或共同點。

(5) 未飽和性 (nonsaturation 或 monotonicity)：

考慮兩個產品組合 (x_1, y_1) 和 (x_2, y_2)，如果 $x_1 \geq x_2$，$y_1 \geq y_2$，且此兩者中至少有一個等號不成立，則未飽和性告訴我們 $(x_1, y_1) \succ (x_2, y_2)$。簡單地說，這個性質告訴我們，消費者永遠認為 X 和 Y 兩種產品都是越多越好；兩種產品都是名符其實的「好產品」(good)，而不是「壞

圖 3.3

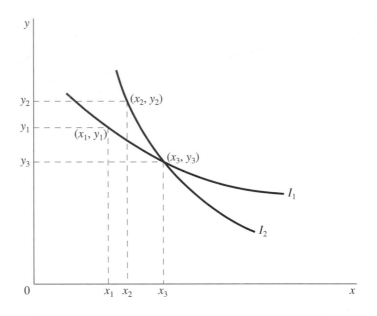

產品」(bad)。這個假設的最重要結果是，它可排除圖 3.2(*a*) 中的極
樂點 *b*（為什麼？）。問題是，為什麼我們不希望有極樂點出現呢？
這就必須回到經濟學的本質，稀少性的問題。因為，只要極樂點存
在，則當消費者擁有的資源足以消費極樂點的產品組合時，就不再
有稀少性，因而也就不再有經濟問題了。但是，我們知道，在絕大
部份情況下，經濟問題或稀少性永遠是存在的。

　　未飽和性的假設，除了可排除極樂點外，它還可進一步告訴我
們兩個無異曲線的重要性質。第一、無異曲線必然僅為一曲線，不
可能具有任何「帶狀」的部份；第二、無異曲線必然是負斜率。第一
個性質可以圖 3.4 來說明，圖中無異曲線 *I* 在灰色部份成為帶狀。
在這種情況下，對於帶狀部份的任何一點，如圖中之 *a*，我們永遠可
以在其臨近找到另外一個產品組合 *b*，使得該產品組合至少有一種產
品比 *a* 之產品組合多，而另外一種產品則至少相等。如此一來只要
未飽和性成立，則消費者必然認為 *b* 比 *a* 點好，那麼 *a* 和 *b* 就不可
能在同一條無異曲線上。同樣的推論，可說明在 *c* 點附近必可以在

圖 3.4

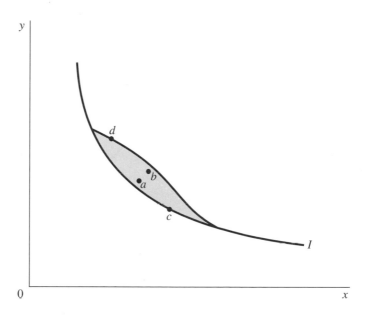

帶狀內找到一比 c 好的點，而在 d 點附近，必可在帶狀內找到一比
d 點差的點。由此可知，在未飽和性假設下，這種帶狀的無異曲線是
不可能發生的。

　　接著來看第二個性質，無異曲線必為負斜率。我們考慮圖 3.5 中
通過 a 點的無異曲線。當未飽和性成立時，我們知道圖中 a 點東北
方向灰色區域中（包括經 a 點的垂直與水平虛線）任何一產品組合
均較 a 點好（為什麼？），而 a 點的西南方向灰色區域中（包括經 a
點之水平與垂直虛線）任一產品組合均較 a 點差。因此，通過 a 點
的無異曲線必然穿過 a 點之西北與東南兩個區域，而成為如圖中之
負斜率曲線 I。

　　我們也可以從另一個角度來看這個性質。假定消費者原先的產
品組合在圖 3.5 中之 a 點，如果多給消費者一單位的 X，即 $\Delta x = 1$，
則消費者將移到圖中 b 點。因 b 與 a 點有同樣多的 Y，但 b 點較 a
點多一單位的 X，由未飽和性假設得知，消費者必然認為 b 點比 a
點好，故 b 點並不在通過 a 點的無異曲線上。如果我們要將 x 維持

圖 3.5

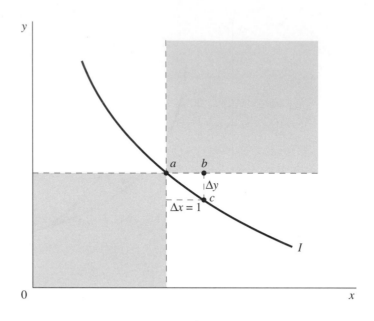

在 b 點的水準，而又有與 a 點相同的愛好程度，唯一的方法就是減少 Y 的數量。假設由 b 點往下移動 Δy 單位後，新產品組合為圖 3.5 中的 c 點。如果消費者認為 a 和 c 點所代表的產品組合沒有差異，則 c 點就如圖上所示，和 a 點在同一條無異曲線 I 上面。讀者若熟悉第二章中所介紹的斜率的意義，當會立即發覺 $\Delta y / \Delta x$ 正是代表無異曲線 I 在 a 點的斜率。這裡的重點是，在未飽和的假設下，在同一條無異曲線上，只要 $\Delta x > 0$，則 $\Delta y < 0$；反之，只要 $\Delta x < 0$，則 $\Delta y > 0$，因此 $\Delta y / \Delta x < 0$。換句話說，無異曲線永遠為負斜率。

　　經濟學上，將無異曲線的斜率取負值稱為邊際替代率 (marginal rate of substitution, *MRS*)，即

$$MRS = -\frac{\Delta y}{\Delta x} \tag{3.1}$$

邊際替代率告訴我們，在維持愛好程度不變的前提下，「額外」增加一單位的 X 產品後，消費者所願意放棄的 Y 產品的數量。或者說，在維持愛好程度不變的情況下，「額外」一單位的 X 所可「替代」的

Y 的數量。關於邊際替代率,在此有幾點必須特別強調:一、它是純粹的主觀的概念,因此,即使面對相同的產品組合,每個人的邊際替代率也不一定相同。事實上,我們可利用這個性質來比較不同消費者對此兩產品喜好程度的強弱。二、由第二章我們知道,除非無異曲線為一直線,否則此無異曲線上不同點的斜率並不相同。因此,當我們在某一條無異曲線上移動時,邊際替代率也會不斷改變。三、上面解釋邊際替代率時,我們特別將額外兩字加上引號,這是要凸顯這個替代率乃針對該額外一單位 X 而言,而不是指「平均」每一單位 X。在經濟學上,任何屬於這種額外一單位的變量所引起的變化,都會加上「邊際」(marginal) 兩個字,這就是為什麼這裡所定義的替代率為「邊際替代率」的原因。讀者在本書中,將會一再碰到邊際的概念,因此必須確定自己清楚其意義。

由上面的討論,我們也立刻得知,在未飽和的假設下(或說 X 和 Y 均為「好產品」的假設下),如果我們將整個無異曲線圖畫出來,則越往東北方向的無異曲線上的點代表越好的產品組合。換句話說,偏好強度的增加方向與圖 3.2(*b*) 相同,由西南向東北不斷上升。

(6) 凸性 (convexity):

未飽和性雖然確定了無異曲線的斜率與偏好強度增加的方向,但並未告訴我們無異曲線的形狀或彎曲情形。但如果我們不對無異曲線的形狀加以適當限制的話,很可能會得到一些非常奇怪的消費行為。為了解決這個問題,並考慮實際生活上消費者傾向於同時消費多種產品的事實,經濟學上遂有偏好必須滿足凸性的假設。

為了解釋凸性偏好 (convex preferences),我們先來介紹凸集合 (convex set) 的概念。假定 A 為一任意集合,且 $x_1 \in A$,$x_2 \in A$,若 x_1 與 x_2 的加權平均仍在 A 中,則我們稱 A 為一凸集合。更明確點說,若 $x_1 \in A$,$x_2 \in A$,且 $\lambda x_1 + (1 - \lambda)x_2 \in A$,$0 \le \lambda \le 1$,則 A 為一凸集合。現在回到消費集合 S,定義下面的集合

$$B = \{(x, y) \mid (x, y) \succ (x_0, y_0) \text{ 或 } (x, y) \sim (x_0, y_0) ,$$

$$(x, y) \in S , (x_0, y_0) \in S\}$$

換句話說,集合 B 為消費集合中,所有比 (x_0, y_0) 好或和 (x_0, y_0) 一

圖 3.6

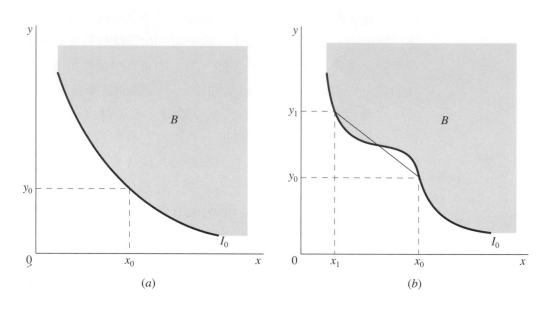

(a)　　　　　　　　　　　　　(b)

樣好的產品組合所成的集合。這裡所說的凸性偏好，指的就是集合
B 必須為一凸集合。在二度空間中，一個集合是否為凸集合非常容易
判斷；只要我們在集合中任意找兩個點，再用一直線將其連接起
來，如果任何這樣的直線都在原來的集合中，那這個集合就是一個
凸集合。反之，若有任何一條連接集合中兩點的直線沒完全在原來
的集合中，那麼這個集合就不是凸集合。圖 3.6 中，我們繪了兩個
B 集合（灰色部份，包括通過 (x_0, y_0) 的無異曲線）。很明顯地，圖 (a)
中 B 內任意兩點的連線都在 B 之內，因此圖 (a) 中之 B 為一凸集
合。反之，在圖 (b) 中，連接 (x_0, y_0) 和 (x_1, y_1) 的直線有一部份落在
集合 B 之外，故圖 (b) 中之 B 並不是一個凸集合。我們假定偏好須
滿足凸性，就是將分析的重點集中在類似圖 3.6(a) 這種情況。

　　在此必須再指出一點，即凸性又有**嚴格凸性** (strict convexity) 和
一般凸性之分。所謂嚴格凸性，指的是該集合不僅為一凸集合，而
且該集合的邊緣還不能有直線部份。以集合 B 來說，若圖 3.6(a) 中
之無異曲線 I_0 並不與兩軸相交，則圖中之集合 B 即為一嚴格凸集
合。圖 3.7 中兩個 B 雖然都是凸集合，但在圖 3.7(a) 中，B 的邊緣

圖 3.7

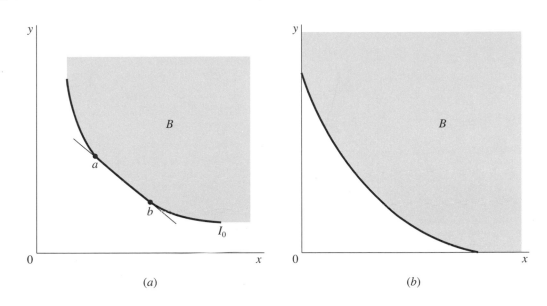

(a)　　　　　　　　　　　　(b)

在 a、b 兩點之間為直線，而圖 3.7(b) 之無異曲線與兩軸相交，故兩個圖中的集合 B 的邊緣均含有直線部份，所以都不是嚴格凸集合。從經濟學的觀點來看，偏好為凸性和嚴格凸性的主要差別在於，當偏好為嚴格凸性時，消費者必會同時消費 X 和 Y 兩種產品；反之，在偏好為凸性，但不是嚴格凸性的狀況下，消費者仍可能僅消費 X 或 Y 一種產品。這一點，當我們討論消費者均衡時將會更為清楚。

　　由上面的解說，我們也知道，集合 B 的邊緣事實上就是一條無異曲線，因此我們可將 B 為凸性的概念與前面所定義的邊際替代率的概念加以結合。由圖 3.6(a) 和圖 3.7，我們清楚看到，只要偏好為凸性，那麼除非無異曲線為直線，否則當我們沿某一無異曲線由左上方往右下方移動時，無異曲線的斜率的絕對值將會不斷減小。換句話說，凸性偏好與**邊際替代率遞減** (diminishing marginal rate of substitution) 事實上是同一件事情。這也是為什麼在有些書籍中，將偏好為凸性的假設敘述成邊際替代率遞減的原因。

(7) **可微分性** (differentiability)：

嚴謹地說，可微分性指的乃是無異曲線上任何一點的邊際替代率都

圖 3.8

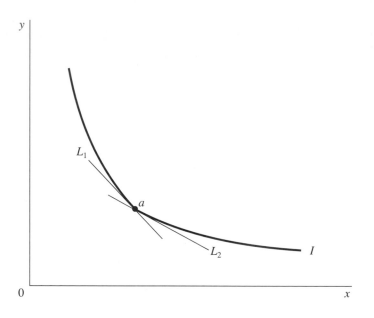

是唯一確定的。粗略點說，可微分性就是無異曲線必須是一平滑的曲線。

　　這個假設的主要目的是使分析能藉用微積分中的各種工具來進行。由於這是本書所要採取的分析方式，因此也沒有在此特別加以辯解的必要。在本書中，除非遭遇特別的問題，我們將直接接受這個假設。唯在此要指出的是，即使偏好滿足嚴格凸性，也不代表可微分性必然成立。圖 3.8 中，無異曲線顯示偏好滿足嚴格凸性，但無異曲線 I 在 a 這點為一「拗折點」(kink)，因而無異曲線 I 在該點的斜率，可以是介於圖中 L_1、L_2 兩條直線的斜率間的任何值，故在該點的邊際替代率也就不是唯一確定了。

【例 3.1】
假定一消費者排列兩產品組合 (x_1, y_1) 和 (x_2, y_2) 是依據下列方法：
(I)　若 $x_1 > x_2$，則 $(x_1, y_1) \succ (x_2, y_2)$
(II)　若 $x_1 = x_2$，且 $y_1 > y_2$，則 $(x_1, y_1) \succ (x_2, y_2)$
試問該消費者的偏好是否滿足本節中的三個公理和四個假設？

【解答】

(1) 完全性：

因為 x_1 和 x_2 之間只有三種可能關係：$x_1 > x_2$，$x_1 < x_2$ 或 $x_1 = x_2$。

若 $x_1 > x_2$，則根據 (a)，$(x_1, y_1) \succ (x_2, y_2)$。

同樣地，若 $x_1 < x_2$，則 $(x_2, y_2) \succ (x_1, y_1)$。

當 $x_1 = x_2$ 時，我們須比較 y_1 和 y_2 的大小：

若 $y_1 > y_2$，則 $(x_1, y_1) \succ (x_2, y_2)$。

若 $y_2 > y_1$，則 $(x_2, y_2) \succ (x_1, y_1)$。

當 $y_1 = y_2$ 時，顯然 (x_1, y_1) 和 (x_2, y_2) 為同一個產品組合，因而 $(x_1, y_1) \sim (x_2, y_2)$。

由此可知消費集合中任何兩個產品組合均可進行比較，所以這個偏好滿足完全性。

(2) 反身性

此實即上面討論之最後一種情形，故知反身性成立。

(3) 遞移性

若 $(x_1, y_1) \succ (x_2, y_2)$，則由題意知有兩種可能：

    (i) $x_1 > x_2$

    (ii) $x_1 = x_2$，$y_1 > y_2$

同樣地，$(x_2, y_2) \succ (x_3, y_3)$ 也有兩種可能：

    (iii) $x_2 > x_3$

    (iv) $x_2 = x_3$，$y_2 > y_3$

因此，$(x_1, y_1) \succ (x_2, y_2)$ 且 $(x_2, y_2) \succ (x_3, y_3)$ 共隱含四種可能：

由 (i) 和 (iii) 得到 $x_1 > x_2 > x_3$，故 $(x_1, y_1) \succ (x_3, y_3)$。

由 (i) 和 (iv) 得到 $x_1 > x_2 = x_3$，故 $(x_1, y_1) \succ (x_3, y_3)$。

由 (ii) 和 (iii) 得到 $x_1 = x_2 > x_3$，故 $(x_1, y_1) \succ (x_3, y_3)$。

由 (ii) 和 (iv) 得到 $x_1 = x_2 = x_3$，$y_1 > y_2 > y_3$，故 $(x_1, y_1) \succ (x_3, y_3)$。

由此可見，不管在那一種情形下，均可由 $(x_1, y_1) \succ (x_2, y_2)$ 與 $(x_2, y_2) \succ (x_3, y_3)$ 得到 $(x_1, y_1) \succ (x_3, y_3)$，因而遞移性是滿足的（請自行驗證「$\sim$」的情形）。

(4) 連續性

我們可利用圖 3.9 來說明這種偏好是否滿足連續性。由圖可知產品

圖 3.9

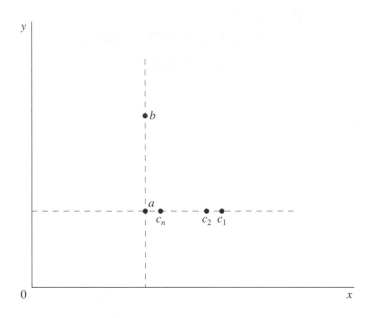

組合 b 比 a 好，或 $b \succ a$，因兩產品組合有相同數量的 X，但 b 有較
多的 Y。另一方面，我們知道產品組合 c_1 比 b 有較多 X，故 $c_1 \succ b$。
現在想像將 c_1 中的 X 產品逐漸減少，則產品組合將由 c_1 變成 c_2，
如此逐漸水平向 a 點趨近，直到 c_n。但不管 c_n 如何靠近 a 點，只要
其 X 產品的數量仍大於 b 產品組合中的 X 數量，則 $c_n \succ b$ 仍然成
立。但這與連續性要求 a 點附近任何一點 c 均滿足 $b \succ c$ 不符，因此
該消費者的偏好並不滿足連續性。

(5) 未飽和性

就任一產品組合 (x, y) 而言，不管 x 增加 $(\Delta x > 0)$ 或 y 增加 $(\Delta y > 0)$，
產品組合 $(x + \Delta x, y)$ 與 $(x, y + \Delta y)$，均有 $(x + \Delta x, y) \succ (x, y)$ 與 $(x, y + \Delta y)$
$\succ (x, y)$ 的關係，因此這個偏好滿足未飽和性。

(6) 凸性

在這個偏好下，其對應於圖 3.10 中 a 點的 B 集合乃包括通過 a 點的
垂直線右邊的灰色區域，以及 a 點及該點以上之垂直線，故 B 為一

圖 3.10

凸集合，所以滿足凸性。

(7) 可微分性

由 (4) 和 (6) 的討論過程，我們發現，在這種偏好下，此消費者對消費集合中每一個產品組合的愛好程度都不一樣，因此根本不存在無異曲線，更談不上可微分性了。

在此順便一提，此例題中的偏好稱為字典形式偏好 (lexicographic preferences)，因其決定不同產品組合之喜好程度的方法和我們查英文字典的方法完全相同，先由第一個字母查起，再看第二個字母，逐次下去。在此，產品組合的優劣排列，也是由第一種產品先比較，當第一種產品的數量相同時，再比較第二種產品數量。這是經濟學上相當有名的違反連續性的偏好。

特殊形式的偏好

一般稱滿足前述三個公理與四個假設的偏好為具有「優良性質的偏好」

圖 3.11

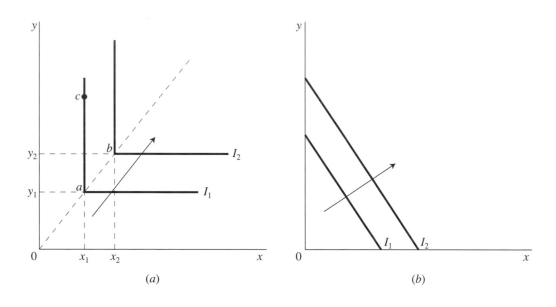

(a)　　　　　　　　　　　　　　(b)

(well-behaved preferences)，這種偏好將是本書主要討論的對象。雖然如此，一些未滿足所有假設的偏好，卻具有重要的經濟意義，因此仍不能完全加以忽略。在此，我們將利用圖解方式，說明一些具有特殊含意的無異曲線。

　　圖 3.11 中兩種無異曲線，可視為具有優良性質偏好的無異曲線圖的兩個極端。我們前面提過，具有優良性質的偏好的一個重要特性為邊際替代率遞減。換句話說，X 產品是可以在某程度內取代 Y 產品而不減損消費者的偏好程度，但這種替代能力隨著 X 的持續增加而不斷下降。同樣的，Y 產品也可以在某程度內取代 X 產品而不減損消費者的偏好程度，但這種替代能力隨著 Y 的持續增加而不斷下降。觀察圖 3.11(a)、(b)，我們發現，這種邊際替代率遞減的性質並不存在。由偏好強度增加方向顯示，在 圖 3.11(a) 中，當 X 和 Y 兩產品依同比例增加時，此消費者的滿足程度會提高。例如由 a 點到 b 點，X 產品增加比例為 $x_1 x_2 / 0 x_1$，剛好等於 Y 產品增加比例 $y_1 y_2 / 0 y_1$，故 b 在較高的無異曲線 I_2 上，代表較大的滿足程度。反之，若由 a 點出發，只增加 X 或 Y 產品，則新的產品組合與 a 一樣，位於同一條無異曲線 I_1 上，消費者並沒因而增加滿足程度。

以圖 (*a*) 中之 *c* 點為例，雖然其較 *a* 點有較多之 *Y* 產品，但 *a* 和 *c* 均在無異曲線 I_1 上，故表示較多之 *Y* 產品並未為此消費者帶來任何額外的滿足，因而也就無法取代任何 *X* 產品而不使其滿意程度下降。換句話說，在圖 3.11(*a*) 的情況下，*X* 和 *Y* 產品間並沒法互相替代，而只能以兩者間維持固定的比例消費方有意義。由於這個緣故，我們稱此消費者主觀上認為 *X* 和 *Y* 這兩種產品為互補品 (complements)，或完全互補品 (perfect complements)。教科書中，最常提到的互補品的例子為「左腳鞋」與「右腳鞋」。這當然沒錯，但這個例子很容易造成誤解，以為只有像「左」與「右」腳鞋這種「客觀上」不得不如此使用的產品才是互補品。事實並非如此，我們必須謹記，偏好完全是「主觀概念」；因此，雖然一般人可能認為一杯米酒要配幾顆花生並不重要，但如果有人非一杯米酒配 30 顆花生就不行，那麼對此人來說米酒與花生是一比三十的互補品，而他的無異曲線也就會如圖 3.11(*a*) 的形狀了。

　　圖 3.11(*b*) 之無異曲線的特性為直線，代表不管 *X* 和 *Y* 兩種產品的消費水準是多少，他們之間永遠可以一定的比例（此比例即是邊際替代率）彼此互相替代。如果一消費者的偏好真如圖 3.11(*b*) 之無異曲線所示，那對此人而言，*X* 和 *Y* 兩產品乃是完全替代品 (perfect substitutes)。與完全互補品的情形相同，兩產品是否為完全替代品也是主觀的。例如，對某些人而言，百元鈔和千元鈔為一比十的完全替代品，但也有人會認為它們並非完全替代，因而無異曲線並不是像圖 3.11(*b*) 之直線。

　　圖 3.12(*a*) 之無異曲線為一組水平直線，顯示此消費者的偏好或滿意程度完全決定於 *Y* 產品的消費量。因此，儘管圖中產品組合 *b* 之 *X* 數量較產品組合 *a* 多，但因兩者 *Y* 的數量相同，所以也就在同一條無異曲線 I_1 上，代表相同的滿足程度。換句話說，*X* 產品對此消費者完全是可有可無的，因而對他而言，*X* 是一種中性產品 (neutral good)。讀者應可輕易推得，若 *Y* 為中性產品時，無異曲線將是垂直線。

　　圖 3.12(*b*) 的特性為無異曲線具有正斜率。根據前面有關無異曲線的意義的解釋，我們立即可以推得，*X* 和 *Y* 兩種產品中，必然有一種是「好產品」，另一種則是「壞產品」。至於到底 *X* 或 *Y* 為「壞產品」，那就得看偏好增強的方向。如果消費者滿意的程度在水平方向隨 *X* 之增加而提高，則 *X* 就是「好產品」，*Y* 為「壞產品」。反之，若此消費者滿意程度

圖 3.12

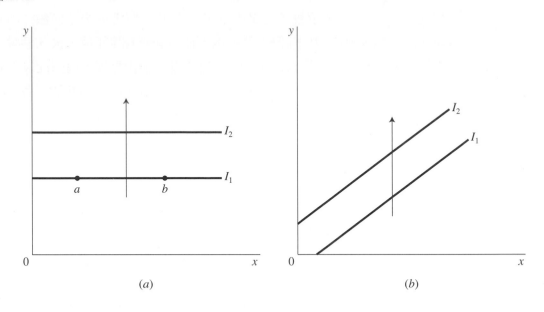

(a)　　　　　　　　　　　　　　(b)

在垂直方向隨 Y 之增加而提高，則 Y 就是「好產品」，X 為「壞產品」。
另外，在圖 3.12 (b) 中我們將無異曲線繪成直線，因而邊際替代率是固
定的。讀者應可描繪出曲線形狀，且具正斜率的無異曲線，並嘗試解釋
其經濟意義。

3.2　效用函數

前面我們詳細介紹了偏好的概念。儘管我們接受了一些公理與假設，但
讀者應可清楚體會到，在偏好概念中，最重要的性質乃在於消費者能對
不同的產品組合，進行邏輯上不產生矛盾的比較，從而達到理性的選
擇。從這個觀點來看，利用偏好概念就足以進行一切的消費者行為分
析。然而這種「理論上」的可行性，有時在「實際執行上」卻不那麼單純。
或許，在一簡化的兩產品世界中，比較兩產品組合之間的優劣並不太困
難。但在有十種，甚至百種產品時，恐怕就沒那麼簡單。於是，是否有
一種較為簡單的方法，同樣能達到比較不同產品組合間優劣次序的目
的，就成為值得嘗試的方向。最直覺的想法就是，是否有辦法就消費集
合中的每一產品組合「賦予」(assign) 一個「數目」(number)，而不同產品

組合間數目的大小，剛好也反映這些產品組合在該消費者偏好中的優劣次序。如果能有系統地發展出這種賦予產品組合數目的方法，那麼消費者進行理性選擇的問題將大為簡化。因為，不管產品種類有多少，每一產品組合的好壞最後都只用一個數目來表示，那麼消費者的理性選擇就成為自消費集合中找出該「數目」最大的產品組合而已。現在問題是，有這樣一種方法嗎？

非常幸運的，上述問題的答案是肯定的。事實上，有基本數學基礎的人應該會發現，上小節中的三個公理和連續性的假設正是實數 (real number) 的基本性質。完全性告訴我們，實數線上每一個點都可以賦予一特定數值；反身性則是說相同點必須賦予相同的數值；至於遞移性隱含若 $x > y$，$y > z$，則 $x > z$。最後，連續性乃是指當 $x > y$ 時，則不管 x 和 y 如何接近，在 x 和 y 兩數之間必然存在 z，使得 $x > z$。

我們已經知道，最一般化的偏好只要滿足三個公理即可，因此由上面討論可知，只要滿足三個公理，即可將偏好以實數（或實數函數）來表示。如果再加上連續性，則我們就可將偏好以連續實數函數來描述。更明確點說，我們可在消費集合 S 上定義如下的連續實數函數：

$$U : S \to R \tag{3.2}$$

而且此函數滿足下列兩個性質：

(1) 若且唯若 $(x_1, y_1) \succ (x_2, y_2)$，則 $U(x_1, y_1) > U(x_2, y_2)$

(2) 若且唯若 $(x_1, y_1) \sim (x_2, y_2)$，則 $U(x_1, y_1) = U(x_2, y_2)$ $\qquad$ (3.3)

這樣的函數在經濟學上稱為總效用函數 (total utility function)，簡稱效用函數 (utility function)，其函數值 $U(x, y)$ 則稱為效用 (utility)。效用函數的兩個性質相當容易了解：(1) 表示只要消費者認為產品組合 (x_1, y_1) 較 (x_2, y_2) 好，則效用函數 U 必須賦予 (x_1, y_1) 較高的函數值或效用；反過來，如果我們由效用函數知道產品組合 (x_1, y_1) 的效用較 (x_2, y_2) 的效用高，則這代表此消費者對 (x_1, y_1) 的偏好較 (x_2, y_2) 強。(2) 的意義與 (1) 基本上相同，只不過適用於消費者認為毫無差異的兩個產品組合罷了。因此，兩個無差異的產品組合的效用必然相等；反之，若兩產品組合提供相等的效用，則此兩產品組合在此消費者心中必然完全相同。

根據 (3.3) 性質 (2)，我們立即知道，前面所定義的無異曲線正是所

有產生相同效用的產品組合所成的集合。因此，無異曲線 I 可寫成：

$$I = \{(x, y) \mid U(x, y) = \overline{u}, (x, y) \in S\}$$

上式中，$\overline{u}$ 為一定數。在實際運用時，我們常將無異曲線直接寫成下列的隱函數：

$$U(x, y) = \overline{u}$$

現在，我們進一步將效用函數限定為可微分函數（即滿足可微分性），那麼利用第二章中有關隱函數微分的性質（見(2.31)），我們得知無異曲線的斜率為

$$\frac{dy}{dx} = -\frac{\partial U/\partial x}{\partial U/\partial y} = -\frac{U_x(x,y)}{U_y(x,y)} \tag{3.4}$$

其中 $\partial U / \partial x = U_x(x, y)$ 和 $\partial U / \partial y = U_y(x, y)$ 分別為效用函數 $U(x, y)$ 對 x 和 y 的偏微分。由第二章中，我們知道偏微分 $\partial U / \partial x$ 的意義為在 y 的值固定不變的狀況下，增加一單位的 x 對效用函數 $U(x, y)$ 的函數值的影響。也就是說，$\partial U / \partial x$ 代表表在 y 的消費量不變情況下，增加一單位的 x 所帶來的「額外的」效用，我們稱此額外效用為 X 產品的邊際效用 (marginal utility)。同樣道理，$\partial U / \partial y$ 正是 Y 的邊際效用。由此可知，無異曲線的斜率只不過是 X 和 Y 兩產品的邊際效用的比再乘上負號而已。也因此，(3.1) 中之邊際替代率可重新表示成

$$MRS = -\frac{dy}{dx} = \frac{U_x(x,y)}{U_y(x,y)} \tag{3.5}$$

我們也可利用邊際效用和邊際替代率的觀念，說明消費者偏好的未飽和性和凸性。我們知道，未飽和性乃是指對一產品，消費越多就越好。根據邊際效用的定義，這正是指該產品的邊際效用恆為正值。因此，在未飽和性的假設下，我們得到 $\partial U / \partial x > 0$，$\partial U / \partial y > 0$。如此一來，由 (3.4) 得知，在未飽和的假設下，無異曲線永遠是負斜率，這和我們前面由偏好分析所得的結果一致。反之，如果 X 為一壞產品，而 Y 為一好產品，則 $\partial U / \partial x < 0$，$\partial U / \partial y > 0$，則無異曲線將成為正斜率（如圖 3.12(b)）。

接著來看凸性。前面已經提過，如果我們不考慮直線型無異曲線，則所謂凸性偏好，與邊際替代率遞減根本就是同一回事。換句話說，所謂（嚴格）凸性，可表示成

$$\frac{dMRS}{dx} < 0 \tag{3.6}$$

利用 (3.5)，則 (3.6) 可寫成

$$\frac{dMRS}{dx} = \frac{d}{dx}\left(\frac{U_x(x,y)}{U_y(x,y)}\right)$$

$$= \frac{U_y\left(U_{xx} + U_{xy}\dfrac{dy}{dx}\right) - U_x\left(U_{yx} + U_{yy}\dfrac{dy}{dx}\right)}{U_y^2}$$

$$= \frac{U_y^2 U_{xx} - 2U_x U_y U_{xy} + U_x^2 U_{yy}}{U_y^3} \tag{3.7}$$

上式中 U_{xx}，U_{yy} 和 U_{xy} 分別為 $U(x,y)$ 的二階偏導數。另外，在得到 (3.7) 最後一式過程中，我們利用了 (3.5) 之 $dy/dx = -U_x/U_y$ 及 $U_{xy} = U_{yx}$ 兩個結果。

在未飽和性假設下，我們知道 $U_x > 0$，$U_y > 0$，故 (3.6) 和 (3.7) 告訴我們，滿足（嚴格）凸性的條件為

$$U_y^2 U_{xx} - 2U_x U_y U_{xy} + U_x^2 U_{yy} < 0 \tag{3.8}$$

由 (3.8) 可以清楚看到，一般所謂邊際效用遞減 (diminishing marginal utility) 的觀念和邊際替代率遞減並沒有直接關係。因為邊際效用遞減指的是 $U_{xx} < 0$，$U_{yy} < 0$，但這只能使 (3.8) 之第一項和第三項成為負值。在 U_{xy} 的符號未確定前，仍無法保證 (3.8) 式成立。反之，即使 (3.8) 成立，只要 $-2U_x U_y U_{xy}$ 為負值，且絕對值夠大，邊際替代率遞減就不必要求邊際效用一定要遞減。簡單地說，邊際效用遞減既不是邊際替代率遞減的充分條件，也不是必要條件。

經由上面的討論，我們知道，在上一小節有關偏好的假設下，我們

是可以利用效用函數來描述消費者的偏好。利用效用函數來描述消費者偏好有一個最大的好處，就是我們第二章所介紹的各種微積分的技巧，可以有效地加以引用，從而簡化各種理論分析，這正是本書所要採用的方法。

【例 3.2】

試檢視下列三效用函數是否具有邊際效用遞減及邊際替代率遞減的性質。

(I) $U(x, y) = xy$

(II) $V(x, y) = x^{1/2}y^{1/2}$

(III) $W(x, y) = x^2y^2$

【解答】

(I)   因為

$$U_x = \frac{\partial U}{\partial x} = y \ , \ \ U_{xx} = \frac{\partial^2 U}{\partial x^2} = 0$$

$$U_y = \frac{\partial U}{\partial y} = x, \ \ U_{yy} = \frac{\partial^2 U}{\partial y^2} = 0$$

$$MRS = \frac{U_x}{U_y} = \frac{y}{x}$$

$$\frac{dMRS}{dx} = \frac{x\frac{dy}{dx} - y}{x^2} = -\frac{2y}{x^2} < 0$$

故效用函數 $U(x, y)$ 具有邊際替代率遞減的性質，但 X 和 Y 兩產品的邊際效用均固定(不遞減)。

(II) 因為

$$V_x = \frac{\partial V}{\partial x} = \frac{1}{2}x^{-\frac{1}{2}}y^{\frac{1}{2}} \ , \ \ V_{xx} = \frac{\partial^2 V}{\partial x^2} = -\frac{1}{4}x^{-\frac{3}{2}}y^{\frac{1}{2}} < 0$$

$$V_y = \frac{\partial V}{\partial y} = \frac{1}{2}x^{\frac{1}{2}}y^{-\frac{1}{2}} \ , \ \ V_{yy} = \frac{\partial^2 V}{\partial y^2} = -\frac{1}{4}x^{\frac{1}{2}}y^{-\frac{3}{2}} < 0$$

$$MRS = \frac{V_x}{V_y} = \frac{y}{x}$$

$$\frac{dMRS}{dx} = \frac{x\dfrac{dy}{dx} - y}{x^2} = -\frac{2y}{x^2} < 0$$

所以，效用函數 $V(x, y)$ 不但具有邊際替代率遞減性質，且 X 和 Y 兩產品的邊際效用都是遞減。

(III) 因為

$$W_x = \frac{\partial W}{\partial x} = 2xy^2 \;, \quad W_{xx} = \frac{\partial^2 W}{\partial x^2} = 2y^2 > 0$$

$$W_y = \frac{\partial W}{\partial y} = 2x^2y \;, \quad W_{yy} = \frac{\partial^2 W}{\partial y^2} = 2x^2 > 0$$

$$MRS = \frac{W_x}{W_y} = \frac{y}{x}$$

$$\frac{dMRS}{dx} = -\frac{2y}{x^2} < 0$$

所以，效用函數 $W(x, y)$ 也具有邊際替代率遞減性質，但 X 和 Y 兩產品的邊際效用都是遞增。

序列效用與計數效用

根據前面的討論，效用函數是用來描述偏好的一種方法。接著直覺讓人想到的問題是，用來描述某一特定偏好的效用函數是否為唯一？如果偏好和效用函數間有一對一的對應關係，那是再好不過，但如果不是一對一，那又怎麼辦呢？為了說明這些問題，我們回到效用函數的定義 (3.2) 和 (3.3)。由 (3.3) 我們知道，效用函數除了要求對偏好相同的產品組合賦予相同的效用外，最重要的是，消費者認為較好的產品組合必須賦予「較高的效用」。但我們得特別留意，這兒只要求較好的產品組合要有較高的效用，卻不曾要求確定「高多少」。假定消費者認為 A、B、C 三個

產品組合間的偏好關係為 $A \succ B \succ C$，則效用函數 $U(A) = 30$，$U(B) = 20$，$U(C) = 10$ 和效用函數 $V(A) = -100$，$V(B) = -200$，$V(C) = -300$ 都可用來描述該消費者的偏好。因為，用效用函數 U 來排列產品組合，我們得知 $U(A) > U(B) > U(C)$，故 $A \succ B \succ C$。同樣地，我們有 $V(A) > V(B) > V(C)$，因而還是得到 $A \succ B \succ C$ 的結果。由此可知，一個偏好，可有超過一個（事實上，可有無窮多個）的效用函數來加以描述。

這個效用函數「非唯一」的性質，有一個很重要的含意，就是效用函數值或效用本身，除了用來比較大小外，沒有任何其他意義。例如，根據效用函數 U，或許我們會說，此消費者認為產品組合 A 比產品組合 B 多帶來 10 單位的效用，因為 $U(A) - U(B) = 10$。但如果我們以效用函數 V 來衡量的話，會得到 $V(A) - V(B) = 100$，故 A 產品組合比 B 產品組合多帶來 100 單位效用。然而，我們已經知道，不管效用函數 U 或 V，都是同樣在描述此消費者的偏好。在這裡重點是，若讓此消費者在 A 和 B 兩產品組合間作選擇，他（她）會選 A 這個事實而已。因此，到底 A 比 B 多帶來一單位效用，或一萬單位效用，都是一樣，都不重要。就好像百公尺賽跑，我們只以第一位到達者頒給金牌，第二到達者頒給銀牌，第三到達者頒給銅牌，而不必去管第一名比第二名快幾秒，第二名比第三名快幾秒一樣。由於這個緣故，我們在此所定義、採用的效用函數，主要功能就是排列產品組合的優劣次序，所以經濟分析中將其稱為**序列效用** (ordinal utility)。

當我們將分析的重點集中在序列效用時，上面所提的效用函數的「非唯一」問題就可以得到某種程度的解決。為什麼呢？這是由於這些描述同一偏好的不同的效用函數之間，彼此存在著一定的關係。以上面的 U 和 V 兩效用函數為例，我們可將兩者間的關係描繪如圖 3.13 中之 a、b、c 三點。如果我們進一步將 U 和 V 之間的關係想像成連續的關係，則可得到圖中通過 a、b、c 三點以直線連結的曲線。這條曲線最明顯特性就是具有正的斜率。以第二章中所介紹的觀念來說，圖 3.13 告訴我們，變數 U 和 V 之間具有**單調遞增轉換** (positive monotonic transformation) 關係。這是一個非常重要的結果；雖然，任何一個偏好可以用無窮多種效用函數來描述，但只要這些效用函數真的是代表相同的偏好，那麼這些效用函數彼此之間必然具有單調遞增轉換關係。反過來說，只要兩效用函數

圖 3.13

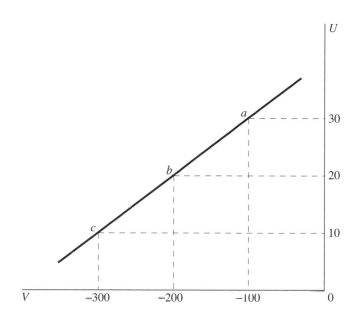

彼此間具有單調遞增轉換關係，則此兩函數對不同產品組合優劣次序的
排列必然相同，因而也代表相同的偏好。如果我們將彼此互為單調遞增
轉換的效用函數視為相同的效用函數，那麼偏好和效用函數之間就會有
一對一的對應關係，而前面所提的「非唯一」問題也就迎刃而解了。

　　根據第二章的結果，我們知道，當 U 和 V 之間具有單調遞增轉換關
係時，我們可明確地將其表示成

　　$U = f(V)$，$f'(V) > 0$

或

　　$V = g(U)$，$g'(U) > 0$ (3.9)

我們可利用這個關係，判別不同的效用函數是否代表相同的偏好。

【例 3.3】
試說明【例 3.2】中三個效用函數 U、V 和 W 是否描述相同的偏好。

【解答】

$$V = x^{1/2}y^{1/2} = (xy)^{1/2} = U^{1/2}$$

$$V' = \frac{dV}{dU} = \frac{1}{2}U^{-\frac{1}{2}} > 0$$

因此，V 是 U 的單調遞增轉換。

$$W = x^2y^2 = (xy)^2 = U^2$$

$$W' = \frac{dW}{dU} = 2U > 0$$

因此，W 也是 U 的單調遞增轉換。
所以 U、V 和 W 三個效用函數代表相同偏好。

前面我們提過，偏好可用無異曲線來表示。現在我們已知道，彼此互為單調遞增轉換的效用函數，乃代表相同的偏好。將這兩個結果結合在一起，我們即刻發現，單調遞增轉換只不過是將賦予各條無異曲線的效用水準加以改變，但維持原來的大小次序而已。現在以【例 3.2】中三個效用函數來說明。我們可繪出效用函數為 $U(x, y) = xy$，且通過 $(2, 2)$，$(3, 3)$，$(4, 4)$ 三點的無異曲線 I_1、I_2 和 I_3。如圖 3.14 所示，此時這三條無異曲線所代表的效用水準分別為 $U(x, y) = 4$，$U(x, y) = 9$，$U(x, y) = 16$（請務必確定你知道如何繪出這三條無異曲線）。讀者可以同樣的方法，分別繪出效用函數為 V 和 W，同樣通過這三點的無異曲線。讀者可以發現，不管效用函數為 V 或 W，通過這三點的無異曲線仍然是 I_1、I_2 和 I_3。當效用函數為 V 時，I_1、I_2 和 I_3 所代表的的效用水準分別為 $V(x, y) = 2$，$V(x, y) = 3$，$V(x, y) = 4$；而當效用函數為 W 時，I_1、I_2 和 I_3 所代表的的效用水準則是 $W(x, y) = 16$，$W(x, y) = 81$，$W(x, y) = 256$。很清楚地，將效用函數作單調遞增轉換並不影響無異曲線（或偏好），只不過是將賦予各無異曲線的效用水準，在不改變次序的前提下，加以改變而已。
上述結果，有一個很重要的含意。既然無異曲線不因效用函數作單調遞增轉換而改變，那麼利用彼此互為單調轉換的不同效用函數所算出

圖 3.14

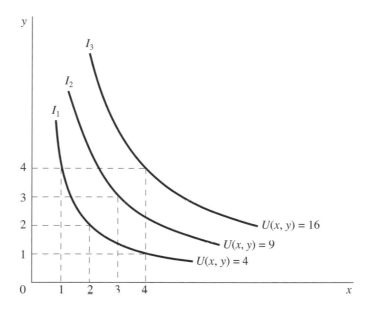

的某一特定點的邊際替代率也就應該完全相同。這點可由【例 3.2】得到佐證，因為不管效用函數是 U、V 或 W，我們均得到 $MRS = y/x$。不過，我們可以更一般化地證明這個結果。假定效用函數 U 和 V 間有單調遞增轉換關係，如 (3.9) 第二式所示，則由效用函數 U 我們可得

$$MRS_U = \frac{U_x(x,y)}{U_y(x,y)} \tag{3.10}$$

另一方面，由效用函數 V 可得

$$MRS_V = \frac{V_x(x,y)}{V_y(x,y)} = \frac{g'(U)U_x(x,y)}{g'(U)U_y(x,y)} = \frac{U_x(x,y)}{U_y(x,y)} \tag{3.11}$$

由 (3.10) 和 (3.11) 得知 $MRS_U = MRS_V$，亦即由效用函數 U 和效用函數 V 計算所得的邊際替代率完全相同。這個結果並不意外，畢竟，不管 U 或 V，它們所描繪的都是同一偏好。

這個結果還有一個重要的用途，即用來確定兩效用函數是否代表相

同偏好。我們已經知道，只要能證明某一效用函數為另一效用函數的單調遞增轉換，那就表示他們是代表同一偏好。然而，對某些較為複雜的效用函數，有時要證明他們之間是否存在單調遞增轉換關係相當困難。在這種情況下，我們就可查看他們的邊際替代率是否相同。如果不同，我們馬上知道兩者間並不存在單調遞增轉換關係，因而代表不同偏好。但讀者必須特別小心，即使由兩個效用函數所算出的邊際替代率相同，也不一定代表兩者所描述的偏好是一樣的。我們必須進一步查驗，這兩個效用函數效用增加的方向相同，方可確定他們代表相同的偏好。讀者應可輕易驗證，【例 3.2】中之三個效用函數不但邊際替代率相同，效用增加的方向也一樣，因此它們代表相同的偏好。反之，讀者可自行查證，效用函數 $f(x, y) = -xy$ 雖然和【例 3.2】中的三個效用函數具有相同的邊際替代率，但因其效用增加的方向不同，因而不可能代表相同的偏好。

在結束本節之前，僅再提醒讀者，我們所需要的效用函數就是到目前為止所介紹的序列效用函數。但這種序列效用函數，則是由十八世紀末的計數效用 (cardinal utility) 觀念，歷經一個多世紀的修正與演變而來。在計數效用的觀念下，效用的大小，除了代表產品組合優劣次序外，其數值也具有意義。例如，$U(x, y) = 120$ 較 $U(x, y) = 100$ 多了 20 單位的效用；$U(x, y) = 100$ 是 $U(x, y) = 10$ 的效用的 10 倍。但經由上面的討論，我們知道，任何效用函數的單調遞增轉換仍代表相同的偏好。如此一來，兩產品組合之間效用到底相差多少，就可因選取的效用函數不同而隨意調整改變。但這正好反證計數效用的觀念事實上是沒有意義的。這也是為什麼在現代消費者理論中，計數效用已完全被序列效用所取代。

3.3　預算限制

討論了消費者的「主觀偏好」後，接下來我們來看消費者所必須面對的「客觀限制」。前面已經提過，消費者的問題是，如何將其所擁有的貨幣所得配置於 X 和 Y 兩產品的購買上。因此，消費者所必須面對的是，他到底擁有多少貨幣所得 m？X 產品的價格 p_x 是多少？以及 Y 產品的價格 p_y 是多少？為了簡化說明，在此我們先作個不算太不合理的假設：我們假設任何一個消費者在 X 或 Y 產品市場上，其購買量都是微不足道，故

其個人的購買行為不會影響 X 或 Y 的價格。因此,就任何一消費者來說
p_x 和 p_y 都是固定的,只要他要買,就得接受並支付這個價格。在經濟學
上,我們稱這種無法影響產品價格的消費者(或生產者)為「價格接受者」
(price-taker)。當消費者為價格接受者時,他在某一特定期間內購買 X 和
Y 的總花費就等於 $p_x x + p_y y$。如果我們進一步假定,所考慮的僅是這一
期的選擇行為,沒有過去與未來,則此消費者就不可能從事借、貸,而
該消費者所能花費的就不可能超過他所擁有的貨幣所得 m。換句話說,
消費者對 X 和 Y 兩產品的購買量,必須滿足下列條件:

$$p_x x + p_y y \leq m \tag{3.12}$$

上式即是所謂的預算限制 (budget constraint)。在 p_x、p_y 和 m 給定的情況
下,滿足預算限制的所有 x 和 y 所成的集合就稱為預算集合 (budget set)。
又因滿足 (3.12) 的所有 x 和 y 正代表消費者在擁有貨幣所得 m,且面對
價格 p_x 和 p_y 時所能消費的 x 和 y 所成的集合,故也常將其稱為消費可
能集合 (consumption possibility set),或機會集合 (opportunity set)。消費
者只能在這個集合中選取他認為最好的 (x, y) 組合,因此機會集合正代
表著消費者作選擇時所必須面對的「客觀限制」。

　　在貨幣所得與產品價格給定,且均為正數,而產品購買量不可能為
負值的認知下,我們可將預算集合繪如圖 3.15。圖中陰影三角形及其三
個邊就是預算集合,也是消費者在面對一定的 p_x、p_y 和 m 時所能從事選
擇的範圍。事實上,在一期選擇及未飽和性的假設下,我們可將消費者
可能的選擇範圍再加以縮小。記得消費者是想從預算集合中選取 (x, y) 以
使自己的滿足或效用達到最大。但我們知道,效用只決定於所消費的產
品數量,與消費者的貨幣所得無關。換句話說,貨幣所得本身並不能為
消費者帶來效用,除非將其花費在 X 和 Y 的購買、消費上。因此,在無
法從事借、貸的一期選擇模型中,消費者為追求最大效用,必然會將所
有所得花光。在這種情況下,所謂預算限制 (3.12) 就可直接以下列 (3.13)
取代

$$p_x x + p_y y = m \tag{3.13}$$

(3.13) 即是圖 3.15 中的直線 AB,也是我們所熟知的預算線 (budget line)。

圖 3.15

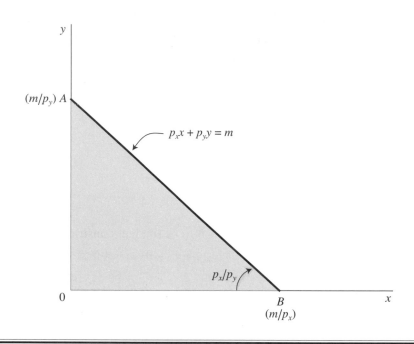

由此可知，在目前我們討論的一期選擇模型中，消費者只會選取預算線 AB 上的 (x, y)，而不可能選擇機會集合中其他的產品組合。

由 (3.13) 我們可清楚看到，其與 x 軸的交點為 m / p_x，代表不買 Y 產品，只買 X 產品時所能購買的數量。同理，其在 y 軸的截距為 m / p_y，為將所有貨幣所得用以購買 Y 時所能買得的數量。另外，圖上也顯示，預算線 AB 的斜率為 $-p_x / p_y$。如果我們只看其絕對值 p_x / p_y（以後均只考慮絕對值，不再重覆），則其正好表示用一單位的 X 可在市場上換取的 Y 的數量。換句話說，p_x / p_y 就是市場上以 Y 產品表示的 X 產品的價格。由於這個價格係以「實物」Y 來衡量，故一般稱其為**實物價格** (real price)，而將用貨幣表示的價格 p_x 和 p_y 稱為**貨幣價格** (money price)。另外，由於實物價格 p_x / p_y 係兩個貨幣價格的比，因此 p_x / p_y 也常稱為 X 產品的**相對價格** (relative price)。讀者必須切記，X 的相對價格乃表示，消費者為在市場上多獲取一單位的 X，「客觀上」所必須支付或放棄的 Y 產品的數量，因此 p_x / p_y 也代表 X 的**機會成本** (opportunity cost)。

由上面的討論，我們可以看到，預算線的位置與形狀，或消費可能

圖 3.16

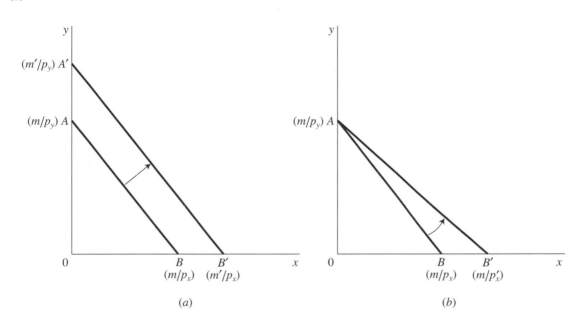

(a) (b)

集合的形狀與範圍，完全決定於貨幣所得 m 和 X、Y 兩產品的價格 p_x、p_y 三個參數。只要這三個參數中任何一個改變，則預算線與消費可能集合也將跟著改變。現在假定 p_x 與 p_y 固定，但貨幣所得由 m 變成 m'，且 $m' > m$，則我們知道，預算線的斜率 p_x / p_y 不會改變，但其兩截距分別由 m / p_x，m / p_y 增加為 m' / p_x，m' / p_y。在圖 3.16(a) 中，這表示預算線由 AB 平行外移到 $A'B'$，而消費可能集合也由 $0AB$ 擴大成 $0A'B'$。這個結果的經濟意義相當清楚，在物價完全固定的情況下，消費者的貨幣所得增加自是代表他所能從事消費的範圍擴大了。同樣道理，在 m 和 p_y 固定的情形下，若 p_x 下降成 p_x'，則預算線在 y 軸的截距 (m / p_y) 不變，但在 x 軸的截距則因 p_x 下降而成為 m / p_x'，且 $m / p_x' > m / p_x$。如圖 3.16(b) 所示，預算線以 y 軸截距 A 為定點，向右旋轉成 AB'。很顯然地，預算線的斜率也由 p_x / p_y 下降到 p_x' / p_y，而消費可能集合也由 $0AB$ 擴大成 $0AB'$。這些原理均相當簡單，讀者可自行嘗試其他狀況，如 m 減少，p_y 上升等。

圖 3.17

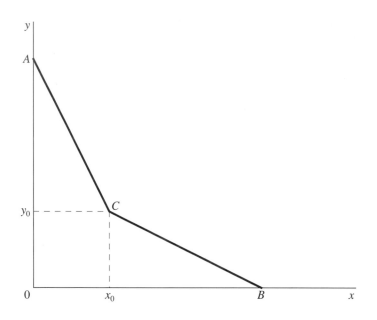

其他特別形狀的預算限制

(3.13) 及其所對應的圖形是我們最熟悉的預算限制，但那並不是唯一可能的形式。在此，我們將介紹幾種較常碰到的特別形式的預算限制。

(1) 帶有折扣價格的預算限制：假定 Y 的價格固定為 p_y，但 X 的價格則會隨購買量而改變。為了簡化說明，我們假設在購買量小於或等於某一數量 x_0 時，X 的價格為 p_x，但當 X 的購買量超過 x_0 時，價格就只是原價 p_x 的一半。在這種情況下，消費者的預算限制與預算線會是什麼樣呢？為了讓問題有意義些，我們進一步假設 $x_0 < m \,/\, p_x$（為什麼這樣會較有意義？）。現在來看圖 3.17，如果消費者將所有貨幣所得用以購買 Y，可買到 $0A$ 單位的 Y。若少買一單位 Y，則可省下 p_y 單位的所得，將其用來買 X，可買得 $p_y \,/\, p_x$ 單位的 X。我們可以繼續減少 Y 的購買，而將所省下的錢購買 X，則只要 X 的購買量不超過 x_0，其價格就是 p_x，而消費者購買之 (x, y) 的組合也就沿著斜率為 $p_x \,/\, p_y$ 之預算線 AC 由 A 點往 C 點移動直到放棄 Ay_0 單位的 Y 產品時，剛好可在 p_x 價格下購買 $x_0 = p_y(Ay_0) \,/\, p_x$ 的 X 產品，此

圖 3.18

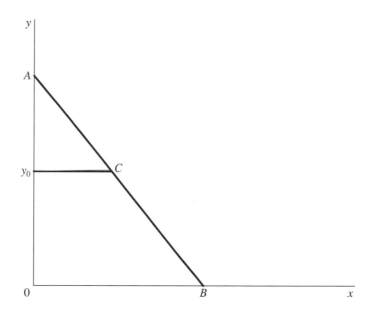

時消費者購買的產品組合就是 (x_0, y_0)，即 C 點。若消費者再減少 Y
產品的購買，並以所省下的錢買 X 產品，則因 X 的購買量已超過 x_0，
因此其價格僅為 $p_x / 2$，而購買之產品組合遂位於斜率為 $p_x / (2p_y)$ 之
預算線 CB 上。如果繼續減少 Y 之購買，並以所節省的支出購買 X，
則購買之產品組合 (x, y) 將沿 CB 線自 C 點往 B 點移動。當然 B 點
代表將所有貨幣所得都花來購買 X，其中前 x_0 單位的價格為 p_x，超
過 x_0 單位之 X 的價格為 $p_x / 2$。 總結上面討論，我們知道，此消費
者在這種情況下所面對之預算線即為 ACB。以數學式表示則可寫成

$$p_x x + p_y y = m \text{，當 } x \leq x_0$$

$$p_x x / 2 + p_y y = m \text{，當 } x > x_0$$

(2) 有消費限額 (quota) 之預算限制：通常這是政府基於某種原因（如戰
爭或維護某種特定價值觀念）而限制某種產品的最高消費量的情形。
假定在沒任何限額的情況下，消費者的預算線為圖 3.18 之 AB。現
在，若政府擔心 Y 產品消費過度而將其最高消費量訂為 y_0。很明顯

圖 3.19

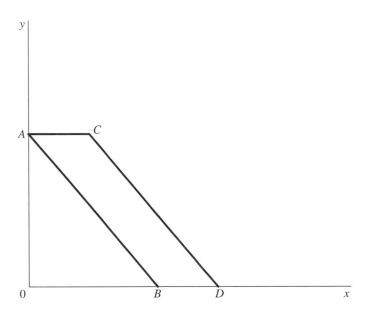

地，AC 部份不再是預算線，因為在 AC 上的 (x, y) 均滿足 $y > y_0$ 而違反限額規定。所以，嚴格地說，此消費者的預算線僅是線段 CB，預算集合則是 $0y_0CB$。但為了便於解釋，我們也常將 y_0C 線段視為預算線的一部份，而將 y_0CB 視為此消費者所面對之預算線。以數學符號表示，可將其寫成

$$p_x x + p_y y = m \ \text{，} \ y \leq y_0$$

(3) 包含指定用途的預算限制：若消費者的貨幣所得可寫成 $m = m_1 + m_x$，其中 m_1 和往常一樣，消費者可自行決定花費於 X 或 Y，但 m_x 則只限於購買 X。常見的指定用途的例子包括專款專用的預算，如低收入戶小孩教育補助等。在這種情況下，消費者能夠買的 Y 的最大數量為 m_1 / p_y，而能購買的 X 的最大數量為 $m_1 / p_x + m_x / p_x$。值得注意的是，當消費者購買 m_1 / p_y 的 Y 時仍可購買 m_x / p_x 數量的 X。因此，如圖 3.19 所示，當購買 $0A = m_1 / p_y$ 單位的 Y 時，此消費者還可購買 $m_x / p_x = AC$ 單位的 X，因而 C 點為預算線上的一個點。同樣道理，

不管 m_1 部份如何分配在 (x, y) 的購買，即沿 AB 線移動，我們都可再加上專款購買的 $x = m_x / p_x$。於是預算線即成為圖中之 CD，而預算集合則為 $0ACD$。同樣，為了便於說明，我們也常將此消費者所面對的預算線看成 ACD。

(4) 消費者擁有稟賦 (endowment) 而非貨幣所得：到目前為止，我們均假定消費者擁有固定的貨幣所得 m。但另一種可能的情況是消費者並沒有貨幣所得，而是擁有 x_0 數量的 X 產品和 y_0 數量的 Y 產品；經濟學上稱 (x_0, y_0) 為此消費者擁有的稟賦。在這種情況下，消費者的預算限制又成什麼形式呢？讀者在此只要了解價格接受者的意義，就可很輕易處理這個問題了。記得，價格接受者指的不僅是消費者在給定的價格下可以購買他所需要的任何數量，也表示此消費者可將其擁有的 X 和 Y 兩產品，在市場上以給定的價格賣出。在這層認知下，所謂消費者擁有稟賦 (x_0, y_0)，事實上和擁有貨幣所得並沒有多大差別，因為消費者可先將 x_0 和 y_0 在市場上以價格 p_x 與 p_y 賣出以獲取「貨幣所得」，然後再以這些貨幣所得購買 x 和 y。因此，我們可將此消費者的預算限制寫成

$$p_x x + p_y y = m = p_x x_0 + p_y y_0 \tag{3.14}$$

預算限制 (3.14) 最重要的一個性質就是，它必然通過 (x_0, y_0) 這一點。因為將 (3.14) 左邊之 x 和 y 分別以 x_0 和 y_0 代入，其結果剛好就是該式的右邊，表示 (x_0, y_0) 永遠滿足 (3.14)，或說預算線 (3.14) 永遠通過稟賦點 (x_0, y_0)。此外，我們知道此預算線的斜率仍然等於 p_x / p_y（為什麼？），因此，消費者擁有稟賦 (x_0, y_0) 時的預算線就是通過 (x_0, y_0)，斜率為 p_x / p_y 的直線，如圖 3.20 中之 AB。現在來看參數 p_x、p_y、x_0、y_0 發生變化對預算線（或預算集合）的影響。由於預算線為通過稟賦點，斜率等於 p_x / p_y 的直線，很顯然地，只要稟賦點 (x_0, y_0) 改變，此預算線必然平行移動通過新的稟賦點。另一方面，如果價格發生變化，例如 p_x 上升到 p_x'，則對應於此新價格的預算線仍然通過 (x_0, y_0)，只不過較原預算線陡，如圖 3.20 中之 $A'B'$。

上面我們舉了四個例子，說明預算線或預算集合可能因特殊情況而異於圖 3.15 之正常形狀。但讀者務必小心，這也只是一些例子而已。當

圖 3.20

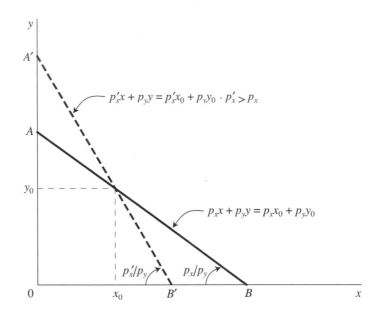

消費者所面對的是其他狀況時，他的預算線也可能會有其他奇奇怪怪的形狀。但不論如何，只要掌握基本原理，預算限制的設定並不困難。

3.4　消費者均衡

我們已經詳細說明如何描述消費者的「主觀偏好」和他所必須面對的「客觀限制」，現在將這兩者加以結合，來看看消費者如何從事理性選擇。更明確點說，我們希望知道消費者如何自消費可能集合中選取使自己效用達到最大的產品組合。事實上，根據前面的說明，消費者根本不必考慮整個消費可能集合，而是只要考慮預算線上的點即可，因為在未飽和假設下，使他效用最高的點必然在預算線上。

　　圖 3.21 中繪出一消費者的預算線 AB 及代表他的偏好的兩條無異曲線 u_1 與 u_2。當然 u_2 代表比較高的滿足或效用水準。很顯然地，點 A 的產品組合所提供的效用必然小於 a 的產品組合，因 a 的組合會帶給此消費者 u_1 水準的效用，而 A 位於無異曲線 u_1 的下方，故為了效用極大，消費者必然不會選取 A 點。現在問題是，消費者是否會選取 a 這點的產

圖 3.21

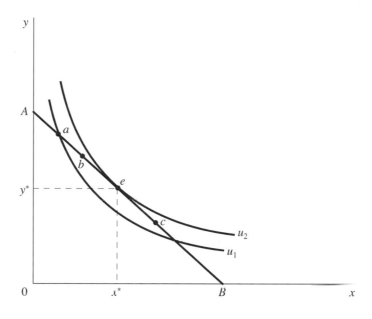

品組合？我們可考慮在預算線上，位於 a 點右下方的點，如 b 點。因 b 點位於無異曲線 u_1 的上方，因此代表較高的效用水準，故在 a 與 b 兩點間，消費者必然會選取 b 點而捨棄 a 點。我們接著可將 b 點與預算線上其他的點再作比較，直到最高效用的產品組合被選出來，消費者就做了理性的或最適選擇 (optimal choice)。根據上面的原理，讀者應可輕易確定，圖 3.21 中，使得此消費者在預算限制下效用達到最大的產品組合就是 e 點或 (x^*, y^*)。

當然，我們不希望每次都要歷經一再的比較不同產品組合以求取最適點。因此，接下來我們來看最適點 e 是否具有和預算線上其他點不同的特性，而如果能確定這些特性，我們就可直接利用這些特性找到最適點。圖 3.21 清楚顯示，e 點和預算線 AB 上其他諸如 a、b、c 各點最主要不同在於，通過 e 點的無異曲線 u_2 和預算線 AB 在該點相切，但通過其他點的無異曲線與預算線在該點則是相交而非相切。換句話說，只要 (x^*, y^*) 確為消費者的最適選擇，則該消費者在該點的邊際替代率必然與預算線的斜率，或產品 X 和 Y 的相對價格相等，亦即在最適點 (x^*, y^*) 必

有

$$MRS(x^*, y^*) = \frac{p_x}{p_y} \tag{3.15}$$

上式中我們特別標明在 (x^*, y^*) 這點的邊際替代率，但為了簡化符號，未來我們可能將其略去。

　　當消費者作了最適選擇後，在偏好及其他客觀條件（如 p_x、p_y、m）不變的情況下，此消費者就沒有任何動機改變這個選擇，也因此我們常將最適選擇 (x^*, y^*) 稱為消費者均衡 (consumer equilibrium)。值得一提的是，在個體經濟分析中，除非特別交待，一般均直接接受偏好固定的假設，因而消費者均衡就只決定於 p_x、p_y 和 m 三個外生參數。因此，我們可將最適點、最適選擇或消費者均衡寫成 $(x^*(p_x, p_y, m), y^*(p_x, p_y, m))$。

　　經由上面討論，讀者應該已很清楚，想找到消費者均衡，只要找到一組 (x, y) 同時滿足預算限制 (3.13) 和 (3.15) 這個條件即可。從數學的觀點來看，這只不過是由兩條方程式 (3.13) 和 (3.15) 解兩個變數 (x, y) 而已，相信對絕大部份讀者來說並不是件困難的工作。

　　在舉例說明如何求取消費者均衡 (x^*, y^*) 之前，我們必須指出此均衡的一個重要性質。我們已經知道，在給定 p_x、p_y 與 m 時，消費者的預算線正好是 x 軸的截距為 m / p_x，y 軸的截距為 m / p_y，斜率為 $-p_x / p_y$ 的直線。因此，只要 p_x，p_y 與 m 中任何一個發生變化，都會改變消費者的預算線或預算集合，從而導致消費者均衡的改變。但上述結果，卻有一個極重要的例外，即當 p_x，p_y 和 m 三個參數發生同比率變動時，消費者的預算線或預算集合並不受影響。更明確點說，假定 p_x、p_y 與 m 都變成原來的 λ 倍，則因

$$\frac{\lambda m}{\lambda p_x} = \frac{m}{p_x} \quad , \quad \frac{\lambda m}{\lambda p_y} = \frac{m}{p_y} \quad , \quad -\frac{\lambda p_x}{\lambda p_y} = -\frac{p_x}{p_y} \quad ,$$

所以預算線並沒改變。在偏好給定的情況下，自然得到與 p_x、p_y 和 m 同比率變動前相同的均衡。因此我們可以得到

$$x^*(\lambda p_x, \lambda p_y, \lambda m) = x^*(p_x, p_y, m)$$

及

$$y^*(\lambda p_x, \lambda p_y, \lambda m) = y^*(p_x, p_y, m)$$

的結果。從數學角度來看，這表示消費者均衡乃是 p_x、p_y 與 m 的零次齊次 (homogeneous of degree zero) 函數。這是消費者均衡的一個重要性質，即當所有物價與貨幣所得均以同程度上升或下降時，消費者的最適選擇並不受影響。經濟學上，把這種現象稱為消費者沒有貨幣幻覺 (money illusion)。由於這個性質非常重要，我們建議讀者每次解出消費者均衡後，都要記得加以驗證。

【例 3.4】

假定一消費者的效用函數為 $U(x, y) = xy$，貨幣所得為 m，且市場上 X 和 Y 的的價格分別為 p_x 與 p_y，試求此消費的均衡。當 $m = 100$，$p_x = p_y = 1$ 時，該消費者最適的 x、y 購買量為何？

【解答】

由課文中之討論得知最適解必須滿足預算限制

$$p_x x + p_y y = m$$

又由【例 3.1】(a) 得知此消費者的邊際替代率為 y / x，故 (3.15) 成為

$$\frac{y}{x} = \frac{p_x}{p_y}$$

聯立求解上面兩個式子可得到最適解（請自行驗證零次齊次的性質）

$$x^* = \frac{m}{2p_x}$$

$$y^* = \frac{m}{2p_y}$$

因此，當 $m = 100$，$p_x = p_y = 1$ 時，X 和 Y 的最適購買量分別為

$$x^* = 50$$

$$y^* = 50$$

以拉格朗日法求最適解

上面消費者均衡的問題，也可利用我們在第二章所介紹的拉格朗日法來求解，因為基本上這是一個求限制極大的問題。讀者應已理解，所謂消費者的最適選擇，事實上就是在預算限制下求效用的極大罷了，因此我們可將其寫成

$$\max_{x,y} U(x, y)$$

$$\text{s.t. } p_x x + p_y y = m$$

這與 (2.45) 式完全相同，故我們可設立如下的拉格朗日函數 (Lagrangean function)

$$\mathcal{L}(x, y, \lambda) = U(x, y) + \lambda(m - p_x x - p_y y)$$

其中 λ 為拉格朗日乘數 (Lagrange multiplier)。(x^*, y^*)為限制極大的一階條件為：

$$\frac{\partial \mathcal{L}}{\partial x} = U_x(x^*, y^*) - \lambda^* p_x = 0 \tag{3.16}$$

$$\frac{\partial \mathcal{L}}{\partial y} = U_y(x^*, y^*) - \lambda^* p_y = 0 \tag{3.17}$$

$$\frac{\partial \mathcal{L}}{\partial \lambda} = m - p_x x^* - p_y y^* = 0 \tag{3.18}$$

我們假定二階段條件成立，現在來看一階條件的意義。很明顯地，(3.18) 表示最適解 (x^*, y^*) 必須滿足預算限制，或必須是預算線上的一個點，這正滿足 (3.13) 的要求。接著我們可將 (3.16) 和 (3.17) 兩式中之負項移到等號右邊，再將兩式上下相除即得：

$$\frac{U_x(x^*, y^*)}{U_y(x^*, y^*)} = \frac{p_x}{p_y} \tag{3.19}$$

但由 (3.5) 我們知道 (3.19) 左邊正好就是消費者在 (x^*, y^*) 這一點的邊際替代率，故 (3.19) 可寫成

$$MRS(x^*, y^*) = \frac{p_x}{p_y} \tag{3.20}$$

這正好就是 (3.15) 式。因此，與前面的推理完全相同，我們可利用 (3.18) 和 (3.20) 兩條方程式解出最適解 (x^*, y^*)。

【例 3.5】

將【例 3.4】中之效用函數改為 $U(x, y) = x^\alpha y^\beta$，並重新以拉格朗日法求解。

【解答】

此題的拉格朗日函數為

$$\mathcal{L}(x, y, \lambda) = x^\alpha y^\beta + \lambda(m - p_x x - p_y y)$$

其一階條件為（依習慣，我們省略 * 符號）：

$$\frac{\partial \mathcal{L}}{\partial x} = \alpha x^{\alpha-1} y^\beta - \lambda p_x = 0 \tag{a}$$

$$\frac{\partial \mathcal{L}}{\partial y} = \beta x^\alpha y^{\beta-1} - \lambda p_y = 0 \tag{b}$$

$$\frac{\partial \mathcal{L}}{\partial \lambda} = m - p_x x - p_y y = 0 \tag{c}$$

由 (a)、(b) 兩式可得

$$\frac{\alpha}{\beta} \frac{y}{x} = \frac{p_x}{p_y}$$

或

$$y = \frac{\beta}{\alpha} \frac{p_x}{p_y} x \tag{d}$$

將 (d) 代入 (c)，可解出

$$x^* = \left(\frac{\alpha}{\alpha + \beta}\right) \frac{m}{p_x} \tag{e}$$

將 x^* 代回 (d) 即得

$$y^* = \left(\frac{\beta}{\alpha + \beta}\right)\frac{m}{p_y} \tag{f}$$

（記得驗證零次齊次的性質喔！）

當 $p_x = p_y = 1$，$m = 100$ 時之最適購買量為

$$x^* = \left(\frac{\alpha}{\alpha + \beta}\right)100$$

$$y^* = \left(\frac{\beta}{\alpha + \beta}\right)100$$

與【例 3.4】相較，讀者應可立即查覺，【例 3.4】只是本題中 $\alpha = \beta = 1$ 的特例。在此順便一提，本例中之效用函數 $U(x, y) = x^\alpha y^\beta$ 乃是經濟學中很著名的寇布－道格拉斯函數 (Cobb-Douglas function，簡稱 C-D function)，它具有很多重要性質，將來我們會陸續介紹。在此，我們要提醒讀者，本題所解出之最適解 (e)、(f) 乃是 C-D 函數的「通解」(general solution)，可設法將其記下，因其用途非常廣泛。一個很方便的記法是將 (e)、(f) 兩式改寫成：

$$\frac{p_x x^*}{m} = \frac{\alpha}{\alpha + \beta} \tag{g}$$

$$\frac{p_y y^*}{m} = \frac{\beta}{\alpha + \beta} \tag{h}$$

(g) 表示，當效用函數為 C-D 函數時，最適解必隱含花在 X 產品的總支出佔貨幣所得的比率為固定，且此比率剛好就是效用函數中 x 的指數佔 x 與 y 之指數和的比率。同樣地，讀者可自行解釋 (h) 的意義。

拉格朗日乘數的意義

上面我們利用 (3.16) ~ (3.18) 解出 x^*, y^* 過程中，事實上我們也可同時解

出 λ^*，而且與 x^*、y^* 一樣 λ^* 的值也是決定於 p_x、p_y 和 m 三個參數值。現在，我們將解得的 x^*、y^* 代回效用函數 $U(x, y)$，並明確將其與三個參數的關係寫出可得

$$V(p_x, p_y, m) = U(x^*(p_x, p_y, m), y^*(p_x, p_y, m)) \tag{3.21}$$

$V(p_x, p_y, m)$ 代表消費者擁有貨幣所得 m，面對產品價格 p_x、p_y 時所能達到的最大效用，經濟學上稱其為間接效用函數 (indirect utility function)，以便與（直接）效用函數 $U(x, y)$ 區別。

　　因消費者所能達到的最大效用乃決定於 p_x、p_y 和 m，故我們可來看看，當 p_x、p_y 固定且貨幣所得增加一單位時，最大效用會改變多少。將 (3.21) 式對 m 作偏微分可得

$$\frac{\partial V}{\partial m} = \frac{\partial U}{\partial x^*}\frac{\partial x^*}{\partial m} + \frac{\partial U}{\partial y^*}\frac{\partial y^*}{\partial m} \tag{3.22}$$

因 x^* 與 y^* 係由 (3.16) ~ (3.18) 解出，故它們必然滿足 (3.16) 和 (3.17)，因而可將此兩式帶入 (3.22)，則

$$\frac{\partial V}{\partial m} = \lambda^* p_x \frac{\partial x^*}{\partial m} + \lambda^* p_y \frac{\partial y^*}{\partial m}$$

$$= \lambda^*\left(p_x \frac{\partial x^*}{\partial m} + p_y \frac{\partial y^*}{\partial m} \right) \tag{3.23}$$

將 (3.18) 對 m 作偏微分（切記 p_x、p_y 為固定，且 x^* 與 y^* 為 p_x、p_y 和 m 的函數），我們得到

$$1 - p_x \frac{\partial x^*}{\partial m} - p_y \frac{\partial y^*}{\partial m} = 0 \tag{3.24}$$

但 (3.24) 隱含 (3.23) 括號中的數值剛好等於 1，因此得到

$$\frac{\partial V}{\partial m} = \lambda^*$$

此式子告訴我們，在消費者達到均衡時，拉格朗日乘數正代表貨幣所得增加一單位對消費者最大效用水準的影響。也因為這個緣故，消費者行

為分析中，拉格朗日乘數常被稱為代表貨幣的邊際效用 (marginal utility of money) 或所得的邊際效用 (marginal utility of income)，這也是第二章 2.6 節所介紹的影子價格的一個特例。另外，在此須特別指出，這個名詞並不表示貨幣所得本身能直接提供效用，而是指當消費者貨幣所得增加後，再經過一次追求效用極大化的過程，在新的最適選擇下，消費者達到的最大效用與貨幣所得未增加前的最大效用之間的差異。因此，效用變動的直接原因還是對 X 與 Y 兩產品消費的改變，貨幣所得改變只是間接地影響效用而已。

　　利用 λ^*，我們可重新詮釋消費者均衡一階條件的意義。(3.16) 中，$U_x(x^*, y^*)$ 表示在均衡時額外一單位 X 所能帶給消費者的邊際效用。但為多消費這一單位 X，消費者必須付出 p_x 的額外支出，故 $\lambda^* p_x$ 代表消費者為多購買、消費一單位 X 所必須支出的效用。當由多消費一單位 X 所獲得的效用超過因而所必須支出的效用時，即 $U_x(x^*, y^*) > \lambda^* p_x$，消費者多購買、消費此一單位 X 會讓其總效用提高，因此就會購買此一單位 X。只要這種不等式的關係繼續存在，消費者就會持續增加對 X 的購買以提高效用。這個過程只有在 $U_x(x^*, y^*) = \lambda^* p_x$ 達到時方會停止。反之，只要 $U_x(x^*, y^*) < \lambda^* p_x$ 成立，消費者購買、消費此一單位 X 會讓其總效用下降，消費者就不會購買該單位的 X，且只要這種關係持續存在，消費者就得不斷減少 X 的購買以提高效用，直到 $U_x(x^*, y^*) = \lambda^* p_x$ 成立時，消費者方會停止減少 X 的購買、消費。因此，消費者均衡的條件之一為 (3.16)。同樣推論可援引到 Y 產品而得知 (3.17) 亦為消費者均衡的條件。我們也可結合 (3.16) 與 (3.17) 而得到

$$\frac{U_x(x^*, y^*)}{p_x} = \frac{U_y(x^*, y^*)}{p_y} = \lambda^*$$

上式告訴我們，當消費者達到均衡時，他花在 X 與 Y 產品上的最後一塊錢會帶來相同的邊際效用，且此邊際效用剛好等於貨幣的邊際效用。

角解

到目前為止，我們均是利用預算限制以及無異曲線與預算線相切兩個條

圖 3.22

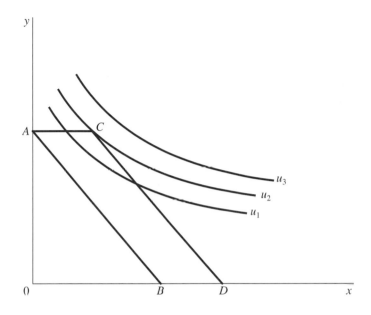

件來求解消費者均衡。當然，預算限制是一定要滿足的，但問題是均衡
時是否無異曲線必然就得與預算線相切？答案顯然是否定的，圖 3.22 之
預算線乃複製自圖 3.19，再加上一組「正常的」的無異曲線。由圖上可清
楚看到，消費者均衡是在 C 點，因為這一點不但滿足預算限制，且是在
這限制下使消費者效用達到最大的產品組合。但同樣清楚的，在 C 這一
點預算線與無異曲線並非相切。以圖 3.22 的情形來說，我們大概可確定
在 C 點有 $MRS < p_x / p_y$ 的關係。

　　另一種預算線與無異曲線不相切的均衡是接下來我們要討論的**角解**
(corner solution)。這種情形是在「正常的」預算線下，預算線上任何一點
的邊際替代率均與相對價格均不同，以致消費者均衡發生於 x 軸或 y 軸
而只消費其中一種產品。圖 3.23 中，預算線上任何一個產品組合均有
$MRS > p_x / p_y$ 的關係。在這種情況下，為了多消費一單位的 X，消費者
主觀上願付出的 Y（即 MRS）永遠超過他實際上必須付出的 Y。消費者
將不斷地釋出 Y 以換取 X 的消費，直到只消費 x 的 B 點方才停止，因而
B 點就成為均衡點，此為一角解。為了考慮在 B 點無異曲線剛好與預算

圖 3.23

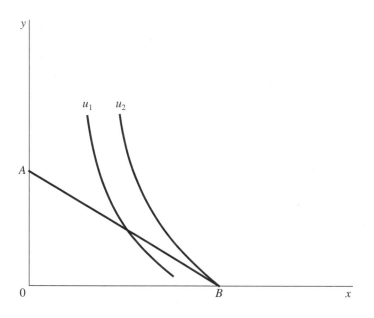

線相切的極端狀況，我們可將在 B 點的均衡寫成 $MRS \geq p_x / p_y$。同理，若 A 點為角解，則在該點必有 $MRS \leq p_x / p_y$ 的關係（請確定你了解這原理！）。相對於角解 A 和 B，習慣上我們稱發生於預算線上其他點，滿足 $MRS = p_x / p_y$ 的最適解為內部解 (interior solution)。當然，讀者應該知道，當偏好為嚴格凸性時，角解是不可能出現的。

【例 3.6】
假定一消費者的效用函數為 $U(x, y) = \ln x + \ln (y + 5)$，貨幣所得為 4，而 $p_x = p_y = 1$。試問此消費者應消費多少 X 和 Y，以使他的效用達到極大？

【解答】
此消費者所面對的預算限制式為

$$x + y = 4 \qquad\qquad\qquad (a)$$

另由效用函數可算出邊際替代率為

圖 3.24

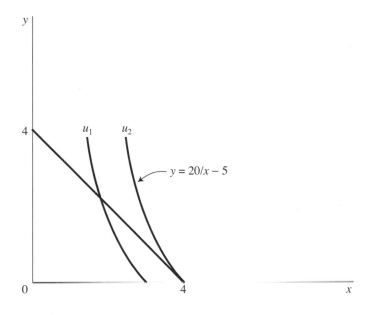

$$MRS = -\frac{dy}{dx} - \frac{U_x(x,y)}{U_y(x,y)} = \frac{1/x}{1/(y+5)}$$

$$= \frac{y+5}{x}$$

但由 (a) 式，我們知道 $0 \le x \le 4$，$0 \le y \le 4$。因此，

$$5 \le y+5 \le 9$$

$$\frac{y+5}{x} \ge \frac{5}{4} > 1$$

故 $MRS = (y+5)/x > 1 = p_x/p_y$ 永遠成立。由此可知，此消費者的無異曲線與預算線間的關係應如圖 3.24 所示，此消費者會將全部所得購買 4 單位的 X 產品以使效用達到最大。

3.5 消費者均衡分析的應用

從求解的技術層面來看，消費者均衡分析相當簡單，它只不過是第二章中限制極大化的直接應用而已。但讀者或許很難體會，這麼簡單的分析法卻有很大的用處。它可用來分析許許多多社會現象以及各種政府政策的效果。在此我們利用一個「稍要用點腦筋」的例子來說明消費者均衡分析法的妙用。

假定政府鑑於空氣污染日益惡化，決定對每單位汽油的使用課徵 t 元的稅收，期望減少汽油使用，由而改進空氣品質。但為了不使百姓誤認為政府在巧立名目收稅，也為了不要過分影響一般人的生計，政府決定將所收到的空氣污染稅平均「退還」(rebate) 給每一位消費者。在這種情況下，我們想知道的是，這個政策是否真能達到抑制汽油使用、降低污染的目的？是否會影響消費者的效用或福利？

這些問題，對某些人來說或許會覺得可笑，覺得政府何必多此一舉，因為既然所有的稅收又全部回到消費者口袋中，那還不是和過去一樣的消費，怎麼可能有什麼效果呢？對持有這種看似無懈可擊的見解的人，我們將立即讓他們見識到經濟分析的力量。另一方面，有些人或許會很快地反應，結果當然是無法確定啦！因為稅是平均退還給每一位消費者，因此對那些不使用汽油的人來說，等於不繳稅，卻得到政府退稅補貼，貨幣所得增加，消費可能集合擴大，效用或福利必然上升。反之，大量使用汽油的人所獲得的退稅必然不足以抵消其稅收支付，因此一定受損。也因為每位消費者受到不同的衝擊，對於汽油消費的增減也就無法確切得知。這些考量完全合理，在現實生活上也確實會如所描述的狀況。但問題是，是否因為這樣，我們就無法進行分析呢？記得，在第一章中，我們強調，經濟模型並不是現實世界的複製，而是現實世界的簡化。我們希望將相當複雜的現實世界，簡化成由幾個變數來描繪的模型，如此才有辦法進行有意義的分析。現在，我們所必須從事的第一步就是這個簡化與建立模型的工作。

為了消除上面所提不同消費者的不同反應，我們首先假定，此經濟體系中的每一個人都「完全相同」(identical)，或更明確點，每一位消費者均具有相同偏好，擁有相同貨幣所得，並面對相同的市場價格。如此一

圖 3.25

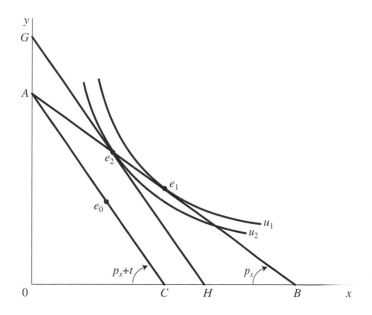

來，而對政府的政策時，大家就會有相同的反應，因此只要分析一「代表性消費者」(representative consumer) 就可以了。此外，為了簡化分析，我們進一步假定汽油的價格不會因為消費者集體行為改變而改變。這個假設的主要目的是排除供給面的干擾。因為，即使每一個消費者都是價格接受者，當所有消費者採取共同行動時仍然可能影響市場價格，由而導致汽油供給者的反應。但如此一來，會使我們的分析變得太複雜而失去焦點，故暫時作這個假設。

　　在上述假設下，我們可將一代表性消費者的均衡以圖 3.25 來描繪。圖中 x 代表汽油消費量，y 為該消費者支用於汽油之外的所有其他支出，AB 代表該消費者在政策未施行前的預算線，而 e_1 則是均衡點。現在，政府對每單位汽油課徵 t 元污染稅，使汽油價格由 p_x 上升為 $p_x + t$。因 Y 的價格並未改變，$p_y = 1$（為什麼？），故課稅後的預算線成為 AC。如果政府沒有任何退稅措施，則消費者將在此新預算線上選取最適消費組合，如圖中之 e_0（為使圖形不致太亂，未繪出切於該點之無異曲線）。但事實上政府會將稅收退還，因而 AC 並不是真正的政策施行後的預算線。

而只要人們有使用汽油，就會有稅收，就會有退稅，在此情況下，我們所知道的是，退稅後的預算線必然與 AC 平行，且在 AC 的東北方向。現在問題是，在那個位置？這是個類似「雞生蛋、蛋生雞」的詭異問題。因為，只有知道預算線在那裡，我們才知道消費者購買多少汽油，然後才知道課了多少稅，退了多少稅。但在不知道課了多少稅，退了多少稅前，根本就不可能知道預算線在那裡呀！如果讀者執著於這種看似頗合邏輯的思考方式，那很遺憾地，結果將是「無解」。

那又該如何思考呢？很幸運地，經濟學中有一相當有效的解決方式。我們根本不必去憂慮均衡點、預算線如何因收稅、退稅而調整的過程。我們可直接問：如果這些調整已經完成，達到一新的退稅後的均衡時，這個均衡應該滿足什麼條件？當我們找出滿足這些條件的點時，我們的工作就已完成了。但這些條件又是什麼呢？首先，我們知道，新的均衡必然發生在無異曲線與新的預算線相切的點。因此，我們只要關注與 AC 平行，且位於其右上方之各預算與無異曲線相切之點即可。其次，我們知道，每個消費者相同；因此，每人消費的汽油、繳交的污染稅與退回的稅收也都完全相同。如此一來，消費者繳交的稅與退回的稅剛好相互抵消，他的貨幣所得也就沒有因此政策的施行而改變了。但這穩含，消費者在原來價格 p_x 下可以消費原預算線上的任何產品組合。換句話說，即使在面對新價格 $p_x + t$，最後的消費點也必然在 AB 線上。結合上述兩個條件，我們立刻知道，只要在 AB 線上找到一個點，而該點的邊際替代率剛好等於 $p_x + t$ 即可。由圖 3.25 以及均衡點的性質我們還知道，這個新均衡點必然位於 e_1 點左上方的 AB 線上，因為唯有在 Ae_1 這部份該消費者的邊際替代率才大於 p_x，才可能等於 $p_x + t$。圖中，我們將此新均衡點以 e_2 表示，在該點退稅後的預算線 GH 剛好與無異曲線 u_2 相切，滿足效用最大化條件。

由於 e_2 必然位於 e_1 的西北方向，因而很清楚地，即使政府將所有稅收退還給消費者，仍然可以達到降低汽油消費、降低空氣污染的目的。在此同時，我們也看到，政府的目的雖然達到了，但消費者的福利卻也必然下降，因 u_2 必然位於 u_1 下方。這個道理很容易理解，我們已知道 e_2 必然在 AB 上，但當同樣位於 AB 上的 e_1 可以選取時，消費者選的是 e_1 而非 e_2，由此可知，消費者認為 e_1 比 e_2 好。而退稅後之所以選取 e_2，只不過是 e_1 已位於其新預算線 GH 之外，沒辦法再選取罷了。

比較靜態與需求函數

上一章我們討論，如何在消費者貨幣所得 m 與產品價格 p_x、p_y 給定情況下，決定消費者均衡，並將此均衡記成 $x^*(p_x, p_y, m)$，$y^*(p_x, p_y, m)$。從這均衡的表示法來看，均衡消費量 x^* 和 y^* 僅受 p_x、p_y 和 m 三個參數的影響。基本上這種認知並沒有錯，但我們要在此提醒讀者，在消費者透過效用極大化決定最適消費組合的過程中，給定的參數事實上並不限於 p_x、p_y 和 m 三者，而是除了 X 和 Y 兩種產品外的其他任何足以影響消費決策的變數，均是被當成固定或給定。如我們在第一章所指出的，這種「其他狀況不變」的假設在經濟分析中扮演著極其重要的角色。

在這一章中，我們所要進行的工作，就是探討當這些給定的「參數」或「其他狀況」中任何一項發生變化時，如何影響消費者的最適選擇或均衡。更明確地說，我們想知道，在某一參數發生變化後，新的均衡和原來舊的均衡間有什麼差別。這種比較參數發生變動前、後均衡變化的的分析，在經濟學上稱為比較靜態分析 (comparative statics analysis)，因它只牽涉到比較兩個均衡點的差異，而不探討如何由舊的均衡調整到新的均衡的動態過程。

根據上面的說明，敏感的讀者或許已發現，事實上，在第三章中我們已經碰過比較靜態分析了。首先，我們曾探討貨幣所得改變對均衡拉格朗日乘數的影響，從而得知其經濟意義。其次，我們分析過政府課徵污染稅及退稅對消費者均衡的影響。政策或制度變數在消費者行為分析中當然也是一種參數，因此這些變數所引起的均衡的改變正是不折不扣的比較靜態分析。在此順便一提，上一章消費者行為分析中，另一個被固定的參數是消費者的偏好。很顯然地，只要偏好發生變化，消費者的最適選擇也會跟著改變，因而也屬於比較靜態分析的範疇。不過，由於經濟學者對偏好的形成、改變所知相當有限，因此傾向於避免分析偏好改變的問題，而直接假設在任何分析過程中，消費者的偏好均維持穩定

不變。這個假設的一個重要含意是，在消費者行為中，比較靜態分析大致是經由分析預算限制的改變來完成。現在，我們就來進行有關 p_x、p_y 和 m 這三個參數改變的比較靜態分析。

4.1　貨幣所得改變

我們已經知道，消費者貨幣所得的增加或減少，會反應在其預算線之往外或往內平行移動，因此，消費可能集合及均衡點也會跟著改變。這種情況，可利用圖 4.1(a) 來加以說明。圖中，假定原來消費者的貨幣所得為 m_1，均衡點為 e_1，X 和 Y 兩種產品的均衡購買量分別為 $x_1(p_x, p_y, m_1)$ 和 $y_1(p_x, p_y, m_1)$。在其他狀況不變的假設下，當貨幣所得由 m_1 增加到 m_2，再增加到 m_3 和 m_4，此消費者的預算線就會由 B_1 往外經由 B_2、B_3 移到 B_4，而均衡點也伴隨著由 e_1 調整到 e_2、e_3 和 e_4，於是對應於不同的 m，X 及 Y 的均衡購買量分別為 (x_2, y_2)、(x_3, y_3) 和 (x_4, y_4)。我們可以將 e_1、e_2、e_3 和 e_4 這些均衡點連接起來成為所謂的所得消費曲線 (income consumption curve, ICC)，因為這條 ICC 告訴我們當貨幣所得改變時，X 和 Y 兩產品的消費量如何改變。在此值得一提的是，所得消費曲線必然是由原點出發，因為當貨幣所得為零時，消費者是不可能購買任何東西的。

　　由於產品組合 (x_1, y_1)、(x_2, y_2)、(x_3, y_3) 和 (x_4, y_4)，係在其他狀況不變的假設下，當貨幣所得由 m_1 增加到 m_2，再增加到 m_3 和 m_4 時，經由消費者均衡條件所得到的，我們可更直接點，將均衡購買量與貨幣所得間的關係，繪於 x-m 或 y-m 平面上。圖 4.1(b) 中的曲線描述了圖 4.1(a) 之最適 X 購買量與貨幣所得間的關係。如果將圖 4.1(b) 的兩軸對調，即可得到一條如圖 4.2 之描繪貨幣所得與均衡 X 購買量間關係的曲線；我們稱這條曲線為恩格爾曲線 (Engel curve)。讀者可以依相同的方式，在 m-y 平面上繪出另一條描述圖 4.1(a) 中貨幣所得與 Y 均衡購買量間關係的恩格爾曲線。

　　圖 4.1(a) 中的 ICC 有個重要特色，即它的斜率恆為正值，代表貨幣所得增加時，消費者會同時增加對 X 和 Y 產品的消費，或 $\partial x / \partial m > 0$，$\partial y / \partial m > 0$。當一種產品的購買量隨貨幣所得增加而增加時，我們稱此產品為正常物品 (normal good)，其對應之恩格爾曲線為正斜率。當然，

圖 4.1

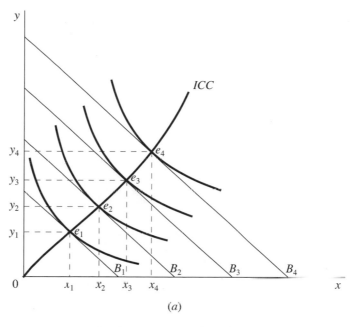

(a)

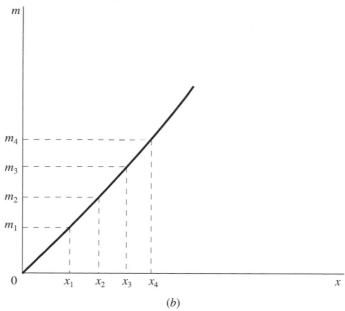

(b)

圖 4.2

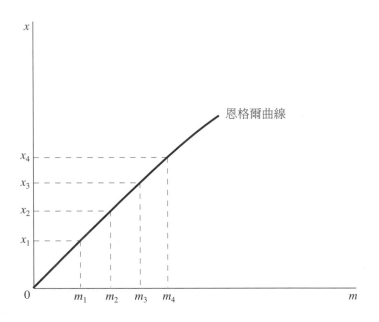

有了所謂的正常物品，必然有對立的「不正常物品」，這是指那些在貨幣所得增加時，購買量反而減少的產品，經濟學上將這樣的產品稱為劣等物品 (inferior good)。在圖 4.3(*a*) 中，當貨幣所得小於 m_2 時，兩種產品的均衡消費量都是隨所得增加而增加，故 X 和 Y 都是正常物品，*ICC* 為正斜率。當貨幣所得大於 m_2 時，y 的均衡消費量仍然是隨所得增加而增加，但 X 的均衡消費量卻減少，故 Y 是正常物品而 X 則為劣等物品，此時 *ICC* 會朝左上方彎曲而成為負斜率。 同樣的，圖 4.3(*b*) 中當 *ICC* 向右下方彎曲而成為負斜率時，X 是正常物品， Y 則成為劣等物品。討論到這裡，讀者會發現：

(1) 當產品 X 或 Y 之一為劣等物品時，*ICC* 必為負斜率；

(2) 產品 X 和 Y 必不可能同時是劣等物品 (為什麼？)。

如前面所提，當 X 為一正常物品時，恩格爾曲線是正斜率，表示貨幣所得提高時，X 的購買量也跟著增加。同樣道理，若 X 為一劣等物品，則恩格爾曲線就會是負斜率。在此有兩個重要觀念必須提醒讀者：首先，一種產品到底是正常物品或劣等物品，完全是一種主觀的價值判

圖 4.3

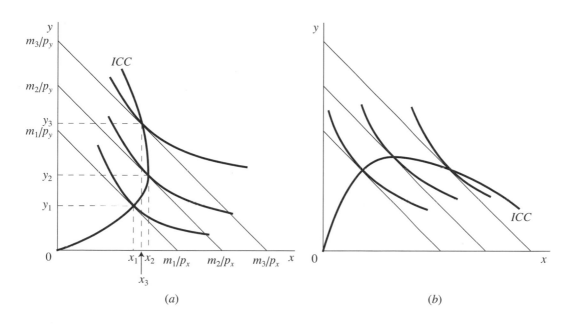

(a)　　　　　　　　　　　　　　(b)

斷；同樣的產品，對張三而言是正常物品，但對李四而言則可能是劣等
物品。其次，由於圖 4.2 中之恩格爾曲線必然是由原點出發，故不論對
那一消費者來說，一種產品絕對不可能在所有貨幣所得水準下均為劣等
品（為什麼？用點腦筋喔！）。最可能的情況是，某一物品在消費者所得
水準較低時為正常物品，但隨著所得不斷上升，最後變成劣等物品。由
圖 4.3(a)，我們得知 X 產品在消費者貨幣所得小於 m_2 時為正常物品，
但當其貨幣所得超過 m_2 時，購買量反而下降，成了劣等物品。所以，對
應於圖 4.3(a) 的 X 物品，其恩格爾曲線會如圖 4.4 所示，在消費者貨幣
所得小於 m_2 時為正斜率，當貨幣所得大於於 m_2 時為負斜率。

　　由上面的討論可清楚看到，恩格爾曲線是將不同的貨幣所得水準下
的最適購買量表現在 m-x 平面或 m-y 平面上。因此，以數學符號表示，
恩格爾曲線與上一章所得到的最適解

$$x^* = x\,(p_x, p_y, m)$$
$$y^* = y\,(p_x, p_y, m) \tag{4.1}$$

圖 4.4

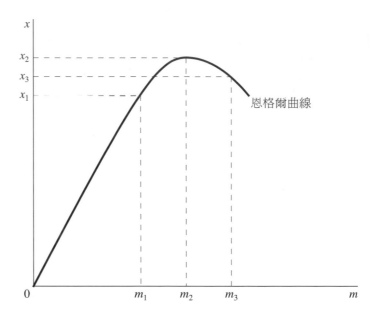

完全相同，只不過我們將 p_x、p_y 視為參數，而將 m 視為變數而已。為了和消費者均衡加以區別，當我們在表示恩格爾曲線時，通常將 (4.1) 中之星號 (*) 略去，寫成

$$x = x\,(p_x, p_y, m)$$

$$y = y\,(p_x, p_y, m) \tag{4.2}$$

如此一來，要判別 X 或 Y 是否為正常物品就很簡單；當 $\partial x\,/\,\partial m > 0$，X 就是正常物品，而 $\partial x\,/\,\partial m < 0$ 則表示 X 為劣等物品。同樣道理，可以根據 $\partial y\,/\,\partial m$ 之符號來判別 Y 為正常物品或劣等物品。此外，我們也知道，所得消費曲線 ICC 乃是 m 改變時（但 p_x、p_y 固定），所有最適購買量 x^*、y^* 的組合。反過來說，在 p_x、p_y 給定下，ICC 上各點的變動均反映 m 變動所帶來之 X 和 Y 的最適購買量的變動。因此，在一般情況下，我們可直接將其視為 x 和 y 間存在的函數關係，而將 ICC 表示成

$$y = y(x, p_x, p_y) \tag{4.3}$$

或

$$x = x(y, p_x, p_y)$$

我們知道在不同的 m 下最適 X 和 Y 購買量為 (4.2)。比較 (4.2) 和 (4.3)，我們可很清楚的看到，(4.3) 的 ICC 線正好是利用 (4.2) 之兩式，將 m 這個變數消去而得到。換句話說，所得消費曲線只不過將 X 和 Y 兩產品的恩格爾曲線加以結合，並消去 m 這個變數罷了。

【例 4.1】

假定一消費者的效用函數為 $U(x, y) = \sqrt{x} + 2\sqrt{y}$，其貨幣所得為 m，X 和 Y 兩產品的價格分別為 p_x 和 p_y。試求 X 和 Y 兩產品的恩格爾曲線以及 ICC 曲線。又，X 和 Y 是否為正常物品？

【解答】

利用拉格朗日法，

$$\mathcal{L} = \sqrt{x} + 2\sqrt{y} + \lambda(m - p_x x - p_y y)$$

一階條件為

$$\frac{\partial \mathcal{L}}{\partial x} = \frac{1}{2\sqrt{x}} - \lambda p_x = 0 \qquad (a)$$

$$\frac{\partial \mathcal{L}}{\partial y} = \frac{1}{\sqrt{y}} - \lambda p_y = 0 \qquad (b)$$

$$\frac{\partial \mathcal{L}}{\partial \lambda} = m - p_x x - p_y y = 0 \qquad (c)$$

由 (a)、(b) 兩式可解得

$$y = \frac{4 p_x^2}{p_y^2} x \qquad (d)$$

由 (c)、(d) 兩式可得

$$x = \frac{p_y m}{p_x p_y + 4 p_x^2} \tag{e}$$

$$y = \frac{4 p_x m}{4 p_x p_y + p_y^2} \tag{f}$$

(e) 和 (f) 兩式即是 X 和 Y 兩產品的恩格爾曲線，它們均是由原點出發的射線。又因

$$\frac{\partial x}{\partial m} = \frac{p_y}{p_x p_y + 4 p_x^2} > 0$$

$$\frac{\partial y}{\partial m} = \frac{4 p_x}{4 p_x p_y + p_y^2} > 0$$

故 X 和 Y 兩產品均為正常物品。

最後，利用(e) 和 (f) 兩式消去 m 即得到 ICC 曲線

$$y = \frac{4 p_x^2}{p_y^2} x$$

此亦為一由原點出發的射線，斜率為

$$\frac{\partial y}{\partial x} = \frac{4 p_x^2}{p_y^2} > 0$$

4.2　產品自身價格變動與個人需求曲線

如果讀者充分了解貨幣所得變動的比較靜態分析，那麼對接下來產品本身價格變動，以及其他產品價格變動的影響就很容易掌握，因為其基本原理與分析方法完全相同。在這一節中，我們將來看某一產品自身價格變動對該產品最適購買量的影響，並由而導出個人需求曲線 (individual denand curve) 或個人需求函數 (individual denand funtion)。為了便於說明，我們將只討論 p_x 變動對 x 的影響。

需求曲線與價格消費曲線

圖 4.5(*a*) 中，假定當 X 的價格為 p_x^1 時，預算線為 AB_1，均衡點為 e_1，此時 X 的購買量為 x_1。我們可將 p_x^1 和 x_1 表示於圖 4.5(*b*) 的 x-p_x 平面上，即點 a_1。現在考慮 p_x 先由 p_x^1 下降到 p_x^2，然後再降到 p_x^3。由我們熟知的過程，我們知道對應於 p_x^2 與 p_x^3 的消費者均衡分別為圖 4.5(*a*) 中之 e_2 和 e_3，而 X 的最適購買量為 x_2 與 x_3。(x_2, p_x^2) 和 (x_3, p_x^3) 為圖 4.5(*b*) 中之 a_2 與 a_3 兩點。將圖 4.5(*b*) 中之 a_1、a_2 與 a_3 連接起來的曲線即可告訴我們在不同的 X 價格下，此消費者會購買多少數量的 X，這樣一條曲線就稱為此消費者的一般需求曲線 (ordinary demand curve) 或馬夏爾需求曲線 (Marshallian demand curve)，簡稱需求曲線 (demand curve) 或需求函數 (demand function)。與前面討論恩格爾曲線的論點相似，我們立即得知，所謂 X 的需求函數只不過是將 (4.2) 之第一個式子看成 p_x 的函數（將 p_y 和 m 視為參數）而已。同樣道理，將 (4.2) 之第二式看成 p_y 之函數（將 p_x 與 m 視為參數）即為 Y 之需求函數。

另外，我們也可將圖 4.5(*a*) 中之三個均衡點 e_1、e_2 和 e_3 連接起來，得到 X 價格變動時的價格消費曲線 (price consumption curve, PCC) 或提供曲線 (offer curve)。此價格消費曲線告訴我們，在給定 p_y 和 m 的情況下，X 和 Y 兩產品的最適購買量的組合，因此可將其寫成

$$y = y(x, p_y, m)$$

或

$$x = x(y, p_y, m)$$

與求所得消費曲線的道理相同，只要利用 (4.2) 之兩條式子，消去 p_x 即可得到 X 價格變動時之價格消費曲線。

【例 4.2】
假定一消費者的貨幣所得為 m，其效用函數為 $U(x, y) = x + 2\sqrt{y}$，且市場上 X 和 Y 的價格分別為 p_x 與 p_y。試求此消費者對 X 和 Y 的需求函數，並求 X 價格變動時之價格消費曲線。

圖 4.5

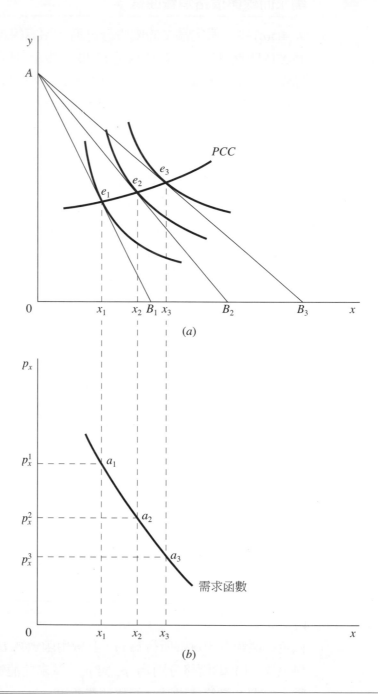

(a)

(b)

【解答】

由拉格朗日函數

$$\mathcal{L} = x + 2\sqrt{y} + \lambda(m - p_x x - p_y y)$$

可得一階條件為

$$\frac{\partial \mathcal{L}}{\partial x} = 1 - \lambda p_x = 0 \tag{a}$$

$$\frac{\partial \mathcal{L}}{\partial y} = \frac{1}{\sqrt{y}} - \lambda p_y = 0 \tag{b}$$

$$\frac{\partial \mathcal{L}}{\partial \lambda} = m - p_x x - p_y y = 0 \tag{c}$$

由 (a)、(b) 兩式可解得

$$y = \frac{p_x^2}{p_y^2} \tag{d}$$

此即為 Y 的需求函數。將 (d) 代入 (c) 解得

$$x = \frac{mp_y - p_x^2}{p_x p_y} \tag{e}$$

此為 X 的需求函數。

　　最後，利用 (d)、(e) 兩式，消去 p_x，稍加整理，即可得到 p_x 變動時之價格消費曲線為

$$x = \frac{m - yp_y}{p_y \sqrt{y}} \tag{f}$$

在此順便一提，由 (d)、(e) 和 (f) 我們可求得：

$$\frac{\partial x}{\partial p_x} = -\frac{m}{p_x^2} - \frac{1}{p_y} < 0$$

$$\frac{\partial y}{\partial p_y} = -\frac{2p_x^2}{p_y^3} < 0$$

$$\frac{\partial x}{\partial y} = -\frac{m}{2p_y} y^{-\frac{3}{2}} - \frac{1}{2} y^{-\frac{1}{2}} < 0$$

故知此兩條需求曲線與價格消費曲線均為負斜率。

在圖 4.5(b) 以及【例 4.2】中，我們均得到負斜率的需求曲線。這些結果與直覺相當一致，因為一般而言，我們會預期，當某一產品的價格上升時，對它的購買量應該減少；反之，當此產品價格下降時，購買量就會增加。或許我們可以說，這可能是最「正常」的狀況。但既然有「正常」，就代表可能會有「異常」的狀況，使得需求曲線不一定具有負斜率。圖 4.6 與圖 4.5 所描述的情況完全相同，但由於消費者偏好的差異，使我們在圖 4.6(b) 中導出了一條正斜率的需求曲線。這種正斜率的需求曲線告訴我們，此消費者對 x 產品的購買量會因其價格上升而增加。很顯然，這是一種相當特殊的情形，經濟學上將圖 4.6(b) 中這種具有正斜率的個人需求曲線的產品稱為季芬物品 (Giffen good)；我們將在下一章詳細地說明季芬物品形成的原因。

最後，我們要指出不管需求函數為正斜率或負斜率，它們都是單調函數。由第二章 2.2 節討論可知，單調函數就有反函數，因此我們可將需求函數 (4.2) 以其反函數來表示，寫成

$$p_x = p_x (x, p_y, m)$$

$$p_y = p_y (y, p_x, m) \tag{4.4}$$

經濟學上將 (4.4) 中之兩個式子稱為 X 和 Y 的逆需求函數 (inverse demand funtion)。逆需求函數告訴我們，當消費者欲購買某一定數量的產品時，他所願意支付的最高價格是多少，這個價格稱為需求價格 (demand price) 或保留價格 (reservation price)。但純從數學的角度來看，需求函數與逆需求函數所提供的情報完全相同，只不過前者以價格為自變數，購買量為應變數，而後者以購買量為自變數，價格為應變數。因此，在分析過程中，到底該使用那一個函數，就看那一種表示方法較清楚、較方便了。

圖 4.6

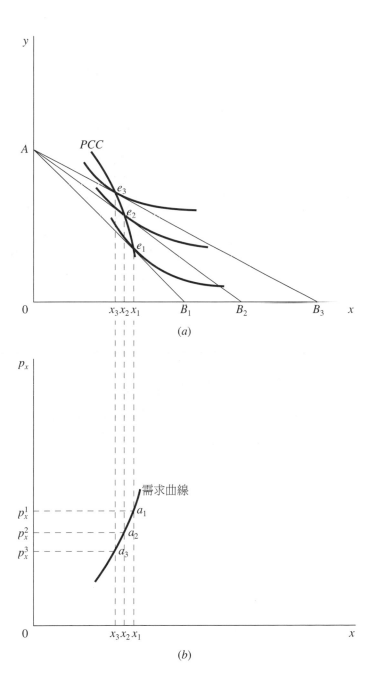

(a)

(b)

圖 4.7

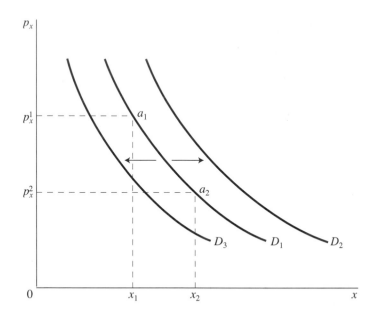

需求量變動與需求變動

現在，再回到「正常」的負斜率需求函數。為了便於解說，我們明確列出
X 產品的需求函數

$$x = x(p_x, p_y, m) \tag{4.5}$$

並假定其圖形如圖 4.7 中之 D_1。由圖可知，在 p_y 和 m 給定的情況下，
若 X 的價格由 p_x^1 下降到 p_x^2，則 X 的購買量會由 x_1 上升到 x_2。這種因 X
產品本身價格變動所導致的 X 購買量的變動，我們稱為「需求量的變動」
(change in quantity demanded)。從另一個角度看，x 價格由 p_x^1 改變到 p_x^2
只不過是在 D_1 這條需求曲線上由 a_1 點移動到 a_2 點罷了。這正是我們在
2.2 節中所介紹的線上的移動。也就是說，同一條需求曲線上的移動所反
映的購買量的改變就是需求量的變動。

除了 X 本身價格改變可能引起購買量改變外，由 (4.5) 我們知道，
p_y 或 m 這兩個參數的變動同樣會影響 X 的購買量，但因在需求函數中，
p_y 和 m 乃是被固定的「參數」，因此它們變動所造成的效果與內生變數

p_x 不同。由 2.2 節的討論，我們知道，參數所造成的將是整條需求曲線的移動，而非需求曲線上的移動。在此我們將以 m 的變動為討論對象，而將 p_y 變動的影響留於下節討論。

根據上一節有關貨幣所得變動的分析，我們知道貨幣所得 m 變動對 X 購買量的影響，完全取決於 X 為正常物品或劣等物品。當 X 為正常物品時，$\partial x / \partial m > 0$，而當其為劣等物品時，$\partial x / \partial m < 0$。將這個結果，與第二章 2.4 節中有關偏導數與線的移動的討論相結合，我們馬上得知：若 X 為正常物品，則貨幣所得增加將使整條需求曲線由 D_1 往右（上）移至 D_2；反之，若 X 為劣等物品，則貨幣所得增加後，需求曲線將往左（下）移至 D_3（圖4.7）。不管需求曲線是往那個方向移動，只要是整條曲線的移動，我們都將其稱為「需求的變動」(change in demand)，以與前面所提之需求量的變動做明確的區別。

4.3 其他產品價格改變

現在我們來看 (4.5) 中 p_y 變動對 X 的購買量的影響。當然，讀者可如上面兩節分析 m 和 p_x 變動情形那樣，利用圖解方式看 p_y 改變如何影響預算線與均衡，並由而導出 x 和 p_y 間的關係。但我們不擬重複這些過程，而將其留給讀者自行練習。在此，我們要指出的是，就需求函數 (4.5) 而言，p_y 與 m 一樣都是參數，因此 p_y 的變動也可能造成整條需求曲線的移動，或需求變動。如果我們再回到圖 4.7，並假定一開始 p_y 未改變時的需求曲線為 D_1，那麼 p_y 上升到底會使 D_1 往右（上）移至 D_2，或往左（下）移動至 D_3，甚至對 D_1 完全沒有影響，就得看 $\partial x / \partial p_y$ 的符號為何了。

很明顯的，當 $\partial x / \partial p_y > 0$ 時，需求曲線 D_1 會右移到如 D_2 的位置；當 $\partial x / \partial p_y < 0$ 時則會移至如 D_3 的位置。在特殊情況 $\partial x / \partial p_y = 0$ 時，p_y 的上升並不會改變 X 的購買量，因此需求曲線 D_1 不受影響。但 $\partial x / \partial p_y$ 的符號又代表什麼意義呢？先來看 $\partial x / \partial p_y > 0$，這表示當 Y 產品的價格上升時，此消費者會增加對 X 的購買。在一般正常狀況下，需求曲線為負斜率，因此，當 p_y 上升時，消費者對 Y 產品的需求量將會減少。但此同時消費者卻增加對 X 產品的購買，因而在某種意義上，該消費者是以 X 產品來取代 Y 產品的消費。由於這個緣故，在 $\partial x / \partial p_y > 0$ 時，我們稱 X

產品為 Y 產品的毛替代品 (gross substitute)。反之，$\partial x / \partial p_y < 0$ 表示當 Y 的價格上升時，消費者對 X 和 Y 兩產品的購買量同時減少，這隱含 X 和 Y 兩種產品乃是一起消費的產品，故在此情況下，我們稱 X 為 Y 的毛互補品 (gross complement)。至於極端的情形 $\partial x / \partial p_y = 0$，則我們可稱 X 為 Y 的無關品 (unrelated good)。根據上面的分類，我們立即得知，當 X 為 Y 的毛替代品時，Y 產品價格上升將使 X 的需求曲線往右（上）移動；當 X 為 Y 的毛互補品時，Y 產品價格上升則導致 X 需求曲線往左（下）移動。至於無關品價格的變動則對 X 的需求曲線毫無影響。

上面有關毛替代品，毛互補品，以及其他產品價格變動對需求的影響，觀念相當簡單。讀者不妨由自己生活經驗中，仔細思考，那些產品對你而言是另一產品的毛替代品，或毛互補品，甚至是無關品。但在此要特別提醒讀者兩點。首先，與正常物品或劣等物品一樣，某一產品是否為另一產品的毛替代品或毛互補品乃是一種主觀的觀念。同樣同種產品，由於偏好不同，有些人認為 X 是 Y 的毛替代品，但可能另有些人認為 X 是 Y 的毛互補品。甚至同一消費者，由於偏好改變，都可能改變兩產品間的毛替代或毛互補關係。其次，即使 X 是 Y 的毛替代品，也不表示 Y 必然是 X 的毛替代品，因為 $\partial x / \partial p_y$ 和 $\partial y / \partial p_x$ 之間並沒有任何必然的關係。我們可以圖 4.8 來說明。圖中假定開始時預算線為 AB，均衡點為 e_0。首先假定 X 的價格下降，使得新的預算線成為 AB_1，新的均衡點成為 e_1。很顯然地，Y 的購買量在 e_1 較在 e_0 時少 $(y_1 < y_0)$，因此，我們有 $\partial y / \partial p_x > 0$，故 Y 為 X 的毛替代品。現在反過來考慮 p_y 下降，使得預算線成為 A_1B 的情形。顯然地，在新均衡點 e_2，X 產品的購買量較原均衡點 e_0 時 X 的購買量多 $(x_2 > x_0)$，因而我們得到 $\partial x / \partial p_y < 0$，故 X 為 Y 的毛互補品。由此可見，Y 為 X 的毛替代品並不保證 X 亦為 Y 的毛替代品，反之亦然。同樣的，Y 為 X 的互補品並不保證 X 亦為 Y 的毛互補品，反之亦然。

4.4　市場需求曲線

到目前為止，我們所討論的都是有關消費者的個人需求函數及其性質。但我們知道，經濟分析的一個重要目的是了解各個市場如何因應環境的變化而作調整；因此，我們除了關心個別消費者的需求行為，還必須知

圖 4.8

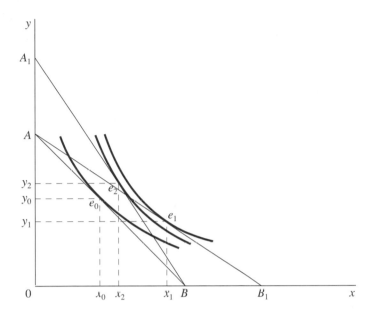

道整個市場的需求行為。為了這個目的，我們就得探討市場需求曲線 (market demand curve) 或市場需求函數 (market demand function)。要導出市場需求函數，並不是一件簡單的工作，嚴格地說是非常困難的。幸運的是，在適當的假設下，我們可將市場需求曲線的導出過程大量簡化，但並不損及其主要性質。我們所要作的兩個最基本的假設是：

(1) 每一個消費者都是價格接受者；

(2) 每個消費者對產品的消費彼此不互相影響；換句話說，個別消費者的消費行為彼此是互相獨立的。

第一個假設是我們到目前一直維持的假設，事實上在本書第十三章之前我們將不會改變這個假設。這個假設之重要性在於，需求函數乃是告訴我們：「在一定期間內，給定某一價格時，消費者想要且有能力購買的數量」。因此，只要給定價格，需求函數就會告訴我們需求量。反過來，如果消費者不是價格接受者，而是有能力透過其購買行為影響價格的話，則在給定價格後，我們並無法確定其購買量，因消費者可經由不同的購買數量反過來改變價格，如此一來根本就不存在價格與需求量間

圖 4.9

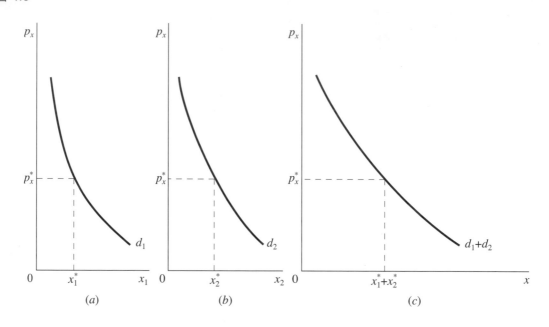

的一對一關係。也就是說，在這種情形下，需求曲線根本就不存在。在給定第一個假設的前提下，第二個假設隱含，所謂市場需求只不過是在各個不同的價格下，將個別消費者的需求量加以加總而已。

我們先以 X 產品市場只有兩個消費者為例，說明如何導出 X 的市場需求曲線。圖 4.9 中，(a)、(b) 兩圖分別為第一位和第二位消費者對 X 的需求函數 d_1 與 d_2。現在給定任一 X 價格 p_x^*，由 (a)、(b) 兩圖我們得知第一位和第二位消費者在此價格下的需求量分別為 x_1^* 與 x_2^*。由於兩位消費者的消費行為彼此不互相影響，故當價格為 p_x^* 時，整個市場的需求量就是 $x_1^* + x_2^*$。由此可知，$(x_1^* + x_2^*, p_x^*)$ 就是市場需求曲線上的一個點。但 p_x^* 為任意選取的一個價格，上述論證過程對任何價格 p_x 均成立，故我們可經由選定不同價格導出圖 (c) 中之市場需求曲線 $d_1 + d_2$。圖 4.9 也清楚顯示，在前述兩假設下，市場需求曲線只不過是個別消費者需求曲線的水平加總而已。

上面的例子雖僅包含兩位消費者，但只要我們確定兩個假設成立，其結果可以直接推廣到 n 個消費者。現在假定 X 產品市場有 n 個消費者，

他們的個人需求函數分別為 $x_i(p_x, p_y, m_i)$ $(i = 1, ..., n)$ ，則 X 的市場需求函數為

$$x = x(p_x, p_y, m_1, ..., m_n) = \sum_{i=1}^{n} x_i\left(p_x, p_y, m_i\right) \tag{4.6}$$

【例 4.3】

假定 X 產品市場有三位消費者，他們對 X 的逆需求函數分別為

$$p_x = 10 - 2x_1$$

$$p_x = 5 - 3x_2$$

$$p_x = 12 - 6x_3$$

試求 X 的市場需求函數。

【解答】

為了避免錯誤且清楚說明，我們將這三條線性需求函數繪於圖 4.10。因市場需求函數為此三位消費者個人需求曲線的水平加總，故我們必須確定在不同價格下，此三位消費者個別的需求量。由圖 4.10 我們看到，當 $p_x \geq 12$ 時，此三位消費者均不購買 X，因此在這個範圍內市場需求為 0。當 $10 \leq p_x < 12$ 時，只有第三位消費者購買 X，因此在這個價格範圍內，市場需求即第三位消費者的需求。同理，當 $5 \leq p_x < 10$ 時，市場需求函數為一、三兩位消費者個人需求函數之水平加總，而當 $p_x < 5$ 時，市場需求函數則為三人需求函數之和。以符號表示，市場需求函數可寫成

$$x = \begin{cases} 0 & p_x \geq 12 \\ x_3 & 10 \leq p_x < 12 \\ x_1 + x_3 & 5 \leq p_x < 10 \\ x_1 + x_2 + x_3 & p_x < 5 \end{cases} \tag{a}$$

另外，由逆需求函數可得需求函數

$$x_1 = 5 - \frac{1}{2} p_x$$

圖 4.10

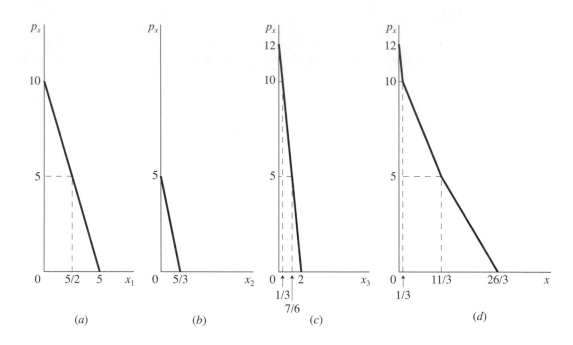

$$x_2 = \frac{5}{3} - \frac{1}{3} p_x$$

$$x_3 = 2 - \frac{1}{6} p_x$$

將此三個需求函數代回 (a) 即得

$$x = \begin{cases} 0 & p_x \geq 12 \\[2mm] 2 - \dfrac{1}{6} p_x & 10 \leq p_x < 12 \\[2mm] 7 - \dfrac{2}{3} p_x & 5 \leq p_x < 10 \\[2mm] \dfrac{26}{3} - p_x & p_x < 5 \end{cases}$$

此為圖 4.10(d) 所示之市場需求函數

我們知道，個人需求函數通常含有其他產品價格 p_y 和貨幣所得 m 兩個參數。當任何一個參數發生變動時，通常個人需求曲線也會跟著移動。同樣的道理，市場需求曲線也會因函數中參數的改變而改變。 (4.6) 式清楚顯示，影響市場需求的參數除了其他產品價格 p_y 外，還包括所得分配 $(m_1, \ldots, m_n)$ 及消費者的數目 n。一般而言，p_y 改變對市場需求的影響與對個人需求的影響原理相同，只不過人多了，個人所受衝擊不同，因而較複雜點而已。至於消費者數目增加的影響，相當直接；多一位消費者，就會使市場需求增加，市場需求曲線往右移動。不過，所得分配對市場需求的影響就有些麻煩，尤其從進行實證研究 (empirical study) 的觀點來看更是如此。因為在所得分配足以影響市場需求的情況下，欲估計一市場需求函數，就必須收集該市場中所有消費者的貨幣所得資料，但我們幾乎可確定，這是不可能的任務。因此，經濟學者遂希望能將這個問題加以簡化。更具體點說，他們希望能找到一些條件，使得市場需求函數能與個人需求函數一樣，只受產品本身價格，其他產品價格，以及總所得的影響，而與總所得如何分配無關。也就是說，將 (4.6) 表示成

$$x = x\,(p_x, p_y, M) \tag{4.7}$$

其中

$$M = \sum_{i=1}^{n} m_i$$

在此我們僅指出，為了達到將市場需求函數表示成 (4.7) 的形式，經濟學者通常採用下列兩個假設：第一，假定所有市場消費者均具有相同的偏好與相等的貨幣所得。如此一來，整個市場的行為，就好像一個消費者擁有

$$M = \sum_{i=1}^{n} m_i = nm_i$$

的貨幣所得的行為一樣，因而市場需求函數也就可寫成 (4.7) 的形式了。第二，假定市場上每一位消費者的偏好都一樣，而且都是位似偏好 (homothetic preferences)（亦即描述偏好的效用函數為一位似函數）。在這

種情況下，所得重分配所帶來的某些人對該產品消費量的增加，會剛好被其他消費者對該產品消費的減少所抵消，因此市場需求只取決於總貨幣所得 M，而不受 M 在各消費者間分配的影響，於是 (4.7) 就成立了。

　　雖然，上述兩個假設對簡化市場需求分析有很大幫助，也是本書所要遵行的方法，但我們必須指出，這兩個都是相當強烈的假設，讀者在實際應用上，尤其在進行實證分析時，必須十分謹慎。

【例 4.4】

假定市場有 n 個消費者，他們具有相同的效用函數

$$U(x, y) = \alpha \ln x + \beta \ln y$$

若 X 和 Y 的價格分別為 p_x 與 p_y，消費者 i 的貨幣所得為 m_i ($i = 1, ..., n$)，試求 X 之市場需求曲線。

【解答】

讀者可利用拉格朗日法求出每位消費者的個人需求曲線。但在此我們不重複這些過程，而直接指出，效用函數 $U(x, y) = \alpha \ln x + \beta \ln y$ 只是函數 $V(x, y) = x^\alpha y^\beta$ 取對數而成，因此它是 $V(x, y)$ 的正的單調轉換。由 2.7 節的討論，我們知道 $V(x, y)$ 是一個 $\alpha + \beta$ 次齊次函數，因此 $U(x, y)$ 是一個位似函數。由此可知，在本題中所有消費者的偏好不但相同，且偏好為位似偏好。

　　再由第三章的討論得知，由 $U(x, y)$ 與 $V(x, y)$ 所得到的最適解（或需求函數）完全相同。我們在例 3.5 中已經指出，$V(x, y) = x^\alpha y^\beta$ 為一寇布道格拉斯函數，對第 i 個消費者來說，其最適解為

$$x_i = \frac{\alpha}{\alpha + \beta} \frac{m_i}{p_x}$$

$$y_i = \frac{\beta}{\alpha + \beta} \frac{m_i}{p_y}$$

因此，X 產品的市場需求函數為

$$x = \sum_{i=1}^{n} x_i = \sum_{i=1}^{n} \frac{\alpha}{\alpha + \beta} \frac{m_i}{p_x} = \frac{\alpha}{\alpha + \beta} \frac{1}{p_x} \sum_{i=1}^{n} m_i = \frac{\alpha}{\alpha + \beta} \frac{M}{p_x}$$

所以，市場需求函數只受到總貨幣所得影響，與所得分配無關。這個結果並不意外，因我們在前面已指出，所有這些消費者均具有相同的位似偏好，符合本文的第二個假設。

網路外部性

在結束本節之前，我們要回到有關消費者消費行為彼此獨立的假設。雖然這個假設可使市場需求曲線的導出大量簡化，但問題是，有些產品可能在消費上很容易彼此相互影響，使得消費行為獨立的假設變得牽強，甚至毫無意義。例如，手機的使用目前非常普遍，當你身邊的朋友一個個擁有手機之後，可能使你覺得自己也該申請一個。反過來，有些人發現越來越多的人和自己穿一樣的衣服時，會覺得自己好像在穿「制服」而顯不出自己的特性，因而不希望再買這類的衣服。不管是上面那一種情形，顯然地，消費行為均已受其他人消費的影響，因而消費行為彼此獨立的假設就不再適用。當這種個人消費行為受到他人消費的影響存在時，我們稱其具有網路外部性 (network externalitics)。上面兩個例子也告訴我們，網路外部性可能是正的，使得個人需求增加（例如手機）；也可能是負的，使個人需求減少（例如衣服）。

現在問題是，如果我們明知某一產品的消費具有網路外部性時，如何求得該產品的市場需求函數。為了便於說明，假定網路外部性不存在時之市場需求函數為

$$x = a - bp_x，a > 0，b > 0 \tag{4.8}$$

接著假定外部性對市場需求的影響是使需求曲線往左或往右平移，因此我們可將 (4.8) 擴充到包含網路外部性，而將其寫成

$$x = a - bp_x + cE \tag{4.9}$$

上式中，E 可以是任何代表該產品普及程度的指標，如消費者猜測的市場上使用該產品的人數，或他們主觀認定的該產品總銷售量。當 $c > 0$ 時，代表有正的網路外部性，使市場需求高過網路外部性不存在時的需

圖 4.11

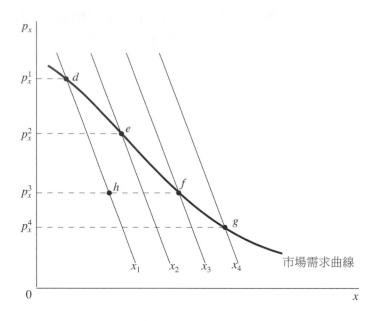

求。同理，當 $c < 0$ 時，代表有負的網路外部性，使市場需求低於網路
外部性不存在時的需求。

　　圖 4.11 繪出當 $c > 0$ 且 E 的值分別為 E_1、E_2、E_3 與 E_4 時（其中 $E_1 <$
$E_2 < E_3 < E_4$）的市場需求曲線 x_1、x_2、x_3 與 x_4。當然，市場上到底有多
少人買了多少該產品會與該產品的價格有關，消費者也能由產品價格的
高低對 E 的值有較精確的掌握。例如，當價格為 p_x^1 時，這個價格相對
不便宜，因而消費者認為此產品的普及程度是 E_1，則相關的需求曲線應
為 x_1，故 d 成為市場需求曲線上的一點。若價格下降到 p_x^3，在此較低價
格下，消費者可能認為普及程度成為 E_3，因此相關的需求曲線應為 x_3，
故 f 成為市場需求曲線上的另一個點。讀者可以依同樣方法，推得市場
需求曲線上的其他各點，如 e 和 g，將 d、e、f、g 這些點連接起來，我
們即得到含有正的網路外部性的市場需求曲線。值得一提的是，這條包
含正的網路外部性的需求曲線一般而言會較 x_1、x_2、x_3 與 x_4 來得平坦。
這道理很簡單。考慮當價格由 p_x^1 下降到 p_x^3 的情況，如果沒有正的外部
性，則我們將停留在 x_1 這條需求曲線上，由 d 點移到 h。但在正的網路

外部性存在時，我們會再由 h 點移到 x_3 上的 f 點，由 h 到 f 這段距離即代表正的網路外部效果，也是使得包含正的網路外部性的市場需求曲線較平坦的原因。

當負的網路外部性存在時，其分析過程與上面所描述的完全相同，只不過 (4.9) 式中的 c 為負值而已。因此，我們不再重複，請讀者自行練習分析。

4.5 彈性

我們已經知道，不管是個人需求函數或市場需求函數，基本上均受到產品本身價格，其他產品價格及貨幣所得的影響。如果我們不考慮個人需求函數與市場需求函數的區別（讀者通常可由前後文得知所指為何），將 X 的需求函數寫成

$$x = x(p_x, p_y, m) \tag{4.10}$$

則 p_x 變動所引起的 X 需求量的變動可以 $\partial x / \partial p_x$ 來表示。另一方面，當 p_y 或 m 變動時，會帶來對 X 產品需求的改變，其大小分別可以 $\partial x / \partial p_y$ 及 $\partial x / \partial m$ 來衡量。這些衡量方式並沒有什麼不對的地方，但卻有一個嚴重的缺陷，就是這些偏導數的大小，會受到各個變數所使用的衡量單位的影響，當衡量單位改變時，偏導數值也跟著改變。如此一來，光由這些偏導數的數值，並不能真正知道 x 和 p_x、p_y、m 這些自變數之間關係的「強度」。此外，除非所用單位完全相同，我們將無法比較 $\partial x / \partial p_x$ 與 $\partial y / \partial p_y$ 這兩個偏導數的大小。但在經濟學中，比較不同產品對其自身價格的反應程度則是相當重要的課題。為了解決衡量單位所帶來的困擾，在第二章 2.4 節中，我們詳細介紹了「彈性」的概念，並以之達到「去單位化」的目的。簡單地說，偏導數所衡量的是，某一自變數變動一單位時，應變數變動了多少單位，而彈性所衡量的是，某一自變數變動百分之一時，應變數變動了多少百分比。以 2.4 節中所介紹的符號來表示，我們可由需求函數定義三個彈性：

$$e_x = -\frac{\partial x}{\partial p_x} \frac{p_x}{x} \tag{4.11}$$

$$e_{xy} = \frac{\partial x}{\partial p_y} \frac{p_y}{x} \qquad (4.12)$$

$$e_{xm} = \frac{\partial x}{\partial m} \frac{m}{x} \qquad (4.13)$$

上面的 e_x 衡量當 X 的價格變動百分之一時，x 需求量變動百分之幾，稱為 X 的自身價格需求彈性 (own price elasticity of demand)，簡稱需求彈性 (elasticity of demand)。同樣道理，e_{xy} 代表 p_y 變動百分之一時，x 需求變動的百分比，我們將其稱為交叉價格彈性 (cross price elasticity) 或交叉彈性 (cross elasticity)。e_{xm} 則為貨幣所得變動百分之一所導致之 X 需求變動的百分比，稱為所得彈性 (income elasticity)。值得一提的是，在 e_x 定義中，我們加了一個負號，這是因為 $\partial x / \partial p_x$ 乃是 X 的需求曲線的斜率，但在「正常」狀況下，需求曲線均為負斜率，為了將需求彈性定義為正值，所以乘了 -1。另外，讀者在許多書本中會看到需求彈性的定義寫成

$$e_x = -\frac{dx}{dp_x} \frac{p_x}{x}$$

這是由於那些書本將 p_y 和 m 視為固定不變的參數，因而 p_x 成為唯一的變數，故以全微分符號取代偏微分符號。讀者只要明白其背後的含意，這種純粹數學上的分別並不會帶來實質的困擾。事實上，在沒有區別這兩種寫法的必要時，本書也會混用這兩種寫法。

需求彈性

現在我們進一步來看需求彈性的意義。由 (4.11) 的定義得知，需求彈性只不過是需求曲線的斜率乘上 p_x / x，再乘上 -1 而已。但是一般而言，由於需求曲線上任兩點的斜率、p_x 與 x 值均不一樣，因此需求曲線上任意兩點的彈性都不相同。這個結果利用線性需求函數來說明最清楚，因為線性需求函數上每一點的斜率都相同，但 p_x 與 x 都不一樣。更明確點，考慮下面的線性需求函數

$$x = a - bp_x，\quad a > 0，\quad b > 0 \qquad (4.14)$$

圖 4.12

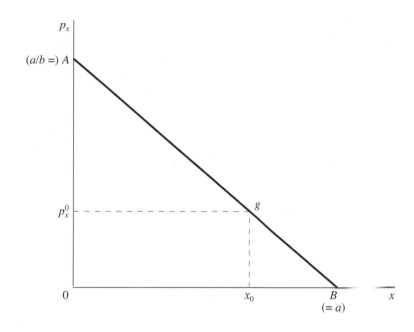

我們將 (4.14) 式繪如圖 4.12 中之 AB，A 點的座標為 $(0, a / b)$，B 點的座標為 $(a, 0)$。現在考慮 AB 上任一點 g 或 (x_0, p_x^0)，則由彈性定義得知該點的需求彈性為

$$e_x(g) = -(-b) \frac{p_x^0}{x_0}$$

但此函數的斜率可寫成 $-b = -Bx_0 / gx_0 = -Bx_0 / 0p_x^0$，故

$$e_x(g) = \frac{Bx_0}{0p_x^0} \frac{0p_x^0}{0x_0} = \frac{Bx_0}{0x_0} = \frac{Bg}{Ag} \tag{4.15}$$

由此可知，線性需求曲線上任何一點的彈性只不過是這條需求曲線由該點到 x 軸的距離，與該點到 p_x 軸的距離的比而已。因此，當 g 點為需求曲線 AB 的中點時，其彈性就等於 1；當 g 點介於 A 點與中點之間時其彈性大於 1；當 g 點介於中點與 B 點之間時其彈性小於 1。在極端的 A、B 兩點，我們也可得到 A 點的彈性為無窮大，而 B 點的彈性則等於 0。

圖 4.13

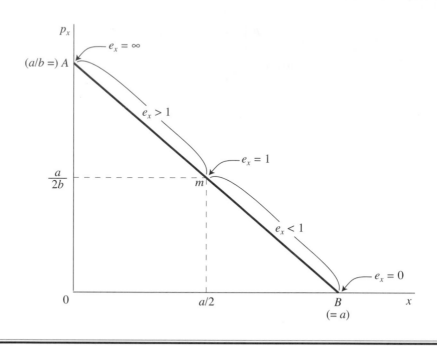

圖 4.13 中，m 為線性需求函數 AB 的中點，故該點的彈性等於 1。由該圖可清楚看到，當我們由 A 點沿需求曲線往 B 點移動時，需求彈性即由無窮大持續下降到 0 為止。經濟學上稱 $e_x > 1$ 為需求具彈性 (demand is elastic)，$e_x < 1$ 為需求不具彈性 (demand is inelastic)，而 $e_x = 1$ 為需求具單位彈性 (demand is unit elastic)，兩個極端情形 $e_x = \infty$ 與 $e_x = 0$ 則分別為需求具完全彈性 (demand is perfectly elastic) 和需求完全無彈性 (demand is perfectly inelastic)。

　　雖然我們以線性需求函數說明，一般而言需求曲線上每一點的彈性都不一樣，但這並不表示每一種需求函數都具有這種性質。事實上，即使是線性需求函數也可能上面每一點的彈性都相同。圖 4.14 中，(a)、(b) 兩欄分別為水平與垂直的「線性」需求曲線。讀者可利用 (4.11) 的定義或 (4.15)，很輕易地證明（確定您能做得到！），(a) 中需求曲線上每一點的彈性都是無窮大，而 (b) 中需求曲線上任何一點的彈性都是 0。不過，除了圖 4.14 中這兩種特殊情形外，還有一種特殊型態的需求函數，也具有其上面任何一點的彈性都相同的特性，我們將在下面的例子中加以說

圖 4.14

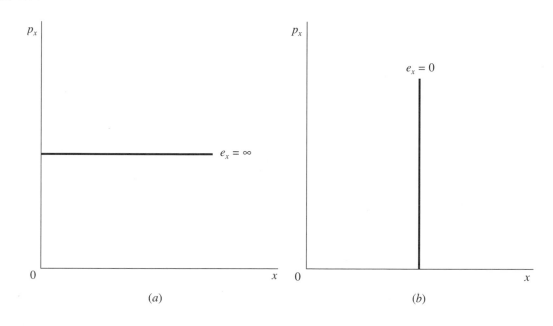

(a) (b)

明。

【例 4.5】

若 X 產品的需求函數為

$$x = Ap_x^{-\varepsilon}，A > 0，\varepsilon > 0 \tag{a}$$

則其需求彈性為何？

【解答】

讀者可依需求彈性的定義直接算出彈性，但在此我們要利用第二章 2.4 節所介紹的，將需求彈性寫成

$$e_x = -\frac{dx}{dp_x}\frac{p_x}{x} = -\frac{d\ln x}{d\ln p_x}$$

將 (a) 兩邊取對數可得

$$\ln x = \ln A - \varepsilon \ln p_x$$

上式全微分即得

$$d \ln x = -\varepsilon\, d \ln p_x$$

所以

$$e_x = -\frac{d \ln x}{d \ln p_x} = \varepsilon$$

因 ε 為一個固定值,故知在這條需求曲線上任何一點的彈性都是 ε。也因為如此,(a) 式這種型式的需求函數稱為固定彈性需求函數 (constant elasticity demand function)。

最後,我們提醒讀者,(4.15) 雖然導自線性需求函數,但卻可應用到非線性需求函數上。這點在第二章 2.4 節中已詳細討論過,請讀者自行參考練習。

需求彈性與總支出

需求彈性在經濟分析上的應用相當廣泛,最直接的一個是它與消費者對某一產品的總支出 (total expenditure) 間的關係。我們知道,當某一產品價格改變時,消費者對該產品的需求量也會跟著改變,而且在我們一再提及的「正常」狀況下,價格變動的方向與需求量變動的方向總是相反。如此一來,一個重要的問題是,價格變動之後消費者的總支出到底是增加或減少了?從另一個角度看,我們也可說,當產品的價格改變後,銷售該產品的銷售者的總收益 (total revenue) 增加或減少了?

我們可以圖 4.15 較具體地說明這個問題的癥結所在。圖中 $x(p_x)$ 為 X 的市場需求曲線,故當價格為 p_x^0 時,消費者將購買 x_0 的數量,因此消費者花在 X 的總支出(即銷售者的總收益)等於 $p_x^0 x_0$,此為圖中四邊形 $0\, p_x^0 a x_0$ 的面積。 若 X 的價格下降到 p_x^1,則消費者的購買量將由 x_0 增加到 x_1,而總支出也將成為 $p_x^1 x_1$,即圖中四邊形 $0 p_x^1 b x_1$ 的面積。比較兩個價格下的總支出,我們發現,p_x^1 價格下的總支出較 p_x^0 價格下的總支出少了 E,但多了 F。當 $F > E$ 時,則總支出因 X 價格下降而增加;反之,當 $F < E$ 時,則消費者總支出隨價格下降而減少。雖然「目視法」顯示

圖 4.15

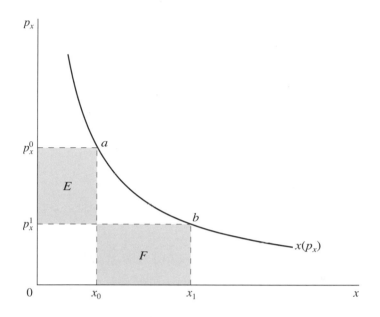

圖 4.15 中 $F > E$，但這並不是必然的結果。事實上，我們隱約可體會到，F 與 E 之間的大小應是與 X 產品的需求彈性有關。為什麼呢？舉個較極端的例子。假定由 p_x^0 到 p_x^1 代表價格下降了百分之一，但需求量由 x_0 增加到 x_1 則增加了百分之百。很顯然地，價格的微幅下降會完全被需求量的大幅增加所蓋過，因此消費者的總支出必然會增加。但這個極端的例子告訴我們，此時需求彈性 $e_x = 100$，相當大。換句話說，只要需求彈性夠大，我們就可預期產品價格下降會導致花費在此產品上的總支出的增加。反過來，讀者可自行推導，當需求彈性夠小時，價格下降必然使消費者總支出減少。問題是，夠大或夠小的標準為何？

為了回答這個問題，我們將明確來看總支出如何受產品價格的影響。由上面的討論，我們知道，總支出 TE 只不過是價格與其對應之需求量的乘積，即

$$TE = p_x x \tag{4.16}$$

切記，(4.16) 中 x 為需求量，是價格 p_x 的函數，故 TE 亦為 p_x 的函數。

因此，價格變動對 *TE* 的影響為

$$\frac{dTE}{dp_x} = x + p_x \frac{dx}{dp_x}$$

$$= x\left(1 + \frac{p_x}{x}\frac{dx}{dp_x}\right)$$

但上式括弧中第二項只不過是需求彈性 e_x 乘以 –1 而已，因此我們可將其表示成

$$\frac{dTE}{dp_x} = x\,(1 - e_x) \tag{4.17}$$

由於 x 恆為正值，故 (4.17) 顯示 dTE / dp_x 的符號完全取決於 e_x 的大小。更明確點說，我們有下列結果

$$\text{若且唯若 } e_x > 1 \text{ 則 } \frac{dTE}{dp_x} < 0$$

$$\text{若且唯若 } e_x = 1 \text{ 則 } \frac{dTE}{dp_x} = 0$$

$$\text{若且唯若 } e_x < 1 \text{ 則 } \frac{dTE}{dp_x} > 0 \tag{4.18}$$

(4.18) 很清楚地告訴我們，所謂夠大或夠小的標準乃是需求彈性等於一。當需求具彈性時，價格下降必然使消費者總支出增加，價格上升必然使消費者總支出減少。反之，當價格不具彈性時，價格下降必然使消費者總支出減少，價格上升必然使消費者總支出增加。利用這個結果，我們可將圖 4.13 之線性需求函數與消費者的總支出（廠商的總收益）之間的關係描繪如圖 4.16。圖中右半部與圖 4.13 完全相同，左半部則描繪價格 p_x 與總支出 *TE*（或銷售者的總收益 *TR*）間的關係。值得強調的是，在右半部中，總支出乃是以面積來表示，但在左半部中，總支出則以水平距離表示。例如當價格為 0*g* 時，在右半部中，總支出為四邊形 0*gmF* 的

圖 4.16

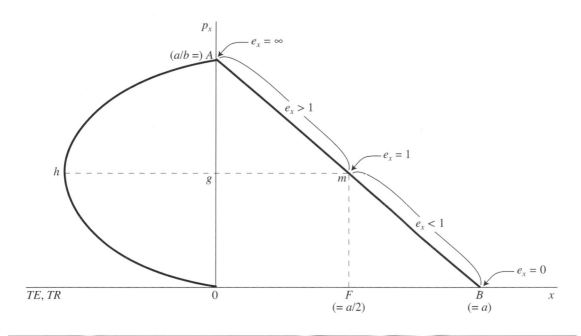

面積，但在左半部中則以 gh 的長度表示。現在考慮價格 $p_x = 0A$，此時因需求量為 0，故總支出亦等於 0，因此在左半部圖形中，總支出乃是以 A 點表示。當價格由 $0A$ 逐漸下降時，只要價格不小於 $0g$，則在這個範圍內，因需求彈性 $e_x > 1$，故知消費者總支出隨價格下降而增加，這反映於左半部圖形中由 A 點向 h 點移動。當價格下降超過 $0g$ 時，因需求彈性 $e_x < 1$，故由 (4.18) 得知消費者總支出隨價格下降而減少，在左半圖中，這表示由 h 點向原點移動。到原點時，因價格等於 0，故總支出也等於 0。事實上，利用第二章所介紹的極大化技巧，我們立即得知，當 $e_x = 1$ 時，極大化的一階條件剛好滿足，故在二階條件成立的前提下，當 $e_x = 1$ 時，消費者的總支出達到最大。因此，如圖上所示，h 正是總支出曲線的最高點。

【例 4.6】
假定例 4.5 之需求函數中，$\varepsilon = 1$。試說明價格變動對消費者總支出的影響，並繪出如圖 4.16 之圖形。

圖 4.17

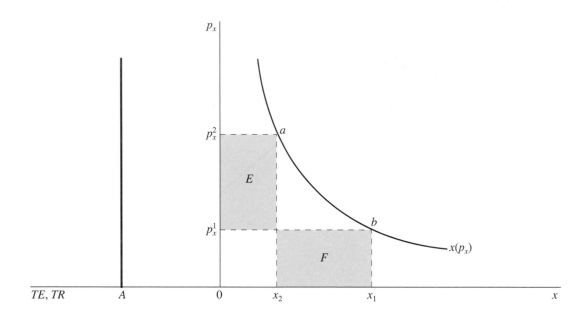

【解答】

由【例 4.5】的結果得知此需求函數為固定彈性的需求函數，且其需求彈性為 $e_x = \varepsilon = 1$。根據 (4.18)，我們知道，當 $e_x = 1$ 時，$dTE / dp_x = 0$，故如圖4.17 左半部所示，x 價格的變動並不會改變消費者的總支出。換句話說，價格的變動永遠剛好被需求量反方向的變動所抵消。我們也可直接將此需求函數寫出來說明這個結果。根據題意，此需求函數為

$$x = \frac{A}{p_x}, \quad A > 0 \tag{a}$$

因此，總支出為

$$TE = p_x x = A \tag{b}$$

上式表示，不管產品價格是多少，消費者花在 x 上的總支出永遠等於定值 A，這正表示價格的變動不會影響總支出。

順便在此一提，像 (a) 這種圖形上任何一點的橫坐標與縱坐標乘積為定值的函數，在數學上稱為**直角雙曲線** (rectangular hyperbola)，其圖形

圖 4.18

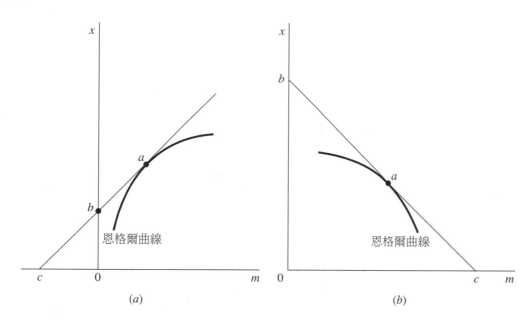

如圖 4.17 右半部所示。最後，如 (b) 所示，當需求函數為直角雙曲線時，總支出為定值，故如圖 4.17 左半部所示，*TE* (*TR*) 曲線為一垂直線。

所得彈性與交叉彈性

所得彈性乃是衡量某一產品的需求對所得變動的反應的敏感度。因其探討的是所得與購買量之間的關係，故相關的函數為恩格爾曲線。和需求曲線相同，一般而言，恩格爾曲線上任何兩點的所得彈性都不一樣。不過，這也不是必然，有些恩格爾曲線上每一點的彈性都是相同的。

現在來看圖 4.18 中兩條恩格爾曲線。很顯然地，圖 (a) 的恩格爾曲線具正斜率，表示該產品在相關所得範圍內為正常物品，而圖 (b) 負斜率的恩格爾曲線則代表該產品在圖中所得範圍內為劣等物品。利用第二章 2.4 節的結果（請務必查明），我們立即知道，圖 4.18(a) 中，恩格爾曲線上任一點 *a* 的所得彈性可表示成 $e_{xm} = ab / ac$。同理，圖 4.18(b) 中 *a* 點的所得彈性為 $e_{xm} = ab / ac$。這種幾何上的性質與需求彈性完全相同，

只不過所針對的是恩格爾曲線,不是需求曲線而已。

　　利用所得彈性,我們可將正常物品與劣等物品意義重新詮釋。前面談到,X 為正常物品或劣等物品,完全取決於 $\partial x / \partial m$ 的符號為正或負。但由所得彈性的定義 (4.13) 得知,$\partial x / \partial m$ 的符號也同時決定了所得彈性 e_{xm} 的符號。因此,我們可得到,當一物品的所得彈性為正值時,這產品就 是正常物品。當一物品的所得彈性為負值時,這產品就是劣等物品。尤有進者,經濟學上常將所得彈性超過 1 的正常物品稱為奢侈品 (luxury goods),所得彈性介於 0 與 1 間的正常物品稱為必需品 (necessities)。雖然有些產品,如國外旅遊、古董收藏等,很容易讓人直覺地認為是奢侈品。但在此還是再提醒讀者一次,與正常物品、劣等物品一樣,一正常物品是否為奢侈品,是否為必需品,完全是主觀的概念,它可能因人、因時而異。

　　交叉彈性的概念與所得彈性相同,只不過是考慮其他產品價格變動對需求的影響罷了。由 (4.12) 我們知道交叉彈性 e_{xy} 的符號與 $\partial x / \partial p_y$ 完全相同,因此同樣可利用交叉彈性的符號判別 X 產品是 Y 的毛替代品或毛互補品,我們不擬在此重複說明。但在結束本節之前,我們要利用需求函數為零次齊次的性質,來說明需求彈性、所得彈性與交叉彈性間的關係。

　　現在回到 (4.10),由第三章 3.4 節,我們知道,此需求函數為 p_x、p_y 和 m 的零次齊次函數。根據第二章 2.7 節所介紹的歐拉定理,我們得到

$$\frac{\partial x}{\partial p_x} p_x + \frac{\partial x}{\partial p_y} p_y + \frac{\partial x}{\partial m} m = 0 \cdot x = 0$$

上式除以 x 即得

$$\frac{\partial x}{\partial p_x} \frac{p_x}{x} + \frac{\partial x}{\partial p_y} \frac{p_y}{x} + \frac{\partial x}{\partial m} \frac{m}{x} = 0$$

或

$$-e_x + e_{xy} + e_{xm} = 0$$

因此,就某一特定產品而言,其交叉彈性與所得彈性之和恆等於需求彈性。

消費者行為的進一步分析

上一章中，我們一再提到，在「正常」狀況下，（個人）需求曲線為負斜率。雖然我們已經知道，只有當一產品為季芬物品時，才會有「異常」的正斜率的（個人）需求曲線，但問題是造成這種「異常」的原因是什麼？又何以負斜率的需求曲線是「正常」的呢？這是本章所要探討的第一個課題。我們將會發現，當一種產品的價格變動時，它事實上包含了替代效果 (substitution effect) 和所得效果 (income effect) 兩種力量，而此兩種力量的相對大小則決定了需求曲線的斜率的符號。此外，我們將進一步利用有關替代效果與所得效果的區別來分析價格變動對消費者福利的影響；在這一部份，我們將介紹包括補償需求曲線 (compensated demand curve)、補償變量 (compensating variation)、等值變量 (equivalent variation) 和消費者剩餘 (consumer surplus) 等概念。

本章要探討的第二個課題是所謂的顯示性偏好理論 (revealed preference theory)。到目前為止，我們有關消費者行為的討論，均是從消費者的偏好或效用函數給定的假設下出發，經由效用極大化的過程，最後得到個人需求函數與市場需求函數。但在現實生活中，消費者的偏好或效用函數並無法觀察到，我們所可擁有關於消費者行為的情報，只是在不同情況下消費者所做的最適選擇而已。顯示性偏好理論即是希望利用這些實際可觀察到的消費者行為情報，反過來推論消費者的偏好。因此，在方法上剛好與前面所進行的分析相反；前面的偏好或效用分析是由偏好推導消費者的需求行為，顯示性偏好分析則是由消費者實際的需求行為反推消費者的偏好。最後，我們將介紹物價指數 (price index) 的觀念，並利用顯示性偏好理論來說明物價指數與福利的關係。

5.1　替代效果與所得效果

上一章比較靜態分析告訴我們，經由一產品本身價格變動，我們可以導出一消費者對該產品的個人需求曲線。我們也一再提到，除了季芬物品外，在「正常」狀況下，個人需求曲線均是負斜率。在這一小節中，我們將進一步仔細探討產品價格變動對消費者最適選擇的影響，以更清楚了解個人需求曲線斜率的決定因素。為了便於說明，我們假定一消費者的貨幣所得為 m，他面對兩種產品 X 和 Y，其中 X 的價格為 p_x，而 Y 則是此人花費於 X 產品以外的所有產品的「貨幣支出」。因此，Y 產品本身是貨幣，其價格剛好是一，即 $p_y = 1$。

圖5.1(b) 為利用第四章的方法所導出 X 的需求曲線 $x(p_x)$。在圖 5.1 中，當 X 的價格由 p_x^0 下降到 p_x^1 時，消費者的購買量由 x_0 增加到 x_1，因此 X 的需求曲線為負斜率。但是，到底是什麼原因使得此消費者在面對較低的 X 價格時會增加 X 的購買量呢？我們可從兩個角度來看這個問題。首先，當 X 價格下降而 Y 價格不變時，X 產品的相對價格就下降了。圖 5.1(a) 中，新的預算線 AB_1 較原預算線 AB_0 平坦，就是反映了 X 相對價格下降的事實。其次，比較 X 價格下降前和下降後的消費可能集合 $0AB_0$ 與 $0AB_1$，我們發現，除非不消費 X，否則以同樣的貨幣所得，該消費者不論花多少錢在其他產品 Y 上面，他所能購買的 X 都會比 X 價格下降前多。換句話說，在 X 價格下降後，該消費者的「購買力」(purchasing power) 或「實質所得」(real income) 上升了。由此可知，隱含在 X 價格下降效果中，事實上包括了相對價格改變與實質所得增加兩部份，前者稱為替代效果，後者稱為所得效果。

為了更明確定義與區別價格下降的替代與所得效果，我們將圖 5.1 重繪於圖 5.2。圖上清楚顯示，當 X 的價格由 p_x^0 下降到 p_x^1 時，需求量由 x_0 增加到 x_1，故價格下降的總效果為 $x_1 - x_0$。我們的目的是要將此總效果區分成替代效果與所得效果兩部份。由於替代效果是指純由相對價格改變所帶來的購買量的改變，因此我們必須設法將所得效果去除。一個常用的去除所得效果的方法是，讓此消費者的效用固定在 X 價格下降前的水準 u_0，因為追根究底，一個人真正的「實質所得」是他所能享受的滿意程度或效用水準。圖 5.2(a) 顯示，在 p_x 下降後消費者的效用 u_1 較前

圖 5.1

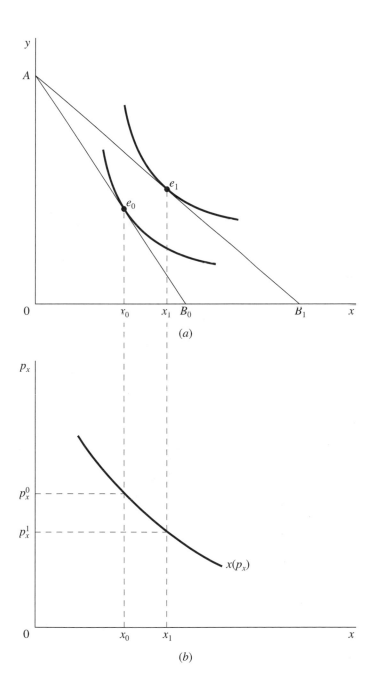

(a)

(b)

圖 5.2

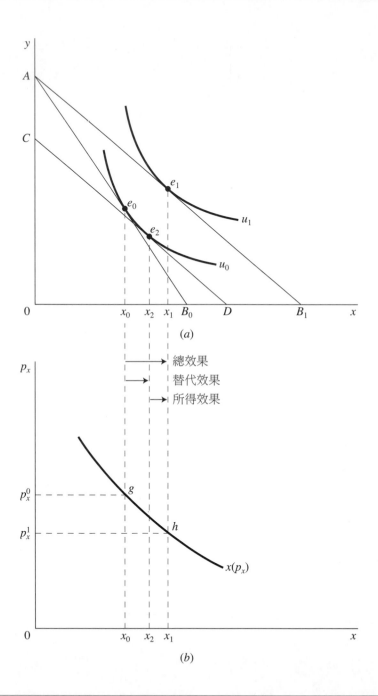

(a)

(b)

u_0 提高。在 X 價格下降的前題下，我們可透過減少此消費者所擁有的貨幣所得的方式，使預算線 AB_1 平行往左移動。假定當 AB_1 移到圖上之 CD 位置時，消費者的貨幣所得為 m_1，則由圖 5.2(a) 可知，此時消費者均衡為 e_2，而他所能達到的效用水準剛好是 u_0。換句話說，只要在 X 價格下降到 p_x^1 後，我們同時自此消費者取走 $m - m_1$（圖 5.2 中的 AC）的貨幣所得，就可將他的實質所得固定在 X 價格下降前的水準。如此一來，均衡點 e_2 與原均衡點 e_0 間的任何不同，就全部來自相對價格變動的結果。比較 e_0 與 e_2，我們立即得知，純粹相對價格的變動，使得 X 的購買量增加了 $x_2 - x_0$，這就是替代效果。接著想像達到 e_2 點後，我們將原自消費者取走的貨幣所得 $m - m_1$ 退還，則由第四章的討論得知，消費者均衡將由 e_2 沿所得消費線移到 e_1。比較 e_1 與 e_2，我們知道，退回貨幣所得 $m - m_1$，使得 X 的購買量增加了 $x_1 - x_2$。因為從 e_2 到 e_1 過程中，相對價格並沒有改變，因此，所有變動均是由於消費者獲得貨幣所得 $m - m_1$ 所造成，故 $x_1 - x_2$ 代表所得效果。我們可將上述結果歸納成：

總效果 ＝ 替代效果 ＋ 所得效果

$$(x_1 - x_0) \quad (x_2 - x_0) \quad (x_1 - x_2) \tag{5.1}$$

由圖 5.2(a) 我們看到，當 X 相對價格下降後，消費者所面對的預算線變得較為平坦。因此，在維持 u_0 效用水準的前提下，預算線 CD 與無異曲線 u_0 的切點必然位於 e_0 的右下方（為什麼？），以致於 X 的購買量增加。換句話說，當實質所得水準 (u_0) 固定時，消費者在相對價格改變後，必然會以相對較便宜的 X 來取代相對較貴的 Y。因此，只要 X 和 Y 兩產品不是完全互補，X 價格下降的替代效果必然使 X 的購買量增加。事實上，我們可更一般化的說：替代效果的「方向」必然與 X 產品價格變動的方向相反。雖然，在兩種產品的情況下，我們可以清楚確定替代效果的方向，但所得效果並沒有這麼好的性質。當消費者所得水準由 m_1 增加到 m 時，消費者購買的 X 由 x_2 增加到 x_1，因此 X 對此消費者而言乃是一正常物品。由此可知，當 X 是正常物品時，所得效果與替代效果的方向完全相同；或說所得效果會進一步強化替代效果。圖 5.2 中，箭頭所指方向即是清楚顯示，總效果乃是替代效果與所得效果之總和。

當然，消費者並不必然認為 X 是正常物品。圖 5.3(a) 顯示，在預算

圖 5.3

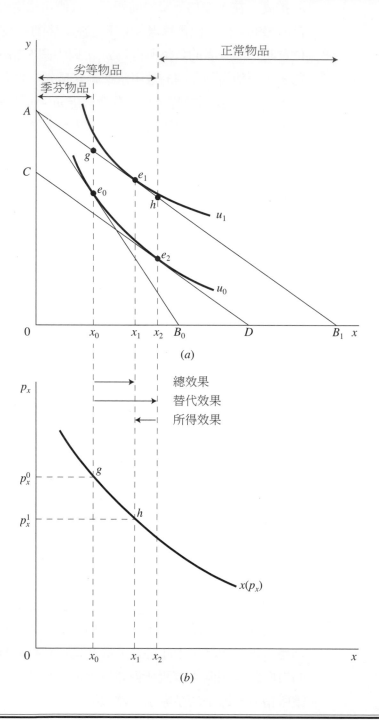

(a)

(b)

線由 CD 平行外移到 AB_1 後，均衡點由 e_2 移到 e_1，因此隨著所得增加，此消費者所購買的 X 反而從 x_2 下降到 x_1。由此可知，圖 5.3 所描繪的乃 X 為劣等物品的情形。很清楚地，只要消費者認為 X 為劣等物品，則如圖 5.3 中單向箭頭所示，所得效果與替代效果的方向就會相反。如此一來，總效果的方向就必須視所得效果與替代效果何者較強而定。圖 5.3 描繪了所得效果較替代效果為弱的情形。我們發現，雖然 X 為劣等物品，但因 X 價格下降的替代效果遠大於所得效果，因此當價格由 p_x^0 下降到 p_x^1 時，總效果仍然與替代效果同向，X 的購買量增加，我們仍然得到如圖 5.3(b) 之負斜率的需求曲線。由圖 5.3(a) 我們可以清楚看到，只要 u_1 與 AB_1 的切點 e_1，位於 AB_1 上之 g、h 兩點之間，上述劣等物品具有負斜率的需求曲線的結果就成立。

不過，劣等物品的範圍並不限於 g、h 兩點之間。根據定義，我們知道，只要 u_1 與 AB_1 相切於 h 點左上方，就代表該消費者認為 X 為一劣等物品。當切點 e_1 位於 g 點左上方時，讀者應可很輕易地證實，此時所得效果不但與替代效果方向相反，而且其力量還遠大於替代效果。在這種情況下，總效果方向就與所得效果方向相同。X 價格下降之後反而使 X 的購買量減少，需求曲線成為正斜率，顯示 X 在此消費者心中乃是一種季芬物品。我們不再描繪季芬物品下如圖 5.3 之圖形，但希望讀者能勇敢地加以嘗試。

補償需求曲線

利用區別替代效果與所得效果的方法，我們可引進所謂補償需求曲線的概念。到目前為止，我們所導出的需求曲線或需求函數均是在其他產品價格 p_y 與貨幣所得 m 固定的情況下得到的，通常將其稱為一般需求曲線 (ordinary demand curve) 或馬夏爾需求曲線 (Marshallian demand curve)，簡稱需求曲線。由前面的討論，我們知道，當產品價格變動而在一般需求曲線上移動時，需求量的變動包括了替代效果與所得效果。另一方面，補償需求曲線 (compensated demand curve) 或稱為希克斯需求曲線 (Hicksian demand curve)，乃是指在其他產品價格 p_y 與消費者實質所得固定的情況下所導出的需求曲線。由上面的分析，我們立即得知，所謂實質所得固定，就是在產品價格變動後透過貨幣所得改變（補償），使消費

圖 5.4

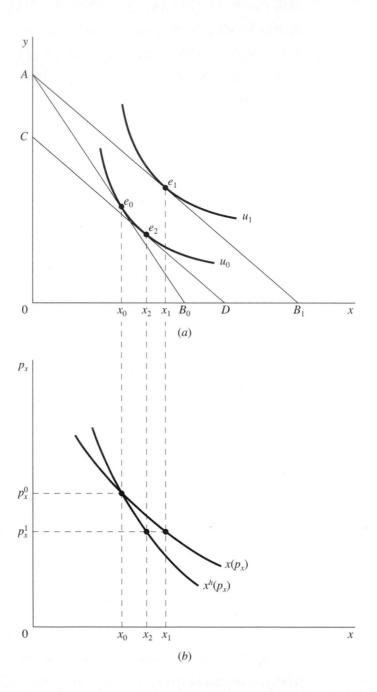

(a)

(b)

者在價格變動後仍維持與價格變動前相同的效用水準罷了。由此可知，補償需求曲線與一般需求曲線的差別，只不過是前者不包括，而後者包括所得效果而已。那要如何導出補償需求曲線呢？讀者若清楚了解前面有關所得效果與替代效果的區分，這就相當簡單。我們以圖 5.4 來說明。圖中 $x(p_x)$ 為第四章所導出的一般需求曲線。現在來看如何導出補償需求曲線 $x^h(p_x)$。假定當 X 價格為 p_x^0 時，均衡為 e_0，故在此價格下的需求量為 x_0，因而 (x_0, p_x^0) 為補償需求曲線上的一點（當然也是一般需求曲線上的一點）。當價格由 p_x^0 下降到 p_x^1 時，若我們同時將此消費者的貨幣所得減少 AC，則面對新價格的均衡點為 e_2。很明顯地，此消費者的實質所得或效用水準並沒改變，但其 X 的購買量由 x_0 增加到 x_2。因此，(x_2, p_x^1) 為補償需求曲線上另一個點。我們可以重複上述過程，找出其他價格下，維持此消費者效用水準於 u_0 的所有 X 的最適購買量然後將這些購買量與價格組合的點連接起來，即可得到如圖 5.4(b) 中 $x^h(p_x)$ 這條補償需求曲線。在此，我們必須提醒讀者關於補償需求曲線的幾個重要性質：第一、由前面的討論，我們知道，除了在極端的完全互補品情況，替代效果必然與該產品價格變動的方向相反，因此，一般而言，補償需求曲線必然是負斜率。第二、圖 5.4(b) 中，我們發現，因補償需求曲線較一般需求曲線少了所得效果，故畫出來較一般需求曲線陡。但讀者務必小心，這個結果乃是因圖中之 X 為正常物品（為什麼？）而來。當 X 為劣等物品時，補償需求曲線是比一般需求曲線平坦的（試試看！）。第三、因導出一般需求曲線時，我們所固定的是貨幣所得，不是實質所得或效用水準，故一般需求曲線上不同點均代表不同的實質所得或效用水準。如此一來，通過一般需求曲線上任何一點，我們都可繪出一條補償需求曲線。換句話說，對應於不同效用水準，我們可在圖 5.4(b) 中繪出無數多條補償需求曲線。

現在，再回到補償需求曲線的推導。上面的討論告訴我們，在導出補償需求曲線時，必須在每一次價格變動時調整（補償）其貨幣所得，使得在新的價格與貨幣所得下，預算線剛好與某一固定的無異曲線相切，以決定均衡購買量。我們可以圖 5.5 說明這個過程。假定一開始時，X 的價格為 p_x^1，貨幣所得為 m_1，均衡點為 e_1，消費者所達的效用水準為 u_0。考慮 X 的價格先由 p_x^1 下降到 p_x^2，再下降到 p_x^3，而我們要導出對應於效

圖 5.5

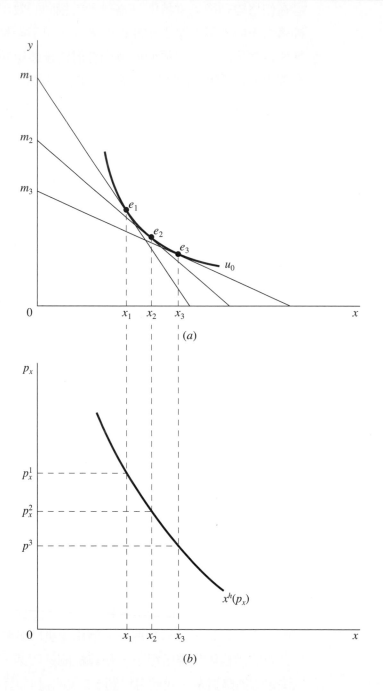

(a)

(b)

用水準 u_0 的補償需求曲線。圖 5.5(a) 顯示，當 X 價格下降到 p_x^2 時，貨幣所得必須減少到 m_2（為什麼？）方可使消費者均衡在 u_0 這條無異曲線上，如圖中之 e_2。同理，當 X 的價格下降到 p_x^3 時，貨幣所得必須減少到 m_3，我們才可能得到如圖中 e_3 這樣位於 u_0 上的均衡點。將 p_x^1、p_x^2 與 p_x^3 及對應於 e_1、e_2 與 e_3 三均衡點的最適 X 購買量描繪於圖 5.5(b) 中，即得到補償需求曲線 $x^h(p_x, u_0)$ 或簡寫成 $x^h(p_x)$。

我們可從另一個角度來看如何導出補償需求曲線。假定 X 的價格為 p_x^1，我們可以反過來問：此消費者必須最少付出多少錢方能達到效用水準 u_0？顯然在 $p_x = p_x^1$ 時，如果他的花費少於 m_1，則「預算線」會位於 $m_1 e_1$ 左方，因此無法獲得 u_0 的效用。反之，他也不必支出超過 m_1，因為我們已經知道，只要支出 m_1 就可以達到 u_0 水準的效用。由此可知，在價格 p_x^1 時，此消費者為達到 u_0 的效用的最小支出為 m_1。此外，我們也知道，使得支出達到最小的最適選擇剛好就是 e_1 這一點。因此，x_1 正是價格 p_x^1 時，達到效用 u_0 的最適購買量。同樣道理，我們可推得，當 X 的價格為 p_x^2 與 p_x^3 時，此消費者欲達到 u_0 的效用水準的最小支出分別為 m_2 與 m_3，均衡點分別為 e_2 與 e_3，而最適的購買量為 x_2 與 x_3。由此可知，(x_1, p_x^1)、(x_2, p_x^2) 與 (x_3, p_x^3) 正是補償需求曲線上的三個點。我們只要對所有不同的價格，重複上述過程，就可導出整條補償需求曲線。

上面求取補償需求曲線的方法，可以直接寫成下列求限制極小化問題：

$$\min_{x,y} F(x, y) = p_x x + y$$

$$\text{s.t. } U(x,y) = u_0$$

此問題的拉格朗日函數為

$$\mathcal{L}(x, y) = p_x x + y + \lambda(u_0 - U(x, y))$$

其極小化之一階條件為

$$\frac{\partial \mathcal{L}}{\partial x} = p_x - \lambda U_x(x, y) = 0$$

$$\frac{\partial \mathcal{L}}{\partial y} = 1 - \lambda U_y(x, y) = 0$$

$$\frac{\partial \mathcal{L}}{\partial \lambda} = u_0 - U(x, y) = 0$$

假定二階條件成立，我們可由上面三式解得最適解 $x^h(p_x, u_0)$、$y^h(p_x, u_0)$ 與 $\lambda^h(p_x, u_0)$。與第四章比較靜態分析的討論相同，如果我們將最適解 $x^h(p_x, u_0)$ 看成 p_x 的函數，則 $x^h(p_x, u_0)$ 就是補償需求曲線或希克斯需求曲線。最後，我們可以將最適解 $x^h(p_x, u_0)$ 與 $y^h(p_x, u_0)$ 代回原來的標的函數 $E(x, y) = p_x x + y$，得到

$$e(p_x, u_0) = E(x^h(p_x, u_0), y^h(p_x, u_0)) = p_x x^h(p_x, u_0) + y^h(p_x, u_0)$$

$e(p_x, u_0)$ 稱為支出函數 (expenditure function)，在經濟分析中扮演相當重要的角色。

【例 4.1】

假定一消費者的效用函數為 $U(x, y) = xy$，貨幣所得為 $m = 100$，$p_y = 1$。試求 X 的一般需求曲線與補償需求曲線；計算當 X 的價格由 $p_x = 2$ 下降到 $p_x = 1$ 時的總效果、替代效果與所得效果，並驗證他們之間的關係。

【解答】

由【例3.5】之結果，我們立即得到此消費者對 X 和 Y 的一般需求曲線分別為

$$x = \frac{m}{2p_x} = \frac{50}{p_x}$$

$$y = \frac{m}{2p_y} = 50$$

因此，當 $p_x = 2$ 時，最適購買量為 $x = 25$，$y = 50$，而此時消費者的效用水準為 $u = 1250$。當 $p_x = 1$ 時，最適購買量為 $x = 50$，$y = 50$，消費者的效用水準為 $u = 2500$。就 X 產品而言，價格由 $p_x = 2$ 下降到 $p_x = 1$ 的總效果 TE 為

$$TE = 50 - 25 = 25 \qquad\qquad (a)$$

接著來看補償需求曲線。我們希望極小化達到某一效用 u_0 的支出，故拉格朗日函數可寫成

$$\mathcal{L}(x, y) = p_x x + y + \lambda(u_0 - xy)$$

一階條件為

$$\frac{\partial \mathcal{L}}{\partial x} = p_x - \lambda y = 0 \qquad\qquad (b)$$

$$\frac{\partial \mathcal{L}}{\partial y} = 1 - \lambda x = 0 \qquad\qquad (c)$$

$$\frac{\partial \mathcal{L}}{\partial \lambda} = u_0 - xy = 0 \qquad\qquad (d)$$

由 (b)、(c) 兩式可得 $y = p_x x$，將其代入 (d)，即可解得 X 和 Y 的補償需求曲線

$$x^h = (u_0 / p_x)^{1/2}$$

$$y^h = (u_0 p_x)^{1/2}$$

若將效用固定在 $p_x = 2$ 時所達到的水準，即 $u_0 = 1250$，則補償需求曲線成為

$$x^h = (1250 / p_x)^{1/2}$$

$$y^h = (1250 p_x)^{1/2}$$

因此，當 $p_x = 2$ 時，補償需求曲線上的需求量為 $x = 25$，$y = 50$，此與一般需求曲線上的需求量完全相同（為什麼？）。當 $p_x = 1$ 時，補償需求曲線上的需求量為 $x^h = y^h = 1250^{1/2} \approx 35.4$。所以替代效果 SE 為

$$SE = 35.4 - 25 = 10.4 \qquad\qquad (e)$$

又，在 $p_x = 1$，$x^h = y^h = 35.4$ 時，總支出為 $e = 70.8$。因 $x = m / 2p_x$，故知貨幣所得變動對 X 購買量的影響為

$$dx = \frac{dm}{2p_x}$$

當貨幣所得由 70.8 上升到 100 時，$dm = 29.2$，因而，在 $p_x = 1$ 的情況下，$dx = 29.2 / 2 = 14.6$，此即為所得效果

$$IE = 14.6 \tag{f}$$

結合 (a)、(e) 和 (f)，得知 $TE = SE + IE$ 的關係成立。

5.2   史拉斯基方程式

上節 (5.1) 式也可以數學符號來表示。記得我們的目的是要將 X 價格變動對需求量的影響，區分成價格變動的替代效果與所得效果兩部份。因此，我們將價格變動的總效果記成 dx / dp_x，替代效果記成 $[dx / dp_x]_{SE}$，所得效果記成 $[dx / dp_x]_{IE}$，則 (5.1) 式成為

$$\frac{dx}{dp_x} = \left[\frac{dx}{dp_x}\right]_{SE} + \left[\frac{dx}{dp_x}\right]_{IE} \tag{5.2}$$

此式子清楚顯示，等號左邊這項正好是一般需求曲線的斜率，而等號右邊第一項則是補償需求曲線的斜率。等號右邊第二項較為麻煩，因以目前的寫法完全看不出其與貨幣所得有任何關係。為了明確顯示價格變動對實質所得的影響，我們必須將 $[dx / dp_x]_{IE}$ 加以改寫。

　　考慮下列的狀況：在原來的價格下，消費者購買了產品組合 (x_0, y_0)。若 X 的價格下降 1 元，且此消費者仍購買 (x_0, y_0)，則他可節省 x_0 元的支出。換句話說，x 價格下降 1 元就好像他的貨幣所得增加了 $-(-1)x_0 = x_0$ 元一樣。根據這個原理，我們可以得到，如果消費者購買 x 單位的 X 產品，則在該產品價格變動 dp_x 時，他的所得總共變動了 $dm = -(dp_x)x$，或將其寫成

$$dp_x = -\frac{dm}{x} \tag{5.3}$$

將 (5.3) 代入 (5.2) 的所得效果部份可得

$$\left[\frac{dx}{dp_x}\right]_{IE} = -x\frac{dx}{dm} \tag{5.4}$$

將 (5.4) 代回 (5.2)，成為

$$\frac{dx}{dp_x} = \left[\frac{dx}{dp_x}\right]_{SE} - x\frac{dx}{dm} \tag{5.5}$$

上式即為著名的**史拉斯基方程式** (Slutsky equation)。現在來看這個方程式的意義及它所隱含的各種訊息。首先，史拉斯基方程式告訴我們一般需求曲線、補償需求曲線與恩格爾曲線之斜率間的關係。明確點說，(5.5)告訴我們，一般需求曲線的斜率乃補償需求曲線的斜率與恩格爾曲線的斜率乘以 $-x$ 之和。其次，由前面的討論得知，補償需求曲線永遠為負斜率（有何限制呢？），因此只要 X 不是劣等物品，即 $dx/dm \geq 0$，則一般需求曲線必然是負斜率。第三，當 X 是劣等物品而使得 $dx/dm < 0$，只要所得效果不足以抵消替代效果，一般需求曲線仍然是負斜率。但在 X 是劣等物品且所得效果超過替代效果時，一般需求曲線將成為正斜率，隱含 X 為一季芬物品。第四，雖然理論上季芬物品的存在是可能的，但仔細觀察 (5.5)，若要所得效果夠大，則消費者對該產品的消費不能太少。因為當 x 很小時，$-x\,(dx/dm)$ 就會很小，所得效果就不太可能大於替代效果。然而，一般而言，一種消費者大量消費的東西，如房子或其他耐久消費財等，不太可能是劣等物品。因此，在實際生活上要觀察到季芬物品的可能性是很小的。這正是為什麼過去我們一直強調，在「正常」狀況下個人需求曲線是負斜率的原因。事實上，負斜率的個人需求曲線可以說是唯一能在現實生活中觀察到的現象，因而經濟學上稱這種產品價格與需求量之間所存在的負向關係為**需求法則**或**需求定律** (law of demand)。第五，上面所談的雖是有關個人需求曲線的性質，但卻同時隱含有關市場需求曲線的性質；特別的是，我們可以說市場需求曲線幾乎不可能違反需求定律。我們已經知道，市場需求曲線是所有個人需求曲線的加總，而對任何一消費者來說，季芬物品出現的可能性本就很小，因此，即使對某些消費者而言，某一產品為季芬物品，但在加總以後這少數消費者的影響必然會被抵消，市場需求曲線也就滿足需求法則。

史拉斯基方程式除了寫成 (5.5) 的形式外，另一常用的形式是以彈性來表示。將 (5.5) 等式兩邊乘以 $-p_x / x$ 可得到

$$-\frac{dx}{dp_x}\frac{p_x}{x} = \left[-\frac{dx}{dp_x}\frac{p_x}{x}\right]_{SE} + x\frac{dx}{dm}\frac{p_x}{x}$$

再將最後一項乘以 m / m 即得

$$-\frac{dx}{dp_x}\frac{p_x}{x} = \left[-\frac{dx}{dp_x}\frac{p_x}{x}\right]_{SE} + \frac{p_x x}{m}\frac{dx}{dm}\frac{m}{x}$$

利用第四章所定義的彈性，上式可寫成

$$e_x = e_x^h + \theta_x e_{xm} \tag{5.6}$$

其中

$$e_x^h = \left[-\frac{dx}{dp_x}\frac{p_x}{x}\right]_{SE}$$

為補償需求彈性 (elasticity of compensated demand)，$\theta_x = p_x x / m$ 代表消費者在 X 產品的支出，佔總支出(總貨幣所得)的比例。將史拉斯基方程式寫成 (5.6) 的最大好處在於進行實證分析，因為從實證資料中，我們可以直接估計 e_x、θ_x 和 e_{xm} 這三個數值，從而決定 e_x^h。反之，要以實證資料估計 (5.5) 中之相關曲線的斜率，則較為困難。

淨替代與淨互補品

上面有關所得效果與替代效果的討論，均限於 X 產品本身價格的變動。但事實上，這種限制並非必要。當 Y 的價格變動時，我們同樣可看到，兩產品的相對價格與消費者的實質所得也會跟著改變，因此也同樣有替代效果和所得效果。讀者可重複本節的推論過程（要真的嘗試喔！），得到下列 p_y 發生變動時的史拉斯基方程式

$$\frac{dx}{dp_y} = \left[\frac{dx}{dp_y}\right]_{SE} - y\frac{dx}{dm} \tag{5.7}$$

或

$$e_{xy} = e_{xy}^h + \theta_y e_{xm} \tag{5.8}$$

在 (5.8) 中，e_{xy} 為一般需求的交叉彈性，e_{xy}^h 為補償需求的交叉彈性，e_{xm} 為 X 的所得彈性，$\theta_y = p_y y / m$ 則是消費者購買 Y 產品的支出佔總支出（總貨幣所得）的比例。

在第四章中我們曾經提到，若 $dx / dp_y > 0$，則 X 為 Y 的毛替代品；若 $dx / dp_y < 0$，則 X 為 Y 的毛互補品。我們也曾經強調，即使 X 為 Y 的毛替代品（毛互補品）也不表示 Y 為 X 的毛替代品（毛互補品）。或許有讀者早就懷疑，何以在「替代品」或「互補品」之前要加上「毛」字。現在我們可以回答這個問題，因為在上述定義中所使用的概念是一般需求函數，是 (5.7) 等號左邊的部份，因而同時包括了所得效果與替代效果。如果我們將注意力集中在替代效果部份，則我們可依同樣的方法定義淨替代品 (net substitutes) 與淨互補品 (net complements)。更明確點說，當 $[dx / dp_y]_{SE} > 0$ 時，我們稱 X 和 Y 彼此互為淨替代品；當 $[dx / dp_y]_{SE} < 0$ 時，則稱 X 和 Y 彼此互為淨互補品。敏感的讀者應已注意到，我們陳述淨替代品或淨互補品的方法與陳述毛替代品或毛互補品的方法相當不一樣。這個觀察完全正確，因為與毛替代品或毛互補品情況不同，當 X 為 Y 的淨替代品（淨互補品）時，Y 必然也是 X 的淨替代品（淨互補品）。很遺憾地，上面這個結果的證明遠超過本書範圍，無法在這裡討論。

最後，讀者若仔細分析 (5.7) 或 (5.8)，應可輕易獲得下列結果：

(1) 當 X 和 Y 為淨替代品，且 X 為劣等物品時，X 必然為 Y 的毛替代品。

(2) 當 X 和 Y 為淨互補品，且 X 為正常物品時，X 必然為 Y 的毛互補品。

【例 5.2】

假定一消費者的貨幣所得為 m，效用函數為 $U(x, y) = x + \ln y$，且 X 和 Y 的價格分別為 p_x、p_y。

(I) 請說明：對此消費者而言，X 和 Y 兩產品間的毛替代、毛互補、淨替代、淨互補關係。

(II)　假定此消費者求補償需求曲線之效用水準剛好是他達到效用極大之
效用水準，試驗證史拉斯基方程式 (5.5)。

【解答】

(I)　我們可由效用極大化求一般需求曲線，而由支出極小化求補償需求
曲線。效用極大化的拉格朗日函數為

$$\mathcal{L}(x, y) = x + \ln y + \lambda(m - p_x x - p_y y)$$

極大化之一階條件為

$$\frac{\partial \mathcal{L}}{\partial x} = 1 - \lambda p_x = 0 \tag{a}$$

$$\frac{\partial \mathcal{L}}{\partial y} = \frac{1}{y} - \lambda p_y = 0 \tag{b}$$

$$\frac{\partial \mathcal{L}}{\partial \lambda} = m - p_x x - p_y y = 0 \tag{c}$$

由 (a)、(b) 兩式可解得 Y 之需求函數

$$y = \frac{p_x}{p_y} \tag{d}$$

將 (d) 代回 (c) 即得 X 之需求函數

$$x = \frac{m - p_x}{p_x} \tag{e}$$

支出極小化之拉格朗日函數為

$$\mathcal{M}(x, y, \lambda) = p_x x + p_y y + \mu(u - x - \ln y)$$

其中 μ 為拉格朗日乘數。一階條件為

$$\frac{\partial \mathcal{M}}{\partial x} = p_x - \mu = 0 \tag{f}$$

$$\frac{\partial \mathcal{M}}{\partial y} = p_y - \frac{\mu}{y} = 0 \qquad (g)$$

$$\frac{\partial \mathcal{M}}{\partial \mu} = u - x - \ln y = 0 \qquad (h)$$

由 (f) ～ (h) 聯立解得 X 和 Y 的補償需求曲線

$$y^h = \frac{p_x}{p_y} \qquad (i)$$

$$x^h = u - \ln p_x + \ln p_y \qquad (j)$$

由 (d) 和 (e) 可得

$$\frac{dy}{dp_x} = \frac{1}{p_y} > 0 \qquad (k)$$

$$\frac{dx}{dp_y} = 0 \qquad (l)$$

由 (i) 和 (j) 可得

$$\frac{dy^h}{dp_x} = \frac{1}{p_y} > 0 \qquad (m)$$

$$\frac{dx^h}{dp_y} = \frac{1}{p_y} > 0 \qquad (n)$$

很明顯地，(m) 和 (n) 兩式顯示 X 和 Y 兩產品彼此互為淨替代品。另一方面，(k) 式表示 Y 為 X 的毛替代品，但 (l) 則顯示 X 既非 Y 的毛替代品，也非 Y 的毛互補品。

(II) 由效用函數及 (d)、(e) 可知極大化之後的效用水準為

$$u = \frac{m - p_x}{p_x} + \ln\left(\frac{p_x}{p_y}\right)$$

為了明確顯示此效用水準乃在 m、p_x 和 p_y 給定下（$m = m_0$、$p_x = p_{x_0}$

和 $p_y = p_{y_0}$）所得到的，我們將其寫成

$$u_0 = \frac{m_0 - p_{x_0}}{p_{x_0}} + \ln\left(\frac{p_{x_0}}{p_{y_0}}\right)$$

再將 $u = u_0$ 與 $p_y = p_{y_0}$ 代入 (j)，則

$$x^h = u_0 - \ln p_x + \ln p_{y_0}$$

$$= \frac{m_0 - p_{x_0}}{p_{x_0}} + \ln p_{x_0} - \ln p_{y_0} - \ln p_x + \ln p_{y_0}$$

$$= \frac{m_0 - p_{x_0}}{p_{x_0}} + \ln p_{x_0} - \ln p_x \qquad\qquad (o)$$

由 (o) 可得

$$\left[\frac{dx}{dp_x}\right]_{SE} = \frac{dx^h}{dp_x} = -\frac{1}{p_x}$$

又由 (e) 得到

$$\frac{dx}{dp_x} = -\frac{m}{p_x^2}$$

$$\frac{dx}{dm} = \frac{1}{p_x}$$

因此

$$\left[\frac{dx}{dp_x}\right]_{SE} - x\frac{dx}{dm} = -\frac{1}{p_x} - \frac{m - p_x}{p_x}\frac{1}{p_x}$$

$$= -\frac{m}{p_x^2} = \frac{dx}{dp_x}$$

此即 (5.5)

5.3 價格變動與福利

前面我們提到，一般需求曲線上各個點的效用都不同；當產品價格下降時，消費者的效用也跟著上升。例如，在圖 5.2 中，當 X 的價格由 p_x^0 下降到 p_x^1 時，我們由 (b) 圖中的 g 點移動至 h 點，而由 (a) 圖可以清楚看到，消費者的效用也由 u_0 上升到 u_1。這種效用的改變，也常稱為消費者福利的改變。一般說來，任何政府政策的取捨與更動，都會直接或間接的影響各種產品的價格，因而導致消費者福利的改變。由此可知，如何衡量價格變動對消費者福利的影響，是經濟決策作成過程中一個必須考慮的重要因素。現在的問題是：這個效用或福利的變動要如何衡量？就上面所提圖 5.2 的例子來說，你或許認為這沒有什麼困難。當價格由 p_x^0 下降到 p_x^1 時，福利的變動不就是 $u_1 - u_0$ 嗎？這並不能說錯，但問題是我們已經知道，效用的功能只在次序的排列，其數值的大小並沒有任何意義。事實上，$u_1 - u_0$ 可以是任何正值（為什麼？），因而也不能告訴我們價格下降後，此消費者的福利到底增加了多少。那要如何呢？

補償變量與等值變量

從經濟學的習慣來看，最理想的表示福利變動的方法毫無疑問地就是以貨幣來衡量。我們已經知道，當 X 價格由 p_x^0 下降到 p_x^1 時，此消費者的福利（效用）必然上升。因此，我們可以問：在價格下降之後，我們最多可自此消費者拿走多少貨幣所得，而他仍能維持在 X 價格下降前同樣的福利水準？這些能拿走的最大所得，就可代表此消費者因 X 價格下降所增加的福利，經濟學上稱這些所得為補償變量 (compensating variation, CV)。我們可以圖 5.2(a) 來說明補償變量的概念。圖中顯示，當 X 的價格為 p_x^0 時，均衡點為 e_0，而 X 價格下降到 p_x^1 時，均衡點移到 e_1。現在，考慮在新價格 p_x^1 下，開始拿走此消費者的貨幣所得，則我們知道預算線 AB_1 將逐漸往左平行移動。我們已經知道，為使消費者維持價格下降前的福利水準 u_0，此預算線最多只能往左移動到 CD 位置。記得，Y 乃是以貨幣表示，花在 X 產品以外的所有支出。因此，預算線由 AB_1 移動到 CD，所隱含的乃是，我們最多能自此消費者拿走 AC 的貨幣所得，並使消費者的福利剛好與 X 價格下降前完全相同。根據上面的定義，AC 正

圖 5.6

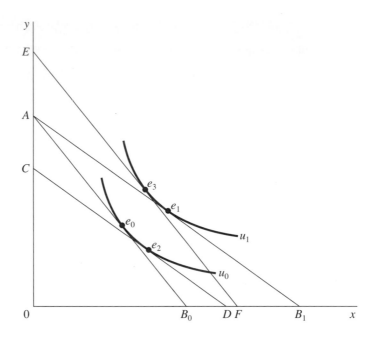

是補償變量。在此順便一提,讀者或許不習慣,何以將自消費者拿走的錢稱為「補償」變量呢?因為,在日常用語中,「補償」應是將錢給消費者才對。這種看法完全正確;讀者可自行嘗試,考慮 X 的價格上升的情形。在那種情況下,我們的確必須在價格上升後,將錢「補償」給消費者,以便維持其價格上升前的福利水準。讀者應已發現,補償變量的決定,根本可看成我們區分替代效果與所得效果過程中的一項副產品,所以在觀念上應很容易接受。

然而,補償變量並不是衡量價格變動所引起的福利變動的唯一方法。我們可以問另外一個問題:如果 X 的價格維持不變,那麼我們應給此消費者至少多少錢,方可使他的福利(效用)與價格下降到 p_x^1 時相同的水準?為了便於說明,我們將圖 5.2(a) 主要部份複製於圖 5.6。圖中 AC 仍代表 X 價格由 p_x^0 下降到 p_x^1 時的補償變量。現在回到上面的問題:我們希望知道,當 X 價格維持在 p_x^0 時,我們應給此消費者至少多少錢,方可使他的福利(效用)達到 u_1 的水準。因價格未變,故將錢給消費者

後，預算線 AB_0 就平行往右移動。圖 5.6 顯示，只有給消費者的錢達到使其預算線成為 EF 時，福利才會達到與 X 價格下降到 p_x^1 時相同的水準，而這個數量的貨幣所得正好是圖中的 AE。很顯然地，AE 也可以用來衡量 X 價格下降到 p_x^1 時所增加的福利。經濟學中稱 AE 為等值變量 (equivalent variation, EV)，因為它代表與價格變動「等值」的所得變動。

上面關於補償變量與等值變量的定義及圖解說明，似乎相當清楚。但經驗顯示，許多學生在多看了幾本課本後往往會變得非常困惑與混亂。這種困惑與混亂的根源，在於不同書籍介紹這兩個觀念時，常採用不同的價格變動方向。很不幸地，當價格變動方向不同時，CV 和 EV 也會跟著改變。現在假定，圖 5.6 中 X 的價格原為 p_x^1，均衡點為 e_1，福利（效用）水準為 u_1。如果 X 的價格由 p_x^1 上升到 p_x^0，則新的預算線成為 AB_0，新的均衡點為 e_0，新的福利（效用）水準為 u_0，那補償變量及等值變量各是多少呢？讀者若回到 CV 和 EV 的定義，經過如上面的分析，應可得到，X 的價格由 p_x^1 上升到 p_x^0 時的 CV 為 AE，而 EV 為 AC。換句話說，價格由 p_x^0 下降到 p_x^1 時的補償變量，剛好是價格由 p_x^1 上升到 p_x^0 時的等值變量；同樣的，價格由 p_x^0 下降到 p_x^1 時的等值變量正是價格由 p_x^1 上升到 p_x^0 時的補償變量。

補償變量與等值變量的另一個問題是，雖然它們所要衡量的標的完全相同，但兩者所得到的貨幣數額通常並不相等。造成 CV 和 EV 不等的根本原因，在於兩者係以不同的價格衡量福利的變動。補償變量是以變動後的新價格衡量，但等值變量則以變動前的舊價格衡量。同樣一塊錢，在不同價格下價值當然不等，因此 CV 和 EV 不相等也就不足為奇了。

我們也可由純粹幾何的角度來說明 EV 和 CV 的差異。由前面的討論，我們知道，不管 CV 或 EV，目的均在衡量圖 5.6 中 u_0 和 u_1 兩條無異曲線間的垂直距離。但因兩者所採的價格不同，故所選取衡量的「地點」也就不一樣（圖 5.6 中，e_2 和 e_3 通常並不在同一條垂直線上）。在一般缺乏某些特別性質的效用函數下，不同「地點」所衡量出來的 u_0 與 u_1 的垂直距離也就不相等了。那要有那種「特別性質」的效用函數，方可能使 CV 和 EV 永遠相等呢？很簡單，由幾何上我們知道，只要每條較高效用水準的無異曲線，都是由效用較低的無異曲線平行上移而來就可以

了。因為，只要是平行往上移動，那不管無異曲線是什麼形狀，在那個「地點」，其上移的「距離」都是一樣的，所以 CV 和 EV 也就相等了。但那一種效用函數具有無異曲線彼此上下「平行」的性質呢？很幸運地，我們很容易可證明，當效用函數為 $u(x, y) = y + f(x)$ 形式時，就會有這種性質。為什麼呢？因對應於此效用函數的無異曲線可寫成

$$u_0 = y + f(x)$$

或

$$y = u_0 - f(x)$$

很明顯地，給定任何 x 的值，$f(x)$ 隨即固定，此時 y 的值將會隨 u_0 上升而增加。但這正表示，隨著效用提高，無異曲線乃平行往上移動。因為這個效用函數包括線性部份的 y，和非線性部份的 $f(x)$，故一般將其稱為**準線性效用函數** (quasilinear utility function)。由上面的討論，我們可清楚看到準線性效用函數的一個重要特性就是 x 的購買量不會受所得的影響，因而所得效果等於 0。換句話說，當一產品的所得效果等於 0 時，補償變量和等質變量是相同的。

在舉例說明之前，我們必須先解決一個問題，就是 CV 和 EV 既然均在衡量消費者福利的變動，但兩者卻又往往不相等，那到底應該採用那一個呢？答案是，不確定，完全要看問題的性質；看在那一種情況下，那一個概念較為適合。例如，政府決定以徵收人頭稅的方式，修建一座橋樑，以減少某兩地間的運輸費用。在這種情況下，如果每人所繳交的人頭稅少於他的補償變量，那麼這個造橋計畫就值得進行。另一方面，如果政府考慮透過補貼建商的方式，來壓低房子的價格，以提高自有房屋的擁有率。在這種情況下，如果平均每位消費者的補貼的成本超過了他的等值變量，則政府就不值得補貼建商，而應直接補貼消費者 EV 的所得。因為，消費者及政府可以較低的成本獲致相同的福利。

【例 5.3】
有 A、B 兩位消費者，他們的貨幣所得均為 90 元，效用函數則分別為

$$u_A(x_A, y_A) = x_A y_A^2$$

$$u_B(x_B, y_B) = y_B + 2\sqrt{x_B}$$

若 X 和 Y 的價格原為 $p_x = 0.5$，$p_y = 1$，試求當 X 的價格上升為 $p_x = 1$ 時，A、B 兩人的 CV 和 EV。

【解答】

因 A 的效用函數為寇布－道格拉斯函數，故其一般需求曲線為

$$x_A(p_x, p_y, m) = \frac{1}{3}\frac{m}{p_x}$$

$$y_A(p_x, p_y, m) = \frac{2}{3}\frac{m}{p_y}$$

當價格為為 $p_x = 0.5$，$p_y = 1$，$m = 90$ 時，均衡 x_A 與 y_A 分別為

$$x_A(0.5, 1, 90) = 60$$

$$y_A(0.5, 1, 90) = 60$$

其對應的效用水準為

$$u_{A_0} = u_A(60, 60) = 216{,}000$$

當 X 價格上升到 $p_x = 1$ 時，均衡 x_A 與 y_A 分別為

$$x_A(1, 1, 90) = 30$$

$$y_A(1, 1, 90) = 60$$

其對應的效用水準為

$$u_{A1} = u_A(30, 60) = 108{,}000$$

接著求 A 的補償需求曲線，由拉格朗日函數

$$\mathcal{M} = p_x x_A + p_y y_A + \mu(u - x_A y_A^2)$$

可得一階條件

$$\frac{\partial \mathcal{M}}{\partial x} = p_x - \mu y_A^2 = 0$$

$$\frac{\partial \mathcal{M}}{\partial y} = p_y - 2\mu x_A y_A = 0$$

$$\frac{\partial \mathcal{M}}{\partial \mu} = u - x_A y_A^2 = 0$$

解一階條件即得補償需求曲線

$$x_A^h(p_x, p_y, u) = \left(\frac{p_y^2}{4p_x^2} u\right)^{\frac{1}{3}}$$

$$y_A^h(p_x, p_y, u) = \left(\frac{2p_x}{p_y} u\right)^{\frac{1}{3}}$$

當 $p_x = 1$，$p_y = 1$，$u = u_{A_0} = 216{,}000$ 時，補償需求曲線的需求量為

$$x_A^h(1, 1, 216{,}000) = (54{,}000)^{1/3} = 37.8$$

$$y_A^h(1, 1, 216{,}000) = (432{,}000)^{1/3} = 75.6$$

此時的支出 $e(p_x, p_y, u)$ 為

$$e(1, 1, 216{,}000) = p_x x_A^h(1, 1, 216{,}000) + p_y y_A^h(1, 1, 216{,}000) = 113.4$$

因此

$$CV = e(1, 1, 216{,}000) - 90 = 113.4 - 90 = 23.4$$

當 $p_x = 0.5$，$p_y = 1$，$u = u_{A_1} = 108{,}000$ 時，補償需求曲線的需求量為

$$x_A^h(0.5, 1, 108{,}000) = (108{,}000)^{1/3} \approx 47.62$$

$$y_A^h(0.5, 1, 108{,}000) = (108{,}000)^{1/3} \approx 47.62$$

此時的支出 $e(p_x, p_y, u)$ 為

$$e(0.5, 1, 108{,}000) = p_x x_A^h(0.5, 1, 108{,}000) + p_y y_A^h(0.5, 1, 108{,}000) = 71.43$$

因此

$$EV = 90 - e(0.5, 1, 108{,}000) = 90 - 71.43 = 18.57$$

接著來看消費者 B 的 CV 和 EV。透過效用極大化及支出極小化,我們可求得 B 的一般需求函數及補償需求函數如下:

$$x_B(p_x, p_y, m) = \frac{1}{p_x^2} \text{,} \quad y_B(p_x, p_y, m) = m - \frac{1}{p_x}$$

$$x_B^h(p_x, p_y, u) = \frac{1}{p_x^2} \text{,} \quad x_B^h(p_x, p_y, u) = u - \frac{2}{p_x}$$

當 $(p_x, p_y, m) = (0.5, 1, 90)$ 時,消費者均衡及效用水準為

$$x_B = 4 \text{,} \quad y_B = 88 \text{,} \quad u_{B_0} = 92$$

當 $(p_x, p_y, m) = (1, 1, 90)$ 時,消費者均衡及效用水準為

$$x_B = 1 \text{,} \quad y_B = 89 \text{,} \quad u_{B_0} = 91$$

當 $(p_x, p_y, u) = (1, 1, 92)$ 時,補償需求曲線的需求量為

$$x_B^h = 1 \text{,} \quad y_B^h = 92 - 2 = 90$$

故此時的支出為

$$e(1, 1, 92) = p_x x_B^h(1, 1, 92) + p_y y_B^h(1, 1, 92) = 1 + 90 = 91$$

因此

$$CV = 91 - 90 = 1$$

當 $(p_x, p_y, u) = (0.5, 1, 91)$ 時,補償需求曲線的需求量為

$$x_B^h = 4 \text{,} \quad y_B^h = 91 - 4 = 87$$

故此時總支出為

$$e(0.5, 1, 91) = p_x x_B^h(0.5, 1, 91) + p_y y_B^h(0.5, 1, 91) = 2 + 87 = 89$$

因此

$$EV = 90 - 89 = 1$$

從這個例子我們可以看到,因消費者 B 的效用函數為準線性形式,故其

圖 5.7

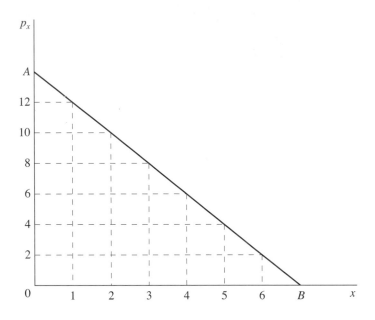

CV 和 EV 完全相同。但消費者 A 的效用函數並非準線性，故 CV ≠ EV。（如果題目改為價格由 $p_x = 1$ 下降到 $p_x = 0.5$，結果又是如何呢？）

消費者剩餘

補償變量和等值變量雖然都可以用來衡量消費者因價格變動導致的福利變化，但另一個更為普遍使用的衡量福利變化的概念則是消費者剩餘 (consumer surplus)。我們可利用圖 5.7 中的需求曲線 AB 來說明消費者剩餘的意義。我們仍假定此消費者將所得花於 X 和 Y 兩產品，但 Y 這個「產品」乃是代表所有用於購買 X 以外的產品的總支出，因而 $p_y = 1$。我們知道需求曲線上各點必須滿足 $MRS = p_x / p_y = p_x$。但由第三章，我們已經知道 MRS 乃是以 Y 產品（在此為貨幣）表示的消費者對 X 產品的「邊際評價」(marginal valuation)，代表為了獲取某一特定單位的 X，此消費者所願支付的最高價格，這個價格也就是我們介紹逆需求函數時所稱的需求價格。圖 5.7 顯示，對此消費者而言，為了購買第一單位的 X，

他所願意支付的最高價格即是 12 元；為了購買第二單位的 X，他所願意支付的最高價格為 10 元。因此，此消費者為了購買第一、二兩單位 X 所願支付的最高價錢為 $12 + 10 = 22$ 元。同樣道理，此消費者為了購買前五單位的 X 所願付出的最高價錢為 $12 + 10 + 8 + 6 + 4 = 40$ 元。一般稱這 40 元為此消費者購買 5 單位 X 的毛剩餘 (gross surplus)。但由需求曲線的定義及圖 5.7，我們知道，只有當 X 的價格為 4 元時，此消費者會購買 5 單位 X，因此他的實際支出只有 $4 \times 5 = 20$ 元而已。將毛剩餘 40 元減去消費者實際支付的 20 元，即得到購買 5 單位 X 的消費者剩餘 20 元。事實上，消費者剩餘的存在正是消費者購買某些產品的根本原因。當消費者剩餘等於 0 時，有沒有進行買賣，對消費者來說，並沒有差別。當消費者剩餘成為負值時，消費者的福利反而因交易而下降；因此，理性的消費者在這種情況下是不會購買的。

我們也可以從另一個角度來看消費者剩餘。記得，消費者為第一單位 X 所願意付的最高價格為 12 元，但在市場上他只要支付 4 元即可買到，因此他若購買第一單位 X，即可獲得 $12 - 4 = 8$ 元的消費者剩餘。同理，購買第二單位可獲得 $10 - 4 = 6$ 元的消費者剩餘，購買第三單位可獲得 $8 - 4 = 4$ 元的消費者剩餘，購買第四單位可獲得 $6 - 4 = 2$ 元的消費者剩餘。購買第五單位時，因他的需求價格與市場價格相等，均為 4 元，故消費者剩餘為 0（第六單位呢？何以消費者不購買呢？）。所以，此消費者以價格 4 元購買 5 單位 X 的消費者剩餘為 $8 + 6 + 4 + 2 + 0 = 20$ 元，此結果與上面由毛剩餘減去總支出相同。不管以那種方法定義，讀者應已發現，所謂消費者剩餘，就是購買某一定量的 X 時，消費者所願支付的最高價錢與他實際支付的價錢之間的差額。雖然在上面說明中，X 產品是不連續的，只能以一單位，一單位的形式購買，但基本原理可直接推廣到連續的情形。當 X 為連續時，消費者剩餘剛好就是需求曲線與市場價格所包圍部份的面積。因此，在圖 5.8 中，當價格為 p_x^1 時，消費者購買 x_1 單位的 X，而消費者剩餘為 $p_x^1 ab$（毛剩餘 $0abx_1$ － 總支出 $0p_x^1bx_1$）；當價格下降到 p_x^2 時，消費者購買 x_2 單位的 X，獲得 $p_x^2 ac$ 的消費者剩餘。

了解消費者剩餘的意義與表示方法後，我們就可很輕易衡量價格變動對消費者福利的影響。再以圖 5.8 為例，當 X 的價格由 p_x^2 上升到 p_x^1

圖 5.8

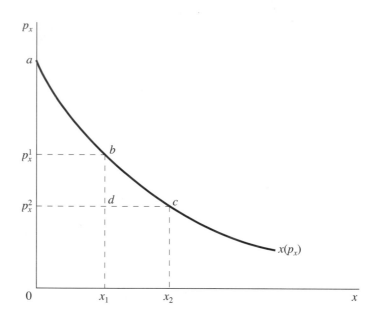

時，消費者剩餘由 p_x^2ac 下降到 p_x^1ab。因此，價格上升使消費者剩餘或福利減少了 $p_x^2p_x^1bc$。這個福利的下降可分成兩部份：$p_x^2p_x^1bd$ 代表價格上升後，消費者仍購買的產品部份的福利損失。在價格為 p_x^1 時，消費者仍購買 x_1 單位的產品，但每單位均比價格上升前多支出了 $p_x^1 - p_x^2$，因而價格上升使此消費者購買 x_1 的支出多了 $p_x^2p_x^1bd$。另一方面，dbc 部份則代表消費者因產品價格上升而減少購買、消費此產品的福利損失。相同道理，我們可輕易得知，當價格由 p_x^1 下降到 p_x^2 時，消費者的福利增加了 $p_x^2p_x^1bc$。

【例 5.4】

一消費者對產品 X 的需求函數為：

$$x = 20 - 5p_x$$

假定此消費者面對的是一種相當特別的買賣情況，即此消費者要不是以每單位 2 元價格購買 15 單位 X，要不就無法購買此產品。試問在此情況下，此消費者是否應購買 X。

圖 5.9

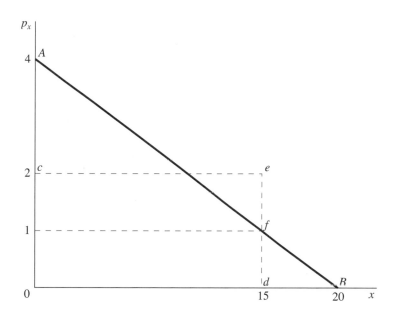

【解答】

為了便於解說，我們先將此消費者的需求曲線及他所面對的情況繪於圖
5.9 中。由需求函數，我們知道第 15 單位的需求價格為 1 元；因此，購
買 15 單位的毛剩餘恰巧是梯形 0Afd 的面積，即 (1 + 4) × 15 / 2 = 37.5
元。另一方面，由題意知，購買 15 單位的總支出為長方形 0ced 的面積，
即 2 × 15 = 30 元，故購買 15 單位 X 的消費者剩餘為 37.5 − 30 = 7.5 > 0。
換句話說，即使在這種頗為「不公平」的交易條件下，消費者的福利仍會
因此交易而增加，因而他應該購買 X。

消費者剩餘的一些問題

消費者剩餘的概念相當簡單，也易於接受與衡量，因而是最普遍應用的
政策分析工具。特別是，消費者剩餘所使用的是直接可觀察到的一般需
求曲線，不像補償變量或等值變量般建立在無法觀察到的效用函數上。
因此，從實證的觀點來看，消費者剩餘更具有絕對的優勢。儘管如此，

消費者剩餘的概念仍有一些不能忽視的問題。首先，到目前為止，我們所談到的僅限於「一種產品」價格變動對某一「個別」消費者福利的影響。但在現實生活中，任何政策改變所影響的往往不是單一產品的價格，也絕對不限於某一消費者，故消費者剩餘的衡量就不如我們所介紹般單純。不過，至少在理論上，我們還是可以將所有產品價格的變動對所有消費者的消費者剩餘的影響加總起來，以評估某一政策改變的福利效果。第二個問題則是理論上的一些缺陷，我們上面所介紹的消費者剩餘概念，是由英國經濟學家馬夏爾 (Alfred Marshall) 所提出，因此也稱為**馬夏爾消費者剩餘 (Marshallian consumer surplus)**。但馬夏爾提出這個觀念時曾經加了但書，他說以一般需求曲線衡量的消費者剩餘，只有在價格變動的所得效果不存在時方能正確衡量消費者的福利。這又是為什麼呢？主要問題在於，當所得效果存在時，一般需求曲線上所顯示的需求價格，並不真如我們前面所稱的，是代表消費者的邊際評價。為什麼呢？

為了回答上述問題，我們必須先導出「真正的」邊際評價曲線，以便比較其與一般需求曲線的差異。圖 5.10 中，Y 代表花在 X 產品以外的總支出，故 $p_y = 1$。當此消費者不購買任何 X 產品時，則他在縱軸的 m 點，其福利（效用）水準為通過該點的無異曲線所表示者，即 u_0。現在我們來看此消費者對第一單位 X 的邊際評價，也就是他為了取得第一單位 X 所願付出的最高代價。很顯然地，如果他所付出的代價太高，則即使取得第一單位 X，此消費者的福利將比 u_0 還低，因此他是不願進行這項交易的。例如，當購買第一單位的代價為 my_2 時，此消費者在購買後將移到圖 5.10 中的 b 點。因 b 點位於無異曲線 u_0 的下方，故這個交易使得此消費者的福利下降，所以他是不可能購買這一單位的 X。換句話說，my_2 超過了他對第一單位 X 所願支付的最高代價；或說，此消費者對第一單位 X 的邊際評價是小於 my_2。由圖上我們可以看到，只有當購買第一單位的價格不超過 my_1 時，此消費者才不會因購買此單位 X 而使福利下降，而當價格為 my_1 時，消費者購買後的福利水準剛好與交易前相等。因此，my_1 代表為了取得第一單位 X，此消費者所願支付的最高代價，也就是此消費者對第一單位 X 的邊際評價。

如果此消費者真的支付 my_1 以購買第一單位 X，則他就由圖 5.10 之

圖 5.10

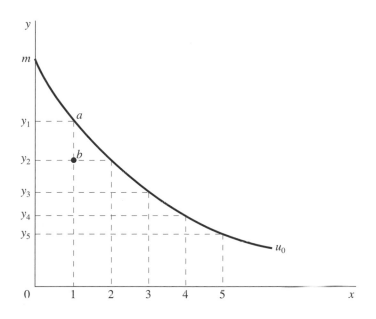

m 點移到 a 點。我們叫以同樣再問，他為了獲取第二單位的 X，所願支付的最高代價為何，或說他對第二單位 X 的邊際評價為何？依據相同的邏輯，我們立即得知，他對第二單位 X 的評價為 y_1y_2，對第三單位的評價為 y_2y_3。如此下去，即可得知他對 X 的整條邊際評價曲線。上述求取各單位 X 的邊際評價的過程及內涵，對讀者來說應不陌生。因為這兒所謂邊際評價，事實上就是過去我們所熟知的，u_0 這條無異曲線上各點的邊際替代率 (MRS)。尤有進者，我們知道，對應於 u_0 這條無異曲線，我們可以導出一條補償需求曲線。如果我們將 u_0 上各點的邊際替代率記成 MRS_0，則這條補償需求曲線上各點必滿足 $MRS_0 = p_x / p_y = p_x$ 的條件。由此可知，補償需求曲線上各點的價格方才是代表對應於各該點的 X 的邊際評價，因而「正確的消費者剩餘」應是補償需求曲線與價格線包圍的部份，不是一般需求曲線與價格線包圍的部份。由前面有關補償需求曲線與一般需求曲線的討論，我們知道，只有當價格變動的所得效果不存在時，補償需求曲線和一般需求曲線才會重合。也唯有在這種情況下，正如馬夏爾自己所承認的，馬夏爾消費者剩餘方能正確反映消費者福利。

圖 5.11

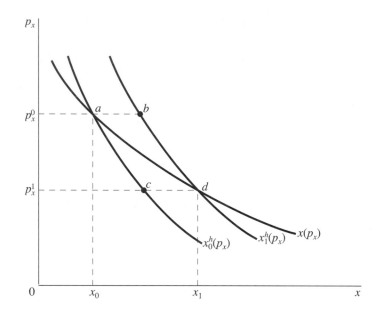

反之，當所得效果不等於 0 時，馬夏爾消費者剩餘，至少在理論上，只
能視為消費者福利的概估而已。

我們可以利用圖 5.11 來說明馬夏爾消費者剩餘與「正確的消費者剩
餘」間的關係。圖中 $x(p_x)$ 為一般需求曲線，當 X 的價格為 p_x^0 時，消費
者購買 x_0 單位的 X，並達到 u_0 的效用水準；當 X 的價格為 p_x^1 時，消費
者購買 x_1 單位的 X，並獲得 u_1 的效用水準。在 X 為正常物品的假設下，
$x_0^h(p_x)$ 與 $x_1^h(p_x)$ 分別代表效用水準 u_0 和 u_1 的補償需求曲線。假定 X 的價
格由 p_x^0 下降至 p_x^1，則馬夏爾消費者剩餘增加了 $p_x^1 p_x^0 ad$。但根據補償需求
曲線 $x_0^h(p_x)$ 所得到的「正確的消費者剩餘」，只增加了 $p_x^1 p_x^0 ac$ 而已；此兩
者之間的差異 cad 正好代表了所得效果的影響。由此可知，當 X 為正常
物品時，馬夏爾消費者剩餘會高估價格下降的福利效果。反過來，如果
X 的價格由 p_x^1 上升到 p_x^0，則圖 5.11 顯示，馬夏爾消費者剩餘減少了
$p_x^1 p_x^0 ad$。但「正確的消費者剩餘」應根據補償需求曲線 $x_1^h(p_x)$ 來衡量，其
福利下降了 $p_x^1 p_x^0 bd$。兩相比較，我們得知，因所得效果 dab 的存在，使
得馬夏爾消費者剩餘低估了價格上升的福利損失。

上面的分析告訴我們，只要價格變動的所得效果存在，經由一般需求曲線所計算的消費者剩餘，永遠不可能正確衡量價格變動對消費者福利的影響。但何以前面我們又提到，馬夏爾消費者剩餘是較諸補償變量和等值變量更為普遍採用的衡量福利變化的概念呢？這牽涉到前面所提，一般需求曲線是可直接觀察或估計。要估計補償需求曲線則須利用史拉斯基方程式，特別是 (5.6)，透過估計一般需求曲線和恩格爾曲線而得到。但在許多情況，用以估計恩格爾曲線的資料並不充裕，以致無法進行。如此一來，只能退而求其次，以馬夏爾消費者剩餘來概估福利變化了。另一方面，許多研究者認為還有兩個理由可支持使用馬夏爾消費者剩餘。首先，隨著經濟的發展與進步，消費者消費的產品種類不斷增多，每一種產品的支出佔貨幣所得的比例將不會太大，因而根據 (5.6)，所得效果就不可能多重要。在這種情況下，馬夏爾消費者剩餘與「正確的消費者剩餘」間的差異也就不那麼重要了。其次，一般認為，在估計消費者剩餘過程中，來自估計一般需求函數所造成的誤差，比消費者剩餘本身估計的誤差大多了。因此，設法改進一般需求函數的估計，較之計較馬夏爾消費者剩餘與「正確的消費者剩餘」的差異，應是更為重要的工作。

5.4 顯示性偏好理論

到目前為止，我們有關消費者行為的討論，都是從假設消費者具有滿足一些良好性質的偏好或效用函數出發，然後推導出該消費者的市場行為。這種方法固然有其優點，但它也有一基本缺陷，即效用函數或偏好無法在實際生活中觀察到。因此，在從事實證研究時，就必須對消費者偏好作出「特別的」(ad hoc) 的假設。然而，從理論觀點來看，在這些特別的假設下所得到的實證結果卻很難加以一般化。為了克服這個消費者理論的基本缺點，經濟學者薩彌爾遜 (Paul Samuelson) 於 1938 年提出了**顯示性偏好理論** (revealed preference theory)，期望以此取代偏好或效用理論，使消費者行為理論「完全與效用觀念脫鉤」。正如這理論的名字所示，顯示性偏好理論乃是由可直接觀察到的消費者選擇行為出發，希望透過消費者在各種不同的價格下所作的選擇，「顯示出」消費者的「偏好」。因此，從方法上來看，顯示性偏好理論正好與效用或偏好理論「逆

向而行」。傳統的偏好或效用理論是由偏好或效用函數，推導消費者的選擇或需求行為，而顯示性偏好理論則是由消費者的選擇或需求行為，推論是否存在某些造成這選擇或需求行為的偏好。令人驚訝的是，在極其簡單的行為假設下，我們所熟知有關消費者行為的性質均可由顯示性偏好理論得到。而且，在對消費者行為進一步作下一些假設後，還可證明顯示性偏好理論事實上是與傳統偏好或效用理論互通的。

顯示性偏好弱公理

1938 年薩彌爾遜提出有關消費者選擇行為的假設，就是著名的**顯示性偏好弱公理** (weak axiom of revealed preference, *WARP*)。這個公理可看成是將日常生活行為作正式化的敘述而已：簡單地說，它是指當消費者自一群可選取的消費組合中選取某一特定消費組合時，則表示此特定的消費組合「顯示性偏好於」(revealed preferred to) 任何其他可選取的消費組合；反之，若消費者選取了任一其他可選取的消費組合，則該特定的消費組合必然不在這一群可選取的消費組合中。我們可以很簡潔地用數學符號來陳述顯示性偏好弱公理。假定當產品 X 與 Y 的價格為 (p_x^1, p_y^1) 時，消費者選擇了(x_1, y_1)；當產品價格為 (p_x^2, p_y^2) 時，消費者選擇了(x_2, y_2)，如果 $(x_1, y_1) \neq (x_2, y_2)$，則顯示性偏好弱公理可寫成：

若

$$p_x^1 x_1 + p_y^1 y_1 \geq p_x^1 x_2 + p_y^1 y_2 \tag{5.9}$$

則

$$p_x^2 x_1 + p_y^2 y_1 > p_x^2 x_2 + p_y^2 y_2 \tag{5.10}$$

(5.9) 不等號左邊代表，在價格為 (p_x^1, p_y^1) 時，消費者購買產品組合 (x_1, y_1) 的總支出；而該式右邊則是在同樣的價格下，消費者購買產品組合 (x_2, y_2) 所需要的支出。因此，(5.9) 表示，購買者於價格 (p_x^1, p_y^1) 下實際購買了 (x_1, y_1) 時，事實上他是有能力購買產品組合 (x_2, y_2) 的。現在，他既然決定購買 (x_1, y_1) 這個產品組合，那就表示 (x_1, y_1) 顯示性偏好於 (x_2, y_2)。反過來，(5.10) 不等號左、右兩邊分別代表，當價格為 (p_x^2, p_y^2) 時，消費者購買產品組合 (x_1, y_1) 與 (x_2, y_2) 的支出。該式顯示，在這組價格下，消

費者購買 (x_1, y_1) 所需的支出超過購買 (x_2, y_2) 所需的支出。因此我們歸結到，消費者在價格為 (p_x^2, p_y^2) 時之所以選取 (x_2, y_2)，乃是因為他沒有能力購買 (x_1, y_1)。

在進一步說明顯示性偏好弱公理之前，我們必須提醒讀者幾點：第一，上面的說明中，我們隱含地假定，在任何一組價格下，消費者只做了唯一的選擇。讀者應該記得，這和我們在偏好或效用分析中偏好為嚴格凸性的假設完全一致。這個假設在理論上並不必要，但卻可大量簡化整個說明過程。第二，在 (5.9) 和 (5.10) 中，我們已隱含假設消費者會將所有貨幣所得支用於 X 和 Y 兩種產品。因此，$p_x^1 x_1 + p_y^1 y_1$ 與 $p_x^2 x_2 + p_y^2 y_2$ 分別代表，在價格為 (p_x^1, p_y^1) 與 (p_x^2, p_y^2) 兩種情況下，消費者的貨幣所得。了解這點之後，就更容易理解何以 (5.9) 表示 (x_2, y_2) 在價格為 (p_x^1, p_y^1) 時是一可能選擇的消費組合。第三，讀者必須特別小心，顯示性偏好弱公理，乃是針對消費者的選擇行為所作的「理性」(rationality) 或「一致性」(consistency) 限制，它與消費者的「偏好」完全無關。讀者應該切記，顯示性偏好理論的原始目的乃在取代傳統的偏好或效用理論，因此是不可能直接觸及那不可捉摸的偏好或效用的。

我們可以簡單的圖形來說明，那一種選擇或購買行為方才符合顯示性偏好弱公理。圖 5.12 中繪出 X 與 Y 的價格與貨幣所得為 (p_x^1, p_y^1, m_1) 與 (p_x^2, p_y^2, m_2) 的預算線 AB 與 CD，以及在兩種情況下消費者的選擇 (x_1, y_1) 與 (x_2, y_2)。現在的問題是：圖 5.12(a) 到圖 5.12(d) 四種情況中，那些選擇滿足顯示性偏好弱公理？那些不滿足？首先，在圖 5.12(a) 中，當價格為 (p_x^1, p_y^1) 時，(x_2, y_2) 位於消費可能集合中，但消費者選取了 (x_1, y_1)。這表示 (x_1, y_1) 乃顯示性偏好於 (x_2, y_2)。當價格為 (p_x^2, p_y^2) 時，(x_1, y_1) 並不在消費可能集合中，因此消費者選取了 (x_2, y_2) 並不表示 (x_2, y_2) 顯示性偏好於 (x_1, y_1)。因此，圖 5.12(a) 的選擇符合顯示性偏好弱公理。其次，圖 5.12(b) 顯示，當價格為 (p_x^1, p_y^1) 時，(x_2, y_2) 並不在消費可能集合中，因此消費者選取 (x_1, y_1) 並不表示 (x_1, y_1) 顯示性偏好於 (x_2, y_2)。反之，當價格為 (p_x^2, p_y^2) 時，(x_1, y_1) 位於消費可能集合中，而消費者卻選取了 (x_2, y_2)。這表示 (x_2, y_2) 乃顯示性偏好於 (x_1, y_1)，故圖 5.12(b) 的選擇也滿足顯示性偏好弱公理。接著來看圖 5.12(c)。當價格為 (p_x^1, p_y^1) 時，圖上顯示，(x_2, y_2) 並不在消費可能集合中，故 (x_1, y_1) 並未顯示性偏好於 (x_2, y_2)。同

圖 5.12

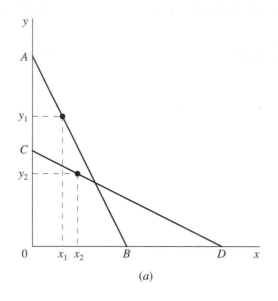

(a)

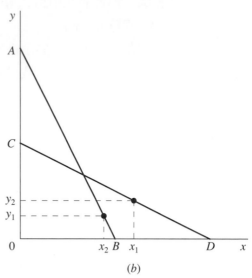

(b)

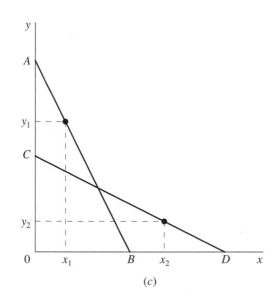

(c)

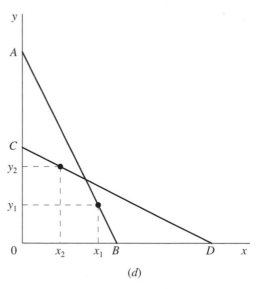

(d)

理，在價格為 (p_x^2, p_y^2) 時，(x_1, y_1) 並不在消費可能集合中，因而 (x_2, y_2) 也未顯示性偏好於 (x_1, y_1)。結合上述兩個結果，我們知道圖 5.12(c) 的選擇並不違反顯示性偏好弱公理。最後，圖 5.12(d) 顯示，當價格為 (p_x^1, p_y^1) 而消費者選取 (x_1, y_1) 時，(x_2, y_2) 是在消費可能集合中，這隱含 (x_1, y_1) 乃顯示性偏好於 (x_2, y_2)。同樣道理，在價格為 (p_x^2, p_y^2) 時，(x_1, y_1) 與 (x_2, y_2) 均在消費可能集合中，而消費者卻選取 (x_2, y_2)，表示 (x_2, y_2) 乃顯示性偏好於 (x_1, y_1)。於是我們一方面有 (x_1, y_1) 顯示性偏好於 (x_2, y_2)，另方面又有 (x_2, y_2) 顯示性偏好於 (x_1, y_1)，這清楚地違反了顯示性偏好弱公理。

【例 5.5】

假定你觀察一消費者的消費行為，發現：

(I) 當 $p_x^1 = 1$，$p_y^1 = 20$，而他的貨幣所得 $m_1 = 80$ 時，他購買 20 單位 X 和 3 單位的 Y。

(II) 當 $p_x^2 = 4$，$p_y^2 = 20$，而他的貨幣所得 $m_2 = 160$ 時，他購買 30 單位 X 和 2 單位的 Y。

試問他的消費行為是否符合顯示性偏好弱公理。

【解答】

$$p_x^1 x_1 + p_y^1 y_1 = 1 \times 20 + 20 \times 3 = 80 = m_1$$
$$p_x^1 x_2 + p_y^1 y_2 = 1 \times 30 + 20 \times 2 = 70$$

故

$$p_x^1 x_1 + p_y^1 y_1 > p_x^1 x_2 + p_y^1 y_2$$

表示在價格為 $p_x^1 = 1$，$p_y^1 = 20$ 時，此消費者可以選擇 (x_2, y_2)，但他卻選取 (x_1, y_1)，因此 (x_1, y_1) 乃顯示性偏好於 (x_2, y_2)。又因

$$p_x^2 x_2 + p_y^2 y_2 = 4 \times 30 + 20 \times 2 = 160 = m_2$$
$$p_x^2 x_1 + p_y^2 y_1 = 4 \times 20 + 20 \times 3 = 140$$

故

$$p_x^2 x_1 + p_y^2 y_1 < p_x^2 x_2 + p_y^2 y_2$$

圖 5.13

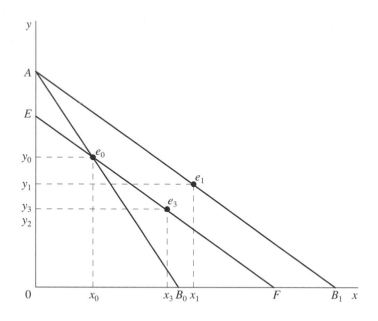

表示當價格為 $p_x^2 = 4$，$p_y^2 = 20$ 時，此消費者仍然可購買 (x_1, y_1)，他卻選取了 (x_2, y_2)，所以 (x_2, y_2) 顯示性偏好於 (x_1, y_1)。此與上面所得結果彼此矛盾，故此消費者的行為違反了顯示性偏好弱公理。

替代效果與所得效果

本章一開始，我們曾利用無異曲線進行分析，將某一產品價格變動的效果，區分成替代效果與所得效果兩部份。但即使完全拋棄偏好、效用與無異曲線等觀念，我們也可利用顯示性偏好理論，將價格變動效果分割成替代效果與所得效果。圖 5.13 中預算線 AB_0 和 AB_1 乃複製自圖 5.2(a)；很明顯地，我們可將其視為對應於價格 (p_x^0, p_y^0) 與 (p_x^1, p_y^1)，且 $p_y^0 = p_y^1$，$p_x^0 > p_x^1$，貨幣所得為 $m_0 = m_1 = m$ 之預算線。假定在消費可能集合為 $0AB_0$ 時，消費者選取了 $e_0 = (x_0, y_0)$，而在消費可能集合為 $0AB_1$ 時，消費者選取了 $e_1 = (x_1, y_1)$。現在，我們希望在 X 的價格由 p_x^0 下降到 p_x^1 之後，調整他的貨幣所得以便消除價格下降的所得效果。當然，在沒有偏好，沒有

無異曲線的假設下，我們無法如圖 5.2 般，將所得調整到維持效用不變的程度。但我們可將貨幣所得調整到他剛好可以購買原來產品組合 (x_0, y_0) 的程度，如此一來他的預算線就成為圖 5.13 中的 EF，而自此消費者拿走（調整）的貨幣所得為 AE。切記，因此消費者至少可以購買價格變動前的消費組合，所以他的福利一定不會下降。問題是消費者在面對消費可能集合 $0EF$ 時，到底會選取怎麼樣的產品組合呢？

假定在消費可能集合為 $0EF$ 時，此消費者選取了 $e_3 = (x_3, y_3)$ 這一點，則 $x_3 - x_0$ 就是 p_x 下降的替代效果，而 $x_1 - x_3$ 則是所得效果。又因 e_0 和 e_3 同在 EF 這條預算線上，故

$$p_x^1 x_3 + p_y^1 y_3 = p_x^1 x_0 + p_y^1 y_0 \tag{5.11}$$

由顯示性偏好理論得知 (x_3, y_3) 顯示性偏好於 (x_0, y_0)。
再根據 (5.9) 和 (5.10)，我們可推得

$$p_x^0 x_3 + p_y^0 y_3 > p_x^0 x_0 + p_y^0 y_0 \tag{5.12}$$

上式表示，在圖 5.13 中，e_3 必然位於 e_0 右下方的 EF 上。將 (5.11) 減去 (5.12) 並利用 $p_y^0 = p_y^1$，可得

$$(p_x^1 - p_x^0) x_3 < (p_x^1 - p_x^0) x_0$$

或

$$(p_x^1 - p_x^0)(x_3 - x_0) < 0 \tag{5.13}$$

在此必須提醒讀者，當我們引用顯示性偏好弱公理 (5.9) 和 (5.10) 時，我們已隱含地假定 $e_0 = (x_0, y_0)$ 和 $e_3 = (x_3, y_3)$ 是兩個不同的產品組合。但上面的分析並不能保證 (x_0, y_0) 一定和 (x_3, y_3) 是不一樣。如果我們考慮 $(x_0, y_0) = (x_3, y_3)$ 這種「極端」的可能性時，(5.13) 就必須改寫成

$$(p_x^1 - p_x^0)(x_3 - x_0) \leq 0$$

又因 $p_x^1 < p_x^0$，故得知 $x_3 \geq x_0$。換句話說，當產品 X 的價格下降時，純粹替代效果必然不會使 X 的購買量減少。如果我們排除 $(x_0, y_0) = (x_3, y_3)$ 的「極端」情況，則 (5.13) 告訴我們，X 產品價格下降時，純粹替代效果必然使 X 的購買量增加。這個結果與我們前面所得到的，補償需求曲線必

圖 5.14

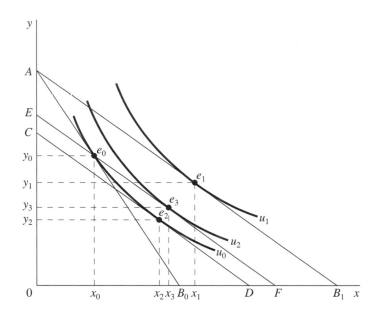

然為負斜率的結果完全相同。由此，我們也知道，只要 X 為正常物品，則一般需求曲線就必然符合需求法則而具有負斜率了。

　　圖 5.14 乃是將圖 5.2(a) 和圖 5.13 疊合在一起；我們除了加上無異曲線 u_2 外，其他符號及其意義均與圖 5.2(a) 和圖 5.13 相同。由圖可清楚看到，效用分析與顯示性偏好分析法所得到的替代效果和所得效果並不相同。當 X 價格下降後若欲維持購買原來的消費組合時，則我們只能自消費消費者拿走 AE 的貨幣所得。但若欲維持消費者原來的效用水準 u_0，則可拿走 $AC > AE$ 的貨幣所得。雖然，由前面有關邊際評價的討論，我們知道，純粹從理論的觀點來看，利用效用分析所得到的結果應較為正確。但由實證的觀點來看，顯示性偏好分析法則具有絕對的優勢。因 e_0 可直接由市場資料得知，而在無異曲線無法直接觀察到的情況下，e_2 則無從得知。幸運的是，上述兩種分析方法間的差異，在價格變動極微小時並不存在。不過，其證明遠超出本書程度，只得在此打住。

由顯示性偏好到偏好

雖然薩彌爾遜提出顯示性偏好的最初目的是要取代偏好或效用理論，但在這理論提出後，其主要發展方向則轉移到證明這兩種理論彼此相通。這個工作在 1950 年由經濟學者郝沙克 (Hendrik Houthakker) 完成。郝沙克提出了**顯示性偏好強公理** (strong axiom of revealed preference, *SARP*)，進而證明了：若且唯若消費者行為滿足顯示性偏好強公理，則這種消費行為必可由一「具有良好性質的偏好」(well-behaved preferences) 所導出。也就是說，當消費者具有良好性質的偏好，且他永遠在給定的貨幣所得及市場價格下追求效用極大，則該消費者的需求行為必然滿足顯示性偏好強公理。反過來，如果我們確定一消費者的需求行為滿足顯示性偏好強公理，則我們必可找到一具有良好性質的偏好，使得此消費者的需求行為，就好像來自具有這個偏好的消費者的需求行為。以符號來表示，我們得到：若 (x_1, y_1) 顯示性偏好於 (x_2, y_2)，則必然有 $(x_1, y_1) \succ (x_2, y_2)$ 的關係；反之，當我們知道 $(x_1, y_1) \succ (x_2, y_2)$ 時，必然有 (x_1, y_1) 顯示性偏好於 (x_2, y_2) 的結果。

　　如果我們明確介紹顯示性偏好強公理，則讀者將立即發現，顯示性偏好弱公理乃是顯示性偏好強公理的特例。但由於顯示性偏好強公理的主要用途乃在消費者購買的產品超過兩種的情況，在本書的討論架構中，顯示性偏好弱公理事實上已隱含了顯示性偏好強公理，因此我們不擬進一步加以探討。無論如何，這裡最重要的的結論是，當一消費者的需求行為滿足顯示性偏好強公理時，我們就可利用顯示性偏好理論，反推出此消費者的可能偏好。最後，我們要指出，由於顯示性偏好理論乃是建立在可直接觀察到的市場資料上，它在實證上較諸傳統效用或偏好理論更易於處理。因此，即使是薩彌爾遜本人，現在也承認，顯示性偏好理論乃是與傳統偏好或效用理論相輔相成，而非取代傳統偏好或效用理論。事實上，將顯示性偏好理論與來自傳統偏好或效用理論的**對偶理論** (duality theory) 相結合，乃是今天高等個體理論最主要的，也是最簡潔有力的分析工具。

【例 5.6】

為了讓讀者進一步領略顯示性偏好理論的妙用，我們在此利用顯示性偏好理論重新分析 3.5 節中，關於污染稅退稅的問題。讀者可仔細比較兩種分析法，看看顯示性偏好分析法是如何的簡潔有力。這裡的問題是：政府對每單位汽油的使用課徵 t 元的稅收，然後將所收到的空氣污染稅平均退還給每一位消費者。我們想知道這種政策是否會影響消費者的福利？是否能達到減少汽油使用，降低空氣污染的目的？

【解答】

回到圖 3.25，將課稅前均衡點 e_1 的最適產品組合記為 (x_1, y_1)。若消費者的貨幣所得為 m，則 (x_1, y_1) 滿足預算限制式

$$p_x x + p_y y = m \qquad\qquad (a)$$

即

$$p_x x_1 + p_y y_1 = m$$

如果退稅後消費者的最適選擇為 (x_2, y_2)，則我們知道，此時退回的總稅收為 tx_2。因此，退稅後的預算限制為

$$(p_x + t)x + p_y y = m + tx_2 \qquad\qquad (b)$$

因 (x_2, y_2) 為限制式 (b) 下的最適選擇，故 (x_2, y_2) 滿足 (b)，亦即

$$(p_x + t)x_2 + p_y y_2 = m + tx_2 \qquad\qquad (c)$$

或

$$p_x x_2 + p_y y_2 = m \qquad\qquad (d)$$

(d) 表示在課稅前的價格下，消費者是可選取 (x_2, y_2) 的產品組合，但卻選了(x_1, y_1)。由顯示性偏好理論我們得知 $(x_1, y_1) \succ (x_2, y_2)$，因而消費者的福利必然下降。又 (d) 顯示 (x_2, y_2) 乃在原預算線 (a) 上的一點，但此點卻是在 X 的相對價格上升後的最適選擇，因而我們可推得，(x_2, y_2) 必然位於圖 3.25 之 AB 這條預算線上，e_1 點之西北方（為什麼？）如圖上之 e_2。所以 $x_2 < x_1$，汽油的消耗與污染確可因此政策而減少。

5.5 物價指數與福利

5.2 節探討了某一產品價格變動對消費者福利的影響。當時我們曾指出，當超過一種產品的價格發生變動時，會使分析變得相當複雜。不幸的是，在現實生活中，各種物品價格同時變動乃是常態。在某一特定期間內，我們不僅可能觀察到，不同產品的價格會以不同的程度上升或下降，甚至可能發生有些產品價格上升，有些產品價格下降的現象。在這種情況下，我們立即面對兩個問題：首先，在產品價格升、降不一的複雜現實下，我們如何確定「整體」物價水準到底上升或下降。其次，在知道了整體物價水準變動的程度後，如何確定其對消費者福利的影響。這正是在最後這一小節，我們試圖回答的兩個問題。

為了便於說明，我們考慮某一代表性消費者。假定該消費者將所有貨幣所得用以購買 X 和 Y 兩產品。在**基期** (base year 或 base period) 時，他的貨幣所得為 m_0，X 和 Y 的價格分別為 p_x^0 和 p_y^0，而此消費者購買了 x_0 和 y_0。在 t 期時，產品價格成為 p_x^t 和 p_y^t，而此消費者以貨幣所得 m_t 購買了 x_t 和 y_t。現在，我們想知道此消費者在 t 期的福利是否比基期來的高？利用顯示性偏好理論，我們立即得知：

(1) 若

$$p_x^t x_t + p_y^t y_t \geq p_x^t x_0 + p_y^t y_0 \tag{5.14}$$

則 $(x_t, y_t) \succ (x_0, y_0)$，因而此消費者在 t 期的福利較基期為高。

(2) 若

$$p_x^0 x_0 + p_y^0 y_0 \geq p_x^0 x_t + p_y^0 y_t \tag{5.15}$$

則 $(x_0, y_0) \succ (x_t, y_t)$，消費者在 t 期的福利較基期下降。

將 (5.14) 兩邊除以 $p_x^0 x_0 + p_y^0 y_0$ 可得

$$\frac{p_x^t x_t + p_y^t y_t}{p_x^0 x_0 + p_y^0 y_0} \geq \frac{p_x^t x_0 + p_y^t y_0}{p_x^0 x_0 + p_y^0 y_0} \tag{5.16}$$

但我們知道

$$p_x^t x_t + p_y^t y_t = m_t$$

圖 5.15

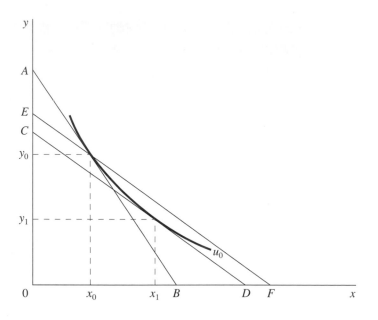

$$p_x^0 x_0 + p_y^0 y_0 = m_0$$

故知 (5.16) 左邊正好是此消費者 t 期與基期貨幣所得之比。另一方面，(5.16) 右邊則是 X 和 Y 在 t 期的價格的加權平均與他們在基期的價格的加權平均的比。這個比值的最大特點是，p_x 和 p_y 的權數正好是此消費者在基期的 X 和 Y 的購買量，它是用以衡量由基期到 t 期「整體」物價變動的一種指標，一般將其稱作拉氏物價指數 (Laspeyres price index)。我們所熟知的消費者物價指數 (consumer price index, *CPI*) 就是屬於這種拉氏物價指數。如果我們以 *LI* 代表拉氏物價指數，則 (5.16) 可寫成

$$\frac{m_t}{m_0} \ge LI \tag{5.17}$$

由上面的討論，我們知道，當 (5.17) 成立時，此消費者在 t 期的福利必然較基期上升。

　　上述結果並不意外。其經濟意義如下：(5.17) 左邊代表此消費者 t 期的貨幣所得相對於基期貨幣所得上升的程度。而 *LI* 乃是以 t 期價格購買

基期數量 (x_0, y_0) 的成本與基期時購買 (x_0, y_0) 的成本的比值，因此我們可將 *LI* 解釋成生活成本 (cost of living) 上升的程度。粗略說來，在貨幣所得上升程度超過生活成本上升程度時，我們自可預期此消費者的福利會上升，此在 (5.17) 中絕對不等號 (>) 成立時應該沒什麼問題。但問題是，當 (5.17) 中的等號 (=) 成立時，何以此消費者的福利仍然上升呢？這個結果的關鍵在於拉氏物價指數會高估生活成本上升的程度，所以只要貨幣所得增加達到拉氏物價指數的程度，就可使此消費者的福利增加。現在我們來看，何以拉氏物價指數會高估生活成本上升的程度。

圖 5.15 中 *AB* 代表此消費者在基期的預算線，(x_0, y_0) 為均衡點，此時消費者可達到 u_0 的效用（福利）水準。在 *t* 期價格下購買 *X* 和 Y 的總支出或總成本可寫成

$$e = p_x^t x + p_y^t y$$

給定任一 *e* 值，這剛好是一條斜率為 p_x^t / p_y^t，縱軸截距為 e / p_y^t 的直線。當 $e = p_x^t x_0 + p_y^t y_0$ 時，其圖形將如圖中之 *EF*，而截距 $0E = (p_x^t x_0 + p_y^t y_0) / p_y^t$ 正好是，在 *t* 期價格下，以 *Y* 產品表示的購買消費組合 (x_0, y_0) 的總支出或總成本。但由圖 5.15 我們清楚看到，在面對 *t* 期價格時，此消費者可選取消費組合 (x_1, y_1)，而以較小的支出 *0C* 即可維持基期的福利水準。由此可知，為了維持基期福利水準所需的成本增加程度為

$$\frac{p_x^t x_1 + p_y^t y_1}{p_x^0 x_0 + p_y^0 y_0} < \frac{p_x^t x_0 + p_y^t y_0}{p_x^0 x_0 + p_y^0 y_0} = LI$$

也就是說，拉氏物價指數永遠高估生活成本增加的程度。拉氏物價指數之所以高估生活成本的原因相當簡單，因此物價指數基本上假定消費者必須購買基期的產品組合方能達到基期的福利水準。但除了極端情形，如所有物價均同比例變動外（還有其他情況嗎？），一般而言，*t* 期的相對價格會與基期不同，故消費者會以相對變便宜的產品（圖 5.15 中之 *X*）替代價格相對上升的產品。換句話說，未考慮替代效果為拉氏物價指數高估生活成本上升的根本原因。證明了這個結果之後，(5.17) 保證此消費者 *t* 期福利較基期高的結論也就成立了。

接著來看 (5.15)，我可將其改寫成

$$\frac{1}{p_x^0 x_0 + p_y^0 y_0} \le \frac{1}{p_x^0 x_t + p_y^0 y_t}$$

上式兩邊乘以 $p_x^t x_t + p_y^t y_t$ 即得

$$\frac{m_t}{m_0} = \frac{p_x^t x_t + p_y^t y_t}{p_x^0 x_0 + p_y^0 y_0} \le \frac{p_x^t x_t + p_y^t y_t}{p_x^0 x_t + p_y^0 y_t} \tag{5.18}$$

(5.18) 最右邊的分數與拉氏物價指數相當類似,只不過將權數以 t 期的購買量 (x_t, y_t) 取代而已。因此它也是一種衡量由基期到 t 期「整體」物價變動的指標,稱為巴氏物價指數 (Paasche price index)。若以 PI 代表巴氏物價指數,則 (5.18) 可改寫成

$$\frac{m_t}{m_0} \le PI$$

因此,由 (5.15) 及其下的討論得知,當此消費者 t 期貨幣所得相對於基期增加的程度小於或等於巴氏物價指數時,此消費者的福利必然下降。這個結果的經濟意含和 (5.17) 的解釋類似。我們仍然要比較貨幣所得增加的程度和生活成本上升的程度。但和拉氏物價指數的情況相反,我們可以證明巴氏物價指數永遠低估生活成本上升的程度。因此,只要貨幣所得增加程度未超過巴氏物價指數,此消費者在 t 期的福利就必然下降。我們不擬在此重複這些推論過程,而將其留給讀者自行練習。

　　上面結果的一個重要含意為,當政府為維持人民福利而進行各種補貼措施時,如果補貼數額根據拉氏物價指數逐年調整,則會產生過度補貼現象。同樣地,如果工資契約是依據拉氏物價指數調整,勞動者的福利將隨物價變動而逐年上升。反過來,如果補貼數額根據巴氏物價指數逐年調整,則會產生補貼不足現象。同樣地,如果工資契約是依據巴氏物價指數調整,勞動者的福利將隨物價變動而逐年下降。雖然,上面的分析相當簡單,但在結束本小節之前,我們必須特別提醒讀者,前述分析事實上有一個重大的缺陷。仔細檢視 (5.14)、(5.15) 兩式及圖 5.15,讀者會發現,在整個討論中,用以進行加權的「權數」均是此代表性消費者「個人的」消費組合。但我們知道,政府不可能為每一個人編製物價指數;例如:政府每年只公佈一個消費者物價指數,而該物價指數的「權

數」通常為全體人口的總消費組合或平均消費組合。因此，政府物價指數所反映的生活成本的變化，與我們前面所定義的 *LI* 或 *PI* 就不可能相同，而上述各種結論也就必須加以適度修正了。

家計單位的供給行為

在第一章的循環流量模型中，我們提到，家計單位除了決定在產品市場中對各種產品的需求外，同時也必須決定其在因素市場中對各種生產因素的供給。事實上，家計單位在這兩個市場的決策行為是不可偏廢的，因為唯有透過生產因素的提供，家計單位方能獲取用以購買消費品的所得。我們前幾章分析中，將消費者所得視為外生給定，只不過是採取部份均衡分析的精神，使得說明過程較為清晰易懂而已。最後，我們仍須面對這些所得從何而來，大小如何決定等問題，本章的主要目的即在回答這些問題。我們將告訴讀者，家計單位有關生產因素供給的決策，基本上和其對產品的需求決策並無不同，均是在追求其效用的極大。因此，前面幾章所介紹有關消費者行為的各種分析技巧，只要在問題的闡釋上稍加變通就可完全引用到這章來。更具體點說，我們將在這一章中，透過效用極大化過程，說明一家計單位如何提供勞動與資本兩種最重要的生產因素，最後，再進一步探討其有關人力資本 (human capital) 的投資決策。

6.1　勞動供給

為了簡化分析，我們直接假定所謂一個家計單位就是一個單一的個人，此人在產品市場是一個消費者，在因素市場則是一個供給者。假定此人總共擁有的時間為 T 小時，他可以把一部份時間提供到勞動市場上，賺取每小時 w 的工資 (wage)，而其餘時間則從事勞動以外的任何其他活動。同樣，為簡化分析，我們將這些「其他活動」統稱為休閒 (leisure)。此人由消費休閒 l 與所有其他產品 C 中獲得效用，其效用函數為 $U(l, c)$。如果 C 代表花費於所有其他產品的支出，則「產品」C 的價格為 $p_c = 1$。至於休閒，消費者必須以「不工作」來「購買」休閒。因此，一小時休閒

的代價或價格就是一小時不工作的工資；換句話說，休閒的價格剛好就是工資 w。最後，我們假定，此人貨幣所得，除了來自工作的報酬外，還有一部份的非勞動所得 (nonlabor income)，NI。雖然，非勞動所得有可能為負值，但為了簡化說明，我們假定 $NI \geq 0$。如果我們將此人所提供的市場勞動記為 L，則可得到下面的預算限制

$$c = NI + wL \tag{6.1}$$

上式表示，此人用以購買所有其他產品的支出剛好是勞動所得與非勞動所得之和。利用 $T = L + l$ 關係，(6.1) 可改寫成

$$c + wl = NI + wT \tag{6.2}$$

wT 表示此人將所有時間從事工作所可能獲得的總工資，故 (6.2) 右邊表示此人所擁有的時間稟賦 (time endowment) T 與非勞動所得的總值，一般將其稱為全額所得 (full income) 或隱藏所得 (implicit income)。因此，(6.2) 顯示，此人的全額所得將全部用於「購買」休閒與其他產品上。

現在，此人將在 (6.1) 或 (6.2) 預算限制下，選取最適的 (l, c) 以使其效用 $U(l, c)$ 達到最大。以數學符號表示，我們可將此人所面對的問題寫成：

$$\max_{l,c} \ U(l, c)$$

$$\text{s.t.} \ \ c + wl = NI + wT$$

其拉格朗日函數為

$$\mathcal{L} = U(l, c) + \lambda(NI + wT - c - wl)$$

效用極大化的一階條件為

$$\frac{\partial \mathcal{L}}{\partial l} = \frac{\partial U}{\partial l} - \lambda w = 0 \tag{6.3}$$

$$\frac{\partial \mathcal{L}}{\partial c} = \frac{\partial U}{\partial c} - \lambda = 0 \tag{6.4}$$

圖 6.1

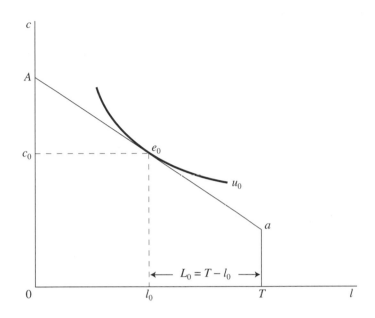

$$\frac{\partial \mathcal{L}}{\partial \lambda} = NI + wT - c \quad wl - 0 \tag{6.5}$$

(6.3) 式表示，此人對休閒的消費，將在休閒的邊際效用 $(\partial U / \partial l)$ 與其因休閒而放棄的工資收入所隱含的效用 (λw) 相等時方才停止。至於 (6.4) 和 (6.5) 兩式的意義與消費者效用極大化的情形完全相同，不必在此重複。利用 (6.3) ~ (6.5) 三條方程式，可解出最適解 (l^*, c^*, λ^*)。在二階條件成立的前提下，(l^*, c^*) 即是使此人效用達到最大的 (l, c) 的組合。再利用 $L = T - l$，即可得到，當工資為 w 時，此人的最適勞動供給量 (L^*)。

　　上述結果，也可利用我們熟悉的圖解方式來說明。圖 6.1 中，縱軸為休閒以外的所有其他產品的總支出，橫軸則代表休閒。$0T$ 代表此人所擁有的時間稟賦，故由 T 點往左沿橫軸計算的距離即是此人從事市場勞動的時間。當此人完全不工作時，其所有的只是非勞動所得 NI，這也是他能用來購買其他產品的總貨幣所得。當 $NI > 0$ 時，我們可以圖中之 a 點表示，aT 即是 NI。當然，在 $NI = 0$ 時，a 和 T 兩點彼此重合。因 $l = T$ 時，$c = NI = aT$，當 $l = 0$ 時，$c = NI + wT$，此即是縱軸截距 $0A$，故直線

Aa 即是預算線 (6.2)。又由 (6.2) 我們知道，預算線的斜率為休閒的價格，即工資 w，此和一般預算線的性質相同（切記，$p_c = 1$）。

由 (6.3) 和 (6.4) 得知，一階條件隱含

$$-\frac{\frac{\partial U}{\partial l}}{\frac{\partial U}{\partial c}} = w$$

上式左邊為邊際替代率，也就是無異曲線斜率的絕對值。因此，效用極大化的條件除滿足預算限制 (6.5) 外，還要求此人對 l 和 C 兩種產品的邊際替代率與工資相等。換句話說，均衡點必須在預算線 Aa 上，且在該點預算線剛好和一無異線相切，如圖上之 e_0 點，此時此人的最適消費與休閒為 c_0 和 l_0，而勞動供給量則為 $L_0 = T - l_0$。

比較靜態分析

上面分析中，我們將非勞動所得 NI 和工資 w 視為參數。為了了解這兩個參數變動對均衡消費、休閒以及此人勞動供給的影響，就必須進行比較靜態分析。我們先來看非勞動所得增加的影響。由 (6.2) 可清楚看到，NI 增加乃是純粹的所得效果，代表圖 6.1 中 Ta 往上延伸以及預算線 Aa 的平行往上移動。圖 6.2 繪出對應於 NI_0，NI_1 和 NI_2，且 $NI_0 < NI_1 < NI_2$ 的三條預算線 A_0a_0，A_1a_1 與 A_2a_2。圖上顯示，當 NI 由 NI_0 經 NI_1 增加到 NI_2 時，均衡點將由 e_0 變成 e_1 再調整到 a_2。由 e_0 經 e_1 到 a_2，我們發現，隨著非勞動所得上升，此人的消費 C 與休閒 l 同時增加，因此，消費和休閒兩種產品均為正常物品。當然，從純粹理論的觀點來看，休閒有可能是劣等物品，然而絕大多數實證研究結果均顯示，休閒確實是一種正常物品。因此，和其他書籍一樣，我們將接受休閒是正常物品的假設。值得一提的是，在休閒為正常物品的情況下，當非勞動所得達到一定水準時，此人有可能不再從事任何工作。圖 6.2 顯示，當 NI 增加到 NI_2 以後，最適解將成為角解 a_2，此人會將所有時間用於休閒。

接著來看工資變動的影響。假定某人原面對圖 6.3 中之預算線 A_0a，均衡點為 e_0，故此人休閒的時間為 l_0，而從事勞動的時間為 $T - l_0$。現在假定勞動市場工資上升，由 (6.2) 得知此人將面對一條較 A_0a 更陡的預

圖 6.2

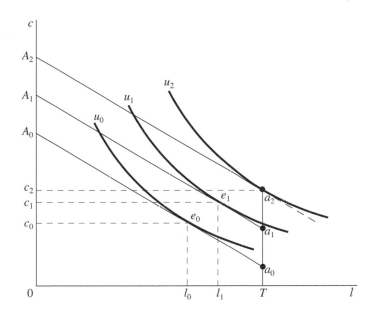

算線,如圖 6.3 之 A_1u。在新的預算線下(何以新預算線仍通過 a 點?)均衡點為 e_1,因而此人消費 l_1 的休閒,提供 $T - l_1$ 的勞動。比較圖 6.3 中之 (a)、(b) 兩圖,我們發現,在圖 6.3(a) 中,$l_1 > l_0$,而在圖 6.3(b) 中,$l_1 < l_0$。換句話說,在工資上漲之後,隨著此人偏好的不同,他可能增加休閒時間(減少工作時間),也可能減少休閒時間(增加工作時間)。何以會有這種差異呢?讀者若充分了解前面幾章有關消費者行為的討論,應該立即體認到,這又是所得效果與替代效果相對強度不同所造成。

當工資上升時,休閒的機會成本或價格跟著上升,此人將以消費取代休閒,使得他的休閒時間下降,這就是替代效果。另一方面,當工資上升時,在同樣工作時間下,此人的工資所得及全額所得將跟著上升。由於休閒是正常物品,故在工資上升後,此人對休閒的消費也會跟著增加,這就是所得效果。因工資上升的替代效果和所得效果對休閒的影響方向相反,故工資上升後,此人的休閒時間是否會增加,完全視這兩個效果相對強弱而定。當替代效果大於所得效果時,工資上升將使此人休閒時間減少,工作時間增加;反之,當所得效果大於替代效果時,工資

圖 6.3

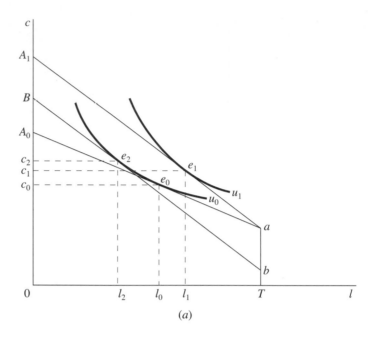

(a)

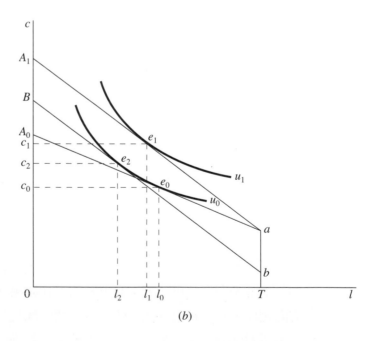

(b)

上升會增加其休閒時間，減少工作時間。

　　利用第四章所介紹的分離所得效果與替代效果的技巧，我們可在圖
6.3 中繪出一條平行於新預算線 A_1a，且與代表原效用水準的無異曲線 u_0
相切於 e_2 的直線 Bb，則由 e_0 到 e_2 (l_0 到 l_2) 即代表替代效果，而 e_2 到 e_1
(l_2 到 l_1) 就是所得效果。在圖 6.3 中，(a) 和 (b) 兩圖的替代效果完全相
等，均為 $l_0 - l_2$。圖 6.3(a) 之所得效果 ($l_1 - l_2$) 較替代效果大，因此工資
上升使得此人增加休閒(減少工作)。但在圖 6.3(b) 中，結果完全相反，
替代效果大於所得效果，此人的休閒（工作）因工資上升而減少（增加）。

勞動供給曲線

在第四章中，我們詳細說明了，如何由消費者均衡與比較靜態分析，導
出消費者對某一產品的個人需求曲線。同樣道理，由於工資乃代表休閒
的價格，我們可經由工資變動來導出個人對休閒的需求曲線。然後，透
過 $L = T - l$ 的關係，我們可進一步導出個人的勞動供給曲線。圖 6.4(a)
顯示，當工資為 w_0、w_1、w_2、w_3 ($w_0 < w_1 < w_2 < w_3$) 時，消費者均衡為
e_0、e_1、e_2 和 e_3。因此，在這四個工資下，此人對休閒的需求量分別為
l_0、l_1、l_2、l_3。將 (l_0, w_0)，(l_1, w_1)，(l_2, w_2) 與 (l_3, w_3) 描繪在 l-w 平面上即
得圖 6.4(b) 之休閒需求曲線。根據 $L = T - l$，則此需求曲線與垂直於 T
之虛線間的水平距離，即是圖 6.4(c) 中所描繪之個人勞動供給曲線。

　　圖 6.4(b) 之休閒需求曲線，有一與一般產品需求曲線相當不同的地
方，即當休閒的價格超過 w_1 時，此需求曲線成為正斜率。但由第五章有
關史拉斯基方程式的討論，我們知道，當一產品為正常物品時，一般需
求曲線必然是負斜率。那何以正常物品的休閒，其需求曲線卻有正斜率
的部份呢？關鍵在於產品價格變動對實質所得的影響。在前面幾章中，
消費者所擁有的貨幣所得固定，因此，當他所購買的任一產品價格上升
時，即會降低他的實質所得。在正常物品的前提下，其所得效果和替代
效果方向是相同的，故產品價格上升必然導至對其需求量的減少。反過
來，本章之休閒－勞動供給模型中，休閒的價格上升，固然會透過替代
效果降低對休閒的需求量，但休閒價格上升同時也是工資的上升，因此
「在既有的工作時數」下，此人的工資所得也就跟著增加。由於休閒是正
常物品，所得效果將使此人增加對休閒的需求。在此情況下，所得效果

圖 6.4

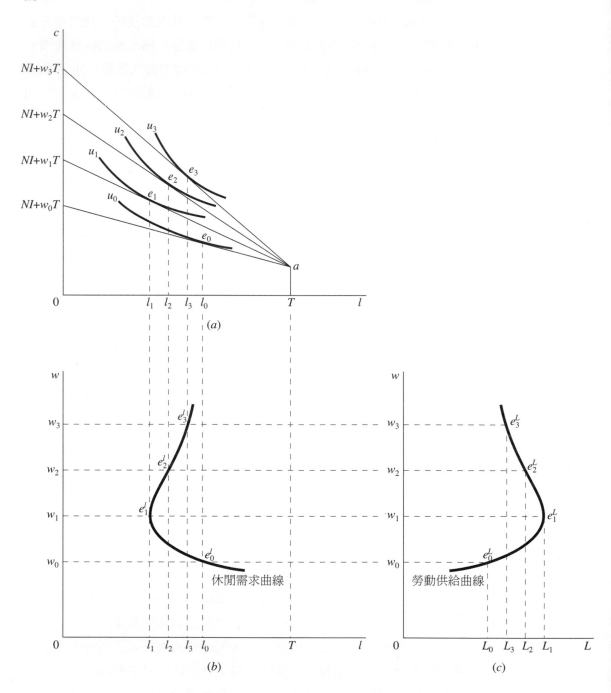

與替代效果方向是相反的。當所得效果小於替代效果時，我們有常見的負斜率個人休閒需求曲線；當所得效果大於替代效果時，工資上升將會使此人對休閒的需求量增加，於是我們得到如圖 6.4(b) 中 w_1 以上的正斜率需求曲線。再由 $L = T - l$ 關係，我們立即得到圖 6.4(c) 之具有「後彎形狀的勞動供給曲線」(backward-bending labor supply curve)。換句話說，當工資變動的替代效果大於所得效果時，個人勞動供給曲線為正斜率，而在所得效果大於替代效果時，個人勞動供給曲線則是負斜率。

上面有關替代效果和所得效果的相對強弱與勞動供給曲線斜率間的關係，雖然不難理解，但仍有一個問題必須回答。圖 6.4(c) 之個人勞動供給曲線顯示，當工資低於 w_1 時，替代效果大於所得效果，而在工資超過 w_1 時，所得效果大於替代效果。現在，問題是，這是必然的結果，或只是一種可能呢？換句話說，可不可能在工資高時，替代效果大於所得效果，而在工資低時，所得效果大於替代效果呢？一般說來，這種可能性不大。為什麼呢？記得，前面我們談到所得效果時特別強調，工資上升造成「在既有的工作時數」下工資所得增加；也就是說，所得效果的大小受到工資變動當時，此人實際提供的勞動時數的影響。如果工資上升當時，此人根本就不工作，即 $l = T$，則工資上升根本不可能改變他的工資所得，在這種情況下，就只有替代效果，他必然會減少休閒的消費，從而開始提供勞動力。在非工資所得給定的情況下，這種不工作的現象往往是因工資太低，以致缺乏工作意願所致。因此，我們可粗略地說，當工資很低時，一般人將極少從事市場勞動，此時工資上升的所得效果將極有限，由而所得效果將小於替代效果，個人勞動供給曲線應該是正斜率。但在工資不斷上升，個人提供的市場勞動持續增加後，所得效果將逐漸增強，直到其效果完全抵消，甚至超越替代效果，使得個人勞動供給曲線成為負斜率，如圖 6.4(c) 之形狀。

加班費問題

後彎形個人勞動供給曲線及其與所得效果、替代效果的關係，可用來解釋勞動市場中常見的高加班費現象。我們大多知道，工人在正常工作時間外，如果額外「加班」提供勞動，往往會有較高的工資報酬。問題是，為什麼僱主只願對「加班」部份提供較高工資，而不乾脆提高一般工資

圖 6.5

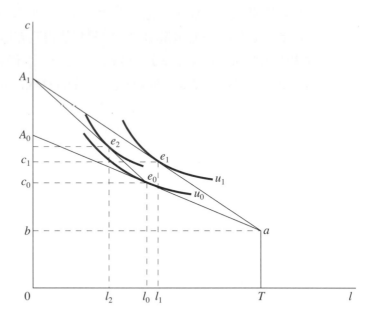

呢？因為，對僱主而言，兩種方式的總工資支出可能完全相同。我們可利用圖 6.5 來說明僱主採取加班費方式的原因。假定為 w_0 時，預算線為 A_0a，均衡為 e_0，此時工人會提供 $T-l_0$ 的勞動力。現在僱主若因某種原因，需要更多勞動力投入生產，又不願立即增加其他勞工的僱用，則一個可能的方法是提高工資，以期誘使此人增加工作時間。在圖 6.5 中，若工資上升為 w_1 時，預算線成為 A_1a，則均衡點為 e_1，此人的工作時間將由 $T-l_0$ 減少到 $T-l_1$。換句話說，在這個工資範圍內，此人工資變動的所得效果大於替代效果，以致於提高一般工資反而使勞動供給量下降。僱主不但無法藉由提高工資來誘使此人增加工作時間，反而使他減少工作時間。反過來，如果僱主維持原來的工資，則此人仍將工作 $T-l_0$ 的時間。但對超過 $T-l_0$ 的工作時間，支付較高的工資 w_2（圖中直線 A_1e_0 斜率之絕對值），則我們由圖上可以看到 e_2 將成為「加班」時的均衡點，此人將加班工作 l_0-l_2，使得總工作時數成為 $T-l_2$，達到僱主提高工作時數的目的。我們要提醒讀者，在圖 6.5 中，我們刻意將加班的工資訂為 w_2，使得僱主的總支出與將一般工資提高到 w_1 時相等，均為圖中之

$0A_1 - 0b$。

　　何以在同樣的總工資支出下，透過加班費的方式能達到增加工人工作時間的目的，而提高一般工資卻適得其反呢？前面已經提過，提高一般工資之所以使此人減少工作時間，乃是所得效果超過替代效果所造成。現在，加班費的情形則剛好相反，透過加班費的方式可完全消除所得效果。記得，所得效果的大小乃決定於工資變動時「既有的工作時數」。但就加班費而言，由於原來並沒有「加班」，所以「既有工作時數」等於零，因此也就沒有所得效果，而只剩下工資上升的替代效果；較高的加班費就只代表休閒的機會成本增加，因而會減少休閒，增加工作時數了。

　　在結束本小節討論之前，我們要提醒讀者，上面所討論的勞動供給曲線，均是指個人勞動供給曲線。至於**市場勞動供給曲線** (market labor supply curve)，理論上，可由個人勞動供給曲線水平加總得到。但在實際經濟分析上，我們通常較關心某種特定「職業」(occupation) 的勞動供給，而非整個市場的勞動供給。在這種情況下，就必須先發展一套**職業選擇** (occupational choice) 理論，然後再看各種不同職業在勞動市場的佔有率，以決定該職業的勞動供給。不過，討論職業選擇模型將會模糊本章的焦點，因此我們將其留給較專門的勞動經濟學書籍。

【例 6.1】

假定某一工人擁有 T 的時間稟賦以及 $m \geq 0$ 的非工資所得，且其效用函數為 $U(l, c) = (l - l_0)^\alpha (c - c_0)^\beta$，$l \geq l_0$，$c \geq c_0$，其中 l_0 和 c_0 代表此人所必要的最低休閒及消費水準。試導出此人的勞動供給函數，並說明其性質。

【解答】

根據題意，我們可寫出如下之拉格朗日函數

$$\mathcal{L} = (l - l_0)^\alpha (c - c_0)^\beta + \lambda(m + wT - c - wl)$$

式中 w 代表工資。效用極大化的一階條件為：

$$\frac{\partial \mathcal{L}}{\partial l} = \alpha(l - l_0)^{\alpha-1}(c - c_0)^\beta - \lambda w = 0 \tag{a}$$

$$\frac{\partial \mathcal{L}}{\partial c} = \beta (l - l_0)^{\alpha}(c - c_0)^{\beta-1} - \lambda = 0 \qquad\qquad (b)$$

$$\frac{\partial \mathcal{L}}{\partial \lambda} = m + wT - c - wl = 0 \qquad\qquad (c)$$

由 (a)、(b) 兩式可得

$$c = c_0 + \frac{\beta}{\alpha}\, w(l - l_0) \qquad\qquad (d)$$

將 (d) 代入 (c)，整理可得休閒需求函數

$$l = \frac{\alpha(m - c_0) + w(\alpha T + \beta l_0)}{(\alpha + \beta)w} \qquad\qquad (e)$$

再由 $L = T - l$ 即得勞動供給函數

$$L = \frac{\beta w(T - l_0) - \alpha(m - c_0)}{(\alpha + \beta)w}$$

$$\quad = \frac{\beta}{\alpha + \beta}(T - l_0) - \frac{\alpha(m - c_0)}{(\alpha + \beta)w} \qquad\qquad (f)$$

由 (f) 可清楚看到，當 $m = c_0$ 時，此人之勞動供給成為定值，完全不受工資影響。當 $m < c_0$ 時，勞動供給量必然比 $m = c_0$ 時多，但隨工資上升而減少，因此勞動供給曲線為負斜率。當 $m > c_0$ 時，勞動供給量必然小於 $m = c_0$ 的情況，且隨工資之上升而增加，勞動供給曲線成正斜率。又因

$$\frac{\partial L}{\partial w} = \frac{\alpha(m - c_0)}{(\alpha + \beta)w^2} \gtreqless 0 \;,\; 當 \; m \gtreqless c_0 \qquad\qquad (g)$$

$$\frac{\partial^2 L}{\partial w^2} = \frac{-2\alpha(m - c_0)}{(\alpha + \beta)w^3} \gtreqless 0 \;,\; 當 \; m \gtreqless c_0 \qquad\qquad (h)$$

故此人的勞動供給曲線將如圖 6.6 所示（請務必確定知道何以 (g) 與 (h) 可讓我們繪出此圖）。

圖 6.6

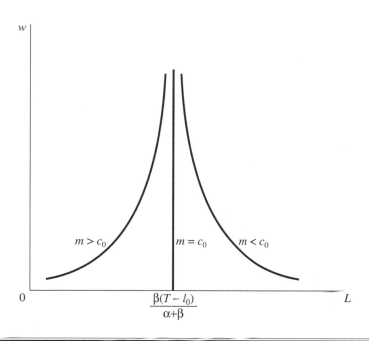

6.2 資本供給

除了提供勞動力，家計單位也提供資本給生產者作為生產 投入。直接用於生產活動的資本包括機器、廠房、辦公設備等，一般將其稱為實質資本 (real capital 或 physical capital)。當然，家計單位未必會提供這些實質資本給生產者，一般而言也不會。家計單位通常是提供可用來購置或租用這些實質資本的金融資本 (financial capital) 或貨幣所得給生產者，以達到增加產品生產的目的。但為了提供這些金融資本，家計單位就必須將其消費支出降低到貨幣所得之下。換句話說，家計單位必須透過儲蓄 (saving) 行為，方能提供生產者金融資本。因此，在這兒所要討論的（金融）資本供給和儲蓄根本就是一體的兩面，而所謂資本供給理論也可稱之為儲蓄理論。

當我們容許儲蓄行為時，我們過去所熟悉的分析模型就必須加以修正。具體點說，到目前為止，我們所有分析都是建立在所謂的一期模型 (one-period model)，既沒過去，也沒未來。在這種模型中，儲蓄變得毫無意義，因為儲蓄下來的所得並沒「未來」可消費，所以等同浪費。由於這

個原因，在我們討論資本供給或儲蓄時，首先要作的修正，就是將一期模型擴展到至少兩期模型 (two-period model)，如此在第一期所儲蓄下來的所得，就可在第二期支用，以獲取效用。當然，我們也可將期數擴展到超過兩期，不過為了簡化說明，本章將只討論兩期模型的情形。在容許兩期消費時，家計單位除了可在第一期進行儲蓄，其將其借出 (lending) 外，很自然地，有些人也可能在第一期從事負儲蓄 (dissaving) 或借入 (borrowing)，然後在第二期償還所借款項。換句話說，在兩期模型中，隨著家計單位的偏好，以及在兩期所擁有的貨幣所得的不同，有些人可能在第一期會從事儲蓄，有些人則從事負儲蓄。這種在跨期間決定進行儲蓄或負儲蓄的選擇行為，稱為跨期選擇 (intertemporal choice)，也是這一小節中我們所要討論的主要課題。

跨期選擇模型

和上節討論勞動供給一樣，我們在此仍是將家計單位視為單一個人。現在考慮一兩期模型，假定某人在第一期和第二期分別擁有 m_1 和 m_2 的貨幣所得，而他在第一期和第二期的消費則分別為 c_1 與 c_2。若兩期消費品的價格分別為 p_1 和 p_2，則當 $p_1 c_1 > m_1$ 時，表示他必須在第一期借入款項，以支付高過其貨幣所得的消費。在此情況下，第二期他就無法消費全部所得，以便償還借款，因此必然有 $p_2 c_2 < m_2$ 的結果。反過來，若此人決定在第一期借出部分所得，即 $p_1 c_1 < m_1$，則在第二期就可消費超過第二期所擁有的貨幣所得，即 $p_2 c_2 > m_2$。

　　為了更明確說明上述的借貸關係，我們假定：
(1)　在兩期間物價均固定不變，並將其簡化成 $p_1 = p_2 = 1$；
(2)　市場上借貸款的（名目）利率 (interest rate) 為 r。
如果我們將此人在第一期的儲蓄記為 s，則在第二期此人除了可拿回本金 s 外，還可獲得 rs 的利息收入。根據定義，我們可將 s 寫成

$$s = m_1 - c_1 \tag{6.6}$$

因此，第二期的消費成為

$$
\begin{aligned}
c_2 &= m_2 + s + rs \\
&= m_2 + (1 + r)(m_1 - c_1)
\end{aligned}
\tag{6.7}
$$

(6.7) 式即是通稱的跨期預算限制 (intertemporal budget constraint)，因為它告訴我們，在第一、二期分別擁有 m_1、m_2 的貨幣所得及市場利率為 r 的情況下，此人在此兩期所能進行的消費。在此必須特別指出，(6.7) 雖是在「此人於第一期儲蓄了 s」的假定下推導出來，但事實上，這個式子同時可代表此人在第一期借入了 s 的情形。我們只要確定，當 $s > 0$ 時，$m_1 > c_1$，故此人在第一期將錢借出；當 $s < 0$ 時，根據 (6.6)，$m_1 < c_1$，因而此人在第一期借入款項即可。

將 (6.7) 稍加整理，可得到下列兩式

$$(1 + r)c_1 + c_2 = (1 + r)m_1 + m_2 \tag{6.8}$$

或

$$c_1 + \frac{c_2}{1+r} = m_1 + \frac{m_2}{1+r} \tag{6.9}$$

這兩個式子與我們所熟知的預算限制式，在形式和意義上完全相同；等號左邊乃是兩期支出的總和，等號右邊則是兩期貨幣所得之和。兩式所以有不同的「外表」，純粹是由於在市場利率為正的情況下，同樣一塊錢，在兩期的價值並不相同而已。由於第一期 1 元，借出之後，在第二期可拿回 $1 + r$ 元，故第一期的 1 元，就相當於第二期的 $1 + r$ 元。反之，如果我們決定要在第一期借出 x 元而在第二期有 1 元的收入時，就必須滿足 $x(1 + r) = 1$，因此 $x = 1 / (1 + r)$。也就是說，只要在第一期借出 $1 / (1 + r)$ 元，就可在第二期取回 1 元。但這正隱含，第二期 1 元，就相當於第一期的 $1 / (1 + r)$ 元。我們稱 $1 / (1 + r)$ 元為第二期 1 元折算為第一期的現值 (present value)。另外，第一期 1 元值第二期 $(1 + r)$ 元，我們稱 $(1 + r)$ 元為第一期 1 元在第二期的終值 (future value)。所以，(6.8) 正是以第二期的貨幣價值表示的跨期預算限制，或稱為以終值表示的預算限制。同樣地，(6.9) 為以第一期的貨幣價值表示的跨期預算限制，或稱以現值表示的預算限制。

我們可將 (6.9) 繪於 c_1-c_2 平面上，如圖 6.7 中之 A_1B_1 所示。讀者應不難察知，此預算線必然通過稟賦點 (endowment point) (m_1, m_2)，斜率為 $-(1 + r)$，橫軸與縱軸截距分別為 $m_1 + m_2 / (1 + r)$ 和 $(1 + r) m_1 + m_2$。如所

圖 6.7

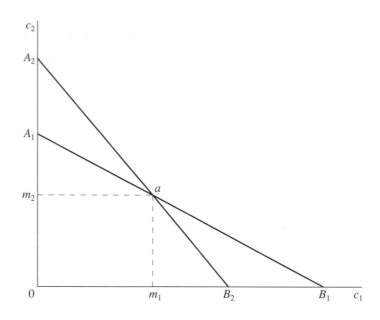

預期的，橫軸截距正是以第一期貨幣所表示的兩期貨幣所得的總和（所得的現值），而縱軸截距則是以第二期貨幣所表示的兩期貨幣所得的總和（所得的終值）。由於跨期預算線必然通過稟賦點，故在稟賦點給定的情況下，它的形狀只受到市場利率的影響。由前面討論得知，當利率上升時，新的跨期預算線將仍是一條通過 (m_1, m_2)，但較陡的直線，如圖中 A_2B_2。因此，在利率上升時，以第一期貨幣表示的兩期貨幣所得之和下降。如果以第二期貨幣表示，則利率上升時，兩期貨幣所得之和跟著上升。

現在，此人所面對的問題是，如何決定兩期的消費組合。假定此人的**跨期效用函數** (intertemporal utility function) 可寫成 $U(c_1, c_2)$，且此跨期效用函數滿足第三章中所定義的效用函數的各種「良好」性質，則消費者就可經由限制極大化過程來選取最適的 c_1 和 c_2。更明確點說，消費者所要解決的問題為

$$\max_{c_1, c_2} U(c_1, c_2) \tag{6.10}$$

$$\text{s.t. } (1+r)c_1 + c_2 = (1+r)m_1 + m_2$$

或

$$\text{s.t. } c_1 + \frac{c_2}{1+r} = m_1 + \frac{m_2}{1+r}$$

這個問題與我們熟知的效用極大化問題完全相同,因此不再重複求解過程。但,我們知道 (6.10) 的解的一階條件包括 (6.9) 及跨時無異曲線必須和跨時預算線相切兩個條件。因跨時預算線的斜率為 $-(1+r)$,故後一條件可寫成

$$\frac{dc_2}{dc_1} = -\frac{\dfrac{\partial U}{\partial c_1}}{\dfrac{\partial U}{\partial c_2}} = -(1+r)$$

或

$$\frac{\dfrac{\partial U}{\partial c_1}}{\dfrac{\partial U}{\partial c_2}} = (1+r)$$

上式中 $(\partial U / \partial c_1) / (\partial U / \partial c_2)$ 為跨時無異曲線斜率的絕對值,一般稱為邊際時間偏好率 (marginal rate of time preferences)。圖 6.8(a) 和圖 6.8(b) 中的 e 點滿足上述兩個一階條件,因此 e 點為一跨時均衡,最適消費分別為 c_1^0 和 c_2^0。圖 6.8(a) 和圖 6.8 (b) 分別描繪兩種可能的均衡;在圖 6.8(a) 中,$c_1^0 < m_1$,故此人在第一期將 $m_1 - c_1^0$ 的所得借出,而在第二期回收 $c_2^0 - m_2 = (1+r)(m_1 - c_1^0)$ 的本利和。反之,在圖 6.8(b) 中,$m_1 < c_1^0$,故此人在第一期借入 $c_1^0 - m_1$,而在第二期必須節省 $m_2 - c_2^0 = (1+r)(c_1^0 - m_1)$ 以償還欠款。當然啦,在極端情況下,均衡點 e 可能與稟賦點 (m_1, m_2) 重合,那麼此人在兩期的消費將剛好等於各期的貨幣所得,不會有借貸發生。不過在這種極端情況下也就不會有儲蓄或資本供給的問題,因此接下來的討論將以圖 6.8 中的兩種情形為主要對象。

圖 6.8

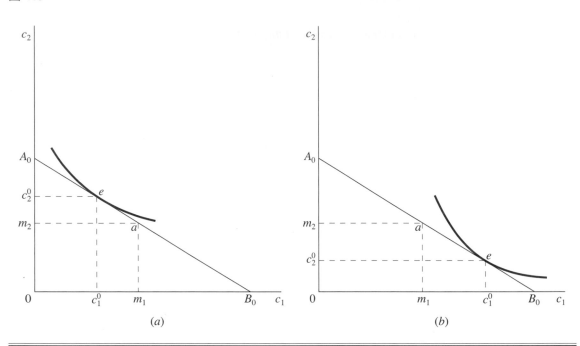

(a)   (b)

比較靜態分析

上面介紹的跨期選擇模型中，包含 m_1、m_2 和 r 三個參數，因此任何一個發生變動都將影響均衡以及儲蓄行為。由於我們的主要目的在於探討資本供給，故我們將討論重點置於利率變動的影響，而把 m_1 和 m_2 變動的影響留給讀者自行練習。圖 6.9(a) 和圖 6.9(b) 中，假定此人在利率為 r_0 時面對跨時預算線 A_0B_0，均衡點為 e_0。因此，在圖 6.9(a) 中，此人將在第一期儲蓄 $m_1 - c_1^0$，而在圖 6.9(b) 的情況下，則在第一期借入 $c_1^0 - m_1$。現在考慮利率由 r_0 上升到 r_1，跨時預算線成為 A_1B_1，則此人的儲蓄或負儲蓄行為會有什麼改變呢？首先，我們可以觀察到，在利率上升時，原本從事儲蓄的人仍會維續進行儲蓄，但原來向人借款的人則可能由負儲蓄變成儲蓄。先來看圖 6.9(b)，圖上顯示此人在第一期從事負儲蓄。在利率利上升後，若此人改為第一期從事儲蓄，則均衡點就必須在 A_1a 線段上。因 A_1a 線段上各點均不在原跨時預算集合 $0A_0B_0$ 中，而 e_0 也不在新的跨時預算集合 $0A_1B_1$ 中，故此人在利率為 r_0 時選取 e_0，在利率為 r_1 時選取 A_1a 上任一點，彼此並不會發生矛盾。由此可知，原在第一期從事

圖 6.9

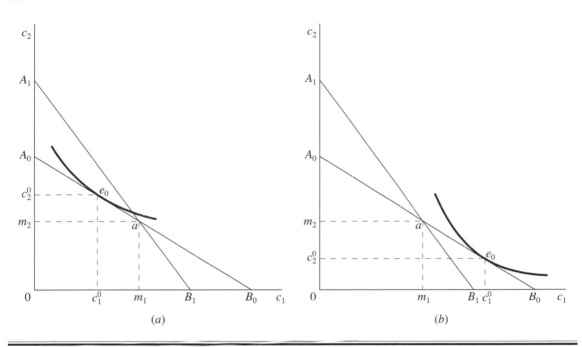

借款的人，可能在利率上升後，改變其行為，成為一儲蓄者。

　　另一方面，圖 6.9(a) 顯示此人原處於儲蓄狀態。由圖可知，在利率上升後，若此人要從事負儲蓄，則其均衡點必須在線段 aB_1 上。但因 aB_1 上各點均在跨時預算集合 $0A_0B_0$ 中，而在此預算集合下此人的最適選擇為 e_0，故 e_0 乃顯示性偏好於 aB_1 上各點。當利率上升而使得跨時預算集合成為 $0A_1B_1$ 時，e_0 仍在集合中，故若此人選取 aB_1 上任何一點，則代表該點顯示性偏好於 e_0，這與前面的結果相互矛盾。由此可知，在利率上升後，此人的最適選擇必然在 A_1a 線段上，故他在利率上升後必然仍在第一期進行儲蓄。

　　雖然我們已知道，在第一期從事儲蓄的人，在利率上升後仍會繼續儲蓄，但這並不表示他的儲蓄會因利率上升而增加。為什麼呢？敏感的讀者應已意識到，這又是所得效果與替代效果的相對強度的問題。當市場利率上升後，從事第一期消費的機會成本跟著增加。因此，替代效果將使第一期的消費減少，儲蓄增加。利用我們已經熟知的分別替代效果與所得效果的技巧，可得到替代效果乃反映於圖 6.10 中均衡點由 e_0 移

圖 6.10

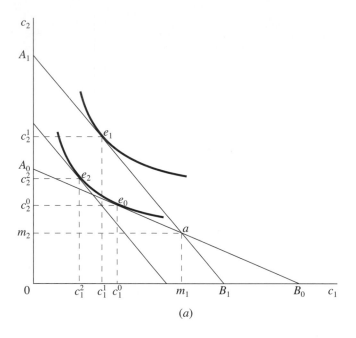

(a)

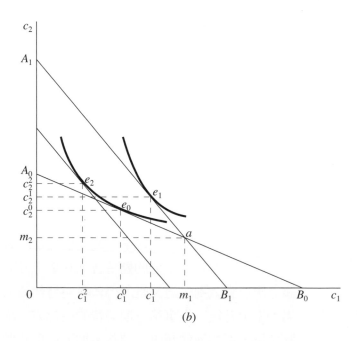

(b)

到 e_2，而第一期的消費由 c_1^0 下降到 c_1^2。另一方面，因為此人將錢借出，故在利率上升後，他的利息收入及貨幣所得都會增加，消費點也會跟著改變。這正反映在圖 6.10 中，均衡點由 e_2 移到 e_1，而第一期的消費由 c_1^2 增加到 c_1^1。由於替代效果與所得效果對第一期消費影響的方向相反，故最後結果遂取決於兩個效果的相對大小。圖 6.10(a) 顯示替代效果大於所得效果，因而在利率上升後第一期的消費下降，儲蓄上升。反之，在圖 6.10(b) 中，所得效果超越替代效果，故利率上升使得第一期的消費增加，儲蓄因而下降。

資本供給曲線

由上面比較靜態分析，我們就可導出第一期消費的需求函數 $c_1(r)$，再利用 (6.6) 即可得到儲蓄函數或資本供給函數 $s(r)$。現在考慮市場利率由 r_0 經 r_1、r_2、r_3 上升至 r_4，則此人的跨期預算線將如 6.11(a) 所示，由最平坦的一條，以稟賦點 (m_1, m_2) 為軸心旋轉到最陡的一條。圖中也顯示，在各個利率下，其對應的均衡點將分別為 e_0、e_1、e_2、e_3 和 e_4，而在各均衡下，第一期的消費則為 c_1^0、c_1^1、c_1^2、c_1^3 和 c_1^4。將 (c_1^0, r_0)、(c_1^1, r_1)、(c_1^2, r_2)、(c_1^3, r_3) 和 (c_1^4, r_4) 描繪於 c_1-r 平面上即得到圖 6.11(b) 中 e_0^c、e_1^c、e_2^c、e_3^c 和 e_4^c 各點，再將這些點以一平滑曲線連接起來就得到圖中之第一期消費需求曲線 $c_1(r)$。此需求曲線在利率變動的所得效果超過替代效果時為正斜率，而在替代效果大於所得效果時為負斜率（為什麼？）。在此請讀者自行驗證，若此人在利率上升前從事負儲蓄，則其所得效果與替代效果方向必然相同，而其第一期的消費需求曲線也必然是負斜率。圖 6.11(b) 中，我們也將 m_1 繪出，則 m_1 的水平距離減去 $c_1(r)$ 的水平距離即得到圖 6.11(c) 之儲蓄供給曲線或資本供給曲線。圖 6.11(c) 的特點，除了與勞動供給曲線一樣，具有因所得效果較強而形成的後彎部份外，當利率為 r_1 時，此人第一期剛好消費掉其在第一期擁有的全部貨幣所得，既不進行儲蓄，也不向別人借錢，因此 $s(r_1) = 0$。在利率低於 r_1 時，此人將進行負儲蓄，因此資本供給量成為負值。換句話說，在利率夠低時，此人將成為資本需求者而非供給者。

圖 6.11

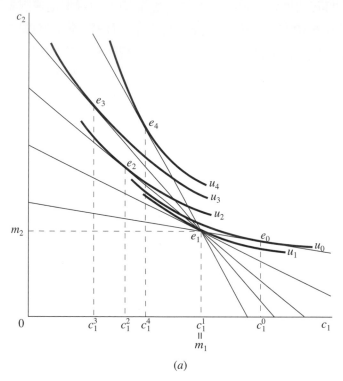

(a)

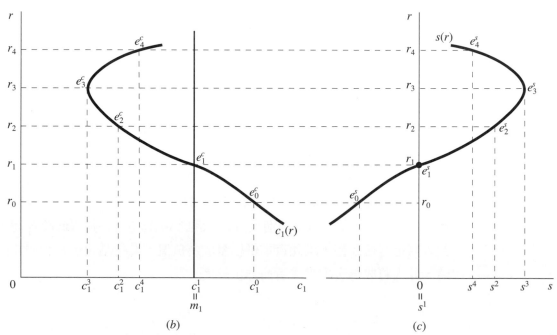

(b)　　　　　　　　　　　　　　　(c)

【例 6.2】

在一兩期模型中，假定某人的效用函數為 $U(c_1, c_2) = c_1^\alpha c_2^{1-\alpha}$，且在兩期的貨幣所得分別為 m_1、m_2。若 $p_1 = p_2 = 1$，利率為 r，試導出此人對兩期消費的需求函數以及儲蓄函數，並說明 m_1 和 m_2 變動對儲蓄的影響。

【解答】

這是我們很熟悉的寇布－道格拉斯效用函數，根據【例 3.5】我們立即得到下面的需求函數

$$c_1 = \alpha \frac{(1+r)m_1 + m_2}{1+r} = \alpha \left(m_1 + \frac{m_2}{1+r} \right)$$

$$c_2 = (1-\alpha) \frac{(1+r)m_1 + m_2}{1} = (1-\alpha)\big((1+r)m_1 + m_2\big)$$

因此，儲蓄函數為

$$s = m_1 - c_1 = (1-\alpha)m_1 - \frac{\alpha m_2}{1+r}$$

其形狀如圖 6.12 所示，為一正斜率曲線，其中 r_0 為使 $s(r_0) = 0$ 的利率。當 $r < r_0$ 時，此人有負儲蓄；當 $r > r_0$ 時，有儲蓄；當 $r \to \infty$ 儲蓄函數以垂直線 $(1-\alpha)m_1$ 為漸近線。又因

$$\frac{\partial s}{\partial m_1} = (1-\alpha) > 0$$

$$\frac{\partial s}{\partial m_2} = \frac{-\alpha}{1+r} < 0$$

故 m_1 增加時，漸近線與整條儲蓄曲線往右移動，此人之資本供給增加。反之，當 m_2 增加時，漸近線不變，但儲蓄曲線往左移動，資本供給減少。

通貨膨脹的影響

在前面分析中，我們一直假定消費品的價格在兩期中均維持不變。但在

圖 6.12

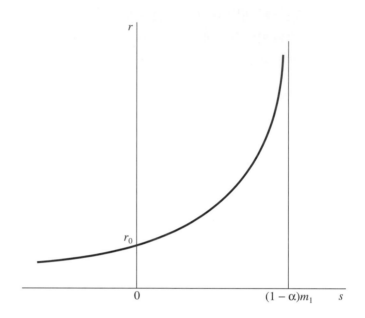

現實生活中，我們常發現物價會有長期上升的趨勢，也就是一般所說的通貨膨脹 (inflation) 現象。因此，在跨期模型中最好能將這個因素加以考慮，才能得到較為圓滿的結論。很幸運地，在我們的簡單模型中，考慮通貨膨脹的影響並不困難，其基本策略為將所有以貨幣衡量的名目變數 (nominal variable) 改為以實物衡量的實質變數 (real variable)。因此，我們首先將跨期模型中的貨幣所得 m_1 和 m_2 改寫成 $m_1 = p_1 m_1^r$ 和 $m_2 = p_2 m_2^r$，其中 m_1^r 和 m_2^r 分別為以消費品來衡量的第一期和第二期實質所得 (real income)。為了簡化符號，我們可進一步將第一期消費品價格設定為 1，即 $p_1 = 1$，則可定義如下的通貨膨脹率 (rate of inflation) π，

$$\pi = \frac{p_2 - p_1}{p_1} = \frac{p_2 - 1}{1}$$

因此，

$$p_2 = 1 + \pi$$

如此一來，跨期預算限制 (6.7) 可改寫成

$$p_2 c_2 = p_2 m_2^r + (1 + r)(p_1 m_1^r - p_1 c_1)$$

或

$$c_2 = m_2^r + \frac{1+r}{1+\pi}(m_1^r - c_1) \tag{6.11}$$

現在定義實質利率 (real interest rate) ρ 為

$$1 + \rho = \frac{1+r}{1+\pi}$$

則 (6.11) 成為

$$c_2 = m_2^r + (1 + \rho)(m_1^r - c_1) \tag{6.12}$$

比較 (6.12) 和 (6.7) 兩式,我們發現,它們的形式完全相同,只是 (6.12) 中所有變數均是以消費品衡量的實質變數,而 (6.7) 中各變數均是以貨幣衡量的名目變數罷了。將 (6.10) 中的限制式以 (6.12) 取代,我們同樣發現,跨時效用 極大化的條件基本上還是一樣,即必須滿足限制式以及邊際時間偏好率等於 $1 + \rho$。由此可知,在考慮通貨膨脹因素下,前面所介紹有關儲蓄或資本供給行為的分析仍然成立,只不過在分析過程中,必須使用實質變數罷了。

上面的說明點出了一個重要的觀念,即在物價維持固定不變的情況下,以貨幣衡量的名目變數進行分析相當方便,且易於理解。但在物價並不固定,例如有通貨膨脹發生時,我們就必須以實物衡量的實質變數從事分析方能得到正確的結論。如上所言,實質變數和名目變數的差別端在於前者是以實物表示,後者則以貨幣表示。但名目利率和實質利率兩者均沒有單位,它們的差別又在那裡呢?其實基本原理還是一樣的,實質利率乃是以實物計算的利率,而名目利率則是以貨幣計算的利率。我們可以下面的例子來說明。

首先,假定某人在第一期借出 100 個蘋果(實物),然後在第二期回收 110 個蘋果,則此人出借蘋果的實質利率即是10%。接著假定,在第一期每個蘋果的價格為 1 元,他將 100 個蘋果賣出,然後將所得的 100 元(貨幣)借給他人,在第二期收回 110 元,則此人借錢出去的名目利

率為 10%。如果物價在兩期間保持不變，則第二期回收的 110 仍可以買到 110 個蘋果，在這種情況下，名目利率和實質利率完全相同，都是 10%。但如果每個蘋果的價格在第二期上漲 10% 成為 1.1 元，則回收的 110 元，只能買到 100 個蘋果。如此一來，就好像此人在第一期借出 100 個蘋果，而在第二期回收 100 個蘋果一般，因而實質利率為 0%，與名目利率 10% 相去甚遠。換句話說，當名目利率為 10% 時，如果物價也上漲 10% 的話，實質利率就等於 0%。從這個例子，我們可體會到，名目利率、實質利率與通貨膨脹率間明顯地有一定的關係。現在我們就較一般性地來說明這層關係。

我們仍然假定第一期消費品的價格為 $p_1 = 1$，通貨膨脹率為 π，名目利率為 r，實質利率為 ρ。現在進一步假定當人們在第一期出借一單位的消費品，則在第二期可回收 $1 + \rho$ 單位的消費品。若以貨幣來表示的話，$1 + \rho$ 單位第二期消費品共值 $p_2(1 + \rho) = (1 + \pi)(1 + \rho)$。反過來，如果在第一期先將一單位消費品出售成為 1 元，再將其借出，則在第二期就可回收 $1 + r$ 元。很顯然地，只要 $(1 + r) > (1 + \pi)(1 + \rho)$，人們將以貨幣形式將錢出借，而在 $(1 + r) < (1 + \pi)(1 + \rho)$ 時則會以實物（消費品）方式借出。只有在 $(1 + r) = (1 + \pi)(1 + \rho)$ 時，方才達到以實物或貨幣借出並沒有差別。讀者現在應可看到，上述的等式關係只不過是前面實質利率定義式的另一種寫法而已。這等式關係可寫成

$$1 + r = 1 + \pi + \rho + \pi\rho$$

或

$$\rho = r - \pi - \pi\rho \tag{6.13}$$

但一般而言，實質利率 ρ 和通貨膨脹率 π 均為數值不大的小數，故 $\pi\rho$ 的數值當然是更小。因此，習慣上我們將 (6.13) 中 $\pi\rho$ 這一項忽略，而將其表示成

$$\rho \approx r - \pi \tag{6.14}$$

上式中之「≈」符號代表「大約」的意思，也是指明 $\pi\rho$ 這一項被忽略的事實。(6.14) 之意義相當明顯易解，實質利率大約為名目利率減去通貨膨脹

率。回到上面的例子，讀者就可理解，何以在名目利率為 10%，且第二期每個蘋果價格為 1.1 元時，實質利率為 0% 了。最後，(6.14) 也告訴我們，所謂實質利率，所衡量的事實上就是由第一期到第二期間「購買力」(purchasing power) 變動的情形，這與名目利率衡量由第一期到第二期擁有的貨幣量變動的情形並不相同。一般說來，我們很難想像名目利率會是負值，但 (6.14) 顯示，實質利率成為負值並不那麼令人驚訝。

6.3 人力資本

家計單位或個人的跨時選擇問題，並不限於金融資本市場的借貸決策。以本章第一節所討論的勞動供給來說，同樣也可能牽涉跨期選擇問題。為什麼呢？雖然在第一節的分析中，我們假定工資是給定的外生變數，任何個別勞動供給者均無法影響。但事實上，我們知道，每一個人都希望在勞動市場中爭取較好的待遇或較高的工資。為了達到這個目的，一個常見的方式就是經由接受較多或較高的教育和訓練，提高自己的生產力。經濟學上，將這種透過教育訓練提高生產力的行為稱為**人力資本** (human capital) 投資。人力資本投資和機器設備等實質資本投資一樣，都是必須在目前 (第一期) 付出成本，以便未來 (第二期) 能有更多的產出及消費。如此一來，人力資本投資就直接牽涉到跨期選擇問題。個人必須決定目前 (第一期) 的消費及人力資本投資水準，以使跨期效用達到最大。在這一節中，我們以上一節所介紹的跨期選擇模型為基本架構，討論人力資本投資行為。有趣的是，上一節所探討的金融資本市場是否存在，對人力資本投資行為將有重大的影響。為了凸顯金融資本市場所扮演的角色，我們將先討論不存在金融資本市場時的人力資本投資決策，然後再將金融資本市場引進分析中，以比較兩種情況下的差異。

人力資本投資：無金融資本市場

我們回到物價固定的假設，並令 $p_1 = p_2 = 1$。假定某人在目前 (第一期) 及未來 (第二期) 擁有的貨幣所得分別為 m_1 和 m_2。雖然，因金融資本市場並不存在，此人無法在市場上進行借貸，但他仍可透過人力資本投資，使自己在兩期的消費異於稟賦 (m_1, m_2)。更明確點說，他可將第一期的部份所得節省下來，從事人力資本投資，以增加未來的消費。假定此

人第一期消費了 c_1，則 $m_1 - c_1$ 即是用於人力資本的投資。如果我們將投資於人力資本後，第二期所能獲得的收入記為 $f(m_1 - c_1)$，則此人第二期能消費的數量為

$$c_2 = m_2 + f(m_1 - c_1) \tag{6.15}$$

上式即是對應於 (6.7) 式的跨期預算限制式；其中 $f(m_1 - c_1)$ 稱為人力資本生產函數 (human capital production function)，為一通過原點遞增的凹函數，即 $f(0) = 0$，$f'(m_1 - c_1) > 0$，$f''(m_1 - c_1) < 0$。f 為一遞增凹函數乃是一般生產函數所具有的特性，詳細原因可參閱第八章。在此只提醒讀者，這個性質可保證滿足限制極大的二階條件。

和一般跨期選擇模型一樣，我們假定此人的跨期效用函數 $U(c_1, c_2)$ 具有一般效用函數的良好性質，則此人所面對的問題可寫成

$$\max_{c_1, c_2} U(c_1, c_2) \tag{6.16}$$

$\quad$ s.t. (6.15)

其對應的拉格朗日函數為

$$\mathcal{L} = U(c_1, c_2) + \lambda(m_2 + f(m_1 - c_1) - c_2)$$

極大化的一階條件為

$$\frac{\partial \mathcal{L}}{\partial c_1} = \frac{\partial U}{\partial c_1} - \lambda f'(m_1 - c_1) = 0 \tag{6.17}$$

$$\frac{\partial \mathcal{L}}{\partial c_2} = \frac{\partial U}{\partial c_2} - \lambda = 0 \tag{6.18}$$

$$\frac{\partial \mathcal{L}}{\partial \lambda} = m_2 + f(m_1 - c_1) - c_2 = 0 \tag{6.19}$$

由 (6.17) 和 (6.18) 兩式可得到

圖 6.13

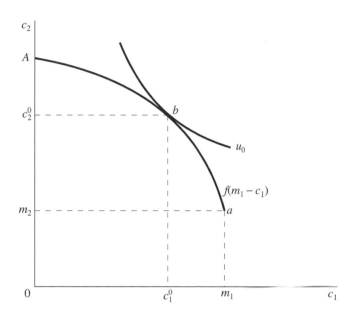

$$\frac{\dfrac{\partial U}{\partial c_1}}{\dfrac{\partial U}{\partial c_2}} = f'(m_1 - c_1) \tag{6.20}$$

上式左邊為我們熟知的邊際時間偏好率,右邊則是人力資本生產函數的斜率。換句話說,在效用達到極大時,最適解除滿足跨期預算限制 (6.15) 外,還必須滿足跨時無異曲線與人力資本生產曲線相切的條件。

我們可以圖 6.13 來說明上述結果。圖 6.13 中,a 為稟賦點 (m_1, m_2)。如果沒有金融資本市場,也無法從事人力資本投資,則此人只能消費於 a 點,即 $c_1 = m_1$,$c_2 = m_2$。現在考慮此人可在第一期減少消費,並將剩餘所得 $m_1 - c_1$ 從事人力資本投資。我們可以將 a 當成原點,由該點往左為橫座標,衡量人力資本投資 $m_1 - c_1$;由該點往上為縱座標,衡量產出 $f(m_1 - c_1)$。根據上面有關人力資本生產函數的假設,我們可繪出圖中 Aa 這條人力資本生產曲線。很明顯地,經由第一期適當的投資支出,此

人可「生產」及「消費」於 Aa 上任何一點，故 $0Abam_1$ 就是此人在跨期選擇中所面對的機會集合。我們可將此人的無異曲線繪在圖 6.13 上，然後找出機會集合中使效用達到最大的點，該點即是跨期選擇問題 (6.16) 的解。為了使圖形不致過於複雜，圖中我們只繪出對應於極大化效用的無異曲線 u_0。因 u_0 與人力資本生產函數 Aa 相切於 b 點，故滿足 (6.20)，又因 b 點在人力資本生產曲線上，故亦滿足跨期預算限制。因此，b 點或 $(c_1^0,\ c_2^0)$ 即是此人的最適選擇。此人將於第一期投資 $m_1 - c_1^0$ 於人力資本，而在第二期「回收」$(c_2^0 - m_2)$ 的貨幣所得。讀者可輕易驗證，經過 Aa 曲線上 b 以外任何一點的無異曲線必然位於 u_0 的下方，代表較低的效用水準。上面分析的一個重要結論是，在人力資本生產函數給定的前提下，此人的「生產」與「消費」決策完全由他的偏好決定，當他的偏好改變時，「生產點」與「消費點」也跟著改變。

人力資本投資：有金融資本市場

現在，將前面的模型加以擴充，容許此人在一市場利率為 r 的金融資本市場從事借貸。由上一節跨時選擇模型的結果，我們知道，在這種情況下，此人只要消費在他所面對的跨時預算線上的一點即可，因而「消費點」和稟賦點（或「生產點」）不必相同。另外，我們知道，較寬鬆的預算限制，或較大的機會集合可為此人帶來較高的效用水準，因此為了達到跨期效用極大，此人就會設法擴大他所面對的機會集合。但我們也知道，在跨時模型中，預算線正好是通過稟賦點，斜率為 $-(1+r)$ 的直線。換句話說，在市場利率 r 給定的情況下，預算限制或機會集合完全取決於稟賦點為何。以圖 6.13 來說，如果沒有任何人力資本投資，則跨時預算線就是通過 a 點，斜率為 $-(1+r)$ 的直線。但在容許人力資本投資時，我們可透過「生產活動」，將稟賦點移到 Aa 曲線上任何一點。如果 Aa 上存在任何一點，使得通過該點的預算線位於通過 a 點的預算線的外面的話，則為了追求效用極大，此人就必須從事人力資本投資，將稟賦點移到該生產點。重複同樣的推理，我們發現，此人在追求效用極大化過程中，所必須解決的第一個問題就是在 Aa 曲線上找到一點，使得通過該點的預算線位於所有其他可能的預算線的最外面。

現在將 Aa 曲線上任何一點以 (x_1, x_2) 表示，則通過該點的跨時預算

限制可寫成

$$(1 + r)c_1 + c_2 = (1 + r)x_1 + x_2 \tag{6.21}$$

對應於 (6.21) 的預算線將隨 $(1 + r)x_1 + x_2$ 的值的增加而往外移動。因此，上面所說在 Aa 曲線上找一點使得通過該點的預算線位於所有可能預算線最外面，只不過是找出使 $(1 + r)x_1 + x_2$ 達到極大的 (x_1, x_2) 罷了。換句話說，此人所面對的問題可寫成

$$\max_{x_1, x_2} (1 + r)x_1 + x_2 \tag{6.22}$$

$$\text{s.t.} . x_2 = m_2 + f(m_1 - x_1)$$

其中 (m_1, m_2) 為 a 點的座標，$x_2 - m_2 = f(m_1 - x_1)$ 為 Aa 這條曲線。切記，人力資本生產函數 $x_2 - m_2 = f(m_1 - x_1)$ 乃是以 a 點為原點，往左衡量人力資本投資，往上衡量產出。對應於 (6.22) 的拉格朗日函數為

$$\mathcal{L} = (1 + r)x_1 + x_2 + \lambda\big(f(m_1 - x_1) + m_2 - x_2\big)$$

極大化的一階條件為

$$\frac{\partial \mathcal{L}}{\partial x_1} = (1 + r) - \lambda f'(m_1 - x_1) = 0 \tag{6.23}$$

$$\frac{\partial \mathcal{L}}{\partial x_2} = 1 - \lambda = 0 \tag{6.24}$$

$$\frac{\partial \mathcal{L}}{\partial \lambda} = f(m_1 - x_1) + m_2 - x_2 = 0 \tag{6.25}$$

(6.25) 表示，最適解必須在人力資本生產曲線 Aa 上，而 (6.23) 和 (6.24) 隱含

$$f'(m_1 - x_1) = (1 + r) \tag{6.26}$$

亦即使貨幣所得 $(1 + r)x_1 + x_2$ 達到最大的「生產點」（或稟賦點）必須在 Aa 上，且在該點人力資本生產函數的斜率剛好為 $(1 + r)$。在圖 6.14 中，g 點或 (x_1^*, x_2^*) 正是滿足 (6.23) ~ (6.25) 的最適點。當此人選取了最適的生

圖 6.14

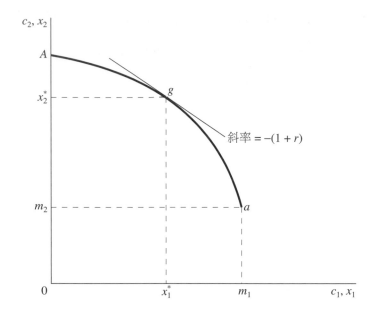

產點 (x_1^*, x_2^*) 之後，他的跨時預算限制即成為

$$(1 + r)c_1 + c_2 = (1 + r)x_1^* + x_2^* \tag{6.27}$$

而他所面對的問題也成為

$$\max_{c_1, c_2} U(c_1, c_2) \tag{6.28}$$

$$\text{s.t.} \ (6.27)$$

但這個問題和 (6.10) 完全相同，因此我們知道最適的消費點就在跨期預算線 (6.27) 與跨期無異曲線相切的點。以「生產點」g 為準，無異曲線可能與預算線相切於 g 點的右下方、左上方，甚至剛好在 g 點上。當無異曲線和預算線相切於 g 點時，其結果基本上和圖 6.13 相同；此人的「生產點」和消費點完全相同，他沒有在金融資本市場從事任何借貸。反過來，如果無異曲線與預算線相切如圖 6.15 中的 c^0，則我們可看到，此人一方面在第一期將 $m_1 - x_1^*$ 投資於人力資本，以便將稟賦點移到 g；另一方面則到金融資本市場借入 $c_1^0 - x_1^*$，增加第一期的消費，而在第二期償

圖 6.15

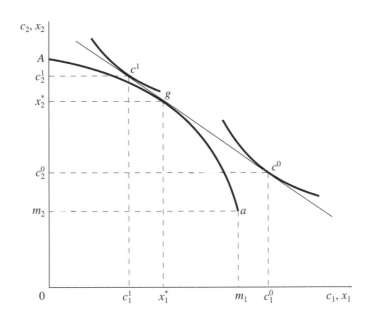

還 $x_2^* - c_2^0 = (1 + r)(c_1^0 - x_1^*)$。很明顯地，此人的決策事實上包括了兩個步驟：首先，透過人力資本投資達到 g 點；其次，由偏好決定最適消費點 c^0。同樣道理，當無異曲線與預算線相切於 c^1 時，我們發現此人先決定了人力資本投資以達到 g 點，再經由偏好選取最適消費點。讀者或許已經察覺到，不管無異曲線或偏好為何，此人在人力資本上的投資永遠相同，均是 $m_1 - x_1^*$。換句話說，在金融資本市場存在時，人力資本投資決策是獨立於偏好，偏好只是影響消費決策而已。這與不存在金融資本市場時，偏好同時影響投資與消費決策的結果大異其趣。這種因金融資本市場存在而使家計單位 能將人力資本投資決策與消費決策分開的現象，在經濟學上稱為分離定理 (separation theorem)。在此必須提醒讀者，分離定理的成立並不限於本節的人力資本投資模型。一般而言，只要生產者和消費者在市場上均為價格接受者，則市場的存在就可使生產決策和消費決策分離。這個結果在一般均衡分析，特別是國際貿易理論上應用非常普遍。

上面我們以逐步說明的方式，闡釋在金融資本市場存在，且可從事

人力資本投資的情況下，一個人如何進行投資及消費決策，以使跨期效用達到最大，並由而得到分離定理。讀者或許會懷疑，即使我們可將決策過程「想像」成兩個步驟，但在實際生活中，決策可能是一起同時作成的，在這種情況下，分離定理是否仍然成立呢？為了消除這個疑慮，我們可設立一同時決定生產 (x_1, x_2) 與消費 (c_1, c_2) 的模型，來驗證分離定理是否成立。在市場利率 r 與人力資本生產函數 $x_2 - m_2 = f(m_1 - x_1)$ 給定情況下，我們可將此人所面對的問題寫成

$$\max_{x_1, x_2, c_1, c_2} U(c_1, c_2) \tag{6.29}$$

$$\text{s.t.} \quad x_2 = m_2 + f(m_1 - x_1)$$

$$(1 + r)c_1 + c_2 = (1 + r)x_1 + x_2$$

這個極大化問題包括兩個限制式：第一個限制式表示，稟賦點（或生產點）必須在人力資本生產曲線上；第二個限制正是熟悉的跨時預算限制，只不過現在稟賦點可透過人力資本投資進行選擇而已。我們可將一個限制式的極大化原理，直接推展到兩個限制式，得到下列的拉格朗日函數

$$\mathcal{L} = U(c_1, c_2) + \lambda_1\big(f(m_1 - x_1) + m_2 - x_2\big) + \lambda_2\big((1 + r)x_1 + x_2 - (1 + r)c_1 - c_2\big)$$

上式中 λ_1 和 λ_2 分別為對應於第一個限制式與第二個限制式的拉格朗日乘數。極大化的一階條件為

$$\frac{\partial \mathcal{L}}{\partial x_1} = -\lambda_1 f'(m_1 - x_1) + \lambda_2(1 + r) = 0 \tag{6.30}$$

$$\frac{\partial \mathcal{L}}{\partial x_2} = -\lambda_1 + \lambda_2 = 0 \tag{6.31}$$

$$\frac{\partial \mathcal{L}}{\partial c_1} = \frac{\partial U}{\partial c_1} - \lambda_2(1 + r) = 0 \tag{6.32}$$

$$\frac{\partial \mathcal{L}}{\partial c_2} = \frac{\partial U}{\partial c_2} - \lambda_2 = 0 \tag{6.33}$$

$$\frac{\partial \mathcal{L}}{\partial \lambda_1} = f(m_1 - x_1) + m_2 - x_2 = 0 \tag{6.34}$$

$$\frac{\partial \mathcal{L}}{\partial \lambda_2} = (1 + r)x_1 + x_2 - (1 + r)c_1 - c_2 = 0 \qquad (6.35)$$

由 (6.30) 和 (6.31) 可得到

$$f'(m_1 - x_1) = (1 + r) \qquad (6.36)$$

又由 (6.32) 和 (6.33)，可得到

$$\frac{\dfrac{\partial U}{\partial c_1}}{\dfrac{\partial U}{\partial c_2}} = (1 + r) \qquad (6.37)$$

現在，請讀者注意，(6.36) 和 (6.26) 完全相同，而 (6.34) 也和 (6.25) 完全一樣。因此，由 (6.36) 和 (6.34) 即可決定 x_1 和 x_2 的最適解 (x_1^*, x_2^*)，且其結果與由 (6.25) 和 (6.26) 所得到的完全相同。換句話說，即使在 (6.29) 這個投資和消費同時決定的模型中，投資決策仍不受偏好的影響，完全獨立於消費決策之外。在決定了 (x_1^*, x_2^*) 之後，我們將其代回 (6.35)，然後再由 (6.35) 與 (6.37) 決定最適消費點。但讀者可輕易查證，代入 x_1^* 和 x_2^* 之後，(6.35) 與 (6.32)、(6.33) 正好就是 (6.28) 的一階條件。總結而言，同時進行投資和消費決策的結果與前面分兩步驟所得到的結果完全相同，因而分離定理也就成立了。

不確定狀況下的選擇行為

到目前為止，我們所探討的消費者行為，包括作為一個供給者，都有一個隱含的假定，即消費者不但明確知道他所要進行選擇的對象，且選擇的後果也完全確定。換句話說，消費者在選擇過程中，不須面對可能的**不確定性 (uncertainty)**。但在現實生活中，我們很清楚，不確定性乃是常態，而非例外；我們很難確定，所要購買的個人電腦會不會剛好是有瑕疵；更難預料，出外旅行時會不會碰到異常的天氣。現在，問題是，如果將這種不確定性明確加以考慮，消費者的行為會和沒有不確定性的情況有何不同？而在考慮不確定性的情況下，對消費者行為的分析在方法上又必須作怎樣的修正？本章主要目的即在就這些問題，進行最基本的分析與介紹。歸納而言，經濟學家在處理不確定狀況下的選擇行為時，大概發展出了三套分析方法：第一套方法稱為**期望效用法 (expected utility approach)**，第二套方法為**狀態偏好法 (state-preference approach)**，第三套方法則是**平均－變異數法 (mean-variance approach)**。期望效用法歷史最為久遠，狀態偏好法可視為期望效用法的擴展，至於平均變異數法則主要應用於具風險性的資產選擇方面，與主流經濟分析架構距離稍遠。接下來，我們將就這三套方法依次進行討論。

7.1　期望效用法

如上所述，這個方法歷史相當悠久。文獻上，一般將其根源追溯到十八世紀初期，瑞士數學家柏努利 (Nicolas Bernoulli) 所提出的**聖彼得堡矛盾 (St Petersburg paradox)**。這個「矛盾」大概是這樣子：假定有人提供一個**賭局 (gamble 或 bet)**，該賭局為進行銅板投擲，只要銅板第一次就出現正面，他就賠你 1 元；如果第二次才出現正面，他就賠 2 元；如果第三次才出現正面，則賠 4 元。如此繼續下去，當第 n 次才出現正面時，他

就賠 2^{n-1} 元。而且，只要正面一出現，賭局也就同時結束。柏努利的問題是，人們願付多少錢來參與這個賭局？

　　純粹從數學的觀點來看，在銅板正、反兩面出現機率各為 1/2 的前提下，這個賭局的期望收入為

$$\frac{1}{2} \times 1 + \frac{1}{4} \times 2 + \frac{1}{8} \times 4 + \cdots = \frac{1}{2} + \frac{1}{2} + \frac{1}{2} + \cdots = \infty \qquad (7.1)$$

因此，一般人應該願意付 ∞ 或極高的價錢去參與這個賭局。但事實上，很難找到幾個人願意出 100 元，甚至 50 元去玩這個賭局，這就是所謂「矛盾」的由來。為什麼呢？一個可能的解釋是，雖然這個賭局的期望收入為無窮大，但它所隱含的風險或不確定性也是無窮大。因為一般以變異數 (variance) 的大小來代表風險，而在期望值為無窮大的情況下，很明顯地，變異數也是無窮大（確定你知道，可參考一般初等統計書籍）。另一個解釋則由格萊姆 (Cramer) 提出；他指出，數學家將貨幣的評價以貨幣量來衡量並不正確，正確的貨幣評價應以貨幣所能帶來的效用衡量。換句話說，如果 x 元所帶來的效用為 $U(x)$，則此人參與此賭局的期望效用為

$$\frac{1}{2} U(1) + \frac{1}{4} U(2) + \frac{1}{8} U(4) + \cdots \qquad (7.2)$$

在這種情況下，只要效用函數 $U(x)$ 具有某些性質，則 (7.2) 就不會是無窮大，而可將其等同於某一所得水準 x_0 下的效用 $U(x_0)$，因而 x_0 就是此人所願支付以參與這個賭局的最大支出。

　　格萊姆的解釋可視為現代期望效用理論的濫殤，但期望效用理論真正有系統的發展則至二十世紀四十年代才由福內曼 (John von Neumann) 和摩根斯坦 (Oskar Morgenstern) 兩人合力完成。福內曼－摩根斯坦將消費者在不確定狀況下的可能選擇都看成一個賭局。為了簡化說明，我們假定任何一個賭局都只有兩種「狀態」(state of nature)，第一種狀態的「結果」(outcome) 為 x_1，第二種狀態的結果為 x_2，而其出現的機率分別為 π_1 和 $\pi_2 = 1 - \pi_1$。如此，我們可將一個賭局以它的機率分配 $(x_1, x_2; \pi_1, \pi_2)$ 來表示。現在，我們將每一個可能的選擇或賭局看成一種產品，則如同在確定的情況下一樣，我們可在這樣的「產品空間」中定義消費者的偏

好，福內曼與摩根斯坦證明，只要這個偏好滿足一些基本的假設，則我們就可以一期望效用函數 (expected utility function, *EU*)

$$EU(x_1, x_2; \pi_1, \pi_2) = \pi_1 U(x_1) + \pi_2 U(x_2) \tag{7.3}$$

來代表對賭局 $(x_1, x_2; \pi_1, \pi_2)$ 的偏好，其中 $U'(x) > 0$。在這種情況下，如果消費者要在兩個賭局 $g_1 = (x_1^1, x_2^1; \pi_1^1, \pi_2^1)$ 與 $g_2 = (x_1^2, x_2^2; \pi_1^2, \pi_2^2)$ 之間進行選擇的話，則他只要比較它們期望效用的大小即可，亦即，若且唯若此人認為 g_1 較 g_2 好，則

$$EU(g_1) = \pi_1^1 U(x_1^1) + \pi_2^1 U(x_2^1) > EU(g_2) = \pi_1^2 U(x_1^2) + \pi_2^2 U(\pi_2^2)$$

現在，讀者應已體認到，福內曼－摩根斯坦的主要貢獻乃是將不確定狀況下的選擇理論，透過期望效用的觀念進行分析。

在此必須特別提醒讀者兩點：首先，由 (7.3) 有關期望效用函數的定義，我們清楚看到，x_1 和 x_2 兩個結果對期望效用的貢獻並不互相影響。換句話說，在期望效用理論中，隱含「狀態彼此獨立」(independent states) 的假設。這個狀態獨立的假設，在下面討論消費者對風險的態度時扮演相當重要的角色。第二，記得在第二章討論效用函數時，我們提過，任何效用函數的單調遞增轉換，與原來的效用函數均代表同樣的偏好。不幸地，這個結果在期望效用函數中並不成立，不過，我們可以證明任何期望效用函數的「線性遞增轉換」(positive linear transformation 或 positive affine transformation)，仍和原來的期望效用函數代表相同的偏好。更明確點說，若 EU_1 為一期望效用函數，則

$$EU_2 = a + bEU_1, \ b > 0$$

和 EU_1 代表完全相同的偏好。由於相關證明屬技術層次問題，因此我們不擬進一步說明，有興趣的讀者可參閱較深入的個體經濟學書籍。

對風險的態度

雖然，期望效用理論可用來探討廣泛的帶有不確定性的選擇問題，但為了便於解說，在接下來的討論中，我們依據文獻的習慣，以討論一賭局為對象。我們假定一消費者原擁有一定的財富或所得 W_0。現在考慮此消

費者面對一個賭局，如果他「好運」(good luck) 賭贏了，他可獲得 g 的收入，使財富成為 $W_g = W_0 + g$；反之，如果他「倒霉」(bad luck) 賭輸了，則他必須付出 l，使他的財富成為 $W_b = W_0 - l$。如果我們進一步假定，此人賭輸的機率為 π，則此賭局可表示成

$$(W_b, W_g; \pi, 1 - \pi) = (W_0 - l, W_0 + g; \pi, 1 - \pi)$$

現在，我們可先來看這個賭局的性質：我們可說，當這個賭局的期望收入高於 W_0 時，則這是一個（對此消費者）有利的賭局 (favorable gamble)；當這個賭局的期望收入低於 W_0 時，則這是一個不利的賭局 (unfavorable gamble)；最後，當此賭局的期望收入剛好等於 W_0 時，則這是個公平的賭局 (fair gamble)。以符號來表示，我們有

當 $\pi W_b + (1 - \pi)W_g > W_0$ 時，為有利賭局

當 $\pi W_b + (1 - \pi)W_g = W_0$ 時，為公平賭局

當 $\pi W_b + (1 - \pi)W_g < W_0$ 時，為不利賭局　　　　　　　　(7.4)

將 $W_g = W_0 + g$，$W_b = W_0 - l$ 代入 (7.4)，整理後可得

當 $(1 - \pi)g - \pi l > 0$ 時，為有利賭局

當 $(1 - \pi)g - \pi l = 0$ 時，為公平賭局

當 $(1 - \pi)g - \pi l < 0$ 時，為不利賭局　　　　　　　　(7.5)

(7.5) 的意義相當清楚，若參與這個賭局的期望淨收入為負值，這就是個不利的賭局，若期望淨收入為正值，這就是個有利的賭局，而當其期望淨收入為 0 時，則平均而言，參與這個賭局將不會有任何輸贏，因此是個公平的賭局。另外，(7.5) 也顯示，一個賭局是否公平，是否有利或不利，完全看 π, g, l 這三個參數的大小而定。例如，原有一公平賭局，但因某種原因，使 g 增加或 π 減少，則此賭局將變成一有利的賭局。反之，若 π 或 l 增加，則它將轉為一不利賭局。

　　對賭局的性質了解之後，我們接著可來看消費者對風險的態度。由有關聖彼得堡矛盾的解釋，我們知道，消費者是否參與一個賭局，並不是取決於該賭局是否有利，而是取決於參與該賭局的期望效用和不參與

賭局時效用的大小，也就是說受到他的偏好的影響。因此，對某些人，他們可能會接受不利的賭局，而對另外一些人，他們甚至會拒絕相當有利的賭局。為了說明這種不同的選擇行為，我們必須明確地定義消費者對風險的態度。我們說，當一個消費者拒絕了公平的賭局時，他就是一個風險趨避者 (risk-averter)；當一個消費者接受了公平賭局時，他就是一個風險愛好者 (risk-lover)；當一個消費者可接受，也可拒絕一個公平賭局時，他就是一個風險中立者 (risk-neutral)。但這些定義和偏好又有什麼關係呢？我們先看一個簡單的例子，再來看一般情形。

假定某人原有的財富為 W_0，他面對一個賭局，如果他賭贏了可贏1元，如果他賭輸了則輸 1 元。若此人輸贏的機率各為 1/2，則依據前面的定義，此為一公平的賭局。同樣，根據前面的定義，若這個人拒絕參與這個賭局的話，他就是一個風險趨避者。但我們知道，他之所以拒絕這個賭局乃是因為不賭的效用超過參與賭局的期望效用，亦即

$$U(W_0) > \frac{1}{2}U(W_0 + 1) + \frac{1}{2}U(W_0 - 1) \tag{7.6}$$

利用

$$U(W_0) = \frac{1}{2}U(W_0) + \frac{1}{2}U(W_0)$$

上式可改寫成

$$U(W_0) - U(W_0 - 1) > U(W_0 + 1) - U(W_0)$$

或

$$\frac{U(W_0) - U(W_0 - 1)}{W_0 - (W_0 - 1)} > \frac{U(W_0 + 1) - U(W_0)}{(W_0 + 1) - W_0} \tag{7.7}$$

但 (7.7) 不等號左邊代表當此人的財富由 $W_0 - 1$ 增加一元時的邊際效用，而右邊則是財富由 W_0 增加一元時的邊際效用。因此 (7.7) 表示，當此人的財富由較低水準逐漸增加時，財富的邊際效用也跟著遞減。另外，我們也知道，邊際效用在幾何上就是總效用函數的斜率，因而上述結果隱含，此人的財富的（總）效用函數的斜率隨其財富的增加而不斷下降，故

（總）效用函數為一個凹函數。經由同樣過程，我們可將 (7.6) 中的「>」號分別以「<」或「=」取代，然後可得到；風險愛好者的財富的效用函數必然為一凸函數，風險中立者的財富的效用函數必然為一線性函數，反之亦然。

上面有關風險態度與財富的效用函數之間的關係，雖是以一特殊的例子推論得到，但這個結果可很輕易地推展到一般情況。假定一消費者擁有 W_0 的財富，而他拒絕了一個公平的賭局 $(W_b, W_g; \pi, 1 - \pi)$，則我們知道他是一位風險趨避者，且下列的關係也成立

$$U(W_0) > \pi U(W_b) + (1 - \pi)U(W_g) \tag{7.8}$$

將 $U(W_g)$ 和 $U(W_b)$ 在 W_0 作二階泰勒展開式可得

$$U(W_g) = U(W_0) + U'(W_0)(W_g - W_0) + \frac{1}{2}U''(W_0)(W_g - W_0)^2 \tag{7.9}$$

$$U(W_b) = U(W_0) + U'(W_0)(W_b - W_0) + \frac{1}{2}U''(W_0)(W_b - W_0)^2 \tag{7.10}$$

將 (7.9) 和 (7.10) 代回 (7.8)，整理後得到

$$U(W_0) > U(W_0) + U'(W_0)\left[\pi(W_b - W_0) + (1 - \pi)(W_g - W_0)\right]$$

$$+ \frac{1}{2}U''(W_0)\left[\pi(W_b - W_0)^2 + (1 - \pi)(W_g - W_0)^2\right]$$

因為這是一個公平賭局，故 $\pi(W_b - W_0) + (1 - \pi)(W_g - W_0) = 0$（為什麼？），所以上式成為

$$\frac{1}{2}U''(W_0)\left[\pi(W_b - W_0)^2 + (1 - \pi)(W_g - W_0)^2\right] < 0$$

上式中括號內各項必為正值，因此得知 $U''(W_0) < 0$。因 W_0 為任意值，故上述結果表示財富的效用函數為一凹函數。讀者可以同樣方法證明：若且唯若此消費者為一風險愛好者，則其財富的效用函數為凸函數，以及若且唯若此消費者為一風險中立者，則其財富的效用函數為線性函數。從另一個角度看，我們也可以說，財富的邊際效用遞減和風險趨避

圖 7.1

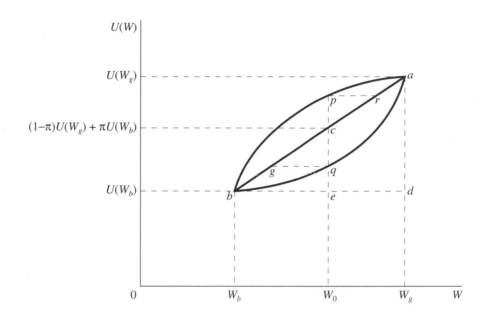

意義完全相同，財富的邊際效用遞增和風險愛好意義完全相同，以及財富的邊際效用固定和風險中立意義完全相同。

上面的結果也可用圖形來說明。圖 7.1 中 a、b 分別為 $(W_g, U(W_g))$ 和 $(W_b, U(W_b))$。因 $W_g > W_b$，故 $U(W_g) > U(W_b)$，a 點位於 b 點的東北方向。以直線連接 a、b 兩點，考慮點 $W_0 = \pi W_b + (1-\pi) W_g$，並假定 c 為直線 ab 上位於 W_0 正上方的點，我們可證明 c 點的縱座標即是此賭局的期望效用。由圖 7.1 可知，c 點的縱座標 $f(W_0)$ 可寫成

$$f(W_0) = U(W_b) + \frac{ce}{be} be$$

$$= U(W_b) + \frac{ad}{bd} be$$

$$= U(W_b) + \frac{U(W_g) - U(W_b)}{W_g - W_b} (W_0 - W_b)$$

$$= U(W_b) + \frac{U(W_g) - U(W_b)}{W_g - W_b}(1 - \pi)(W_g - W_b) \quad （為什麼？）$$

$$= U(W_b) + (1 - \pi)U(W_g) - (1 - \pi)U(W_b)$$

$$= (1 - \pi)U(W_g) + \pi U(W_b)$$

又由 (7.8) 得知，此人在 W_0 的效用高於此賭局的期望效用，故知其效用函數必然通過 c 點的正上方，如圖中之 p 點。將 b、p、a 三點用一平滑曲線連接，即得圖中之財富的效用曲線 bpa。讀者應可輕易認知此效用函數為一凹函數。經由同樣過程可立即得到，風險愛好者的財富的效用曲線將如圖中之 bqa 曲線，而風險中立者的財富的效用曲線則剛好是直線 bca。

現在考慮另一個賭局 $(W_b, W_g; \hat{\pi}, 1 - \hat{\pi})$。很明顯地，此賭局和圖 7.1 所描繪的賭局基本上相同，只不過輸贏的機率可能不一樣罷了。讀者可輕易驗證，若 $(W_b, W_g; \pi, 1 - \pi)$ 為一公平賭局，則當 $\hat{\pi} < \pi$ 時，對此消費者來說，$(W_b, W_g; \hat{\pi}, 1 - \hat{\pi})$ 為一個有利的賭局，而在 $\hat{\pi} > \pi$ 時，則為一不利的賭局。若為一有利的賭局，則代表其期望效用的點必然位於直線 ab 上的 c（不包括c）和 a 點之間；反之，若為一不利的賭局，代表其期望效用的點就會在 c（不包括 c）和 b 點之間。如此一來，由圖 7.1 可看出，一個風險趨避者必然會拒絕任一不利的賭局，但他卻可能接受足夠有利的賭局（例如，當 $\hat{\pi}$ 小到使代表期望效用的點位於 r 和 a 點之間）。同樣道理，一個風險愛好者必然會接受一有利的賭局，但他仍可能拒絕過分不利的賭局（例如，$\hat{\pi}$ 大到使代表期望效用的點位於 g 和 b 點之間）。

【例 7.1】
違規停車是許多城市的頭痛問題。假定某城市目前抓到並控訴車子違規停車的機率為 π，而對違規停車的處罰為罰金 F 元。現因違規停車實在太嚴重了，政府想要加以抑制，故考慮提高控訴違規停車的機率，或增加罰金兩種策略。假定所有車主均為風險愛好者，且控訴違規停車機率增加的程度和罰金增加的程度完全相等，則那一種策略較為有效？

【解答】
假定一車主的財富為 W_0。當他違規停車未被抓到時，財富仍為 W_0；當

他被抓到時，財富成為 $W_0 - F$。因此，若此車主決定違規停車，就等於接受了 $(W_0 - F, W_0; \pi, 1 - \pi)$ 的賭局，而他的期望財富 (EW) 為

$$EW = \pi(W_0 - F) + (1 - \pi)W_0$$
$$= W_0 - \pi F \qquad\qquad\qquad\qquad (a)$$

我們可將 (a) 中之 πF 視為違規停車的期望罰金，故違規停車的期望財富正好是車主的財富減掉期望罰金。(a) 式也顯示，改變起訴機率和改變罰金只會影響期望罰金而已。因此，我們可先分別來看這兩種策略對期望罰金的影響。因

$$\frac{\partial(\pi F)}{\partial \pi} = F$$

故改變 π 對期望罰金的影響可寫成

$$d(\pi F) = F d\pi = \pi F \frac{d\pi}{\pi} \qquad\qquad\qquad\qquad (b)$$

同樣道理，改變 F 對期望罰金的影響為

$$d(\pi F) = \pi F \frac{dF}{F} \qquad\qquad\qquad\qquad (c)$$

但因兩種方式增加的程度相同，即 $d\pi / \pi = dF / F$，故 (b) 和 (c) 兩式完全相同。因此，在本題中，不管採用那一種策略，對期望罰金的影響是一樣的。也就是說，政府不論加強取締，提高控訴機率，或提高處罰金額，兩種政策的期望罰金相同，故期望財富也相同。假定政策改變後之 π 和 F 分別成為 $\hat{\pi}$ 和 $\hat{F}$，依上述討論得知 $\pi\hat{F} = \hat{\pi}F$，且在任一新政策下之期望財富均為 $W_0 - \pi\hat{F}$。

　　圖 7.2 中，加重處罰政策實施前的期望財富為 $W_0 - \pi F$，故期望效用水準為 EU_0。如果政府提高控訴機率，則被抓到後的財富仍為 $W_0 - F$，故期望效用仍在直線 ab 上。由圖 7.2 可知，當期望財富成為 $W_0 - \pi\hat{F}$ 時，期望效用為 EU_π。反過來，在同樣的期望財富下，政府將罰金提高為 $\hat{F}$ 的話，期望效用在直線 ac 上。圖 7.2 顯示，在這種政策下之期望效用為

圖 7.2

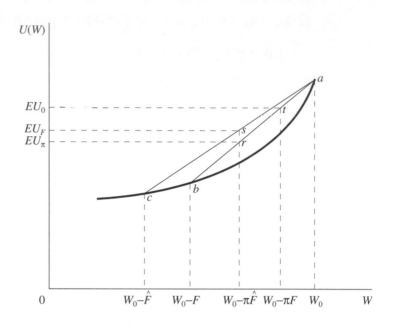

EU_F。由圖 7.2 清楚看到，在車主為風險愛好者的情況下，$EU_\pi < EU_F$。
換句話說，對風險愛好者而言，採取提高控訴機率的方法會比採取增加
罰金的方法有效。

　　為了讓讀者對上面的結果有更深一層認識，接下來我們再以數學方
法加以證明。我們想知道，在 $d\pi / \pi = dF / F$ 的條件下，提高 π 或提高 F
對違規停車者期望效用的影響。違規停車者的期望效用為

$$EU = \pi U(W_0 - F) + (1 - \pi)U(W_0) \tag{d}$$

將 $U(W_0 - F)$ 在 W_0 作二階泰勒展開式可得

$$U(W_0 - F) = U(W_0) - FU'(W_0) + \frac{1}{2}F^2 U''(W_0) \tag{e}$$

再將 (e) 代入 (d)，整理可得

$$EU = U(W_0) - \pi FU'(W_0) + \frac{1}{2}\pi F^2 U''(W_0) \tag{f}$$

先看 π 變動對期望效用的影響，因

$$\frac{\partial EU}{\partial \pi} = -FU'(W_0) + \frac{1}{2}F^2U''(W_0) \qquad (g)$$

所以 π 變動對 EU 的影響為

$$dEU|_\pi = \left(-FU'(W_0) + \frac{1}{2}F^2U''(W_0)\right)d\pi \qquad (h)$$

同理，F 變動對 EU 的影響為

$$dEU|_F = \left(-\pi U'(W_0) + \pi F U''(W_0)\right)dF \qquad (i)$$

由 $d\pi / \pi = dF / F$ 可得 $dF = Fd\pi / \pi$，將其代入 (i) 得到

$$dEU|_F = \left(-FU'(W_0) + F^2U''(W_0)\right)d\pi \qquad (j)$$

因此人為風險愛好者，故 $U''(W) > 0$。比較 (h) 和 (j) 兩式，我們看到兩者的差別只在 (h) 所加的正數 $F^2U''(W_0) / 2$ 僅為 (j) 所加的正數 $F^2U''(W_0)$ 的一半罷了，因此 (j) 的值必然大於 (h)。由圖 7.2，讀者應可看出，我們可能得到 $0 > dEU|_F > dEU|_\pi$ 或 $dEU|_F > 0 > dEU|_\pi$ 兩種結果。但不管是那一種結果，我們均可確定，提高控訴機率會使此人期望效用下降得較多；也就是說，提高控訴機率對抑制違規停車將較提高罰金有效。

確定等價財富與風險貼水

風險趨避者既然厭惡風險，那麼一個可能的結果是，他寧願支付一些代價以避免面對具有風險的選擇。當然，他所支付的代價不應太大，否則他由支付代價所造成的效用損失，可能反而大過他面對風險所造成的效用損失。經濟學上稱這種消費者為了避免風險所願支付的最大的財富為風險貼水 (risk premium)。為了較具體地說明風險貼水的意義，我們先介紹確定等價財富 (certainty equivalent wealth) 的概念。圖 7.3 描繪某一風險趨避者的財富效用曲線及他所面對的賭局 $(W_b, W_g ; \pi, 1 - \pi)$。圖中，$W_0 = \pi W_b + (1 - \pi)W_g$。很明顯地，如果此人能擁有確定的財富 W_0，則他

的效用 $U(W_0)$ 會高過面對此賭局的期望效用 $\pi U(W_b) + (1 - \pi)U(W_g)$，而兩者的差距即代表不確定或風險的代價。

　　現在，想像此人擁有 W_0 的財富，但卻有「大哥」「邀請」他參與這個賭局。當然啦！「大哥」也很「講道理」，聲稱只要此人拿出一些財富來「幫忙」，他就可不用參與此賭局。我們的問題是，在厭惡風險（不是怕大哥？！）的前提下，此人最多願拿出多少錢「幫忙」大哥，以便不用參加此賭局？我們知道，只要付給錢後，此人擁有的剩餘財富的效用大於參與此賭局的期望效用，那他就願付這一筆錢。由此可知，此人所願支付的最大數量 r，必然是使他付出後所剩財富 $W - r$ 的效用剛好等於參加此賭局的期望效用，亦即

$$U(W_0 - r) = \pi U(W_b) + (1 - \pi)U(W_g) \tag{7.11}$$

上式表示，確定財富 $W_0 - r$ 的效用剛好與此賭局的期望效用相等，因此我們常將財富 $W_c = W_0 - r$ 稱為此賭局的確定等價財富。另外，我們稱滿足 (7.11) 的貨幣數量 r 為此人面對此賭局的風險貼水。由於風險貼水是一個人面對風險時，所願支付以避免風險的最大貨幣支出，故也可把它看成一種「風險的成本」(cost of risk)。以圖 7.3 的賭局 $(W_b, W_g; \pi, 1 - \pi)$ 為例，其預期效用為 W_0。當我們經 d 點作一水平線時，此水平線將與財富的效用曲線 $beca$ 相交於 e 點。因此，對應於 e 點的財富 W_c 即是此賭局的確定等價財富，而 $W_0 - W_c$ 即是此賭局的風險貼水。

　　上面有關風險貼水及確定等價財富的觀念，是利用一風險趨避者為例來說明。這種作法無疑是最自然的，因為唯有風險趨避者才願付出風險貼水來避免面對風險。但上面的說明，尤其是 (7.11) 卻也顯示，將這兩個概念侷限於風險趨避者並沒必要。同樣的定義，可以直接引用於風險愛好者與風險中立者。圖 7.4 的賭局與圖 7.3 完全相同，但此人的財富效用函數卻是凸性，代表其為一風險愛好者。圖中顯示，此賭局的期望效用為 W_0d，高過此人擁有確定財富 W_0 的效用 W_0c。根據 (7.11)，我們得知，此人對此賭局的確定等價財富為 W_c，而風險貼水則為 $W_0 - W_c$。比較圖 7.3 和圖 7.4 可得知，當此人為一風險趨避者時，我們有 $W_c < W_0$，$W_0 - W_c > 0$；反之，當此人為風險愛好者時，$W_c > W_0$，$W_0 - W_c < 0$。後者雖沒風險趨避情況下那麼自然，但也不那麼意外。畢竟，風險愛好

圖 7.3

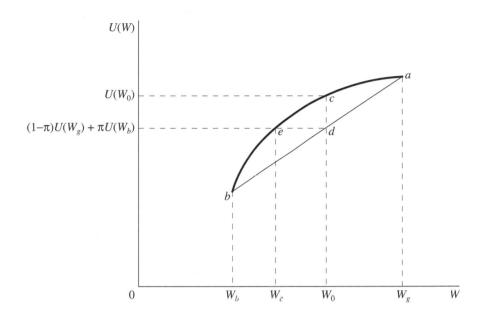

圖 7.4

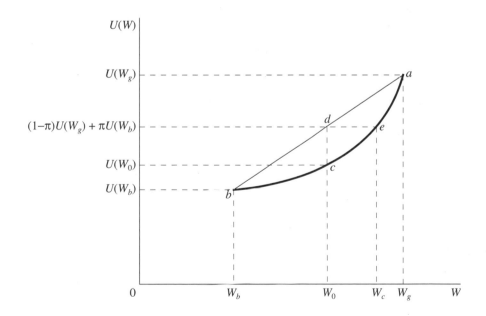

者可自參與具有風險的賭局中獲得效用,因此要求他不參與賭局,就得對失去「享受風險」加以補償,使得風險貼水成為負值。我們不擬重複討論風險中立者的情形,但現在讀者應可輕易推得,對一個風險中立者而言,應有 $W_c = W_0$,$W_0 - W_c = 0$ 的結果。

【例 7.2】

假設某消費者財富的效用函數為 $U(W) = \sqrt{W}$,且他有 50% 的機率財富成為 36 萬元,50% 的機率財富成為 100 萬元。試問,對此人而言,這個「賭局」的確定等價財富是多少?風險貼水又是多少?

【解答】

此「賭局」的期望財富為

$$EW = \frac{1}{2} \times 36 + \frac{1}{2} \times 100 = 68 \text{ 萬元}$$

期望效用為

$$EU = \frac{1}{2}\sqrt{36} + \frac{1}{2}\sqrt{100} = 8$$

若此賭局的確定等價財富為 W_c,則由 (7.11) 得

$$\sqrt{W_c} = U(W_c) = EU = 8$$

故

$$W_c = 64 \text{ 萬元}$$

因風險貼水為

$$r = EW - W_c$$

故

$$r = 68 - 64 = 4 \text{ 萬元}$$

圖 7.5

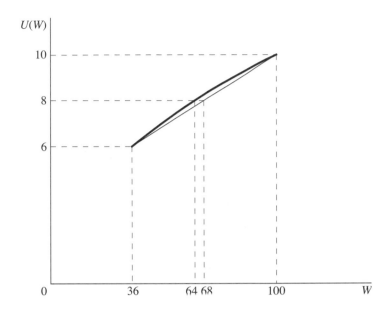

風險趨避與保險

上面討論風險態度時，我們穩含地假定，消費者原處於「確定」狀態，然後進一步追問，此消費者是否願意接受某一「不確定」的賭局。但在現實生活中，情況往往相反，我們每一個人幾乎無時無刻不處於「不確定」狀態；我們無法保證，明天是否會因病而無法工作；我們無法保證，出門不會發生意外；無法保證，待在家中不會發生火災或地震。在這種充滿「不確定」的現實裡，消費者原就處於「賭局」之中。因此，對一個厭惡不確定性的風險趨避者來說，如何拒絕或避開這些賭局才是真正得面對的問題。當然，避開這些賭局的方法不止一種，但透過保險方式來消除或減少這些不確定性則是最廣泛採用的方法之一。幸運的是，我們所介紹的期望效用理論可以直接用來解釋消費者的保險行為。

圖 7.5 描繪例 7.2 中消費者所面對的「賭局」。他有一半的機會保有 100 萬元的財富，但也有一半的機會損失 64 萬元的財富，因此他的期望財富為 68 萬元，期望效用為 8。很顯然地，如果他有辦法使自己避免面對這種不確定情況，而保有不低於 64 萬元的「確定」財富的話，他的效

用就會高過（至少不低於）面對這種不確定性。換句話說，如果他可以付出不超過36萬元的保費保「全險」（即投保金額等於可能發生的全部損失）的話，他就一定會參加這個保險（亦即避免參與這個賭局）。為什麼呢？假定保全險 64 萬元的保費 (insurance premium) 為 A，且 $A < 36$ 萬元，則未發生損失時，此人的財富為 $100 - A$。當損失發生時，他的財富成為 $100 - A - 64 + 64 = 100 - A$。因此，在繳了 A 元的保費後，不論損失是否發生，此人將確定擁有 $100 - A$ 的財富。因 $A < 36$，故 $100 - A > 64$，故他的效用永遠超過不投保的情形（見圖 7.5）。

在保險理論中，一般稱保費剛好等於保險公司期望支付的賠償金額的保險為公平保險 (fair insurance)。如果我們將發生損失的機率以 π 表示，投保的金額以 K 表示，而保費以 A 表示，則當 $A = \pi K$ 時，此保險即為一公平保險。根據這個定義，在【例7.2】中，若此人保全險，則保險公司的期望支付為 $1/2 \times 64 = 32$ 萬元。由上面的討論，我們立即知道，面對這樣的公平保險，此人必將投保全險。雖然，這個結果是由【例7.2】得到，但事實上，「面對一公平保險，一個風險趨避者必然投保全險」乃是一般性的結論。現在，我們就利用極大化期望效用的原理來加以證明。假定此人擁有的財富為 W_0，損害發生時的損失為 L。利用上面介紹的符號，我們知道，在損失未發生時，此人的財富為 $W_0 - A$；在損失發生時，他的財富成為 $W_0 - A - L + K$。在公平保險的假設下，$A = \pi K$，此人參與保險的期望效用為

$$EU = \pi U(W_0 - \pi K - L + K) + (1 - \pi)U(W_0 - \pi K)$$

此人欲選取最適的 K 以使期望效用達到極大，其一階條件為

$$\frac{dEU}{dK} = \pi(1 - \pi)U'(W_0 - \pi K - L + K) - \pi(1 - \pi)U'(W_0 - \pi K) = 0$$

故

$$U'(W_0 - \pi K - L + K) = U'(W_0 - \pi K) \tag{7.12}$$

但因此人為一風險趨避者，他財富的效用函數為單調遞增的凹函數，故只當財富水準相同時，一階導數才會相等，由而 (7.12) 穩含

$$W_0 - \pi K - L + K = W_0 - \pi K$$

或

$$K^* = L$$

換句話說，此人的最適投保金額將等於全部可能損失；表示在面對公平
保險時，一個風險趨避者必將投保全險。

7.2 狀態偏好法

雖然，期望效用法將不確定狀況下的選擇行為引進消費者行為分析中，
也清楚地闡釋了各種相關概念，但讀者或許已經察覺到，這套分析方法
似乎和我們前幾章中所熟悉的限制極大法不太一致。我們知道，稀少性
乃是一切經濟問題的根本，而在正式的分析中，稀少性則是表現於各種
形式的「限制式」，例如消費者的預算限制。然而，這種反映稀少性的限
制式，在期望效用理論中卻失去蹤影。為了讓「確定狀況」與「不確定狀
況」下的分析儘量趨於一致，我們必須設法彌補這個空隙。很幸運地，這
個工作並沒想像中困難；我們只要將期望效用理論從另一個角度來進行
闡釋即可，這個新的闡釋即是所謂的狀態偏好理論。在介紹狀態偏好法
之前，我們要特別提醒讀者，這個方法雖然是由期望效用法發展演進而
來，但其適用範圍事實上已超過了原來的期望效用法。不過，為了讓說
明儘量簡化、易懂，我們仍將重點置於基本分析方法的介紹，而將狀態
偏好法的擴展留給較深入與較專門的書籍。

或然產品與無異曲線

狀態偏好法的重點在於「事前」(ex ante) 概念。在不確定狀況下，某件事
情的結果在事前並不知道，而是只知道「如果某種狀態出現，就會有什麼
樣的結果」。舉例來說，在經濟景氣逆轉，關廠歇業頻頻發生之際，你可
能會想到，自己是不是會成為下一波失業人員之一。因此，我們可說，
「如果好運的話，明年我仍保有工作，會有 W_g 的所得；如果不幸的話，
明年我將失去工作而僅有 W_b 的所得」。換句話說，我明年的所得到底是
W_g 或 W_b，在事前並不知道，而是完全看明年的狀態到底是「好運」或「壞
運」而定。這種結果隨未來狀態而不同的「產品」（在此例中，「產品」為

「所得」)，稱為或然產品 (contingent commodity 或 state-contingent commodity)。當然，隨著討論問題的不同，未來的狀態可能超過兩種，甚至可能有無限多種。例如，你目前修了五科，學期結束後，你可能有「一科被當」、「兩科被當」、‧‧‧、「五科被當」，及「五科全過」六種狀態。但為了便於解說，與前面期望效用理論一樣，我們將狀態簡化成「好」、「壞」兩類。此簡化的最大好處是，或然產品空間 (contingent commodity space) 僅是兩度空間，於是我們所熟悉的圖形分析就可以進行了。

現在回到前面期望效用理論所探討的課題。我們知道，消費者在面對或然產品組合 (W_b, W_g) 時，知道 (或主觀認定) W_b 出現的機率為 π，W_g 發生的機率為 $1 - \pi$，而他的目的則在追求期望效用

$$EU = \pi U(W_b) + (1 - \pi)U(W_g) \tag{7.13}$$

的極大。讓我們再提醒讀者一下，在更一般化的狀態偏好法中，期望效用是寫成

$$EU = \pi U_b(W_b) + (1 - \pi)U_g(W_g)$$

也就是說，消費者的效用函數是隨狀態而不同的。例如，你對 100 元的評價可能隨明天你是「健康」或「生病」而不同。但為了簡化分析，並直接與期望效用法連結，我們仍採期望效用法的觀點，假定效用函數並不受所處狀態的影響，故以 (7.13) 為討論對象。

由 (7.13) 可知，對應於某一特定期望效用水準 EU_0 的無異曲線乃是所有滿足

$$EU_0 = \pi U(W_b) + (1 - \pi)U(W_g) \tag{7.14}$$

的 (W_b, W_g) 所成的集合。為了較精確地描繪無異曲線，我們必須查看此無異線的斜率及它的二階導數。將 (7.14) 全微分可得

$$0 = dEU_0 = \pi U'(W_b)dW_b + (1 - \pi)U'(W_g)dW_g$$

因此

$$\frac{dW_g}{dW_b} = -\frac{\pi U'(W_b)}{(1-\pi)U'(W_g)} < 0 \tag{7.15}$$

因邊際效用 $U'(W_g)$ 和 $U'(W_b)$ 均為正值，故無異曲線恆為負斜率。此外，由效用函數為單調遞增的性質，當 $W_g = W_b$ 時，$U'(W_g) = U'(W_b)$。因此，在或然產品空間 $W_b - W_g$ 中，任何一條無異曲線，在其與 45° 線相交之點的斜率必然等於 $-\pi / (1-\pi)$。

接著來看無異曲線的形狀。將 (7.15) 再作一次微分可得

$$\frac{d^2W_g}{dW_b^2} = -\frac{(1-\pi)U'(W_g)\left(\pi U''(W_b)\right) - \pi U'(W_b)(1-\pi)U''(W_g)\dfrac{dW_g}{dW_b}}{\left((1-\pi)U'(W_g)\right)^2}$$

$$= \frac{\pi(1-\pi)\left(U'(W_b)U''(W_g)\dfrac{dW_g}{dW_b} - U'(W_g)U''(W_b)\right)}{\left((1-\pi)U'(W_g)\right)^2} \qquad (7.16)$$

因 $dW_g / dW_b < 0$，故 (7.16) 隱含：

$$\text{若且唯若 } U'' \begin{array}{c} < \\ = \\ > \end{array} 0，則 \frac{d^2W_g}{dW_b^2} \begin{array}{c} > \\ = \\ < \end{array} 0 \qquad (7.17)$$

但由 7.1 節討論我們知道，$U'' < 0$，$U'' = 0$ 和 $U'' > 0$ 分別代表此消費者為一風險趨避者，風險中立者與風險愛好者。另由第二章我們也知道，$d^2W_g / dW_b^2 > 0$，$d^2W_g / dW_b^2 = 0$ 和 $d^2W_g / dW_b^2 < 0$ 分別表示無異曲線 (7.14) 為一凸函數，直線與凹函數。因此，(7.17) 隱含：

(1) 若且唯若此消費者為一風險趨避者，則無異曲線為凸函數；

(2) 若且唯若此消費者為一風險中立者，則無異曲線為直線；

(3) 若且唯若此消費者為一風險愛好者，則無異曲線為凹函數。

根據上面的討論，圖 7.6 描繪一風險趨避者的無異曲線 EU_0。表面上看來，圖 7.6 和本書前面幾章所談的無異曲線並沒什麼不同，但在觀念上則有一些值得注意的差異。首先，或然產品空間 $W_b - W_g$ 中任何一點，所代表的並不是不同產品的不同數量，而是同一產品在不同狀態下的數量，故 b 點表示，當「壞狀態」出現時，消費者的財富為 W_b^b，當「好狀態」出現時，其財富為 W_g^b，但此兩種「狀態」只有一個會出現。因此，當不確定性消除後，此消費者的財富不是 W_b^b，就是 W_g^b，而不會同時有

圖 7.6

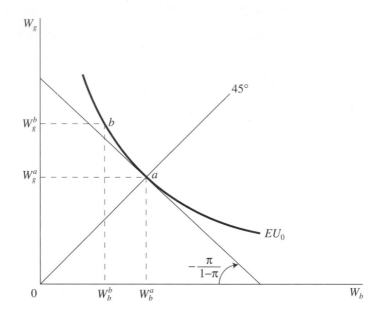

W_b^b 和 W_g^b。這與傳統產品空間中 (x_1, y_1) 代表此人在該點可同時消費 x_1 單位的 X 產品與 y_1 單位的 Y 產品不同。其次，45° 線上任何一點代表不管那一種狀態出現，消費者的財富都一樣，故可視為沒有不確定性的情況。例如，a 點表示，在「壞狀態」出現時，消費者的財富為 W_b^a，在「好狀態」出現時，其財富為 W_g^a。但因 a 在 45° 線上，所以 $W_b^a = W_g^a$，因而不管那一種狀態出現，消費者財富都是固定的；換句話說，根本沒有風險或不確定性可言。也由於這個緣故，一般將 45° 線稱為確定線 (certainty line)。最後，如 (7.15) 下面的討論顯示，任何無異線，在其與確定線相交之點的斜率均為 $-\pi / (1 - \pi)$；或更一般地說，在狀態偏好模型中，無異線與確定線交點的斜率的絕對值，必然等於橫軸所代表狀態出現的機率與縱軸所代表狀態出現的機率的比。

　　同樣道理，我們可描繪圖 7.7 中代表風險中立者的無異曲線 EU_0^n 和代表風險愛好者的無異曲線 EU_0^l。值得特別注意的是，由於風險中立者的無異曲線為直線，而其與確定線交點的斜率又等於 $-\pi / (1 - \pi)$，故風險中立者的無異曲線事實上就是斜率等於 $-\pi / (1 - \pi)$ 的直線。

圖 7.7

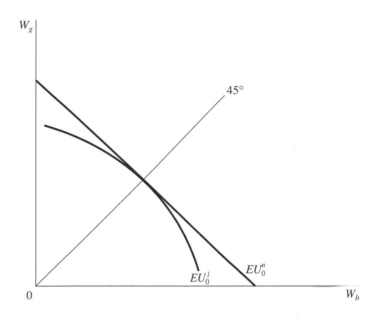

我們也可利用圖 7.6 和圖 7.7 來說明確定等價財富和風險貼水的觀念。在圖 7.8 中，點 b 並不在確定線上，故代表具有風險，而根據圖形，我們知道該點的期望效用為 $EU_0 = \pi U(W_b^b) + (1 - \pi)U(W_g^b)$。但由 (7.11) 我們知道，對應於賭局 $(W_b^b, W_g^b; \pi, 1 - \pi)$ 的確定等價財富，乃是使得效用等於 EU_0 的確定的財富的數量。再由圖 7.8，我們得知 a 點所代表的確定財富 $W_b^a = W_g^a = W_c$ 剛好滿足 $U(W_c) = EU_0$，故賭局 $(W_b^b, W_g^b; \pi, 1 - \pi)$ 的確定等價財富為 $W_c = W_g^a = W_b^a$。接著來看風險貼水，風險貼水是賭局 $(W_b^b, W_g^b; \pi, 1 - \pi)$ 的期望財富 $W_0 = \pi W_b^b + (1 - \pi)W_g^b$ 與確定等價財富的差，即 $r = W_0 - W_c$。為了在圖 7.8 中顯示風險貼水的概念，我們可在圖中繪出賭局 $(W_b^b, W_g^b; \pi, 1 - \pi)$ 的等值期望財富線 (iso-expected wealth line)

$$\pi W_b + (1 - \pi)W_g = W_0 = \pi W_b^b + (1 - \pi)W_g^b \tag{7.18}$$

換句話說，(7.18) 為所有期望財富與 b 點相同的 (W_b, W_g) 所成的集合。很明顯地，(7.18) 乃是通過 b 點的一條直線，其斜率為

圖 7.8

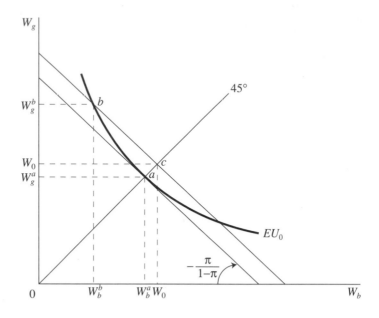

$$\frac{dW_g}{dW_b} = -\frac{\pi}{1-\pi}$$

因無異曲線 EU_0 在 a 點的斜率也是 $-\pi/(1-\pi)$，故 (7.18) 正好是通過 b 點，且與無異曲線 EU_0 在 a 點的切線平行的直線。圖 7.8 顯示，通過 b 點的等值期望財富線與確定線相交於 c 點，因此 c 點的座標為 (W_0, W_0)，而賭局 $(W_b^b, W_g^b; \pi, 1-\pi)$ 的風險貼水就可表示成

$$r = W_0 - W_b^a = W_0 - W_g^a = W_0 - W_c$$

我們也可在圖 7.7 中描繪任一賭局的確定等價財富及風險貼水，但因原理與方法均和風險趨避情況相同，請讀者自行練習。

預算線

我們已經介紹了無異曲線的形狀及各種性質。很明顯地，不管是那一種風險態度的消費者，在或然產品空間 $W_b - W_g$ 中，越往東北方向的無異曲線就代表越高的期望效用水準。因此，在未受任何限制情況下，消費

圖 7.9

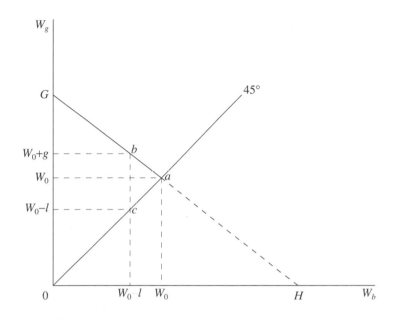

者必然會設法往東北方向移動以提高期望效用。不過，正如確定狀況的情形，任何一個消費者在追求期望效用極大時，必然得面對所謂的預算限制。問題是，在不確定狀況下，消費者的預算限制又是什麼呢？

現在考慮一個擁有 W_0 財富的消費者，他可不參加任何賭局而保有此確定財富 W_0。在圖 7.9 中，我們以 a 點代表此稟賦。現在假定此人拿出 1 元參與一賭局。如果輸了，他就損失 1 元，財富成為 $W_b = W_0 - 1$；如果贏了，他可賺 $h > 1$ 元，財富成為 $W_g = W_0 - 1 + h = W_0 + (h-1)$ 元。同樣道理，如果他拿出 l 元參與此賭局，則在輸贏確定前，他的財富成為 $W_0 - l$，此為圖 7.9 中之 c 點。若他輸了，財富成 $W_b = W_0 - l$；若贏了，則財富成為 $W_g = W_0 - l + lh = W_0 + l(h-1) = W_0 + g$，此可以圖 7.9 中之 b 點表示。因 l 為任意一正數，故此人可選取任何 $l > 0$ 之值而移到 aG 線上任何一點。因此，aG 正是此人參與賭局的預算線。從以上說明得知，aG 乃是由稟賦點到縱軸（贏的軸），斜率為 $-g/l = -(h-1)$ 的直線。反過來，由圖中我們可以看到，只要消費者決定選取預算線 aG 上的點，則該點橫座標與 W_0 的距離即代表此消費者所下賭注的大小 l。讀

者或許會感到奇怪,何以在此預算線僅位於確定線的一邊,而不是我們習慣上的貫穿整個第一象限呢?這是因為在上面的討論中,我們限定此人只參與他人作東的賭局。如果我們容許此消費者自己成為東家,則在同樣的輸贏條件下,我們即可將預算線延長成 *GaH*(試試看!切記!此時參與賭局者的「壞運」成為東家的「好運」,反之亦然!)。雖然在接下來的討論中,我們並不針對作東的情形,但為了讓分析看起來較接近傳統確定情況下的分析法,有時將畫出整條預算線 *GaH*。

讀者或許已注意到,在導出預算線的過程中,我們並未提到該賭局輸贏的機率。因此,隨著輸贏的機率不同,此人所面對的可能是個公平的賭局,也可能是有利或不利的賭局。為了確定這個賭局是那一種賭局,我們可回到 (7.4) 有關賭局性質的定義。假定此消費者所面對的賭局為 $(W_b, W_g; \pi, 1 - \pi)$,其中 $W_g = W_0 + g$,$W_b = W_0 - l$,則由 (7.4) 與 (7.5) 知,此賭局為公平賭局的條件為

$$\pi W_b + (1 - \pi)W_g = W_0 \tag{7.19}$$

或

$$(1 - \pi)g - \pi l = 0 \tag{7.20}$$

(7.19) 正好是期望財富等於 W_0 的等值期望財富線,在圖 7.10 中,此直線以 *AaB* 表示,其斜率為 $-\pi / (1 - \pi)$。因 *AaB* 上任何一點的期望財富均與此消費者擁有的財富相同,故他們均代表公平的賭局。由於這個緣故,一般將 *AaB* 稱為公平賭局線 (fair odds line)。另外,由 (7.20) 我們可以得到

$$-\frac{\pi}{l - \pi} = -\frac{g}{l}$$

上式表示,當一賭局為公平賭局時,公平賭局線的斜率和預算線的斜率必然相等。又因公平賭局線和預算線均通過稟賦點 *a*,因此我們可以得到:在面對一公平賭局時,消費者的預算線和公平賭局線完全重合。

根據同樣的推理及 (7.5),我們知道,若且唯若此賭局為一有利賭

圖 7.10

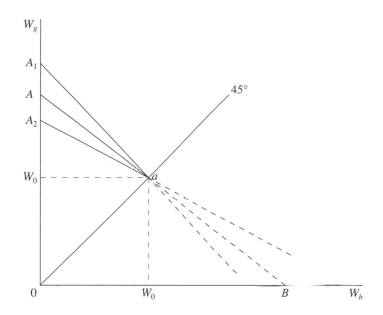

局，則

$$-\frac{\pi}{l-\pi} > -\frac{g}{l}$$

或

$$\frac{g}{l} > \frac{\pi}{l-\pi}$$

換句話說，當消費者面對一有利賭局時，他的預算線會較公平賭局線陡，如中之 $A_1 a$。我們可從另一角度來說明這個結果；讀者可在 $A_1\,a$ 上任取一點（a 點除外），然後繪出通過此點的等值期望財富線，你將發現，這些等值財富線均位於公平賭局線 AaB 上方，因此代表有利的賭局。同樣道理，讀者可自行證明，當此賭局為一不利賭局時，此人的預算線會較公平賭局線 AaB 平坦，如圖 7.10 中之 $A_2 a$。

圖 7.11

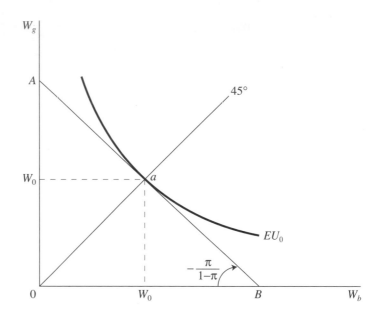

消費者均衡

現在我們可將無異曲線與預算限制結合在一起,以決定消費者均衡。更明確點說,消費者將在其所面對的預算限制下,追求期望效用的極大,並由而決定其所欲下的賭注的大小。在討論均衡之前,我們得提醒讀者,在不確定情況下的均衡分析,比確定情況下複雜得多。基本上,我們必須區別有利的、公平的,以及不利的三種類型的賭局,又必須分別探討風險趨避,風險中立,以及風險愛好三種風險態度。如此一來,必須討論九種可能的情形。但由於分析的基本原理都一樣,且一般而言,風險趨避乃是公認的最普遍的態度,因此我們的討論將以風險趨避者為主,至於其他狀況,除少數特別觸及外,請讀者自行練習。

　　現在考慮一擁有財富 W_0 的風險趨避者,他面對 $(W_b, W_g; \pi, 1 - \pi)$ 的賭局,其中 $W_g = W_0 + g$,$W_b = W_0 - l$。圖 7.11 中,a 為稟賦點,EU_0 則為通過稟賦點的無異曲線。由前面討論,我們知道無異曲線 EU_0 在 a 點的斜率為 $-\pi / (1 - \pi)$,故其在該點的切線即為斜率 $-\pi / (1 - \pi)$ 的直線 AB。由 (7.19) 及其下的討論得知,AB 事實上也是公平賭局線。因此,

圖 7.12

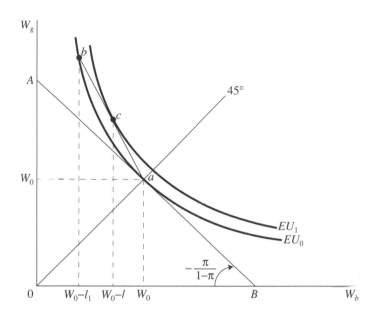

當此人所面對的是一個公平賭局時，AB 就成為他的預算線。圖 7.11 很清楚地告訴我們，當一個風險趨避的消費者面對公平賭局而使得預算線成為 AB 時，他的均衡點為 a，所能達到的最高效用為 EU_0。換句話說，一個風險趨避者必然不願參與一公平賭局；這個結果和我們在期望效用理論中有關風險趨避的定義完全一致。

在離開圖 7.11 之前，我們要特別指出，如我們在討論無異曲線時所提過的，風險中立者的無異線乃是斜率為 $-\pi / (1 - \pi)$ 的直線。由此可知，在消費者為風險中立的情況下，通過 a 點的無異線和公平賭局線根本就是同一條線 AB。若此消費者所面對的又是一個公平賭局，則 AB 也是他的預算線。於是，當風險中立者面對公平賭局時，預算線和無異曲線彼此重合。在這種情況下，對他而言，Aa 上任何一點並沒任何差異。

接著我們來看，當此消費者所面對的是個有利的賭局時，他的均衡又是什麼樣子。我們已經知道，若賭局是有利的，則此人的預算線會較公平賭局線陡。在圖 7.12 中，AB 仍是公平賭局線，因此我們可假定此人所面對的預算線為 ab 及其延伸。很明顯地，此預算線的 ab 部份位於無異曲線 EU_0 之上方。因此，透過適當的賭注，此人可移到 ab 上的任何

一點而獲得較高的期望效用。事實上,經由我們所熟知的分析技巧,我們發現,最適點乃是在無異曲線與預算線相切之點,如圖中之 c 點。因此,面對這樣一個有利的賭局,此人將拿出 l 的財富參與賭局,使其期望效用達到 EU_1 的水準。值得注意的是,對一個風險趨避者來說,只要是有利的賭局,他永遠可以找到一適當的賭注來參與,由而提高期望效用;但他也絕不會參與一個太大的賭局。例如,圖 7.12 顯示,只要賭注超過 l_1,則此人的期望效用將小於 EU_0 而不如不賭。這樣的結果並不意外,因為小賭注輸贏相當有限,風險小,因此只要有利就可以賭。但大賭注,輸贏大,風險也大,一個風險趨避者必然不願參與。

最後,我們要指出,如果此消費者為一風險中立者,則他的無異曲線必然與公平賭局線重合或彼此平行。稍微運用一點想像力,讀者立即得知,均衡點必然是在預算線 ab 延申與縱軸相交之點。因此,一個風險中立者面對有利賭局時,必然將所有財富全部給賭進去,因為這樣才能使期望效用達到最大。

【例 7.3】

有一年薪 100 萬元的銀行行員,考慮是否要將客戶存款中之一部份據為己有。假定他侵佔存款被發現的機率為 π,而被發現後除了退還侵佔的款項外,每侵佔一塊錢必須付 f 元的罰金。若此行員為一風險趨避者,試圖解說明此行員如何決定侵佔的數額。又,若被發現的機率 π 已經給定(如 $\pi = 0.1$),則罰款最低必須多少才能阻止此行員侵佔客戶存款?

【解答】

因此銀行行員為風險趨避者,故無異線為凸函數,且其與確定線交點的斜率為 $-\pi/(1-\pi)$(小心,在此題中,「壞運」的機率為 π)。圖 7.13 中,橫軸 (W_b) 代表侵佔並被發現時的所得,縱軸 (W_g) 則是侵佔而未被發現時的所得。a 為稟賦點,代表此人若不侵佔客戶存款的話,則不管那一種狀態出現,均保有年所得 100 萬元。AB 為公平賭局線(注意,aB 部份其其實並不相干,因其代表此行員將自己的錢轉給存戶的情形)。現在來看此行員的預算線;他每侵佔 1 元,若被抓到,不僅拿不到 1 元,還得付出 f 元的罰金;反之,若未被抓到,則所得就可多出 1 元。同理,他侵佔 A 元被抓到時的罰金為 Af 元,故 $W_b = 100$ 萬 $- Af$;反之,未被抓

圖 7.13

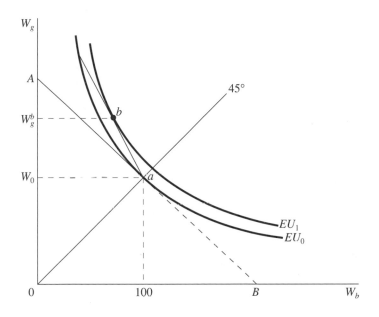

到時 $W_g = 100$ 萬 $+ A$。根據前面有關預算線的討論，我們立即得知，其
預算線為通過 a 點斜率為 $-1 / f$ 的直線。當 $-1 / f = -\pi / (1-\pi)$ 時，此行員
面對一公平「賭局」，而我們知道，對這位風險趨避的行員來說，他的均
衡點為 a 點，故他不會從事侵佔客戶存款的行為。風險趨避者連公平賭
局都不接受，更不用談不公平的賭局了。因此，我們只討論有利的賭
局，即 $-1 / f < -\pi / (1-\pi)$，或預算線較公平賭局線陡的情形。假定此行
員所面對的預算線為圖 7.13 中之 ba，則我們知道，b 點將使此人的期望
效用達到最大，因此 b 為均衡點，而此行員將侵佔 $W_g^b - 100$ 萬元的客戶
存款。讀者應可自行練習，一般而言，當 f 越小或 π 越小時，侵佔的款
項就越大。

最後，我們知道，只要侵佔存款是一有利賭局的話，此行員將永遠
進行「小額」的侵佔。因此，為了消除此侵佔行為，就必須調整罰款 f 或
發現侵佔的機率 π，使其成為一公平賭局，亦即必須滿足

$$\frac{1}{f} = \frac{\pi}{1-\pi}$$

的關係。在 π 給定為 π_0 的情況下，則 f 的值必須為

$$f = \frac{1 - \pi_0}{\pi_0} = \frac{1}{\pi_0} - 1$$

因此，若 $\pi_0 = 0.1$，則 $f = 9$ 元，方可遏止侵佔事件。又因

$$\frac{df}{d\pi} = -\frac{1}{\pi^2} < 0$$

故我們知道，在防止侵佔事件發生的前提下，提高發現機率，就可降低必要的罰款數額。反之，如果發現機率無法提升的話，就只能靠重罰來達成了。

風險趨避與保險

前面我們曾利用期望效用分析法探討風險趨避者的保險行為，現在我們以狀態偏好法討論同樣的問題。我們仍假定某一消費者擁有 W_0 的財富，若某種意外發生，則此人的財富將損失 L，且我們知道意外發生的機率為 π。假定此人為一風險趨避者，故他決定投保 K 來減少災害所帶來的衝擊。如果每投保一塊錢的保費為 r，則他的保費支出為 $A = rK$。根據這些資料，我們知道，當意外事件沒發生時，他的財富成為

$$W_g = W_0 - A = W_0 - rK \tag{7.21}$$

若意外發生，他的財富成為

$$W_b = W_0 - A - L + K$$

$$= W_0 - L + (1 - r)K \tag{7.22}$$

因每塊錢的保費 $r < 1$（為什麼？），故當此人的投保金額 K 增加時，W_g 下降而 W_b 上升。這表示透過保險，可將「好運」（未發生意外）狀態的財富，部份移轉到「壞運」（發生意外）的狀態。事實上，這正是保險的主要功能，它可經由財富在不同狀態下的移轉達到降低意外衝擊的目的。

由 (7.21) 解出 K，將其代入 (7.22)，再稍加整理即得到

$$(1 - r)W_g + rW_b = (1 - r)W_0 + r(W_0 - L) \qquad (7.23)$$

因 W_0 和 $W_0 - L$ 分別代表在未投保狀況下，「好運」和「壞運」的財富，故 $(W_0 - L, W_0)$ 可視為此消費者的稟賦點。再者，r 可視為購買一單位或然產品 W_b（切記，在此一單位或然產品為 1 元）的價錢，而 $(1 - r)$ 則是購買一單位或然產品 W_g 的價錢。因此，(7.23) 式右邊乃代表此人擁有的稟賦的總值，而左邊則是購買此兩種或然產品的總支出。但這正表示，(7.23) 為此人投保後所面對的預算線，因為他可透過不同的投保金額 K 以達到此線上作何一點。將 (7.23) 全微分，整理可得

$$\frac{dW_g}{dW_b} = -\frac{r}{1-r} \qquad (7.24)$$

故知此預算線為通過稟賦點 $(W_0 - L, W_0)$，斜率等於 $-r / (1 - r)$ 的直線。當然，在消費者只能投保，而不能接受投保的角色限制下，此預算線僅在確定線的一邊，如圖 7.14 之 Ab。我們只要將此消費者的無異曲線引進圖 7.14 中，即可決定其均衡點以及最適的投保金額。

為了清楚起見，我們先來看公平的保險。前面已經定義過，公平的保險係指保險公司的期待支出剛好等於其保費收入的情況，即 $A = \pi K$，或 $\pi = A / K = r$。換句話說，當投保 1 元的保費 r 剛好與意外發生的機率 π 相等時，這個保險就是公平保險。由 (7.24)，我們得知，若此人所面對的是一個公平保險，則他的預算線為通過稟賦點，斜率為 $-\pi / (1 - \pi)$ 的直線。但我們知道無異曲線在與 45° 線交點的斜率也是 $-\pi / (1 - \pi)$，因此，在公平保險的情況下，此人的無異曲線必和他的預算線相切於前者與 45° 線的交點，如圖 7.15 所示，均衡點為 b。在 b 點時 $W_b = W_g$，再由 (7.21) 和 (7.22) 我們立即得到 $K^* = L$。換句話說，面對公平保險時，風險趨避者必然會投保全險，以便消除所有不確定性，這個結果和我們在期望效用法中所得到的完全相同。

公平保險的概念在理論分析上雖然很有價值，但在實際運作上，保險公司所收的保費通常超過公平保險的保費，否則保險公司平均而言將無利可圖。因此，在實際的狀況下，投保者一般面對的是 $r > \pi$ 的「不

圖 7.14

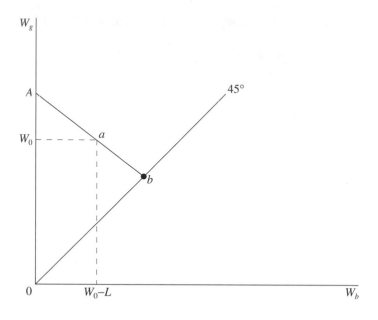

圖 7.15

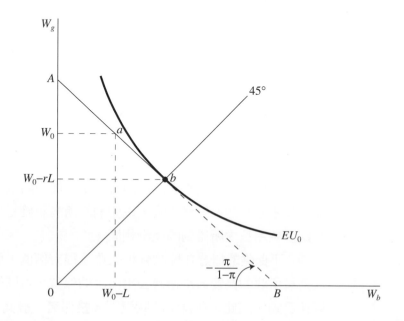

圖 7.16

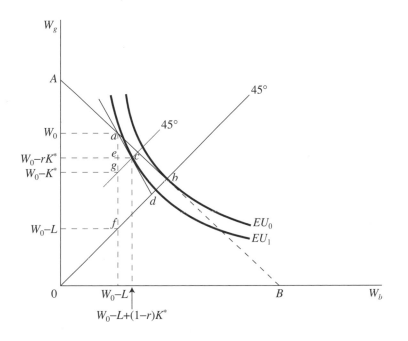

公平的保險」(unfair insurance)。在此情況下，$-r/(1-r) < -\pi/(1-\pi)$，故消費者的預算線（如圖 7.16 中之 *ad*），較無異曲線與 45° 線交點的切線（如圖 7.16 中之 *ab*）陡。由此可知，無異曲線與預算線相切所決定的最適點必然在 *d* 點的左邊，如圖上之 *c* 點。我們知道無異曲線的斜率為 (7.15)，故在均衡點 *c* 有

$$-\frac{\pi U'(W_b)}{(1-\pi)U'(W_g)} = -\frac{r}{1-r}$$

或

$$\frac{\pi U'(W_b)}{(1-\pi)U'(W_g)} = \frac{r}{1-r} \tag{7.25}$$

但因 $r > \pi$，故 $\pi/(1-\pi) < r/(1-r)$，因此

$$U'(W_b) > U'(W_g) \tag{7.26}$$

由此消費者為風險趨避者的事實，我們知道其效用函數為單調遞增的凹函數，故 (7.26) 隱含

$$W_g > W_b$$

或

$$W_g - W_b > 0 \qquad\qquad (7.27)$$

將 (7.21) 和 (7.22) 代入 (7.27) 即得

$$K^* < L$$

由此可知，即使是風險趨避者，在面對不公平的保險時，他仍不會保全險，而願意自己承擔部份風險。

　　我們也可以在圖 7.16 中明確表示出最適投保金額 K^*。由 (7.21) 和 (7.22)，消費者的最適點 c 的座標為 $(W_0 - L + (1 - r)K^*, W_0 - rK^*)$。因此，在圖中，$ae = rK^*$，$ec = (1 - r)K^*$。現在通過 c 點作一條與 45° 線平行的直線，並假定其與垂直線 af 相交於 g，則由 45° 的性質得知 $eg = ec = (1 - r)K^*$。因此，$ag = ae + eg = rK^* + (1 - r)K^* = K^*$。換句話說 ag 的長度剛好代表此消費者的投保金額，而 $gf = L - K^*$ 則是他自行承擔的風險。也因為如此，我們發現，風險趨避的消費者因面對不公平保險而未投保全險時，他的效用必低於面對公平保險而投保全險的情況。

【例 7.4】
某人擁有 100 萬元的財富，且他財富的效用函數為 $U(W) = \sqrt{W}$。假定有 $\pi = 0.5$ 的機率發生意外而使他損失 64 萬元的財富。在這種情況下，如果保險公司提供每塊錢 0.6 元費率的保險，試問此人會投保多少錢？

【解答】
因 $r = 0.6 > 0.5 = \pi$，故此為一不公平保險，此人將不會保全險。由前面討論，我們知道，在最適投保金額下，(7.23) 和 (7.25) 都要成立，故我們可利用這兩個式子解出 W_g 和 W_b。將 $r = 0.6$，$\pi = 0.5$ 和 $U(W) = \sqrt{W}$ 代入 (7.25) 得到

$$W_g = \frac{9}{4} W_b \qquad\qquad (a)$$

將 $r = 0.6$，$W_0 = 100$ 和 $L = 64$ 代入 (7.23) 得到

$$2W_g + 3W_b = 308 \qquad\qquad (b)$$

由 (a) 和 (b) 兩式解得

$$W_b = \frac{616}{15} \qquad\qquad (c)$$

$$W_g = \frac{462}{5} \qquad\qquad (d)$$

由 (7.21) 得知

$$rK^* = W_0 - W_g \qquad\qquad (e)$$

將 $r = 0.6$，$W_0 = 100$，$W_g = 462/5$ 代入 (e) 得到

$$K^* \approx 12.7 < 64$$

7.3 平均－變異數法

除了期望效用法與狀態偏好法外，第三種有關不確定狀況下的選擇理論，稱為平均－變異數法。這個方法常用於資產選擇 (portfolio choice) 問題上，即消費者如何決定將自己所擁有的財富，以不同形式的「資產」(asset) 保存起來，以期未來有更高的購買力。在正式介紹這個方法之前，我們特別提醒讀者，平均－變異數法在本質上和前面討論的期望效用與狀態偏好兩種方法不同。它並不在極大化某種「財富的期望效用」，而是將整個選擇行為歸結到期望報酬 (expected returns) 與風險兩個參數的選擇與搭配上。

考慮某人擁有一筆財富 W_0（為了簡化符號，我們設定 $W_0 = 1$），他可將這筆財富全部以沒風險的形式儲存，如買政府短期公債或儲蓄存款，或他可將其全部購買具有風險的資產，如股票或債券。當然，他也

可能部份以無風險資產，部份以具風險資產的方式保有。現在，假定無風險資產的報酬為確定的 r，而另一種具風險的資產的報酬則不確定，它有機率 π 可獲得 $r-l$ 的報酬，有 $(1-\pi)$ 的機率獲得 $r+g$ 的報酬，其中 $l>0$，$g>0$。此人的問題是：決定將多少財富以具風險的資產保有。當此人將比率 s 的財富以具風險的資產保有，其餘 $(1-s)$ 部份以無風險資產保有時，等於接受一個 $(s(r-l)+(1-s)r, s(r+g)+(1-s)r ; \pi, 1-\pi)$ 的賭局。此時，他總資產的期望報酬為

$$\mu = \pi\big(s(r-l)+(1-s)r\big) + (1-\pi)\big(s(r+g)+(1-s)r\big)$$

$$= r + s\big((1-\pi)g - \pi l\big) \tag{7.28}$$

當此期望報酬大於無風險資產的報酬 r 時，這就是一個有利的賭局。但這隱含 $(1-\pi)g-\pi l>0$，這個結果和 (7.5) 的定義完全相同。同理讀者可立即推得 $(1-\pi)g-\pi l<0$ 和 $(1-\pi)g-\pi l=0$ 分別代表不利的賭局與公平的賭局。

接著我們來看總資產報酬的變異數 σ^2。根據定義，我們知道

$$\sigma^2 = \pi\big(s(r-l)+(1-s)r-\mu\big)^2 + (1-\pi)\big(s(r+g)+(1-s)r-\mu\big)^2 \tag{7.29}$$

將 (7.28) 代入 (7.29)，整理可得

$$\sigma^2 = \pi(1-\pi)s^2(g+l)^2$$

由上式可解得

$$s = \frac{\sigma}{\sqrt{\pi(1-\pi)}(g+l)} \tag{7.30}$$

上式中，σ 為變異數 σ^2 的平方根，一般稱為標準差 (standard deviation)。在平均－變異數模型中，標準差和變異數一樣，都是用來衡量風險的大小。將 (7.30) 代回 (7.28) 可得

$$\mu = r + \frac{(1-\pi)g-\pi l}{\sqrt{\pi(1-\pi)}(g+l)}\sigma \tag{7.31}$$

上式代表消費者所面對的所有可能的期望報酬與風險的組合，也可以說

圖 7.17

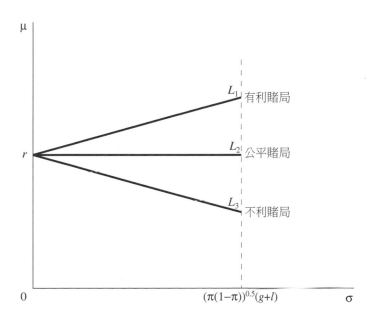

是此消費者從事資產選擇時所要面對的「預算限制」。如果我們將 (7.31) 描繪於 σ-μ 平面上，則在 r、g、l 和 π 給定的情況下，這是一條斜率等於 $((1-\pi)g - \pi l) / (\sqrt{\pi(1-\pi)}\,(g+l))$，縱軸截距為 r 的直線。如圖 7.17 所示，縱軸截距為 r 時 $\sigma = 0$，但由 (7.30) 我們立即得知 $s = 0$。換句話說，$(0, r)$ 這點乃是代表此人將所有財富以無風險資產的形式保存。另一方面，此人也可能將所有財富以具風險資產的形式保存，因而 $s = 1$。此時，根據 (7.30)，$\sigma = \sqrt{\pi(1-\pi)}\,(g+l)$。因此，預算線將由縱軸上的點 r 向右延伸直到對應於橫軸座標為 $\sqrt{\pi(1-\pi)}\,(g+l)$ 的一點。另外，因此預算線的斜率的符號完全取決於 $(1-\pi)g - \pi l$ 的符號，根據前面的討論，我們可繪出圖 7.17 中，代表有利賭局的正斜率預算線 L_1，代表公平賭局的水平預算線 L_2，和代表不利賭局的預算線 L_3。

有了預算線以後，我只要將代表消費者偏好的無異曲線加到圖 7.17 中，即可經由我們熟悉的過程決定均衡點，並由而決定以具風險資產保存的財富的比率。在平均—變異數分析中，效用函數完全決定於資產的期望報酬和風險兩個參數，即 $U = U(\sigma, \mu)$。因此，無異曲線的斜率為

圖 7.18

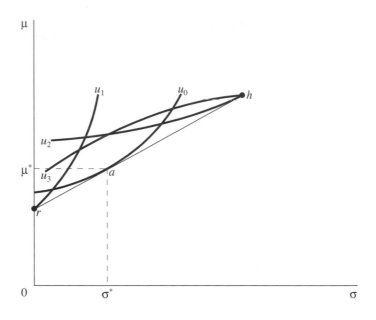

$$\frac{dU}{d\sigma} = -\frac{\partial U / \partial \sigma}{\partial U / \partial \mu}$$

又，根據平均－變異數分析法，一般假定期望報酬越高，效用就越大；反之，風險越高，則效用越小，因此 $\partial U / \partial \sigma < 0$，$\partial U / \partial \mu > 0$。在上述假定之下，我們立即得知無異曲線在 $\sigma\text{-}\mu$ 平面上為正斜率，且越往上方的無異曲線代表越高的效用水準。雖然，平均－變異數法沒有明確設定無異曲線的形狀，但如果將任何正斜率的無異曲線加在圖 7.17 中，讀者應會發現，只要不是有利賭局，消費者將永遠選取 r 點；也就是說，只要面對的是公平的或不利的賭局，此人將永遠以無風險資產的形式來保有自己的財富。這個結果並不意外，只要具有風險的資產的期望報酬等於甚或低於無風險資產的期望報酬，對於厭惡風險的人來說，是沒有理由去保有任何具風險的資產的。也由於這個緣故，在接下來的討論中，我們將以有利賭局為對象。

　　圖 7.18 中預算線為 rh，正斜率表示欲獲得較高的期望報酬，就必須承擔較高的風險，也就是必須將較多的財富以具風險的資產的形式保

存。由於只知道無異曲線是正斜率，但不知其形狀，因此圖 7.18 中，我們繪出 u_0、u_1 和 u_2 三條凸性的無異曲線，以及一條凹性的無異曲線 u_3。凸性的無異曲線表示，隨著風險水準提高，每承擔額外一單位的風險，所要求補償的期望報酬就越大。因此，粗略地說，凸性的無異曲線代表漸增的風險趨避態度。由圖上可以看到，只有在無異曲線為凸性時，方可能得到一最適解 s^*，且 $0 < s^* < 1$（如圖中之 a 點）。換句話說，只有在這種風險趨避程度隨風險水準上升而增加的情況下，方可能使消費者將部份財富以具風險的形式來保有。然而，凸性的無異曲線並無法保證此人一定會將財富分散在兩種形式的資產中。圖 7.18 顯示，當無異曲線為 U_1 時，均衡點為 r，$s^* = 0$。由此可知，凸性無異曲線乃是 $0 < s^* < 1$ 的必要條件而非充分條件。同樣道理，讀者可自行驗證，只要無異曲線為凹性，即風險趨避程度隨風險增加而減少時，則最適解必然是角解，亦即 $s^* = 0$ 或 $s^* = 1$。

我們花了不少篇幅，介紹三種針對不確定狀況下的選擇行為的分析方法。我們發現，除了各自適用的問題稍有不同外，不管用那一套方法，基本上都可以得到類似的結果。或許有些讀者並不完全贊同我們所得到的各種結論。例如：有人或許會問，何以我那個顯然相當保守，相當膽小的「鄰居」，會一天到晚「摸八圈」呢？賭博總是有輸有贏，其風險當然超過將錢置於自己口袋中呀！這是一個有趣的問題，也是應該被提出的問題。我們認為這位「鄰居」之所以喜歡「摸八圈」，並不是本章討論的對象。本章所探討的賭局是純粹「財富取向」(wealth-oriented)，效用的來源是財富及其所隱含的購買力。但這位「鄰居」的效用，並不一定來自所擁有的財富，而很可能是來自「摸八圈」本身所帶來的樂趣，或說他參與賭局純粹是「娛樂取向」(pleasure-oriented)。這種行為當然不是本章任何一個模型所能解釋的。事實上，純粹娛樂取向的賭博行為，只要以前幾章所介紹的方法分析就可以，沒有必要牽涉不確定選擇問題。

生產理論

在前面我們討論了家計單位的消費行為以及需求理論，由本章開始我們將討論與家計單位相對應的廠商理論。本章先介紹不受產業結構影響的生產函數，接下來在第九章則討論對應於各種生產函數的成本函數。利用成本函數，我們在第十章討論價格接受廠商的最適生產、銷售行為，並作為第十一章討論的基礎。由第十一章起，我們分別探討各種不同產業結構下的市場均衡。基於完全競爭市場均衡分析的重要性與理論的份量，我們先在第十一章介紹完全競爭廠商及產業的短期與長期均衡，第十二章則為完全競爭市場的應用與福利分析。接著在第十三章介紹與完全競爭相對的另一極端的獨佔與獨買市場結構下的均衡。由於獨佔廠商有價格制定的能力，我們進一步在第十四章中介紹各種不同的差別取價以及其他特殊的定價方式。第十五章將討論介於完全競爭與獨佔間的寡佔與獨佔性競爭市場結構。由於寡佔廠商有各種不同且不易掌握的決策行為，不似完全競爭與獨佔廠商有廣為經濟學者接受的經濟模型與理論，在第十五章中我們將介紹幾個早期經濟學家因應不完全競爭市場所設定的模型。至於那一個模型較為適用，就需視真實的市場情況而定。接著在第十六章我們將討論賽局理論與策略行為，這是過去半世紀以來，經濟學家引進原屬數學領域的賽局理論來分析不完全競爭市場中廠商間的策略行為。我們將僅粗略地介紹不合作賽局理論，並將其應用於第十五章的幾個寡佔模型中，然後將所得到的結果與傳統的分析結果做比對。

圖 8.1 中我們重繪了第一章圖 1.4 的經濟循環模型，該圖左半邊淡化的部份與消費者理論有關。圖的右半邊顯示，廠商在經濟資源循環中扮演的角色，係將家計單位所提供的生產因素 (factors of production)，諸如土地、勞動、資本，轉換成可供消費的最終商品及勞務；這種轉換的行為稱為生產 (production)。廠商一方面由銷售所生產之商品及勞務獲得

圖 8.1

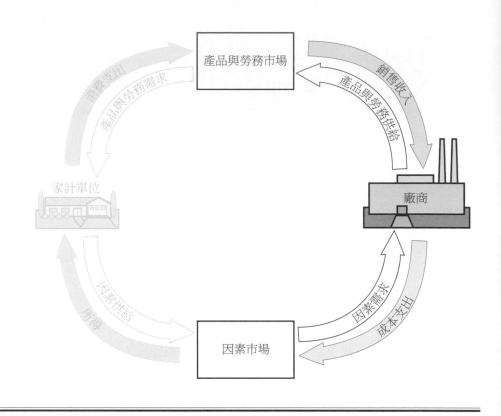

收入；另一方面則因生產過程中使用了生產因素，須支付給擁有生產因素的家計單位報酬，成為生產商品及勞務的成本。收入扣除成本後之餘額為廠商的利潤。

由上面的討論得知，廠商 (firm) 為一個透過生產技術 (technology) 將生產因素轉變成產品的組織：例如，台灣積體電路製造股份有限公司（簡稱台積電），於 1987 年成立於新竹科學工業園區，為全球最大的專業積體電路製造服務公司。該公司不設計或生產自有品牌產品，而是提供先進的專業積體電路製造服務。2004 年時公司資本額約為新台幣兩千三百億元，員工人數約為一萬四千人，擁有一座六吋晶圓廠，五座八吋晶圓廠，兩座十二吋晶圓廠。2003 年，台積電積體電路製造的總產量相當於三百六十三萬片的八吋晶圓，營業收入為新台幣二千零十九億元，稅前利潤為新台幣五百一十億元。除了晶圓廠的數目、生產線上的員工數目、工時決定產能外，量產製程技術也會影響產能以及產值。1998 年以

前，量產技術為 0.35 微米製程，0.25 微米製程則於 1998 年開始量產，接著陸續發展出 0.18、0.15 及 0.13 微米製程，並於 2003 年初進入 0.90 奈米製程技術。由於積體電路製造屬高科技產業，技術進步十分迅速，晶圓廠的生產線如不及早充分利用，將因落伍而遭淘汰，所以每條生產線儘可能配合三班制的工人，一天二十四小時滿載運轉。一個如台積電的廠商，其功能為將土地、勞動、及資本等生產因素轉換成商品或勞務。但因使用土地、勞動、及資本等生產因素須付出代價，一個廠商隨時面臨著「如何生產」的抉擇。在既有的生產技術下，一般而言，有許多生產因素組合的方法，可以生產相同數量的商品或勞務，而廠商如何由這許多可能的生產因素組合中找出成本最低的生產方法，遂成為一個重要的問題。本章將討論不同時程下廠商的生產過程中，因素間的關係以及因素與產量間的關係。

8.1 廠商

在經濟循環模型中的兩位主角，一位是家計單位或消費者，另一位是廠商或生產者。在本書第二部份探討消費者理論時，我們不難想像什麼是家計單位，它是如何組成。例如，一個家計單位可能是共同生活的一個五口家庭，父母親各有一份工作，扶養一位年老的祖母以及兩位上小學的子女。然而當我們要討論廠商理論時，「廠商是什麼？」或「為何有廠商這種組織？」等問題，就不是那麼容易回答的了。

回答「廠商是什麼？」這個問題，最簡單的方式就是將廠商定義為「一個把生產因素透過生產技術轉變成商品或勞務，並在市場上販售之組織」。理論上，一個廠商可以小到只有一個人組成，也可以大到比世界上許多國家還要大的組織。大廠商的組織架構較為複雜，它通常包括下列三個階層的成員：第一個階層為勞工，他們接受指示從事基本的生產工作。第二個階層為管理階層的經理人，他們負責生產及銷售決策的制定以及監督勞工。第三個階層為廠商的擁有者，也就是一般俗稱的老闆或股東，他們提供企業的資本並負擔盈虧。

「經濟體系中為何會有廠商存在？」、「廠商的組織型態是怎麼決定的？」，為了提供此二問題答案，經濟學家以廠商為追求生產成本極小的工具，提出了相當豐富的論述。雖然追求生產成本極小是廠商的重要任

務，但將產品賣到市場中所須面對的產量與價格決定也同樣重要。所以，在進入廠商的起源係追求生產成本極小的討論前，我們先探討生產個體結合成廠商的非生產面的可能動機。首先，當廠商採用同一產品在不同市場訂定不同售價的「差別取價」（將於第十四章中討論）的動機時，為了順利進行差別取價，製造廠商須提防零售商在低價市場買進並在高價市場賣出的套利 (arbitrage) 行為。此時，製造廠商極可能會兼併部份零售商，自行在低價市場中銷售產品。另外，當法令禁止差別取價時，製造商可以與低價的買主（可能是將商品當成最終財的消費者或將商品當成中間財的生產者）結合，以方便對其他買主索取較高的售價。第二個可能動機為生產者想要掌控中間財的價格。當中間財的價格受政府或公會的管制時，透過生產個體的垂直整合，就可以避開價格管制，同時也可以免除因價格管制所產生的供需失衡，買不到中間財的後遺症。另外，在政府對產品的銷售課稅時，經由上下游整合使得交易內部化後，生產者可以規避產品銷售稅。除了課稅外，當政府對某一產品的生產者採取報酬率約束時，生產者可以透過與上游產品的整合，以提高上游供貨成本（中間財價格）的方式，將利潤移轉至上游生產者，以規避報酬率的約束。最後，除了以上垂直整合的動機外，為了降低同一產業間生產者彼此的競爭，提高利潤，生產者間也會有彼此水平整合的動機。

接下來，我們回到廠商的組成源自於追求生產成本極小的論述，此一論述大致可以分成以下三類：首先，維拿 (Jacob Viner) 視廠商為一種靜態的「協力組合」(static synergy)，他在 1932 年一個有關成本函數的研究中指出，一個產業中廠商的數目與廠商的大小與規模經濟 (economies of scale) 的程度有關。決定廠商大小的主要因素為規模經濟與範疇經濟 (economies of scope) 能帶給廠商多大的好處。由工程的觀點來看，大規模生產得以採用較有效率的生產技術，也較能透過專業分工提高生產效率。此外，許多部機器中一部機器發生故障，對廠商成本的影響，遠低於僅有少數幾部機器時，一部機器發生故障時對廠商成本的影響。另一方面，由廠商組織形態的觀點來看，廠商除了有與技術相關的生產部門外，還包括會計、財務、行銷等部門。這些部門的支出較不易隨量變動，廣義而言，這些相對固定的支出也是造成規模經濟的原因。至於範疇經濟，係指當不同產品間的生產技術彼此間有相關，一個廠商生產數

種產品時，每一種產品的平均成本均低於該廠商專業生產一種產品的平均成本的現象。在範疇經濟下，數家廠商合併成一家廠商，在數個獨立市場中銷售產品時較有成本優勢。而且，當一個市場發生突發性的需求變化時，不確定的風險對廠商的衝擊也可以平均分攤到該廠商其他的產品市場中。

第二種論述將廠商視為一種長期關係 (long-run relationship) 的一種契約。長期關係與轉換成本 (switching cost) 或特定投資 (specific investment) 支出有密切的關係。1976 年在有關政府例行標售自然獨佔事業經營權的研究中，威廉生 (Oliver Williamson) 對轉換成本做了詳細分析。考慮一有數個買方與賣方的市場，在「事前」(ex ante) 或買賣關係確立前，買賣雙方均必須投入一筆特定投資的支出。例如，為了生產買方所需特別的產品，賣方必須購置特殊的生產設備。同樣的，買方為了提高由賣方所提供的產品（中間財）所產生的價值，會做一些提升產品價值的投資。例如，一個安排樂團（賣方）表演的劇院（買方），為了提升表演的品質，會投資改善演奏廳的設施。在「事後」(ex post)，當特定投資的支出完成，買賣關係確立後，雙方均無法另外尋找新的買賣對象，於是，買賣雙方成為雙邊獨佔的情況。在分配雙邊獨佔下因交易所發生利得的談判中，將可能產生隱瞞實際成本或威脅不供貨等直接危害買方或賣方的行為。由於買賣雙方事前預知對方可能會有這些對其不利的行為，於是將影響其事前的特定投資數量，使得最終的產量與報酬都不是對雙方最有利的。為了消除上述「不確定性」所帶來的負面影響，透過簽訂一個長期契約，使得事後買賣雙方得到公平的報酬，以期在事前有正確的特定投資支出，進而產生對買賣雙最有利的交易產量。

以上兩種論述均著重廠商起源的實質面分析，透過簽訂長期契約，實質上買賣雙方已是一個決策機構，但形式上雙方可以是兩家獨立的廠商。例如，在規模或範疇經濟的考量下，兩家廠商可以從事共同研發工作，形式仍可保留兩家獨立形態的廠商。接下來要談的第三種論述，是在法理上或形式上，將數個生產個體結合成為一個單一的廠商。與前面兩種論述將廠商視為一種「完全」契約的看法完全不同，此論述將廠商視為一個不完全契約 (incomplete contract)。不完全契約源自寇斯 (Ronald Coase) 1937 年所提出之交易成本 (transaction cost) 的概念，再由威廉生

於 1975 年對其做更進一步的分析。他們將交易成本區分為四種，兩種發生於簽約時，兩種發生於簽約後。第一，有些不確定因素，事先無法預知可能發生的結果，於簽約時遺漏而未能包含在契約內。第二，即使事先能預知不確定因素可能發生的結果，但由於可能發生的結果多如牛毛而無法全部列在契約內容中。第三，監督簽約各方是否履約需要支付成本，有時甚至因監督困難，監督成本等於無窮大。第四，當違約發生時，採取法律強制履約程序須支付高額的訴訟費用。由於上述交易成本，使得涵蓋所有可能發生結果的**完全契約** (complete contract) 不可能存在，於是廠商的產生係為了解決不完全契約所衍生的問題，廠商本身就是一個最適的不完全契約。威廉生堅持，一個介於沒有簽訂契約與完全契約間的不完全契約架構下的交易成本低於完全契約下的交易成本。同時，寇斯和威廉生也認為，一個組織（廠商）的設計以追求最低交易成本為目標。

8.2　生產函數

將生產因素轉換成產品為廠商的主要功能之一，例如一個個人電腦製造商，運用其現有的生產技術，僱用員工將各種不同電子零件及電腦配件組合成一部部個人電腦。這種將生產因素轉換成產品的過程稱為生產。描述廠商在某一段時間裡，生產因素的投入量與產品的最大產出量間的關係稱為**生產函數** (production function)，以數學符號表示，生產函數 f 可寫為

$$x = f(K, L, N, \ldots)$$

其中 $K, L, N, \ldots$ 分別代表該段時間裡的資本、勞動、天然資源以及其他生產因素的投入量。x 為該段時間裡某一個特定商品 X 的最大產出數量，稱為**總生產實物量** (total physical product)。為了方便，我們有時會以**產量** (output) 代替總生產實物量。細心的讀者可能已經發覺，上面所描述的廠商生產行為都是在一段時間裡進行的，所以總生產實物量是一個「流量」(flow)。至於生產因素中的土地（及其所蘊含的天然資源），大多為固定的，土地在生產過程中的使用量係屬於一種「存量」(stock)。資本投入量有時是固定，有時是變動（容後討論），然而資本屬於耐久財，不會因

圖 8.2

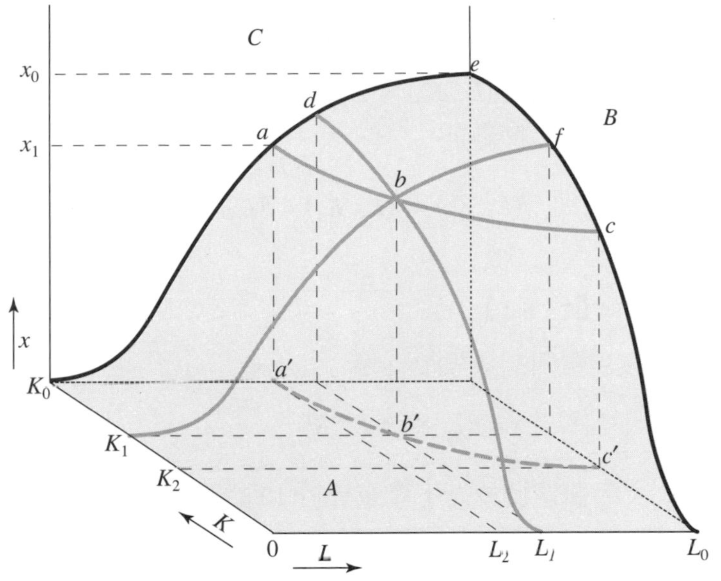

生產而消失。現在的資本量是過去新增資本（投資）的累積減去耗損及折舊，所以資本量是一個存量。最後，如果勞動投入量的單位是工時，則勞動的投入量為生產過程期間的工人數乘上工作時數，所以勞動量是一個流量。

為便於將生產函數以幾何方式表達，我們假設生產因素可歸類成資本與勞動兩種，則生產函數 $x = f(K, L)$ 為一個如圖 8.2 所示，在三度空間中的一個曲面。在圖 8.2 中，座標的原點在圖形下方 0 的位置，底部平面的座標為兩種生產因素的投入量，與底部平面垂直的軸代表總生產實物量。生產曲面上 e 點的座標表示，廠商投入 L_0 的勞動與 K_0 的資本所對應的最大產量等於 x_0，亦即 $x_0 = f(L_0, K_0)$。當資本固定在 K_0，產量隨著勞動投入數量 L 的增減而變化，如圖 8.2 中曲線 K_0ade 所示，此時生產函數可寫為 $x = f(L, K_0)$。當資本固定在 K_1，生產函數為 $x = f(L, K_1)$，其圖形如曲線 K_1bf 所示。同理，當勞動投入固定在 L_0 及 L_1，生產函數分別為 $x = f(L_0, K)$ 及 $x = f(L_1, K)$，其圖形分別為圖 8.2 中的 L_0cfe 及 L_1bd。圖 8.2 的生產曲面上有一條特殊的曲線 abc，在此曲線上的任何一點的產

量都等於 x_1。曲線 abc 在 L-K 平面上之投影 $a'b'c'$ 為所有滿足 $x_1 = f(L, K)$ 的勞動與資本組合。於是，我們稱曲線 $a'b'c'$ 為產量等於 x_1 的**等產量曲線** (isoquant)。在 L-K 平面上，此等產量曲線上 a'、b' 及 c' 三點的座標分別為 (L_2, K_0)、(L_1, K_1) 及 (L_0, K_2)。所以，在生產曲面上 a、b 及 c 三點的座標滿足

$$f(L_2, K_0) = f(L_1, K_1) = f(L_0, K_2) = x_1$$

【例 8.1】

廠商的生產函數為

$$x = f(L, K) = L^{0.4}K^{0.2}$$

試求此技術下產量等於 10 的等產量曲線。

【解答】

產量 $x = 10$ 的等產量曲線滿足

$$10 = L^{0.4}K^{0.2} \tag{a}$$

由於等產量曲線係定義在 L-K 平面上，由 (a) 式解出等產量曲線為

$$K = \frac{100{,}000}{L^2}$$

生產決策時程

生產函數告訴我們，各種生產因素組合在「技術上」能夠生產出來的產品數量。然而，如果廠商在選擇生產因素組合上受到限制的話，有些即使技術上能達到的產量也未必能生產得出來。當我們考慮生產時程時，會發現廠商在選擇生產因素組合上確實是有限制的。一座廠房或一條生產線，不是短時間裡可以建造完成，一批勞工的僱用也得需要一個最短的招募期。所以，時間的長短會決定一個生產因素的投入量是否能夠改變。當一個生產因素的投入量可以隨廠商的意願而隨時變動時，我們稱

之為變動生產因素 (variale factor)。反之，如果一個生產因素的投入量無法改變，我們稱之為固定生產因素 (fixed factor)。一個生產因素究竟是變動或固定的生產因素須視時間的長短而定。如果建造一條全新的積體電路生產線至少要花十六個月的時間，則在短短一個月的生產決策時程裡，這條積體電路的生產線是固定生產因素。但是在兩年生產決策時程裡，它是變動生產因素。當一個生產決策時程非常短時，可能所有的生產因素都是固定的，我們稱這種沒有變動生產因素存在的決策時程為**極短期** (very short run)。因極短期下所有生產因素的數量都是固定的，所以總生產實物量也是固定的。隨著生產決策的時間拉長，有些固定生產因素轉變成為變動生產因素。當一生產決策時程長到沒有固定生產因素存在時，我們稱之為**長期** (long run)；相對地，只要還有固定生產因素存在的生產決策時程稱為**短期** (short run)。由於生產因素本身的性質不同，加上僱用該生產因素的生產事業也可能不同，固定生產因素轉變成為變動生產因素的時間長短也不一樣。所以，我們無法說幾天是短期，或幾個月、幾年為長期。

假設在短期下，勞動為變動生產因素，資本為固定生產因素。當資本固定在 K_0 時，短期生產函數為 $x = f(L, K_0)$，其幾何圖形為圖 8.2 中的曲線 K_0ade。同理，當資本固定在 K_1 時，短期生產函數 $x = f(L, K_1)$ 的圖形為圖 8.2 中的曲線 K_1bf。將此二短期生產函數的影像投射到圖 8.2 左上方，資本等於 K_0 的勞動 L 與產量 x 的座標平面 C 上，我們可得到如圖 8.3 所示的兩條短期生產函數 $0bgf$ 及 $0ade$。這兩條短期生產曲線說明了總生產實物量與勞動投入量的關係，因此，又稱為**勞動的總生產實物量曲線** (total physical product of labor curve)，簡稱 TPP_L 曲線。由於 K_1 小於 K_0，在圖 8.3 中，對應於 K_1 的 TPP_L 曲線 $f(L, K_1)$ 低於對應於 K_0 的 TPP_L 曲線 $f(L, K_0)$（為什麼？）。

等產量曲線

前面我們曾經提過，等產量曲線乃是所有總生產實物量相等的勞動與資本的組合所形成的曲線。在圖 8.4 中我們保留圖 8.2 中代表勞動 (L) 的橫軸及代表資本投入數量 (K) 的縱軸，並繪出幾條等產量曲線。為了便於比對，在圖 8.2、圖 8.3 及圖 8.4 中我們使用相同的小寫英文字母來標示

圖 8.3

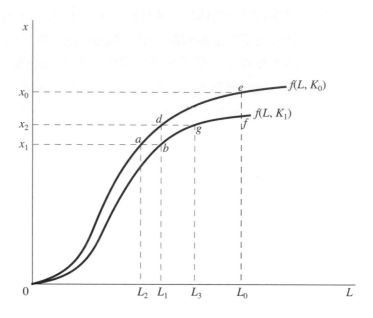

圖 8.4

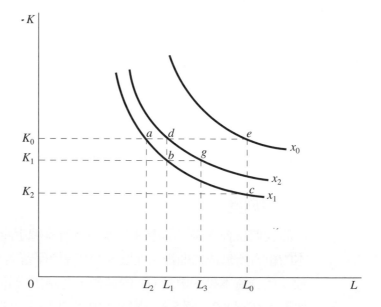

相同對應位置的點。例如在圖 8.2 中等高線 abc 投影到底部平面 A 的等
產量曲線 $a'b'c'$，轉換到圖 8.4 中成為總產量為 x_1 的等產量曲線 abc。更
明確點說，圖 8.4 中等產量曲線 x_1 上的 a、b 與 c 三個點等於圖 8.2 中等
產量曲線 $a'b'c'$ 上的 a'、b' 與 c' 三個點，它們對應於圖 8.2 中等高線 abc
上的 a、b 與 c 三個點。另一方面，圖 8.2 中的 d 及圖 8.3 中的 d 所對應
的生產因素組合為 (L_1, K_0)。由圖 8.3 得知，此一組合與 g 點的勞動與資
本組合 (L_3, K_1) 都可以生產 x_2 的產量。所以，圖 8.4 中產量為 x_2 的等產
量曲線通過 d 與 g 兩點。最後，圖 8.2 及圖 8.3 中的 e 點對應於生產因素
組合 (L_0, K_0) 及總產量 x_0，所以，總產量為 x_0 的等產量曲線會通過圖 8.4
中的 e 點。一個如圖 8.2 的生產函數，隨著總產量的連續改變會有無限
多條不同的等產量曲線，這些等產量曲線所構成的集合，稱為**等產量曲
線圖** (isoquant map)。

由於在短期下資本投入量固定，廠商想要改變產量，僅能透過改變
勞動投入量達成。例如，當資本投入量固定為 K_0 時，由圖 8.4 的等產量
曲線圖得知，為了分別生產 x_1、x_2 及 x_0 的產量，廠商須分別投入 L_2、
L_1 及 L_0 的勞動。這些特定的勞動投入量為高度 K_0，且平行於橫軸的直
線與 x_1、x_2 及 x_0 三條等產量曲線的交點 a、d 及 e 所決定的勞動投入量。
從另一個角度看，在短期下廠商只能沿著圖 8.4 中的水平線 K_0ade，透過
增加勞動的投入以增加產量。但在長期時，由於勞動與資本都是變動生
產因素，為了生產某一個數量的產品，廠商可以選擇對應於該產量的等
產量曲線上任何一個生產因素組合。

8.3 生產函數的性質

如同討論消費者決策前，我們得先了解消費者的效用函數般，為討論廠
商的生產決策，讓我們對廠商的生產函數的性質作進一步的認識。與消
費者邊際效用的概念類似，我們首先考慮廠商僅變動單一生產因素投入
量對總生產實物量的影響。這種生產因素對生產的邊際貢獻，在後續的
生產決策分析中扮演相當重要的角色。

邊際生產實物量與平均生產實物量

為分析單一生產因素變動對產量的影響，我們先考慮資本投入量固定的

情形（不限短期生產時程）。在這種情況下，生產函數 $x = f(L, K)$ 可視為一個僅為勞動投入量 L 的函數，這正是我們上一節介紹過的勞動的總生產實物量曲線，TPP_L。此一曲線的形狀取決於各個勞動投入量下，額外一單位勞動投入量對廠商生產的影響。當資本投入量固定時，每增加一單位的勞動投入量所造成總生產實物量的變化量，我們稱之為勞動的邊際生產實物量 (marginal physical product of labor, MPP_L)。在數學上，勞動的邊際生產實物量乃勞動的總生產實物量曲線的斜率。由於生產函數 $x = f(K, L)$ 乃資本與勞動投入量的函數，勞動的邊際生產實物量乃生產函數對勞動投入量的偏微分，亦即

$$MPP_L = \frac{dTPP_L}{dL} = \frac{\partial f(L,K)}{\partial L} = f_L$$

我們可依同樣原理，定義資本的邊際生產實物量 (marginal physical product of capital, MPP_K) 為每增加一單位的資本投入量所造成總生產實物量的變化量，亦即

$$MPP_K = \frac{dTPP_K}{dK} = \frac{\partial f(L,K)}{\partial K} = f_K$$

上式中的 TPP_K 為資本的總生產實物量 (total physical product of capital)，其定義的方式與勞動的總生產實物量類似。

在短期資本投入量固定下，一般而言，產量會隨著勞動投入量增加而增加，但當資本隨著勞動投入增加而相對減少後，增加勞動投入所能提昇產量的能力也將隨之改變（通常是減少）。例如，在短期間，當一個個人電腦組裝廠商無法變更其電腦裝配線的數目時，個人電腦的產量不可能隨著裝配工人工時的增加而無限制地增加。尤其在產能用盡時，再怎麼增加裝配工人的工時也無法提高產量。甚至可能因為生產線過度擁擠，或因不停的加班，生產線缺乏正常維修而故障，反倒使產量減少。所以，勞動的邊際生產實物量會隨勞動投入量的多寡而有所不同，即勞動的邊際生產實物量為勞動投入量的函數。如同勞動的總生產實物量曲線，我們稱描述勞動的邊際生產實物量與勞動的投入量間關係的曲線為勞動的邊際生產實物量曲線 (marginal physical product of labor curve)，或 MPP_L 曲線。

　　勞動的邊際生產實物量曲線有遞增、遞減與水平三種可能的型態。在圖 8.5(b) 中，我們刻意畫出包含所有可能型態的 MPP_L 曲線，並針對此邊際生產實物量曲線，討論對應的總生產實物量與平均生產實物量曲線以及其經濟意義。首先，當勞動的邊際生產實物量為勞動投入量的遞增函數時，我們有勞動的**邊際報酬遞增** (increasing marginal returns) 的現象。由於 MPP_L 為 TPP_L 曲線的斜率，故勞動的邊際報酬遞增時，TPP_L 的斜率是遞增的，即 TPP_L 曲線具凸性。圖 8.5(b) 中，當勞動的投入量小於 L_1 時，勞動的邊際報酬遞增，因而對應的 MPP_L 曲線在 e 點之前為正斜率，而 TPP_L 曲線的 $0a$ 段為凸性。以數學符號表示，當勞動的邊際報酬遞增時，

$$\frac{dMPP_L}{dL} = \frac{d^2 TPP_L}{dL^2} = \frac{\partial^2 f(L,K)}{\partial L^2} = f_{LL} > 0$$

當勞動的邊際生產實物量不因勞動的使用量而改變時，廠商的生產技術呈現**勞動邊際報酬固定** (constant marginal returns) 的現象。如圖 8.5 所示，當勞動的投入量介於 L_1 與 L_2 之間時，勞動的邊際報酬固定，MPP_L 曲線的 ef 段為水半線；TPP_L 曲線的 ab 段為直線。因此，當勞動的邊際報酬固定時，

$$\frac{dMPP_L}{dL} = \frac{d^2 TPP_L}{dL^2} = \frac{\partial^2 f(L,K)}{\partial L^2} = f_{LL} = 0$$

當勞動的邊際生產實物量隨勞動投入增加而遞減時，廠商的生產技術呈現**勞動邊際報酬遞減** (diminishing marginal returns) 的現象。圖 8.5 中勞動的投入量大於 L_2 時，勞動的邊際報酬遞減，MPP_L 曲線在 f 點之後為負斜率，TPP_L 曲線在 b 點右邊部分具凹性。因此，當勞動的邊際報酬遞減時，

$$\frac{dMPP_L}{dL} = \frac{d^2 TPP_L}{dL^2} = \frac{\partial^2 f(L,K)}{\partial L^2} = f_{LL} < 0$$

　　值得一提的是，在短期間，由於資本投入量固定，所以產能是固定的。在圖 8.5(a) 中，TPP_L 曲線的最高點為 d 點，因此，無論勞動量為多少，總生產實物量最多為 x_4。換句話說，x_4 為短期、資本固定於某一

圖 8.5

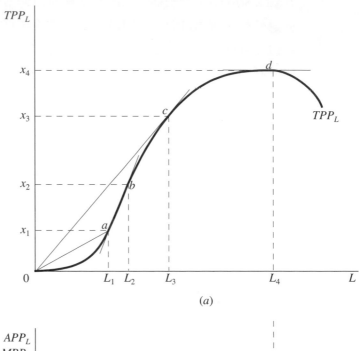

(a)

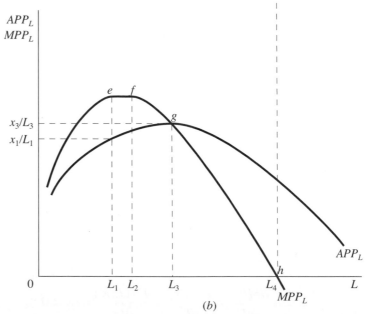

(b)

特定水準時的產能。當勞動投入量等於 L_4 時，產量為 x_4。如果勞動投入量大於 L_4，則產量少於 x_4，故超過 L_4 部份的勞動對生產不但沒有貢獻，反而妨礙了生產。所以，勞動的投入量為 L_4 時，TPP_L 在最高點，此時 TPP_L 的斜率或邊際生產實物量 MPP_L 等於零；當勞動量大於 L_4 時，勞動的邊際生產實物量成為負數。因此，圖 8.5(b) 中，MPP_L 曲線在 L_4 時通過橫軸，並在 L_4 之後低於橫軸。一個理性的生產者絕對不會僱用超過 L_4 的勞動量。

　　廠商的勞動邊際報酬究竟是遞增、固定或遞減，乃取決於生產技術的特性以及與其配合的資本投入量的多寡，很難有一個定論。有些生產技術，在生產線上的工人極少時，一個工人要同時裝配數種零件，工作較為複雜，此時額外一個工人，能使生產線的分工更細，透過專業生產、工作簡化而提高生產力。所以，當有固定生產因素存在，且變動生產因素極少時，變動生產因素的生產效率可能不佳，但其生產效率很可能隨著變動生產因素的投入量增加而提高，亦即生產呈現勞動邊際報酬遞增的現象。當然，我們也不能排除，在有些固定資本量下，廠商勞動的投入量無論再怎麼小，都不會有邊際報酬遞增的現象，頂多只會有邊際報酬固定的情形，甚至在所有的勞動投入量下都是邊際報酬遞減。雖然沒有經濟理論能告訴我們勞動的邊際報酬究竟是遞減、固定或遞增，但「實證慣率」(empirical regularity) 顯示，在有固定生產因素存在時，總生產實物量將不會隨變動生產因素投入的增加而無限制的增加；也就是說，當變動生產因素投入量足夠大時，它的邊際報酬終究會開始遞減，這種現象經濟學家稱之為邊際報酬遞減法則 (the law of diminishing marginal returns)。在此請讀者注意，邊際報酬遞減法則純粹是短期現象，它成立的前提為有固定因素存在。

　　在討論過總生產實物量與邊際生產實物量後，讓我們來談談另一個重要的概念，平均生產實物量。當我們聽到有人說某位工人的生產力高於另一位工人的生產力時，此生產力通常指的是平均生產力，或勞動的平均生產實物量 (average physical product of labor, APP_L)。APP_L 為平均每一單位勞動所生產的產量，即

$$APP_L = \frac{TPP_L}{L} = \frac{f(L,K)}{L}$$

幾何上，某一勞動量下的 APP_L 係該勞動量下 TPP_L 曲線的縱座標除以橫座標；在圖 8.5(a) 中，各勞動量下 APP_L 為該勞動量下 TPP_L 曲線到原點連線的斜率。例如，勞動投入量為 L_1 時的 APP_L 等於 TPP_L 的割線 $0a$ 的斜率。觀察圖 8.5(a) 中 TPP_L 上各點到原點的連線，我們發現這些連線的斜率，由原點起經過 a、b 諸點一路到 c 點都是遞增的。在 c 點割線 $0c$ 正好與 TPP_L 相切，且整個 TPP_L 也都位於 $0c$ 延伸直線的下方。這代表 APP_L 由勞動量等於零（原點）開始是遞增的，在勞動投入量等於 L_3 時達到最高點，過了 c 點以後 ($L > L_3$)，則持續下降。此外，我們還觀察到，TPP_L 曲線在 c 點之前的切線斜率大於割線斜率，在 c 點時切線斜率等於割線的斜率，在 c 點之後的切線斜率小於割線斜率。所以，如圖 8.5(b) 所示，當勞動投入量小於 L_3 時 MPP_L 高於 APP_L，勞動投入量等於 L_3 時 MPP_L 與 APP_L 相交，勞動投入量大於 L_3 時 MPP_L 低於 APP_L。我們可將上述 MPP_L 與 APP_L 的關係整理如下：

(1) 當 MPP_L 大於 APP_L 時，APP_L 為勞動投入量的遞增函數。反之亦成立。

(2) 當 MPP_L 低於 APP_L 時，APP_L 為勞動投入量的遞減函數。反之亦成立。

(3) 當 MPP_L 等於 APP_L 時，APP_L 的值最大。反之亦成立。

我們也可透過檢視 APP_L 的斜率，更嚴謹地得到以上 MPP_L 與 APP_L 的關係：

$$\frac{dAPP_L}{dL} = \frac{d\left(\dfrac{TPP_L}{L}\right)}{dL}$$

$$= \frac{L\dfrac{dTPP_L}{dL} - TPP_L}{L^2}$$

$$= \frac{MPP_L - APP_L}{L} \tag{8.1}$$

由 (8.1) 式得知，當 $MPP_L > APP_L$ 時，APP_L 為勞動投入量的遞增函數；反之，當 $dAPP_L / dL > 0$，或 APP_L 遞增時，MPP_L 大於 APP_L。其次，當 $MPP_L < APP_L$ 時，APP_L 為勞動投入量的遞減函數；反之，當 APP_L 遞減，

或 $dAPP_L / dL < 0$ 時，MPP_L 小於 APP_L。最後，當 $MPP_L = APP_L$ 時，$dAPP_L / dL = 0$，此時 APP_L 在最高點；反之，當 $dAPP_L / dL = 0$ 時，MPP_L 等於 APP_L。

【例 8.2】

假設廠商有如下的寇布－道格拉斯 (Cobb-Douglas) 生產函數（本章最後一節將進一步討論此生產函數）：

$$x = f(L, K) = L^\alpha K^\beta , \quad \alpha, \beta > 0$$

試討論此生產函數的 MPP_L 與 APP_L 的關係。

【解答】

當 $f(L, K) = L^\alpha K^\beta$ 時，勞動的邊際生產實物量等於

$$MPP_L = f_L = \alpha L^{\alpha-1} K^\beta \tag{a}$$

MPP_L 曲線的斜率等於

$$\frac{dMPP_L}{dL} = f_{LL} - \alpha(\alpha \quad 1)L^{\alpha-2}K^\beta \tag{b}$$

另外，勞動的平均生產實物量等於

$$APP_L = \frac{f(L,K)}{L} = L^{\alpha-1}K^\beta \tag{c}$$

APP_L 曲線的斜率等於

$$\frac{dAPP_L}{dL} = (\alpha - 1)L^{\alpha-2}K^\beta \tag{d}$$

為了討論此生產函數的 MPP_L 與 APP_L 的關係，我們分別就 $\alpha > 1$，$\alpha = 1$ 與 $\alpha < 1$ 三種不同型態的生產函數討論如下：

(1) 當 $\alpha > 1$ 時，由 (b) 式得知，在所有勞動投入量 $L > 0$ 下，$f_{LL} > 0$，故整個 TPP_L 曲線具凸性，同時 MPP_L 全面遞增，即在任意勞動量下，勞動的邊際報酬遞增。另外，由 (d) 式得知，當 $\alpha > 1$ 時，在所有勞動投入量 $L > 0$ 下，APP_L 遞增。最後，比較 (a) 與 (c) 得知，$MPP_L >$

APP_L，故勞動的邊際生產實物量永遠大於平均生產實物量。

(2) 當 $\alpha = 1$ 時，由 (b) 式得知，在所有勞動投入量 $L > 0$ 下，$f_{LL} = 0$，故 TPP_L 曲線為斜率等於 K^β（注意，K^β 為固定值）的直線，而 MPP_L 為平行於橫軸高度等於 K^β 的直線，即勞動的邊際報酬固定。另外，由 (d) 式得知，當 $\alpha = 1$ 時，在所有勞動投入量 $L > 0$ 下，APP_L 曲線為平行於橫軸高度等於 K^β 的直線；因此，MPP_L 曲線與 APP_L 曲線重合。

(3) 當 $\alpha < 1$ 時，由 (b) 式得知，在所有勞動投入量 $L > 0$ 下，$f_{LL} < 0$，故整個 TPP_L 曲線具凹性，同時 MPP_L 全面遞減，即在任意勞動量下，勞動的邊際報酬遞減。另外，由 (d) 式得知，當 $\alpha < 1$ 時，在所有勞動投入量 $L > 0$ 下，APP_L 遞減。而且，比較 (a) 與 (c) 得知，MPP_L 曲線低於 APP_L 曲線。

最後，請讀者自行練習，分別就上面三種情況，嘗試畫出 TPP_L、MPP_L 及 APP_L 曲線，並注意他們的形狀與相關位置。

邊際技術替代率

在短期資本量固定時，增加勞動的投入固然可能增加產量，但當產量達到最高產能時，增加勞動的投入將無法再提高產量 ($MPP_L = 0$)。此時，唯一能讓產量增加的途徑就是提高資本投入量。如此一來，我們就進入了長期決策時程。在長期時，因所有的生產因素都是變動生產因素，故廠商可以選擇各種不同的因素組合以生產某一特定的產量。例如，在資本豐富但勞力缺乏的社會，廠商可以考慮自動化生產，以機器設備代替相對稀少的人工。相反的，在一些資本貧乏但勞力豐富的地方，廠商可以考慮多僱用工人，以減少對機器設備的依賴。所以，勞動與資本在生產過程中具有某種程度的替代關係。這可利用前面介紹的等產量曲線來說明。圖 8.6 中的等產量曲線 x_1 複製自圖 8.4，代表能夠生產 x_1 的各種可能生產因素的組合。如圖所示，當廠商將勞動投入量由 L_1 增加至 L_0，它的資本投入量可以由 K_1 減少至 K_2 並維持 x_1 的產量。如同消費者無差異曲線的斜率 (絕對值) 代表兩商品間的邊際替代率般，等產量曲線的斜率 (絕對值) $-\Delta K / \Delta L$ 告訴我們，為維持某一特定產量，廠商在技術上

圖 8.6

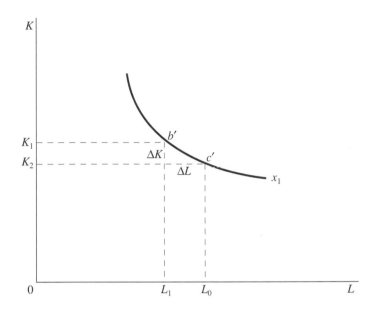

如何以 ΔL 的勞動量取代 $-\Delta K$ 的資本量的比率。此一替代比率，在經濟學上稱為邊際技術替代率 (marginal rate of technical substitution, *MRTS*)，或更明確點，勞動替換資本的邊際技術替代率 (marginal rate of technical substitution of labor for capital)，簡寫為 $MRTS_{LK}$。依此一定義，我們可以數學符號將邊際技術替代率表示為

$$MRTS_{LK} = -\left.\frac{dK}{dL}\right|_{x=x_1} \tag{8.2}$$

(8.2) 式顯示，邊際技術替代率不但是勞動與資本投入量的函數，同時也因產量而異。

將生產函數 $x = f(L, K)$ 全微分，可得產量 x 的變動為

$$dx = \frac{\partial f(L,K)}{\partial L}dL + \frac{\partial f(L,K)}{\partial K}dK = MPP_L \cdot dL + MPP_K \cdot dK \tag{8.3}$$

(8.3) 式說明產量的變動源自於勞動投入與資本投入的變動。更明確地說，產量的變化量等於勞動變化量乘以每增加一單位勞動所帶來的產量

圖 8.7

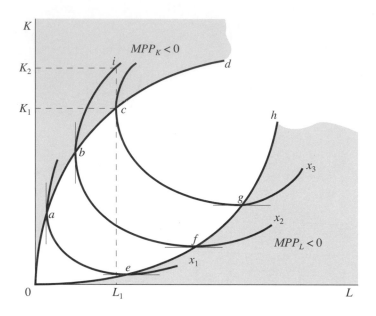

增加數,加上資本變化量乘以每增加一單位資本所帶來的產量增加數。
由於等產量曲線代表固定的 x,所以每一條等產量曲線都滿足 $dx = 0$。
將此條件代入 (8.3),我們得到邊際技術替代率與兩因素的邊際生產力的
關係如下:

$$MRTS_{LK} = -\left.\frac{dK}{dL}\right|_{x=x_1} = \frac{MPP_L}{MPP_K} \tag{8.4}$$

由 (8.4) 式得知,當邊際生產實物量 MPP_L 及 MPP_K 都大於零時,等
產量曲線的斜率 $(dK / dL|_{x=x_1})$ 為負;而當 MPP_L 及 MPP_K 為一正一負
時,等產量曲線的斜率為正。在圖 8.7 中,我們畫了 x_1、x_2 及 x_3 三條等
產量曲線,其中 $x_1 < x_2 < x_3$。圖中,在 $0abcd$ 上方及 $0efgh$ 下方的灰色區
域,三條等產量曲線的斜率都為正值,表示在灰色區域內正好有一個生
產因素的邊際生產實物量為負。然而,如何判別那個生產因素的邊際生
產實物量為負呢?我們來看圖 8.7 中的 i 點,該點在等產量曲線 x_2 上,
同時也在 $0abcd$ 曲線上方。現在由 i 點往正下方移動到 c 點,此時勞動

投入量仍舊維持在 L_1，但資本投入量由 K_2 下降到 K_1，產量則增加到 x_3。事實上，我們發現，任何在 0abcd 上方灰色區域中的因素投入組合，都有隨著資本投入量減少產量反而增加的現象。所以，等產量曲線在 0abcd 上方時，資本的邊際生產實物量為負。相對的，等產量曲線在 0efgh 下方時，勞動的邊際生產實物量為負。我們稱 0abcd 及 0efgh 為脊線 (ridge lines)；上脊線 0abcd 為所有等產量曲線斜率等於（負）無窮大的因素組合的連線，下脊線 0efgh 為所有等產量曲線斜率等於零的因素組合的連線。當等產量曲線穿過上脊線 0abcd 時，$MPP_K = 0$，邊際技術替代率等於無窮大。當等產量曲線穿過下脊線 0efgh 時，$MPP_L = 0$，邊際技術替代率等於零。由於一生產因素的邊際生產實物量為負時，廠商降低該生產因素的投入量不但可以使產量增加，同時還可以降低成本，故在生產者追求利潤最大的目標下，生產因素的邊際生產實物量為負的情形就不可能發生。所以，在討論廠商的生產行為時，我們僅需考慮介於上下兩條脊線間負斜率的等產量曲線。

邊際技術替代率遞減與邊際報酬遞減

等產量曲線除了前面討論的負斜率性質外，讀者應已發現，我們所畫的等產量曲線，與消費者的無異曲線類似，都是凸向原點。在消費者理論中，凸向原點的無異曲線乃是反映邊際替代率遞減的假設。類似地，在生產者理論中，凸向原點的等產量曲線則反映了邊際技術替代率遞減 (diminishing marginal rate of technical substitution) 的現象。在圖 8.8 中，三條等產量曲線都具凸性，代表等產量曲線的斜率（絕對值）或邊際技術替代率隨著勞動投入量的增加而減少。以等產量曲線 x_2 為例，當生產因素組合由 a 點沿著等產量曲線 x_2 向右下方移動，經過 b、c、d 到 e 點時，勞動投入的增加量均等於 ΔL，其所能取代的資本投入量卻是遞減的，即 $-\Delta K_1 > -\Delta K_2 > -\Delta K_3 > -\Delta K_4$（注意，這些 ΔK 都是負值，冠上負號後成為正值）。因此，由 a 點到 e 點的邊際技術替代率有

$$-\frac{\Delta K_1}{\Delta L} > -\frac{\Delta K_2}{\Delta L} > -\frac{\Delta K_3}{\Delta L} > -\frac{\Delta K_4}{\Delta L}$$

或

圖 8.8

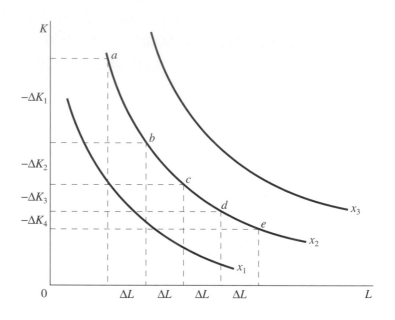

$$MRTS^a_{LK} > MRTS^b_{LK} > MRTS^c_{LK} > MRTS^d_{LK}$$

的遞減關係。

　　在進一步討論前，我們必須提醒讀者一個重要的概念。雖然邊際替代率與邊際技術替代率遞減，在表面上，甚至數學上，看來沒有什麼差異，但兩者在概念上則完全不同。前者係一種對「主觀的」偏好的假設，後者則決定於「客觀的」技術條件。不過，儘管有這個重要的概念上的差異，在實際操作、分析中，具有邊際技術替代率遞減的技術仍是經濟學上主要的分析對象。如此一來，我們就必須回答下面這個問題，即邊際技術替代率遞減的現象如何發生？直覺上，當廠商的生產須同時使用勞動與資本時，相對少的生產因素較不易被另一種因素所取代，相對多的生產因素較容易用另一種因素來取代。所以，當產量固定時，隨著 L 的投入量增加，K 的投入量相對減少（K/L 比率減少），L 代替 K 的能力，即 $MRTS_{LK}$ 的值會跟著下降，因而邊際技術替代率遞減的假設似乎很合理。

　　除了上述直覺推理外，我們也可以從個別因素邊際生產力的變化來

說明為何邊際技術替代率會遞減。一種「不正確」的推理是這樣的：在等產量曲線上，當勞動投入量增加時，資本投入量必須減少，根據邊際報酬遞減法則，MPP_L 會減少，MPP_K 會增加，由 (8.4) 得知，$MRTS_{LK}$ 會減少。這個看起來相當合理的推論何以會「不正確」呢？關鍵在邊際報酬遞減的概念。當我們敘述 MPP_L 會隨 L 的增加而遞減時，係假定 K 是固定的。同樣地，當我們說 MPP_K 會隨 K 的減少而遞增時，也是假定 L 是固定的。然而，在談「某一條」等產量曲線的 $MRTS_{LK}$ 時，L 的增加必然伴隨著 K 的減少，故 MPP_L 不但受 L 增加的影響，也會受 K 減少的影響。上面「不正確」的推論就是忽略了後者的影響。同樣的，MPP_K 不但受 K 減少的影響，也受 L 增加的影響。我們稱 MPP_L 受 K 減少的影響及 MPP_K 受 L 增加的的影響為交叉效果。

為了瞭解此交叉效果，我們來看 (8.4) 式的 $MRTS_{LK}$ 對 L 的導數：

$$\frac{dMRTS_{LK}}{dL} = -\frac{d^2K}{dL^2}\bigg|_{x=x_1} = \frac{d(MPP_L / MPP_K)}{dL} = \frac{d(f_L / f_K)}{dL} \tag{8.5}$$

由於邊際生產實物量 f_L 與 f_K 都是 L 與 K 的函數，且因 (L, K) 在同一條等產量曲線上，故 L 改變時 K 也要跟著改變，(8.5) 式成為：

$$\frac{dMRTS_{LK}}{dL} = \frac{f_K(f_{LL} + f_{LK} \cdot dK / dL) - f_L(f_{KL} + f_{KK} \cdot dK / dL)}{f_K^2} \tag{8.6}$$

因 (L, K) 在同一條等產量曲線上，(8.6) 中的 dK / dL 必須滿足 (8.4)，即 $dK / dL = -f_L / f_K$，再利用 $f_{LK} = f_{KL}$ 的條件，(8.6) 式成為：

$$\frac{dMRTS_{LK}}{dL} = \frac{f_K^2 f_{LL} - 2f_K f_L f_{KL} + f_L^2 f_{KK}}{f_K^3} \tag{8.7}$$

在邊際生產實物量 f_L 與 f_K 都大於零的前提下，由上式得知，即使邊際報酬遞減使得 f_{LL} 與 f_{KK} 都小於零，也不足以保證邊際技術替代率遞減。只有再加上交叉偏導數 f_{LK} 大於或等於零的假設，才能保證邊際技術替代率 $MRTS_{LK}$ 為勞動的遞減函數。由於一般認為資本投入量增加有助於提高勞動的邊際生產實物量，勞動投入增加也有助於提高資本的邊際生產實物量，故 $f_{LK} > 0$ 不至於是一個不合理的假設，於是邊際替代率遞減的現象

圖 8.9

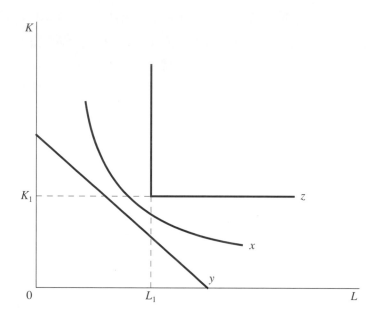

自然也就出現了。尤有進者，即使是 $f_{LK} < 0$，只要 f_{LK} 的絕對值不要太大而抵消了邊際報酬遞減的效果，$MRTS_{LK}$ 仍有機會隨 L 的增加而減少。

替代彈性

上一小節中，我們討論了邊際技術替代率遞減使得等產量曲線凸向原點。本小節將進一步討論邊際技術替代率遞減的速度或等產量曲線凸向原點的彎曲程度。在圖 8.9 中有三條不同類型的等產量曲線。等產量曲線 y 為一條負斜率的直線，它的斜率或邊際技術替代率為一固定值。因此，勞動與資本為完全可以相互替代的生產因素，其相互替代的比率即此等產量曲線的斜率。在另一個極端，等產量曲線 z 為一條直角折線，在因素組合 (L_1, K_1) 下生產最有效率。因為，當資本等於 K_1 時，須有 L_1 的勞動配合才有產量 z，勞動投入量少於 L_1 時，將不足以生產 z 的產量，但勞動投入量高於 L_1 時，產量依舊等於 z，超過 L_1 的勞動投入都是浪費的。相對的，當勞動等於 L_1 時，須有 K_1 的資本配合才有產量 z，低於 K_1 的資本不足以生產產量 z，高於 K_1 的資本投入都是浪費的。此時，

勞動與資本為完全互補的生產因素；勞動與資本相互替代能力等於零。
最後，等產量曲線 x 的形狀介於兩極端的等產量曲線 y 與 z 之間。當等
產量曲線 x 的曲度很小，形狀接近等產量曲線 y，則勞動與資本間很容
易相互替代。反之，當等產量曲線 x 的曲度很大，形狀接近等產量曲線
z，則勞動與資本間很難相互替代。由以上的分析，我們發現當 K / L 的
比例改變時，若邊際技術替代率變化很小或幾乎不變，則勞動與資本為
容易相互替代的生產因素。相反的，當 K / L 的些微改變造成極大邊際
技術替代率的變化時，勞動與資本為很難相互替代的生產因素。根據此
一原理，經濟學家定義了**替代彈性** (elasticity of substitution) 來衡量生產
因素間替代的難易度。數學上，一等產量曲線上 (L, K) 點的替代彈性 σ
表示成

$$\sigma = \frac{\dfrac{d(K / L)}{K / L}}{\dfrac{dMRTS_{LK}}{MRTS_{LK}}} = \frac{d\ln(K / L)}{d\ln MRTS_{LK}} \tag{8.8}$$

上式告訴我們，當我們由某一條等產量曲線上的點 (L, K) 移動到該曲線
上另外一點時，$MRTS_{LK}$ 和 K / L 會同時改變，而替代彈性乃 K / L 的變
化率與 $MRTS_{LK}$ 的變化率的比值。

　　現在，我們藉由圖形討論替代彈性 σ 的幾何意義，以加深讀者對替
代彈性的印象。在圖 8.10 中，等產量曲線 x 與 y 分別對應兩種不同的生
產函數。等產量曲線 x 較等產量曲線 y 彎曲度大，且兩者相交於 a、b 兩
點。根據前面的討論，我們知道在 y 的生產技術下資本與勞動間的替代
能力較好，而 x 的生產技術下資本與勞動間的替代能力較差。現在我們
驗證，替代能力較好的（等產量曲線曲度小）σ 值高，替代能力差的（等
產量曲線曲度大）σ 值低。現在分別考慮由 x 和 y 兩條等產量曲線上的 a
點移動到 b 點。我們發現，兩者的資本勞動比率 (K / L) 均由 K_1 / L_1 增
加 K_2 / L_2，因此由 a 點到 b 點，兩者 K / L 的變化率相等。但在 a 點，x
的邊際技術替代率小於 y 的邊際技術替代率；在 b 點，x 的邊際技術替
代率大於 y 的邊際技術替代率，故由 a 點移動到 b 點，x 的邊際技術替
代率的增加率大於 y 的邊際技術替代率的增加率。根據 (8.8)，兩條等產
量曲線的分子相等，但分母以等產量曲線 x 的值較大。所以，由 a 點至

圖 8.10

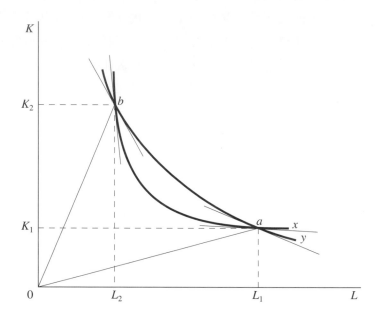

b 點，等產量曲線 x 的替代彈性小於等產量曲線 y 的替代彈性。當 b 點與 a 點相當靠近時，我們可以說，等產量曲線 x 在 a 點的替代彈性較等產量曲線 y 在 a 點的替代彈性小。這與前面我們想要驗證的等產量曲線越彎曲，要素間替代能力越差，替代彈性越小的推論一致。

　　回到圖 8.9，在等產量曲線 y 上，無論 K/L 的比例為何，邊際技術替代率 $MRTS_{LK}$ 都是固定的，表示 L 代替 K 的能力完全不會隨 K/L 的比例改變而改變。所以在等產量曲線 y 上任何一點的 σ 值應該都非常大。事實上，由於 (8.8) 的分母等於零，所以在等產量曲線 y 上任何一個點的替代彈性都是無窮大。接著來看圖 8.9 中另一個極端的情形，在等產量曲線 z 所代表的生產技術下，資本與勞動必須維持固定的比率 K_1/L_1 方能進行有效率的生產活動，但因等產量曲線在 (L_1, K_1) 這點的斜率並不存在，故在該點也無法定義 $MRTS_{LK}$。然而，考慮一極小的正數 $\varepsilon > 0$，且因素組合由 $(K_1, L_1 + \varepsilon)$ 移到 $(K_1 + \varepsilon, L_1)$ 時（前一點在等產量曲線 z 折點的右方一點點，另一點在等產量曲線 z 折點的正上方一點點），我們發現 $MRTS_{LK}$ 由零變成無窮大。此時 (8.8) 式的分母為無窮大，分子等於一個

很小的正數（試著算出來），故等產量曲線 z 在 (K_1, L_1) 的替代彈性等於零。在此要特別提醒讀者，除了點 (K_1, L_1) 外，在衡量等產量曲線 z 上其他點的替代彈性時，因分母為不定值，故無法計算（為什麼？）。至於等產量曲線 x，因其彎曲度介於上述兩種極端之間，所以其上各點的替代彈性也介於零與無窮大之間。

規模報酬

討論完產量不變下，生產因素間的替代的關係，接下來這一小節中，我們將探討多條等產量曲線間的關係，也就是生產因素組合與產量間的關係。前面已談過短期勞動投入與產量間的關係，在這小節中我們將集中討論長期勞動與資本投入量與產量間的關係。由於長期間勞動與資本的投入量可以隨意變動，如果不對要素間的關係作適當的限制，想要理出類似短期要素與產量間的邊際報酬遞增、固定與遞減少數幾種不同類型的生產技術，實際上是無法辦到的。為使長期的生產技術分類易於進行，我們將勞動與資本的使用限制在某一特定的比例，然後再整理出產量變動和勞動與資本變動的關係。舉例來說，當廠商原先投入工人（勞動）與生產線（資本）的組合 (L, K) 生產出 $x = f(L, K)$ 的產品時，我們或許會問，當投入工人與生產線的比例維持不變，因素組合成為 $(2L, 2K)$，或生產「規模」(scale) 為原先的兩倍時，產量 $f(2L, 2K)$ 是否也是原來的兩倍，$2x$。這類的問題就是接下來我們要談的，關於生產函數的規模報酬 (returns to scale) 的問題。

假設廠商的生產函數為 $x = f(L, K)$，當勞動與資本的投入量為原來的 t 倍，且 $t > 0$ 時，因素投入量改變後的產量等於 $f(tL, tK)$。此一新的產量與原有的產量間有下列三種可能的關係：

(1) 在所有的 (L, K) 因素組合下，若

$$f(tL, tK) = tf(L, K) = tx，\quad t > 0 \tag{8.9}$$

則生產技術呈現固定規模報酬 (constant returns to scale)。在固定規模報酬下，當因素的規模為原來的 t 倍時，產量也是原來的 t 倍。

(2) 在所有的 (L, K) 因素組合下，若

$$f(tL, tK) > tf(L, K) = tx，\quad t > 1 \tag{8.10}$$

圖 8.11

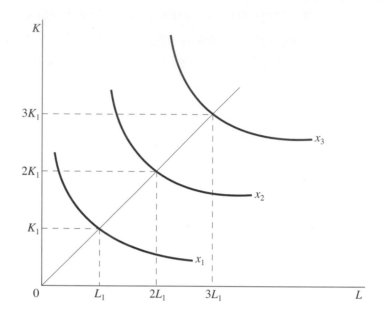

則生產技術呈現規模報酬遞增 (increasing returns to scale)。在規模報酬遞增下，當因素的規模為原來的 t 倍時，產量大於原來的 t 倍。

(3) 在所有的 (L, K) 因素組合下，若

$$f(tL, tK) < tf(L, K) = tx，t > 1 \tag{8.11}$$

則生產技術呈現規模報酬遞減 (decreasing returns to scale)。在規模報酬遞減下，當因素的規模為原來的 t 倍時，產量不到原來的 t 倍。

在此請讀者特別注意，上面定義中的 t 值，在固定規模報酬下只需 $t > 0$，其他兩個規模報酬下則需 $t > 1$（為什麼？）。

圖 8.11 中，等產量曲線 x_1、x_2 和 x_3 分別通過生產因素組合 (L_1, K_1)、$(2L_1, 2K_1)$ 和 $(3L_1, 3K_1)$，故 $x_1 = f(L_1, K_1)$，$x_2 = f(2L_1, 2K_1)$，$x_3 = f(3L_1, 3K_1)$。根據前面的定義，如果生產技術為固定規模報酬，則 $x_3 / 3 = x_2 / 2 = x_1$。如果生產技術為規模報酬遞增，則 $x_3 / 3 > x_2 / 2 > x_1$。最後，如果生產技

術為規模報酬遞減，則 $x_3 / 3 < x_2 / 2 < x_1$。

雖然在滿足生產函數基本性質的前提下，生產函數的形態並無任何限制，但因齊次函數 (homogeneous function) 具有許多良好的性質，且與上面所提各種規模報酬的概念有密切關係，故經濟學上常以齊次型生產函數為討論對象。當生產函數 $f(L, K)$ 為 L 與 K 的 k 次齊次函數時，則

$$f(tL, tK) = t^k f(L, K) \tag{8.12}$$

由此一定義，我們不難看出，當 $k = 1$ 時，此生產函數具有固定規模報酬的性質。反過來，比對 (8.9) 固定規模報酬和 (8.12) 齊次函數的定義，我們得到，當生產函數呈現固定規模報酬時 $k = 1$。於是我們得到：「一次齊次生產函數呈現固定規模報酬，固定規模報酬的生產函數必為一次齊次函數」。

當生產函數為 $k > 1$ 次的齊次函數時，因 $t > 1$，故 $t^k > t$，我們可以得到

$$f(tL, tK) = t^k f(L, K) > tf(L, K)$$

所以，一個大於一次的齊次生產函數具有規模報酬遞增的性質。同理，讀者可輕易證明，當生產函數為 $k < 1$ 次的齊次函數時，此生產函數具有規模報酬遞減的性質。由於並非每一個生產函數都是齊次函數，所以，除了固定規模報酬生產函數為一次齊次生產函數外，其他非固定規模報酬生產函數的反向推論並不一定正確。例如，一個規模報酬遞減的生產技術，其生產函數並不一定要是小於一次的齊次函數。

【例 8.3】

假設廠商有如下的生產函數：

$$x = f(L, K) = L^\alpha + K^\beta, \quad \alpha, \beta > 0$$

試討論此生產函數的齊次性與規模報酬。

【解答】

因

$$f(tL, tK) = (tL)^\alpha + (tK)^\beta$$

$$= t^{\alpha}(L^{\alpha} + t^{\beta-\alpha}K^{\beta}) \hspace{4cm} (a)$$

(A)　當 $\alpha = \beta$ 時，由 (a) 式，

$$f(tL, tK) = t^{\alpha}(L^{\alpha} + K^{\beta}) = t^{\alpha}f(L, K)$$

則 $f(L, K) = L^{\alpha} + K^{\alpha}$ 為 L 與 K 的 α 次齊次函數。於是，當 $\alpha = 1$ 時，生產函數等於 $f(L, K) = L + K$，為固定規模報酬。當 $\alpha < 1$ 或生產函數為一個次數小於一的齊次函數，且 $t > 1$ 時，

$$f(tL, tK) = t^{\alpha}(L^{\alpha} + K^{\alpha}) < t(L^{\alpha} + K^{\alpha}) = tf(L, K)$$

此齊次生產函數呈現規模報酬遞減。同理，當 $\alpha > 1$ 或生產函數為一個次數大於一的齊次函數時，生產函數呈現規模報酬遞增。

(B)　當 $\alpha \neq \beta$ 時，$t^{\beta-\alpha} \neq 1$。由 (a) 式，$f(tL, tK)$ 無法寫成 $t^{k}f(L, K)$ 形式，故此生產函數並非齊次函數。例如當 $\beta > \alpha > 1$ 時，$f(L, K) = L^{\alpha} + K^{\beta}$ 為非齊次函數。但因對任何 $t > 1$，恆有

$$f(tL, tK) = t^{\alpha}(L^{\alpha} + t^{\beta-\alpha}K^{\beta})$$

$$> t^{\alpha}(L^{\alpha} + K^{\beta})$$

$$> t(L^{\alpha} + K^{\beta}) = tf(L, K)$$

故此生產函數呈現規模報酬遞增。同理，當 $\beta < \alpha < 1$ 時，$f(L, K) = L^{\alpha} + K^{\beta}$ 為非齊次函數，且 $f(tL, tK) < tf(L, K)$，所以此生產函數呈現規模報酬遞減。

此例子告訴我們，除了規模報酬固定的生產函數一定是一次齊次函數外，規模報酬遞增或遞減的生產函數並不一定是齊次函數。

———————————————————————————————

根據第二章有關齊次函數的性質，當生產函數 $f(L, K)$ 為 L 與 K 的 k 次齊次函數時，其一階偏導數或邊際生產實物量 $f_L(L, K)$ 與 $f_K(L, K)$ 為 L 與 K 的 $k - 1$ 次齊次函數。由這性質，我們得到：

$$MRTS_{LK}(tL, tK) = \frac{f_L(tL, tK)}{f_K(tL, tK)} = \frac{t^{k-1}f_L(L, K)}{t^{k-1}f_K(L, K)}$$

圖 8.12

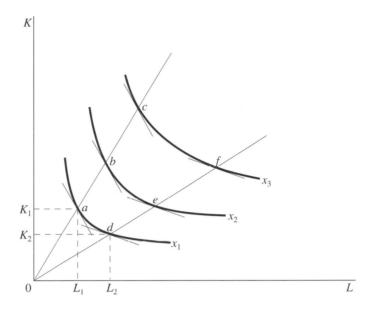

$$= \frac{f_L(L,K)}{f_K(L,K)} = MRTS_{LK}(L, K)$$

因此，齊次生產函數的邊際替代率為零次齊次函數。這個結果隱含，不同的等產量曲線上相同 K/L 比例的點的邊際技術替代率都相同；不同 K/L 比例才有不同的邊際技術替代率。換句話說，齊次生產函數的邊際技術替代率可以視為 K/L 的函數。假定圖 8.12 中的 x_1、x_2 及 x_3 為一齊次生產函數的等產量曲線，因在射線 $0abc$ 上的資本與勞動比例是一樣的，故三條等產量曲線在 a、b 及 c 點上的斜率或 $MRTS$ 都相等。同樣的，射線 $0def$ 上各點的資本勞動比例均相同，所以在 d、e 及 f 點的邊際技術替代率也都相等。

事實上，並非只有齊次生產函數才有邊際技術替代率為 K/L 的函數的性質。當生產函數是一個位似函數 (homothetic function)，即一個齊次函數的單調遞增轉換 (positive monotonic transformation) 時，由第二章 2.7 節的討論，我們知道，位似函數同樣具有此一特性。也就是說，與齊次生產函數相同，位似生產函數的邊際技術替代率為零次齊次函數，它

的值只受到資本勞動比例 (K/L) 的影響。

8.4 生產函數範例

在這一節裡，我們將以替代彈性為分類的標準，討論幾個常用的特殊生產函數。討論的內容將包含每一生產函數對應於 8.3 節中所討論過的各種性質。

生產因素為完全替代的生產函數

當一個生產技術具有生產因素間為完全替代的性質時，為維持產量不變，一個生產因素可以某一個比例完全代替另一種生產因素，於是每一條等產量曲線上各點的邊際技術替代率都是固定的。例如，一個廠商無論僱用多少工人，使用多少機器或生產多少產量，如果三個工人可以完全代替兩部機器的生產效能，則相當於每增加一個工人可以減少 $2/3$ 部機器。在這種技術下，等產量曲線為一條斜率為 $-2/3$ 的直線，其函數形式可寫為

$$K = c - \frac{2}{3}L$$

其中 c 為固定數，也是 K 軸截距。上式可改寫成

$$2L + 3K = 3c$$

如果進一步將常數 $3c$ 記為 x，則得到

$$x = f(L, K) = 2L + 3K$$

上式可以解釋為一個生產函數。當 X 單獨由 L 生產時，每單位 L 可以生產 2 單位的 X；當 X 單獨由 K 生產時，每單位 K 可以生產 3 單位的 X。總產量則等於勞動的貢獻 $2L$ 加上資本的貢獻 $3K$，即 $2L + 3K$。此生產函數的 $MPP_L = 2$，$MPP_K = 3$，$MRTS_{LK} = MPP_L / MPP_K = 2/3$，這正印證前面「每增加一個工人可以減少 $2/3$ 部機器」的說法。

比照上面例子的邏輯，我們來正式討論當 L 與 K 為完全替代生產因素時的生產函數及其特性。假設在任何產量或因素投入量下，廠商都能

圖 8.13

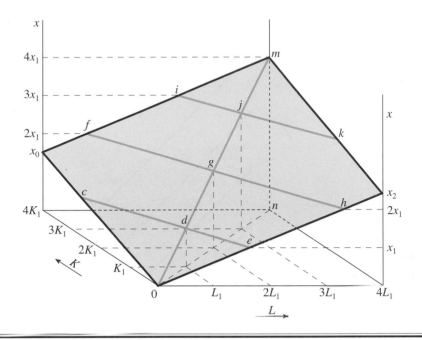

以 b 單位勞動完全代替 a 單位資本,則其等產量曲線為滿足下列的關係的一條直線:

$$aL + bK = x \tag{8.13}$$

上式中 x 為一固定值。因等產量曲線 (8.13) 為斜率都等於 $-a/b$ 的直線,此生產技術的邊際技術替代率 $MRTS_{LK}$ 恆等於 a/b。根據 (8.8) 替代彈性的公式,我們立即得知,這一類型生產函數在任何因素組合 (L, K) 下的替代彈性都是無窮大。

對應於 (8.13) 的生產函數為:

$$x = f(L, K) = aL + bK$$

很顯然地,這是 L 與 K 的線性生產函數 (linear production function),其勞動的邊際生產實物量等於 a,資本的邊際生產實物量等於 b。

在幾何上,此生產函數如圖 8.13 所示,為一通過原點的平面。圖中的生產平面上有三條直線 cde、fgh 及 ijk,分別代表產量 x_1、$2x_1$ 及 $3x_1$ 的直線。此三條直線在 L-K 平面上的投影即圖 8.14(a) 的三條等產量曲

圖 8.14

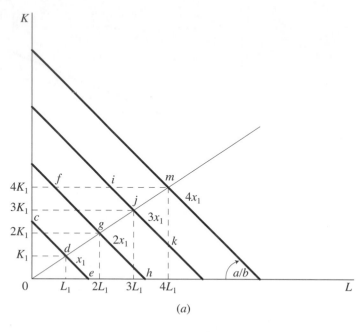

(a)

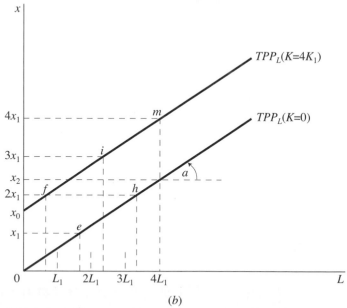

(b)

線 x_1、$2x_1$ 及 $3x_1$。由於每一條等產量曲線上的因素組合都滿足 (8.13) 式，所以，圖 8.14(a) 的四條等產量曲線為相互平行的直線，且它們的斜率都等於 $-a/b$。

在圖 8.13 生產平面上的另一條直線 $0m$，代表資本與勞動投入量在直線 $0n$ 上時的產量。亦即，資本與勞動比率維持在 K_1/L_1 下的各個產量。由於 $0m$ 係一條直線，當因素組合同時增加某一倍數時，產量也作等倍數的增加。例如，因素組合為 (L_1, K_1) 時，d 點的產量為

$$x_1 = aL_1 + bK_1$$

當因素組合為 $(2L_1, 2K_1)$ 時，g 點的產量為

$$2x_1 = 2aL_1 + 2bK_1$$

以此類推，當 $t > 0$，因素組合為 (tL_1, tK_1) 時的產量為

$$f(tL_1, tK_1) = taL_1 + tbK_1 = tf(L_1, K_1)$$

所以線性生產函數具備固定規模報酬的性質。此性質也顯現在圖 8.14(a) 中，在 $0m$ 線上各點的資本與勞動投入比率都等於 K_1/L_1。g 點生產規模是 d 點的兩倍，所以通過 d 點的等產量曲線如為 x_1，則通過 g 點的等產量曲線為 $2x_1$。同理，通過 j 點與 m 點的等產量曲線分別為 $3x_1$ 和 $4x_1$。事實上，在生產函數為線性時，任何一條由原點出發的射線上的因素組合與產量都有前述的關係。

在短期下，如果資本投入量固定在 $K = K_0$，則產量與勞動投入量間的關係為

$$TPP_L(K = K_0) = aL + bK_0 \tag{8.14}$$

因此，無論勞動投入量等於多少，勞動的邊際生產實物量都等於 a。我們於圖 8.14(b) 中分別繪出 $K = 0$ 及 $K = 4K_1$ 兩條勞動的總生產實物量曲線 $TPP_L(K = 0)$ 和 $TPP_L(K = 4K_1)$。由於在任意 L 值下，$MPP_L = a$，這兩條總生產實物量曲線相互平行且斜率都等於 a。另外，圖 8.14(b) 中直線 $0eh$ 即圖 8.13 中生產平面上通過原點的直線 $0eh$，而圖 8.14(b) 中直線 x_0fim 即圖 8.13 中生產平面與 $K = 4K_1$ 平面交集所形成的直線 x_0fim。讀者應可看出，圖中 x_0 與 x_2 分別為 $x_0 = f(0, 4K_1) = 4bK_1$ 和 $x_2 = f(4L_1, 0) = 4aL_1$。同

圖 8.15

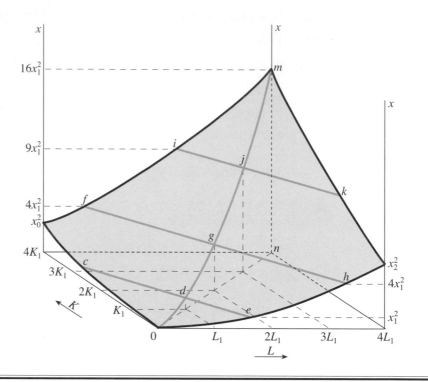

樣的,當勞動投入量固定時,資本總生產實物量曲線為一條斜率為 b 的直線,而 b 正是資本的邊際生產實物量。由於 $MPP_L = a$,$MPP_K = b$,故 $MRTS_{LK} = MPP_L / MPP_K = a / b$,驗證了前述有關邊際技術替代率的討論。

　　在線性生產函數下,生產因素間的關係為完全替代,等產量曲線為相互平行的直線,而且生產技術為固定規模報酬。然而當生產因素完全替代或當等產量曲線為相互平行的直線時,生產函數並不一定要有固定規模報酬的性質。例如生產函數

$$x = f(L, K) = (aL + bK)^2 \tag{8.15}$$

並非一線性生產函數,其圖形為圖 8.15 中的灰色曲面。此生產函數的等產量曲線如圖 8.16(a) 所示為相互平行的直線。我們不難發現,圖 8.16(a) 的四條等產量曲線與圖 8.14(a) 的四條等產量曲線的形狀及位置完全相同,唯一不同的地方是作為標示等產量曲線的產量不同:圖 8.14(a) 的等產量曲線分別對應於 $x = x_1 (= aL_1 + tbK_1)$、$x = 2x_1$、$x = 3x_1$ 及 $x = 4x_1$ 的

圖 8.16

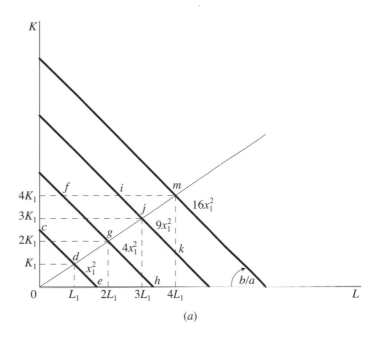

(a)

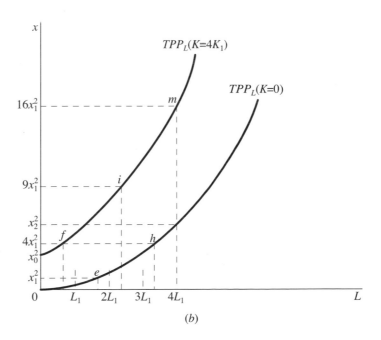

(b)

產量,而圖 8.16(a) 的等產量曲線則分別對應於 $x = x_1^2 (= (aL_1 + tbK_1)^2)$、$x = 4x_1^2$、$x = 9x_1^2$ 及 $x = 16x_1^2$ 的產量。因此,這兩個生產函數的差別在於規模報酬。線性生產函數具固定規模報酬的性質,如圖 8.13 所示,當生產因素以 K_1 / L_1 的比例增加時產量沿著直線 $0m$ 線上升。但 (8.15) 的生產函數並非固定規模報酬。當生產要素組合同時成為原來的 $t > 1$ 倍時,由 (8.15) 式

$$f(tL, tK) = (atL + btK)^2 = t^2(aL + bK)^2 = t^2 f(L, K) > t f(L, K)$$

所以,(8.15) 為一規模報酬遞增的生產函數。如圖 8.15 所示,當生產因素以 K_1 / L_1 的比例增加時產量沿著具凸性的曲線 $0m$ 線上升。除此之外,如圖 8.16(b) 所示,對應於 $K = 0$ 及 $K = 4K_1$ 的勞動總生產實物量曲線 $TPP_L(K = 0)$ 和 $TPP_L(K = 4K_1)$ 均為具凸性的曲線,代表此生產函數在短期下呈現邊際報酬遞增現象(試試看,舉個例子!)。

(8.15) 的生產函數說明了,即使生產因素間的關係為完全替代,生產函數並不一定是線性的固定規模報酬與固定邊際報酬,它有可能如 (8.15) 所示的規模報酬遞增。當然,我們也不能排除,在生產因素為完全替代時,生產函數具規模報酬遞減性質,而且在短期下,它有可能是邊際報酬遞增,也有可能是邊際報酬遞減。

生產因素為完全互補的生產函數

與上一小節互為兩極端,本小節要討論的生產函數具備因素完全無法替代的特性,亦即生產因素間為完全互補關係的生產函數。在此一生產技術下,一單位的勞動必須固定配以某一數量的資本,才能生產某一數量的產品。由於資本完全不能代替勞動,當一單位的勞動配了過多的資本時,單位勞動的生產實物量並不會隨資本的增加而增加。同樣的,當一單位的資本配了過多的勞動時,單位資本的生產實物量也不會隨勞動的增加而增加。所以完全互補的生產函數有一個最有效率的 K / L 比率。當 K / L 大於此一有效率的資本勞動比率時,便會有部份的資本閒置;當 K / L 小於此一有效率的比率時,便會有部份的勞動浪費。

在生產因素為完全互補的生產函數中,最簡單的形式為固定比例生產函數 (fixed proportions production function),此生產函數於 1951 年由

里昂提夫 (Wassily Leontief) 所提出，故又稱為里昂提夫生產函數 (Leontief production function)，其函數形式為：

$$f(L, K) = \min \{L / a, K / b\} \tag{8.16}$$

(8.16) 表示，每單位的產量須使用 a 單位的勞動與 b 單位的資本。此生產函數在 $L / a = K / b$ 或 $K / L = b / a$ 時最具生產效率，無多餘的勞動或資本。當 $L / a > K / b$ 時，產量為 $x = K / b$，閒置的勞動等於 $L - aK / b$。當 $L / a < K / b$ 時，產量為 $x = L / a$，此時閒置的資本等於 $K - bL / a$。所以，固定比例生產函數的等產量曲線圖如圖 8.17(b) 所示，每一條等產量曲線均為 L 型的折線，折點上的 K / L 比率等於 b / a。例如，等產量曲線 x_1 上的折點 d 的勞動投入量為 L_1，資本投入量為 K_1。因 (L_1, K_1) 是生產 x_1 最有效率的組合，因此滿足 $x_1 = L_1 / a = K_1 / b$，即 $L_1 = ax_1$，$K_1 = bx_1$。所以，d 點上資本與勞動的比率等於 $bx_1 / ax_1 = b / a$。當勞動投入量為 L_1 時，大於 K_1 的資本都是多餘的；例如 c 點與 d 點的勞動投入量都是 L_1，c 點雖有四倍於 d 點的資本投入量，但兩者的產量都是 x_1。同樣的，當資本投入量等於 K_1 時，大於 L_1 的勞動都是多餘的；圖中 e 點與 d 點的資本投入量都是 K_1，e 點雖有四倍於 d 點的勞動投入量，然而兩者的產量都是 x_1，所以 cde 三點都在等產量曲線 x_1 上。當生產因素組合等比例增加一倍成為 $(2L_1, 2K_1)$，由 (8.16) 不難發現產量也增加一倍成為 $2x_1$。其實不僅僅是滿足 $K / L = b / a$ 的比率增加因素投入量有此一特性；所有固定的 K / L 比率下擴充規模都有此一性質：

$$f(tL, tK) = \min \{tL / a, tK / b\} = t(\min\{L / a, K / b\}) = tf(L, K) \tag{8.17}$$

因此，固定比例生產函數 (8.16) 具固定規模報酬。

如果我們在圖 8.17(b) 中加進產量的變數，讓因素組合與產量的關係表現在三維空間中，則生產函數 (8.16) 的圖形將如圖 8.17(a)。圖中的生產曲面可以分為兩個斜平面，一個由勞動投入量的軸開始，另一個由資本投入量的軸開始。當勞動與資本的投入量分別小於或等於 $4L_1$ 及 $4K_1$ 時，此兩個斜平面為圖 8.17(a) 中的三角面 $0m4L_1$ 及三角面 $0m4K_1$，這兩個三角面的交界為直線 $0m$。生產曲面上的 cde，fgh 及 ijk 三條直線分別對應於圖 8.17(b) 中的等產量曲線 x_1，$2x_1$ 及 $3x_1$，而兩個三角面的交界

圖 8.17

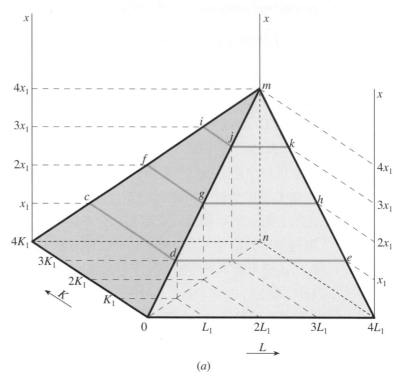

(a)

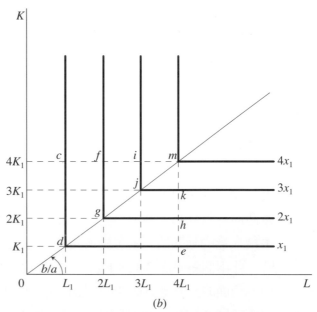

(b)

線也正好對應於各個等產量曲線的折點。當資本投入量固定時，生產曲面在 x-L 平面上的投影便是在該資本投入量下勞動的總生產實物量曲線。假設資本投入量固定於 K，我們可繪出圖 8.18(a) 的勞動的總生產實物量曲線 TPP_L。當 $L / a \le K / b$ 或 $L \le aK / b$ 時，總生產實物量取決於勞動投入量，因為 $x = L / a$，TPP_L 為一條斜率等於 $1 / a$ 的直線，勞動的邊際生產實物量等於 $1 / a$。而當 $L > aK / b$ 時，總生產實物量取決於資本投入量，因為 $x = K / b$，故 TPP_L 為一條高度等於 K / b 的水平線，勞動的邊際生產實物量等於零。綜合以上的討論，勞動的邊際生產實物量曲線如圖 8.18(b) 的 MPP_L 所示。

固定比例生產函數的等產量曲線除了在折點上，兩因素間的邊際技術替代率無法定義外，其垂直與水平部份的邊際技術替代率分別為無窮大與零。由前面 8.3 節的討論得知，等產量曲線在因素組合 (K, L) 滿足 $K / L = b / a$ 時的替代彈性等於零，但在 $K / L \ne b / a$ 時無法計算。

在此我們要提醒讀者，並非所有因素完全互補的生產函數都是固定比例生產函數的形式，只要生產函數的等產量曲線為 L 型折線，其生產函數的替代彈性都等於零。例如生產函數

$$f(L, K) = (\min \{L / a, K / b\})^c，c > 0 \tag{8.18}$$

也有 L 型的等產量曲線，此生產函數在因素組合 (K, L) 滿足 $K / L = b / a$ 時的替代彈性等於零。當 $0 < c < 1$ 時，生產函數 (8.18) 具備規模報酬遞減的性質。當 $c > 1$ 時，生產函數 (8.18) 則為規模報酬遞增（請讀者自行驗證這些結論）。

【例 8.4】「因素完全互補生產技術」間可以完全替代的生產函數
積體電路 (integrated circuit, IC) 被大量地使用於電腦、汽車、行動電話、消費性電子產品，甚至到太空衛星系統上。矽晶圓是目前製作積體電路的主要材料。將經過精煉後的柱狀矽錠再予以切片，研磨之後就成為厚薄一致、像鏡子一樣的矽晶圓。矽晶圓本身雖然不導電，但是只要適當地加入一些離子，就可以使它產生正、負電極，以此來控制電子的流動，在晶圓表面會形成不同種類的電子元件，如電晶體及二極體。IC 的製作過程，始於設計。IC 設計工程師必須先做出電路元件設計圖，這些電路元件最後將定義出不同功能的積體電路。電路設計完成後，必須將

圖 8.18

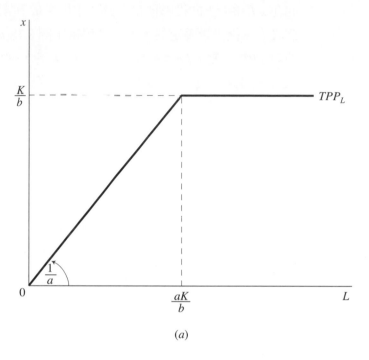

(a)

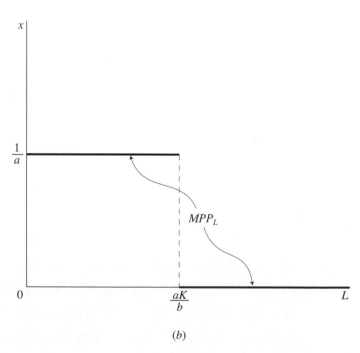

(b)

其轉換成在晶片上製作時各個不同層次的圖樣。接著不斷的重覆著光學顯影、蝕刻、及薄膜沉積等步驟,再將這些各個不同層次的圖樣利用電子束轉寫到每一層光罩之上。其中的光學顯影是在光阻上經過曝光和顯影的程序,把光罩上的圖形轉換到光阻下面的薄膜層或矽晶上。光學顯影主要包含了光阻塗佈、烘烤、光罩對準、曝光和顯影等程序。最後經過切割、封裝之後,方始完成 IC 的製造過程。根據電路元件設計圖的要求,各個層次的圖樣薄膜材料有可能是絕緣體、導體、或半導體。由於在 IC 設計上,相鄰層次的圖樣係彼此相互關聯的,在光學顯影、蝕刻、及薄膜沉積等重覆步驟下所產生的一層層相鄰圖樣的重疊位置需十分準確。所以,光罩對準為製造 IC 過程中十分重要的步驟。

為了讓圖樣薄膜能夠對準,IC 製造廠可以選擇幾種不同的光罩對準設備。其中最耗人工但最節省資本支出的方式為使用「對準機」(aligner),操作員透過顯微鏡以手動方式對準圖樣薄膜,此種手動對準方式下,每位操作員僅能操作一部對準機,此種生產技術的產量並不高。其次較省人工但須支付較高的資本支出的方式為使用「步進機」(steppers),此種技術較節省人力,一個操作員可以同時控制兩部步進機,每位操作員日產量為使用對準機的兩倍。第三種為更自動化也是更資本密集的製程,除了使用步進機外並配合晶圓處理設備的自動步進機,一個操作員可以同時控制四部自動步進機,每位操作員日產量為使用步進機的四倍。

在積體電路製程中,線路的粗細要求為一「微米」(micron) 以下時,晶圓廠僅能使用步進機來生產 IC。在一微米以上的製程,前述的三種光罩對準設備都可以使用。

所有三種生產一微米以上 IC 的技術所使用的資本與勞動的投入量都是固定比例。如果一家 IC 製造廠僅使用其中的一種生產技術,則該廠商的生產函數乃生產因素為完全互補的固定比例生產函數。以圖 8.19 為例,def 乃採自動步進機生產 100 片晶圓的等產量曲線。e 點為此一生產技術生產 100 片晶圓最有效率的勞動與資本投入組合,此一組合使用了10 位操作員與 40 部自動步進機,其中對應於 40 部自動步進機的資本使用量為 K_1。由於使用步進機,每位操作員日產量為使用自動步進機的四分之一,且每人操作兩部步進機,所以採步進機生產 100 片晶圓的等產量曲線為圖 8.19 中的 ghi。h 點為此一生產技術生產 100 片晶圓最有效

圖 8.19

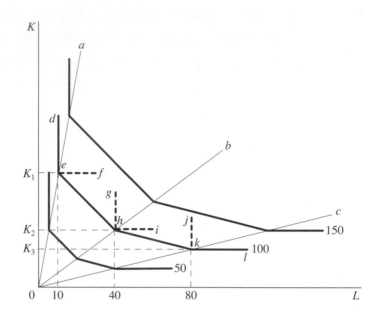

率的勞動與資本投入組合，此一組合使用了 40 位操作員與 80 部步進機，其中對應於 80 部步進機的資本使用量為 K_2。以此類推，使用最傳統的對準機生產方式生產 100 片晶圓的等產量曲線為 jkl。當一家歷史較久且產量大的 IC 製造廠得以同時採用三種不同的生產技術時，等產量曲線 def、ghi 及 jkl 各自為勞動與資本為完全互補的生產技術，同時，此三條等產量曲線又都是能生產 100 片晶圓的等產量曲線，故彼此間又是相互替代的生產技術，廠商生產 100 片晶圓的等產量曲線為 dehkl。在圖 8.19 這個例子中，廠商可能會採用單一的如 def、ghi 或 jkl 的生產技術來生產 100 片晶圓。此外，廠商可能同時混用 def 及 ghi 兩種生產技術來生產 100 片晶圓，此時生產 100 片晶圓的生產因素組合落在 eh 連線上。廠商也有可能同時混用 ghi 及 jkl 兩種生產技術，此時的生產因素組合落在 hk 連線上。然而有效率的廠商不會考慮混用 def 及 jkl 兩種生產技術，因為 ek 的連線高於 eh 連線及 hk 連線，亦即混用 def 及 jkl 兩種生產技術來生產 100 片晶圓會使用過多的勞動與資本。其餘的等產量曲線如圖 8.19 中的 50、150 片晶圓等產量曲線，可以用類似的討論得到，它們的形狀為

因素間完全互補與因素間完全替代等產量曲線的混合體。

寇布－道格拉斯生產函數

數學家寇布 (Charles Cobb) 及經濟學家道格拉斯 (Paul Douglas) 在 1934
年出版的「工資理論」(The Theory of Wages) 一書中，為研究美國經濟體
系的生產活動提出了一個特別的生產函數。由於該函數具備許多良好特
質，因而常被使用於經濟理論與實證模型中，經濟學家稱該生產函數為
寇布－道格拉斯生產函數 (Cobb-Douglas production function)，其形式如
下：

$$x = f(L, K) = AL^{\alpha}K^{\beta} \qquad (8.19)$$

其中 A，α 及 β 均為正的常數。當 (8.19) 等式的兩邊取對數後，我們得
到：

$$\ln x = \ln A + \alpha \ln L + \beta \ln K$$

因 $\ln x$ 為 $\ln K$ 及 $\ln L$ 的線性函數，故上式被稱為對數線性函數 (logarithm
linear function)。由於線性函數為迴歸分析中重要的函數形式，所以在實
證分析常假設寇布－道格拉斯生產函數以便於處理。

再由 (8.19) 式，

$$f(tL, tK) = A(tL)^{\alpha}(tK)^{b} = At^{\alpha+\beta}L^{\alpha}K^{\beta} = t^{\alpha+\beta}f(L, K)$$

因此，寇布－道格拉斯生產函數為 L 與 K 的 $\alpha + \beta$ 次齊次函數，其規模
報酬視係數 α 與 β 而定。當 $\alpha + \beta = 1$ 時，寇布－道格拉斯生產函數為固
定規模報酬；當 $\alpha + \beta > 1$ 時，寇布－道格拉斯生產函數為規模報酬遞
增；當 $\alpha + \beta < 1$ 時，寇布－道格拉斯生產函數為規模報酬遞減。此外，
在寇布－道格拉斯生產技術下，L 與 K 的邊際技術替代率為

$$MRTS_{LK} = \frac{f_L(L,K)}{f_K(L,K)} = \frac{\alpha AL^{\alpha-1}K^{\beta}}{\beta AL^{\alpha}K^{\beta-1}} = \frac{\alpha}{\beta}\frac{K}{L} \qquad (8.20)$$

因此，$MRTS_{LK}$ 為 K / L 的函數，與 3.3 節中「齊次生產函數的邊際替代

率為 K/L 的函數」的結論一致。對 (8.20) 式取對數，我們得到

$$\ln MRTS_{LK} = \ln (\alpha / \beta) + \ln (K / L)$$

由此可得寇布－道格拉斯生產函數的替代彈性為

$$\sigma = \frac{d \ln(K/L)}{d \ln(MRTS_{LK})} = 1$$

與前面兩種生產函數類似，寇布－道格拉斯生產函數的替代彈性也是固定值，不會隨 L 或 K 值的變化而改變，但其替代彈性介於前面兩個極端的生產函數的替代彈性之間，也因此寇布－道格拉斯生產函數的等產量曲線介於極端的負斜率直線與直角折線之間，為負斜率的平滑曲線。

在 8.3 節【例 8.2】中，我們討論過寇布－道格拉斯生產函數的勞動或資本邊際報酬視 α 及 β 的值而定。當 $\alpha < 1$ 時，MPP_L 遞減；當 $\beta < 1$ 時，MPP_K 遞減。當寇布－道格拉斯生產函數為規模報酬遞減或固定規模報酬時，因 $\alpha + \beta \leq 1$，故 $\alpha < 1$ 且 $\beta < 1$，於是，我們知道勞動及資本的邊際報酬均遞減。至於呈現規模報酬遞增的寇布－道格拉斯生產函數，則無法推論出邊際報酬的性質。

CES 生產函數

除了上述三種生產函數外，另外一種廣泛被使用的生產函數稱為固定替代彈性生產函數 (constant elasticity of substitution production function)，簡稱 CES 生產函數。這種生產函數由艾羅 (Kenneth Arrow) 等人於 1961 年提出，它能將前面三個固定替代彈性的生產函數當成其特例。CES 生產函數的形式為：

$$x = f(L, K) = (L^\rho + K^\rho)^{\varepsilon/\rho}$$

上式中，$\rho < 1$，$\rho \neq 0$，$\varepsilon > 0$。當 L 與 K 均成為原來 t 倍的規模時，

$$f(tL, tK) = t^\varepsilon (L^\rho + K^\rho)^{\varepsilon/\rho} = t^\varepsilon f(L, K)$$

因此，CES 生產函數為 L 與 K 的 ε 次齊次函數，其規模報酬視參數 ε 而定。當 $\varepsilon = 1$ 時，CES 生產函數為固定規模報酬；當 $\varepsilon > 1$ 時，CES 生產函數為規模報酬遞增；當 $\varepsilon < 1$ 時，CES 生產函數為規模報酬遞減。又，

CES 生產函數的邊際技術替代率為 K/L 的函數,即

$$MRTS_{LK} = \frac{f_L(L,K)}{f_K(L,K)} = \frac{\dfrac{\varepsilon}{\rho}(L^\rho + K^\rho)^{\frac{\varepsilon}{\rho}-1}\rho L^{\rho-1}}{\dfrac{\varepsilon}{\rho}(L^\rho + K^\rho)^{\frac{\varepsilon}{\rho}-1}\rho K^{\rho-1}} = \left(\frac{K}{L}\right)^{1-\rho} \tag{8.21}$$

對 (8.21) 取對數,我們得到

$\ln MRTS_{LK} = (1-\rho)\ln(K/L)$

故 CES 生產函數的替代彈性等於

$$\sigma = \frac{d\ln(K/L)}{d\ln(MRTS_{LK})} = \frac{1}{1-\rho}$$

當 $\rho \to 1$ 時,替代彈性趨於無窮大,CES 生產函數對應於因素完全替代的生產函數,此時 CES 生產函數成為 $x = (L+K)^\varepsilon$,L 與 K 的邊際技術替代率等於 1,故一單位的 L 可以與一單位的 K 完全互換。另外,當 $\rho \to -\infty$ 時,替代彈性等於零,CES 生產函數對應於因素為完全互補的生產函數,其函數形式為 $x = (\min(L,K))^\varepsilon$。除了 ε 是用來衡量生產函數的規模報酬外,其基本性質與里昂提夫生產函數完全相同(請參考前面 (8.18) 式的相關說明),不再贅述。當 $\rho \to 0$ 時,我們可利用微積分中的 L'Hopital's 法則,證明 CES 生產函數會趨近於寇布-道格拉斯生產函數。但因這些過程偏重於純粹數學技巧,我們不擬在此進行推導,有興趣的讀者,請自行參閱較深入的個體或數理經濟學書籍。

成本

在第八章第一節的循環圖（圖 8.1）中，我們看到廠商為生產因素的需求者，對提供生產因素的家計單位必須付出金錢報酬，這些報酬總和，我們稱之為廠商的生產成本。很顯然地，廠商的生產成本會隨因素的使用量而改變。上一章中我們討論了生產函數，它告訴我們產量隨著生產因素的使用量而改變，因此廠商的成本也會隨著產量而改變。同時，廠商的等產量曲線告訴我們，一個產量有許多不同因素組合的生產方法。一個追求最大利潤的廠商，在考量生產因素的價格後，必會選擇對它最有利，花費最低的因素組合來生產。想像一家生產及銷售電視機的電器公司，僱用工人在數條生產線上生產電視機，以供應各個零售據點販售給消費者。公司的總經理在考量市場需求以及生產製造成本以後，訂定行銷以及產量的決策。當公司規模小的時候，總經理可以一手包辦僱用工人，購買原、物料、零組件，考量生產技術後安排生產線。然而當一個公司很大時，總經理一個人包辦生產以及銷售業務可能會有力不從心的問題，此時總經理可以將生產的事情交給一位專業的廠長去處理。廠長一方面提供各個產量的生產成本資料給總經理，供其做銷售數量的決策；另一方面，廠長根據總經理給他的產量決策，以其專業知識考量工人的工資，原、物料以及零組件價格後，安排製造成本最低的生產線。簡單地講，廠長的任務就是解決經濟學中的重要的課題之一，「如何生產？」(how to produce?)，即要如何組合各種生產因素，才能以最低的成本生產某一產量的產品。這種產量與最低的投入成本的關係，我們稱之為*成本函數* (cost function)。本章的目的就是要討論在各種情況下的成本函數的性質。

我們將先討論成本的定義，並釐清經濟學上的成本與一般記帳的成本有何不同。接著根據短期及長期生產時程，我們將說明生產函數與成本函數的對應，同時討論短期及長期成本函數間的關係。最後，我們將

以上一章所介紹的幾個生產函數為為例，討論其對應的成本函數。

9.1　成本的定義

經濟學的研究源自於資源的稀少性，由於資源具稀少性，當一個資源被用在一個特定經濟活動時，它就被迫放棄用於從事其他的經濟活動上。經濟學家以被迫放棄的其他經濟活動中，所能產生最高的價值為該特定經濟活動的成本，稱為**機會成本** (opportunity cost)。當廠商從事生產活動，將土地、勞動及資本等生產因素轉換成某一特定數量的產品時，使用了土地、勞動及資本等稀少性資源，於是產生了此一特定數量產品的機會成本。有時我們也稱此機會成本為生產此一特定數量產品的**經濟成本** (economic cost)，以便與生產此一特定數量產品由記帳人員所算出的**會計成本** (accounting cost) 有所區分。一個廠商生產活動的會計成本，係根據法定的會計原則計算之僱用相關生產資源所實際支出的成本，該成本係記錄於廠商的會計帳簿中的費用及支出。

有許多情形會計成本與經濟成本是一致的，例如原物料投入的成本，水電費的支出，生產線上工人的工資等。但也有不少情況，會計成本和經濟成本並不相同。當所使用的投入因素無法在其他任何經濟活動中使用時，該投入因素所發生的支出係實際發生，因此將被計入會計成本中，但以機會成本的概念則不被計入經濟成本中。例如，一個新開幕的卡拉 OK 店，花了很多的錢在電視及報紙上做新開幕的促銷廣告，並在大街小巷插滿了有關新開幕的廣告旗子，同時在店門口做了豪華的裝潢以吸引新顧客上門。這些與廠商開辦相關的成本往往金額龐大，在會計上大多將此已經支出的開辦費分年攤銷，所以這類攤銷的開辦費是一項會計成本。然而當這些廣告支出、廣告旗子及豪華裝潢都花了而卡拉 OK 店未順利開張時，這些廣告、旗子及豪華裝潢將無其他的用途，根據機會成本的概念這些支出是無法列為經濟成本的。相對的，有些生產資源的使用並未有對等的實際金錢支出，根據稅法，無單據的支出將不能列為會計帳簿中的費用或支出。雖然如此，但只要該生產資源尚可供其他經濟活動使用，則根據機會成本的概念，該生產資源的經濟成本，即是以其參加其他經濟活動所能帶來的最高報酬計算。例如一個小雜貨店的老闆，其生產活動為將中盤商的貨品整理後轉賣給最終消費者。其經

濟成本,除了向中盤商批貨的貨品成本、店面租金、水電等必須實際支付的成本外,還要包括老闆經營此小雜貨店的機會成本,即他本人並未實際付給自己的薪水,此時老闆的薪水為他到別處工作時可以獲得的最高薪水。但是在稅法上,由於老闆未實際支薪,故老闆的薪水在會計上不得列為雜貨店的支出,因而不是會計成本。

長久以來經濟學家將生產活動所使用的生產因素分成三類:土地、勞動及資本,所以生產活動所付出的生產成本包含實際支付或應支付給此三類生產因素的報酬。其中土地除了耕種用的原始土地,供作蓋廠房的土地外,還包括土地裡面或空中所蘊含的天然資源,例如未經開採的水、石油、礦物、化學元素等;支付給土地的報酬稱為**地租** (rent)。勞動包括生產過程中僱用的各級管理人才如總經理,以及生產線上的工人所提供的服務;支付給勞動的報酬稱為**工資** (wage)。生產過程中所使用的資本,即廠房及機器設備,其主要的特性為所提供的服務可以延展好幾個生產週期。一個新蓋的廠房及機器設備,除了提供當期生產使用外,還提供給未來各期的生產使用。因此,在計算當期生產歸屬於資本的成本時,必須注意到廠房及機器設備攤提的原則。當一個廠房及機器設備可供數期使用時,廠房及機器設備的建造成本除以期數的每期**折舊成本** (depreciation cost),自是當期的**資本使用成本** (using cost of capital) 的一部份。除了折舊成本外,為了要興建廠房及機器設備必須花費一筆龐大的資金,該資金可能是廠商自有的,也有可能是向金融機構借來的。無論資金是從何而來,根據機會成本的概念,該資金的**利息** (interest) 必須計入資本使用成本中。綜合以上所述,資本使用成本包括廠房及機器設備的折舊成本及利息。

除了土地、勞動及資本等生產三因素外,有些經濟學家認為**企業精神** (entrepreneurship) 也是生產活動中的投入因素。企業家為擔負企業成功與否風險的人。企業成功與否事先很難預期,具備企業家特質的人係具備獨特眼光的人,他們較一般人更能預先看出成功的產品而賺取利潤,所以對於企業精神的報酬稱為**利潤** (profit),也就是廠商收入減去生產成本的餘額。當然有些企業家可能會對成功的產品看走了眼而發生負的利潤或虧損。

9.2 短期成本

雖然生產因素可包括土地、勞動、資本，甚至細分成更多種類，但為了簡化說明，在接下來的分析中，我們將依一般傳統，假設廠商使用勞動與資本兩種生產因素從事生產活動。和第八章一樣，我們假設在短期下勞動為變動生產因素，資本為固定生產因素。當資本投入量固定為 K_0 時，產量與勞動投入量的關係即是短期生產函數，$x = f(L, K_0)$，其圖形如圖 9.1(a) 中的 TPP_L 所示。該圖係拷貝自第八章的圖 8.5，並且刪除了勞動投入量高於 L_4 的部份，因廠商為了追求最高利潤，是不會僱用超過 L_4 的勞動（為什麼？）。TPP_L 曲線又稱為總生產實物量曲線，其對應的平均生產實物量曲線 APP_L 及邊際生產實物量曲線 MPP_L 則繪於圖 9.1(b)。

假設廠商每僱用一單位的勞動須支付 w 的工資。只要將勞動使用量乘上 w，我們就可以將勞動投入量與產量的關係轉換成勞動成本與產量間的關係。圖 9.1(a) 中，如將 TPP_L 曲線向右延展 w 倍（假設 $w > 1$，當 $w < 1$ 時，則為向左壓縮），我們可以得到如圖中 TVC^{-1} 曲線（請暫時將 TVC^{-1} 當成一般曲線代號）。TVC^{-1} 曲線說明了產量與勞動成本間的關係；例如，L_2 的勞動可以生產 x_2 的產量，於是生產 x_2 的勞動成本等於 wL_2。由於 TVC^{-1} 曲線為一條將 TPP_L 曲線向右延展 w 倍的曲線，TVC^{-1} 曲線將保留 TPP_L 曲線的基本形態。當勞動成本少於 wL_1 或產量低於 x_1 時，TVC^{-1} 曲線具有凸性；當勞動成本介於 wL_1 與 wL_2 之間或產量介於 x_1 與 x_2 之間時，TVC^{-1} 是一條直線；當勞動成本大於 wL_2 或產量高於 x_2 時，TVC^{-1} 曲線具有凹性。由於當勞動投入量等於 L_3 時 TPP_L 曲線上的切線會通過原點，該條切線也隨著 TPP_L 曲線向右延展 w 倍，故 TVC^{-1} 曲線與新的通過原點的切線也會切在勞動成本等於 wL_3 的位置。TVC^{-1} 或 TPP_L 曲線的形狀將決定接下來我們要討論的成本曲線的形狀與特性。

如果我們將圖 9.1(a) 的兩軸翻轉，將橫軸的勞動成本變成縱軸，縱軸的產量變成橫軸，則圖 9.1(a) 的 TVC^{-1} 曲線成為圖 9.2 的 TVC 曲線（因此，TVC 與 TVC^{-1} 互為反函數），它告訴我們產量與勞動成本之間的關係。由於勞動在短期是可以變動的生產因素，故勞動成本在短期下為一種隨產量多寡而變動的成本，此種成本稱為**總變動成本** (total variable cost, TVC)，而圖 9.2 的 TVC 曲線則稱為總變動成本曲線。

圖 9.1

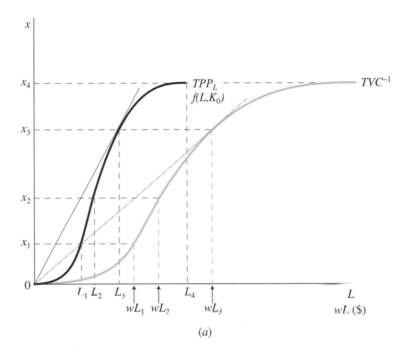

(a)

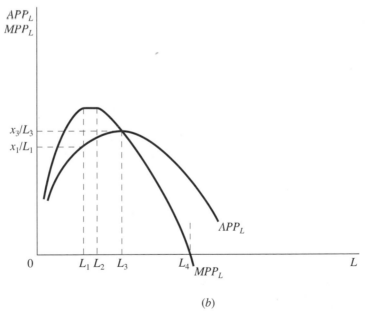

(b)

圖 9.2

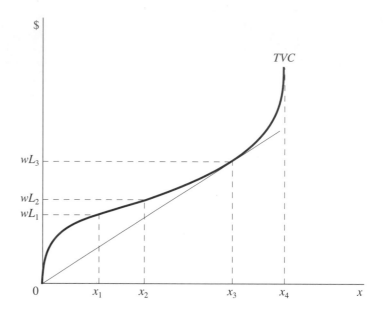

　　由於總變動成本係由總產量轉變而來，總變動成本曲線的形狀取決於總產量曲線。首先，增加產量必須提高勞動的投入量。如果支付給勞動的工資固定的話，勞動成本也跟著提高，故 TVC 是產量的遞增函數。在圖 9.1(a) 中的生產函數，廠商短期下的最大產量為 x_4，故產量大於 x_4 的總變動成本是沒有辦法定義的，且在產量等於 x_4 時，總變動成本曲線的斜率為無窮大。根據前面由 TPP_L 曲線轉換成 TVC 曲線的過程，並對照圖 9.1 與圖 9.2，讀者應不難發現，產量小於 x_1 時，圖 9.2 中的 TVC 曲線具有凹性。在圖 9.1(a) 中，產量小於 x_1 對應於勞動投入小於 L_1，此時 TPP_L 曲線為凸性，對應於圖 9.1(b) 中 MPP_L 曲線遞增的部份，因此生產技術處於邊際報酬遞增階段。同理，當產量介於 x_1 與 x_2 間時，圖 9.2 中的 TVC 是一條直線。這正對應於圖 9.1(a) 中勞動投入量介於 L_1 與 L_2，TPP_L 為一條直線，生產技術處於邊際報酬固定的階段。最後，當產量大於 x_2 時，TVC 曲線具凸性，代表勞動投入量大於 L_2，TPP_L 為凹性，生產技術處於邊際報酬遞減階段。

　　除了可變的勞動力外，廠商於短期生產時程中使用固定生產因素

K_0，它不受產量多寡的影響。假設每單位的資本使用成本為 r，則無論產量多少，廠商須負擔總數等於 rK_0 的資本使用成本，我們稱之為總固定成本 (total fixed cost, *TFC*)。在圖 9.3(*a*) 中，*TFC* 為一條高度等於 rK_0 平行於橫軸的直線。

廠商生產某一特定數量產品 x 的短期總成本 (short run total cost, *SRTC*)，等於總固定成本加上生產此一特定數量產品的總變動成本，即短期總成本為：

$$SRTC(x) = TFC + TVC(x) = rK_0 + wL(x)$$

在圖 9.3(*a*) 中 *SRTC* 曲線等於將 *TVC* 曲線垂直提升 *TFC* 的高度。由於勞動使用量 L 為產量 x 的函數，所以，*TVC* 為產量 x 的函數，由而 *SRTC* 也是產量 x 的函數。在此讀者可能已注意到，我們在總成本前冠上了「短期」兩個字，而在總固定成本或總變動成本前並未冠上這兩個字，因為只有在短期生產時程中，才有所謂的「固定」生產因素或「變動」生產因素之分。所以，只要出現固定或變動兩個字，我們便知道生產的時程為短期，於是我們省略了「短期」二字。

短期邊際成本與短期平均成本

根據前面所討論的總固定、總變動及短期總成本，我們可定義相關的邊際成本及平均成本。由於總固定成本不隨產量變動，因此

$$\frac{dTFC}{dx} = 0$$

這個結果隱含短期邊際成本等於邊際變動成本，亦即

$$SRMC = \frac{dSRTC}{dx} = \frac{d(TFC + TVC)}{dx} = \frac{dTVC}{dx} \tag{9.1}$$

所以，短期邊際成本 (short run marginal cost, *SRMC*) 可以同時代表廠商在短期生產時程中，增加一單位產量所增加的總成本或總變動成本。從 (9.1) 式得知，在某一個產量下短期邊際成本即該產量下短期總成本曲線的斜率，同時也是該產量下總變動成本曲線的斜率。在圖 9.3(*a*) 中，當產量小於 x_1 時，*TVC* 與 *SRTC* 均是凹函數，故 *SRMC* 遞減；當產量介於

圖 9.3

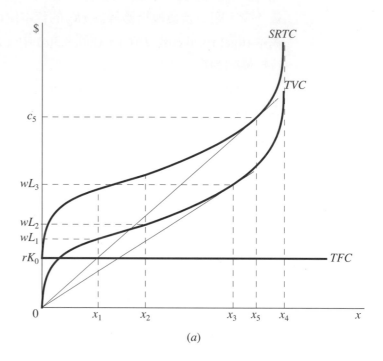

(a)

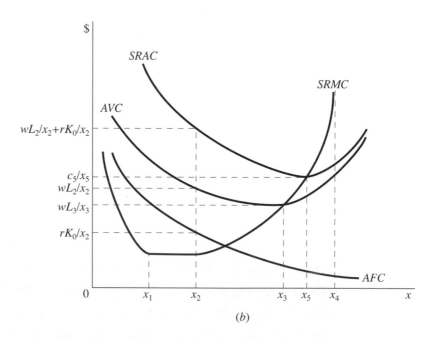

(b)

x_1 與 x_2 之間時，*TVC* 與 *SRTC* 均為直線，故 *SRMC* 固定；當產量大於 x_2 時，*TVC* 與 *SRTC* 為凸函數，因此 *SRMC* 遞增。綜合前述結果，我們可得到圖 9.3(*b*) 中之 *SRMC* 曲線。

一般商家常使用單位成本的概念，因為它可以拿來與商品的價格比較以計算利潤的多寡。接下來我們分別介紹對應於總固定成本、總變動成本及短期總成本的單位成本。平均固定成本 (average fixed cost, *AFC*) 為廠商短期在某一個特定產量下，平均每單位產量所需分攤的總固定成本，其計算公式為：

$$AFC = \frac{TFC}{x}$$

由於 *TFC* 的值固定，*AFC* 的值隨著產量增加而遞減：

$$\frac{dAFC}{dx} = -\frac{TFC}{x^2} < 0$$

又因

$$\frac{d^2 AFC}{dx^2} = \frac{2TFC}{x^3} > 0 \tag{9.2}$$

故知平均固定成本曲線如圖 9.3(*b*) 中的 *AFC* 所示，為一遞減的凸函數；事實上，它是一條直角雙曲線。同理，平均變動成本 (average variable cost, *AVC*) 為廠商短期在某一個特定產量下，平均每單位產量所需分攤的總變動成本，即

$$AVC = \frac{TVC}{x} \tag{9.3}$$

根據 (9.3) 式，某一產量下的 *AVC* 等於該產量下 *TVC* 曲線的高度除以產量，也就是該產量下 *TVC* 曲線上的點到原點連線的斜率。平均變動成本曲線如圖 9.3(*b*) 中的 *AVC* 所示。最後，短期平均成本 (short run average cost, *SRAC*) 為廠商短期在某一個特定產量下，平均每單位產量所分攤的總成本，其計算公式為：

$$SRAC = \frac{SRTC}{x} = \frac{TFC + TVC}{x} = AFC + AVC \tag{9.4}$$

因此，某一產量下的 *SRAC* 等於該產量下 *SRTC* 曲線的高度除以產量，或等於該產量下 *SRTC* 曲線上的點到原點連線的斜率，同時也等於平均固定成本與平均變動成本之和，其圖形如圖 9.3(*b*) 中的 *SRAC*。以產量 x_2 為例，總變動成本 $TVC(x_2) = wL_2$，總固定成本 $TFC = rK_0$，短期總成本 $SRTC(x_2) = wL_2 + rK_0$。所以，當產量等於 x_2 時，*AVC* 曲線的高度等於 wL_2 / x_2，*SRAC* 曲線的高度等於 $(wL_2 + rK_0) / x_2$，故 *AVC* 曲線與 *SRAC* 曲線間的距離等於 rK_0 / x_2，正好是 *AFC* 曲線的高度。

我們知道，某一產量之平均變動成本，等於該產量下總變動成本曲線上的點到原點連線（簡稱 *TVC* 曲線的割線）的斜率。由圖 9.3(*a*) 得知，*TVC* 曲線的割線斜率在 x_3 之前隨產量的增加而遞減，所以如圖 9.3(*b*) 所示，當產量小於 x_3 時，*AVC* 曲線是遞減的。反之，當產量大於 x_3 時，*TVC* 曲線的割線斜率隨產量的增加而遞增。所以，當產量大於 x_3 時，*AVC* 曲線是遞增的。當產量等於 x_3 時，*TVC* 曲線的割線斜率達到最小，同時 *TVC* 曲線的割線即是 *TVC* 曲線的切線。換句話說，當產量等於 x_3 時，平均變動成本達到最小且等於短期邊際成本。又因產量小於 x_3 時，*AVC* 曲線遞減，根據平均值與邊際值的關係，*SRMC* 小於 *AVC*，而產量大於 x_3 時，*AVC* 曲線遞增，*SRMC* 大於 *AVC*。所以，如圖 9.3(*b*) 所示，*SRMC* 曲線由下方穿過 *AVC* 的最低點。上述結果也可由觀察 *AVC* 的斜率得知：

$$\frac{dAVC}{dx} = \frac{d\left(\dfrac{TVC}{x}\right)}{dx} = \frac{x\,\dfrac{dTVC}{dx} - TVC}{x^2} = \frac{SRMC - AVC}{x} \tag{9.5}$$

根據 (9.5) 式，我們將前面的敘述整理如下：

(1) 當 *SRMC* 小於 *AVC* 時，*AVC* 的斜率為負或 *AVC* 曲線遞減。反之，當 *AVC* 曲線遞減時，*SRMC* 小於 *AVC*。

(2) 當 *SRMC* 大於於 *AVC* 時，*AVC* 的斜率為正或 *AVC* 曲線遞增。反之，當 *AVC* 曲線遞增時，*SRMC* 大於 *AVC*。

(3) 由於 *AVC* 先遞減後遞增，當 *SRMC* 等於 *AVC* 時，*AVC* 的斜率為零，且此時 *AVC* 的值最小。反之，當 *AVC* 的值最小時，*SRMC* 等於 *AVC*。

同理，如圖 9.3(*b*) 所示，*SRMC* 曲線也由下方穿過 *SRAC* 的最低點。此一結果也可以由觀察 *SRAC* 的斜率得知，但因其性質與前面的 *SRMC* 與 *AVC* 的關係類似，在此略過。

由於 *SRAC* 比 *AVC* 多了 *AFC*，*SRAC* 的最低點高於 *AVC* 的最低點，而且如圖 9.3(*b*) 所示，*SRAC* 最低點的產量 x_5 大於 *AVC* 最低點的產量 x_3。這是因為在產量達到 x_3 時，*TVC* 的平均值雖已停止減少，但 *TFC* 的平均值仍持續下降。所以，在產量等於 x_3 時，*TVC* 的平均值加 *TFC* 的平均值依舊遞減，隱含使 *SRAC* 達到最低的產量大於 x_3。

短期成本與短期生產函數的關係

在前一小節中，我們很清楚地看到由短期生產函數導出短期總成本函數的過程。本小節將進一步探討短期平均成本與短期平均產量、邊際成本與邊際產量的關係。我們知道短期總成本由固定的資本使用成本 rK_0 及變動的勞動成本 *wL* 組成：

$$SRTC = TFC + TVC = rK_0 + wL \tag{9.6}$$

假設資本單位價格 *r* 與工資 *w* 為已知的常數，加上短期生產時程中，資本投入量 K_0 為固定，則 (9.6) 的短期總成本函數只有勞動使用量 *L* 一個自變數。假設短期僅有勞動一項變動投入因素，短期生產函數可以寫成 *x = f(L)*。所以，技術上我們可以解出短期生產函數的反函數，得到勞動投入量為產量的函數

$$L = f^{-1}(x) \tag{9.7}$$

將 (9.7) 代回 (9.6)，廠商的短期總成本等於

$$SRTC(x) = rK_0 + wf^{-1}(x) \tag{9.8}$$

取 (9.8) 對產量 *x* 的導數，短期邊際成本等於

$$SRMC(x) = w\frac{df^{-1}(x)}{dx} \tag{9.9}$$

其中

$$\frac{df^{-1}(x)}{dx} = \frac{dL}{dx} = \frac{1}{\dfrac{dx}{dL}} = \frac{1}{\dfrac{df(L)}{dL}} = \frac{1}{f'(L)} = \frac{1}{MPP_L} \tag{9.10}$$

由 (9.9) 及 (9.10) 得知，短期邊際成本 *SRMC* 等於短期勞動邊際生產實物量的倒數乘以工資率，

$$SRMC = \frac{w}{MPP_L} \tag{9.11}$$

姑且不管前面數學推論過程，(9.11) 也可由下列的簡單邏輯分析得到。首先，MPP_L 為增加一單位勞動投入所增加的產量，它的倒數即為增加一單位產量所需增加的勞動投入量。此一數值再乘上工資率就等於增加一單位產量所需增加的勞動成本，也就是短期邊際成本。

　　(9.11) 告訴我們，當工資率固定時，勞動邊際產量與短期邊際成本間有著互為倒數的關係。此一關係的幾何含意含可以由圖 9.1(*b*) 中的 MPP_L 曲線，經由圖 9.1(*a*) 中的 TPP_L 曲線到圖 9.3(*a*) 中的 *TVC* 曲線，最後到圖 9.3(*b*) 中的 *SRMC* 曲線間一連串的關係得到。圖 9.4 將圖 9.1(*b*) 與圖 9.3(*b*) 放置在一起，以顯示短期邊際成本為短期勞動邊際產量的倒數乘以工資率的幾何關係。讀者在看這兩個圖時要特別注意，圖 9.4(*a*) 的橫軸為勞動，而圖 9.4 (*b*) 的橫軸為產量。為了讓兩個圖能相互對應，我們在圖 9.4 (*a*) 與圖 9.4 (*b*) 間插入短期生產函數 $x = f(L)$，藉此將圖 9.4(*a*) 的橫軸（勞動）轉換為圖 9.4(*b*) 的橫軸（產量）。比對圖 9.4(*a*) 的 MPP_L 曲線與圖 9.4(*b*) 的 *SRMC* 曲線，我們立即發現兩者乃互為「鏡像」(mirror image)；MPP_L 曲線先增後減而 *SRMC* 曲線先減後增，這與數學推導的結論「勞動邊際產量與短期邊際成本間有著互為倒數的關係」相符。此一結論背後隱含許多重要的短期生產與成本的性質：

(1) 在圖 9.4(*a*) 中，當勞動投入量小於 L_1，MPP_L 曲線遞增，勞動的邊際報酬遞增（圖中標有 IMR 的範圍）。透過短期生產函數 $x = f(L)$，勞動投入量小於 L_1，對應於圖 9.4(*b*) 中產量小於 x_1。由前面的討論，在此範圍裡 *SRMC* 曲線是遞減的，亦即短期邊際成本遞減（圖中標有 DMC 的範圍）。所以，廠商短期邊際成本遞減的原因為勞動的邊際報酬遞增。

圖 9.4

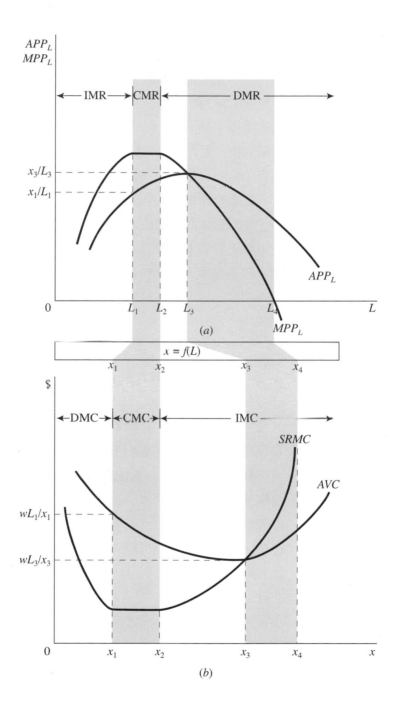

(a)

(b)

(2) 當勞動投入量介於 L_1 與 L_2，MPP_L 曲線為水平線，代表勞動的邊際報酬固定（圖中標有 CMR 的範圍）。透過短期生產函數 $x = f(L)$，勞動投入量介於 L_1 與 L_2 之間，對應於圖 9.4(b) 中產量介於 x_1 與 x_2 之間。在此範圍裡 SRMC 曲線是水平線，亦即短期邊際成本固定（圖中標有 CMC 的範圍）。所以，廠商的短期邊際成本固定的原因為勞動的邊際報酬固定。

(3) 當勞動投入量大於 L_2，MPP_L 曲線遞減，勞動的邊際報酬遞減（圖中標有 DMR 的範圍）。透過短期生產函數 $x = f(L)$，勞動投入量大於 L_2，對應於圖 9.4(b) 中產量大於 x_2。在此範圍裡 SRMC 曲線是遞增的，亦即短期的邊際成本遞增（圖中標有 IMC 的範圍）。所以，廠商短期邊際成本遞增的原因為勞動的邊際報酬遞減。

除了短期邊際成本等於短期邊際產量倒數乘以工資率外，我們可得到另一個類似的短期的平均變動成本等於短期平均產量倒數乘以工資率的關係式：

$$AVC = \frac{wL}{x} = \frac{w}{\dfrac{x}{L}} = \frac{w}{APP_L} \tag{9.12}$$

因此，當工資率固定時，勞動平均生產實物量與短期平均變動成本間也有互為倒數的關係。如圖 9.4 所示：

(1) 當勞動投入量小於 L_3 時 APP_L 曲線遞增，對應於產量小於 x_3 時 AVC 曲線遞減。

(2) 當勞動投入量等於 L_3 時，APP_L 曲線達最高點，這對應於產量等於 x_3 時，AVC 曲線達最低點。

(3) 當勞動投入量大於 L_3 時 APP_L 曲線遞減，對應於產量大於 x_3 時 AVC 曲線遞增。

現在，我們透過上一章曾經討論過的幾個生產函數，說明如何求得對應的短期成本函數。

【例 9.1】
當固定投入因素 $K = K_0$ 時，試求下列生產函數之各個成本函數：

(1) 寇布－道格拉斯 (Cobb-Douglas) 生產函數：

$$x = f(L) = L^\alpha K_0^\beta \qquad\qquad (a)$$

(II) L 與 K 間為完全替代的生產函數：

$$x = f(L) = aL + bK_0 \qquad\qquad (b)$$

(III) L 與 K 間為完全互補的生產函數：

$$x = f(L) = \min\{L/a, K_0/b\} \qquad\qquad (c)$$

【解答】

(I) 由 (a) 式解出勞動使用量

$$L = f^{-1}(x) = K_0^{-\beta/\alpha} x^{1/\alpha} \qquad\qquad (d)$$

總變動成本等於勞動成本，

$$TVC(x) = wL = wK_0^{-\beta/\alpha} x^{1/\alpha}$$

短期總成本為固定的資本使用成本與變動的勞動成本之和

$$SRTC(x) = rK_0 + wK_0^{-\beta/\alpha} x^{1/\alpha} \qquad\qquad (e)$$

平均變動成本等於總變動成本除以產量，

$$AVC(x) = \frac{TVC}{x} = wK_0^{-\beta/\alpha} x^{(1/\alpha)-1} \qquad\qquad (f)$$

短期邊際成本等於

$$SRMC(x) = \frac{dTVC}{dx} = \frac{w}{\alpha} K_0^{-\beta/\alpha} x^{(1/\alpha)-1} \qquad\qquad (g)$$

接下來我們檢驗寇布－道格拉斯生產函數的平均生產實物量與邊際生產實物量和 (f) 式與 (g) 式的關係。由 (a) 式，勞動的平均生產實物量與邊際生產實物量分別為：

$$APP_L = \frac{f(L)}{L} = L^{\alpha-1} K_0^\beta$$

$$MPP_L = \frac{df(L)}{dL} = \alpha L^{\alpha-1} K_0^{\beta}$$

將 (d) 代入上兩式得到

$$APP_L = K_0^{\beta/\alpha} x^{1-(1/\alpha)}$$

$$MPP_L = \alpha K_0^{\beta/\alpha} x^{1-(1/\alpha)}$$

因此

$$\frac{w}{APP_L} = w K_0^{-\beta/\alpha} x^{(1/\alpha)-1} = AVC$$

$$\frac{w}{MPP_L} = \frac{w}{\alpha} K_0^{-\beta/\alpha} x^{(1/\alpha)-1} = SRMC$$

結果與 (9.11) 和 (9.12) 一致。

(II)　當 L 與 K 可完全替代，生產函數為

$$x = f(L, K) = aL + bK_0$$

為了生產 x，勞動使用量為

$$L = f^{-1}(x) = -\frac{b}{a} K_0 + \frac{1}{a} x \quad , \quad x \geq bK_0$$

上式中對 x 的限制 $x \geq bK_0$，對應於 $L \geq 0$。從另一個角度看，由於固定因素 $K = K_0$，廠商的產量至少等於 bK_0。

總變動成本等於勞動成本，

$$TVC(x) = wL = -\frac{bw}{a} K_0 + \frac{w}{a} x$$

短期總成本 $SRTC$ 等於

$$SRTC(x) = rK_0 - \frac{bw}{a} K_0 + \frac{w}{a} x = \frac{ar - bw}{a} K_0 + \frac{w}{a} x$$

平均變動成本 AVC 等於

$$AVC(x) = \frac{TVC}{x} = -\frac{bw}{a}\frac{K_0}{x} + \frac{w}{a}$$

所以，AVC 係 x 的遞增函數（注意負號），且漸進線為 w/a。最後，短期邊際成本等於

$$SRMC(x) = \frac{dTVC}{dx} = \frac{w}{a}$$

$SRMC$ 曲線為平行於橫軸 (x 軸) 高度等於 w/a 的直線。

至於 $SRMC = w/MPP_L$ 和 $AVC = w/APP_L$ 的關係，請讀者自行驗證。

(III) 當 L 與 K 間為完全互補，生產函數為：

$$f(L, K) = \min\{L/a, K_0/b\}$$

此生產函數的短期產量受限於固定因素。當固定因素 $K = K_0$ 時，廠商的產能等於 K_0/b，故 $x = L/a \le K_0/b$。可知為了生產 x，勞動使用量為

$$L = ax \quad , \quad x \le K_0/b \tag{h}$$

因此總變動成本為

$$TVC(x) = wL = awx$$

短期總成本為

$$SRTC(x) = rK_0 + awx$$

平均變動成本與短期邊際成本分別為

$$AVC(x) = \frac{TVC}{x} = aw$$

$$SRMC(x) = \frac{dTVC}{dx} = aw$$

最後當 $L/a \le K_0/b$ 或 $x \le K_0/b$ 時，由 (h) 可得

$$APP_L = MPP_L = 1 / a$$

因此我們可驗證 $AVC = w / APP_L$，$SRMC = w / MPP_L$。

9.3　長期成本

生產成本係廠商為了生產某一數量的產品所必須支付的因素報酬的總和。在長期間，所有因素都是可變的，故在一定的生產技術下有許多因素組合可以生產相同的產量。一個有效率的廠商應選擇能生產相同產量的因素組合中生產成本最低的一個。假設廠商的生產函數為 $x = f(L, K)$，其中 x 為產量，L 與 K 分別為勞動與資本的投入量。令 w 與 r 分別為勞動與資本價格，則根據上面的說明，廠商生產產量 x 的最低成本等於求解下列問題：

$$\min_{L,K} wL + rK$$

$$\text{s.t.}\ \ f(L, K) = x \tag{9.13}$$

當廠商決定了產量 x，滿足 (9.13) 限制式的每一個因素組合 (L, K) 即 L-K 平面上產量等於 x 的等產量曲線上的一個點。在此一等產量曲線上，廠商要找到一個點使其因素支出總和 $wL + rK$ 小於或等於任何其他點的因素支出總和，此一最低的因素支出總和即是生產 x 的**長期總成本** (long run total cost, *LRTC*)。

　　為了找出 $LRTC(x)$，我們先介紹一個能代表因素支出總和的**等成本線** (isocost line)。顧名思義，等成本線即因素支出總和相等的因素組合所構成的一條線。在數學上，當工資等於 w，資本的價格為 r 時，因素支出總和等於 c 的等成本線 $IC(c; w, r)$ 為下列集合：

$$IC(c; w, r) = \{(L, K) \mid wL + rK = c\} \tag{9.14}$$

由 (9.14) 中的條件 $wL + rK = c$，等成本線可以表示成

$$K = c / r - (w / r)L$$

此為 L-K 平面上斜率等於 $-w / r$ 的直線，其截距 c / r 代表當所有的因素

圖 9.5

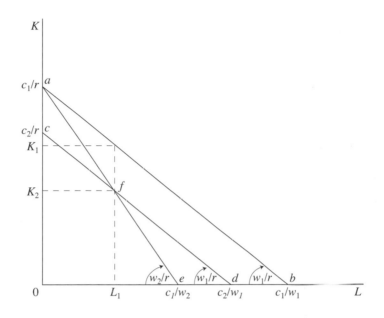

投入均為資本時的資本使用量。從另一個角度看，截距 c/r 也是該等成本線以資本實物來衡量的總支出。等成本線的斜率（取其絕對值）w/r 正好等於兩生產因素的相對價格。在圖 9.5 中，等成本線 ab 即 $IC(c_1; w_1, r)$ = $\{(L, K) \mid w_1L + rK = c_1\}$，該線上每一點都是支出總和等於 c_1 的勞動與資本組合。當 w 與 r 都沒有改變，且相對因素價格仍為 w_1/r 時，與 ab 平行且較靠近原點的等成本線 cd，代表總支出 c_2 小於 c_1，且 $c_1 - c_2$ 等於 $r(K_1 - K_2)$。另外，當 r 不變而 w 由 w_1 上升至 w_2 時，支出總和等於 c_1 的等成本線成為圖 9.5 中的直線 ae。由於 c_1 與 r 不變，ab 與 ae 兩條等成本線的縱軸截距 c_1/r 相同。但因 $w_1 < w_2$ 時，故 $w_2/r > w_1/r$，等成本線 ae 的斜率大於等成本線 ab 的斜率，ae 的橫軸截距 c_1/w_2 小於 ab 的橫軸截距 c_1/w_1。我們將上述有關等成本線的討論整理說明如下：

(1) 當因素價格固定時，代表不同總支出的等成本線彼此平行，愈靠近原點的等成本線其總支出愈低。

(2) 當某一種因素價格上升而總支出及其他因素價格不變時，等成本線在價格不變的因素的座標軸截距不會改變，但價格上升的因素的座

圖 9.6

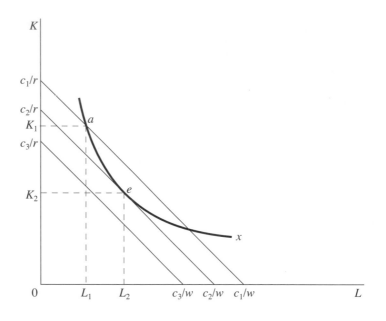

標軸截距會減少。當某一種因素的價格下跌時，移動方向與前述相反。

在圖 9.6 中，我們將代表相同產量的等產量曲線與代表固定因素支出總和的等成本線放在同一個 *L-K* 平面上。 (9.13) 式的幾何意義為，在諸多通過等產量曲線 x 的等成本線中，找出最接近原點的一條等成本線。圖中三條相互平行的直線為因素價格等於 w 與 r 下總支出分別等於 c_1, c_2 與 c_3 的等成本線，三個總支出的關係為 $c_1 > c_2 > c_3$。很明顯地，總支出為 c_3 的等成本線上的因素組合都無法生產 x 的產量，因為等產量曲線 x 完全位於該等成本線的右上方。反之，總支出為 c_2 與 c_3 的等成本線與等產量曲線 x 至少有一個交點。但由圖 9.6，我們可觀察到，只要等產量曲線與等成本線有兩個交點，廠商就有空間降低成本，讓等成本線往原點平行移動且維持原有的產量。所以，成本最低的因素組合在圖 9.6 中的 e 點，該點為等產量曲線與等成本線相切的地方，此時廠商達到一個靜態均衡：當工資等於 w，資本的單位使用成本等於 r 時，廠商生產 x 產量的長期成本等於 c_2。

在 e 點等產量曲線與等成本線相切，故等產量曲線的斜率等於等成本線的斜率。我們已經知道，等產量曲線的斜率為兩因素間的邊際技術替代率 $MRTS_{LK}$，而等成本線的斜率等於兩個因素的相對價格 w/r，所以在成本最低因素組合的 e 點，

$$MRTS_{LK} = \frac{w}{r} \tag{9.15}$$

又因 $MRTS_{LK} = MPP_L / MPP_K$，於是 (9.15) 可以寫成

$$\frac{MPP_L}{MPP_K} = \frac{w}{r} \tag{9.16}$$

或

$$\frac{MPP_L}{w} = \frac{MPP_K}{r} \tag{9.17}$$

由於 MPP_L 為增加一單位勞動所增加的產量，w 為增加一單位勞動所增加的成本，所以 MPP_L / w 為增加一元勞動支出所增加的產量。同樣的，MPP_K / r 為增加一元資本支出所增加的產量。因此，(9.17) 的經濟解釋為：要使長期成本最低，則在均衡時，每增加一元勞動支出的邊際產量必須等於每增加一元資本支出的邊際產量。如果 $MPP_L / w > MPP_K / r$，那麼增加一元勞動支出的邊際產量大於增加一元資本支出的邊際產量，則我們可將最後一元的資本支出移轉到勞動，使得總支出不變，但總產量卻可增加。從另一個角度看，我們可以用少於一元的勞動支出來代替一元的資本支出，讓總產量不變，但總支出下降。如此一來，一個滿足 $MPP_L / w > MPP_K / r$ 的因素組合就不是一個成本最低的組合了。同樣道理，當 $MPP_L / w < MPP_K / r$ 時，多使用資本少使用勞動將使成本下降。此一論述亦可以圖 9.6 來說明。例如在 a 點，等產量曲線的斜率大於等成本線的斜率，故 $MRTS_{LK} > w/r$ 或 $MPP_L / w > MPP_K / r$。此時廠商如果沿著等產量曲線由 a 點向 e 點移動，勞動使用量增加，資本使用量減少，產量不變，但等成本線卻是逐漸往原點平行移動，所以成本的確因勞動使用量增加資本使用量減少而下降。

在數學上，(9.16) 與 (9.17) 的結果也可以直接對廠商 (9.13) 的問題

求解得到，有興趣的讀者不妨自行嘗試。在此我們以寇布－道格拉斯生產函數為例來說明直接求解的過程。

【例 9.2】

假定工資等於 w，資本的單位使用成本等於 r，且廠商的生產技術為寇布－道格拉斯生產函數：

$$x = f(L) = L^\alpha K^\beta$$

試求廠商長期成本最低的因素組合及其對應的長期成本函數。

【解答】

根據 (9.13)，廠商的問題為：

$$\min_{L,K} wL + rK$$

$$\text{s.t. } L^\alpha K^\beta = x$$

這個問題的拉格朗日函數為

$$\mathcal{L}(L, K, \lambda) = wL + rK + \lambda(x - L^\alpha K^\beta)$$

極小化一階條件為

$$\mathcal{L}_L(L, K, \lambda) = w - \lambda\alpha L^{\alpha-1}K^\beta = 0 \tag{a}$$

$$\mathcal{L}_K(L, K, \lambda) = r - \lambda\beta L^\alpha K^{\beta-1} = 0 \tag{b}$$

$$\mathcal{L}_\lambda(L, K, \lambda) = x - L^\alpha K^\beta = 0 \tag{c}$$

假設二階條件成立，由 (a) 與 (b) 式，我們得到

$$\frac{w}{r} = \frac{\alpha K}{\beta L} \tag{d}$$

(d) 式的右邊為此寇布－道格拉斯生產函數的邊際技術替代率，所以 (d) 即廠商成本極小的均衡條件 (9.15)。將 (d) 改寫成

$$K = \frac{\beta w}{\alpha r}L \tag{e}$$

再將 (e) 代入 (c) 式，首先解出最適勞動投入量 L^*：

$$L^* = \left(\frac{\alpha r}{\beta w}\right)^{\frac{\beta}{\alpha+\beta}} x^{\frac{1}{\alpha+\beta}} \qquad (f)$$

將 (f) 代入 (e)，解出最適資本投入量 K^*：

$$K^* = \left(\frac{\beta w}{\alpha r}\right)^{\frac{\alpha}{\alpha+\beta}} x^{\frac{1}{\alpha+\beta}} \qquad (g)$$

將最適勞動與資本投入量代入標的函數 $wL + rK$ 中，即得到勞動與資本的價格分別為 w 與 r 的長期成本函數：

$$LRTC(x) = \left[\left(\frac{\alpha}{\beta}\right)^{\frac{\beta}{\alpha+\beta}} + \left(\frac{\beta}{\alpha}\right)^{\frac{\alpha}{\alpha+\beta}}\right] w^{\frac{\alpha}{\alpha+\beta}} r^{\frac{\beta}{\alpha+\beta}} x^{\frac{1}{\alpha+\beta}} \qquad (h)$$

生產擴張線及長期成本曲線

在 (9.13) 的廠商長期成本決策問題中，除了決策變數為勞動與資本投入 L 與 K 外，還有工資 w、資本單位使用成本 r、及產量 x 三個外生變數。而由【例 9.2】我們發現，長期最適的勞動與資本投入量 L^*、K^* 及長期成本 $LRTC$ 都是外生變數 w、r 與 x 的函數。接下來我們就各別的外生變數改變時，對靜態均衡的影響做比較靜態分析。

首先討論產量 x 改變的比較靜態分析。每一條等產量曲線均代表某一個特定的產量，當產量增加時等產量曲線向右上方移動。此時，原有的等成本線上的均衡因素組合將不足以生產新的產量，於是新的靜態均衡將是另一條較高的等成本線與新的等產量曲線相切的點。如圖 9.7 所示，產量 x_1 時的靜態均衡為等產量曲線 x_1 與總成本等於 c_1 的等成本線（該等成本線縱軸截距為 c_1/r，橫軸截距等於 c_1/w，以下簡稱 c_1 等成本線）相切的 a 點。當產量為 x_2 時，c_1 等成本線上的因素組合無法生產產量 x_2，新的均衡點為 c_2 等成本線與 x_2 等產量曲線相切的 b 點。當我們

圖 9.7

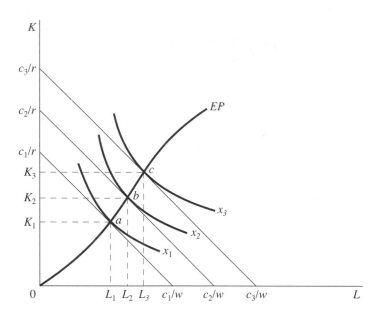

考慮所有可能的產量，並將每個產量下最低成本因素組合的均衡點接起來，可以得到一條如圖 9.7 中的曲線 *EP*，我們稱該曲線為**生產擴張線** (expansion path)。換句話說，生產擴張線係在因素的價格 *w* 與 *r* 固定下，將各個等產量曲線上邊際技術替代率等於相對因素價格 *w* / *r* 的靜態均衡點連接而成。

以寇布－道格拉斯生產函數 $f(L, K) = L^{\alpha}K^{\beta}$ 為例，任何一條等產量曲線在因素組合 (*L*, *K*) 時的邊際技術替代率為：

$$MRTS_{LK} = \frac{MPP_L}{MPP_K} = \frac{\alpha L^{\alpha-1}K^{\beta}}{\beta L^{\alpha}K^{\beta-1}} = \frac{\alpha K}{\beta L}$$

因此，生產擴張線上的每個 (*L*, *K*) 組合都滿足 $\alpha K / \beta L = w / r$，所以上述寇布－道格拉斯生產函數的生產擴張線的函數形式為：

$$K = \frac{\beta w}{\alpha r} L \tag{9.18}$$

此生產擴張線為通過原點斜率等於 $\beta w / \alpha r$ 的直線。讀者不難發現 (9.18)

圖 9.8

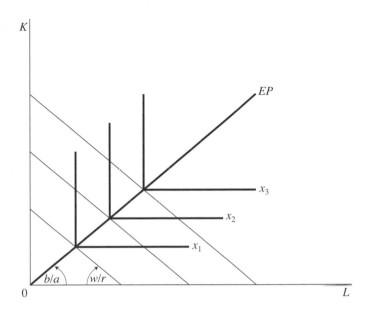

就是前面【例 9.2】中的 (e) 式。在【例 9.2】求均衡點的過程中，我們實際上是找這條生產擴張線與等產量曲線 $L^\alpha K^\beta = x$ 的交點，以解出一個特定產量 x 的均衡點 (L^*, K^*)。

　　接著來看因素為完全互補的生產函數 $f(L, K) = \min\{L / a, K / b\}$。在此生產技術下，每 a 單位勞動必須配合 b 單位資本才能生產一單位的產品。此生產函數的等產量曲線成 L 形，如圖 9.8 中的 x_1、x_2 及 x_3。由於只要因素相對價格 $w / r > 0$，生產成本最低的因素組合都在等產量曲線的折點，即 (L, K) 滿足 $L / a = K / b$，所以生產擴張線等於

$$K = \frac{b}{a} L$$

　　在生產擴張線上，我們除了看到長期下對應於不同產量的最低成本因素組合外，將此 L 與 K 的投入量乘以對應的價格 w 及 r，加總即得 (9.13) 式廠商決策問題的最佳標的函數值，也就是生產產量 x 的長期總成本 $LRTC(x)$。幾何上，每一個產量下的長期總成本可以用等成本線的截距來表示。在圖 9.7 中，產量 x_1 時的均衡在 a 點，生產 x_1 的最低成本因

圖 9.9

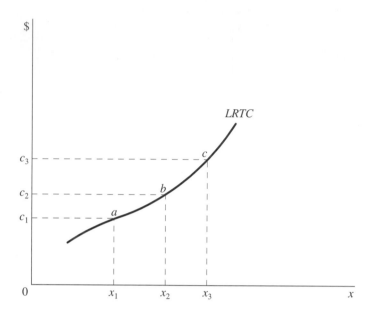

素組合為 (L_1, K_1)，所以生產 x_1 的長期成本為 $LRTC(x_1) = wL_1 + rK_1 = c_1$。因 c_1 等成本線橫軸及縱軸的截距分別為 c_1 / w 及 c_1 / r，故其橫軸及縱軸的截距分別為以勞動及資本表示的「實質」總成本。圖 9.7 雖然無法給我們多少有關長期總成本的性質，然而，由於高產量的等產量曲線須要有高的等成本線與之相切，於是我們知道長期總成本是產量的遞增函數。我們將圖 9.7 中產量 x_1、x_2 及 x_3 的均衡點 a、b 及 c 與長期成本 c_1、c_2 及 c_3 的關係描繪在圖 9.9 中，並分別以對應的 a、b 及 c 標示產量與成本的關係。由此得知，圖 9.9 中遞增的長期總成本曲線 $LRTC$ 係來自於圖 9.7 中的生產擴張線 EP。

長期成本與短期成本的關係

我們已知道短期成本與短期生產函數間有著反函數的關係，然而上一小節有關生產擴張線導出長期總成本的討論，並未給我們多少有關長期總成本的性質。接下來我們嘗試藉由長期與短期生產的關係，討論長期與短期成本的關係，以更進一步了解長期成本的特性。

圖 9.10

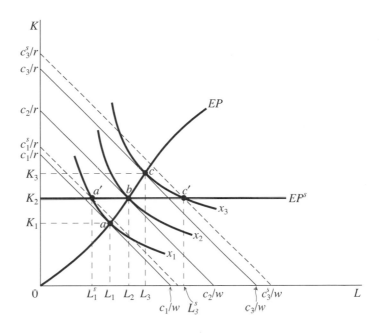

長、短期的差別在於有無固定的生產因素。當廠商要擴張產量時，長期生產擴張線如圖 9.10 中的 EP 所示。比照前面定義長期生產擴張線的方式來定義短期生產擴張線，則當資本投入被固定在 K_2 時，短期的生產擴張線即為圖 9.10 中高度等於 K_2 的水平線 EP^s。例如，當產量為 x_1 時，在長期生產時程下，生產成本最低的因素組合為長期生產擴張線 EP 上的 a 點。由於通過 a 點的等成本線的縱軸截距等於 c_1 / r，所以生產 x_1 的長期總成本為 $c_1 = wL_1 + rK_1$。當短期資本投入固定在 K_2 時，廠商為了生產產量 x_1，必須使用短期生產擴張線 EP^s 上 a' 點的資本與勞動組合。由於通過 a' 點的等成本線的縱軸截距等於 c_1^s / r，所以生產 x_1 的短期總成本等於 $c_1^s = wL_1^s + rK_2$。

為了生產 x_1，長期時，廠商可自由選擇等產量曲線 x_1 上的任意點來生產，但因短期時資本被限制在 $K = K_2$ 的水準，如圖 9.10 所示，a' 點是唯一能生產 x_1 的因素組合。所以，在同一產量 x_1 下，長期成本自然不可能高於短期的成本，$c_1 \leq c_1^s$。在圖 9.10 中，通過 a' 點的等成本線位於通過 a 點的等成本線的右上方，正是反映這個關係。一般而言，在同

圖 9.11

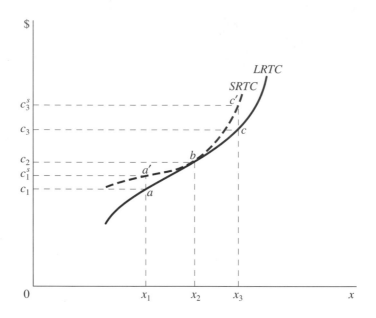

一產量下，短期成本會高於長期成本；然而長、短期成本也有可能相等。當短期固定因素使用量剛好也是長期最適使用量時，長期生產擴張線 EP 與短期生產擴張線 EP^s 相交，長、短期生產成本也相等。例如圖 9.10 中的 b 點，長期均衡資本使用量正好等於短期固定資本投入量 K_2。通過 b 點的等產量曲線為 x_2，所以，產量 x_2 的短期總成本與長期總成本相等，均為 $c_2 = wL_2 + rK_2$。至於產量 x_3 的短期及長期成本的關係與產量 x_1 的情形類似，都是短期成本較高，$c_3 < c_3^s$，請讀者自行練習。

　　將以上有關長、短期成本的關係彙整，我們得到如圖 9.11 中 $LRTC$ 曲線與 $SRTC$ 曲線的相關位置關係。圖 9.11 中 $LRTC$ 曲線說明了長期生產成本與產量的關係，其中 a、b 與 c 三點分別對應於圖 9.10 中長期生產擴張線 EP 上的 a、b 與 c 三個均衡點。$SRTC$ 曲線則說明了短期生產成本與產量的關係，其中 a'、b 與 c' 三點分別對應於圖 9.10 中短期生產擴張線 EP^s 上的 a'、b 與 c' 三個短期因素組合。由於 $c_1 < c_1^s$，$c_3 < c_3^s$，且在產量等於 x_2 時短期成本及長期成本相等，所以除了在 b 點相切外，$SRTC$ 曲線位於 $LRTC$ 曲線上方。此一結果的另一個簡單的解釋為，在產

量等於 x_2 時，若短期與長期資本投入量都等於 K_2，則短期成本及長期成本相等，如圖 9.11 中的 b 點所示。由於短期資本固定，比起長期資本可以變動的情形，廠商能夠選擇的因素組合受限，所以當產量增加時，其所需增加成本較多；例如當產量由 x_2 增加到 x_3，長期成本由 b 點升到 c 點，短期成本由 b 點升到 c' 點。同樣地，當產量減少時，短期因資本固定，所能減少的成本少於長期所能減少的成本。圖 9.11 中，當產量由 x_2 減少到 x_1，長期成本由 b 點降到 a 點，短期成本由 b 點降到 a' 點。

當短期資本投入量固定於 $K_1 < K_2$ 時，短期生產擴張線為圖 9.10 中平行於橫軸高度等於 K_1 的直線，且與長期生產擴張線交於 a 點。和上面 $K = K_2$ 的原理相同，我們立即得知，除了與 LRTC 曲線相切於 a 點外，對應於 K_1 的 SRTC 曲線均高於 LRTC 曲線（未繪於圖 9.11 中，請讀者自行練習）。利用完全相同的方法，讀者可推論得知，資本投入量固定於 $K_3 > K_2$ 時，SRTC 曲線與 LRTC 曲線的關係，我們不再重複。當我們將資本投入量解釋為廠商的生產規模時，短期下廠商生產規模固定，僅能改變勞動的投入量來生產不同的產量。比較各個短期生產規模，我們發現，規模小時，廠商的產能較低，生產低產量的總成本比規模大時的總成本低。反之，規模大時，廠商的產能較高，生產高產量比較有利（確定你可由圖 9.10 得到此結果）。因此，長期間廠商可以針對不同的產量選擇最適當的規模。例如，在 K_1、K_2 與 K_3 的規模下生產 x_1 的產量，以 K_1 的規模最有利，生產成本最低，K_2 的規模次之，K_3 的規模最差，生產成本最高。當考慮各種可能的短期資本投入量，我們可得到各個對應的短期總成本曲線，每一條短期總成本曲線除了在某一特定產量下與長期總成本曲線相切外，在其他的產量下短期總成本曲線均高於長期總成本曲線。所以，長期總成本曲線與各短期總成本曲線的幾何關係如圖 9.12(a) 所示，其中 $SRTC_1$、$SRTC_2$ 及 $SRTC_3$ 分別為對應於資本投入量為 K_1、K_2 及 K_3 的短期總成本曲線，它們與長期總成本曲線分別切於 a、b 及 c 三點。由於所有的短期總成本曲線與於長期總成本曲線都有這種關係，如圖 9.12(a) 所示，長期總成本曲線將各個短期總成本曲線「盛著」或「包著」，因此我們稱長期總成本曲線為各個短期總成本曲線的**包絡線** (envelope)。

因長期平均成本 (long run average cost, LRAC) 等於長期總成本除以

圖 9.12

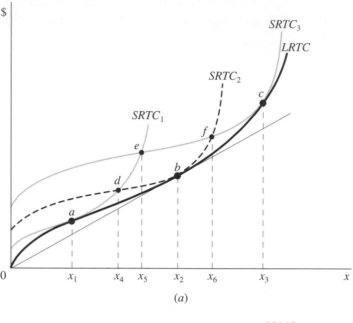

(a)

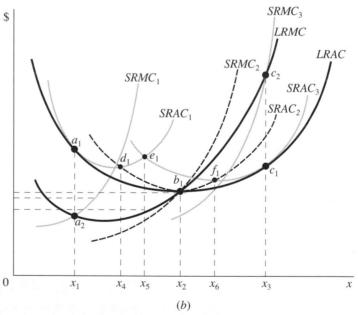

(b)

產量，

$$LRAC(x) = \frac{LRTC(x)}{x}$$

且我們已知道，各個產量下短期總成本均高於長期總成本，僅在最適規模下相等，故除了最適規模下相等外，各短期平均成本曲線都高於長期平均成本曲線，由而得知長期平均成本曲線亦為各個短期平均成本曲線的包絡線。在圖 9.12(b) 中，長期平均成本曲線 *LRAC* 為短期平均成本曲線 $SRAC_1$、$SRAC_2$ 及 $SRAC_3$ 的包絡線，其中 $SRAC_1$、$SRAC_2$ 及 $SRAC_3$ 分別為對應於圖 9.12(a) 中三條短期總成本曲線 $SRTC_1$、$SRTC_2$ 及 $SRTC_3$ 的短期平均成本曲線，而 *LRAC* 則對應於圖 9.12(a) 之 *LRTC*。由於當產量等於 x_1、x_2 及 x_3 時，短期總成本曲線 $SRTC_1$、$SRTC_2$ 及 $SRTC_3$ 分別與長期總成本曲線 *LRTC* 切於 a、b 及 c 三點，故在圖 9.12(b) 中，當產量等於 x_1、x_2 及 x_3 時，短期平均成本曲線 $SRAC_1$、$SRAC_2$ 及 $SRAC_3$ 也分別與長期平均成本曲線 *LRAC* 切於 a_1、b_1 及 c_1 三點。除了產量等於 x_1、x_2 及 x_3 外，圖 9.12(b) 中三條短期平均成本曲線均高於長期平均成本曲線。此外，由圖 9.12(b) 我們也發現當 *LRAC* 遞減時，*LRAC* 與 *SRAC* 相切於 *SRAC* 遞減的部份；當 *LRAC* 遞增時，*LRAC* 與 *SRAC* 相切於 *SRAC* 遞增的部份；在 *LRAC* 最低點，*LRAC* 與 *SRAC* 相切於 *SRAC* 最低點。

　　在利用包絡線性質由短期總成本曲線得到長期總成本曲線後，接著我們討論此長期總成本曲線的斜率，亦即**長期邊際成本 (long run marginal cost, *LRMC*)**，

$$LRMC(x) = \frac{dLRTC(x)}{dx}$$

圖 9.12(b) 中的 *LRMC* 曲線，係各個產量下 *LRTC* 曲線上各點切線的斜率。由於長期平均成本與長期邊際成本仍須滿足平均值與邊際值的關係，故圖 9.12(b) 中，當 *LRAC* 遞減時，*LRMC* 低於 *LRAC*；當 *LRAC* 遞增時，*LRMC* 高於 *LRAC*；在 *LRAC* 最低點 *LRMC* 等於 *LRAC*。我們可藉圖 9.12 說明這種關係。在圖 9.12(a) 中，*LRTC* 上 b 點的切線正好通過原點，因而此切線也是連接 b 點與原點的割線，且該割線為所有 *LRTC*

上的點與原點連線割線中斜率最小的一條。所以，LRAC 的最低點的產量係 b 點所對應的產量 x_2，而且在產量 x_2 時 LRAC 等於 LRMC。當產量小於 x_2 時，隨著產量的增加，LRTC 上割線的斜率遞減，且切線的斜率小於割線的斜率，所以 LRAC 遞減，且 LRMC < LRAC。當產量大於 x_2 時，隨著產量的增加，LRTC 上割線的斜率遞增，且切線的斜率大於割線的斜率，所以 LRAC 遞增，且 LRMC > LRAC。在此必須提醒讀者，我們並未討論造成此種形狀的長期成本曲線的原因。我們僅能說，如果短期總成本曲線的包絡線如圖 9.12(a) 中的 LRTC，則我們會有如圖 9.12(b) 所示的 LRAC 與 LRMC 曲線。我們將在後面討論影響長期成本曲線的可能因素。

　　接著我們來看長期邊際成本與短期邊際成本的關係。由於長期總成本曲線為各個短期總成本曲線的包絡線，在各個長短期總成本曲線相切的位置，如圖 9.12(a) 中的 a 點，長期總成本曲線 LRTC 與短期總成本曲線 $SRTC_1$ 切線的斜率相等。換句話說在 a 點對應的產量 x_1 下，長期邊際成本與短期邊際成本相等，因此在圖 9.12(b) 中，LRMC 曲線與 $SRMC_1$ 曲線相交於 a_2 點。此外，由於短期總成本的變化大於長期總成本的變化（為什麼？），所以 $SRMC_1$ 曲線較 LRMC 曲線陡。當產量等於 x_2 時，LRTC 與 $SRTC_2$ 相切，且 $LRTC(x_2) = SRTC_2(x_2)$，於是我們得到 $LRMC(x_2) = SRMC_2(x_2)$，$LRAC(x_2) = SRAC_2(x_2)$。又因圖 9.12(a) 中通過原點的直線 0b 不但是 LRTC 與 $SRTC_2$ 的切線，同時也是割線，所以，對應於 b 點的產量 x_2，我們有

$$LRAC(x_2) = LRMC(x_2) = SRAC_2(x_2) = SRMC_2(x_2)$$

於是，LRAC 與 $SRAC_2$ 相切於兩者的最低點 b_1；雖然 LRMC 與 $SRMC_2$ 也相交於 b_1，但在該點 $SRMC_2$ 較 LRMC 陡。讀者可以自行驗證在產量 x_3 下，點 c、c_1 與 c_2 的關係。最後，我們要提醒讀者，長期總成本曲線為各個短期總成本曲線的包絡線，長期平均成本曲線亦為各個短期平均成本曲線的包絡線，但長期邊際成本曲線並非各個短期邊際成本曲線的包絡線。

【例 9.3】
假設工資等於 w，資本的單位使用成本等於 r，廠商的生產技術為寇布—

道格拉斯生產函數：

$$x = f(L, K) = L^\alpha K^\beta$$

試驗證：廠商的長期總成本 $LRTC(x)$ 曲線為各個不同固定資本投入量 K 的短期總成本 $SRTC(x, K)$ 曲線的包絡線。

【解答】

由【例 9.2】，我們知道此廠商的長期總成本為：

$$LRTC(x) = \left[\left(\frac{\alpha}{\beta} \right)^{\frac{\beta}{\alpha+\beta}} + \left(\frac{\beta}{\alpha} \right)^{\frac{\alpha}{\alpha+\beta}} \right] w^{\frac{\alpha}{\alpha+\beta}} r^{\frac{\beta}{\alpha+\beta}} x^{\frac{1}{\alpha+\beta}} \tag{a}$$

又由【例 9.1】 (e) 式我們知道 $K = K_0$ 時的短期總成本函數為

$$SRTC(x) = rK_0 + wK_0^{-\beta/\alpha}x^{1/\alpha}$$

為求簡便，在接下來的分析中，我們將短期固定資本投入量 K_0 直接以 K 取代。由於一個 K 值便有一條短期成本函數 $SRTC(x)$，為能區別不同 K 值下的 $SRTC(x)$，將對應於固定資本投入量 K 的短期總成本函數寫成

$$SRTC(x, K) = rK + wK^{-\beta/\alpha}x^{1/\alpha} \tag{b}$$

包絡線原理告訴我們，生產 x 單位產量的長期總成本等於該產量下最佳資本使用量的短期總成本。為求各產量下最佳的 K，我們將 (b) 式對 K 作偏微分：

$$\frac{\partial SRTC(x,K)}{\partial K} = r - \frac{\beta}{\alpha} wK^{-(\alpha+\beta)/\alpha}x^{1/\alpha} \tag{c}$$

令 (c) 式等於零，解得

$$K(x) = \left(\frac{\beta}{\alpha} \right)^{\frac{\alpha}{\alpha+\beta}} w^{\frac{\alpha}{\alpha+\beta}} r^{-\frac{\alpha}{\alpha+\beta}} x^{\frac{1}{\alpha+\beta}} \tag{d}$$

由 (c) 式，

$$\frac{\partial^2 SRTC(x,K)}{\partial K^2} = \frac{\beta(\alpha+\beta)}{\alpha^2}\, wK^{-(2\alpha+\beta)/\alpha}x^{1/\alpha} > 0$$

二階條件成立，故滿足 (d) 式的 $K(x)$ 為各產量 x 下最佳（使得短期總成本最低）的資本使用量。

將 (d) 式的最佳 K 代入 (b) 得到

$$SRTC(x, K(x)) = r\left(\frac{\beta}{\alpha}\right)^{\frac{\alpha}{\alpha+\beta}} w^{\frac{\alpha}{\alpha+\beta}} r^{-\frac{\alpha}{\alpha+\beta}} x^{\frac{1}{\alpha+\beta}}$$

$$+ w\left[\left(\frac{\beta}{\alpha}\right)^{\frac{\alpha}{\alpha+\beta}} w^{\frac{\alpha}{\alpha+\beta}} r^{-\frac{\alpha}{\alpha+\beta}} x^{\frac{1}{\alpha+\beta}}\right]^{-\frac{\beta}{\alpha}} x^{\frac{1}{\alpha}}$$

$$= \left(\frac{\beta}{\alpha}\right)^{\frac{\alpha}{\alpha+\beta}} w^{\frac{\alpha}{\alpha+\beta}} r^{\frac{\beta}{\alpha+\beta}} x^{\frac{1}{\alpha+\beta}} + \left(\frac{\beta}{\alpha}\right)^{\frac{-\beta}{\alpha+\beta}} w^{\frac{\alpha}{\alpha+\beta}} r^{\frac{\beta}{\alpha+\beta}} x^{\frac{1}{\alpha+\beta}}$$

$$= \left[\left(\frac{\beta}{\alpha}\right)^{\frac{\alpha}{\alpha+\beta}} + \left(\frac{\alpha}{\beta}\right)^{\frac{\beta}{\alpha+\beta}}\right] w^{\frac{\alpha}{\alpha+\beta}} r^{\frac{\beta}{\alpha+\beta}} x^{\frac{1}{\alpha+\beta}}$$

$$= LRTC(x)$$

因此驗證了寇布－道格拉斯生產函數的長期成本為短期成本的包絡線。

條件因素需求曲線

除了產量變動的比較靜態分析外，另一個比較靜態分析為因素價格變動對最適因素投入的影響。例如，當工資改變時，廠商為了生產某一個特定產量，長期最適的勞動與資本僱用量會跟著改變。在圖 9.13(a) 中，當資本的單位使用成本與產量分別為 r 與 x，工資等於 w_1 時，廠商生產 x 的長期的均衡點為等產量曲線 x 與斜率等於 w_1/r 的等成本線的切點 e_1，此時均衡勞動與資本投入分別等於 L_1 與 K_1。當工資上升到 $w_2 > w_1$ 時，因 $w_2/r > w_1/r$，工資上升後的等成本線較原來的陡，於是廠商生產 x

圖 9.13

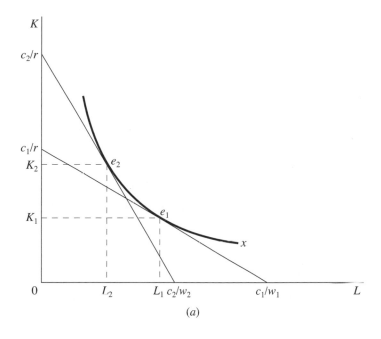

(a)

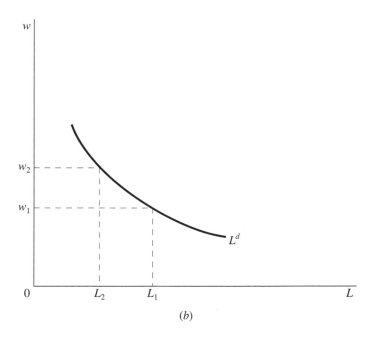

(b)

的長期均衡點將沿著等產量曲線 x 向左上方移動到 e_2，均衡勞動投入量
減少為 L_2，資本投入量則增加為 K_2。同理，當工資下降時，廠商生產 x
的均衡點將沿著等產量曲線 x 向右下方移動，均衡勞動投入量增加，資
本投入量減少。所以，只要產量維持不變，在長期間勞動的均衡使用量
將隨著工資上升而減少，資本的均衡使用量則隨著工資上升而增加。換
句話說，廠商會使用相對便宜的因素取代相對貴的因素，我們稱此效果
為因素替代效果 (input substitution effect)。結合各個工資 w 與均衡勞動
投入量 L，我們得到如圖 9.13(*b*) 中的 L^d 曲線。由於此 L^d 曲線係將產量
固定於 x 而得到的勞動需求曲線，我們特別稱它為條件勞動需求曲線
(conditional labor demand curve)。同理，我們可以改變資本的單位使用成
本，從而導出條件資本需求曲線 (conditional captial demand curve)。所
以，我們定義條件因素需求曲線 (conditional factor demand curve) 為某一
產量下長期總成本最低的均衡因素使用量與該因素價格間關係的曲線。
數學上，條件因素需求曲線係滿足 (9.13) 式成本極小化問題一階條件：

$$\frac{MPP_L}{MPP_K} = \frac{f_L(L,K)}{f_K(L,K)} = \frac{w}{r} \tag{9.19}$$

$$f(L, K) = x \tag{9.20}$$

的均衡勞動與資本使用量，

$$L^d = L(w, r, x) \tag{9.21}$$

$$K^d = K(w, r, x)$$

如前面所述，條件因素需求曲線，如圖 9.13(*b*) 中 L^d 所示，為負斜率的
曲線。

　　除了負斜率外，當因素價格 w 與 r 成等比例變動時，相對因素價格
w / r 不變，因此一階條件 (9.19) 與 (9.20) 不變，原來的均衡因素使用量
仍舊是新的因素價格下的均衡因素使用量。更明確點說，當 $t > 0$ 時，條
件因素需求曲線具備下列的性質：

$$L(tw, tr, x) = L(w, r, x)$$

$$K(tw, tr, x) = K(w, r, x)$$

換句話說，條件因素需求曲線為因素價格的零次齊次函數。因此，它們可以改寫成（為什麼？）：

$$L^d = L(w, r, x) = L(w/r, 1, x) = L(w/r, x) \tag{9.22}$$

$$K^d = K(w, r, x) = K(w/r, 1, x) = K(w/r, x) \tag{9.23}$$

(9.22) 與 (9.23) 告訴我們，條件因素需求為相對因素價格與產量的函數。

　　比照圖 9.13 的方式，將因素絕對價格的改變換成相對因素價格的改變，我們得到圖 9.14。圖 9.14(a) 中 e_1 為相對因素價格等於 $(w/r)_1$ 時生產產量 x 的長期均衡點，此時的勞動與資本的均衡使用量分別 L_1 與 K_1，原點與 e_1 連線的斜率等於相對均衡因素使用量 K_1/L_1。同理，當相對因素價格等於 $(w/r)_2$ 時，生產產量 x 的長期均衡點為 e_2，勞動與資本的相對均衡使用量為 K_2/L_2。將各個相對因素價格 w/r 與均衡相對因素使用量 L/K 結合，即得圖 9.14(b) 中的條件相對因素需求曲線 (conditional relative factor demand curve) L^{rd}。由於因素替代效果的關係，讀者應不難發現，圖 9.14(b) 中的條件相對因素需求曲線必定為負斜率。

　　如同一般的需求曲線，我們可以計算條件相對因素需求曲線的價格需求彈性：

$$\varepsilon = -\frac{d(L/K)}{d(w/r)}\frac{w/r}{L/K} = -\frac{d\ln(L/K)}{d\ln(w/r)} = \frac{d(-\ln(L/K))}{d\ln(w/r)}$$

$$= \frac{d\ln(L/K)^{-1}}{d\ln(w/r)} = \frac{d\ln(K/L)}{d\ln(w/r)} \tag{9.24}$$

由於廠商長期總成本最低的均衡條件為 $MRTS_{LK} = w/r$，(9.24) 式可以改寫成：

$$\varepsilon = \frac{d\ln(K/L)}{d\ln MRTS_{Lk}} \tag{9.25}$$

(9.25) 式看起來很眼熟，它正是上一章的 (8.8) 式，生產函數的替代彈性 σ。所以，條件相對因素需求曲線的價格需求彈性等於對應的生產函數的替代彈性。事實上，有些教科書即將生產函數的替代彈性 σ 定義為：

圖 9.14

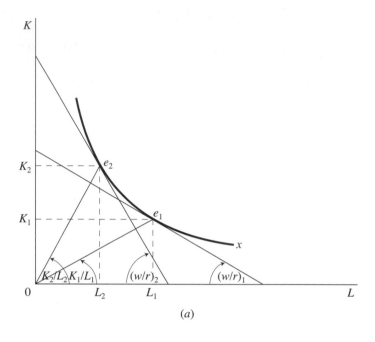

(a)

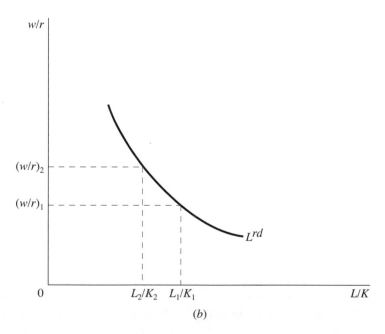

(b)

$$\sigma = \frac{d\ln(K/L)}{d\ln(w/r)}$$

成本函數與因素價格

除了告訴我們長期總成本最低的均衡因素投入組合外，圖 9.13(a) 還透露出因素價格與長期總成本關係的訊息。圖中對應於較高工資 w_2 的等成本線的縱軸截距 c_2/r 大於對應於較低工資 w_1 的等本線的縱軸截距 c_1/r，其中 $c_1 = w_1L_1 + rK_1$ 為生產因素價格等於 (w_1, r) 及產量等於 x 時的長期總成本，$c_2 = w_2L_2 + rK_2$ 為生產因素價格等於 (w_2, r) 及產量等於 x 時的長期總成本。因 $c_2/r > c_1/r$，故 $c_2 > c_1$。所以，長期總成本為工資的遞增函數。同理，如果工資不變，資本的單位使用成本對長期總成本的影響也是正向的，亦即長期總成本為因素價格的遞增函數。

(9.21) 清楚顯示，均衡因素使用量為因素價格與產量的函數，所以廠商長期成本函數也是因素價格與產量的函數。前面定義長期成本曲線時，我們係著重討論廠商長期生產成本與產量的關係；我們透過產量變動的比較靜態分析，得到廠商的長期總成本曲線。除了產量 x 變動外，如果我們同時考慮因素價格變動對長期總成本的影響，情況自然變得較複雜。當我們審視橫軸是產量的長期成本曲線時，因素價格改變對長期成本曲線會產生什麼影響呢？由上一段的討論得知，廠商的長期成本為因素價格的遞增函數；亦即，在每一個產量 x 下，因素價格上升時，廠商的長期成本也將上升，所以，長期成本曲線往上移動。

為了加強讀者對上一段討論的認識，接下來我們結合兩種比較靜態分析，來說明因素價格變動如何造成長期成本曲線的移動。圖 9.15 中，EP_a 為工資等於 w_1 時的生產擴張線，EP_b 為工資等於 w_2 時的生產擴張線。透過生產擴張線 EP_a 與 x_1、x_2 兩條等產量曲線以及相關的等成本線截距項，圖 9.15 告訴我們在工資 w_1、資本的單位使用成本 r 下，生產 x_1 及 x_2 的長期總成本為 c_{a1} 及 c_{a2}。此一產量與長期總成本的關係可以圖 9.16(a) 的 $LRTC_a$ 來表示。同樣道理，對應於生產擴張線 EP_b 的長期總成本曲線為圖 9.16(a) 的 $LRTC_b$。由圖 9.15 我們知道，c_{b1} 大於 c_{a1}，c_{b2} 大於 c_{a2}，所以圖 9.16(a) 的 $LRTC_b$ 高於 $LRTC_a$。且圖 9.16(b) 中的長期平均成本 $LRAC_b$ 高於長期平均成本 $LRAC_a$。也就是說，當生產因素的

圖 9.15

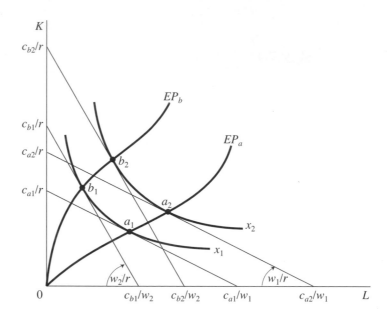

價格上升時，長期總成本與長期平均成本曲線均會向上移動。

上面討論了一個因素價格改變（其他因素價格固定）對長期成本曲線的影響，接著我們來看所有因素價格同時改變對長期成本函數的影響。為使討論簡化，在此我們只討論所有因素價格同比例變動的情形。我們知道，條件因素需求函數為因素價格的零次齊次函數，且長期總成本 $LRTC(w, r, x) = wL(w, r, x) + rK(w, r, x)$。於是當 $t > 0$ 時，

$$LRTC(tw, tr, x) = twL(tw, tr, x) + trK(tw, tr, x)$$

$$= twL(w, r, x) + trK(w, r, x)$$

$$= tLRTC(w, r, x)$$

所以，長期成本函數 $LRTC(w, r, x)$ 為因素價格的一次齊次函數。另外，讀者可輕易證明，長期平均成本函數 $LRAC(w, r, x)$ 也是因素價格的一次齊次函數。

圖 9.16

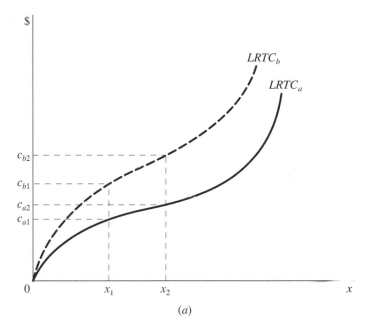

(a)

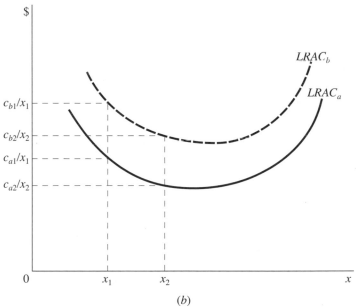

(b)

長期成本與規模報酬

到目前為止，我們討論了許多長期成本函數的性質，然而並未有如短期生產函數決定短期成本形狀的結論。在圖 9.12(b) 中，我們畫了 U 字型的長期平均成本曲線，但我們並未交代為何長期平均成本曲線會是那種形狀。現在我們就來說明產生 U 字型長期平均成本曲線的原因。

經濟學家長久以來便很重視大規模生產的好處以及分工的重要性。如果一個廠商能透過大規模生產而獲益，表示產量愈高單位生產成本愈低。這種長期平均成本隨著產量增加而遞減的情形，稱為廠商的生產成本顯現出規模經濟 (economies of scale)。然而，廠商不可能無限制地享受大規模生產的優點。一旦大規模生產的好處達到了極限，單位生產成本便要開始隨著產量增加而遞增了。當長期平均成本隨著產量增加而遞增時，則稱廠商的生產成本顯現出規模不經濟 (diseconomies of scale)。在圖 9.17(b) 中，當產量低於 x_1 時，$LRAC$ 隨著產量增加而遞減，所以，當產量低於 x_1 時，廠商的生產成本顯現出規模經濟。當產量超過 x_2 時，$LRAC$ 隨著產量增加而遞增，故在這個產量範圍內生產成本顯現出規模不經濟。當然，廠商也有可能在某一個產量範圍內單位生產成本是固定的；在圖 9.17(b) 中當產量介於 x_1 與 x_2 之間時，長期平均成本都等於 $LRTC(x_1)/x_1$。所以，在這個範圍內廠商的生產成本既無規模經濟也無規模不經濟。

造成廠商長期平均成本遞減或遞增的規模經濟或規模不經濟，有一部份歸因於長期生產函數的規模報酬。在固定規模報酬的生產技術下，當每個生產因素的投入量增加為原來的 t 倍時，廠商的產量也會同時增加為原來的 t 倍。在生產因素價格不變下，每個生產因素的投入量為原來的 t 倍時，生產因素的總支出也為原來的 t 倍。因產量和總支出均為原來的 t 倍，平均成本與原先產量下的平均成本是相等的，即

$$LRAC(tx) = \frac{wtL + rtK}{tx} = \frac{wL + rK}{x} = LRAC(x)$$

值得注意的是，每個生產因素投入量為原來 t 倍的 (tL, tK) 並非唯一能使產量為原來 t 倍的因素組合。事實上，通過 (tL, tK) 的等產量曲線上的任何一因素組合都能生產出原來 t 倍的產量。因此，產生了另一個問題：

圖 9.17

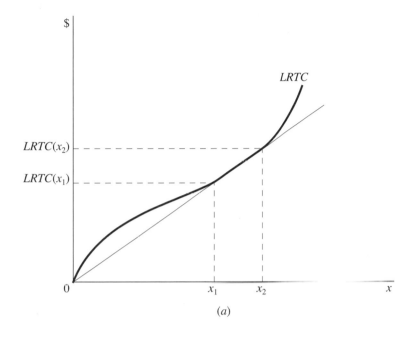

(a)

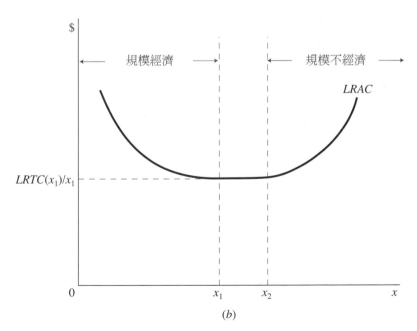

(b)

「當 (L, K) 是生產 x 的最適因素組合時，(tL, tK) 是否為生產 tx 的最適因素組合？」接下來我們驗證此問題的答案是肯定的。

假設上述問題的答案是「否定的」，則在等產量曲線 tx 上必定存在不同於 (tL, tK) 的因素組合，其生產成本更低。我們令此不同於 (tL, tK) 的組合為 (tL', tK')，此為不同於 (L, K) 的另一個因素組合 (L', K') t 倍的因素組合。由於 (tL', tK') 可以生產 tx，且廠商的生產技術具固定歸模報酬，(tL', tK') 及 (L', K') 滿足

$$f(tL', tK') = tf(L', K') = tx \tag{9.26}$$

因此，(L', K') 可以生產 x，因

$$\frac{wtL' + rtK'}{tx} < \frac{wtL + rtK}{tx}$$

故

$$\frac{wL' + wK'}{x} < \frac{wL + wK}{x}$$

或

$$wL' + rK' < wL + rK \tag{9.27}$$

(9.27) 告訴我們，(L', K') 生產 x 的總成本低於 (L, K) 生產 x 的總成本，與前面「(L, K) 是生產 x 的最適因素組合」的前提不符。所以，前面問題的答案不能是「否定的」，亦即「當 (L, K) 是生產 x 的最適因素組合時，(tL, tK) 的確為生產 tx 的最適因素組合。」

如果讀者不喜歡前面的反證法，我們提供另一較直接且較具經濟涵意的證明方法。假設 (L, K) 為 (9.13) 的解，則 (L, K) 符合此最低成本決策問題的一階條件：

$$MRTS_{LK}(L, K) = \frac{w}{r} \tag{9.28}$$

此一階條件可以圖 9.18 中的 e 點來表示，此時生產成本為 $c = wL + rK$。當產量成為原來的 t 倍時，廠商成本最低決策問題成為

圖 9.18

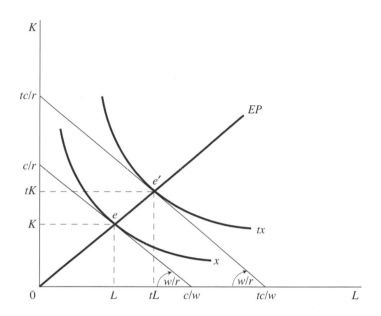

$$\min_{L,K} wL + rK$$

$$\text{s.t. } f(L, K) = tx \tag{9.29}$$

(9.13) 與 (9.29) 的差別僅在限制式中的產量，因此，(9.28) 式的一階條件同時適用於兩個問題。在圖 9.18 中，(9.29) 的均衡點 e' 為等產量曲線 tx 與斜率等於 w/r 的等成本線相切之點。接下來，我們必須證明 e' 點就是 (tL, tK)。首先 $f(tL, tK) = tf(L, K) = tx$，所以，$(tL, tK)$ 在等產量曲線 tx 上。其次，由第八章的分析，我們知道固定規模報酬的生產函數 $f(L, K)$ 必定為 L 與 K 的一次齊次函數，因而其對應的等產量曲線的斜率或邊際技術替代率 $MRTS_{LK}$ 為 K/L 的函數。換句話說，固定規模報酬生產函數的邊際技術替代率 $MRTS_{LK}$ 具備以下性質：

$$MRTS_{LK}(tL, tK) = MRTS_{LK}(L, K) \tag{9.30}$$

如果在 e 點 $MRTS_{LK}(L, K) = w/r$，由 (9.30) 式，我們得到 $MRTS_{LK}(tL, tK) = w/r$。於是圖 9.18 中 e' 點就是 (tL, tK)，(tL, tK) 的確是生產 tx 產量的最低成本因素組合。

由以上兩種方式，我們證明了「當 (L, K) 是生產 x 的最適因素組合，(tL, tK) 的確為生產 tx 的最適因素組合或成本最低的因素組合」，所以，在任何的產量 $x > 0$ 及 $t > 0$ 下

$$LRAC(tx) = \frac{wtL + wtK}{tx} = \frac{wL + wK}{x} = LRAC(x)$$

亦即廠商的長期平均成本是固定的。

現在，一個有趣的問題是：當長期平均成本不隨產量變化而改變時，廠商的生產函數是否必須具備固定規模報酬的性質？為了回答此問題，假設廠商的長期平均成本不隨產量變化而改變，即在任何產量 $x > 0$ 及常數 $t > 0$ 下

$$LRAC(tx) = LRAC(x)$$

或

$$\frac{LRTC(tx)}{tx} = \frac{LRTC(x)}{x}$$

將等式兩邊同時乘以 tx，得到

$$LRTC(tx) = t \cdot LRTC(x)$$

上式可以表示成因素成本的形式，

$$wL(tx) + rK(tx) = t(wL(x) + rK(x))$$
$$= w(tL(x)) + r(tK(x)) \tag{9.31}$$

由於在任意的 $w > 0$ 及 $r > 0$ 的值下，(9.31) 式都將成立，於是條件要素需求函數 $L(x)$ 與 $K(x)$ 必須滿足

$$L(tx) = tL(x)，\quad K(tx) = tK(x) \tag{9.32}$$

根據條件要素需求函數的定義，$L(x)$ 與 $K(x)$ 可以生產 x 的產量，$L(tx)$ 與 $K(tx)$ 可以生產 tx 的產量，於是 (9.32) 式正好說明了，$tL(x)$ 與 $tK(x)$ 可以生產 tx 的產量。換句話說，當 $f(L, K) = x$，則 $f(tL, tK) = tx$。於是我們得到，當廠商有固定的長期平均成本時，廠商的生產技術呈現固定規模報

圖 9.19

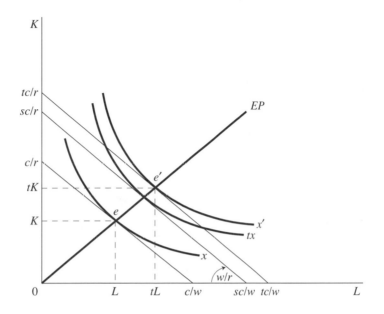

酬。綜合以上的討論,我們得到下列「若且唯若」的結論:「若生產函數為固定規模報酬,則長期平均成本固定;若長期平均成本固定,則生產函數為固定規模報酬。」事實上,以上的結論也告訴我們,生產函數為非固定規模報酬時,長期平均成本不固定;長期平均成本不固定時,生產函數必非固定規模報酬。

當廠商的生產技術呈現規模報酬遞增時,由前面的分析,我們知道廠商的長期平均成本不是固定的,直覺上廠商的長期平均成本應該隨產量的增加而遞減。接下來就讓我們來驗證此直覺的正確性。當因素價格為 (w, r) 時,假設生產 x 的最低成本的因素組合為圖 9.19 中的 (L, K),則生產 x 的長期總成本為 $c = wL + rK$,故長期平均成本等於 c / x。如果廠商的生產函數 $x = f(L, K)$ 為規模報酬遞增,當所有的生產因素都增加成原來的 $t > 1$ 倍時,產出會大於原有產量的 t 倍,$f(tL, tK) > tf(L, K)$。在圖 9.19 中,(tL, tK) 的的產量 $f(tL, tK)$ 等於 x',且 $x' > tf(L, K) = tx$。如果 (tL, tK) 如圖 9.19 所示,在生產擴張線 EP 上,而為生產 x' 的最適因素組合,則廠商生產 x' 的總成本等於 tc。所以,產量 x' 下的長期平均成本

圖 9.20

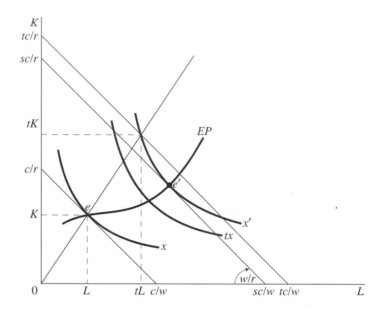

等於 tc / x'。由於 $x' > tx > x$，故

$$LRAC(x') = \frac{tc}{x'} < \frac{tc}{tx} = \frac{c}{x} = LRAC(x)$$

也就是說，長期平均成本係隨產量的增加而遞減。從另一個角度來看，圖 9.19 告訴我們，為了生產 tx，廠商可以使用少於 (tL, tK) 的因素組合，其總因素支出為圖 9.19 中的 sc。因 $sc < tc$，所以

$$LRAC(tx) = \frac{sc}{tx} < \frac{tc}{tx} = \frac{c}{x} = LRAC(x)$$

我們依舊得到長期平均成本隨產量增加而下降的結果。

然而，(tL, tK) 也可能如圖 9.20 所示，不在生產擴張線 EP 上。圖上顯示，使用 (tL, tK) 可以生產 x' 的產量，且由規模報酬遞增得知產量 x' 大於 tx。因 (tL, tK) 不在生產擴張線 EP 上，我們可以找到如圖 9.20 中生產擴張線 EP 與等產量曲線 x' 交點 e' 的最適因素投入組合，此最適因素投入組合不但能生產 x'，且這個因素投入組合的的總支出 sc 比因素投入

圖 9.21

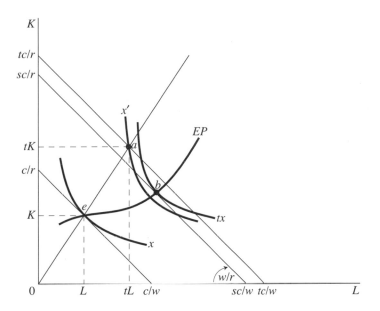

組合 (tL, tK) 的總支出 tc 更便宜。由於

$$LRAC(x') = \frac{sc}{x'} < \frac{tc}{x'} < \frac{tc}{tx} = \frac{c}{x} = LRAC(x)$$

因此，長期平均成本隨產量的增加而遞減。綜合以上兩種情形，我們得到：當廠商的生產函數為規模報酬遞增時，則廠商的長期成本顯現出規模經濟。在此要特別提醒讀者，此結論的逆向推論不一定為真。換句話說，當廠商的長期成本顯現出規模經濟時，並不代表廠商的生產函數為規模報酬遞增。至於為什麼逆向推論不成立，等一下我們再回來討論。

當廠商的生產成本顯現出規模不經濟時，廠商的長期平均成本將隨產量的增加而遞增。前面的討論告訴我們，當長期平均成本不是固定時，廠商的生產函數必定不是固定規模報酬；當長期平均成本不是遞減時，廠商的生產函數必定不是規模報酬遞增。所以，當廠商的生產成本顯現出規模不經濟時，廠商的生產函數既不是規模報酬固定也不是規模報酬遞增，於是廠商的生產函數必定為規模報酬遞減。然而此結論的逆

向推論不一定成立，亦即當廠商的生產函數為規模報酬遞減時，我們並不能確定廠商的生產成本會顯現出規模不經濟。圖 9.21 說明當廠商的生產函數為規模報酬遞減，但生產成本卻顯現出規模經濟的情形。圖中 e 點為廠商生產 x 的均衡點，此時廠商的長期平均成本等於 c / x。當生產函數為規模報酬遞減時，$x' = f(tL, tK) < tx$，所以等產量曲線 tx 在等產量曲線 x' 的右上方。如果生產擴張線 *EP* 如圖 9.21 所示未通過因素組合 (tL, tK)，廠商便可能有機會找到如圖中生產擴張線與等產量曲線 tx 的交點 b，使得通過 b 點的等成本線在通過 a 點的等成本線左方，因此生產 tx 產量的總成本 sc 小於 tc。但這隱含

$$LRAC(tx) = \frac{sc}{tx} < \frac{tc}{tx} = \frac{c}{x} = LRAC(x)$$

於是長期平均成本隨產量的增加而遞減。我們得到一個生產函數為規模報酬遞減，但生產成本卻顯現出規模經濟的情形。同時，圖 9.21 的例子也說明了生產成本顯現出規模經濟，廠商的生產函數卻為規模報酬遞減的情形。這正好回答了上一段討論最後所留下的問題，當生產成本顯現出規模經濟時，廠商的生產函數未必是規模報酬遞增。

綜合前面的討論，我們將主要結果整理如下：

(1) 當廠商的生產技術為固定規模報酬時，廠商的長期平均成本為產量的固定函數。相反的，當廠商的長期平均成本為產量的固定函數時，廠商的生產技術為固定規模報酬。

(2) 當廠商的生產技術為規模報酬遞增時，廠商的長期平均成本為產量的遞減函數，亦即生產成本顯現出規模經濟。但是，反向並不成立；即廠商的生產成本顯現出規模經濟時，廠商的生產函數未必是規模報酬遞增。

(3) 當廠商的長期平均成本為產量的遞增函數，或生產成本顯現出規模不經濟時，廠商的生產技術為規模報酬遞減。但是，反向並不成立；即廠商的生產函數為規模報酬遞減時，廠商的生產成本未必顯現出規模不經濟。

圖 9.22

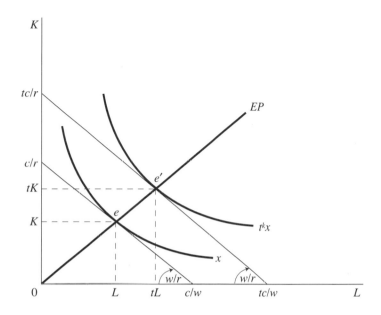

9.4 齊次生產函數與長期成本

齊次生產函數有許多良好性質,便於經濟學家進行各種分析,所以我們常在經濟學的教科書或論文中發現齊次生產函數的蹤影。若一個生產函數 f 為勞動 L 與資本 K 的 k 次齊次函數,則對任何 $t > 0$,生產函數 f 具有以下的性質:

$$f(tL, tK) = t^k f(L, K)$$

在第八章及本章前面我們曾討論過,當生產函數為齊次函數時,在因素組合 (tL, tK) 下的邊際技術替代率等於因素組合 (L, K) 下的邊際技術替代率,即

$$MRTS_{LK}(tL, tK) = MRTS_{LK}(L, K) \tag{9.33}$$

(9.33) 隱含由原點出發的射線上任何一個因素組合下的邊際技術替代率均相等。因此,當廠商面對給定的資本與勞動價格時,其長期生產擴張線,如圖 9.22 中的 *EP* 所示,為由原點出發的射線。圖中 *e* 為當勞動與

資本的價格分別為 w 與 r 時,生產 x 產量的最低成本的因素組合 (L, K),
對應的長期總成本為 $c = wL + rK$,長期平均成本為 $c / x = (wL + rK) / x$。
由於 (L, K) 在生產擴張線 EP 上,故 (tL, tK) 也在生產擴張線 EP 上,而
且 $f(tL, tK) = t^k f(L, K) = t^k x$。於是圖 9.22 中 e' 點為當勞動與資本的價格
分別為 w 與 r 時,生產 $t^k x$ 產量的最低成本的因素組合,其所對應的長
期總成本為

$$w(tL) + r(tK) = t(wL + rK) = tc$$

長期平均成本等於

$$LRAC(t^k x) = \frac{tc}{t^k x} = t^{1-k} \frac{c}{x} \qquad (9.34)$$

當生產函數為勞動與資本的一次齊次函數,即 $k = 1$ 時,(9.34) 成為

$$LRAC(tx) = \frac{tc}{tx} = \frac{c}{x} = LRAC(x)$$

因此,廠商的長期平均成本曲線為水平線,此一結果與上一節所得到的
一致。若生產函數為勞動與資本的 $k > 1$ 次齊次函數,則對 $t > 1$ 恆有

$$f(tL, tK) = t^k f(L, K) > tf(L, K)$$

此時廠商的生產技術為規模報酬遞增。因 $1 - k < 0$,由 (9.34) 式我們得
到

$$LRAC(t^k x) = t^{1-k} \frac{c}{x} < \frac{c}{x} = LRTC(x) \qquad (9.35)$$

由於 $t^k x > x$,(9.35) 告訴我們長期平均成本為產量的遞減函數,亦即廠
商的長期平均成本顯現出規模經濟。若生產函數為勞動與資本的 $k < 1$ 次
齊次函數,則對 $t > 1$ 恆有

$$f(tL, tK) = t^k f(L, K) < tf(L, K)$$

故廠商的生產技術為規模報酬遞減。因 $1 - k > 0$,由 (9.34) 我們得到

$$LRAC(t^k x) = t^{1-k} \frac{c}{x} > \frac{c}{x} = LRAC(x) \tag{9.36}$$

由於 $t^k x > x$，(9.36) 說明了長期平均成本為產量的遞增函數，亦即生產成本顯現出規模不經濟。

前面一小節討論長期成本與規模報酬的關係時，我們得到的第 (3) 個結論為：「生產成本顯現規模不經濟時，生產技術必為規模報酬遞減，反過來則不一定成立」。但 (9.36) 告訴我們，在齊次生產函數的限制下，我們是可進一步得到：「當生產函數為規模報酬遞減時，生產成本必然顯現規模不經濟」的「反向結果」。事實上，針對第 (2) 個結論：「當生產技術為規模報酬遞增時，生產成本必然顯現規模經濟。反過來則不一定成立」，我們可以得到類似的結果，即「當生產函數為齊次函數時，若生產成本顯現規模經濟，則生產技術必為規模報酬遞增」。為什麼呢？在齊次生產函數的限制下，如果生產技術不是規模報酬遞增，則只能是規模報酬固定 ($k = 1$) 或規模報酬遞減 ($k < 1$)。但由前面的討論，我們已知道，在規模報酬固定下，長期平均成本為產量的固定函數。如果生產技術為規模報酬遞減，則生產成本必顯現規模不經濟。因此，不管 $k = 1$ 或 $k < 1$，結果均與「生產成本顯現規模經濟」的前提抵觸。綜合以上的討論，我們可將齊次生產函數之長期成本與規模報酬的關係歸納如下：

當生產函數為勞動與資本的 k 次齊次函數且

(1) $k = 1$ 時，廠商的生產技術為固定規模報酬，廠商的長期平均成本為產量的固定函數。相反的，當廠商的長期平均成本為產量的固定函數時，則廠商的生產技術為固定規模報酬，即 $k = 1$。

(2) $k > 1$ 時，廠商的生產技術為規模報酬遞增，廠商的長期平均成本為產量的遞減函數，亦即生產成本顯現出規模經濟。相反的，當廠商的生產成本顯現出規模經濟或長期平均成本為產量的遞減函數時，則廠商的生產技術為規模報酬遞增，即 $k > 1$。

(3) $k < 1$ 時，廠商的生產技術為規模報酬遞減，廠商的長期平均成本為產量的遞增函數，亦即生產成本顯現出規模不經濟。相反的，當廠商的生產成本顯現出規模不經濟或長期平均成本為產量的遞增函數時，則廠商的生產技術為規模報酬遞減，即 $k < 1$。

除了有關平均成本的特性，齊次生產函數還有其他一些有趣的性

圖 9.23

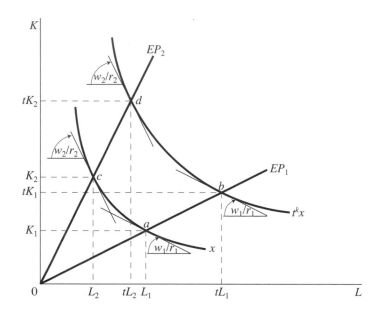

質。圖 9.23 中，EP_1 與 EP_2 分別為對應於因素價格 (w_1, r_1) 與 (w_2, r_2) 的
生產擴張線。當產量等於 x 時，因素價格 (w_1, r_1) 下總成本最低的因素
組合為 (L_1, K_1)，因素價格 (w_2, r_2) 下總成本最低的因素組合等於 (L_2, K_2)。
因此，相對因素價格 w_1 / r_1 下的均衡相對因素組合等於 L_1 / K_1，相對因
素價格 w_2 / r_2 下的均衡相對因素組合等於 L_2 / K_2。我們曾定義此相對因
素價格與均衡相對因素組合為產量等於 x 的「條件相對因素需求曲線」；
對應於圖 9.23 中產量等於 x 的條件相對因素需求曲線如圖 9.24 中 $L^{rd}(x)$
所示。由於生產函數為勞動與資本的 k 次齊次函數，所以圖 9.23 中 b 點
的因素組合為 a 點的 t 倍，d 點的因素組合為 c 點的 t 倍，且 b 點與 a 點
的邊際技術替代率相等，d 點與 c 點的的邊際技術替代率相等。當我們
考慮各種相對因素價格下的均衡相對因素組合時，很清楚地，生產 x 與
生產 $t^k x$ 的均衡相對因素組合是相同的。換言之，產量等於 $t^k x$ 的條件相
對因素需求曲線與產量等於 x 的條件相對因素需求曲線是同一條，故在
圖 9.24 中，我們有 $L^{rd}(x) = L^{rd}(t^k x)$。由於「條件」相對因素需求曲線之所
以稱為「條件」，是因為它是某一個「特定產量」下的相對因素需求曲線。

圖 9.24

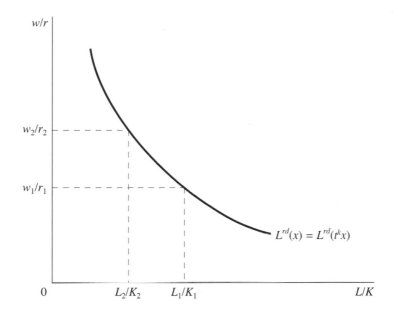

如今齊次生產函數在任何產量下的條件相對因素需求曲線都是相同，我們可以直接稱之為相對因素需求曲線。此一方便性質，使得齊次生產函數在經濟學文獻中被廣泛使用。

最後，我們以固定替代彈性生產函數（CES 生產函數）：

$$x = f(L, K) = \left(L^\rho + K^\rho\right)^{\frac{\varepsilon}{\rho}} , \quad \rho < 1, \rho \neq 0, \varepsilon > 0 \tag{9.37}$$

為例來檢驗本節中所得到的各種結論。首先，我們知道 CES 生產函數為 L 與 K 的 ε 次齊次函數，且 L 與 K 的邊際技術替代率為：

$$MRTS_{LK}(L, K) = \left(\frac{K}{L}\right)^{1-\rho}$$

將其代入成本極小化的一階條件 $MRTS_{LK} = w / r$，得到

$$\frac{K}{L} = \left(\frac{w}{r}\right)^{\frac{1}{1-\rho}} \tag{9.38}$$

所以 CES 生產函數的生產擴張線的函數形式為：

$$K = \left(\frac{w}{r}\right)^{\frac{1}{1-\rho}} L \tag{9.39}$$

此生產擴張線正如先前所得到結果，為原點出發的射線。生產擴張線與等產量曲線的交點即均衡因素組合，所以將 (9.39) 代入 (9.37) 即可解出條件因素需求函數 L^d 與 K^d：

$$L^d = L(w, r, x) = \left(1 + \left(\frac{w}{r}\right)^{\frac{\rho}{1-\rho}}\right)^{-\frac{1}{\rho}} x^{\frac{1}{\varepsilon}} \tag{9.40}$$

$$K^d = K(w, r, x) = \left(1 + \left(\frac{r}{w}\right)^{\frac{\rho}{1-\rho}}\right)^{-\frac{1}{\rho}} x^{\frac{1}{\varepsilon}} \tag{9.41}$$

因此長期總成本 $LRTC(x) = wL^d + rK^d$ 為

$$LRTC(x) = \left(w\left(1 + \left(\frac{w}{r}\right)^{\frac{\rho}{1-\rho}}\right)^{-\frac{1}{\rho}} + r\left(1 + \left(\frac{r}{w}\right)^{\frac{\rho}{1-\rho}}\right)^{-\frac{1}{\rho}}\right) x^{\frac{1}{\varepsilon}} \tag{9.42}$$

(9.42) 右邊整個括弧中的式子為 w 與 r 的函數，令其為 $A(w, r)$，於是長期平均成本等於：

$$LRAC(x) = \frac{LRTC(x)}{x} = A(w, r)\, x^{\frac{1}{\varepsilon}-1}$$

當 $\varepsilon = 1$ 時，(9.37) 為 L 與 K 的一次齊次函數，廠商的生產技術為固定規模報酬，此時 $LRAC(x) = A(w, r)$，長期平均成本曲線為水平線。當 $\varepsilon > 1$ 時，(9.37) 為 L 與 K 的大於一次的齊次函數，廠商的生產技術為規模報酬遞增。由於 $1/\varepsilon - 1 < 0$，廠商的長期平均成本為產量的遞減函數，生產成本顯現出規模經濟。當 $\varepsilon < 1$ 時，(9.37) 為 L 與 K 的小於一次的齊次

函數，廠商的生產技術為規模報酬遞減。由於 $1/\varepsilon-1>0$，廠商的長期平均成本為產量的遞增函數，生產成本顯現出規模不經濟。

最後，由 (9.40) 與 (9.41)，我們可以得到條件相對因素需求函數

$$L^{rd}=\frac{L^d}{K^d}=\left(\frac{1+(w/r)^{\frac{\rho}{1-\rho}}}{1+(r/w)^{\frac{\rho}{1-\rho}}}\right)^{-\frac{1}{\rho}}=\left(\frac{w}{r}\right)^{-\frac{1}{1-\rho}} \tag{9.43}$$

如同前面所述，(9.43) 式的條件相對因素需求函數與產量無關。對 (9.43) 取對數，得到

$$\ln L^{rd}=-\frac{1}{1-\rho}\ln\frac{w}{r}$$

由 (9.24) 式所定義的條件相對因素需求曲線的價格需求彈性等於：

$$\varepsilon=-\frac{d\ln L^{rd}}{d\ln(w/r)}=-\frac{d\ln\left(L^d/K^d\right)}{d\ln(w/r)}=\frac{1}{1-\rho}$$

這剛好是 CES 生產函數的替代彈性。

10 價格接受廠商

前兩章的討論僅侷限於廠商生產方面的決策,其中包含廠商「如何生產」 (How to produce) 使得成本最低,投入因素的價格如何影響廠商既定產量下的因素需求,進而影響成本結構。然而生產僅僅是廠商諸多決策之一,廠商透過生產函數將生產因素轉換成產品之後,接著必須將所生產的產品拿到市場上去銷售。所以,除了生產決策外廠商還得做銷售的決策。銷售的決策包含廣告、行銷通路規劃、定價、銷售量選擇、與競爭對手的互動等等。在上一章中我們假定廠商生產決策的目標為追求最低生產成本。除了特別註明的例外情形,在本章以及往後各章中,我們假設廠商銷售決策的目標為追求最大利潤。為了簡化說明,在本章中我們考慮一種最簡單的價格接受廠商的銷售決策。由於廠商是價格接受者 (price taker),廠商的決策便簡化成在當前價格下,什麼產量使其利潤最大。此外,如果市場行情不好,價格過低,以致於在各種產量下的利潤均為負值時,廠商可以做關廠歇業的決定。我們也將探討,當產品的價格改變時,廠商的產量如何隨之調整,從而找出價格與利潤最大產量間的關係,這也就是價格接受廠商的供給曲線。在決定了利潤最大的產量後,為了生產此產量,廠商再考量因素價格並做生產決策,從而得到利潤最大產量下的因素需求。此「最大利潤」產量下的因素需求與上一章所討論的條件因素需求並不相同,但只要將廠商利潤最大的產量代入條件因素需求函數中,我們就可以得到利潤最大的因素需求函數。雖然我們在這一章討論價格接受廠商的主要目的係為下一章完全競爭市場的分析鋪路,但本章討論的內容,事實上可適用於比完全競爭廠商範圍更大的價格接受廠商。

10.1　價格接受廠商短期均衡

廠商生產的目的係為了謀取最高額的利潤,當然,此處的利潤,係指經濟利潤 (economic profits) 而言。廠商的經濟利潤為該廠商銷售產品的總收益 (total revenue) 扣除生產所銷售產品的總經濟成本後之餘額。如果計算利潤時由產品的總收益中所扣除的是產品的總會計成本,則該餘額稱為廠商的會計利潤 (accounting profits)。由於本書討論的利潤均為經濟利潤,以後我們將省略「經濟」二字,直接稱其為利潤 (profits)。我們以符號 $\pi(x)$ 代表產量或銷售量 x 下的利潤,它等於產量 x 下的總收益 $TR(x)$ 減去總成本 $TC(x)$:

$$\pi(x) = TR(x) - TC(x)$$

其中總成本 $TC(x)$ 已於上一章中討論過。至於銷售量 x 下的總收益則等於價格乘以銷售量,即

$$TR(x) = p(x) \times x$$

一般而言,產品的價格視銷售量而定,所以產品在各個不同銷售量 x 下的價格 $p(x)$ 係消費者購買 x 數量時所願意付的價格,我們稱之為該廠商所面對的需求曲線(嚴格說,應稱為逆需求曲線)。同時,由於平均收益 (average revenue, AR) 為

$$AR(x) = \frac{TR(x)}{x} = p(x)$$

所以平均收益曲線即廠商所面對的需求曲線。

在有些市場中,可能因為廠商的數目太多、規模太小,個別廠商銷售量的多寡均不會對產品價格產生影響,或可能因為法令的規定,廠商只能以某一個法定價格出售其產品,此時我們稱這種廠商為價格接受廠商 (price taking firm)。這個定義隱含,一個價格接受廠商所面對的需求曲線為價格固定、平行於產量軸的水平線。令此需求曲線為 $p(x) = p$,則廠商的的總收益為 $TR(x) = px$,總收益曲線如圖 10.1(a) 中的 TR 為一條通過原點斜率等於 p 的直線。邊際收益 (marginal revenue, MR) 為廠商增加一單位產量所增加的總收益,即

圖 10.1

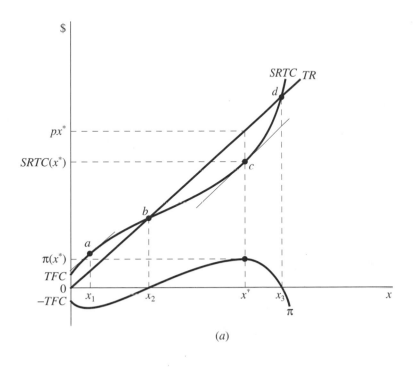

(a)

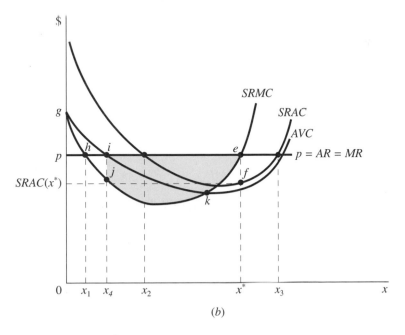

(b)

$$MR(x) = \frac{dTR(x)}{dx}$$

換句話說，邊際收益即總收益曲線上各點的斜率。因價格接受廠商的總
收益曲線為直線，其上各點斜率均相同，且等於其所面對的市場價格。
所以，廠商的邊際收益曲線如圖 10.1(*b*) 中的 *MR*，為平行於產量軸高度
等於 *p* 的水平線。同時，由於價格接受廠商的平均收益固定，根據平均
量與邊際量的關係，我們知道邊際收益等於平均收益。綜合以上，得知
價格接受廠商的需求曲線、平均收益曲線與邊際收益曲線完全相同，如
圖 10.1(*b*) 中 *p* = *AR* = *MR* 的關係。

短期成本曲線與廠商的生產技術及因素價格有關，但與產品的價格
或需求無關，它不會因廠商是否為價格接受者而有所不同。所以，我們
可將熟知的的短期總成本曲線 *SRTC* 繪於圖 10.1(*a*) 中，其中 *SRTC*(0) =
TFC，而將短期平均成本 *SRAC*、平均變動成本 *AVC*、及短期邊際成本
SRMC 繪於圖 10.1(*b*) 中。由於利潤等於總收入減總成本，在圖 10.1(*a*)
中，價格接受廠商的短期總利潤曲線 *π* 為每一個產量 *x* 下 *TR* 的高度減
去 *SRTC* 的高度。圖中 *TR* 與 *SRTC* 交於 *b*、*d* 兩點；短期總利潤函數在
產量 x_2 與 x_3 通過橫軸，即 $\pi(x_2) = \pi(x_3) = 0$。一般稱總收益曲線與總成本
曲線交點為損益兩平點 (break-even point)。此外，由於 *SRTC*(0) = *TFC*，
故 $\pi(0) = -TFC$，即總利潤曲線 *π* 的縱軸截距等於$-TFC$。根據利潤函數
$\pi(x)$，廠商追求利潤極大的一階和二階條件分別為

$$\frac{d\pi(x^*)}{dx} = \frac{dTR(x^*)}{dx} - \frac{dSRTC(x^*)}{dx}$$

$$= MR(x^*) - SRMC(x^*)$$

$$= p - SRMC(x^*) = 0 \tag{10.1}$$

及

$$\frac{d^2\pi(x^*)}{dx^2} = -SRMC'(x^*) < 0 \tag{10.2}$$

上兩式中，x^* 為廠商利潤最大的產量。因此，價格接受廠商利潤最大產
量 x^* 滿足

$$p = SRMC(x^*)$$

圖 10.1 中滿足一階條件的產量共有兩個，分別為 x_1 與 x^*。這兩個產量對應於圖 10.1(b) 中 p 與 $SRMC$ 的交點 h 及 e，同時也對應於圖 10.1(a) 中 TC 的斜率等於 p 的 a 及 c。但由二階條件 (10.2) 得知 $SRMC'(x^*) > 0$，換句話說，在利潤最大的產量下「邊際成本隨產量遞增」。很明顯地，在圖 10.1(b) 中，僅產量 x^* 符合 $SRMC'(x^*) > 0$ 的條件，同時，圖 10.1(a) 的總利潤曲線 π 也證實了 x^* 為價格接受廠商利潤最大的產量。反過來，在產量 x_1 下，邊際成本隨產量遞減，不符利潤最大二階條件。事實上，如圖 10.1(a) 的總利潤曲線 π 所示，x_1 乃是此價格接受廠商利潤最低的產量。

在均衡產量 x^* 下，廠商的總利潤 $\pi(x^*)$ 可寫成

$$\pi(x^*) = px^* - SRTC(x^*) = px^* - SRAC(x^*)x^*$$

在圖 10.1(b) 中，px^* 為長方形 $0pex^*$ 的面積，$SRAC(x^*)x^*$ 則為長方形 $0SRAC(x^*)fx^*$ 的面積，故廠商的短期均衡利潤可以圖 10.1(b) 中長方形 $SRAC(x^*)pef$ 的面積來表示。尤有進者，我們知道，將 $SRMC$ 曲線與橫軸間的距離，由 $x = 0$ 積分到 $x = x^*$ 即可得到均衡產量 x^* 下的總變動成本 $TVC(x^*)$，此為 $0ghjkex^*$ 的面積。因此 $\pi(x^*)$ 可表示成

$$\pi(x^*) = 0pex^* - 0ghjkex^* - TFC$$

或

$$\pi(x^*) + TFC = 0pex^* - 0ghjkex^* \tag{10.3}$$

上式可進一步改寫成

$$\pi(x^*) + TFC = 0pex^* - 0phx_1 - pgh - x_1hjkefx^*$$
$$= hiekj - pgh \tag{10.4}$$

也就是說，在均衡產量 x^* 下，利潤與固定成本之和，剛好是圖 10.1(b) 中 $hiekj$ 扣除 pgh 的面積。另外，我們知道，在產量 x_4 下的總變動成本為

$$TVC(x_4) = AVC(x_4)x_4 = px_4$$

圖 10.2

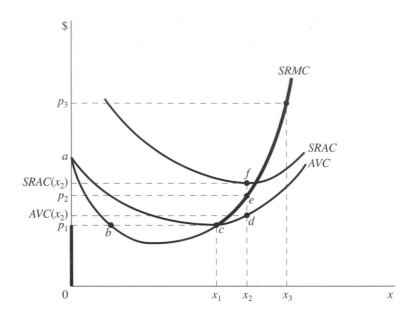

此為 $0pix_4$ 的面積。但是，$TVC(x_4)$ 又等於 $SRMC$ 與橫軸由零累積到 x_4 所圍的面積 $0ghjx_4$。於是 $0pix_4$ 的面積等於 $0ghjx_4$ 的面積，我們得到 pgh 的面積等於 hij 的面積。所以，圖 10.1(b) 中 $hiekj$ 扣除 pgh 的面積等於 $hiekj$ 扣除 hij 的面積，我們可將 $\pi(x^*) + TFC$ 以圖 10.1(b) 中 $jiek$ 灰色區域的面積來表示。

　　在此要特別注意，符合 $p = SRMC(x^*)$ 及 $SRMC'(x^*) > 0$ 條件的產量 x^* 雖可保證一個價格接受廠商利潤最大，然而此二條件並不能保證廠商能賺到正的利潤。圖 10.2 中，當價格等於 p_2 時，在產量 x_2 下（e 點），$p_2 = SRMC(x_2)$ 及 $SRMC'(x_2) > 0$，所以 x_2 為價格 p_2 下利潤最大的產量。然而，在產量 x_2 下，$p_2 < SRAC(x_2)$，廠商每生產並銷售一單位產品就損失 $SRAC(x_2) - p_2$。產量 x_2 的總損失為 $(SRAC(x_2) - p_2)x_2$，等於圖 10.2 中長方形 $p_2SRAC(x_2)fe$ 的面積，但此損失是所有產量中損失最低者（為什麼？）。在面臨損失的情況下，此廠商除了生產最適量 x_2 外，還有一項選擇就是停止生產或歇業 (shut down)。歇業時廠商無須支付任何的變動成本，但在短期下固定成本已經支出了，即使廠商選擇歇業也無法避

免，於是短期下廠商選擇歇業的成本等於總固定成本。由於平均總成本 $SRAC$ 曲線與平均變動成本 AVC 曲線間的垂直距離等於平均固定成本 AFC，廠商歇業的損失等於在圖 10.2 中長方形 $AVC(x_2)SRAC(x_2)fd$ 的面積。由圖可以看到，只要 p_2 大於 $AVC(x_2)$，長方形 $p_2SRAC(x_2)fe$ 的面積就小於長方形 $AVC(x_2)SRAC(x_2)fd$ 的面積。換句話說，縱使生產 x_2 有損失，其損失依舊小於歇業的損失，所以理性的廠商會選擇生產 x_2。當產品的價格如圖 10.2 中的 p_1，剛好等於 AVC 曲線的最低點 c 的高度時，生產 x_1 產量與歇業的損失都等於總固定成本，因此廠商生產 x_1 產量與歇業並沒有差別。也因為如此，c 點常被稱為歇業點 (shut down point)，而 p_1 則為歇業價格 (shut down pirce)。最後，當產品的價格低於 AVC 曲線的最低點時，價格連平均變動成本都無法回收，廠商會選擇歇業，因為此時任何大於零的產量所帶來的損失都大於總固定成本。

綜合以上的討論，一個價格接受廠商的短期決策有二：一為「利潤最大決策」(profit maximization decision)，此決策所決定的產量 $x^* > 0$ 滿足 $p = SRMC(x^*)$ 及 $SRMC'(x^*) > 0$。另一為「歇業決策」(shut down decision)，此時任何產量 $x > 0$ 均滿足 $p < AVC(x)$，故最適產量 $x^* = 0$。結合「兩項決策，價格接受廠商的短期均衡產量 $x^* > 0$ 符合：

$$p = SRMC(x^*) \geq AVC(x^*) , \quad SRMC'(x^*) > 0$$

當市場價格高於歇業價格時，由利潤最大決策 $p = SRMC(x^*)$ 可得到價格與廠商產量或供給量的關係，因而邊際成本曲線 $SRMC$ 成為廠商短期的供給曲線。當市場價格低於歇業價格時，由歇業決策得知，廠商的產量或供給量等於零。總結而言，如圖 10.2 所示，一個價格接受廠商的短期供給曲線由兩段構成：價格低於 AVC 曲線的最低點時為垂直線 $0p_1$；另一段為邊際成本曲線 $SRMC$ 高於 AVC 曲線的部份 $ceSRMC$，且由二階條件 $SRMC'(x^*) > 0$，得知此段的供給曲線為正斜率。在此再次提醒讀者，邊際報酬遞減隱含短期邊際成本遞增，因而也保證價格接受廠商利潤最大的二階條件成立，以及不歇業時的短期供給曲線為正斜率。

【例 10.1】
假設產品價格等於 p， 工資等於 w，資本的單位使用成本等於 r。短期下，資本 $K = K_0$ 為固定生產因素，價格接受廠商的生產技術為下列寇布

一道格拉斯生產函數：

$$x = f(L) = L^{0.25}K_0^{0.25}$$

試求此廠商之短期均衡產量及短期供給曲線。

【解答】

由【例 9.1】(e) 式，並令 $\alpha = \beta = 0.25$，廠商的短期總成本函數為

$$SRTC(x) = rK_0 + \frac{w}{K_0}x^4 \tag{a}$$

上式中 rK_0 為總固定成本 TFC，等式右方第二項為總變動成本 TVC(x)

$$TVC(x) = \frac{w}{K_0}x^4 \tag{b}$$

則平均變動成本函數 AVC(x) 及短期邊際成本函數 SRMC(x) 分別為

$$AVC(x) = \frac{TVC(x)}{x} = \frac{w}{K_0}x^3 \tag{c}$$

$$SRMC(x) = \frac{dSRTC(x)}{dx} = \frac{dTVC(x)}{dx} = \frac{4w}{K_0}x^3 \tag{d}$$

如圖 10.3 所示，除了 $x = 0$，在每一個 x 值下，SRMC 曲線的高度為 AVC 曲線的四倍。由利潤極大的一階條件 $p = SRMC(x^*)$ 及 (d) 解出

$$x^* = \left(\frac{K_0}{4w}p\right)^{1/3} \tag{e}$$

由 (d) 又可得

$$SRMC'(x) = \frac{12w}{K_0}x^2$$

在任意 $x > 0$ 產量下，$SRMC'(x) > 0$ 或短期邊際成本為 x 的遞增函數。於是，只要 $x > 0$，廠商短期利潤極大的二階條件必定成立。將 (e) 代入 (c) 得到

圖 10.3

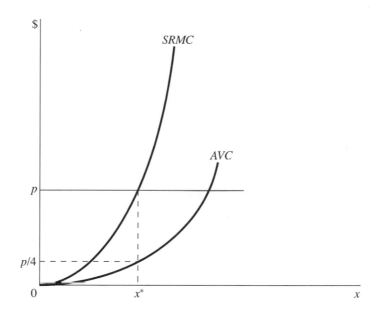

$$AVC(x^*) = \frac{p}{4}$$

由於 $p > AVC(x^*)$，故在任何的價格 p 下，均衡產量 x^* 下的利潤都比歇業的利潤高。實際上，由 (c)、(d) 得知，在任意 $x > 0$ 產量下，$SRMC(x) > AVC(x)$（請見圖 10.3）。所以，只要符合一階條件 $p = SRMC(x)$，必定滿足 $p > AVC(x)$，廠商必定不會歇業。

由於在 $x > 0$ 下，$SRMC$ 曲線均高於 AVC 曲線，此廠商的短期逆供給曲線 p_s 就是 $SRMC$ 曲線：

$$p_s = SRMC = \frac{4w}{K_0}x^3$$

或者稱廠商的短期供給曲線 x_s 為

$$x_s = \left(\frac{K_0}{4w}p\right)^{1/3}$$

圖 10.4

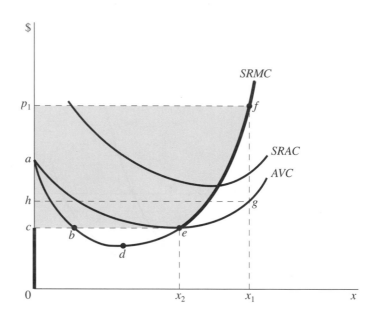

生產者剩餘

在消費者理論中我們討論過，消費者剩餘等於消費者購買某一個數量商品所願意支付最高價款超過實際支付價款的部份。在生產者理論中，我們採用類似的方式，定義廠商生產某一數量商品的**生產者剩餘** (producer surplus) 為，該產量下廠商實際收到的總收益超過為生產該產量廠商所要求的最低總價款的部份。例如，圖 10.4 中產品的價格等於 p_1 時，價格接受廠商的均衡產量等於 x_1。在此均衡產量下，廠商的總收益 $p_1 x_1$ 為長方形 $0p_1fx_1$ 的面積。但為了讓廠商願意提供 x_1 的產量，最少須支付給該廠商的總價款則等於生產產量 x_1 所增加的成本，亦即由零累積到 x_1 的邊際成本總和，即 $0abdefx_1$ 的面積，或生產 x_1 的總變動成本，即 $0hgx_1$ 的面積。於是廠商生產 x_1 的生產者剩餘等於長方形 $0p_1fx_1$ 的面積扣掉 $0abdefx_1$ 的面積後所餘 ap_1fedb 的面積。另一方面，在圖 10.4 中由零到 x_2 的邊際成本總和等於 $0abdex_2$ 的面積，但這剛好等於生產 x_2 的總變動成本，即長方形 $0cex_2$ 的面積。所以生產者剩餘等於圖中價格線 p_1 以下到價格接受廠商的短期供給曲線 $0cefSRMC$ 所圍陰影部份 cp_1fe 的面積。

我們也可以數學方式來說明圖 10.4 中均衡產量 x_1 的生產者剩餘：

$$PS = \int_0^{x_1} \left(p_1 - SRMC(x) \right) dx$$

$$= p_1 x_1 - TVC(x) \Big|_{x=0}^{x=x_1}$$

$$= p_1 x_1 - (TVC(x_1) - TVC(0)) = p_1 x_1 - TVC(x_1)$$

$$= p_1 x_1 - (SRTC(x_1) - TFC) = p_1 x_1 - SRTC(x_1) + TFC$$

$$= \pi(x_1) + TFC$$

$$= \pi(x_1) - (-TFC)$$

$$= \pi(x_1) - \pi(0) \tag{10.5}$$

由 (10.5) 式，我們得知在某一個價格下，價格接受廠商的短期生產者剩餘等於該價格下的短期均衡利潤與總固定成本之和。由於只要廠商的短期損失不大於總固定成本，價格接受廠商便不會歇業而選擇生產，所以價格接受廠商的短期生產者剩餘也等於短期利潤超過歇業的利潤（歇業的利潤等於負的總固定成本）的部份。

10.2 價格接受廠商長期均衡及長期供給曲線

在長期間，如果廠商依舊是價格接受者，則廠商所面對的需求曲線、平均收益曲線或邊際收益曲線與前面短期下的曲線並無兩樣，都是同一條平行於橫軸的水平線，但是廠商的成本在長、短期下是有差別的。如上一章中所討論的，長期所有的生產因素都是可變的，所以廠商並無固定成本，只有變動成本。而且，無論是總成本曲線或平均成本曲線分別是短期總成本曲線或平均成本曲線的包絡線。長期下，價格接受廠商依舊有利潤最大及歇業決策。利潤最大決策是均衡產量 x^* 滿足一階及二階條件 $p = LRMC(x^*)$ 及 $LRMC'(x^*) > 0$，其中一階條件為利潤最大的必要條件，二階條件則保證滿足一階條件的產量 x^* 是利潤最大而不是最小的產量。由於長期下無固定成本，歇業決策取決於價格是否高於長期的平均成本。當 $p \geq LRAC(x^*)$ 時，均衡產量 x^* 大於零；若對任何產量 $x > 0$ 均有 $p < AVC(x)$，則最適產量 $x^* = 0$。廠商會選擇歇業。綜合以上兩項決

圖 10.5

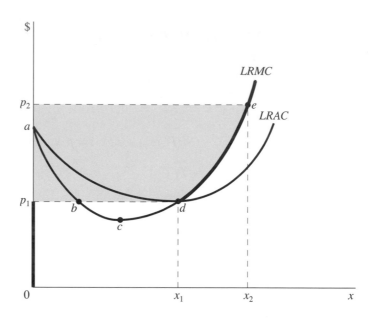

策，價格接受廠商的長期均衡產量 x^* 符合：

$$p = LRMC(x^*) \geq LRAC(x^*)，\quad LRMC'(x^*) > 0$$

我們可以圖 10.5 來說明價格接受廠商的長期均衡。當價格高於或等於 LRAC 曲線的最低點 p_1 時，均衡由利潤最大決策 $p = LRMC(x^*)$ 來決定，此時價格與廠商產量的關係都落在長期邊際成本曲線 LRMC 上；當價格低於 LRAC 曲線的最低點 p_1 時，由歇業決策得知廠商的產量等於零。所以，如圖 10.5 所示，價格接受廠商的長期供給曲線由兩段構成：價格低於 LRAC 曲線的最低點時為垂直線 $0p_1$；另一段為長期邊際成本曲線 LRMC 高於 LRAC 曲線的部份 deLRMC，又由二階條件 $LRMC'(x^*) > 0$，我們知道此段的供給曲線為正斜率。

　　由於長期間廠商並無固定成本，歇業的損失等於零，因此在長期下為了讓廠商生產某一數量的商品，我們最少須支付廠商生產該數量商品的總成本，否則廠商生產該數量商品的的利潤為負，比歇業還糟。根據前面的定義，廠商生產某一數量商品的長期生產者剩餘，等於該產量下

廠商的總收益減去生產該產量的總成本。換句話說，廠商生產某一個數量商品的長期生產者剩餘等於該產量下廠商的利潤。圖 10.5 中，當價格等於 p_2 時，廠商利潤最大的產量為 x_2，總收益等於 $p_2 x_2$，即長方形 $0p_2ex_2$ 的面積。另外，生產 x_2 的長期總成本等於長期邊際成本由 0 累積到 x_2 的總值，此為圖中 $0acdex_2$ 的面積，也等於 $0p_1dex_2$ 的面積（為什麼？）。於是廠商生產 x_2 的長期利潤或生產者剩餘等於圖 10.8 中陰影區域 p_1p_2ed 的面積。以數學符號表示，均衡產量 x_2 的利潤或生產者剩餘 PS 為

$$PS = \int_0^{x_2} \left(p_2 - LRMC(x) \right) dx$$

$$= p_2 x_2 - LRTC(x) \Big|_{x=0}^{x=x_2}$$

$$= p_1 x_1 - (LRTC(x_2) - LRTC(0))$$

$$= p_1 x_1 - LRTC(x_2)$$

$$= \pi(x_2)$$

價格接受廠商無論長期或短期供給曲線，都是由歇業決策及利潤最大決策所決定，由一段與縱軸重合的垂直線和一段與邊際成本重合的正斜率曲線所組成。然而，由於長期與短期成本結構不同，所以廠商的長期及短期供給曲線會有下列兩項的差異：

(1) 短期生產時程下，存在著固定生產因素，無論廠商歇業與否，對應於此固定生產因素的總固定成本都必須支付。所以，在短期，若最適產量下的損失大於固定成本，或市場價格低於歇業價格時，歇業是廠商較佳的選擇。也就是說，當價格低於圖 10.4 中的歇業價格 c 時（歇業點為 e），廠商會選擇歇業。當價格高於 c 時，廠商會依照 $p = SRMC(x)$ 決定最適產量。此外，由於對應於每一個固定生產因素水準，就有一條短期邊際成本曲線，理論上廠商有無限多條的短期邊際成本曲線，同時廠商的短期供給曲線對應於 $x > 0$ 的部份即短期邊際成本曲線，所以，一條廠商的短期供給曲線也會有無限多種可能的形狀。長期生產時程下，沒有固定生產因素，做長期歇業決策須參考所有的生產因素成本。因此，廠商長期歇業點為長期平均總成本的最低點，如圖 10.5 中的 d 點（歇業價格為 p_1）。當價格低

圖 10.6

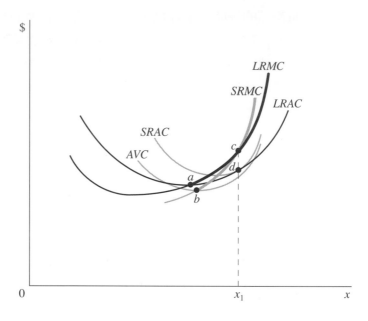

於歇業價格 p_1 時，廠商會選擇歇業。當價格高於 p_1（或高於歇業點 d）時，廠商依照 $p = LRMC(x)$ 決定最適產量。此外，由於長期總成本曲線為所有短期總成本曲線的包絡線，長期總成本曲線、長期平均成本曲線及長期邊際成本曲線各只有一條，因此廠商的長期供給曲線只有一種可能的形狀。

(2) 長期生產時程下，廠商可以選擇各種不同的因素組合生產相同的產量。在一條負斜率的等產量線上，當一種生產因素投入增加時，另一種生產因素的投入可以減少。然而短期生產時程下，存在著固定投入因素，因素間的相互替代受到限制，所以，我們在上一章得到長期總成本與平均成本分別為各個短期總成本與平均成本的包絡線。在圖 10.6 中，長、短期平均成本的相切點 d 所對應的產量 x_1 下，長期邊際成本等於短期邊際成本，故圖中 $SRMC$ 與 $LRMC$ 相交於 c 點，且短期邊際成本 $SRMC$ 較長期邊際成本 $LRMC$ 陡（為什麼？）。當 c 點在歇業點上方時，價格接受廠商的短期供給曲線較長期供給曲線陡，也因此 c 點的短期供給彈性小於長期供給彈性。

【例 10.2】

假設產品價格等於 p，工資等於 w，資本的單位使用成本等於 r。價格接受廠商的生產技術為下列寇布－道格拉斯生產函數：

$$x = f(L, K) = L^{0.25}K^{0.25}$$

(I) 試求此廠商之長期均衡產量及供給曲線。

(II) 試比較長、短期供給曲線。

【解答】

(I) 由【例 9.2】 (h) 式，並令 $\alpha = \beta = 0.25$，則廠商的長期總成本 $LRTC(x)$ 為

$$LRTC(x) = 2w^{0.5}r^{0.5}x^2 \qquad (a)$$

則長期平均成本函數 $LRAC(x)$ 及長期邊際成本函數 $LRMC(x)$ 分別為

$$LRAC(x) = \frac{SRTC(x)}{x} = 2w^{0.5}r^{0.5}x \qquad (b)$$

$$LRMC(x) = \frac{dLRTC(x)}{dx} = 4w^{0.5}r^{0.5}x \qquad (c)$$

如圖 10.7 所示，$LRAC$ 與 $LRMC$ 均為通過原點正斜率的直線，且 $LRMC$ 的斜率為 $LRAC$ 的斜率的兩倍。由長期利潤極大的一階條件 $p = LRMC(x^*)$ 及 (c) 解出

$$x^* = \frac{p}{4w^{0.5}r^{0.5}} \qquad (d)$$

由 (c) 又可得

$$LRMC'(x) = 4w^{0.5}r^{0.5} > 0$$

在任意產量 x 下，廠商長期利潤極大的二階條件必定成立。將 (d) 代入 (b) 得到（請對照圖 10.7 的 a 點）

$$LRAC(x^*) = \frac{p}{2}$$

圖 10.7

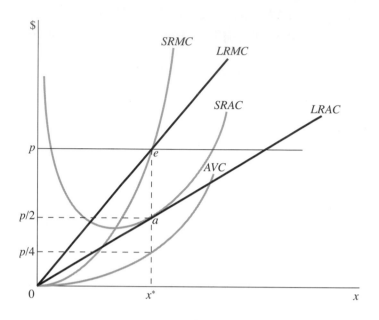

由於 $p > LRAC(x^*)$，故在任何的價格 p 下，均衡產量 x^* 下的利潤都比歇業的利潤高。所以，我們可由一階條件 $p = LRMC(x)$，得到此廠商的長期逆供給曲線 p_s^{LR}：

$$p_s^{LR} = LRMC = 4w^{0.5}r^{0.5}x$$

或廠商的長期供給曲線 x_s^{LR}：

$$x_s^{LR} = \frac{p}{4w^{0.5}r^{0.5}}$$

(II)　由【例 10.1】(a)，短期間，當資本固定為 $K = K_0$ 時，廠商的短期總成本 $SRTC$ 為

$$SRTC(x) = rK_0 + \frac{w}{K_0}x^4 \qquad\qquad (e)$$

(e) 與 (a) 相減得到

$$SRTC(x) - LRTC(x) = rK_0 + \frac{w}{K_0}x^4 - 2w^{0.5}r^{0.5}x^2$$

$$= \frac{1}{K_0}(wx^4 - 2w^{0.5}r^{0.5}K_0x^2 + rK_0^2)$$

$$= \frac{1}{K_0}(w^{0.5}x^2 - r^{0.5}K_0)^2$$

$$\geq 0$$

由上式得知，除了產量為 $x = (r/w)^{0.25}K_0^{0.5}$ 時，$SRTC(x) = LRTC(x)$ 外，在任何產量 x 下，$SRTC$ 曲線均高於 $LRTC$ 曲線。因此，兩曲線於

$$x = \left(\frac{r}{w}\right)^{0.25} K_0^{0.5} \tag{f}$$

時相切（確定你了解包絡線的概念）。如圖 10.7 所示，上面結果隱含任何產量 x 下，$SRAC$ 曲線均不低於 $LRAC$ 曲線，且兩曲線相切於 a 點。

在此要提醒讀者，每一條 $SRAC$ 曲線對應於一個 $K = K_0$，$LRAC$ 曲線為無限多條不同 K_0 下 $SRAC$ 曲線的包絡線。圖 10.7 中的 $SRAC$ 曲線所對應的 K_0 及切點 a 取決於市場價格 p。給定市場價格 p，價格接受廠商的長期均衡產量 x^* 滿足 (d)。由【例 9.2】(g)，生產 x^* 的最適資本為

$$K_0 = \left(\frac{w}{r}\right)^{0.5} x^{*2} = \frac{p^2}{16w^{0.5}r^{1.5}} \tag{g}$$

將此 K_0 代入 (f)，得到圖 10.7 中切點 a 的產量

$$x = \frac{p}{4w^{0.5}r^{0.5}}$$

此產量 x 與長期均衡產量 x^* 相同。

最後，我們比較長、短期邊際成本或長、短期供給曲線的斜率：由 (e) 得到短期邊際成本及其斜率為

$$SRMC(x) = \frac{4w}{K_0}x^3 \ , \ \ SRMC'(x) = \frac{12w}{K_0}x^2$$

由 (g) 的第一個等式，將長期均衡產量 x^* 下的最適資本 K_0 代入上式得到

$$SRMC(x^*) = 4w^{0.5}r^{0.5}x^* \ , \ \ SRMC'(x^*) = 12w^{0.5}r^{0.5}$$

由 (c) 得到 $SRMC(x^*) = LRMC(x^*)$，$SRMC$ 曲線與 $LRMC$ 曲線交於圖 10.7 中 e 點，交點對應的產量為長期均衡產量 x^*。此外，由 (c) 得知

$$LRMC'(x) = 4w^{0.5}r^{0.5}$$

於是 $SRMC'(x^*) > LRMC'(x^*)$，故在 $SRMC$ 曲線與 $LRMC$ 曲線的交點 e，$SRMC$ 曲線較 $LRMC$ 曲線的斜率大。換句話說，在長期均衡產量 x^* 下，價格接受廠商的短期供給曲線較長期供給曲線陡。

10.3　價格接受廠商的短期因素需求曲線

到目前為止，我們僅討論價格接受廠商為追求最大利潤所作的供給決策。但廠商除了在產品市場扮演供給者的角色外，由於生產過程中需要使用生產因素，同時也在因素市場扮演因素需求者的角色。接下來，我們討論價格接受廠商如何雇用生產因素以達成利潤最大的目標，從而導出廠商的因素需求函數。和消費者在產品市場購買、消費產品而得到滿足或效用不同，廠商在因素市場購買生產因素並非直接消費該生產因素以得到滿足，而是為了生產可供消費者消費的產品。所以，廠商對生產因素的需求，源自於消費者對由該生產因素所生產的產品的需求。也因為如此，我們稱這種由消費者對產品的最終需求所引導出的廠商對生產因素的需求為引申需求 (derived demand)。

除了歇業決策外，前面討論利潤最大的產量決策過程可以分為兩個層次。第一個層次為找出各個產量下成本最低的因素使用量，也就是我們已熟知之「條件」因素需求函數。將成本最低的因素使用量乘以各個因

素的價格並加總，便可以得到總成本函數 $TC(x)$。在實務上，找出成本最低的生產方法並算出各個產量下的總成本 $TC(x)$，為一個公司生產部門主管或廠長的職責，可稱為「生產決策」。在另一個層次，公司總經理依據廠長所提供的成本資料，參酌市場需求，訂出一個使得 $TR(x) - TC(x)$ 或利潤最大的產量，可稱為「銷售決策」。不過，一個組織簡單廠商的決策，可能不需要分成生產決策與銷售決策。透過生產函數 $x = f(L, K)$，我們可將利潤寫成 L 與 K 的函數，即 $\pi(L, K) = TR(f(L, K)) - TC(f(L, K))$。公司的決策者可直接訂出使利潤 $\pi(L, K)$ 達到最大的 L 與 K 的使用量；此最適 L 與 K 的使用量即是廠商對生產因素 L 與 K 的需求函數。讀者應還有記憶，廠商對生產因素 L 與 K 的「需求」和對生產因素 L 與 K 的「條件需求」並不相同。後者因不同的產量會有不同需求，所以條件因素需求是產量的函數；前者因產量已轉化成 L 與 K 的函數，因此因素需求函數不是產量的函數。另一方面，因素需求函數考慮了銷貨收入，是產品價格的函數，條件因素需求不涉及銷貨收入，故不為產品價格的函數。

在將廠商利潤函數寫成 L 與 K 的函數時，我們常將其中總收益部份 $TR(f(L, K))$ 寫成 $TRP(L, K)$，並稱之為總生產收益量 (total revenue product, TRP) 函數。另外，將其中總成本部份 $TC(f(L, K))$ 也直接寫成 $TFC(L, K)$，稱之為總因素成本 (total factor cost, TFC) 函數。當投入因素改變時，總生產收益量與總因素成本也跟著改變，於是我們可以定義勞動的邊際生產收益量 (marginal revenue product of labor, MRP_L) 為每增加一單位的勞動投入使得廠商總收益增加的數額，即

$$MRP_L(L, K) = \frac{\partial TRP(L, K)}{\partial L}$$

由於 $TRP(L, K) = TR(f(L, K))$，利用微積分的連鎖法則可得

$$MRP_L(L, K) = \frac{\partial TR(f(L, K))}{\partial L}$$

$$= \frac{dTR(f(L, K))}{df(L, K)} \frac{\partial f(L, K)}{\partial L}$$

圖 10.8

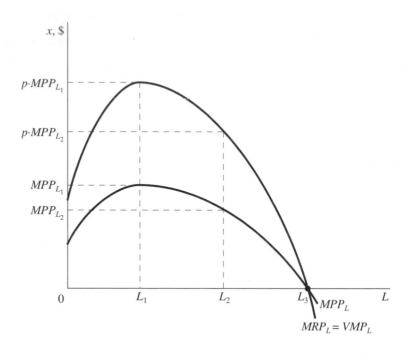

$$= \frac{dTR(x)}{dx} \frac{\partial f(L,K)}{\partial L}$$

$$= MR \cdot MPP_L$$

因此，勞動的邊際生產收益量等於邊際收益乘以勞動的邊際生產實物
量。如果廠商在產品市場為一個價格接受者，則邊際收益 MR 等於產品
的價格 p，故勞動的邊際生產收益量等於產品的價格乘以勞動的邊際生產
實物量。文獻上也常稱產品價格與 MPP_L 的乘積為勞動的邊際產值 (value
of marginal product of labor, VMP_L)。換句話說，當廠商在產品市場為價
格接受者時，

$$MRP_L = MR \cdot MPP_L = p \cdot MPP_L = VMP_L$$

圖 10.8 同時繪出勞動邊際生產實物量曲線 MPP_L 和勞動邊際生產收
益量曲線 $MRP_L = VMP_L$。在此讀者必須非常小心：當我們看 MPP_L 曲線
時，縱軸為產量；當我們看 MRP_L 曲線時，縱軸為金額 $\$$。事實上，邊

際生產收益量曲線的高度為邊際產量曲線高度的 p 倍（當 $p=1$ 時，兩者關係為何？）。圖 10.8 中，邊際產量曲線的最高點對應於 L_1 的勞動使用量，故邊際生產收益量曲線的最高點也對應於 L_1；此時邊際生產實物量等於 MPP_{L_1}，邊際生產收益量等於 $p \cdot MPP_{L_1}$。另外，當勞動使用量為 L_3 時，$MPP_L = 0$，故 $MRP_L = 0$，所以 MPP_L 曲線與 MRP_L 曲線相交於橫軸上。

我們可以同樣的方式，定義資本的邊際生產收益量 (marginal revenue product of capital, MRP_K) 為每增加一單位資本投入使得廠商總收益增加的數額，即

$$MRP_K(L, K) = \frac{\partial TRP(L,K)}{\partial K}$$

$$= \frac{dTR(x)}{dx} \frac{\partial f(L,K)}{\partial K}$$

$$= MR \cdot MPP_K$$

當廠商在產品市場為一價格接受者時，資本的邊際生產收益量又等於資本的邊際產值 (value of marginal product of captial, VMP_K)：

$$MRP_K = MR \cdot MPP_K = p \cdot MPP_K = VMP_K$$

接下來討論因素投入改變時，總因素成本的變化。我們定義勞動的邊際因素成本 (marginal factor cost of labor, MFC_L) 為，每增加一單位勞動投入使得廠商總成本增加的數額，即

$$MFC_L(L, K) = \frac{\partial TFC(L,K)}{\partial L}$$

其中廠商的總因素成本為：

$$TFC(L, K) = wL + rK$$

如果廠商在因素市場中也是價格接受者，則工資 w 與資本單位使用成本 r 都是固定值，因而勞動的邊際因素成本等於

$$MFC_L(L, K) = w$$

同理，資本的邊際因素成本 (marginal factor cost of capital, MFC_K) 等於

$$MFC_K(L, K) = \frac{\partial TFC(L,K)}{\partial K} = r$$

由於廠商總利潤等於總生產收益量減總因素成本，即

$$\pi(L, K) = TRP(L, K) - TFC(L, K)$$

因此，利潤最大的最適勞動投入量與最適資本投入量必須滿足一階條件：

$$\frac{\partial \pi(L,K)}{\partial L} = \frac{\partial TRP(L,K)}{\partial L} - \frac{\partial TFC(L,K)}{\partial L} = 0$$

$$\frac{\partial \pi(L,K)}{\partial K} = \frac{\partial TRP(L,K)}{\partial K} - \frac{\partial TFC(L,K)}{\partial K} = 0$$

或

$$MRP_L(L, K) = MFC_L(L, K) \tag{10.6}$$

$$MRP_K(L, K) = MFC_K(L, K) \tag{10.7}$$

當廠商在產品及勞動市場均為價格接受者時，由 (10.6) 式得知最適勞動投入量滿足：

$$p \cdot MPP_L = w \tag{10.8}$$

或

$$MPP_L = \frac{w}{p} \tag{10.9}$$

(10.9) 表示最適勞動使用量的條件 (10.6) 或 (10.8) 也可以寫成勞動的邊際生產實物量等於實質工資。同樣的，當廠商在產品市場及資本市場均為價格接受者時，由 (10.7) 式，廠商的最適資本使用量滿足：

$$p \cdot MPP_K = r \tag{10.10}$$

或

$$MPP_K = \frac{r}{p} \tag{10.11}$$

當廠商的生產時程為短期時，資本使用量固定，最適因素投入的一階條件只有對應於勞動的 (10.8) 式。因產品價格固定，且 MPP_L 為勞動投入量的函數，故當工資等於某一個特定的 w 值時，我們可以找到一滿足 (10.8) 式的勞動投入量。此勞動投入量「可能就是」特定工資 w 下，使廠商短期利潤最大的最適勞動投入量，也就是廠商的短期勞動需求量。我們特別強調「可能就是」特定工資下的勞動需求量，因為並不是所有滿足 (10.8) 的勞動量均可使廠商利潤達到最大。在圖 10.9(a) 中，MRP_L 為短期資本固定時廠商的勞動邊際生產收益量曲線。當工資等於 w_1 時，圖中高度等於 w_1 的水平線與 MRP_L 曲線有兩個交點 b 與 c，在此兩個交點下的勞動使用量 L_3 與 L_1 均符合 $MRP_L = w_1$ 的條件。然而，在勞動使用量 L_3 右邊，$MRP_L > w_1$，故增加些微勞動投入的邊際生產收益量扣除邊際因素成本為正，廠商的利潤會增加。相反的，當勞動使用量小於 L_3 時，$MRP_L < w_1$，減少勞動投入也會使廠商的利潤增加。所以，L_3 非但不是利潤最大的勞動使用量，反而是利潤最小的勞動使用量。現在以同樣的方法檢視勞動使用量 L_1 的情形：在勞動使用量 L_1 的附近，當勞動使用量大於 L_1 時，$MRP_L < w_1$，增加勞動投入會使廠商的利潤減少。相反的，當勞動使用量小於 L_1 時，$MRP_L > w_1$，減少勞動投入也會使廠商的利潤減少。所以，當工資等於 w_1 時，L_1 的確是廠商利潤最大的勞動使用量。由此可知，$MRP_L = w$ 只是廠商利潤最大的最適勞動使用量的必要條件而已。

圖 10.9(b) 中描繪出工資等於 w_1 的短期利潤曲線

$$\pi(L; w_1, K) = TRP(L, K) - TFC(L, K) = pf(L, K) - rK - w_1 L \tag{10.12}$$

假設 $f(0, K) = 0$，當 $L = 0$ 時廠商沒有產出，所以沒有收入，也沒有工資支出，然而短期下廠商仍需支付固定成本 rK。於是，$L = 0$ 時廠商的短期利潤等於 $\pi(0; w_1, K) = -rK$。當 $L < L_3$ 時，$MRP_L < w_1$，利潤隨勞動使用增加而持續下降，在 $L = L_3$ 時，利潤達到最低點。當 L 介於 L_3 與 L_1 之間時，$MRP_L > w_1$，利潤隨勞動使用增加而遞增，在 $L = L_1$ 時，利潤達到最高點。當 $L > L_3$ 時，又回到 $MRP_L < w_1$，利潤又隨勞動使用增加

圖 10.9

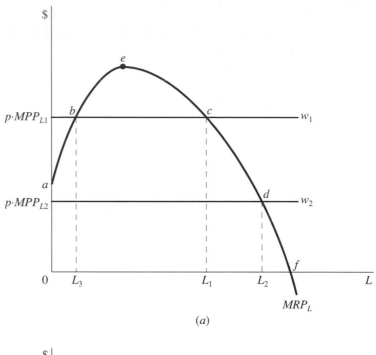

(a)

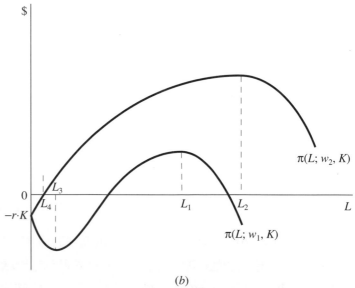

(b)

而持續下降。圖 10.9(*b*) 中的利潤曲線 $\pi(L; w_1, K)$ 清楚顯示，只有 L_1 是利潤最大的勞動使用量，L_3 卻是利潤最小的勞動使用量。圖 10.9(*a*) 也顯示，這兩者的差別在於其對應的 MRP_L 的斜率；在 *b* 點 MRP_L 的斜率為正，而 *c* 點 MRP_L 的斜率則為負。只有 MRP_L 為負斜率才能保證符合一階條件 $MRP_L = w$ 的勞動使用量為廠商利潤最大的最適勞動使用量。因此，負斜率的 MRP_L 乃是廠商最適勞動使用量的二階條件。為什麼呢？我們知道，利潤最大的二階條件就是 (10.12) 對 L 的二階導數小於零，即

$$\frac{d^2\pi(L;w_1)}{dL^2} = \frac{\partial^2 TRP(L,K)}{\partial L^2} - \frac{\partial^2 TFC(L,K)}{\partial L^2}$$

$$= \frac{\partial MRP_L(L,K)}{\partial L} - \frac{\partial w}{\partial L}$$

$$= \frac{\partial MRP_L(L,K)}{\partial L} < 0$$

而當廠商為價格接受者時，MRP_L 等於固定的產品價格 p 與勞動邊際產量 MPP_L 的乘積，於是邊際報酬遞減成為廠商最適勞動使用量的二階條件：

$$\frac{d^2\pi(L;w_1)}{dL^2} = p\frac{\partial MPP_L(L,K)}{\partial L} < 0$$

接下來我們討論工資下跌對廠商勞動需求量的影響。假設工資由 w_1 下降到 w_2。如圖 10.9(*a*) 所示，我們假定水平線 w_2 與 MRP_L 曲線僅有一個交點 *d*，而且 MRP_L 曲線在 *d* 點的斜率為負。對應於 *d* 點的勞動使用量 L_2 為當工資等於 w_2 時廠商的最適勞動使用量。比照前面當工資等於 w_1 的討論方式，我們可以得到如圖 10.9(*b*) 中對應於工資等於 w_2 的利潤曲線 $\pi(L; w_2, K)$。利潤曲線 $\pi(L; w_2, K)$ 有以下幾個性質：首先，當 $L = 0$ 時廠商並無收入但必須付出固定成本，所以短期利潤等於 $-rK$。於是，$\pi(L; w_1, K)$ 與 $\pi(L; w_2, K)$ 在縱軸相交。其次，在同一個因素使用量下的產量相同，加上產品價格固定，總收益也會相同。但因 $w_1 > w_2$，故兩種工資下的總成本有下列關係：

圖 10.10

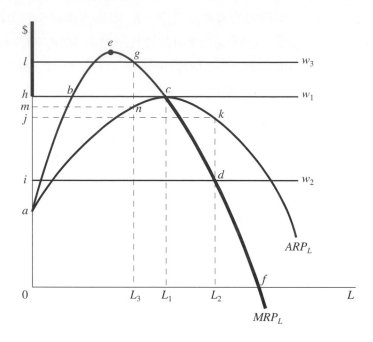

$$rK + w_1L > rK + w_2L$$

所以，

$$\pi(L; w_1, K) < \pi(L; w_2, K)$$

如圖 10.9(b) 所示，除了 $L = 0$ 外，整條 $\pi(L; w_2, K)$ 曲線高於 $\pi(L; w_1, K)$ 曲線。

　　現在來討論 $\pi(L; w_2, K)$ 的形狀。水平線 w_2 與 MRP_L 曲線僅有一個交點，在交點 d 之前，$L < L_2$ 且 $MRP_L > w_2$，利潤曲線 $\pi(L; w_2, K)$ 由 $L = 0$ 的 $-rK$ 隨著 L 的增加而遞增。當 $L = L_2$ 時 $MRP_L = w_2$，$\pi(L; w_2, K)$ 達到最高點。當 $L > L_2$ 時 $MRP_L < w_2$，$\pi(L; w_2, K)$ 隨著 L 的增加而遞減。最後，由圖 10.9(a) 可以清楚看到，$\pi(L; w_2, K)$ 的極大值位於 $\pi(L; w_1, K)$ 的極大值右方，即 $L_2 > L_1$。因此，工資下降時，廠商的最適勞動使用量增加。如果我們將圖 10.9(a) 中的縱軸讀成工資，則符合一階條件和二階條件的點都落在 MRP_L 曲線遞減部份 $ecdf$。換句話說，曲線 $ecdf$ 描述了工資與

廠商最適勞動使用量間的關係。乍看之下，MRP_L 遞減部份 $ecdf$ 似乎就是價格接受廠商的短期勞動需求曲線。但是否真的如此呢？可惜，答案是否定的。

何以 MRP_L 的遞減部份不是價格接受廠商的勞動需求曲線呢？關鍵在於我們前面的討論僅限於廠商的生產決策，而沒考慮歇業決策問題。為了討論歇業決策問題，我們在圖 10.10 中除了 MRP_L 曲線外，增加一條勞動的平均生產收益量 (average revenue product of labor, ARP_L) 曲線，在此勞動的平均生產收益量為

$$ARP_L(L, K) = \frac{TRP(L,K)}{L}$$

圖中 ARP_L 和 MRP_L 的關係可利用一般平均量與邊際量的關係得到，在此不再重複。

由 10.1 節的討論得知，當廠商的短期總收入不足以支付總變動成本時，廠商就會選擇歇業；反之，當總收入不低於總變動成本時，則根據最適條件進行生產。現在來看工資等於 w_2 的情形。我們已經知道，在這種情況下，廠商最適勞動僱用量為 L_2。僱用 L_2 的總變動成本（更精確的名稱為總變動因素成本）$w_2 L_2$ 為圖 10.10 中長方形 $0idL_2$，而總收入（更精確的名稱為總生產收益量）$L_2 \cdot ARP_L$ 為長方形 $0jkL_2$ 的面積。很顯然地，此時廠商的總收入超過總變動成本，因此廠商將僱用最適勞動量 L_2 進行生產。如果工資上升到 w_3，則根據利潤極大化的一階和二階條件，廠商最適勞動僱用量為 L_3。如果廠商真的僱用 L_3 從事生產，則其總變動成本 $w_3 L_3$ 為圖中長方形 $0lgL_3$ 的面積，但總收入 $L_3 \cdot ARP_L$ 則是長方形 $0mnL_3$ 的面積。由圖 10.10 得知 $L_3 \cdot ARP_L < w_3 L_3$，廠商的總收入不足以支付僱用勞動的總變動成本，因此廠商會選擇歇業。依據同樣方法，讀者可輕易得知，當工資等於 w_1，即等於 ARP_L 的最大值時，最適勞動僱用量為 L_1，且此時總收入剛好等於總變動成本，廠商在短期內可繼續生產，也可歇業，兩者並無差別。事實上，讀者可進一步證明，當工資高過 w_1，廠商會歇業，當工資小於或等於 w_1，廠商會沿 MRP_L 曲線僱用勞動量。換句話說，對應於 w_1 的 ARP_L 的最高點 c 就是歇業點，而 MRP_L 曲線在 c 點及其右下方部份才是價格接受廠商的勞動需求曲線。更完整

地說，價格接受廠商的短期勞動需求曲線包括兩部份：當工資大於勞動平均生產收益量時，勞動需求量為零，勞動需求曲線與縱軸重合；當工資小於或等於勞動平均生產收益量時，勞動需求曲線為負斜率的 MRP_L 曲線，也就是圖 10.10 中的曲線 cdf。

敏感的讀者應已注意到，上面有關價格接受廠商短期勞動需求的討論過程與結果和 10.1 節短期產品供給的討論過程與結果相當類似，只是方向相反而已。事實也正是如此。如果讀者沒有忘記，廠商的短期邊際成本和勞動的邊際生產實物量有著倒數的關係（即 $SRMC = w / MPP_L$），同時平均變動成本和勞動的平均生產實物量也有倒數的關係（即 $AVC = w / APP_L$），那麼就不難理解，圖 10.10 的歇業點 c 正對應於圖 10.2 的歇業點 c，而圖 10.10 的勞動需求曲線 cdf 則對應於圖 10.2 的短期供給曲線 $ceSRMC$。

【例 10.3】

假設產品價格等於 p，工資等於 w，資本的單位使用成本等於 r。價格接受廠商的生產技術為下列寇布－道格拉斯生產函數：

$$x = f(L, K) = L^{0.25}K^{0.25}$$

假設短期下資本 $K = 16$。試求價格接受廠商之短期勞動需求曲線。

【解答】

由於 $x = f(L, K) = L^{0.25}K^{0.25}$，於是價格接受廠商之總生產收益量為

$$TRP(L, K) = pf(L, K) = pL^{0.25}K^{0.25}$$

則勞動的邊際生產收益量為

$$MRP_L(L, K) = \frac{\partial TRP(L,K)}{\partial L} = 0.25pL^{-0.75}K^{0.25} \qquad (a)$$

當 $K = 16$ 時，

$$MRP_L(L, 16) = 0.5pL^{-0.75} \qquad (b)$$

由利潤極大的一階條件 $MRP_L = w$ 得到

$$0.5pL^{-0.75} = w \qquad (c)$$

圖 10.11

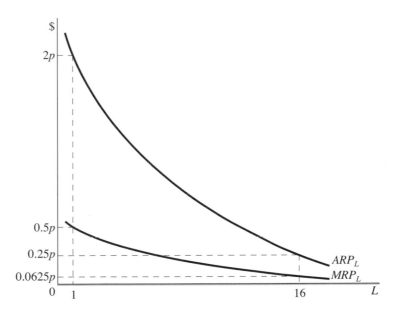

由 (a)，在 K 固定及任意 $L > 0$ 下

$$\frac{\partial MRP_L(L,K)}{\partial L} = -0.1875pL^{-1.75}K^{0.25} < 0$$

因此，MRP_L 曲線的斜率為負，亦即無論均衡的勞動僱用量為何，利潤極大的二階條件必定滿足。同時，因

$$ARP_L(L, K) = \frac{TRP(L,K)}{L}$$

$$= pL^{-0.75}K^{0.25}$$

$$> 0.25pL^{-0.75}K^{0.25} = MRP_L(L, K)$$

故 ARP_L 曲線全域高於 MRP_L 曲線。事實上，ARP_L 曲線的高度正好為 MRP_L 曲線的四倍，其圖形如圖 10.11 所示（請讀者自行驗證，圖 10.11 中對應於 $L = 1$ 及 $L = 16$ 的 ARP_L 及 MRP_L 的值）。因此，本例並無歇業點；任何符合 (c) 的勞動僱用量的總收入必定大於總變動成本，即廠商的

勞動（逆）需求函數為整條 MRP_L 曲線。由 (c) 解出均衡的勞動僱用量即得勞動的需求函數：

$$L = \left(\frac{p}{2w}\right)^{4/3}$$

最後，由【例 10.1】(d)，代入 $K_0 = 16$ 並利用本例 (b)，我們得到

$$SRMC(x) = \frac{4w}{K_0}x^3 = \frac{4w}{K_0}L^{0.75}K_0^{0.75} = 2wL^{0.75}$$

$$= \frac{w \cdot p}{0.5\,pL^{-0.75}} = \frac{w \cdot p}{MRP_L} = \frac{w}{MPP_L}$$

上式驗證了 $SRMC$ 曲線與 MRP_L（或 MPP_L）曲線有倒數的關係。同理，AVC 曲線與 ARP_L（或 APP_L）曲線也有倒數的關係：

$$AVC(x) = \frac{w \cdot p}{ARP_L} = \frac{w}{APP_L}$$

此倒數的關係也明確地顯示於【例 10.1】的圖 10.3 中「遞增且高於 AVC 曲線的 $SRMC$ 曲線」正對應於本例的圖 10.11 中「遞減且低於 ARP_L 曲線的 MRP_L 曲線」。請讀者小心，此倒數的關係並不能適用於函數的凹性與凸性，【例 10.1】的圖 10.3 中的 AVC 曲線與 $SRMC$ 曲線均具凸性（請讀者自行驗證），我們不能以此推論圖 10.11 中的 ARP_L 曲線與 MRP_L 曲線具凹性。實際上，此例中的 ARP_L 曲線與 MRP_L 曲線也都具凸性（請讀者自行驗證）。

10.4　價格接受廠商的長期因素需求曲線

在短期，資本投入量固定，僅有勞動為可以變動的生產因素。當工資改變時，固定資本使用成本與勞動成本加總所得之短期總成本曲線跟著上下移動。同時，由 $SRMC = w / MPP_L$ 與 $AVC = w / APP_L$ 的關係，我們知道短期邊際成本與短期平均變動成本曲線也會跟著上下移動。例如，當

圖 10.12

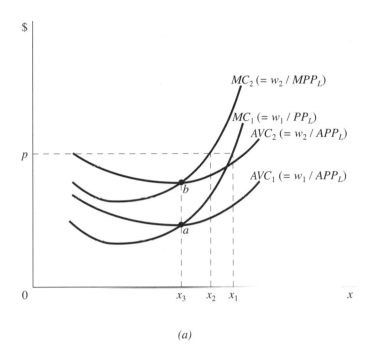

(a)

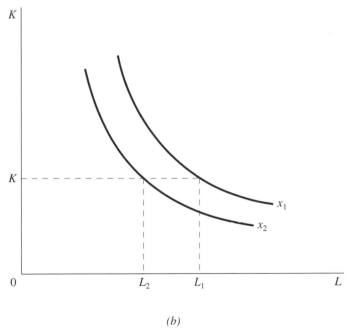

(b)

工資由 w_1 上升至 w_2 時，如圖 10.12(a) 所示，短期邊際成本 MC_1 和短期平均變動成本 AVC_1 上升至 MC_2 和 AVC_2。由於短期邊際成本曲線與短期平均變動成本曲線上升的幅度相同（為什麼？），MC_1 與 AVC_1 的交點 a 和 MC_2 與 AVC_2 的交點 b 所對應的產量相同，都是 x_3。如圖 10.12(a) 所示，若產品的價格固定於 p，當工資由 w_1 上升至 w_2 時，則廠商利潤最大的產量由 x_1 下降到 x_2。由圖 10.12(b) 可看出，在短期資本固定於 K 時，對應於工資 w_1 與 w_2 的勞動需求量分別等於 L_1 與 L_2。綜合以上的分析，我們得知短期勞動需求量隨工資的上升而減少之原因，係由於工資上升使得短期邊際成本曲線上升，造成利潤最大的產量減少，進而使得勞動使用量減少。由於勞動需求量的減少係由「產量減少」所引申出來的，所以我們稱此因素需求量改變的效果為短期因素價格改變的產量效果 (output effect)。

在長期生產時程下，包括勞動與資本等所有生產因素均為變動因素。當勞動價格改變導致廠商的成本（包括邊際成本）改變時，在給定的產品價格 p 下，長期利潤最大產量改變，於是也改變最適的勞動投入量。此一效果與短期工資改變的產量效果性質一樣，我們稱之為長期因素價格改變的產量效果。除了有類似短期的產量效果外，當工資上升時，資本相對於勞動變得便宜，因長期所有因素均為變動的，在原來的產量下，廠商會用相對便宜的資本來取代勞動，此一效果稱之為因素替代效果 (factor substitution effect)。

假設價格接受廠商在產品價格等於 p，資本單位成本等於 r，工資等於 w_1 時，最適產量等於 x_1，如圖 10.13(a) 所示，此時均衡的因素投入組合為等產量曲線 x_1 與斜率等於 w_1 / r 的等成本線的切點 e_1，勞動與資本的投入量分別為 L_1 與 K_1。當工資由 w_1 上升至 w_2 時，勞動相對於資本變貴了，廠商會用相對便宜的資本來取代勞動。當產量固定於 x_1 時，在新的因素價格比 w_2 / r 下，均衡點為 e_2，勞動與資本的投入量分別為 L_2 與 K_2。如圖 10.13(a) 所示，均衡因素投入組合由 e_1 移至 e_2 即代表工資由 w_1 上升至 w_2 的因素替代效果。當我們考慮各種不同工資下的因素替代效果，即可導出圖 10.13(b) 的「條件勞動需求曲線」L^d。由於等產量曲線 x_1 的斜率為負，L^d 曲線必定為負斜率。純粹考慮因素替代效果，工資上漲則勞動的需求量減少，資本的需求量增加，故因素替代效果為

圖 10.13

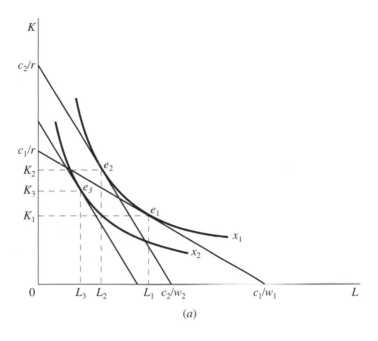

(a)

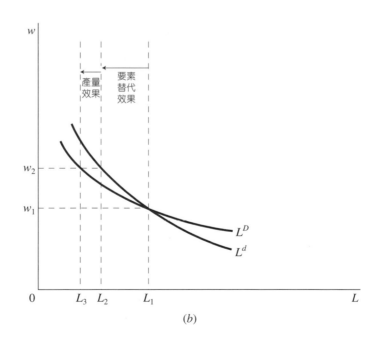

(b)

圖 10.14

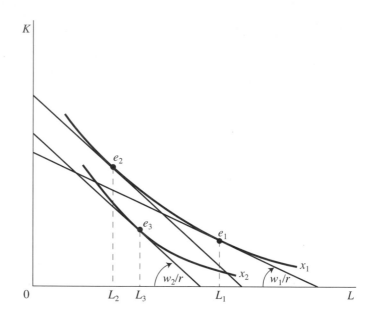

負向。

　　由於工資上漲也會改變成本結構，如果工資上漲造成邊際成本增加（邊際成本曲線上移），在原有的產品價格 p 下，長期利潤最大產量減少成為 x_2 時，在圖 10.13(a) 中，面對新的因素價格比 w_2 / r，均衡點為 e_3，均衡勞動與資本僱用量分別為 L_3 與 K_3。均衡點由 e_2 到 e_3 係同在一個因素價格比 w_2 / r 下，產量由 x_1 減少成 x_2 所造成的改變，此即工資由 w_1 上升至 w_2 的產量效果。在此我們要提醒讀者，長、短期的產量效果因生產時程不同而有所差異。短期產量效果因資本固定，產量的改變完全經由勞動僱用量改變而達成；長期產量效果則經由最適勞動與資本組合改變達成。當我們將工資變動的因素替代效果與產量效果加在一起，並考慮各種不同工資下的均衡勞動僱用量，則可得到圖 10.13(b) 所示的勞動的需求曲線 L^D。在圖 10.13 中由於工資上升的因素替代效果與產量效果的方向相同，所以勞動需求曲線 L^D 不但是負斜率而且較條件勞動需求曲線 L^d 平坦。然而產量效果的方向並不一定如圖 10.13(a) 所示，勞動的僱用量隨產量減少而減少。產量效果也可能類似消費者理論中「劣等財」的

情形，勞動的僱用量隨產量減少而增加。圖 10.14 顯示，當工資由 w_1 上升至 w_2 時，產量效果由 e_2 向右下方移到 e_3，使勞動成為「劣等」投入因素。在勞動為劣等投入因素的情形下，如果產量效果小於因素替代效果，則勞動需求曲線為負斜率。我們等一下再回來討論，勞動需求曲線是否有可能成為正斜率。

在本節一開始討論工資改變的短期產量效果時，由於短期平均與邊際成本均會隨著工資的上升而上移，因此最適產量下降，從而造成勞動需求量下降。然而在討論工資改變的長期產量效果時，當工資上升，長期最適產量是否如前面所提的由 x_1 減少成 x_2，端視長期的邊際成本曲線是否會隨著工資上升而上移而定。在上一章有關成本函數討論中，我們得知廠商長期總成本為因素價格的遞增函數，因此廠商的長期平均成本也是因素價格的遞增函數。然而廠商的長期邊際成本是否也是因素價格的遞增函數呢？答案是「我們不能確定」。也就是說，當工資上升時，長期平均成本曲線會上移，但邊際成本曲線可能上移，可能下移，甚至完全不受影響。

當工資由 w_1 上升至 w_2 時，如果長期平均成本曲線如圖 10.15(a) 所示由 AC_1 上移至 AC_2，長期邊際成本曲線由 MC_1 上移至 MC_2，則在產品價格固定於 p 時，廠商的均衡產量將由 x_1 減少到 x_2。當均衡產量減少時，等產量曲線向內移。接著我們根據新的因素價格比 w_2/r，用上一段的邏輯分析產量由 x_1 減少到 x_2 對均衡勞動僱用的產量效果。反過來，若工資由 w_1 上升至 w_2 導致長期平均成本曲線如圖 10.15(b) 所示，由 AC_1 上移至 AC_2，而長期邊際成本曲線由 MC_1 下移至 MC_2，則在同樣產品價格下均衡產量將由 x_1 增加到 x_2。接著，我們可根據相同的邏輯來分析產量由 x_1 增加到 x_2 對均衡勞動僱用的產量效果。討論至此，讀者可能已經被前面複雜的分析給迷惑了，究竟長期下工資改變的產量效果方向為何。讓我們為讀者整理一下思緒，在長期下工資上升時：

(1)　如果 MC 上移，在固定產品價格下，均衡產量會減少。如果勞動為正常投入因素，則勞動的需求量將減少。

(2)　如果 MC 上移，在固定產品價格下，均衡產量會減少。如果勞動為劣等投入因素，則勞動的需求量將增加。

(3)　如果 MC 下移，在固定產品價格下，均衡產量會增加。如果勞動為

圖 10.15

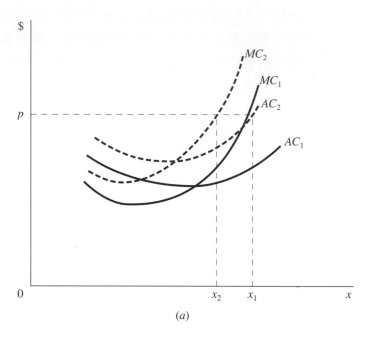

(a)

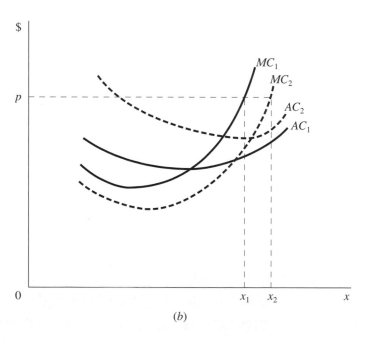

(b)

正常投入因素，則勞動的需求量將增加。

(4)　如果 MC 下移，在固定產品價格下，均衡產量會增加。如果勞動為
　　劣等投入因素，則勞動的需求量將減少。

總之，雖然長期下工資上升的因素替代效果必定使勞動的需求量減少，
但因產量效果可能增加也可能減少勞動需求量，故工資上升的總效果可
能增加也可能減少勞動的需求量。所以，上面的分析不足以推論出我們
直覺上所認定的負斜率的長期勞動需求曲線。現在我們嘗試其他方式，
來證明長期勞動需求曲線（更廣義些，長期因素需求曲線）為負斜率。

　　假設當產品價格等於 p，工資等於 w_1，資本單位成本等於 r 時，廠
商利潤最大的產量等於 x_1，而對應於 x_1 及現有因素價格 w_1 及 r 下最適
勞動與資本投入量分別為 L_1 與 K_1。假設當工資由 w_1 變為（上升或下降
均可以）w_2，但產品價格與資本使用成本維持原先的 p 與 r 時，廠商利
潤最大的產量成為 x_2，且對應於 x_2 及因素價格 w_2 及 r 下的最適勞動與
資本投入量分別為 L_2 與 K_2。根據前面這些假定，在產品及因素價格組
合 (p, w_1, r) 下，最適產量及因素投入組合 (x_1, L_1, K_1) 所賺取的利潤必不
小於另一個產量及因素投入組合 (x_2, L_2, K_2) 所賺取的利潤，即

$$px_1 - w_1L_1 - rK_1 \geq px_2 - w_1L_2 - rK_2 \tag{10.13}$$

同理，在產品及因素價格組合 (p, w_2, r) 下，廠商最適產量及因素投入組
合 (x_2, L_2, K_2) 所賺取的利潤必不小於另一產量及因素投入組合 (x_1, L_1, K_1)
所賺取的利潤，即

$$px_2 - w_2L_2 - rK_2 \geq px_1 - w_2L_1 - rK_1 \tag{10.14}$$

將 (10.13) 較大值的左式減去 (10.14) 較小值的右式後的值將大於 (10.13)
較小值的右式減去 (10.14) 較大值的左式後的值，經簡化後得到：

$$-(w_1 - w_2)L_1 \geq -(w_1 - w_2)L_2$$

上式可再改寫成

$$(w_2 - w_1)(L_2 - L_1) \leq 0$$

或

$$\Delta w \Delta L \leq 0 \qquad\qquad (10.15)$$

(10.15) 式說明了工資變化的方向與勞動需求量變化的方向相反。換句話說，長期勞動需求曲線不可能是正斜率；在長期下工資改變時，即使產量效果可能會抵消因素替代效果，但其力道還是小於因素替代效果。

【例 10.4】

假設產品價格等於 p，工資等於 w，資本的單位使用成本等於 r。價格接受廠商的生產技術為下列寇布－道格拉斯生產函數：

$$x = f(L, K) = L^{0.25}K^{0.25}$$

(I)　試求價格接受廠商之長期勞動與資本的需求曲線。

(II)　在長期均衡產量下，比較勞動需求函數與條件勞動需求函數的斜率。

【解答】

(I)　由題意價格接受廠商之總利潤函數為

$$\pi(L, K) = pL^{0.25}K^{0.25} - wL - rk$$

利潤極大的一階條件為

$$\frac{\partial \pi(L,K)}{\partial L} = 0.25pL^{-0.75}K^{0.25} - w = 0 \qquad\qquad (a)$$

$$\frac{\partial \pi(L,K)}{\partial K} = 0.25pL^{0.25}K^{-0.75} - r = 0 \qquad\qquad (b)$$

(a)、(b) 兩個一階條件分別為 $MRP_L = w$，$MRP_K = r$。至於二階條件，請讀者參閱第二章自行驗證。由 (a)、(b) 二式得到

$$\frac{MRP_L}{MRP_K} = \frac{K}{L} = \frac{w}{r}$$

或

$$K = \frac{w}{r}L \qquad\qquad (c)$$

將 (c) 代入 (b)，化簡後解出 L，即得長期勞動需求函數

$$L^D(w, r, p) = \frac{0.0625\,p^2}{w^{1.5}r^{0.5}} \tag{d}$$

將 (d) 代入 (c)，得到長期資本需求函數

$$K^D(w, r, p) = \frac{0.0625\,p^2}{w^{0.5}r^{1.5}} \tag{e}$$

將 L^D 與 K^D 帶入生產函數，得到價格接受廠商的最適產量

$$x^* = (L^D K^D)^{0.25} = \left(\frac{0.0625^2\,p^4}{w^2 r^2}\right)^{0.25} = \frac{0.25\,p}{w^{0.5}r^{0.5}} = \frac{p}{4w^{0.5}r^{0.5}} \tag{f}$$

此即【例 10.2】的 (d) 式。

(II) 接著討論此生產函數的條件需求函數。廠商成本極小的一階條件為 $MRTS_{LK} = w / r$。由於 $MRTS_{LK} = MPP_L / MPP_K = MRP_L / MRP_K$，上面的 (c) 即一階條件，將其代入生產函數得到

$$x = f(L, K) = L^{0.25}\left(\frac{w}{r}L\right)^{0.25} = \left(\frac{w}{r}\right)^{0.25}L^{0.5}$$

由上式解出 L，即勞動的條件需求函數

$$L^d(w, r, x) = \left(\frac{r}{w}\right)^{0.5}x^2 \tag{g}$$

將 $x = x^*$ 代入上式，得到對應於產量 x^* 的條件勞動需求函數

$$L^d(w, r, x^*) = \frac{0.0625\,p^2}{w^{1.5}r^{0.5}}$$

此即 (d) 之長期勞動需求函數 L^D，其斜率等於

$$\frac{\partial L^D(w,r,p)}{\partial w} = -\frac{0.09375\,p^2}{w^{2.5}r^{0.5}} \tag{h}$$

由 (g)，對 w 微分，即得 L^d 的斜率，再將 $x = x^*$ 代入得到

$$\frac{\partial L^d(w,r,x^*)}{\partial w} = -\frac{0.03125 p^2}{w^{2.5} r^{0.5}} \qquad (i)$$

比較 (h) 和 (i) 兩式，

$$\frac{\partial L^D(w,r,p)}{\partial w} > \frac{\partial L^d(w,r,x^*)}{\partial w}$$

所以，在如圖 10.13(b) 縱軸為工資，橫軸為勞動量的座標中，勞動逆需求曲線較對應於產量 x^* 的條件逆勞動需求函數平坦。

11 完全競爭市場均衡

在市場經濟制度下，各個產品的市場係由構成需求的消費者與構成供給的廠商給所組成。我們定義一個產品市場的均衡為，在某個價格下該產品市場中買賣雙方的需求量與供給量相等的狀態。在消費者理論的討論中，我們透過消費者追求效用最大的最適消費選擇，得到個別消費者需求曲線，再將市場中所有的消費者需求曲線加總，得到市場需求曲線。接著，我們在第八章及第九章介紹了廠商的生產函數及成本函數，並在上一章討論了價格接受廠商的生產決策，由而得到個別廠商的長、短期供給曲線。然而，由於市場中扮演賣方（或供給者）的廠商所組成的產業有許多可能的組織形態，因此產品市場有各種不同的**市場結構** (market structure)。第十章中的價格接受廠商，僅是各種不同市場結構下的一類廠商。在完全競爭、獨佔、寡佔與獨佔性競爭等不同的市場結構下，個別廠商的「行為」(conduct) 也有所不同。廠商的行為包括價格、產量的決定，各種媒體中進行廣告的非價格競爭，以及從事研究發展以改善生產技術、降低生產成本、或開發新產品等。但在本書中，我們僅討論各種不同的市場結構下，廠商訂定價格或產量的行為及市場均衡。

本章先介紹產品市場中廠商數目很多的完全競爭市場均衡。同時，我們將討論的對象侷限於單一產品市場，因此分析方法為忽略本產品與其他相關產品市場關係的部份均衡分析。另外，我們將根據生產時程的長短，來討論完全競爭廠商的產出決策，完全競爭市場的短期與長期均衡。由於個別的完全競爭廠商為價格接受者，我們將利用上一章中所得到的價格接受廠商均衡分析結果，進一步探討包含消費者以及許多廠商的整個市場的均衡。

在下一章中，我們將從部份均衡分析的角度來看完全競爭市場均衡的經濟效率，我們發現競爭市場均衡下的產量是有效率的，是一個「績效」(performance) 最好、被拿來作為標竿的市場結構。這也是為何在世

界上幾乎沒有一個市場符合完全競爭市場定義的事實下，經濟學家依舊如此重視完全競爭市場分析的主要原因。許多政府的福利政策所欲達到的終極目標即完全競爭市場的均衡結果。同時，在不完全競爭市場下，廠商行為造成其他廠商或消費者福利受損時，政府得以完全競爭市場的經濟效率為目標，訂定反托拉斯法 (antitrust law) 或公平交易法來「規範」(regulate) 廠商的行為，甚至變更市場結構以改善社會福利。

11.1　完全競爭市場的定義

一個市場由構成需求的消費者及構成供給的廠商所組成，當其符合下列四個條件時，我們稱該市場係在完全競爭 (perfect competition) 下運作，或稱此市場為一個完全競爭市場 (perfectly competititive market)。一個完全競爭市場中所有完全競爭廠商 (perfectly competititive firm) 的集合則稱為完全競爭產業 (pefectly competitive industry)。

(1) 市場有許許多多產量小的廠商與購買量小的消費者，每個廠商的產量與消費者的購買量佔整個市場的比例小到他們的任何決策都不會影響市場價格。

(2) 市場中每一家廠商所提供的產品都是「同質的」(homogeneous)。由於產品具同質性，消費者只在乎產品的售價，選擇最便宜的廠商購買，只要產品的售價相同，消費者不在乎跟哪家廠商買。

(3) 市場中有關消費者與產品品質和價格的訊息都是完整而公開的。消費者知道每家廠商所提供產品的品質與價格，知道何處去購買最便宜的商品。

(4) 廠商得自由進入或退出市場。現有廠商不能阻止潛在廠商進入市場，潛在廠商進入市場的門檻極低，進入市場的成本等於零。當廠商無利可圖或有損失想離開市場時，沒有任何阻止廠商退出市場的障礙。

在完全競爭市場均衡分析中，生產的時程十分重要，不同時程會有不同性質的市場均衡產生。一般而言，生產時程可以分成三種：極短期、短期及長期。在極短期下，所有的生產因素使用量均無法改變，因此廠商的生產、銷售量也是固定的。在短期下，現有廠商的資本投入固定，如果市場的銷售情形不佳，它將被「困在」市場中，此時廠商只能選

圖 11.1

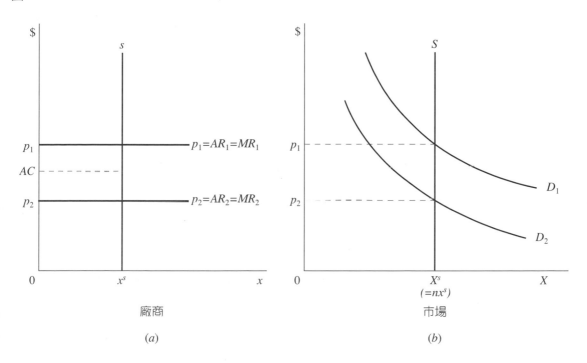

(a) 廠商

(b) 市場

擇歇業 (shut down)，暫停生產，但不能退出市場。另外，在短期下，因潛在廠商還來不及投資設廠，所以完全競爭產業內的廠商數目固定。然而在長期，不但所有生產因素均為變動的，而且廠商可以自由進出市場，產業內的廠商數目也會因市場中消費者需求的多寡而變化，因此市場均衡也與短期截然不同。在接下來各節中，我們將逐一地介紹不同生產時程下的完全競爭市場均衡。

11.2　完全競爭市場極短期均衡

廠商在極短期下無法改變任何因素投入量，勞動與資本在極短期下都是固定生產因素，廠商的總成本都屬於固定成本。由於在極短期下廠商只能以現有的生產因素進行生產，不管產品價格高低，廠商所能供給的產品數量都是一樣，因此如圖 11.1(a) 所示，一個代表性廠商的供給曲線為垂直線 s，在任何價格下，廠商只能銷售 x^s。假設產業中共有 n 家完全

相同的廠商，則圖 11.1(*b*) 中的市場的供給曲線 *S* 也是垂直線，在任何價格下，市場的供給量都等於 $X^s = nx^s$。由於市場的供給曲線為垂直線，均衡交易量一定等於 X^s，均衡價格則取決於需求曲線的位置，需求愈大均衡價格愈高。在圖 11.1(*b*) 中，當市場需求曲線為位置較高的 D_1 時，均衡價格為 p_1。當市場的需求為較低的 D_2 時，均衡價格等於 p_2，p_2 小於 p_1。由於完全競爭廠商為價格接受者，當市場需求曲線為 D_1 時，一個完全競爭廠商所面對的極短期需求曲線，如圖 11.1(*a*) 所示，為高度等於 p_1 的水平線。也因此，廠商的平均收益曲線 AR_1、邊際收益曲線 MR_1 和需求曲線 p_1 完全相同。均衡時，廠商的總收益等於 p_1x^s。由於在極短期，資本與勞動都是固定的，廠商的總成本都是固定成本，所以廠商做決策時根本無須考慮成本。假設總成本等於圖 11.1 中的 *AC* 乘以 x^s，廠商以 p_1 的價格銷售將有 $(p_1 - AC)x^s$ 的利潤。如果市場的需求曲線為 D_2，市場的均衡價格等於 p_2，由於 p_2 低於 *AC*，此時廠商會遭受損失 $(AC - p_2)x^s$。然而，如果廠商選擇在市場價格 p_2 下歇業，則損失等於固定成本 ACx^s，這比繼續生產的損失還大。所以，只要市場價格為正，廠商就不會選擇歇業。換句話說，讓供給者提供 X^s 數量商品的最低價格等於零，消費者所付出的總支出或廠商所獲得的總收益全部都是生產者剩餘。例如當需求曲線等於 D_1 時，生產者剩餘等於 p_1X^s。

11.3　完全競爭市場短期均衡

在短期生產時程下，資本為固定生產因素，勞動為變動生產因素，廠商只能透過增減勞動的投入來增加或減少產量。由於構成資本的廠房及機器設備是固定的，當市場價格太低時，現有的廠商被困在產業裡，無法退出市場。當市場價格很高，廠商有利可圖時，潛在的競爭廠商來不及興建廠房及機器設備而無法進入市場，於是在短期下產業裡的廠商數目是固定的。因完全競爭市場中，廠商是價格接受者，上一章中有關價格接受廠商的短期均衡分析可以完全套用於此處，再由完全競爭廠商的均衡得到廠商的供給曲線。最後，我們將固定家數完全競爭廠商的供給曲線加總得到完全競爭市場供給曲線，再配合消費者的市場需求曲線，一個短期完全競爭市場均衡的討論即大功告成。

　　圖 11.2(*a*) 中描繪了價格接受廠商的成本曲線與水平的平均與邊際收

圖 11.2

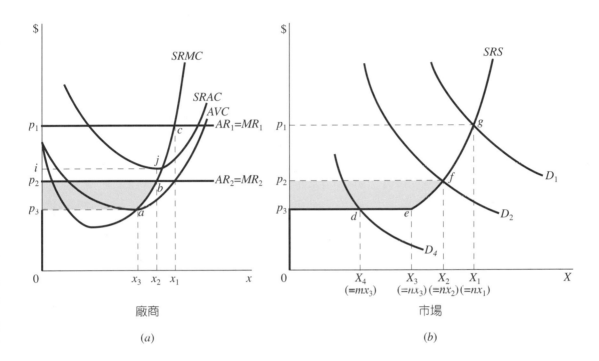

0 x_3 x_2 x_1 x

廠商

(a)

市場

(b)

益曲線。上一章的結果告訴我們,一個完全競爭廠商的供給曲線由 $0p_3$ 的垂直線段與高於 AVC 的 SRMC,即 abcSRMC 線段所組成。值得注意的是,廠商的供給曲線並不包含水平線段 p_3a。因為產量大於零且小於 x_3 時,平均變動成本都大於 p_3,所以在這些產量下,短期損失將大於固定成本,廠商選擇歇業較為有利。假設市場中有 n 家完全相同的廠商,全部 n 家廠商供給曲線的水平加總,或將一家廠商的供給曲線向右延伸 n 倍,即可得到如圖 11.2(b) 中的短期完全競爭產業供給曲線(或稱為短期完全競爭市場供給曲線) SRS。當市場價格低於 p_3 時,每一家廠商會選擇歇業,所以短期產業供給曲線包括圖 11.2(b) 的垂直線段 $0p_3$。當市場價格高於 p_3 時,短期產業供給曲線為圖 11.2(b) 的正斜率線段 efgSRS。圖 11.2(a) 的 a、b 及 c 三點分別對應於圖 11.2(b) 的 e、f 及 g 三點,在同一個價格下,後者的產量為前者的 n 倍。當市場的價格等於 p_3 時,廠商可能選擇歇業或選擇生產 x_3。如果所有 n 家廠商都選擇歇業則產業的供給量等於零。如果有一家廠商選擇生產 x_3,而其他 n − 1 家廠商選擇歇

業，則產業的供給量等於 x_3。如果有兩家廠商選擇生產 x_3 而其他 $n-2$ 家廠商選擇歇業則產業的供給量等於 $2x_3$。以此類推，當所有 n 家廠商都選擇生產 x_3 時，產業的供給量等於 nx_3。所以當市場的價格等於 p_3 時，產業的供給量有 0、x_3、$2x_3$、$3x_3$、$\cdots$、nx_3 等 $n+1$ 種可能。換句話說，產業供給曲線在價格等於 p_3 時為 $n+1$ 個點。由於完全競爭市場中廠商的數目理論上可以達無限多家，而且每一家廠商的產量很少，所以這無限多個緊密的點畫起來就像圖 11.2(b) 中對應於產量由零到 nx_3 的實線線段 p_3e。換句話說，和個別廠商供給曲線不同，完全競爭市場的產業供給曲線包括圖 11.2(b) 中的水平線段 p_3e。

完全競爭市場係由許多生產者與消費者所組成，而一個市場均衡 (market equilibriu) 為市場整體供需相等的狀態，此一均衡必須與市場裡的個別決策者的均衡，如生產者均衡 (producer equilibrium) 或消費者均衡 (consumer equilibrium) 有所區分。我們由生產者均衡或利潤最大決策得到廠商的供給曲線，進而得到市場的供給曲線。同樣的，由消費者均衡或效用最大決策得到消費者的需求曲線，再將個別消費者需求曲線加總得到市場的需求曲線。最後，將市場的供給曲線與市場的需求曲線結合起來討論市場均衡。在完全競爭市場中，個別消費者或生產者都不足以影響市場的價格，市場的均衡由價格機能來調節。當某一價格下，市場的供給量超過需求量，發生超額供給 (excess supply) 時，供給者會削價求售，價格下跌，個別廠商均衡產量減少，個別消費者均衡購買量增加，使得市場的供給量減少，需求量增加，以消除超額供給；反之，當某一價格下，市場的需求量超過供給量，發生超額需求 (excess demand) 時，購買者會競相爭購，導致價格上升，個別廠商均衡產量增加，個別消費者均衡購買量減少，使得市場的供給量增加，需求量減少，以消除超額需求。只要市場上有超額供給或超額需求存在，這種價格調整就會持續進行，直到供需相等時，市場方達到均衡。

由另一個角度看，當市場達到均衡時，個別生產者與消費者也會達到均衡。在圖 11.2(b) 中，假設市場的需求為 D_1，則市場的均衡點為 g，均衡價格為 p_1。在此一均衡價格下，廠商利潤最大的產量為 x_1，產業總產量等於 nx_1，這個產量正好是市場均衡交易量。當市場需求為 D_4 時，市場的均衡點為 d，均衡價格為 p_3，均衡交易量為 X_4。由於市場價格等

於 p_3 時，完全競爭廠商可以選擇歇業或生產 x_3 的數量。圖 11.2(b) 中市場均衡交易量 X_4 小於 nx_3，故市場均衡下不會是每一家廠商都生產 x_3，而是只有 $m < n$ 家廠商生產 x_3 的產量，此非歇業廠商數目為 $m = X_4 / x_3$，歇業廠商數目等於 $n - m$。當市場需求為 D_2 時，市場均衡點為 f 點，均衡價格為 p_2，均衡交易量為 X_2，個別廠商的均衡產量為 x_2。由圖 11.2(a) 中可以得知，在此產量下廠商的平均成本高於 p_2，但平均變動成本則低於 p_2，因此廠商雖有圖中 p_2ijb 面積的損失，但低於歇業時的固定成本損失。此外，在前一章我們曾經討論過，灰色區域 p_3p_2ba 的面積為廠商短期下生產 x_2 的生產者剩餘，它代表廠商生產 x_2 所獲得的總收益，扣除廠商為了生產 x_2 所需要的最低補償金額後的數額。我們可加總產業中 n 家廠商的短期生產者剩餘，以得到完全競爭產業在均衡點 f 的短期生產者剩餘。在圖 11.2(b) 中，整個完全競爭產業的生產者剩餘等於均衡價格的水平線與產業短期供給曲線 SRS 所圍成的 p_3p_2fe 灰色區域的面積。同樣方法，讀者可自行查看，當均衡價格為 p_1 或 p_3 時，廠商的利潤或損失，以及廠商和產業的生產者剩餘。

【例 11.1】

假設在短期下，一個完全競爭市場的需求函數為：

$$X^D = 130 - 10p$$

在供給面，此完全競爭市場中共有 50 家具下列生產函數的廠商：

$$x = 1 + \sqrt[3]{\min\{L,2K\}-1} \text{，} L \geq 1, K \geq 0.5$$

短期下，每家廠商的資本均固定於 $K = 4.5$，且工資 $w = \$1$，資本單位使用成本 $r = \$2$。試求

(I)　完全競爭廠商之短期供給曲線。

(II)　完全競爭產業之短期供給曲線。

(III) 完全競爭產業與廠商的均衡價格、交易量、利潤與生產者剩餘。

【解答】

(I)　由於短期下，廠商的資本固定於 $K = 4.5$，於是 $\min\{L, 2K\}$ 的極大值等於 9，此極大值對應於 $L \geq 9$。根據廠商的生產函數（此為 L 與

K 為完全互補的生產函數），我們得知廠商的最大產量，或稱為產能限制為 $1 + \sqrt[3]{9-1} = 3$。當廠商在產能限制前，即 $x \leq 3$ 或 $L \leq 9$ 時，生產函數可以改寫成

$$x = 1 + \sqrt[3]{L-1}$$

由上式，我們解出生產 x 所需的勞動投入量為

$$L(x) = 1 + (x-1)^3$$

已知工資 $w = \$1$，所以總變動成本函數為

$$TVC(x) = wL(x) = 1 + (x-1)^3 \tag{a}$$

對應於此總變動成本函數的平均變動成本與短期邊際成本函數分別為

$$AVC(x) = \frac{1+(x-1)^3}{x} = x^2 - 3x + 3 \tag{b}$$

$$SRMC(x) = 3(x-1)^2 = 3x^2 - 6x + 3 \tag{c}$$

對 (b) 微分，

$$AVC'(x) = 2x - 3 \tag{d}$$

由 (d)，我們得知平均變動成本曲線，如圖 11.3(a) 中的 AVC 所示，為一條 U 形曲線（為什麼？），其最低點的產量為 $x = 1.5$，所對應的值為 $AVC(1.5) = 0.75$。同時，讀者也可以驗證，當 $x = 1.5$ 時，$SRMC(1.5) = 0.75$，亦即 AVC 與 SRMC 曲線交於 AVC 的最低點。在此提醒讀者注意，由於廠商的產能限制為 $x = 3$，廠商實際的 AVC 與 SRMC 曲線必須去除 (b)、(c) 二式中 $x > 3$ 的部份。

　　根據完全競爭廠商的利潤最大以及歇業決策，完全競爭廠商的短期供給曲線包含了圖 11.3(a) 中 $p \leq AVC(1.5) = 0.75$ 時廠商歇業，即產量 $x = 0$ 的 0a 線段。另外，當 $p \geq AVC(1.5) = 0.75$ 時，廠商利潤最大的產量 x 滿足 $p = SRMC$，即圖 11.3(a) 中 SRMC 高於 AVC 最低點的 bSRMC 線段。然而，由於 SRMC 曲線去除 (c) 式中 $x > 3$ 的

圖 11.3

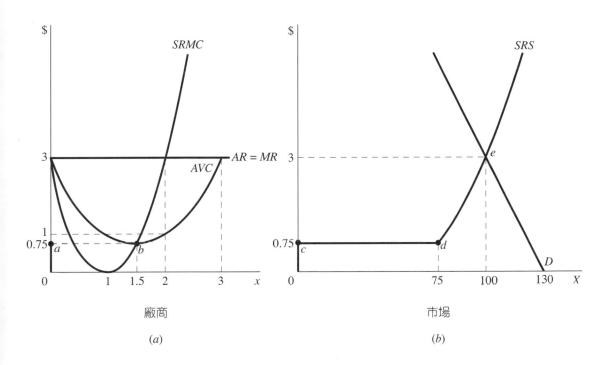

廠商 (a)   市場 (b)

部份，因此，當 $p > SRMC(3) = 12$ 時，$x = 3$ 為利潤極大的產量（為什麼？）。所以，廠商的短期供給曲線包括 $p > 12$，$x = 3$ 的垂直線段（並未出現在圖 11.3(a) 中）。當 $0.75 \leq p \leq 12$ 時，由利潤極大條件 $p = SRMC$ 及 (c)，我們得到

$$p = 3(x - 1)^2$$

解出利潤最大的產量 x

$$x = 1 + (p / 3)^{0.5}$$

綜合以上分析，本例中的完全競爭廠商的短期供給函數 x^S 為

$$x^S = 0 \qquad\qquad\qquad 當\ p \leq 0.75$$
$$= 1 + (p / 3)^{0.5} \qquad 當\ 0.75 \leq p \leq 12$$
$$= 3 \qquad\qquad\qquad\quad 當\ p \geq 12 \qquad\qquad (e)$$

(II) 由於完全競爭產業中有 50 家廠商，當一家廠商的產量為 x^S 時，50 家廠商的總和供給 $50x^s$ 即完全競爭產業的產量 X^s，於是

$$X^S = 0 \qquad\qquad\qquad\qquad\quad 當\ p < 0.75$$

$$= 1.5n\ ,\quad n = 0, 1, 2, \ldots, 50 \qquad 當\ p = 0.75$$

$$= 50 + 50(p / 3)^{0.5} \qquad\qquad 當\ 0.75 \leq p \leq 12$$

$$= 150 \qquad\qquad\qquad\qquad\quad 當\ p \geq 12 \qquad\qquad (f)$$

此產業短期供給曲線即圖 11.3(b) 中的 $0cdeSRS$（$p \geq 12$ 的 $X^s = 150$ 並未出現在圖 11.3(b) 中）。比較 (e) 與 (f)，不難發現在 $p < 0.75$ 與 $p > 0.75$ 時，X^S 係 x^s 的 50 倍。當 $p = 0.75$ 時，(e) 允許廠商產量 x^S 等於 0 或 $1 + (0.75 / 3)^{0.5} = 1.5$，於是 50 家廠商所有可能的總產量 X^S 等於 0, 1.5, 3, 4.5, …, 75 等 51 種可能的值。

(III) 已知市場的需求函數為 $X^D = 130 - 10p$，此需求函數即圖 11.2(b) 中的 D，當 $p = 0$ 時，$X^D = 130$，其橫軸截距等於 130。當 $p = 0.75$ 時，市場需求量等於 $130 - 10 \cdot 0.75 = 122.5$，此值大於，當 $p = 0.75$ 時，市場供給量 X^S 的最大值 75。所以，市場均衡價格不可能是 $p \leq 0.75$。接下來，讓我們解對應於 $p > 0.75$ 的供給曲線 $X^S = 50 + 50(p / 3)^{0.5}$ 與需求曲線 $X^D = 130 - 10p$ 的市場均衡。由 $X^S = X^D$，得知

$$50 + 50(p / 3)^{0.5} = 130 - 10p$$

上式可進一步化簡為

$$3p^2 - 73p + 192 = 0$$

因式分解後得到

$$(3p - 64)(p - 3) = 0$$

其中的一個解 $p = 64 / 3$ 代入 X^D 得到負值，故不可能是市場的均衡價格。將另一個解 $p = 3$ 代入 X^D 或 X^S，得到 $X^D = X^S = 100$，且此均衡價格與前面 $p > 0.75$ 的先決條件一致。此時，個別廠商的均衡產量為 $100 / 50 = 2$。均衡產量乘以價格得到總收益等於 \$6。由 (a) 得知產量等於 2 的總變動成本等於 \$2，加上支付給資本的固定成本

$2 \cdot 4.5 = \$9$，得到產量等於 2 的短期總成本等於 $\$11$，於是均衡產量下廠商的利潤等於 $\$6 - \$11 = -\$5$。至於廠商的生產者剩餘則等於均衡產量下的總收益超過總變動成本的數額，即 $\$6 - \$2 = \$4$。最後，整個完全競爭產業的生產者剩餘等於 $\$4 \cdot 50 = \$200$。

11.4 完全競爭市場長期均衡

完全競爭市場長期均衡的決定和短期市場均衡的決定類似，都是由市場的供給和需求決定，只不過在此市場供給為「長期」供給而已。我們已知道，完全競爭廠商的短期供給曲線包括價格低於歇業價格的縱軸，以及高於平均變動成本部份的短期邊際成本線，而完全競爭市場的短期市場供給曲線則是固定數目廠商供給曲線的水平加總。另一方面，我們也知道，完全競爭廠商為價格接受廠商，故其長期供給曲線同樣包括價格低於歇業價格的縱軸，及高於長期平均成本部份的長期邊際成本曲線。現在的問題是，我們是否可以將廠商的長期供給曲線水平加總來導出長期市場供給曲線呢？另一個相關的問題是，我們在上一章指出，價格接受廠商的長期供給曲線較短期供給曲線平坦，這是否意味完全競爭市場的長期市場供給曲線也較短期市場供給曲線平坦？很可惜，上面兩個問題的答案都是否定的，而其關鍵則是長期間廠商的數目並非固定。

在完全競爭產業裡，長期下除了所有投入因素都是變動的外，市場無進出的障礙；當利潤大於零時廠商可以自由地進入市場以賺取正的經濟利潤，當利潤小於零時廠商可以自由退出市場來避免損失。因此，長期市場供給取決於廠商追求利潤最大的生產決策，以及進出市場的決策。這隱含，長期均衡下個別廠商的產量除了需滿足 $p = LRMC$ 的利潤最大條件外，其長期利潤還必須等於零，否則便會有廠商持續進出市場。但廠商長期利潤等於零又隱含價格等於長期平均成本，因此綜合而言，長期均衡時完全競爭廠商的產量滿足下列條件：

$$p = LRMC = LRAC \tag{11.1}$$

上式隱含廠商的長期均衡點為長期平均成本的最低點，因為只有在這一點，長期邊際成本才等於長期平均成本。然而 (11.1) 只說明了一個廠商

的長期均衡條件，如同前面討論的短期市場均衡，我們還需要有長期市場供給曲線與市場需求曲線才能討論市場的均衡。

　　在長期下，廠商不但可以改變規模，還可自由進出市場，於是廠商的數目及產業的規模也會跟著改變。當產業的規模改變時，可能影響對生產因素的需求，進而影響生產因素價格，最後影響到個別廠商的生產成本。另外，當產業規模改變時，也可能誘使廠商採用其他生產技術而改變生產成本。當一個廠商的長期平均成本因其所屬的產業規模擴大而下降時，我們稱該廠商的生產成本有外部規模經濟 (external economies of scale) 的現象，而稱廠商所屬的這種產業為成本遞減產業 (decreasing cost industry)。在此須特別強調，這裡所描述的外部規模經濟和第九章中所提到的規模經濟不同。規模經濟是指廠商的長期成本曲線隨著「廠商本身」產量增加而遞減的現象；幾何上，表現為負斜率的長期平均成本曲線。但外部規模經濟並非源自「廠商本身」規模的擴大，而是因為整個產業規模的擴大；一種可能的情況是，個別廠商的產量減少而廠商數目增加，造成整個產業規模的增加。在一個成本遞減產業中，當產業的總產量增加時，廠商的長期平均成本曲線將整條往下移動。事實上，為了區別規模經濟與外部規模經濟的差異，有些書本就將規模經濟稱為內部規模經濟 (internal economies of scale)。當一個廠商的長期平均成本因其所屬的產業規模擴大而上升時，我們稱該廠商的生產成本具有外部規模不經濟 (external diseconomies of scale) 的現象，而稱其所屬的產業為成本遞增產業 (increasing cost industry)。根據相同的原理，我們立即得到，在成本遞增產業中，廠商的長期平均成本曲線將隨產業總產量增加而往上移動。最後，當一個廠商的長期平均成本不會因其所屬的產業規模改變而變動時，則該廠商的生產成本既不具有外部規模經濟也不具有外部規模不經濟的現象，此時我們稱其所屬的產業為固定成本產業 (constant cost industry)。現在，我們針對這三種不同的完全競爭產業類型，分別討論其長期市場均衡。

固定成本產業完全競爭長期均衡

首先推導固定成本產業完全競爭市場的產業供給曲線，然後配合市場需求曲線我們就可以決定市場均衡。根據市場均衡價格，便能討論一個價

圖 11.4

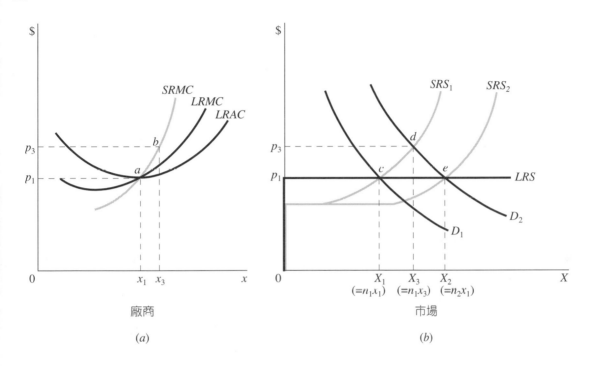

格接受廠商的均衡產量,並與產業的供給量比對而求得均衡的廠商數目。前面我們提過,長期時完全競爭廠商的均衡發生在長期平均成本的最低點。在圖 11.4(*a*) 中,長期邊際成本曲線 *LRMC* 與短期邊際成本曲線 *SRMC* 均通過長期平均成本曲線 *LRAC* 的最低點 *a*。如果市場的價格等於 p_1,廠商的長期與短期利潤最大產量均為 x_1,同時長期與短期利潤為零。當價格高於圖中的 p_1 時,廠商的利潤大於零,不但個別廠商會增加產量,新廠商也會不斷地進入市場,使得整個市場的產量變成無窮大。反之,當價格低於 p_1 時,廠商的利潤小於零,所有的廠商都會退出市場,而使得整個市場的供給量變成零。於是固定成本產業完全競爭市場長期供給曲線會如圖 11.4(*b*) 中所示,包括縱軸的 $0p_1$ 線段,及一條高度等於 p_1 的水平線 *LRS*,它是一條「完全彈性」(perfectly elastic) 的供給曲線。當市場需求曲線為 D_1 時,完全競爭市場的均衡發生在 *c* 點,均衡價格等於 p_1,均衡市場交易數量等於 X_1。由於每家廠商的均衡產量為 x_1,廠商數目 n_1 必須符合 $X_1 = n_1 x_1$。在圖中 SRS_1 為包含 n_1 家廠商的產

業短期供給曲線，它是 n_1 家廠商短期供給曲線 *SRMC* 水平加總得到。當市場需求等於 D_1 時，完全競爭市場的短期均衡為 D_1 與 SRS_1 的交點 c；短期均衡價格與交易量分別等於 p_1 和 X_1，廠商的短期均衡點也是 a 點。所以，一個完全競爭市場的長期均衡也是一個短期均衡。在此，我們必須特別指出，長期均衡如圖 11.4(b) 中的 *LRS* 與 D_1 的交點 c，除了均衡價格 p_1 與數量 X_1 外，還包含了均衡廠商數目 n_1 的資訊。這與短期均衡下廠商數目是外生固定的情況不同。

當市場的需求由圖 11.4(b) 之 D_1 增加到 D_2 時，在新廠商還未能及時進入市場前，新的短期均衡點將為 D_2 與 SRS_1 的交點 d。此時價格由 p_1 增加到 p_3，交易量由 X_1 增加到 X_3。產業中 n_1 家廠商的個別均衡產量也由 x_1 增加到 x_3，同時在 x_3 產量下利潤大於零。正的利潤將吸引新的廠商加入這個產業。隨著廠商數目的增加，水平加總的短期供給曲線逐漸向右移動，過渡的市場均衡將因廠商數目的增加而沿著 D_2 移動。但只要價格仍高於 p_1，廠商就繼續享有正的利潤，新的廠商也就會不斷加入，短期市場供給曲線就會持續向右移動，使得價格向下調整。這個過程將持續到短期市場供給曲線移到 SRS_2 方才停止。此時短期市場均衡為 e 點，均衡價格回到 p_1，個別廠商的均衡產量回到 x_1，利潤也回到零，不再有廠商想進出市場，於是 e 點成為另一個長期的均衡點。整個產業的均衡產量由原先的 X_1 增加到 X_2。由於個別廠商的均衡產量未變，產業產量的增加完全是因為均衡廠商數目由 n_1 增加到 $n_2 = X_2 / x_1$ 所造成。我們可將固定成本產業完全競爭市場的長期均衡總結如下：由於固定成本產業長期供給曲線的價格彈性等於無窮大，市場均衡價格將永遠固定在廠商長期平均成本的最低水準，也因此個別廠商的均衡產量固定，均衡利潤等於零。市場的均衡交易量則取決於需求曲線的位置，需求愈大，產量就愈大，而市場裡可以容納的廠商就愈多。另外，水平的長期產業供給曲線隱含均衡下的生產者剩餘等於零，消費者剩餘則隨著需求的增加而提高。

【例 11.2】

假設在長期下，一個完全競爭市場的需求函數為：

$$X^D = 120 - 10p$$

此市場中廠商的生產函數為

$$x = 1 + \sqrt[3]{\min\{L, 2K\} - 1}$$

所有廠商所組成的產業為成本固定產業，廠商在因素市場中為價格接受者，在任何產業的產量下，工資固定為 $w = \$1$，資本單位使用成本固定為 $r = \$2$。

(I) 試求此產業中完全競爭廠商及產業之長期供給曲線。

(II) 試求完全競爭市場之長期均衡價格、交易量及均衡廠商數目。

(III) 若市場的需求增加為：

$$X^D = 135 - 10p$$

試討論完全競爭市場與廠商長期均衡的變化。

【解答】

(I) 根據此 L-K 完全互補的生產函數，廠商長期均衡的勞動及資本投入量必須要滿足

$$L = 2K$$

此時，生產函數函數可寫成

$$x = 1 + \sqrt[3]{L-1} = 1 + \sqrt[3]{2K-1}，\ L \geq 1,\ K \geq 0.5$$

由上式解出為了生產 x 所需的勞動及資本投入量為

$$L(x) = 1 + (x-1)^3 \tag{a}$$

$$K(x) = \frac{1 + (x-1)^3}{2} \tag{b}$$

已知 $w = \$1$，$r = \$2$，長期總成本函數為

$$\begin{aligned} LRTC(x) &= wL(x) + rK(x) \\ &= 2(1 + (x-1)^3) \\ &= 2(x^3 - 3x^2 + 3x) \end{aligned} \tag{c}$$

圖 11.5

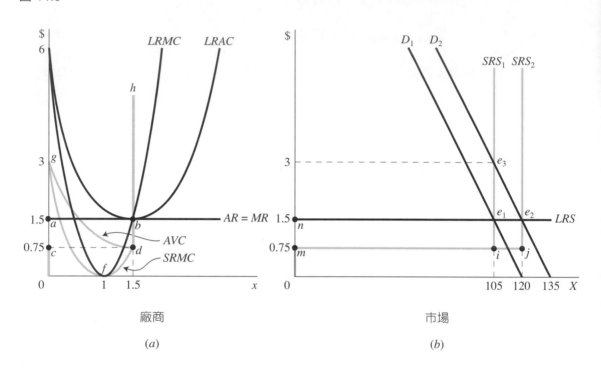

(a)　廠商　　　　　　　　　　　　　　(b)　市場

對應於此長期總成本函數的長期平均成本與長期邊際成本函數分別
為

$$LRAC(x) = 2(x^2 - 3x + 3) \qquad\qquad (d)$$

$$LRMC(x) = 2(3x^2 - 6x + 3) = 6(x-1)^2 \qquad\qquad (e)$$

$LRAC$ 與 $LRMC$ 曲線如圖 11.5(a) 所示。將 (d) 對產量微分，

$$LRAC'(x) = 4x - 6$$

得知長期平均成本曲線，為一條 U 形曲線，其最低點在 $x = 1.5$，所
對應的值為 $LRAC(1.5) = 1.5$。此 $LRAC$ 曲線的最低點，也是 $LRAC$
曲線與 $LRMC$ 曲線的交點。當市場價格為 $p < 1.5$ 時，廠商會選擇
歇業以避免長期損失。所以，在圖 11.5(a) 中，廠商的長期供給曲線
包含 $p < 1.5$ 時與縱軸重合的 $0a$ 線段（$x^s = 0$）。當 $p > 1.5$ 時，廠商根
據利潤極大條件 $p = LRMC$ 決定均衡產量，此時，廠商的長期供給

曲線即 *LRMC* 曲線中高於 *b* 的部份。由 (*e*) 得到廠商長期均衡產量
或供給量 x^S 滿足

$$p = 6(x^S - 1)^2$$

解得

$$x^S = 1 + \sqrt{\frac{p}{6}}$$

當 *p* = 1.5 時，廠商在產量 *x* = 0 與 *x* = 1.5 的利潤都等於零。所以，
在 *p* = 1.5 時廠商的供給量可以是 $x^S = 0$ 或 $x^S = 1.5$。

　　由廠商長期均衡條件 *p* = *LRMC* = *LRAC*，得知廠商的長期均衡
產量為 $x^* = 1.5$。同時，由於 *LRAC* 最低點的值為 *LRAC*(1.5) = 1.5，
產業的長期供給曲線如圖 11.5(*b*) 的 *LRS* 所示，除了垂直的 0*n* 線段
外，包含高度等於 1.5 的水平線。產業的逆供給曲線 p^S 也可以寫成

$$p^S = 1.5$$

(II)　已知市場的需求函數為 $X^D = 120 - 10p$，故市場的逆需求函數為：

$$p^D = 12 - 0.1X$$

由市場均衡條件 $p^S = p^D$ 解得市場均衡為圖 11.5(*b*) 的長期供給曲線
LRS 與市場需求曲線 D_1 的交點 e_1，市場均衡交易量為 $X^* = 105$，市
場均衡價格為 $p^* = 1.5$。由於個別廠商的長期均衡產量為 $x^* = 1.5$，
產業均衡產量 $X^* = 105$ 將由 $n^* = 105 / 1.5 = 70$ 家廠商生產。由 (*a*) 與
(*b*)，在長期均衡產量 $x^* = 1.5$ 下，廠商的勞動與資本投入量分別為
$L^* = 1.125$，$K^* = 0.5625$。最後，由於 $p^* = LRAC(1.5) = 1.5$，廠商在
均衡產量下的利潤等於零，所以市場的生產者剩餘也等於零。

(III)　當市場需求函數突然由 $X^D = 120 - 10p$（圖 11.5(*b*) 中之 D_1）增加為
$X^D = 135 - 10p$（圖 11.5(*b*) 中之 D_2）時，既有的廠商還來不及改變資
本投入量，潛在廠商還來不及進入市場前，在原先的市場均衡價格
$p^* = 1.5$ 下供給量與需求量將不會相等。這是因為當廠商的資本固定
於 $K = 0.5625$，廠商數目 $n = 70$ 時，產業的供給曲線將不是圖 11.5

(b) 中水平的 *LRS*，而是 70 廠商短期供給曲線的水平加總。當資本固定於 $K = 0.5625$，勞動投入量 $L \geq 1.125$ 時，廠商的產量都是 1.5（此即廠商資本固定下的產能限制）。當 $x \leq 1.5$ 或 $L \leq 1.125$ 時，

$$x = 1 + \sqrt[3]{\min\{L, 2K\} - 1} = 1 + \sqrt[3]{L - 1}$$

我們得到在產量 $x \leq 1.5$ 下勞動使用量為

$$L = 1 + (x - 1)^3$$

於是廠商的總變動成本 *TVC* 為

$$\begin{aligned} TVC(x) \quad &= wL(x) \\ &= x^3 - 3x^2 + 3x \end{aligned} \qquad (f)$$

對應的平均變動成本 *AVC* 及短期邊際成本 *SRMC* 為

$$AVC(x) = x^2 - 3x + 3 \qquad (g)$$

$$SRMC(x) = 3x^2 - 6x + 3 \qquad (h)$$

因產能限制的關係，我們須排除 (g) 與 (h) 中 $x > 1.5$ 的部份，才是廠商真正的 *AVC* 及 *SRMC* 曲線，它們分別為圖 11.5(a) 中的 *gd* 及 *gfd*。所以，廠商短期供給曲線為圖 11.5(a) 中的 0*c* 與 *dh* 兩段垂直線構成，此廠商的短期供給函數可寫為

$$\begin{aligned} x^S &= 0 \qquad &當\ p \leq 0.75 \\ &= 1.5 \qquad &當\ p \geq 0.75 \end{aligned}$$

水平加總 70 家廠商短期供給曲線得到如圖 11.5(b) 所示產業的短期供給曲線 0*miSRS*$_1$。

　　新的需求曲線 $X^D = 135 - 10p$ 與 0*miSRS*$_1$ 交點 e_3 的短期市場均衡交易量仍為原先的長期市場均衡交易量 $X^* = 105$，但是市場的價格將上升為 \$3。由前面的討論，我們知道廠商原先長期均衡的產量 $x^* = 1.5$ 也是廠商短期下的最大產量，價格上升並無法提高個別廠商的產量。但在產量等於 1.5 下，由 (f) 得到個別廠商的總變動成本等

於 $1.125，加上固定成本 $1.125 (= $2 × 0.5625)，廠商的總成本等於 $2.25。當價格等於 $3 時，廠商的總收入等於 $4.5，故廠商的短期利潤等於 $2.25。正的利潤將吸引新的廠商進入市場，使得水平加總的產業供給曲線向右移動，市場均衡價格下跌。此一新廠商加入的過程會一直進行到產業的短期供給曲線成為 $0mjSRS_2$，市場的均衡價格回到 $1.5，廠商的利潤完全消失才停止。此時，新的長期均衡點為 e_2，均衡價格為 $1.5，市場均衡交易量等於 120 單位。每家廠商的均衡產量依舊為 1.5 單位，則新的均衡廠商數目為 120 / 1.5 = 80 家。

成本遞增產業完全競爭長期均衡

我們知道完全競爭市場短期供給曲線與廠商的短期邊際成本曲線有著密切的關係，然而前一小節中，我們發現固定成本產業的完全競爭市場長期供給曲線與廠商的長期邊際成本曲線並無關係。由於完全競爭廠商長期均衡利潤必須等於零，因此長期市場供給曲線反而與廠商的長期平均成本有關。事實上，我們已經知道，固定成本產業的長期供給曲線，是一條高度正好等於廠商長期平均成本最低值的水平線。

當廠商所屬的產業為成本遞增產業時，廠商長期平均成本因產業產量增加而上升。為了滿足完全競爭市場長期均衡利潤等於零的條件，在產業的產量增加時，市場必須跟著提高價格，所以成本遞增產業的市場長期供給曲線會如圖 11.6(b) 所示，為正斜率的曲線 LRS。長期市場供給曲線 LRS 也反映了各個產業產量下，產業內每家廠商均衡產量下的平均成本。例如在圖 11.6(b) 中當產業產量等於 X_1 時，個別廠商的長期平均成本曲線、長期邊際成本曲線及短期邊際成本曲線分別為圖 11.6(a) 中的 $LRAC_1$、$LRMC_1$ 及 $SRMC_1$。由於完全競爭廠商的長期均衡對應在長期平均成本最低點，圖 11.6(a) 中 $LRAC_1$ 的最低點為 a。於是要讓產業能夠提供出數量 X_1 的產品，產品的價格必須等於 p_1，此時個別廠商的均衡產量等於 x_1，在此產量下平均成本等於 p_1。產業中共有 n_1 家廠商，此 n_1 滿足 $X_1 = n_1 x_1$。由於產業所生產 X_1 的每一單位都是 n_1 家廠商中某一家所生產 x_1 中的一個單位，其平均成本都等於 p_1。我們可以直接稱產業生

圖 11.6

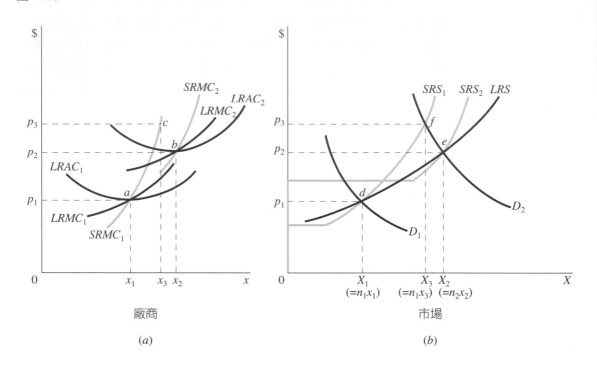

廠商

(a)

市場

(b)

產 X_1 的長期平均成本等於 p_1。所以，長期產業供給曲線 LRS 即「產業」的長期平均成本曲線。此一結論適用於包括成本遞增、成本遞減及固定成本產業。例如固定成本產業的長期市場供給曲線為水平線，表示固定成本產業的長期平均成本固定。

　　假設目前遞增成本產業的長期均衡在長期市場供給 LRS 與市場需求 D_1 的交點 d，市場均衡價格與交易量分別為 p_1 與 X_1。在均衡價格 p_1 下，廠商的均衡點為 a，廠商均衡產量等於 x_1，均衡廠商數目為 n_1，n_1 滿足 $X_1 = n_1 x_1$。圖 11.6(b) 中的 SRS_1 為 n_1 家廠商所構成的產業短期供給曲線。若市場需求由 D_1 增加到 D_2，在短期新廠商還未進出市場前，市場均衡點將為 D_2 與 SRS_1 的交點 f，此時價格由 p_1 增加到 p_3，交易量由 X_1 增加到 X_3。在圖 11.6(a) 中，產業中 n_1 家廠商的個別均衡產量根據 $p_3 = SRMC_1$ 的條件，也由 x_1 增加到 x_3。在產業產量增加的同時，由於外部不經濟，個別廠商的平均成本曲線也跟著向上移動，對應的（長期及短期）邊際成本也跟著移動（可能向上也可能向下，容後討論），於是個別廠商的短期

供給曲線也跟著移動。另一方面，隨著市場價格的上升及生產成本的提高，廠商的利潤產生變化，促成廠商進出市場。在均衡廠商數目 n_2 時，短期市場供給曲線移到 SRS_2，此時短期市場均衡為 e 點，均衡價格為 p_2，剛好等於個別廠商均衡產量 x_2 時的平均成本，廠商均衡利潤回到零，不再會有廠商想進出市場，於是 e 點成為另一個長期均衡點，整個產業的產量由原先的 X_1 增加到 X_2。

在圖 11.6(*a*) 中廠商新的均衡點 b 的產量 x_2 大於原來的均衡產量 x_1，這是因短期邊際成本隨著整個產業產量增加而向下（右）移動所造成。然而，根據成本遞增產業的定義，個別廠商平均成本曲線隨著產業產量的增加而向上移動，並不必然造成廠商的邊際成本曲線向下移動。讀者可很輕易找到平均成本曲線和邊際成本曲線均向上移動的例子（試試看）。所以圖 11.6(*a*) 中廠商新的均衡點 b 也有可能在 a 點的左上方，造成 x_2 小於 x_1 的情形。如果 x_2 小於 x_1，由於產業產量 X_2 大於 X_1，我們可以確定新的均衡廠商數目 n_2 將大於原來的均衡廠商數目 n_1。但如果 x_2 大於 x_1，則雖然產業產量 X_2 大於 X_1，我們也無法確定新的均衡廠商數目 n_2 是否會大於原來的均衡廠商數目 n_1。讀者或許會提出質疑，在市場需求由 D_1 增加到 D_2 時，短期價格會先上升到 p_3，造成既有的 n_1 家廠商有正的利潤，且將吸引新的廠商進入市場，如此 $n_2 < n_1$ 將不可能發生。但不要忘了，當價格因需求增加而上升到 p_3，產業產量也將由 X_1 增加到 X_3。在外部不經濟的情形下，當新廠商還來不及進入，既有廠商還來不及改變資本投入，在原有的規模下，廠商的平均成本曲線將向上移動。但邊際成本有可能如圖 11.6(*a*) 所示，向下（右）移動。換句話說，既有廠商的短期供給增加，在既有的廠商數目 n_1 下，如果產業的供給曲線位於圖 11.6(*b*) 中 SRS_2 的右方，與市場需求 D_2 所決定的市場的價格將低於 p_2，造成廠商損失，因而導致既有廠商退出市場。於是對應於 SRS_2 的廠商數目 n_2 是有可能小於對應於 SRS_1 的廠商數目 n_1。

接著我們討論成本遞增產業的生產者剩餘。在長期均衡下，每一家廠商的利潤均等於零，跟廠商完全不生產的情形一樣。因此，根據生產者剩餘的定義，在長期均衡下，每家廠商的生產者剩餘等於零，加總廠商得到產業的生產者剩餘也等於零，這個結果和前面固定成本產業的結果相同。但兩者卻有一個很重要的差異：因固定成本產業供給曲線為水

平線，價格水平線與產業長期供給曲線所圍的面積等於零，代表產業的生產者剩餘為零，這和由廠商生產者剩餘的加總等於零是一致的。然而在成本遞增產業，價格水平線與正斜率的產業供給曲線所圍的面積並不等於零，此與前面所得到的，長期均衡下產業的生產者剩餘等於零的結論相互矛盾。為何會有這種矛盾現象呢？完全競爭廠商的利潤等於零乃因廠商，將其每一單位的收入全部給了生產因素擁有者。在成本遞增產業下，每單位產量所付給生產因素擁有者的報酬隨著產業產量增加而上升。由於每單位產量所支付給生產因素擁有者的報酬都是相同的，例如在 X_2 產量下，並非只有第 X_2 單位的生產需付給生產因素擁有者 p_2，而是所有的 X_2 單位產量都需付 p_2，生產因素擁有者總共可以收到 p_2X_2 的報酬。然而前面各單位所要求的因素總報酬為各單位所對應的 LRS 高度，為了生產 X_2，生產因素擁有者所要求的總額為 LRS 下方由產量零到 X_2 所圍成的面積。p_2X_2 扣除此面積即一般所稱的生產者剩餘，此生產者剩餘實際上是由生產因素擁有者所享受的。雖然在此情形下生產者剩餘並非從事生產的廠商所獲得，然而該剩餘係由廠商生產行為所產生，並非其他經濟行為（如消費行為）所產生，所以我們還是稱它為生產者剩餘。

成本遞減產業完全競爭長期均衡

並非所有的完全競爭產業都是固定成本或成本遞增產業。當一個完全競爭產業的產量增加，對生產因素需求增加，如果生產因素的生產有（內部）規模經濟或生產因素需求夠大可以採取新的生產方式，都會造成生產因素的生產成本下降，進而使生產因素的價格下降。當一個產業中的廠商使用這種價格隨產業產量增加而下降的生產因素時，整條廠商的長期平均成本曲線將因產業規模擴大而下移，這正是我們前面所提到的成本遞減產業。

採用前面成本遞增產業均衡的分析邏輯，可得完全競爭成本遞減產業的長期市場供給曲線如圖 11.7(b) 中 LRS 所示，為產業產量的遞減函數。假設市場需求曲線為 D_1，則市場均衡為圖中的 d，均衡價格與產業產量分別為 p_1 與 X_1。在市場價格 p_1 下，廠商的長期均衡為圖 11.7(a) 中的 a，均衡產量為 x_1。因市場均衡產量為 X_1，故市場中共有 $X_1 / x_1 = n_1$

圖 11.7

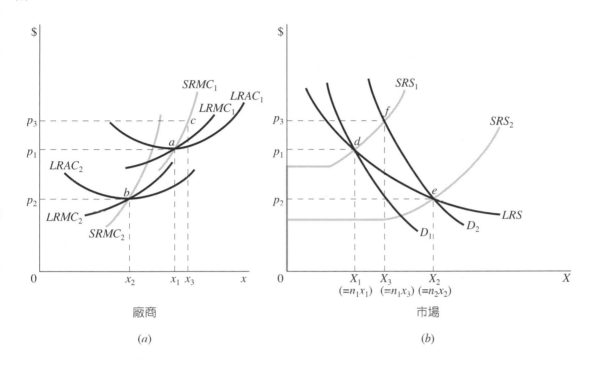

廠商   市場

(a)   (b)

家廠商。若市場需求由 D_1 增加到 D_2，在短期新廠商還未進出市場前，市場均衡點將為 D_2 與 SRS_1 的交點 f，此時價格由 p_1 增加到 p_3，交易量由 X_1 增加到 X_3。在圖 11.7(a) 中，產業中 n_1 家廠商的個別均衡產量也由 x_1 增加到 x_3。在產業產量增加的同時，由於外部經濟，個別廠商的平均成本曲線也跟著向下移動，對應的（長期及短期）邊際成本也跟著移動（可能向上也可能向下），於是個別廠商的短期供給曲線也跟著移動。另一方面，隨著市場的價格的上升及生產成本的下降，廠商的利潤產生變化，促成廠商進出市場。在均衡廠商數目 n_2 時，短期市場供給曲線移到 SRS_2，此時短期市場均衡為 e 點，均衡價格為 p_2，剛好等於個別廠商均衡產量 x_2 時的平均成本，廠商均衡利潤回到零，不再會有廠商想進出市場，於是 e 點成為另一個長期均衡點，整個產業的產量由原先的 X_1 增加到 X_2。

圖 11.7 假定在 $LRAC$ 曲線下移後，$LRMC$ 曲線反而上移的情形。在這假設下，個別廠商新的均衡產量 x_2 將小於 x_1，且新均衡下，廠商的數

目 $n_2 = X_2 / x_2$ 必然較 n_1 大。但 *LRAC* 曲線下移，並不表示 *LRMC* 曲線也一定會上移。事實上，*LRMC* 曲線下移與 *LRMC* 曲線下移並沒有任何矛盾之處。如果 *LRMC* 曲線下移，則個別廠商的新均衡產量 x_2 可能大於 x_1，也可能小於 x_1（確定你知道！）。當 x_2 大於 x_1 時，我們無法得知新的均衡廠商數目 n_2 與舊的均衡廠商數目 n_1 的大小（參照前面成本遞增產業的討論，試著分析看看）。

最後，由於完全競爭廠商長期利潤為零，所以廠商的生產者剩餘等於零，整個產業的生產者剩餘也等於零。但另一方面，因成本遞減產業的供給曲線為負斜率，產量由零到市場均衡交易量間的價格水平線低於產業的供給曲線，依據定義，生產者剩餘為負，我們再度得到類似成本遞增產業時的矛盾結果。但應用前面的論證，我們知道，在此負的生產者剩餘實際上是由因素擁有者所吸收的。

11.5　成本異質廠商

到目前為止，在我們的討論中，均假設每家廠商都有相同的生產技術，面對相同的因素價格，所以每家廠商都有相同的生產成本。然而，在現實市場中，廠商的形態不會完全相同。即使生產相同的產品，不同的廠商也可能有不同的生產技術或使用不同的生產因素，因而有不同的生產成本。例如，不同的農地，因水源取得、土壤肥沃程度不同，即使面對相同的種子、肥料及農藥等因素價格，生產相同數量農產品的成本將不一樣。為了讓我們的分析更接近現實世界的狀況，本節將討論由生產成本有差異的廠商所組成的完全競爭產業的短期與長期均衡。但為了簡化分析，並凸顯成本差異的影響，除了廠商有成本差異外，我們仍然保有其餘完全競爭產業的假設。

成本差異廠商的完全競爭市場短期均衡

為了簡化討論，我們假設產業中只有兩種不同類型的廠商：「低成本廠商」與「高成本廠商」。兩種廠商生產相同的產品，在同一產量下，低成本廠商的總變動成本低於高成本廠商的總變動成本，但兩者在固定成本與邊際成本上的相對大小並無限制。所以，在每一產量下，低成本廠商的平均變動成本較高成本廠商小。在圖 11.8(*a*) 中，AVC_L 及 $SRMC_L$ 分

圖 11.8

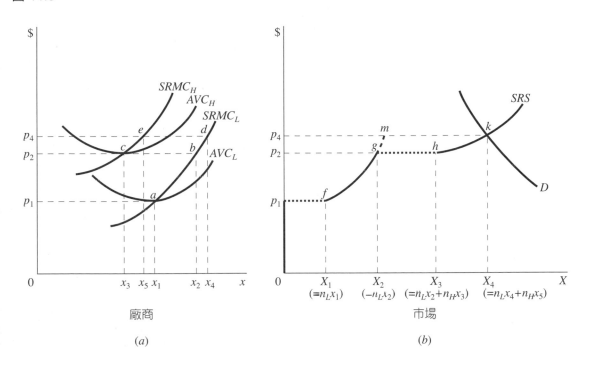

廠商

(a)

市場

(b)

別代表低成本廠商的平均變動成本與短期邊際成本曲線；AVC_H 及 $SRMC_H$ 則分別代表高成本廠商的平均變動成本與短期邊際成本曲線。基於前面的假設，AVC_H 高於 AVC_L。圖中 $SRMC_H$ 也高於 $SRMC_L$，但並不必然如此，$SRMC_H$ 也可能低於 $SRMC_L$（但 $SRMC_H$ 不可能在每一個產量下都低於 $SRMC_L$，否則會與 AVC_H 在每一個產量下都高於 AVC_L 的假設相違背），邊際成本的相對高低並不會影響分析的結果。在短期下廠商無法自由進出市場，因此高成本廠商數 n_H 與低成本廠商數 n_L 均為固定值。

首先，我們透過兩類廠商的成本曲線，導出產業的供給曲線。當市場價格低於 p_1 時，在任何產量下恆有 $p_1 < AVC_L < AVC_H$，無論低成本或高成本廠商的最適決策都是歇業。所以，圖 11.8(b) 中產業的短期供給曲線 SRS 在市場價格低於 p_1 時與縱軸重合。當市場價格等於 p_1 時，p_1 等於 AVC_L 的最低點但依舊小於任何的 AVC_H，因此高成本廠商依舊不會生產。但此時低成本廠商生產 x_1 或歇業的損失都等於總固定成本，而其他產量下的損失則大於總固定成本，所以低成本廠商的最佳選擇為歇業或

生產 x_1。如果所有低成本廠商都選擇歇業，產業供給量等於零；如果所有低成本廠商都選擇生產 x_1，則產業供給量為 $X_1 = n_L x_1$；如果部份低成本廠商選擇生產 x_1 其餘廠商選擇選擇歇業，則產業供給量將介於零與 $n_L x_1$ 之間。所以，當價格等於 p_1 時，產業供給曲線如圖 11.8(b) 中的水平虛線段 $p_1 f$ 所示，該線段由 $n_L + 1$ 個點所組成，點與點間的距離等於 x_1。當市場價格大於 p_1 但小於 p_2 時，高成本廠商最佳選擇還是歇業，但因價格高於 AVC_L 的最低點，在這價格區間裡，低成本廠商的短期供給曲線為圖 11.8(a) 中的 $SRMC_L$ 上的曲線段 ab。將 n_L 家曲線段 ab 水平加總即得到圖 11.8(b) 中產業供給曲線 fg。當價格等於 p_2 時，低成本廠商的均衡產量等於 x_2，n_L 家廠商共生產 $n_L x_2$。由於 p_2 等於最低的 AVC_H 值，高成本廠商的最適選擇為歇業或生產 x_3。如果所有高成本廠商都選擇歇業，產業供給量等於低成本廠商所生產的 $n_L x_2$，即圖 11.8(b) 中的 g 點。如果所有高成本廠商都生產 x_3，則 n_H 家高成本廠商共生產 $n_H x_3$，再加上低成本廠商的產量，產業供給量等於 $n_L x_2 + n_H x_3$，這就是圖 11.8(b) 中短期供給曲線上的 h 點。如果部份高成本廠商選擇生產 x_3 其餘的選擇歇業，則產業供產給量將介於 $n_L x_2$ 與 $n_L x_2 + n_H x_3$ 之間。因此，當價格等於 p_2 時，產業供給曲線如圖 11.8(b) 中水平虛線段 gh，該線段由 $n_H + 1$ 個點所組成，點與點間的距離等於 x_3。最後，當價格大於 p_2 時，兩種類型的廠商都根據價格等於各自的短期邊際成本的最適條件生產。於是市場供給曲線為 n_L 家廠商 b 點以上的 $SRMC_L$ 與 n_H 家廠商 c 點以上的 $SRMC_H$ 的水平加總，如圖 11.8(b) 中的 $hkSRS$ 曲線段。綜合前面的討論，整個完全競爭市場的短期市場供給曲線為圖 11.8(b) 中的 $0p_1 fghkSRS$。

有了短期市場供給曲線 SRS 後，加上市場需求曲線，我們就可來討論市場均衡。假設需求曲線如圖 11.8(b) 中的 D，則短期完全競爭市場均衡點為 k，均衡價格與交易量分別等於 p_4 與 X_4。對應到圖 11.8(a) 中，低成本廠商的均衡點為 d，均衡產量等於 x_4，其生產者剩餘或均衡利潤與固定成本的總和等於 $p_1 p_4 da$ 的面積。同時，高成本廠商的均衡點為 e，均衡產量等於 x_5，其生產者剩餘或均衡利潤與固定成本的總和等於 $p_2 p_4 ec$ 的面積。由於 n_L 家低成本廠商的生產者剩餘 $p_1 p_4 da$ 的面積加總等於圖 11.8(b) 中 $p_1 p_4 mf$ 的面積，n_H 家高成本廠商的生產者剩餘 $p_2 p_4 ec$ 的面積加總等於 $gmkh$ 的面積，所以均衡時完全競爭市場的生產者剩餘等於

p_1p_4khgf 的面積,與一般經濟學中定義的生產者剩餘等於價格水平線與市場供給曲線所圍的面積完全相同。

成本差異廠商的完全競爭市場長期均衡

前面討論短期均衡時,低成本與高成本廠商數目分別固定在 n_L 與 n_H。接著來討論廠商得以自由進出市場的長期均衡。我們依舊假設市場中只有低成本與高成本兩種類型廠商。如果兩種廠商都能自由進出市場,一旦低成本廠商有正的利潤,潛在的低成本廠商將進入市場,市場供給因而增加,價格下跌,直到低成本廠商的利潤等於零,進入市場的行為才會停止。當低成本廠商的利潤等於零時,在任何正的產量下高成本廠商的利潤為負,於是全部的高成本廠商都將退出市場,結果市場中只有低成本廠商,而不是一個有成本差異廠商同時存在的市場。為了避免這種現象,我們假設長期下高成本廠商能自由進出市場,其家數 n_H 是由市場均衡來決定,但低成本廠商家數 n_L 在長期下則是固定。這個假設乍看之下似乎有些牽強,但事實上並不是那麼不合理。例如,都市發展過程中,市中心的精華區有限,郊區則可以隨著都市發展而向外擴張。同樣地,在農業生產方面,生產成本較低的肥沃農地面積有限,而生產成本較高、較貧瘠的農地則比較容易取得。

現在我們透過廠商的均衡導出長期市場供給曲線。為簡化分析,我們假設此完全競爭產業為固定成本產業。由於長期及短期下低成本廠商家數 n_L 都是固定的,當價格低於 $LRAC_H$ 的最低點時,高成本廠商還不會進入市場,於是市場中只有低成本廠商。此時長期與短期的市場供給曲線類似,是由 n_L 家低成本廠商的供給曲線水平加總而成。它們的差別在於,當價格介於 p_1 與 p_2 間時,圖 11.8(b) 中短期市場供給曲線 SRS 係對應於廠商的短期邊際成本高於平均變動成本的部份,而圖 11.9(b) 中的長期供給曲線 LRS 則對應於廠商的長期邊際成本高於長期平均成本的部份。此外,我們曾在上一章中討論過,價格接受廠商的長期供給曲線較短期供給曲線平坦,所以,圖 11.9(b) 中的 de 曲線段較圖 11.8(b) 中的 fg 曲線段平坦。當市場價格等於 p_2 時,低成本廠商的均衡點為圖 11.9(a) 中的 b 點,均衡產量為 x_2,利潤或生產者剩餘為圖中 p_1p_2ba 的面積。高成本廠商的均衡點為 c,均衡產量為 x_3 或零,均衡利潤或生產者剩餘等於

圖 11.9

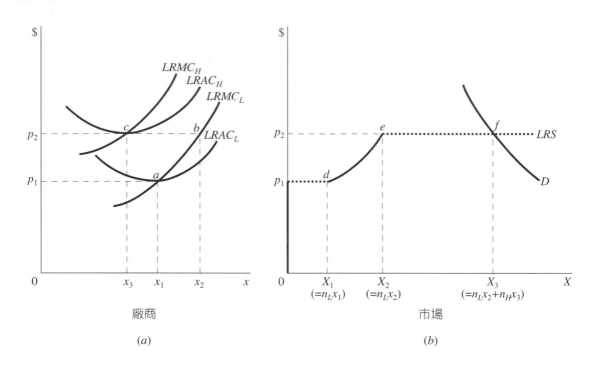

廠商　　　　　　　　　　　　　　　　　市場

(*a*)　　　　　　　　　　　　　　　　　(*b*)

零。當市場價格高於 p_2 時，高成本廠商的利潤大於零。由於高成本廠商
得自由進出市場，正的利潤將吸引高成本廠商不斷地進入市場，產業的
供給量將無限制的擴張。因此，當市場價格等於 p_2 時，長期市場供給曲
線為圖 11.9(*b*) 中的水平線 *efLRS*。

　　當市場的需求曲線如圖 11.9(*b*) 中的 *D* 時，長期市場均衡為 *f*，均衡
價格為 p_2，均衡交易量為 X_3。其中 n_L 家低成本廠商各生產 x_2，共生產
$n_L x_2$ 單位，其餘的 $X_3 - n_L x_2$ 單位則由高成本廠商生產。 每家高成本廠商
的均衡產量為 x_3，均衡的高成本廠商數目 n_H 等於 $X_3 - n_L x_2$ 除以 x_3。市
場的需求如果較圖 11.9(*b*) 中的 *D* 小，長期市場均衡點有可能落在市場
供給曲線 *LRS* 的 $p_1 de$ 部份，此時所有產品均由低成本廠商生產，市場
中不會有高成本廠商存在。因此，當長期市場均衡同時有低成本與高成
本廠商存在時，均衡價格一定是 p_2；此時高成本廠商的均衡產量等於
x_3，利潤等於零，而低成本廠商均衡產量等於 x_2，利潤等於圖 11.9(*a*) 中
$p_1 p_2 ba$ 的面積。

圖 11.10

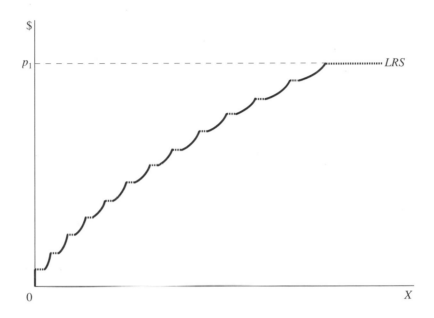

最後，讀者可以比照前面的分析方式，將兩種類型的模型擴充到多種類型的情形，得到圖 11.10 中多種類型廠商的完全競爭產業的長期供給曲線 *LRS*。當價格如圖中的 p_1，高到足以支付任何廠商的生產成本時，在 p_1 下市場供給量可以到無窮大。階梯型 *LRS* 的水平線段長度，反應平均成本最低點等於該水平線段高度的同一類廠商的數目；階梯型 *LRS* 的遞增線段，隨著價格的上升或供給量的增加，愈高愈平坦，因為加入生產行列的廠商數目隨著價格的上升愈來愈多，水平加總愈多廠商供給曲線的結果使得產業的供給曲線愈加平坦。

固定生產因素與經濟租

讀者或許會納悶，在上一小節中，何以長期市場均衡下，低成本廠商能享受正的利潤呢？根據前面的分析，我們知道，長期下廠商自由進出市場使得完全競爭廠商長期均衡利潤等於零。但上面成本差異廠商的完全競爭模型中，即使在長期下，低成本廠商的數目仍是固定的，不可能有其他廠商加入來競奪這些超額利潤 (excess profit)。於是我們觀察到，當

圖 11.11

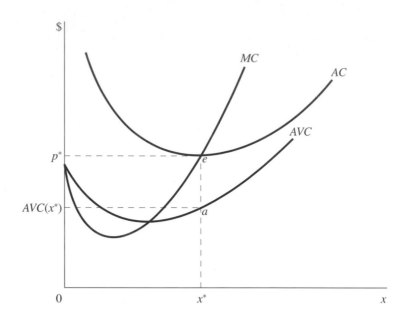

經濟體系中某些生產因素的供給量受到限制時,將造成廠商自由進出市場的障礙,而零利潤將不再是廠商長期均衡必然的結果。例如,埋藏在地底的石油、天然氣、煤、寶石、貴重金屬等都是有限的天然資源,長期下並非任何廠商都得以自由加入採礦行列,只有擁有採礦權的廠商才得以進行開採,於是擁有採礦權的廠商才有機會賺取正的超額利潤。然而,這種推論卻扭曲了經濟成本的定義。當一個有採礦權的廠商在收入扣除所有的採礦成本後還有利潤時,他可以選擇將其採礦權出售,只要採礦權的要價小於或等於所謂的「利潤」時,就會吸引新廠商買下其採礦權進入該產業。於是,根據機會成本的概念,該採礦權的最高要價也是生產成本的一部份,而在加計採礦權的價值後,廠商長期均衡的利潤將等於零。如此一來,前面所得到低成本廠商在長期均衡時享有超額利潤的「矛盾結果」也就不存在了。

　　由於肥沃的土地供給量有限,農業生產總收入扣除種子、肥料、勞動、農業機具使用等非土地成本後的餘額即為該土地地主的收入,也就是一般所稱的的地租。然而,與採礦權類似,當計算農業生產成本時,

應將此地租計入，才是正確的成本概念。在圖 11.11 中 *AVC* 為除土地外的其他生產因素的平均成本曲線。假設農作物的市場價格等於 p^*，則廠商的均衡產量等於 x^*，總收入扣除非土地成本為 $AVC(x^*)p^*ea$ 的面積，此數額即地主可以獲得的地租。當我們將地租也計入生產成本中，則此農作物的平均成本曲線為圖 11.11 中的 *AC* 曲線。隨著土地肥沃程度不同或土地除外的生產成本的高低，不同的土地可以獲得不同的地租。若土地所能生產農產品的總收入低於土地除外的生產成本，該土地就不被耕種，其地租等於零。當一塊土地所能生產農產品的總收入等於土地除外的生產成本時，經濟學上稱之為*邊際土地* (marginal land)。以圖 11.11 為例，若土地除外的其他因素的平均生產成本為 *AC*，則這塊土地就是邊際土地，它的地租等於零。當農產品的價格上漲時，除了原先的邊際土地將成為地租大於零的耕種土地外，較不肥沃的閒置土地也有加入生產的機會。類似的情形也發生在都市發展的過程中，隨著都市人口的增加，在供給量有限的市中心精華土地被用完後，交通較不方便的偏遠郊區土地就陸續被開發使用。上述的分析，除了告訴我們，高等級的土地可獲得比低等級的土地較高的地租外，它還告訴我們，產品價格決定地租，而非地租決定產品價格，這也是李嘉圖*差額地租理論* (differential-rent theory) 所傳達的最重要的觀念。

除了土地外，特殊才藝的供給量也是有限的。因此，具備特殊才藝的人，包括演藝人員、藝術家、球員、運動員等，可以賺取高於一般人的薪資。由於「地租」較不適合用於說明非土地生產因素的「超額報酬」，為了能更適切的描述類似特殊才藝的情形，經濟學中定義了*經濟租* (economic rent) 的概念，以衡量供給量有限的生產因素，參與生產活動所得的報酬超過使其參與生產活動的最低報酬的數額。回到圖 11.9(*a*) 中，廠商因生產成本不同，使得每家低成本廠商可以多賺得 p_1p_2ba 面積的「額外報酬」，故低成本廠商的經濟租等於 p_1p_2ba 的面積。在圖 11.9(*b*) 中，當均衡價格等於 p_2 時，p_1p_2ed 的面積則是長期均衡下產業的生產者剩餘，它是有限生產因素擁有者的經濟租總和。

除了土地及特殊才藝等自然形成的有限供給生產因素外，政府特許制度也會使某些「生產因素」的供給受到限制，因而產生經濟租。例如台灣在開放個人計程車牌照前，長期實施的計程車靠行制度，使得計程車

　　車牌奇貨可居，計程車行也得以向靠行的司機收取每個月固定的靠行費，而這靠行費正是一種經濟租。為了賺取因人為特許制度所產生的經濟租，廠商（計程車行）必然會從事各種關說、遊說，甚至賄賂活動，以期得到特許。很顯然地，只要這些關說、遊說或賄賂的支出，不超過取得特許所獲得的經濟租，那就是值得進行的「投資」。這些為了圖謀經濟租所進行的相關「投資」活動，即是通稱的競租 (rent-seeking) 行為。

　　在結束本章之前，我們要特別說明，完全競爭產業長期均衡時，個別廠商利潤等於零的條件，隱含以下重要含意：由於零利潤條件，完全競爭廠商的長期均衡點必須位於廠商長期平均成本最低點，亦即在均衡時廠商的生產技術必須是規模報酬固定。相反的，當一個產業中廠商的生產函數為規模報酬遞減或規模報酬遞增時，廠商的長期均衡利潤絕對不會等於零，也絕不會滿足個別廠商長期零利潤的條件。換句話說，一個生產函數具備規模報酬遞減或規模報酬遞增的廠商，絕對不可能是一家完全競爭廠商。而包含該廠商的產業也不會是完全競爭產業。當然，我們並未排除，完全競爭廠商的生產函數在某一產量下為固定規模報酬，在其他產量下為規模報酬遞減或規模報酬遞增的情形。由此可知，生產技術是決定產業結構的重要原因之一，也因而是產業組織理論中重要的研究課題。

12 競爭市場模型與應用

上一章我們討論了一完全競爭市場，如何透過市場供給和需求的交互運作，決定市場的均衡價格與均衡交易量。但在經濟理論的應用上，我們常不僅只希望知道市場如何運作的過程與結果，我們還希望知道，某些特殊的市場結果的「好」、「壞」。當然，在這個層次上，我們無法避免一些價值判斷的問題，而可能導致一些爭議。但如果我們能夠接受一些簡單的假設，則利用本書目前所發展出的消費者剩餘、生產者剩餘和競爭均衡的概念，我們是可以分析一些經常被政府採用的政策，如何影響整個社會的產出效率 (efficiency in output) 和社會福利 (social welfare)，這也是本章的主要目的。

12.1 競爭均衡、社會福利與產出效率

現在考慮一產品 X，其市場均衡如圖 12.1 所示，均衡價格為 p^*，均衡交易量為 x^*。根據第五章的討論，我們知道需求曲線 x^d 的高度，代表對 X 的邊際評價。因此，在交易量為 x^* 時，均衡價格 p^* 往上，與需求曲線所包圍的面積 A，正好是消費者購買 x^* 單位商品 X 的消費者剩餘，也是消費者經由此市場交易所獲得的，以貨幣價值衡量的福利。類似的道理，我們知道，在完全競爭市場的情況下，供給曲線 x^s 的高度，代表生產 X 的邊際成本，而均衡價格 p^* 往下，與供給曲線所包圍的面積 B，就是生產者銷售 x^* 單位商品 X 的生產者剩餘，也就是生產者經由此市場交易所獲得的，以貨幣價值衡量的福利。

雖然，我們可以很輕易地由圖 12.1，衡量生產者與消費者雙方，經由 X 產品的交易所獲得的福利或貿易利得 (gains from trade)。但如上面所提到的，如果我們還想知道整個社會的福利的話，那又要如何衡量

圖 12.1

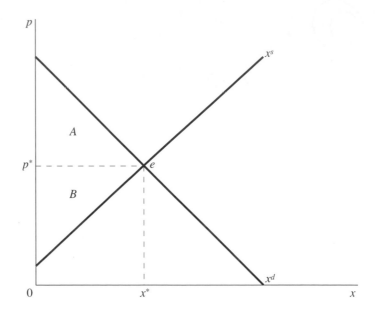

呢？前面已經點出，這會牽涉到價值判斷的問題，隨著社會對消費者與生產者評價的不同，不可能有確定的答案。在此，我們不想去探討這些形而上的問題，而直接採用一般最普遍被接受的的看法，即將消費者與生產者的福利等同對待，亦即消費者的一塊錢和生產者的一塊錢具有完全相等的價值。如此一來，所謂的社會福利，就可很簡單地定義成消費者剩餘與生產者剩餘之和。以圖 12.1 來說，經由 X 產品的交易所帶來的社會福利，或整個社會的貿易利得就是 $A + B$。

　　在消費者和生產者等同對待的假設下，我們可以從另外一個角度來說明消費者剩餘與生產者剩餘之和即代表社會福利。圖12.2 中之供給和需求曲線和圖 12.1 完全相同，因此均衡價格與均衡交易量也完全一樣。現在來看第 x_1 單位的 X。由需求曲線得知，消費者對此單位 X 的邊際評價為 $x_1 a$；因此，當這 x_1 單位的產品被生產消費時，會為整個社會帶來 $x_1 a$ 的邊際社會效益 (marginal social benefit)。另一方面，由供給曲線得知，社會為生產第 x_1 單位的 X 所需付出的邊際成本為 $x_1 b$。因此，就整個社會來說，生產、消費 x_1 這單位的 X，可帶來 $x_1 a - x_1 b = ab$ 的淨利

圖 12.2

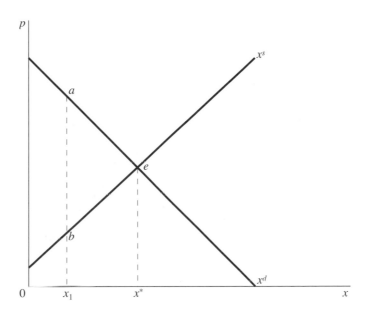

得，或福利。同樣道理，我們可推得，生產和消費第 x^* 單位之前的任一單位的 X，均會帶來由供給和需求曲線之間垂直距離所代表的福利；而第 x^* 單位的 X 所帶來的社會福利則等於 0，因為該單位 X 的邊際社會效益與邊際成本都等於 x^*e。由此可知，在市場均衡交易量下，整個社會經由這個交易所獲得的福利，就是在 x^* 左邊，由供給和需求曲線所包圍的三角形面積。和圖 12.1 相比較，我們可立即察覺，這個三角形的面積，剛好就是圖 12.1 中之消費者剩餘和生產者剩餘之和 $A + B$。

上述這種利用邊際社會效益與邊際成本來說明社會福利的方法，有一個最大的好處，即它可以很清楚地說明完全競爭均衡可使社會福利達到最大的事實。圖 12.3 中，x^* 為競爭均衡產量，在此產出水準下，社會福利為 $A + B$。現在考慮任何一小於 x^* 的產量，如圖中之 x_1。由圖上可很清楚看到，生產 x_1 的 X 產品可為這個社會帶來 $A + D$ 的利益，而其生產成本則是 D，因此產量為 x_1 時的社會福利為 $(A + D) - D = A$，與完全競爭的產量相較，此社會因生產低於競爭均衡產量水準而損失了 B 的社會福利。由於這部份的福利損失，是平白由這個社會消失，因此在經濟

圖 12.3

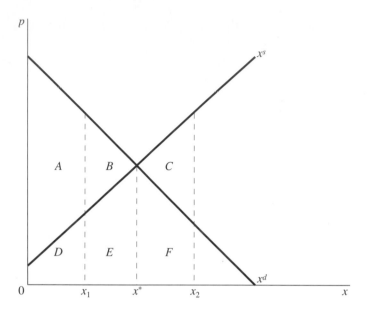

學上將其稱為無謂損失 (deadweight loss)。接著來看產量超過競爭均衡產量的情形，如圖中之 x_2。根據前面的分析，我們知道，當產量由 x^* 增加到 x_2 時，其所帶來的額外社會利益為 F。但為了多生產 $x_2 - x^*$ 的額外成本支出為 $C + F$。因此，就整個社會來說，這額外 $x_2 - x^*$ 單位 X 所帶來的社會福利為 $F - (C + F) = -C$。換句話說，相對於競爭均衡下的社會福利，生產 x_2 數量的 x 產品反使社會福利下降了 C。C 同樣代表了偏離競爭均衡產量所造成的無謂損失。由此可知，只要市場上的產量偏離競爭市場均衡產量，都會帶來無謂損失，使整個社會福利下降。這也說明了，完全競爭市場的均衡，可使社會福利達到最大。

　　由圖 12.3 我們也發現，在競爭均衡產量下，產品的價格，或產品的邊際社會效益剛好等於生產該產品的邊際成本。反之，在其他產量下，產品的價格不等於邊際成本。因此，我們也可以說，只有在一產品的價格等於生產該產品的邊際成本時，社會福利方達到最大。也因為這個緣故，我們稱滿足價格等於邊際成本的產出水準為達到產出效率。我們已經知道，在完全競爭市場下，廠商為追求利潤極大，必然生產到價格等

於邊際成本的水準,因而完全競爭市場達到均衡時,也達到產出效率。瞭解了社會福利的意義以及競爭均衡與產出效率的關係之後,我們就可探討一些常見的經濟政策的福利效果。在接下來三節中,我們將分別討論價格管制、政府對生產或消費課稅或補貼,以及對進口產品課關稅 (tariff),對生產、消費以及社會福利的影響。

12.2　價格管制

政府為了某些特別的目的,往往會對某些產品進行價格管制。例如,在戰時,因物資供給受到影響,常會使物價上升,此時為了維持人民最基本的生活需求,政府常將某些民生必需品的價格,限定在市場均衡價格之下,形成所謂的**價格上限** (price ceiling)。反之,政府如果認定某些產品的市場價格太低,可能使供給者蒙受重大損失時,也可能進行干預,使該產品的價格維持在市場均衡價格之上,形成所謂的**價格下限** (price floor)。現在我們就分別對價格上限及價格下限兩種政策效果進行分析。

價格上限

圖 12.4 中,競爭均衡價格與交易量分別為 p^* 與 x^*。現在政府認為 p^* 太高,對此產品的消費者不利,因此採取價格管制政策,限定此產品價格不能超過 $p_c < p^*$。面對此價格上限,由圖上可清楚看出,此時生產者將提供 x_c 的數量,而消費者則希望購買 x_1 的數量,市場上產生了**超額需求** (excess demand) $x_1 - x_c$。但只要這價格上限 p_c 維持下去,市場上將只有 x_c 的交易量。因為 $x_c < x^*$,由上一節的分析,我們立即知道,此種價格管制必然帶來社會福利的無謂損失 $-(E + F)$,因為介於 x_c 與 x^* 之間,每一個單位產品所帶來的邊際社會效益均超過其生產的邊際成本。除了社會福利的變化外,我們可進一步來看,此價格上限政策對消費者福利與生產者福利的影響。

　　圖 12.4 顯示,在競爭均衡時,消費者剩餘為 $A + B + E$,而生產者剩餘為 $C + D + F$。在價格上限生效後,能夠購買到產品的消費者只需付 p_c 的價格。因此,就全部 x_c 單位來說,消費者願意支付的總支出為 $A + B + C + D + G$,但實際上消費者只要付 $D + G$ 即可購買到 x_c,故消費者剩餘為 $A + B + C$。和競爭均衡下的消費者剩餘相較,在價格管制下,

圖 12.4

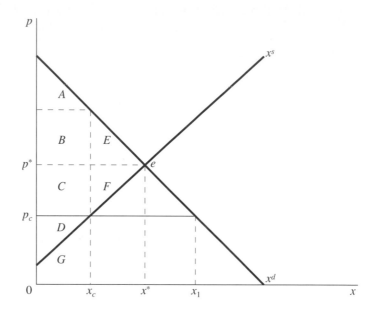

消費者剩餘增加了 C，但卻減少了 E，故消費者剩餘的變動為 $C - E$。其中 C 為購買到此產品的人所額外獲得的剩餘，這是因價格上限而使部份的生產者剩餘變成消費者剩餘，故代表生產者與消費者間的所得重分配。至於減少的 E，則是因價格限制，使得一些原可購買到此產品的人，無法再買到這個產品所造成的福利損失。由於 C 和 E 的大小並無法確定，故整體而言，消費者剩餘是上升或下降並無法得知。不過，讀者應可輕易驗證，當需求曲線愈陡時（即 e 點的需求彈性愈小時），E 將會愈大，因此整體消費者剩餘（福利），愈可能因政府設定價格上限而下降。至於生產者剩餘的變化則較單純，其福利必然下降。圖 12.4 清楚顯示，和競爭均衡相較，生產者剩餘減少了 C 和 F。如前所言，其中 C 這部份是移轉成為消費者剩餘，而 F 則是廠商因減少或停止生產所遭受的福利損失。我們將上述價格上限的各種效果整理於表 12.1，讀者務必確定自己明白其意義？因為下面所有分析的原理均類似。

　　在結束價格上限的討論前，我們要特別指出一個重要的觀念，即善意的政策很可能導致意想不到的惡果。一般而言，政府之所以設定價格

表 12.1

	競爭均衡	價格上限	變動
消費者剩餘	$A + B + E$	$A + B + C$	$C - E$
生產者剩餘	$C + D + F$	D	$- C - F$
社會福利	$A + B + E + C + D + F$	$A + B + C + D$	$- E - F$

上限，出發點通常是為所謂「經濟上的弱勢者」著想，因為怕市場價格太高，這些弱勢者沒能力購買這些產品。但由圖 12.4 我們清楚看到，在價格上限政策下，只有需求價格較高的消費者才能買到產品，而因價格上限管制無法買到產品的人就是需求價格較低的消費者。我們知道，需求乃決定於購買者的意願及購買能力，前者決定於偏好，後者則決定於貨幣所得。在一般偏好相同的假設下，需求最後只是由貨幣所得或購買能力來決定。由本書第三和第四章的分析，我們知道，所得水準較低的人，只有在市場價格夠低時方能進入市場。換句話說，在偏好相同的假設下，貨幣所得較低的「弱勢者」的需求價格也較低。因此，我們得到一個不可思議的結果，原本政府打算照顧或幫助的「弱勢者」，反成為價格上限政策的犧牲者，而貨幣所得較高的「強勢者」則成為此政策的真正受益者。一個善意的政策卻成了「劫貧濟富」的典範。

【例 12.1】

價格上限導致超額需求的另一個可能結果就是黑市 (black market) 的興起。所謂黑市，就是逃避價格管制，而以非管制價格進行交易的非法市場。我們可以圖 12.5 來說明黑市的現象及其可能帶來的結果。圖 12.5 中 p_c 為政府所設定的價格上限，在此價格下，有 cf 的超額需求，而市場的交易量為 x_c。換句話說，需求曲線 x^d 上之 ad 部份被滿足。因此，我們可將 d 點以下部份的 x^d (dx^d)，看成價格上限的管制下的*剩餘需求曲線* (residual demand curve)。面對這剩餘需求曲線，供給者看到在 de 之間，需求價格是高過於他們生產的邊際成本，因此自然有意願提供此產品。

圖 12.5

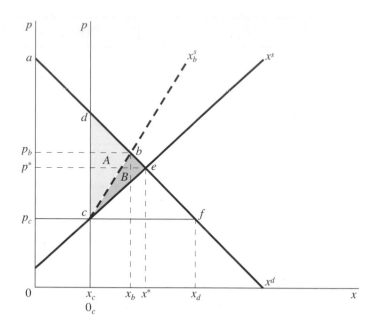

但事實上，由於在價格限制下，任何超過 p_c 的價格均是非法的，一般而言，若被查獲必然會受懲罰。為了簡化分析，我們直接假設，懲罰的金額或被偵查到非法交易的機率隨著供給價格上升而增加。在此情況下，黑市的供給曲線成為 cx_b^s（為什麼？），因而黑市的均衡點成為 b，黑市價格為 p_b，交易量為 $0_c x_b$。很顯然地，黑市價格不僅高於價格上限，甚至高過競爭均衡價格 p^*。這個結果與我們日常生活經驗完全一致。有趣的是，黑市的存在使得整個市場的交易量，較價格管制下更接近競爭均衡交易量，因此無謂損失也較價格管制下小。讀者應可清楚自圖中看出，在價格管制下的無謂損失為 $A + B$，但在黑市存在時無謂損失只有 B。對許多讀者來說，這絕對是個不可思議的結果：非法市場的存在竟然可以增加社會福利。事實正是如此，但這並不是非法市場本身能增加社會福利，而是政府先以政策干預市場，使得市場無法發揮資源配置效率；黑市只不過是部份地恢復市場機能的運作，因而抵消掉部份政府干預市場的惡果罷了。最後，我們再提醒讀者一點，即價格上限的福利損失通常是超過 $A + B$ 這個三角形。因為，為了維持價格上限，為了打擊

圖 12.6

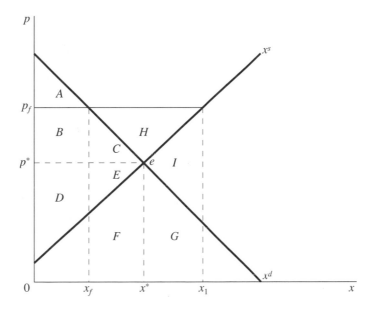

「非法的黑市」，政府必然要花費大量的資源於防治與取締黑市上，這些
成本並未包含於 $A + B$ 中。

價格下限

接著我們來看另一種價格管制，即政府為了幫助生產者而規定產品的價
格不得低於某一水準 p_f。當然，價格下限 p_f 必然是高於競爭均衡 p^*，否
則就沒意義（為什麼？）。價格下限的效果可以圖 12.6 來說明。圖中競爭
均衡為 e，均衡價格及交易量分別為 p^* 與 x^*；消費者剩餘為 $A + B + C$，
生產者剩餘為 $D + E$，因此社會福利等於 $A + B + C + D + E$。現在假定政
府設定價格下限 p_f，在此價格下消費者的需求量為 x_f。至於生產者的供
給量則可分兩種情形來討論：

(1) 當生產者確知消費者所欲購買的數量而生產 x_f。在這種情況下，能
購買到此產品的人因必須付較 p^* 更高的價格 p_f，因而損失了消費者
剩餘 B；另一方面，因價格下限而無法買到此產品的消費者則損失了

C 的消費者剩餘,故所有消費者剩餘的變動為 $-B-C$。在生產者方面,能夠繼續生產及銷售產品的生產者,因可以高於競爭均衡價格出售產品,所以生產者剩餘增加了 B;但因價格下限管制而退出市場的生產者損失了 E 的生產者剩餘,生產者剩餘的變動為 $B-E$。總結生產者剩餘變動與消費者剩餘變動,我們得知價格下限對社會福利的影響為 $-E-C$,此即是價格下限所造成的無謂損失。

(2) 若生產者誤認為他們能銷售價格 p_f 下的生產量而生產 x_1,在這種情況下,消費者剩餘的變動和 (1) 完全相同。但生產者因誤判而無法出售 x_1-x_f 數量的產品,以致多損失了因生產這些產品所支付的成本 $F+G+I$,因此生產者剩餘的變動成為 $B-E-F-G-I$。於是,整個社會的福利變動成為 $-(C+E+F+G+I)$。很顯然地,這種情形所帶來的無謂損失較 (1) 還大。

除了設定價格下限外,政府也常以保證價格 (price supports) 的方式來維持高於競爭均衡的價格,我們仍可以圖 12.6 來說明保證價格的影響。假定政府欲將產品價格維持在圖 12.6 中 p_f 的水準,因而宣佈將以 p_f 的價格收購市場上任何無法出售的產品。很顯然地,面對 p_f 的價格,消費者將只購買 x_f 的數量。但生產者為了追求利潤極大必將生產 x_1,因為超額供給 x_1-x_f 將由政府以 p_f 的價格收購。對生產者來說,以 p_f 的價格,將產品賣給消費者或賣給政府,並沒有什麼差別。在此政策下,消費者剩餘的變動仍是 $-B-C$,生產者剩餘的變動則成為 $B+C+H$。那整個社會福利的變動又是多少呢?

讀者在此必須特別注意,政府固可透過保證價格方式,使生產者獲得較多收入,但政府本身並沒有直接從事生產活動,因而並沒有稅收以外的收入。當政府將部份稅收收入用來收購此產品時,就表示用於其他方面的支出減少了。因此,從整個社會來說,保證價格政策只不過是一種所得重分配而已,並未使社會的淨福利增加。由於這個原因,當計算整個社會的福利變動時,我們必須由消費者剩餘變動和生產者剩餘變動中,扣除政府收購產品的總支出 $C+E+F+G+H+I$。於是保證價格對整個社會福利的影響為 $-(C+E+F+G+I)$,此與上面第 (2) 種情形完全相同。

最後,有關保證價格的政策,我們還要指出,如果此政策的目的是

在維持一高於競爭均衡的價格,以提高生產者的福利,那麼事實上有更有效的方法可以達到完全相同的目的。由上面的討論,我們看到,生產者在保證價格之下,福利增加了 $B+C+H$。但這並不一定定要透過保證價格政策。假定政府不干預市場,然後,在競爭均衡下,利用課稅方式取得消費者剩餘 $B+C$,將其移轉給生產者。如此一來,消費者福利與保證價格政策下完全相同,政府只要再支出 H 即可使生產者剩餘增加 $B+C+H$。因此,在這種直接對生產者進行所得移轉的政策下,社會的福利損失只是 $-H$,不是保證價格下的 $-(C+E+F+G+I)$。由圖 12.6 可看出,一般而言,保證價格政策的福利損失是較所得移轉政策來得大。

【例 12.2】

假定勞動市場的供給和需求函數分別為

$$L^S = \frac{w}{2}$$

$$L^D = 6 - \frac{w}{2}$$

其中 w 代表工資率,L^S 與 L^D 分別為勞動供給與需求量(在此假定每位勞工提供一單位勞動量)。

(I) 試求競爭均衡工資與就業量。

(II) 若政府設定最低工資率 $w_f = 8$,則有多少工人會因而失去工作?又,在最低工資下有多少人找不到工作?

(III) 就全體勞工而言,工資收入是否因最低工資率的施行而提高?

【解答】

(I) 由勞動的供給等於需求可得

$$\frac{w}{2} = 6 - \frac{w}{2}$$

故均衡工資率為

$$w^* = 6$$

均衡就業量為 $L^* = 3$。

(II) 將 $w_f = 8$ 代入勞動需求函數，即得到最低工資率下的勞動僱用量為 $L_f = 2$。因此，因最低工資率政策而失去工作的人數為

$$L^* - L_f = 3 - 2 = 1$$

將 $w_f = 8$ 代入勞動供給函數，即得到最低工資率下的勞動供給量為 $L_1 = 4$，故在最低工資率下找不到工作的人數為

$$L_1 - L_f = 4 - 2 = 2 \text{ 。}$$

(III) 在競爭均衡下，全體勞工的總收入為 $w^*L^* = 18$，而在最低工資率政策下的勞工總收入為 $w_f L_f = 16$，故最低工資政策的實施反而使全體工人的工資總收入減少。

12.3　課稅與補貼

絕大部份國家，對市場上產品的交易均會課徵稅收。其徵稅的方式大致上可分兩類：第一類是對每單位產品的交易，課徵一定的稅額，t_s。在這種情況下，消費者所支付的單位價格 p_d 和供給者所收到的價格 p_s 之間，就有如下的關係：

$$p_d = p_s + t_s \tag{12.1}$$

由於這種稅是依每單位產品徵收，我們稱之為從量稅 (specific tax) 或單位稅 (unit tax)。第二類課徵方法，是依每單位的交易價格，課徵一定比率，t_a，的稅收，因此消費者所付價格與供給者所收到的價格間的關係成為

$$p_d = p_s + t_a p_s = (1 + t_a) p_s \tag{12.2}$$

由於這種課徵方法是依單位價格比例課稅，因而一般稱其為從價稅 (ad valorem tax)。從價稅與從量稅在符號上有一個重要的差異，從量稅中的 t_s 指的是每單位產品課稅的額度，因此其單位是貨幣單位，例如每單位課 $t_s = 10$ 元或 $t_s = 0.5$ 元的稅收。反之，從價稅中的 t_a 指的是稅率，本身並

圖 12.7

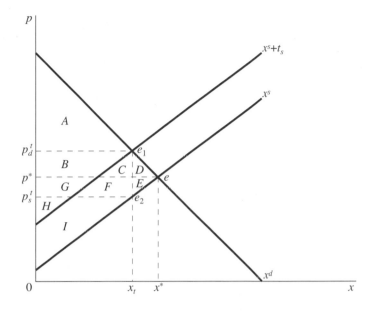

沒有單位，例如 $t_a = 5\%$，$t_a = 1\%$。雖然，從價稅和從量稅在分析技巧上有些微的差異，但整體而言，就稅收的「質」的影響方面並沒有什麼不同。因此，在分析上到底應採用從量稅或從價稅，完全視實際需要或何者較簡易方便而定。而為了便於圖解說明，在接下來的討論中，我們將以從量稅為主要對象。

有關政府課徵產品稅或銷售稅的效果，除了探討其對消費者、供給者，及整個社會福利的影響外，另一個有趣的問題是，到底是誰承擔了這些稅賦？消費者？供給者？這種稅賦的承擔與政府法定上收稅的對象是否有關？很幸運的，在完全競爭市場的假設下，簡單的供需模型就可回答這些問題。

圖 12.7 中，x^s 和 x^d 分別是課稅前市場的供給和需求曲線，因此均衡點為 e，均衡價格與均衡交易量則為 p^* 和 x^*。讀者現在應可很熟練地找出，在競爭均衡下的消費者剩餘、生產者剩餘與社會福利，因而不在此贅述。現在假定，政府對生產者每單位產品課徵 t_s 元的從量稅，則這等於每單位產品的邊際成本增加了 t_s 元，因此整個市場的供給曲線（即邊

際成本線）往上平移 t_s 的距離成為 $x^s + t_s$。課稅後的供給曲線與需求曲線相交於 e_1，此即是課稅後的市場均衡點。由圖可清楚看出，稅後的均衡交易量成為 x_t，較未課稅前低。那均衡價格又是多少呢？在此要注意的是，課稅之後，消費者所付價格與生產者所收價格已不相同，兩者必須滿足 (12.1) 的關係。在圖 12.7 中，需求曲線並沒有因政府課稅而改變，故我們可經由均衡交易量，直接由需求曲線得知消費者所付的價格為 p_d^t，再利用稅前和稅後供給曲線的垂直距離為 t_s 的關係，得知供給者所收到的價格為圖中之 p_s^t。

當消費者必須付出價格 p_d^t，消費較小數量 x_t 時，我們清楚看到，課稅後消費者剩餘成為 A。與課稅前的 $A + B + C + D$ 相較，消費者剩餘的變化為 $-B - C - D$。另一方面，面對價格 p_s^t，生產者剩餘成為 $H + I$；與課稅前相較，生產者剩餘的變動為 $-E - F - G$。至於課稅對整個社會福利的影響，則除了生產者剩餘與消費者剩餘的變化外，還得加上稅收的部份，因為生產者和消費者雖然因繳交租稅而降低了福利，但這些由政府收走的稅收，並未自這個社會消失，仍屬於這社會福利的一部份。由於政府所收到的總稅額為 $t_s x_t$，剛好為圖 12.7 中之 $B + C + F + G$。因此，總結而言，課徵 t_s 元從量稅對整個社會福利的影響為 $(-B - C - D) + (-E - F - G) + (B + C + F + G) = -D - E$，此為整個社會因課稅所遭受的無謂損失。其中，$-D$ 為因課稅而無法再消費此產品的消費者所遭受的損失，$-E$ 則是因課稅而無法繼續生產的供給者所承擔的代價。再者，由上面分析得知，由於課稅，所有消費者實際所付出的代價為 $-B - C - D$，而所有生產者所付出的代價為 $-E - F - G$。但政府實際所收到的稅只有 $B + C + F + G$，故消費者與生產者實際所支付的代價較政府的實際收入多了 $-D - E$。因為這個緣故，我們也將此無謂損失 $-D - E$ 稱為租稅所造成的*超額負擔* (excess burden of tax)。

稅賦分攤

上面討論中，我們假定政府是對生產者課稅，因此從「形式上」來講，這稅是由生產者負擔。但由前面的分析，我們也知道，政府所收到的稅收中，有一部份「事實上」是由消費者負擔（為什麼？）。換句話說，即使稅收是由供給者手中收走，生產者仍可將一部份的稅賦「轉嫁」(pass-through) 給消費者。現在問題是,生產者能將多少稅賦轉嫁給消費者,或說,什麼因素決定生產者和消費者所負擔的稅賦比率?直覺來想,生產者將稅轉嫁給消費者,最直接的效果為消費者所面對的價格會上升。在此情況下,如果消費者購買的數量沒有改變,或減少有限,則生產者就不用擔心因轉嫁稅賦而失去銷售產品的機會,因此可提高轉嫁的程度。反之,若消費者面對轉嫁後較高的價格而大量減少對該產品的購買,則生產者就必須對轉嫁有所節制,以免喪失太多客戶。瞭解了上面的直覺推理,讀者想必已經意識到,稅負轉嫁的程度應與需求彈性有關,因需求彈性的大小主宰著消費者面對較高價格時購買量的反應;需求彈性愈大,價格上升時購買量的減少愈多。這種猜測完全正確,但事實上,決定稅賦的分攤所牽涉到的還不只是需求彈性而已。

為了進一步解說,讓我們先來定義供給彈性 (elasticity of supply)。基本上,供給彈性的意義和需求彈性相同,只是衡量的為價格上升 1% 時,供給量變動的百分比而已。如果我們假定市場的(逆)供給曲線為 $p_s = h(x)$,則該供給曲線在 (x, p_s) 這點的供給彈性可寫成

$$\eta = \frac{dx}{dp_s}\frac{p_s}{x} = \frac{d\ln x}{d\ln p_s}$$

上式中,dx / dp_s 部份代表(逆)供給曲線的斜率。因供給曲線一般而言為正斜率,故供給彈性在大部分情況為正值。根據上述定義,則圖 12.7 中,供給曲線 x^s 在競爭均衡點的供給彈性可寫成

$$\eta^* = \frac{dx}{dp_s}\frac{p^*}{x^*} \tag{12.3}$$

同樣道理,在原均衡點的需求彈性為

$$\varepsilon^* = -\frac{dx}{dp_d}\frac{p^*}{x^*} \tag{12.4}$$

由 (12.3) 和 (12.4) 可得

$$dp_s = \frac{dx}{\eta^*}\frac{p^*}{x^*} \tag{12.5}$$

$$dp_d = -\frac{dx}{\varepsilon^*}\frac{p^*}{x^*} \tag{12.6}$$

當政府對生產者課徵從量稅 dt_s 時，其對需求價格 p_d 以及供給價格 p_s 的影響可寫成 dp_d / dt_s 與 dp_s / dt_s，故課稅所造成需求價格與供給價格相對變動程度為

$$\frac{\dfrac{dp_s}{dt_s}}{\dfrac{dp_d}{dt_s}} = \frac{dp_s}{dp_d} = -\frac{\varepsilon^*}{\eta^*} \tag{12.7}$$

上式最後一個等號乃是由 (12.5) 與 (12.6) 相除得到。再由 (12.7) 式可得到

$$\frac{dp_s}{dt_s} = -\frac{\varepsilon^*}{\eta^*}\frac{dp_d}{dt_s} \tag{12.8}$$

將 (12.1) 全微分整理可得

$$\frac{dp_d}{dt_s} = \frac{dp_s}{dt_s} + 1 \tag{12.9}$$

結合 (12.8) 與 (12.9) 可解得

$$\frac{dp_d}{dt_s} = \frac{\eta^*}{\eta^* + \varepsilon^*}$$

$$\frac{dp_s}{dt_s} = \frac{-\varepsilon^*}{\eta^* + \varepsilon^*}$$

在圖 12.6 的分析中，因一開始時政府並未課稅，因此 $dt_s = t_s$（確定你知道為什麼！），故上面兩式可寫成

$$\frac{dp_d}{t_s} = \frac{\eta^*}{\eta^* + \varepsilon^*} \tag{12.10}$$

$$\frac{dp_s}{t_s} = \frac{-\varepsilon^*}{\eta^* + \varepsilon^*} \tag{12.11}$$

因需求與供給彈性均為正值，故 (12.10) 顯示在政府對生產者課徵 t_s 的從量稅後，消費者所面對的價格（需求價格）上升，而 (12.11) 則代表供給者所接受的價格（供給價格）下降。另外，(12.10) 等號左邊表示，在政府每單位從量稅中，由消費者所承擔的比率，而等式右邊則顯示這個比率的大小完全取決於競爭均衡點的需求和供給彈性。在一般情況下，因 $\eta^* > 0$，$\varepsilon^* > 0$，故消費者承擔的比率必然小於 1，但大於 0。同樣道理，一般而言，供給者所承擔的稅賦比率也是介於 0 與 1 之間。但在一些極端情況下，消費者或供給者則可完全或完全不承擔稅賦，幾種典型的極端情況分別為：

(1) $\varepsilon^* = \infty$，$\eta^* < \infty$：在此情況下，$dp_d / t_s = 0$，$dp_s / t_s = -1$，故在需求彈性無窮大時，稅賦完全由生產者承擔。

(2) $\varepsilon^* = 0$，$\eta^* < \infty$：在此情況下，$dp_d / t_s = 1$，$dp_s / t_s = 0$，亦即當需求彈性等於 0 時，消費者必須支付所有稅收。

(3) $\varepsilon^* < \infty$，$\eta^* = \infty$：此時 $dp_d / t_s = 1$，$dp_s / t_s = 0$，也就是說，在供給彈性無窮大時，供給者可將稅收完全轉嫁給消費者負擔。

(4) $\varepsilon^* < \infty$，$\eta^* = 0$：此時 $dp_d / t_s = 0$，$dp_s / t_s = -1$，亦即在供給彈性等於 0 的情況下，供給者必須負擔百分之百的稅賦，而無法將其轉嫁給消費者。

總結上面幾種極端情況以及 (12.10)、(12.11) 兩式，讀者可以輕易得到下列結論，即彈性相對較大的一方，所承擔的稅賦必然較小，而彈性相對較小的一方，則要承擔較高比率的稅賦（此亦可由 (12.7) 式得到佐證）。

【例 12.3】
假定政府對供給者課徵從價稅，使得需求價格與供給價格有 (12.2) 的關係。試導出從價稅下消費者與供給者所承擔的稅賦比率。

【解答】
因 (12.3) 至 (12.7) 各式並不會受到政府課稅方式的影響，故 (12.8) 仍然成立。現在將 (12.2) 全微分可得到

$$dp_d = dp_s + t_a dp_s + p_s dt_a$$

因政府原本並未課徵稅，即開始時 $t_a = 0$，故上式成為

$$dp_d = dp_s + p_s dt_a$$

或

$$\frac{dp_d}{dt_a} = \frac{dp_s}{dt_a} + p_s \qquad (a)$$

結合 (12.8) 與 (a) 兩式可解得

$$\frac{dp_d}{dt_a} = \frac{\eta^* p_s}{\eta^* + \varepsilon^*}$$

$$\frac{dp_s}{dt_a} = \frac{-\varepsilon^* p_s}{\eta^* + \varepsilon^*}$$

又因原本沒有徵稅，故 $dt_a = t_a$，因而上兩式成為

$$\frac{dp_d}{t_a} = \frac{\eta^* p_s}{\eta^* + \varepsilon^*}$$

$$\frac{dp_s}{t_a} = \frac{-\varepsilon^* p_s}{\eta^* + \varepsilon^*}$$

但在從價稅下，每單位的稅收為 $t_a p_s$，故消費者和生產者所承擔的稅賦比率分別為

$$\frac{dp_d}{t_a p_s} = \frac{\eta^*}{\eta^* + \varepsilon^*} \qquad (b)$$

$$\frac{dp_s}{t_a p_s} = \frac{-\varepsilon^*}{\eta^* + \varepsilon^*} \qquad (c)$$

讀者應已發現 (b) 與 (c) 兩式和 (12.10) 與 (12.11) 完全相同。由此可見，前面有關從量稅下的各種結論，在從價稅下仍然成立。這也是為什麼，一般而言，我們不必重複分析這兩種稅制的原因。

對消費者課稅

上面的分析均假定政府是向供給者課稅。現在問題是，政府若改向消費者課徵每單位 t_s 的消費稅，其對生產者、消費者以及社會福利的影響又是如何？而生產者與消費者所承擔的稅賦與政府向生產者課徵每單位 t_s 的銷售稅是否相同？讀者或許很難置信，但事實是，只要政府所課徵的單位稅額相同，那麼向消費者或供給者課稅的效果就完全相同。我們可利用 (12.1) 和圖 12.7 來說明這個結果。將 (12.1) 改寫成

$$p_d - t_a = p_s$$

這表示，消費者所支付的價格，在扣除每單位的稅款後，剛好就是供給者所收到的價格。因此，從供給者的觀點來看，在圖 12.7 中，他們所面對的需求曲線已不再是圖中之 x^d，而是 x^d 垂直往下移動 t_s 距離的 $x^d - t_s$（未畫出來）。但我們知道，在圖 12.7 中，$e_1 e_2$ 的距離剛好是 t_s，因此，$x^d - t_s$ 必然通過 e_2 這點，而 e_2 也就成為對消費者課徵消費稅後的均衡點。於是稅後供給者所收到的價格即是圖中之 p_s^t，而消費者所支付的價格即是 $p_d^t - p_s^t + t_s$，此與向供給者課徵 t_s 的銷售稅結果完全相同。在這種情況下，前面所討論的福利與稅賦分攤效果自然也就完全相同了。

補貼

我們在前面用了很長的篇幅，詳細說明政府課稅的各種效果，以及稅賦在消費者和生產者之間的分攤問題。我們也說明了，不論政府是對消費者課稅或對生產者課稅，不論採用從量稅或從價稅，基本結果都完全相同。在這一小節中，我們要進一步闡述前面有關課稅問題的分析方法，完全適用於分析政府對產品的生產或消費進行補貼的效果。讀者只要掌握一個最基本的概念，即補貼就是「負」賦稅即可。現在假定政府對某產品的生產進行每單位 s 元的從量補貼，則我們可將 (12.1) 中之 t_s 定義成 $t_s = -s$，並將其代回 (12.1) 得到

$$p_d = p_s - s$$

或

$$p_d + s = p_s \tag{12.12}$$

圖 12.8

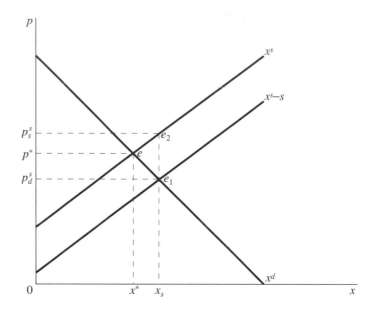

　　上式表示，在政府對生產者進行從量補貼時，生產者所收到的價格，乃是消費者所支付的價格再加上政府之單位補貼。或者說，在政府從事從量補貼的情況下，消費者實際面對的市場供給曲線，乃是未補貼的供給曲線垂直往下平移 s 的距離，如圖 12.8 之 $x^s - s$。在圖 12.8 中，補貼後的均衡點為 e_1。由需求曲線，我們立即得知，補貼後需求價格 p_d^s 較補貼前之均衡價格 p^* 低，表示政府雖然是對生產者補貼，但消費者仍然因這補貼獲得好處。由圖可知，消費者剩餘因補貼而增加了 $p_d^s p^* e e_1$。利用 (12.12)，我們知道圖 12.8 中，補貼後生產者收到價格為 p_s^s，較補貼前均衡價格 p^* 高，因此政府的補貼確實對生產者有幫助。但圖 12.8 也顯示，供給者價格上升的程度不及政府的補貼，故生產者並沒有百分之百享受到補貼的好處；事實上，這正是上面所提補貼的部份好處是由消費者享受的另一種說法。至此讀者應已有警覺，與課稅是由生產者與消費者分攤一樣，補貼乃是由生產者與消費者分享，而很自然地，分享的程度將決定於 e 點的供給彈性與需求彈性的大小，此與稅賦分攤原理完全相同，請讀者自行練習分析，在此不再重複。

　　補貼雖可同時提高生產者剩餘與消費者剩餘，但就整個社會福利變動而言，補貼必須扣除（還記得為什麼嗎？）。在圖 12.8 中，補貼後的產量為 x_s，故總補貼為 sx_s，此為圖中之 $p_d^s p_s^s e_2 e_1$。讀者應很輕易得到，在考慮生產者剩餘與消費者剩餘變動後，整個社會將會因政府補貼而有 $ee_2 e_1$ 的無謂損失。換句話說，政府固不可能因課稅而提高社會福利，也不可能透過補貼來提高社會福利。事實上，不管課稅或補貼，均是對競爭市場的干預，會使市場的產出偏離有效產出水準，由而帶來無謂損失、福利下降。最後，和課稅的結果一樣，讀者可自行驗證，上述這些補貼的效果，並不會因政府對消費者或生產者補貼，採從量補貼 (specific subsidy) 或從價補貼 (ad valorem subsidy) 而有不同。

【例 12.4】

假定一產品 X 之市場需求與供給函數為

$$x^d = a - bp_d \ , \ a, b > 0$$

$$x^s = c + dp_s \ , \ c < 0, d > 0$$

(I)　求此市場之競爭均衡價格與交易量。

(II)　若政府對該產品之消費，每單位補貼 s 元，求均衡交易量、供給價格與需求價格。

(III)　消費者與生產者所享受的相對補貼利益是多少？

【解答】

(I)　由 $x^d = x^s$ 可解得競爭均衡價格與交易量分別為

$$p^* = \frac{a-c}{b+d}$$

$$x^* = \frac{ad+bc}{b+d}$$

(II)　由 $x^d = x^s$ 並利用 $p_d = p_s - s$，解得

$$p_s = \frac{(a-c)+bs}{b+d} = p^* + \frac{bs}{b+d}$$

$$p_d = \frac{(a-c)-ds}{b+d} = p^* - \frac{ds}{b+d}$$

$$x = \frac{ad+bc+bds}{b+d} = x^* + \frac{bds}{b+d}$$

由此可知，只要 $d > 0$，$b > 0$，政府對消費者補貼的結果，必然使生產者所收到的價格上升，消費者所付的價格下降，市場交易量增加（讀者請自行查看 $b = 0$ 或 $d = 0$ 的情況，並解釋其意義）。

(III) 生產者所享受的補貼利益比率為

$$\frac{p_s - p^*}{s} = \frac{b}{b+d}$$

消費者所享受的補貼利益比率為

$$\frac{p^* - p_d}{s} = \frac{d}{b+d}$$

故相對補貼利益為

$$\left(\frac{p_s - p^*}{s}\right) \Big/ \left(\frac{p^* - p_d}{s}\right) = \frac{b}{d}$$

換句話說，供給與需求曲線相對斜率的大小，將決定雙方所享補貼利益的大小（請自行驗證與需求和供給彈性的關係）。

12.4 進口關稅

除了對國內市場的干預外，政府也普遍地干預對外貿易；最常見的對外貿易干預措施包括對進口品課徵關稅 (tariff) 或設定限額 (quota)，對出口品課出口稅或進行出口補貼等。由於這些貿易政策的效果及影響，是國際貿易課程中重要的課題，因此我們不擬在此一一加以說明。我們僅以進口關稅的課徵為例子，說明政府對國際貿易的干預，如何影響產出效率以及社會福利。為了簡化分析，在接下來的討論中，我們均假定所探討的國家為一國際貿易上的小國。在此所謂小國，指的是該國為國際市場上的價格接受者，其任何進、出口行為均無法改變國際市場價格，就

圖 12.9

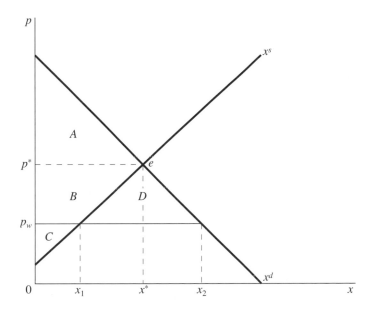

好像完全競爭市場中之個別消費者或個別廠商一樣。我們將分兩階段探討相關問題：第一階段分析一個國家由封閉經濟 (closed economy) 到開放對外自由貿易的效果；第二階段探討政府對進口品課徵進口關稅的影響。

自由貿易與貿易利得

在圖 12.9 中，x^s 和 x^d 為一國國內 X 產品的供給和需求曲線。在完全隔絕對外貿易的封閉經濟體系下，該產品的競爭均衡價格為 p^*，均衡交易量為 x^*。社會福利為消費者剩餘 A 與生產者剩餘 B + C 之和 A + B + C。

現在假定 X 產品在國際市場上的價格為 p_w，則在完全開放對外貿易後，國內消費者可以按 p_w 的價格在國際市場上購買任何所需要的數量。圖 12.9 顯示，當面對 p_w 時，消費者的需求量為 x_2。另一方面，在開放對外貿易後，國內生產者將不可能再以 p^* 的價格銷售產品。事實上，國內生產者不再能以高於 p_w 的價格銷售，因為消費者必然會以較低的價格 p_w 在國際市場上購買此產品。面對只能以 p_w 出售產品的事實，圖 12.9 顯

圖 12.10

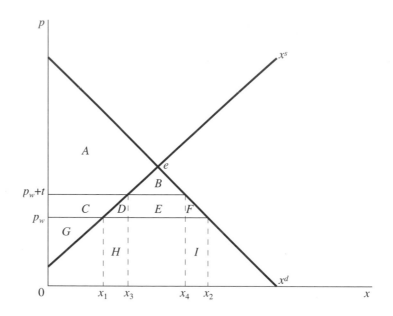

示，國內生產者只會提供 x_1 的數量。因此，在開放貿易後，市場價格成為 p_w，國內生產者供給 x_1 的數量，而消費者則消費 x_2，其中 $x_2 - x_1$ 為自由貿易下該國的進口量。圖上也顯示，在自由貿易下，消費者剩餘成為 $A + B + D$，較開放貿易前增加了 $B + D$。反之，貿易後生產者剩餘成為 C，較開放貿易前減少了 $-B$。總結來說，開放貿易對社會福利的影響為增加了 D，這正是國際貿易中耳熟能詳的貿易利得。

關稅的效果

接著我們來看，如果這個國家原處於自由貿易狀態，而政府基於某些理由，決定對進口品課徵每單位 t 元的從量關稅，那又會有什麼影響呢？圖 12.10 中，該國面對國際價格 p_w 下，進口 $x_2 - x_1$，其對應之消費者剩餘、生產者剩餘與社會福利則列於表 12.2 之第一欄中。當政府對進口品課徵關稅後，因國際價格並不會改變（為什麼？），故國內消費者與生產者所面對的價格成為 $p_w + t$。在此價格下，消費者會購買 x_4，而國內生產者則會提供 x_3，故進口數量降低到 $x_4 - x_3$。進口量之所以減少，一方

表 12.2

	自由貿易	關　稅	變　動
消費者剩餘	$A+B+C+D+E+F$	$A+B$	$-C-D-E-F$
生產者剩餘	G	$G+C$	C
社會福利	$A+B+C+D+E+F+G$	$A+B+G+C+E$	$-D-F$

面是面對較高的價格使得消費者需求量減少了 x_2-x_4；另一方面則是生產者的供給量增加了 x_3-x_1。政府的關稅總收入為 $t(x_4-x_3)$，正是圖中之 E。如表 12.2 所示，課徵關稅後，消費者剩餘成為 $A+B$，較自由貿易下變動了 $-C-D-E-F$；生產者剩餘成為 $G+C$，較自由貿易下變動了 C。與一般課稅的情形相同，在計算整個社會福利的變動時，必須將政府關稅收入 E 併入計算，因此關稅對整個國家福利的影響為 $-D-F$，這正是課徵進口關稅所造成的無謂損失。此無謂損失包含兩部份；其中 $-F$ 係消費者剩餘減少的部份，這是消費者因政府課徵關稅，而少消費了 x_2-x_4 所致。至於 $-D$ 則是生產方面的損失。由圖 12.10 可清楚看到，國內生產在政府課徵關稅後增加了 x_3-x_1。為了多生產 x_3-x_1，必須支出 $D+H$ 的成本（為什麼？）。但如果直接由國外進口這些產品，成本只是 H 而已。因此，由整個社會的觀點來看，為了多生產 x_3-x_1，反而多支出了 D，代表了該社會因關稅課徵所帶來生產面的損失。

【例 12.5】

假設某國 X 產品的供給與需求函數分別為

$$x^s = \frac{1}{2}p$$

$$x^d = 100 - 2p$$

國際市場上 X 的價格為 10 元。此國為國際市場上的小國，且原採取自由貿易政策。現在政府在政治壓力下，決定對 X 產品的進口課徵每單位 10 元的關稅，以保護國內生產者。

圖 12.11

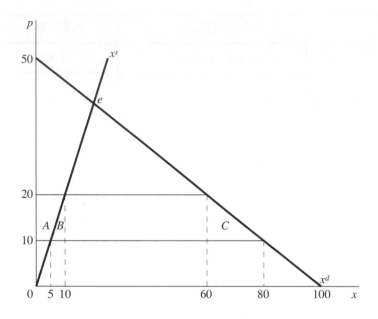

(I)　這個政策能使國內生產增加多少？生產者剩餘增加多少？

(II)　這個政策總共帶來多少福利損失？

(III)　將從量關稅改為每單位 t 元，並將課徵關稅後的社會福利表示成 t 的函數。試問：若政府的目的為追求社會福利之極大，則 t 應訂為多少？

【解答】

為了便於解說，我們依題意，將此小國 X 產品市場描繪如圖 12.11。

(I)　由供給函數得知，當面對世界市場價格 10 元時，國內廠商將生產 5 單位 X。當政府對進口品課徵 10 元的從量關稅，使得 X 的國內價格成為 20 元時，國內廠商將生產 $x^s = (1/2) \cdot 20 = 10$，故課徵關稅後使國內生產增加了 5 單位。至於生產者剩餘則是增加了圖中梯形面積 $A = (1/2)(5 + 10) \cdot 10 = 75$。

(II)　由課文的討論得知，關稅所帶來的福利損失為圖 12.11 中之 B 和 C 兩三角形的面積；其中 B 的面積為

$$B = \frac{1}{2} \cdot (10 - 5) \cdot 10 = 25 \qquad\qquad (a)$$

另外，由需求函數得知，當消費者面對 10 元的價格時，其需求量為 80；當價格為 20 元時，需求量為 60。因此，C 的面積為

$$C = \frac{1}{2} \cdot (80 - 60) \cdot 10 = 100 \qquad\qquad (b)$$

由 (a)、(b) 得知，課關稅的福利損失為

$$B + C = 25 + 100 = 125$$

(III) 當進口從量稅為 t 元時，國內的價格成為 $10 + t$，此時該產品的供給量和需求量分別成為

$$x^s = \frac{1}{2}(10 + t) = 5 + \frac{1}{2}t$$

$$x^d = 100 - 2(10 + t) = 80 - 2t$$

故 B 和 C 的面積成為

$$B = \frac{1}{2}\left(5 + \frac{1}{2}t - 5\right) \cdot t = \frac{1}{4}t^2$$

$$C = \frac{1}{2}(80 - 80 + 2t) \cdot t = t^2$$

自由貿易下的社會福利為

$$W = 消費者剩餘 + 生產者剩餘$$

$$= \frac{1}{2} \cdot 80 \cdot (50 - 10) + \frac{1}{2} \cdot 5 \cdot 10 = 1{,}625$$

因此，課關稅後的社會福利為

$$W^T = W - (B + C)$$

$$= 1{,}625 - \frac{5}{4}t^2$$

W^T 極大化的一階條件為

$$\frac{dW^T}{dt} = -\frac{5}{2}t = 0 \qquad\qquad (c)$$

二階導數為

$$\frac{d^2W^T}{dt^2} = -\frac{5}{2} < 0$$

極大化之二階條件滿足，故可由一階條件 (c) 求得極大值

$$t^* = 0$$

因此，在小國的情況下，使得該國福利達到極大的關稅為 0。這個使一國福利達到最大的關稅，在國際貿易的文獻上稱為最適關稅 (optimum tariff)。本題的結果告訴我們，對國際貿易中的小國來說，其最適關稅為 0；也就是說，小國的最適貿易政策為自由貿易。

13 獨佔與獨買

前面所討論的完全競爭市場，其最主要的特性為個別消費者與個別生產者均是價格接受者；也就是說，不管生產者或消費者，其所銷售或購買的產品的數量均是整個市場的極小部份，因此他們的任何決策改變均無法影響市場的價格。由此可知，形成自由競爭市場的一個主要原因是產品的消費者或生產者的數目都相當大，這也是一般公認的完全競爭市場特質。但在現實生活中，我們知道，合乎完全競爭市場特性的市場並不常見，在大部份市場中，個別生產者或消費者多多少少都有議價或比價的能力。因此，如何將有關市場行為的分析，擴展到購買者或銷售者可以影響價格的情況，是了解市場運作的重要步驟。在這一章中，我們要介紹的就是對應於完全競爭市場的另一極端狀況，我們將討論市場中只有一個生產者或銷售者的獨佔 (monopoly) 以及只有一位購買者的獨買 (monopsony) 市場結構。明確點說，我們將先探討獨佔廠商如何訂定最適價格或產量以追求最大利潤，獨佔廠商對生產因素的需求，以及獨佔市場結構對社會福利的影響等問題。我們將著重於將獨佔下的結果與完全競爭市場的結果作比較，以凸顯獨佔市場的影響。最後，我們分析市場上只有一位購買者的獨買情況；同樣地，我們將比較獨買與完全競爭市場的結果。讀者可很清楚看到，從分析的觀點來看，獨佔和獨買事實上是相當類似的，差別只是在於站在買方或賣方的角度而已。當然，當廠商有了訂價能力以後，他們的訂價行為可能遠超過單純地制訂一最適價格，而會從事於其他的策略，我們將這些課題留待下一章再討論。

在正式討論獨佔廠商理論之前，我們要提醒讀者有關獨佔的一個概念上的問題。一般將獨佔市場定義成只有一位生產（銷售）者，面對有許多不能影響價格的購買者的情形。這樣的定義雖然相當清楚明確，但嚴格地說並不一定能抓住獨佔廠商最重要的特性，即制訂價格的能力。為什麼呢？試想，如果一個小鎮中只有一家西式速食餐廳麥當勞，依據上

述定義，此唯一一家麥當勞就是獨佔了該小鎮的西式速食市場。但這家麥當勞是否就具有足夠的訂價能力呢？答案恐怕是否定的，只要該小鎮還有其他形式的西式餐廳，或其他中式餐廳，則他們所提供的食物與麥當勞的產品可能有很高的替代性。在這種情況下，該麥當勞有多大訂價能力就值得存疑。反過來說，即使全國各地有不少葬儀社，但單以一偏遠的小鎮來說，該小鎮唯一一家葬儀社恐怕就是當地殯葬業的實質獨佔者。由此可知，對獨佔概念的詮釋，應該多由該廠商產品被替代的可能性著眼，方能掌握其精義。機械式地數算廠商數目，縱使方便，但卻可能導致不正確的結論。

13.1　獨佔廠商的均衡

獨佔廠商既然是相關市場中唯一的銷售者，則他所面對的需求曲線自然就是整個市場的需求曲線。因此，和完全競爭廠商不同，獨佔廠商的需求曲線並非水平，而是負斜的市場需求曲線（如圖 11.1(b) 中之 D_1 或 D_2），

$$x = x(p_x)，\ x'(p_x) < 0$$

或以逆需求函數表示

$$p_x = p_x(x)，\ p'_x(x) < 0$$

上兩式中，x 代表銷售量或產量，p_x 是 X 產品的價格。則廠商的總收益函數為

$$TR(x) = p_x(x)x \tag{13.1}$$

故獨佔廠商的邊際收益為

$$MR = \frac{dTR}{dx} = p_x + x\frac{dp_x}{dx} \tag{13.2}$$

假定此獨佔廠商的成本函數為 $TC(x)$，則其利潤函數為

$$\pi(x) = TR(x) - TC(x)$$

$$= p_x(x)x - TC(x)$$

請讀者注意，在此我們並未特別指明 $TC(x)$ 為長期或短期成本函數。熟悉完全競爭市場分析後，我們應已知道，就選取最適產量來說，不管長期或短期，基本原理都一樣，只不過在短期間廠商可能在一定限度內容許發生損失，但長期的虧損必使廠商退出市場。將此點牢記在心後，接下來我們就不再區別長短期問題，而由讀者視所面對的問題決定 $TC(x)$ 為長期或短期成本函數。現在廠商欲選取最適的產量以使其利潤達到最大，其一階條件為

$$\frac{d\pi}{dx} = \frac{dTR}{dx} - \frac{dTC}{dx} = MR - MC = 0 \tag{13.3}$$

換句話說，獨佔廠商唯有生產及銷售產品到邊際收益等於邊際成本時，利潤方能達到最大。根據 (13.2) 式，我們可將一階條件寫成

$$p_x + x\frac{dp_x}{dx} = MC$$

在繼續討論之前，我們先回到 (13.2) 式，我們發現當產品價格固定時，$MR = p_x$，因而一階條件成為 $p_x = MC$。但我們知道，這正是完全競爭廠商利潤極大化的一階條件，換句話說，(13.3) 乃是廠商利潤極大化的「一般」條件，而完全競爭市場利潤極大化的條件 $p_x = MC$ 只不過是此「一般」條件在價格固定下的「特例」而已。其次，因 dp_x / dx 乃是逆需求函數的斜率，在一般需求定律成立的前提下，此斜率必為負值，因此，除了在 $x = 0$ 的情況外，對應於負斜率的需求曲線的邊際收益必然小於產品價格。我們知道，獨佔廠商多銷售一單位產品可多收入 p_x，但面對負斜率的需求曲線時，為了多銷售這單位產品，就必須降低其價格 dp_x / dx，因此就原所銷售的 x 單位產品來說，收入減少了 xdp_x / dx，這部份的損失將抵消部份收入的增加，故 $MR < p_x$。

由於 MR 為總收益曲線 TR 的斜率，$p_x = AR$ 為 TR 曲線上某點與原點連線的斜率，$MR < p_x = AR$ 的結果隱含總收益曲線如圖 13.1(a) 所示的（嚴格）凹函數。又由 (13.2) 得知邊際收益等於總收益函數對產量 x 的導數，因此將邊際收益對產量 x 積分即得到總收益：

$$TR(x) = \int_0^x MR(s)ds$$

圖 13.1

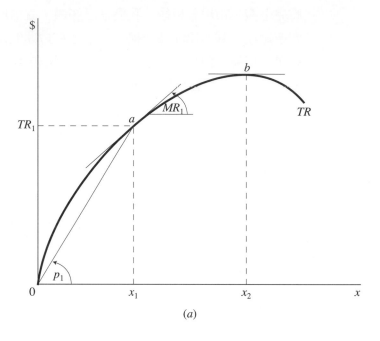

(a)

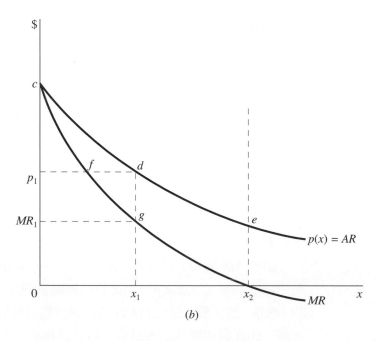

(b)

幾何上，這表示產量 x 的總收益等於到 x 的邊際收益曲線與兩軸所圍成的面積，而且當邊際收益等於零時，總收益最大（為什麼？）。圖 13.1(a) 中，產量 x_1 的總收益等於 TR_1，也可以圖 13.1(b) 中近似梯形 $0cfgx_1$ 的面積表示。又，我們知道 TR_1 也等於圖 13.1(b) 中長方形 $0p_1dx_1$ 的面積，所以，兩近似三角形 p_1cf 與 fdg 的面積相等。當產量等於 x_2 時，MR 曲線穿過橫軸，$MR(x_2) = 0$。所以，圖 13.1(a) 中的 TR 曲線的最高點 b 對應於產量 x_2。

為了更明確說明價格與 MR 的關係，我們來看線性需求函數

$$p_x = a - bx \text{，} \quad a > 0, b > 0 \text{。}$$

根據定義可得

$$TR = p_x x = ax - bx^2$$

同此

$$MR = \frac{dTR}{dx} = a - 2bx \tag{13.4}$$

比較需求函數及 (13.4)，我們立即得知：MR 亦為一線性函數，且 MR 和需求函數在價格軸的截距相同，而 MR 的斜率為需求函數斜率的兩倍，也因此，如同圖 13.2 所示，MR 在橫軸的截距為需求函數橫軸截距的一半。圖 13.2 也清楚顯示，除了 $x = 0$ 的情形，邊際收益在任何一正銷售量均小於價格。

我們可進一步利用需求彈性的定義，將 MR 寫成

$$MR = p_x \left(1 + \frac{x}{p_x} \frac{dp_x}{dx} \right) = p_x \left(1 - \frac{1}{e_x} \right) \tag{13.5}$$

上式中

$$e_x = -\frac{dx}{dp_x} \frac{p_x}{x}$$

為市場需求彈性。結合 (13.3) 和 (13.5) 我們可得一階條件

圖 13.2

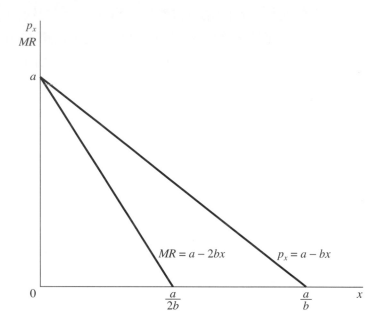

$$p_x\left(1-\frac{1}{e_x}\right)=MC \tag{13.6}$$

因邊際生產成本必然是正值（為什麼？），故 (13.6) 隱含 $e_x > 1$。換句話說，追求利潤極大的獨佔廠商，必然生產在需求具彈性的水準。這個道理並不難理解，因 $e_x \leq 1$ 隱含 $MC \leq 0$，如此一來，增加生產除了可增加收入外，還可降低成本（至少成本不會增加），利潤必然增加。所以，在 $e_x \leq 1$ 時必不可能使利潤達到最大。另外，我們知道，在完全競爭市場中，廠商面對水平的需求曲線，因此 $e_x = \infty$，而 (13.6) 將成為 $p_x = MC$，這又回到了完全競爭廠商利潤極大化的條件，印證前面所提，完全競爭可視為「特例」的說法。

　　(13.6) 的另一個重要含義為獨佔廠商並沒有供給曲線。我們知道，在完全競爭市場中，透過一階條件 $p_x = MC(x)$，就可解出價格與數量間的一對一關係，因而只要價格不小於平均變動成本，廠商的邊際成本線就是他的供給曲線。但 (13.6) 顯示，供給量除了受到產品價格影響外，還受到市場需求彈性的影響，因而即使價格給定，除非知道需求彈性的數

值，我們仍無法得知廠商的最適生產量或供給量是多少。換句話說，產品價格和供給量間並沒有一對一的關係，因而也就沒有所謂的供給曲線。例如，當一廠商的邊際成本為 $MC = 2x$ 時，若他所面對的需求彈性為 2，則由 (13.6) 我們知道價格與生產量間的關係為

$$p_x = 4x \tag{13.7}$$

若所面對的需求彈性為 3，則價格與生產量的關係為

$$p_x = 3x \tag{13.8}$$

比較 (13.7) 和 (13.8)，我們立即得知，只要價格相同，產量必定不同，而只要產量相等，價格必定不一樣，所以 (13.7) 和 (13.8) 均不是供給函數。事實上，任何廠商，不管其是否為獨佔，只要在市場上有一點制訂價格的能力，而使其需求彈性 $e_x < \infty$，則由上述討論立即得知，該廠商就不再有供給函數了。反過來說，真正具有供給函數的廠商只限於完全競爭廠商而已。

將 (13.6) 進一步改寫成

$$\frac{1}{e_x} = \frac{p_x - MC}{p_x}$$

我們可看到，在獨佔市場中，廠商價格高過其生產邊際成本的程度和他所面對的市場的需求彈性有直接關係。當市場彈性愈大時，廠商所訂價格超過其邊際成本的程度就愈小；反之，當所面對的市場彈性愈小時，廠商就愈有可能予取予求而將產品價格訂得高出邊際成本愈多。這個結果並不意外，也與一般常識一致。我們已經知道，市場彈性愈大，表示產品被替代的可能性愈大，廠商提高價格將會損失大量市場，因而得不償失。從另一個角度看，當某產品被其他產品替代的可能性愈小時，廠商之市場的獨佔力就愈大，因而也就愈能將價格提高在其邊際成本之上。事實上，就是因為這個緣故，阿巴·拉納 (Abba Lerner) 早在 1934 年就以 $L = (p_x - MC) / p_x$ 來衡量廠商在市場上的獨佔力；文獻上就稱 L 為拉納獨佔力指數 (Lerner's Index of monopoly power)。

最後，我們必須提醒讀者兩點：第一，如大家已經熟知的，一階條

件 (13.3) 或 (13.6) 只是利潤極大化的必要條件，而非充分條件。要保證利潤極大化，我們仍須查看二階條件。假定由一階條件解出的臨界值為 x^*，則利潤極大的二階條件為

$$\frac{d^2\pi(x^*)}{dx^2} = \frac{dMR(x^*)}{dx} - \frac{dMC(x^*)}{dx} < 0 \tag{13.9}$$

換句話說，唯有在產量為 x^* 時，廠商邊際成本增加的程度超過邊際收益增加的程度，方能保證 x^* 為此廠商的最適產量或均衡產量。第二，即使二階條件成立，這只表示 π 的值達到最大而已，但並不保證 π 的值必然為正。換句話說，即使獨佔廠商生產最適的產量，也不保證該廠商必然有正的經濟利潤。事實上，至少在短期內，廠商很可能只能賺取正常利潤，甚至遭受損失；獨佔本身並不是利潤的保證。現在我們就以線性需求函數為例來說明這點。

圖 13.3(a) 複製圖 13.2，但加上邊際成本和三條平均成本的曲線。MR 和 MC 相交所決定的產量為 x^*，且在該點二階條件 (13.9) 成立（為什麼？），故 x^* 為最適產量，而對應之 p_x^* 則為最適價格。圖 13.3(b) 繪出對應於需求曲線 $p_x = a - bx$ 的總收益曲線 TR，以及對應於三條平均成本曲線的總成本曲線。在圖 13.3(b) 中，三條總成本曲線 TC_1、TC_2 及 TC_3 的差異僅在固定成本 f_1、f_2 及 f_3，所以都對應到圖 13.3(a) 中同一條邊際成本曲線 MC。另一方面，當 $p_x = 0$ 或 $x = 0$ 時總收益為 0，故 TR 通過原點及 $(a / b, 0)$。將 (13.4) 再作一次微分即得

$$\frac{d^2TR}{dx^2} = -2b < 0$$

故知 TR 為一（嚴格）凹函數。令 (13.4) 等於零，可求得 TR 的極大在產量 $x = a / 2b$，因而我們得到圖中之 TR 曲線。同樣道理，在二階條件成立的前提下，我們得知利潤函數 $\pi(x)$ 為以 x^* 為極大點的（嚴格）凹函數。但問題是，利潤函數的位置得看總（平均）成本函數而定。圖 13.3(a) 中，我們繪出三條平均成本函數，AC_1、AC_2 和 AC_3。若平均成本函數為 AC_1，獨佔廠商的利潤曲線如圖13.3(b) 中之 π_1 所示。很明顯地，在均衡產量 x^* 下，該獨佔廠商將會有正的超額利潤。若平均成本函數為 AC_2，

圖 13.3

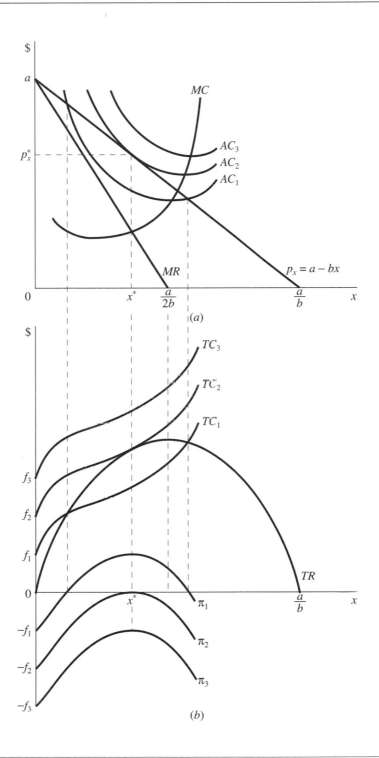

(a)

(b)

獨佔廠商的利潤曲線如圖 13.3(b) 之 π_2 所示。由圖 13.3(a) 可知，在最適產量 x^*，平均成本剛好等於價格，因而此廠商只能獲取正常利潤。最後，若平均成本函數為 AC_3，則因 AC_3 永遠超過產品價格，故即使生產最適數量，廠商之利潤也是負值。當然，在長期間，這樣的廠商，即使是個獨佔者，也終將退出市場。

【例 13.1】

假定一獨佔廠商的總成本函數為

$$TC(x) = \frac{1}{3}x^3 - 5x^2 + 17x + f \text{，} f > 0$$

他所面對的需求曲線為

$$p_x = 12 - 2x$$

試問：

(I)　該獨佔廠商的最適產量及價格為何？

(II)　f 的值為多少時該廠商之最大利潤等於 0？

【解答】

(I)　根據題意，此獨佔廠商的利潤函數為

$$\pi(x) = p_x x - TC(x) = 12x - 2x^2 - \frac{1}{3}x^3 + 5x^2 - 17x - f \tag{a}$$

一階條件為

$$\frac{d\pi(x)}{dx} = -x^2 + 6x - 5 = 0$$

故可解得 $x^* = 1$ 或 $x^* = 5$。現在來看二階條件

$$\frac{d^2\pi(x)}{dx^2} = -2x + 6$$

當 $x^* = 1$ 時

$$\frac{d^2\pi(x^*)}{dx^2} = -2 + 6 = 4 > 0$$

極大化之二階條件不成立。當 $x^* = 5$ 時

$$\frac{d^2\pi(x^*)}{dx^2} = -10 + 6 = -4 < 0$$

故極大化之二階條件在 $x^* = 5$ 時成立,因此 $x^* = 5$ 為利潤最大產量。
將 $x^* = 5$ 代入需求函數即得最適價格

$$p_x^* = 12 - 10 = 2$$

(II) 將 $x^* = 5$ 代入 (a) 即得獨佔廠商的利潤

$$\pi(x^*) = \frac{25}{3} - f$$

因此,當 $f = 25 / 3$ 時,此廠商之最大利潤等於 0。

最適價格

我們知道,獨佔廠商和完全競爭廠商的最大不同在於獨佔廠商具有訂價
的能力,他是一個價格制訂者 (price-maker),而非價格接受者。我們也常
說,獨佔廠商可透過找尋最適的價格來追求利潤的極大。但讀者或許會
感到納悶,何以強調獨佔廠商訂價能力的同時,我們在前面分析利潤極
大化過程中,均是以廠商決定最適產量(而非最適價格)為討論對象呢?
這個問題的癥結在於,訂定最適價格和訂定最適產量根本就是同一回
事;由於需求曲線的限制,決定了產量就同時決定了價格,反之亦然。
為了明確說明這一點,在此我們給予較正式的證明。

假定一獨佔廠商的需求函數和成本函數分別為

$$x = f(p_x) \text{ , } f'(p_x) < 0$$

和

$$TC = TC(x) \text{ , } TC'(x) = MC(x) > 0$$

而對應於該需求函數之逆需求函數為

$$p_x = f^{-1}(x) = g(x) , \quad g'(x) < 0 （為什麼？）$$

由上面假設可知廠商的利潤函數為

$$\pi(x) = p_x x - TC(x) \tag{13.10}$$

當我們將逆需求函數代入上式時，π 即成為 x 的函數，因此我們可以決定該廠商的最適產量；其一階條件為

$$\frac{d\pi(x)}{dx} = p_x + x \frac{dp_x}{dx} - MC(x) = 0 \tag{13.11}$$

二階條件為

$$\frac{d\pi^2(x)}{dx^2} = 2 \frac{dp_x}{dx} + x \frac{d^2 p_x}{dx^2} - MC'(x) < 0 \tag{13.12}$$

另一方面，如果將需求函數代入 (13.10)，則 π 即成為 p_x 的函數，因此廠商可選取最適的價格以極大化利潤；其一階條件為

$$\frac{d\pi(p_x)}{dp_x} = x + p_x \frac{dx}{dp_x} - MC \frac{dx}{dp_x} = 0 \tag{13.13}$$

二階條件為

$$\frac{d^2\pi(p_x)}{dp_x^2} = 2 \frac{dx}{dp_x} - MC'\left(\frac{dx}{dp_x}\right)^2 + (p_x - MC) \frac{d^2 x}{dp_x^2} < 0 \tag{13.14}$$

記得，我們的目的是，證明廠商選取最適產量與選取最適價格的結果是一樣的。因此，我們只要能證明此兩者的一階條件 (13.11) 和 (13.13) 是相同的，且二階條件 (13.12) 和 (13.14) 彼此相互隱含即可。我們先來看一階條件。因需求函數和逆需求函數彼此互為反函數，故有下列關係

$$\frac{dp_x}{dx} = g'(x) = \frac{1}{f'(p_x)} = \frac{1}{dx/dp_x} \tag{13.15}$$

將 (13.13) 第二個等號兩邊除以 dx / dp_x，並利用 (13.15) 即得

$$x\frac{dp_x}{dx} + p_x - MC = 0 \tag{13.16}$$

很清楚地，(13.16) 和 (13.11) 完全相同，因此不管廠商選取最適價格或產量，一階條件完全相同。

接著來看二階條件。由 (13.15) 微分可得

$$\frac{d^2x}{dp_x^2} = -\frac{g''(x)\dfrac{dx}{dp_x}}{\left(g'(x)\right)^2} = -\frac{g''(x)}{\left(g'(x)\right)^3} = -\frac{d^2p_x/dx^2}{\left(dx/dp_x\right)^3} \tag{13.17}$$

由 (13.13) 可得到

$$p_x - MC = -x\frac{dp_x}{dx} \tag{13.18}$$

將 (13.15)、 (13.17) 和 (13.18) 代回 (13.14)，整理可得

$$\frac{d^2\pi(p_x)}{dp_x^2} = \frac{1}{\left(dp_x/dx\right)^2}\left[2\frac{dp_x}{dx} + x\frac{d^2p_x}{dx^2} - MC'\right] < 0 \tag{13.19}$$

因 $(dp_x / dx)^2 > 0$，故 (13.19) 的符號完全取決於中括號的符號。但中括號內各項和 (13.12) 完全相同。因此，我們得知，只要 (13.12) 成立，(13.14) 就成立，反之亦然。由此得證，此兩種決策的二階條件也是一樣的。總結上述結果，我們知道，不論獨佔廠商是利用訂價，或透過最適產量的選取，其利潤極大化的結果是完全相同的，好奇的讀者，可以【例 13.1】加以驗證。

多家工廠

在非完全競爭市場結構中，因廠商規模一般而言均較大，所以很可能會有一家廠商同時擁有好幾個「工廠」(plant) 從事生產的狀況。在這種情形下，廠商又如何決定總生產量以及各個工廠的產量以使利潤達到最大呢？很顯然地，總產量仍是由邊際成本等於邊際收益的條件來決定，因為只要 $MR \neq MC$，則透過產量調整必然可提高利潤。現在問題是，在超過一個工廠，且每個工廠生產技術可能不完全相同的情況下，此廠商的

邊際成本又如何決定呢？

為了簡化說明，我們假定一獨佔廠商擁有兩個生產 X 的工廠，其成本函數分別為 $TC_1(x_1)$ 和 $TC_2(x_2)$，其中 x_1 和 x_2 分別為第 1 家和第 2 家工廠的產量。在繼續說明之前，我們先提醒讀者，雖然我們是以兩個工廠為例，但其分析原理和結果在超過兩個工廠時仍然成立。現在假定該廠商生產 $x = 100$ 單位的產品，在需求函數給定的前提下，此廠商的總收益即已確定；因此，為了使利潤達到最大，此廠商只要將生產此 100 單位產品的成本壓到最低即可。如果此廠商將 100 單位 X 平均分配在兩個工廠生產，即 $x_1 = 50$，$x_2 = 50$，$x = x_1 + x_2 = 100$，但發現此時 $MC_1 = 8$，$MC_2 = 3$。在這種情況下，減少第一家工廠一單位的生產可以節省 8 元的成本；增加第二家工廠一單位的生產則需多花 3 元。因此，廠商只要將 X 的生產由第一家工廠移一單位到第二家工廠即可節省 5 元的成本，而總產量則沒有改變。若在 $x_1 = 49$，$x_2 = 51$ 時，廠商仍然發現 $MC_1 > MC_2$，則他可繼續將生產由第一家工廠移到第二家工廠以節省成本。這個生產在兩工廠間的調整，將持續到兩個工廠的邊際成本相同時才停止，而此時也是生產 100 單位 x 所能達到的最低生產成本（為什麼？）。假定邊際成本相同時為 $MC_1 = MC_2 = 4.8$，則我們就可說，此廠商生產 $x = 100$ 時的邊際成本為 $MC = 4.8$。同樣道理，我們可推得任何產量下的邊際成本。

我們也可以圖解方式來說明上述結果。圖 13.4 中 MC_1 和 MC_2 分別為第一家和第二家工廠的邊際成本線，而 MC 則是 MC_1 和 MC_2 兩條線的水平加總。現在考慮對應於 MC 的任一產出水準 x^*。根據前面的說明，唯有將此 x^* 分配到兩個工廠，使得此兩工廠的邊際成本剛好相等時方可使生產 x^* 的總成本達到最小，而此時兩工廠「相等的邊際成本」也就是此廠商生產 x^* 的邊際成本。現在由 e 點作一水平線 ec 與 MC_1，MC_2 分別相交於 a 與 b。因 MC 為 MC_1 和 MC_2 的水平加總，故我們知道 $ca + cb = ce$，亦即 $x_1^* + x_2^* = x^*$。換句話說，只要由第一家工廠生產 x_1^*，第二家工廠生產 x_2^*，他們的邊際成本就都等於 c，且因 $x_1^* + x_2^* = x^*$，因此此廠商生產 x^* 的邊際成本即為 c，由此得知，e 為此廠商邊際成本上的一點。經由相同過程，我們可以歸結如下：當一廠商的兩家工廠的邊際成本線為 MC_1 和 MC_2 時，此廠商的邊際成本線就是 MC_1 和 MC_2 的水平加總。圖 13.4 也顯示，當此廠商面對的邊際收益曲線為 MR 時，均衡點為 e 點，

圖 13.4

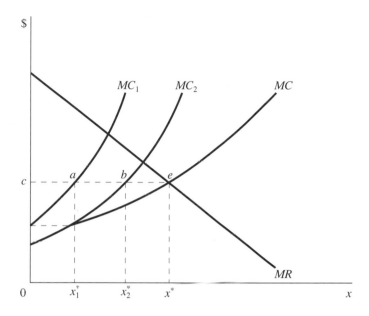

最適產量為 x^*，而兩工廠的產量分別為 x_1^* 和 x_2^*。當然，如前面所提到的，此最適產量只保證廠商的利潤達到最大，並不保證這個利潤一定是正值。

最後，我們將上面的討論以數學模型分析，作為本小節的結束。假定此廠商之總收益函數為 $TR(x) = TR(x_1 + x_2)$，其兩工廠之成本函數分別為 $TC_1(x_1)$ 與 $TC_2(x_2)$，則利潤函數為

$$\pi(x_1, x_2) = TR(x_1 + x_2) - TC_1(x_1) - TC_2(x_2)$$

利潤極大化之一階條件為

$$\frac{\partial \pi(x_1, x_2)}{\partial x_1} = TR'(x_1 + x_2) - TC_1'(x_1) = MR - MC_1 = 0$$

$$\frac{\partial \pi(x_1, x_2)}{\partial x_2} = TR'(x_1 + x_2) - TC_2'(x_1) = MR - MC_2 = 0 \qquad (13.20)$$

假定二階條件成立（有興趣的讀者，請參閱第二章，自行列出二階條

件），則一階條件隱含，在均衡時

$$MR = MC_1 = MC_2 \tag{13.21}$$

因此，在均衡時兩家工廠生產的邊際成本要彼此相等，且等於該廠商的邊際收益，這個結果和前面所得到的完全相同。

【例 13.2】

假定一獨佔廠商擁有兩家工廠，其成本函數分別為

$$TC_1(x_1) = x_1^2 , \quad TC_2(x_2) = 2x_2$$

若此廠商所面對的市場需求函數為

$$p_x = 70 - 2(x_1 + x_2)$$

試問：

(I)　此廠商只以第一家工廠生產時的最適產量，價格及利潤為何？

(II)　此廠商只以第二家工廠生產時的最適產量，價格及利潤為何？

(III) 此廠商同時以兩家工廠從事生產的最適產量、價格及利潤為何？

【解答】

(I)　當此廠商只以第一家工廠生產時的利潤函數為

$$\pi = (70 - 2x_1)x_1 - x_1^2 \tag{a}$$

利潤極大化之一階條件為

$$\frac{d\pi}{dx_1} = 70 - 4x_1 - 2x_1 = 0$$

因二階條件

$$\frac{d^2\pi}{dx_1^2} = -6 < 0$$

滿足，故可由 (a) 解出最適產量為 $x_1^* = 70 / 6$，再由需求函數得到是適價格 $p_x^* = 140 / 3$，此時的利潤為 $\pi^* = 1,225 / 3$。

(II)　只以第二家工廠生產時的利潤函數為

$$\pi = (70 - 2x_2)x_2 - 2x_2 \qquad\qquad (b)$$

利潤極大化的一階條件為

$$\frac{d\pi}{dx_1} = 70 - 4x_2 - 2 = 0$$

讀者可自行查證二階條件成立，故可由 (b) 解得最適產量為 $x_2^* = 17$；價格為 $p_x^* = 36$；利潤為 $\pi^* = 578$。

(III) 兩家工廠同時生產之利潤函數為

$$\pi = (70 - 2(x_1 + x_2))(x_1 + x_2) - x_1^2 - 2x_2$$

利潤極大化之一階條件為

$$\frac{\partial\pi}{\partial x_1} = 70 - 6x_1 - 4x_2 = 0 \qquad\qquad (c)$$

$$\frac{\partial\pi}{\partial x_2} = 68 - 4x_1 - 4x_2 = 0 \qquad\qquad (d)$$

我們請讀者自行查驗二階條件。由 (c)、(d) 可解得兩工廠的均衡產量分別為 $x_1^* = 1$，$x_2^* = 16$；價格為 $p_x^* = 36$；利潤為 $\pi^* = 579$。

這是個頗有趣的問題，相關圖形如圖 13.5 所示。請讀者自行在圖 13.5 中繪出此廠商之邊際成本線 MC，並比較及說明 (II) 與 (III) 之兩組答案間的關係。

租稅效果

我們知道，政府租稅課徵通常會影響廠商的行為。事實上，政府往往利用這種關係，試圖以各式各樣的租稅政策來達到某些政策目標。在這一小節中，我們將看幾種不同形式的租稅對獨佔廠商產量或訂價的影響。最簡單的一種租稅就是總額稅 (lump sum tax)；政府直接要求廠商在一定期間內繳交一定稅額，這個稅額與廠商的營業狀況，諸如產量、收入或利潤均沒任何關係。由總額稅的性質，我們立即得知，這種稅收，只要不大到廠商無法負擔的程度，將不會影響廠商的生產及銷售行為。因我

圖 13.5

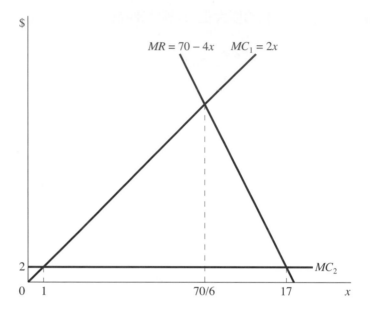

們知道，只要廠商留在市場，其產量的決定只受邊際收益及邊際成本的影響，而後兩者並不會因總額稅的課徵而改變。總結而言，總額稅與固定成本的性質相同，它可影響廠商是否留在市場的決策，但當廠商決定留在市場時，總額稅並不會影響其價格和產量。

　　接著我們來看利潤稅 (profit tax)，這是指政府對廠商生產、銷售後所賺得的利潤，課徵一定比率 t 的稅，因此在交稅以後廠商實際保有的利潤成為 $(1-t)\pi$。當然，如前所提，至少在短期，獨佔廠商不一定會有正的利潤。當廠商發生虧損時，利潤稅自然變得沒有意義，故在討論利潤稅時，我們乃隱含假定廠商並不發生虧損。在課徵利潤稅時，利潤函數可寫成

$$(1-t)\pi = (1-t)(TR(x) - TC(x))$$

故利潤極大化的一階條件成為

$$\frac{d(1-t)\pi}{dx} = (1-t)(MR - MC)$$

圖 13.6

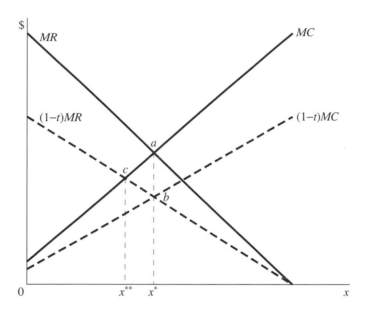

$$= (1 - t)MR - (1 - t)MC = 0 \qquad (13.22)$$

由 (13.22) 我們清楚看到，課徵利潤稅下，廠商的均衡條件仍然與沒課利潤稅時相同，為 $MR = MC$。但 (13.22) 也告訴我們，利潤稅的確影響了廠商的 MR 和 MC，只是它們以相同程度下降，而使得稅後最適產量和稅前相同而已。圖 13.6 中，MR 和 MC 代表稅前的邊際收益和邊際成本曲線，交點 a 決定均衡產量 x^*。現在政府課徵比率為 t 的利潤稅。根據 (13.22)，我們知道稅後的邊際收益和邊際成本均為稅前的 $(1 - t)$ 倍而已。圖 13.6 中，$(1 - t)MR$ 和 $(1 - t)MC$ 乃是 MR 和 MC 垂直距離的 $(1 - t)$ 倍，代表稅後的邊際收益和邊際成本。切記，在產量為 x^* 時，稅前的 MR 和 MC 相同，故 $(1 - t)MR$ 和 $(1 - t)MC$ 也必然一樣。由此可知，$(1 - t)MR$ 和 $(1 - t)MC$ 的交點 b 必然在 a 的正下方，故此獨佔廠商的最適產量和價格並不會因課徵利潤稅而改變。

接著來看政府對銷售額課比率 t 的稅收的情形。在這種情況下，廠商的總收入成為 $(1 - t)TR(x)$，故利潤函數為

$$\pi = (1 - t)TR(x) - TC(x) \qquad (13.23)$$

而利潤極大化一階條件為

$$\frac{d\pi}{dx} = (1-t)MR - MC = 0 \tag{13.24}$$

比較 (13.22) 和 (13.24)，我們發現，就銷售額課稅，對廠商邊際收益的影響與利潤稅完全相同，使圖 13.6 中之 MR 下移到 $(1-t)MR$。但和利潤稅不同的是，銷售額課稅並不影響邊際成本線 MC。因此，對銷售額課稅後的新均衡點為圖 13.6 中之 c，最適產量也由 x^* 下降到 x^{**}，故產品價格必然因銷售稅的課徵而上漲。我們可利用 (13.5) 及 (13.24) 得到

$$p_x = \frac{MC}{(1-t)\left(1-\dfrac{1}{e_x}\right)}$$

如果我們進一步假定需求彈性 e_x 和 MC 均為固定，則

$$\frac{dp_x}{dt} = \frac{MC}{(1-t)^2\left(1-\dfrac{1}{e_x}\right)} \tag{13.25}$$

如果一開始時稅率 $t = 0$，則上式成為

$$\frac{dp_x}{dt} = \frac{MC}{1-\dfrac{1}{e_x}} = p_x$$

或

$$\frac{\dfrac{dp_x}{dt}}{p_x} = 1 = 100\%$$

換句話說，在需求彈性與邊際成本固定的前提下，政府由不課稅開始課徵銷售稅，將使該產品價格上升 100%。

尤有進者，若原來稅率 $t > 0$，則 (13.25) 成為

$$\frac{dp_x}{dt} = \frac{1}{1-t} \frac{MC}{(1-t)\left(1-\dfrac{1}{e_x}\right)}$$

$$= \frac{1}{1-t}p_x$$

或

$$\frac{\dfrac{dp_x}{dt}}{p_x} = \frac{1}{1-t} \tag{13.26}$$

但因稅率 t 必然符合 $0 < t < 1$ 的限制（為什麼？），因此 $0 < 1 - t < 1$，而 (13.26) 右邊之值必然超過 1。這表示，在政府原已課銷售稅，且 e_x 和 MC 均固定的情形下，進一步提高銷售稅率，將使該產品的價格上升超過 100%。

最後，政府也可能對廠商銷售的每一單位產品課徵一定的從量稅 t_x，在此稅制下，廠商利潤函數成為

$$\pi = TR(x) - TC(x) - t_x x$$

或

$$\pi = (TR(x) - t_x x) - TC(x) \tag{13.27}$$

$$\pi = TR(x) - (TC(x) + t_x x) \tag{13.28}$$

很顯然地，如果我們以 (13.27) 進行分析，則此從量稅會影響廠商的邊際收益，但不影響邊際成本；如果我們以 (13.28) 進行分析，則此稅會影響的是邊際成本，但不會影響邊際收益。因從量說的分析過程和原理與上面之利潤稅和銷售稅完全相同，我們不在此重覆，而將其留給讀者作為練習，但我們願在此指出，一般而言，從量稅會使獨佔廠商產量下降，價格上升，且在 MC 和 e_x 固定的情形下，廠商可能轉嫁超過 100% 的稅負給消費者。另外值得特別提醒讀者的是，從價稅 t_s 的單位是貨幣，即每單位產品課徵多少元的稅；反之，利潤稅或銷售稅 t 則沒有單位，它是個百分比，因而更明確點說，應將 t 稱為利潤稅稅率或銷售稅稅率。

圖 13.7

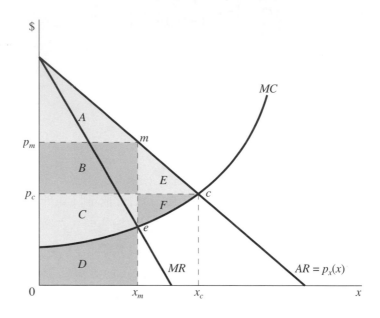

13.2　獨佔和福利效果

前面討論完全競爭市場時，我們曾說明消費者剩餘與生產者剩餘可以用來衡量社會福利，同時也說明了完全競爭市場能使社會福利達到最大，滿足經濟效率。現在，我們已經知道，在獨佔市場結構下，獨佔廠商的生產決策與完全競爭廠商並不相同。因此，一個合理的懷疑是，從社會福利與經濟效率的觀點來看，獨佔市場結構對於社會福利或經濟效率應有不利的影響。很幸運地，我們可輕易地證明，這種懷疑確實是合理的。

圖 13.7 中，$p_x(x)$ 為 X 產品的市場需求曲線。假定此市場原為一完全競爭市場，則廠商會生產到邊際成本與價格相等的水準。因此，在完全競爭市場下，X 的產量為 x_c，而其價格為 p_c。根據第十二章的分析，我們知道，消費者剩餘為 $A + B + E$，生產者剩餘為 $C + F$，而社會福利則可以 $A + B + C + E + F$ 來表示。現在，想像某一家大公司將所有完全競爭廠商買下，成為生產此產品的唯一廠商，則在追求利潤極大的目標下，該獨佔廠商會生產到 $MC = MR < p_x$ 的水準。由於該獨佔廠商乃是

原有完全競爭廠商所組成，除了所有權歸屬的差異外，純由生產技術層面來看，此獨佔廠商與過去的所有完全競爭廠商並無不同，故圖 13.7 中之 *MC* 曲線在獨佔廠商形成後仍然成立。因此 *MC = MR* 所決定的均衡點為 e，此時獨佔廠商生產 x_m，價格為 p_m。很明顯地，$x_m < x_c$，$p_m > p_c$；換句話說，當市場結構由完全競爭變成獨佔後，產品產量減少，價格上升。從消費者的角度來看，這種轉變當然是相當不利的，因為不但他們所能消費的產品減少，且所付的價格也上升了。反之，就生產者來說，生產者雖因產量減少而使生產者剩餘下降，但因價格上升，故其剩餘會增加。表面上，生產者剩餘的增減似乎無法確定，不過，從「顯示性偏好」的角度來看，生產者剩餘必然是增加的，因為此獨佔廠商事實上是可以生產 x_c，並以 p_c 的價格銷售產品。總結來說，由完全競爭變成獨佔必然使消費者剩餘減少，生產者剩餘上升。接下來，我們自然會問，那整個社會的福利又如何呢？

利用圖 13.7，我們可明確將獨佔所帶來的消費者剩餘與生產者剩餘的變化表示出來。我們已知道在完全競爭下消費者剩餘為 $A + B + E$。當面對獨佔價格 p_m 時，消費者剩餘成為 A，因此消費者剩餘的變化可寫成

$$\Delta CS = -(B + E) \tag{13.29}$$

同樣地，完全競爭下，生產者剩餘為 $C + F$；在獨佔下，生產者剩餘為 $B + C$，故生產者剩餘的變化為

$$\Delta PS = B - F \tag{13.30}$$

結合 (13.29) 和 (13.30)，我們立即得知社會福利的變化為

$$\Delta W = \Delta CS + \Delta PS = -(E + F)$$

由上面過程，我們可清楚看到，當市場結構由完全競爭變成獨佔時，一方面，由於價格的提高，發生了重分配效果。就那些仍可買到產品的消費者來說，他們每單位須多付 $(p_m - p_c)$ 的價格，因此 B 代表原消費者剩餘移轉給生產者，成為生產者剩餘的一部份。由於這部份只是福利的重分配，從整個社會的角度來看，並沒有任何實質的損失。但在另一方

面，由於產量減少，生產者剩餘減少了 F，而一些原可買得這些產品的人，不再有機會消費此產品，形成了 E 的消費者剩餘損失。這兩部份的損失，$-(E+F)$，社會上沒有任何團體或個人得到，因而是獨佔行為所帶來的整個社會的**無謂損失** (deadweight loss)，是純粹的獨佔的社會成本。

我們可從另一個角度來看獨佔的無謂損失。我們已知道，需求價格 p_x 是代表整個社會對產品的邊際評價，因此，只要 $p_x > MC$，則社會對額外生產一單位 X 的評價就超過生產該單位產品的成本，那麼生產此一單位產品對整個社會來說就可額外得到 $p_x - MC$ 的福利。換句話說，只要 $p_x > MC$，繼續增加生產就可不斷提高社會福利。由於獨佔廠商均衡時有 $MC = MR < p_x$ 的關係，因而我們知道，由獨佔廠商的最適產出水準 x_m 再增加生產，就可使社會福利上升。也因此，我們知道獨佔廠商並沒有達到經濟效率，因為當經濟效率達到時，社會福利是無法再提高的。尤有進者，上面的討論也告訴我們，在圖 13.7 中，唯有生產水準提高至 x_c 時，社會福利才無法再透過生產的調整而增加（為什麼？），這也是我們過去所得到的，完全競爭市場可達到經濟效率的結果。現在我們可清楚看到，將 X 的產量由 x_m 提高到 x_c 可額外增加 $E+F$ 的社會福利。因此，由完全競爭變成獨佔所帶來的無謂損失就是 $-(E+F)$。

雖然 $-(E+F)$ 是一般公認的獨佔的無謂損失，但有不少經濟學者，特別是所謂的「政治經濟學者」(political economist)，強調獨佔的損失絕對超過 $-(E+F)$。為什麼呢？為了讓說明清楚些，我們假定生產 X 的固定成本為 0，則圖 13.7 顯示，獨佔廠商生產 x_m 的總收益為 $B+C+D$，總成本為 D，因此經濟利潤為 $B+C>0$。現在，問題是，如果此獨佔廠商能長期享有超額利潤，即正的經濟利潤，那麼其他廠商為何不在此超額利潤的吸引下進入此一市場呢？這個問題直接關連到我們對於獨佔市場結構的定義。記得，我們定義獨佔市場為只有一個廠商，而消費者成為價格接受者的市場型態。但上面的分析又告訴我們獨佔廠商可能長期享受超額利潤。於是，將這兩個現象結合在一起的一個隱含的假設是，在獨佔市場結構下必然有某些市場**進入障礙** (entry barrier)，方能使獨佔市場長久維持下去。一般說來，獨佔市場結構下的市場進入障礙包括：
(1) 該獨佔廠商擁有生產上必備的獨特生產因素或生產技術。當其他廠

商缺少了這必備的因素或生產技術時,自然無法進入該市場。

(2) 該廠商屬於所謂的**自然獨佔** (natural monopoly),關於這點,我們在下面會有詳細的說明。

(3) 政府透過公權力或立法行動賦予該廠商獨佔地位,因此其他廠商根本就無從進入這個市場;這或許是廠商獨佔地位可以長久維持的最重要、最有力的理由。事實上,「獨佔」(monopoly) 這個名詞原本就有政府特許之「獨佔權」(exclusive right) 的意思。例如,「台灣菸酒股份有限公司」的前身,「台灣省菸酒公賣局」的英文名稱為 Taiwan Tabacco and Wine Monopoly Bureau,即明白指出這是一家獨佔廠商,只是由政府透過立法程序特許的。

當一廠商的獨佔地位是來自政府公權力的行使或立法的保障,且長期享有超額利潤時,如前面所提,必然會有其他廠商想介入以「取而代之」。為了達到取而代之的目的,這些廠商必然會從事各種關說、遊說,甚至賄賂行為,以期改變公權力或立法。很顯然地,只要這些關說、遊說或賄賂的支出,不超過取得獨佔地位後所獲得的超額利潤,那就是值得進行的「投資」。以圖 13.7 的情形來說,只要這些「投資」支出不超過 $B + C$,廠商就願意進行。而當這些想要取得獨佔地位的廠商彼此競爭這個獨佔地位時,既存的獨佔廠商也會為了維護其既得利益而進行反撲。同樣的,既存的獨佔廠商最大的「投資」支出也會是超額利潤 $B + C$。這種眾多潛在與既存廠商,為了爭奪獨佔利潤所進行的各種相關活動即是通稱的**競租** (rent-seeking) 行為。在此值得強調的是,競租活動的目的只是在將獨佔利潤進行轉移或重分配而已。因此,競租行為對社會的實質產出並沒有直接貢獻,它是種**不具直接生產性的利潤競逐活動** (directly unproductive profit-seeking activities, *DUP*),是社會資源的無謂消耗。由於這個緣故,研究競租行為的政治經濟學者認為,獨佔的無謂損失必須在 $E + F$ 之外再加上競租的資源浪費。在「競租市場」是完全競爭市場的假設下,我們可以推論得到,均衡時因競租所帶來的損失將等於獨佔的超額利潤,即 $B + C$。因此,競租理論者認為獨佔的損失應是圖 13.7 中之 $B + C + E + F$,而不是傳統的 $E + F$。當然,「競租市場」不見得是個完全競爭市場,因而考慮競租行為後的無謂損失也未必如 $B + C + E + F$ 那樣大。然而,競租理論卻傳達了一個重要的訊息,即傳統有關獨佔所

造成的無謂損失，恐怕有被嚴重低估的現象。這是個相當重要的發現，因為超額利潤、競租等問題，並不限於政府所造成的獨佔，而是普遍存在於受到政府干預的市場中。換句話說，政府對市場干預，例如價格管制或進口限額等，所付出的代價很可能大大超過我們所熟知，代表無謂損失那些「小三角形」。

價格管制

獨佔廠商既然會帶來無謂損失以及諸如重分配等其他問題，政府對獨佔廠商的經營均有或多或少的管制。最著名的當然是所謂的*反托辣斯法*(antitrust law)，但我們不擬探討這種較屬於法律層面的問題。反之，我們將分析另一種政府常採用的對獨佔廠商的管制，即價格管制。明確點說，獨佔廠商之所以帶來無謂損失，就是因其生產太少，價格太高。因此，減少無謂損失的一個最直接的方法就是將獨佔廠商所訂的價格加以限制，使其不致太高。但由上一章的討論，我們知道，在完全競爭市場中，政府的價格管制本身就會造成無謂損失，那麼在獨佔市場中的價格管制，是否就真能達到消除獨佔的無謂損失的目的呢？

我們可以圖 13.8 來說明價格管制的效果，圖中 $p_x(x)$ 為 X 產品的市場需求曲線。如果此為一獨佔市場，則未管制下的均衡產量為 x_m，價格為 p_m，獨佔的無謂損失為 emc（暫不考慮競租問題）。若政府限定此獨佔廠商的價格上限為 p_1，則需求曲線 ab 之 ad 部份將不再有效。事實上，限定價格上限為 p_1 後，此獨佔廠商所面對的需求曲線成為 p_1db。因在 p_1d 這部份，價格或平均收入為固定的 p_1，故對應於這部份需求曲線的 MR 也是 p_1。但對應於 db 這部份需求曲線的 MR 則完全不受價格管制的影響，仍為 fMR 及其延伸（為什麼？）。也就是說，在價格限制之後，此獨佔廠商的 MR 曲線為 p_1dfMR。因 x_1 這單位的邊際收益 p_1 大於其邊際成本，但只要再增加生產一單位，則有 $MR < MC$，故價格管制後此獨佔廠商的最適生產量為 x_1，而價格則為 p_1。根據前面的分析，讀者應可輕易查證，在最高價格為 p_1 的限制下，無謂損失為 gdc，較未管制下的 emc 小。因此，政府的價格管制確可達到降低無謂損失的目的。事實上，讀者也可很輕易看出，只要政府將價格限於 p_m 和 p_2 之間，無謂損失都會減少，而當政府將最高價格設為 p_c 時，廠商將會生產完全競爭的產量

圖 13.8

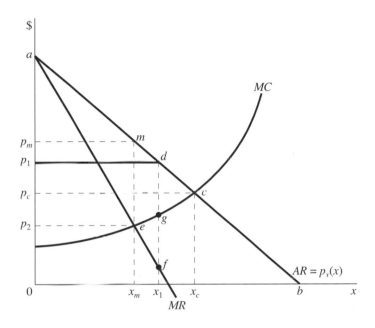

x_c，完全消除無謂損失。

　　上面的結果似乎告訴我們，消除獨佔所帶來的無謂損失並不是什麼困難的事；政府只要採用所謂邊際成本訂價法 (marginal cost pricing)，將價格上限訂在邊際成本與需求曲線的交點所決定的價格即可。但事實恐怕沒那麼簡單。首先，就政策實際執行面來講，估計市場需求曲線及廠商的邊際成本函數都不是容易的工作。特別是，邊際成本的估算，往往必須依賴此唯一一家廠商所提供的生產成本資料。當廠商知道自己所提供的資料，將被用來制訂管制自己的價格時，他是否願意誠實地提供資料就是個大問題。更何況，誰又能保證在這種情況下，廠商不會進行買通相關官員等競租活動呢？其次，即使撇開執行層面問題，純就理論層面來說，邊際成本訂價法在面對自然獨佔時，仍然會發生問題。為了說明這點，我們須先說明自然獨佔的意義。

　　前面我們提過，造成進入障礙的一種可能原因為自然獨佔。所謂自然獨佔，簡單地說，就是在「相關產出範圍內」，一家廠商單獨生產該產業全部產品的成本較由幾家廠商共同生產來的低的現象。我們可較嚴謹

地以符號來定義自然獨佔的概念，假定生產某產品 x 單位的成本函數為 $TC(x)$，若 x_1 與 x_2 為任何兩個其他生產水準，且 $x = x_1 + x_2$，若

$$TC(x_1) + TC(x_2) > TC(x) \tag{13.31}$$

則我們稱此產業為自然獨佔。將 (13.31) 兩邊際除以 x，再稍加變化可得

$$\frac{x_1}{x} \frac{TC(x_1)}{x_1} + \frac{x_2}{x} \frac{TC(x_2)}{x_2} > \frac{TC(x)}{x}$$

或

$$\lambda_1 AC(x_1) + \lambda_2 AC(x_2) > AC(x) \tag{13.32}$$

上式中，$\lambda_i = x_i / x$，$i = 1, 2$，代表產量 x_i 佔整個產業產量的比率，所以 $\lambda_1 + \lambda_2 = 1$。換句話說，在 $x = x_1 + x_2$ 的限制下，只要生產 x_1 和 x_2 的平均成本的加權平均超過生產 x 的平均成本，我們就有自然獨佔。在此情況下，整個產業由一家廠商生產要比由超過一家廠商生產來得有效率。我們可以很輕易推得，只要廠商的平均成本線在產量不超過 $x_1 + x_2$ 時為負斜率，那麼 (13.32) 必然成立。以圖 13.9 為例，當產量為 x_1 時平均成本 $AC(x_1) = ax_1$，產量為 x_2 時，平均成本 $AC(x_2) = bx_2$，因此 (13.32) 左邊的加權平均可以圖中弦 ab 上某一點的高度來表示。但弦 ab 上任一點的高度必然不會小於 $AC(x_2)$ 的高度（為什麼？），在平均成本曲線為負斜率的情況下，$AC(x_1 + x_2)$ 必然小於 $AC(x_2)$，故 (13.32) 必然成立，因而這個產業也就具有自然獨佔的性質了。在此必須提醒讀者，上述平均成本隨產量遞減乃是自然獨佔的充分條件，但非必要條件。例如，圖 13.9 中，平均成本線在產量超過 x_m 時開始遞增，但只要此產業的市場需求量永遠不到 x_m 的水準，我們根本不用多擔心平均成本遞增的部份，故仍可將其視為自然獨佔；這也是為什麼我們前面定義自然獨佔時，特別強調「在相關產出範圍內」的原因。但為了便於說明，在接下來有關自然獨佔的討論，我們將直接假定平均成本遞減。

　　讀者或許會問，在現實社會中，自然獨佔的產業到底有多重要？在生產技術方面到底有那些特性方會使平均成本遞減而成為自然獨佔呢？我們不擬在此深入探究這些問題，而僅指出，只要生產技術具有規模經

圖 13.9

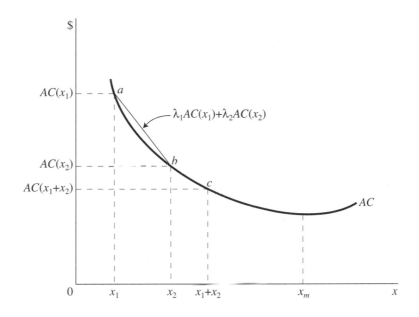

濟的特性，或者生產成本中包含大量的固定成本且邊際成本夠小的話，那麼平均成本就會隨產量增加而遞減（請確定你知道為什麼是這樣）。一般而言，某些需要大量固定資本投入的產業，如電力、瓦斯、有線電視、電話、交通運輸等產業，多多少少均具有這些性質，這也是為什麼這些產業常成為政府管制對象，或由政府直接經營的主要原因。

現在回到前面的問題，我們想知道，何以邊際成本訂價法並不適用於自然獨佔的產業。圖 13.10 中，獨佔廠商之平均成本線為負斜率，故代表自然獨佔。由平均和邊際的關係，我們知道在此情況下，邊際成本曲線必如圖上所示，位於平均成本線的下方。在沒任何管制時，此獨佔廠商將生產 x_m，並以 p_m 的價格出售產品，獲取陰影區域 A 的超額利潤。現在，政府若以邊際成本訂價法，限訂最高價格為 p_c，當然可以完全消除無謂損失（圖中那個部份呢？）。然而，仔細觀察圖 13.10，我們發現，在價格為 p_c 時，廠商會生產 x_c 的數量。但在產量為 x_c 時，生產的平均成本為 $AC(x_c)$，比 p_c 還高，因而廠商如果真的進行生產的話，將遭受陰影區域 B 的損失。長期而言，面對這種價格管制，廠商只有退出市場一

圖 13.10

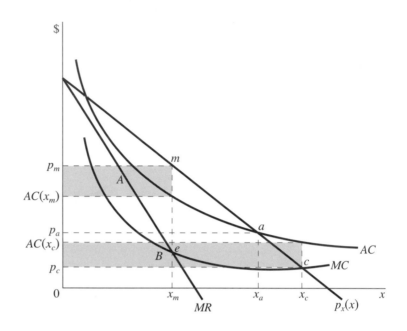

途。如果政府不希望廠商退出市場,那只有對廠商損失加以補貼,或者放棄邊際成本訂價法。圖 13.10 顯示,只要將價格限於平均成本線與需求曲線交點所決定的價格 p_a,就可保證廠商不致遭受損失。雖然這種**平均成本訂價法** (average cost pricing) 所決定的產量 x_a 必較最適產量 x_c 少,因而也無法完全消除無謂損失,但可能是面對自然獨佔時不得不採取的「次佳」(second best) 選擇。

　　值得一提的是,不管是用邊際成本訂價法配合補貼,或利用平均成本訂價法,在執行上都有很多困難必須克服。如前面提過的,不管那一種訂價法,都要面對成本函數與需求函數的估計問題。只要這些估計不正確,甚至基於某些原因而造假,則所得結果就很可能無法達到降低或消除無謂損失的初衷。在邊際成本訂價與補貼的方式下,情況往往更加複雜。一方面,對「獨佔廠商」補貼,在政治上很難避免爭議,因為一般人很難接受「獨佔」者還要被補貼的事實。另方面,如果獨佔廠商因可透過補貼而保證不致發生虧損,則很可能導致其生產效率下降。若生產效率下降,則政府補貼可能成為對缺乏效率廠商的補貼,反而浪費了寶貴

的社會資源。許多具有獨佔性質的國營企業，生產、管理效率都不好，其根本原因即在於虧損可由政府預算補貼、支應。

13.3 獨買

到目前為止，我們所討論的都是市場上只有一位銷售者的獨佔市場。在最後這一節中，我們將討論另外一種極端，即市場上有很多銷售者，因而每位銷售者均是價格接受者，但卻僅有一位購買者的市場結構；經濟學上將這種市場結構稱為獨買。在本章一開始我們已提過，獨買和獨賣雖是兩種相互對立的情況，但分析方法與結果相當類似，只是分別從購買者與銷售者的角度看問題而已。由於我們已花了很大心力介紹獨佔市場，故有關獨買的介紹將儘量簡化，細節方面則鼓勵讀者參考有關獨佔的討論，自行補足。

獨買者既然是市場上某一產品的唯一購買者，因而他所面對的供給曲線就是整個市場的供給曲線。在一般正斜率市場供給曲線的情況下，這表示隨獨買者產品購買量增加，他們必須支付的價格也跟著提高。換個角度看，獨買者可透過其所購買的產品數量，決定產品的價格；因此，獨買者和獨佔者一樣，是價格制訂者，而非價格接受者。

現在假定某消費者在 X 產品市場是位獨買者，其所面對的 X 的逆供給曲線為 $p_x = p_x(x)$，$p_x'(x) > 0$。若此消費者在其他產品市場均為價格接受者，且 Y 代表花費在其他產品上的總支出，則 Y 的價格為 $p_y = 1$。假定此人的貨幣所得為 m，效用函數為 $U(x, y)$，則其效用極大化問題可寫成

$$\max_{x,y} U(x, y)$$

$$\text{s.t. } m = p_x x + y$$

$$p_x = p_x(x)，p_x'(x) > 0 \tag{13.33}$$

其對應之拉格朗日函數為

$$\mathcal{L} = U(x, y) + \lambda(m - p_x(x)x - y) \tag{13.34}$$

限制極大化之一階條件為

$$\frac{\partial \mathcal{L}}{\partial x} = \frac{\partial U}{\partial x} - \lambda(p_x(x) + xp'_x(x)) = 0 \tag{13.35}$$

$$\frac{\partial \mathcal{L}}{\partial y} = \frac{\partial U}{\partial y} - \lambda = 0 \tag{13.36}$$

$$\frac{\partial \mathcal{L}}{\partial \lambda} = m - p_x(x)x - y = 0 \tag{13.37}$$

將 (13.35) 至 (13.37) 的各式與第三章中典型的效用極大化問題作比較，讀者將發現，在此只不過 p_x 不再固定及 (13.35) 中多了 $xp'_x(x)$ 一項而已。因此，我們仍可由 (13.35) 至 (13.37) 解出 x、y 和 λ 三個變數。由於我們的重點在獨買市場，故我們將只就 x 作討論。

由 (13.36) 解出 λ，並將其代入 (13.35) 可得到

$$\frac{\partial U(x,y)/\partial x}{\partial U(x,y)/\partial y} = p_x(x) + xp'_x(x) \tag{13.38}$$

上式左邊乃是我們所熟知的邊際替代率。又因 $\partial U(x, y) / \partial x$ 為 X 的邊際效用，而 $\partial U(x, y) / \partial y$ 為貨幣的邊際效用，故邊際替代率正是以貨幣表示的 X 的邊際效用，我們可將其稱為 X 的「邊際價值」(marginal value，MV)。(13.38) 右邊表示當獨買者多購買一單位 X 時所必須支付的額外花費，稱為「邊際支出」(marginal expenditure, ME)。其中，p_x 代表額外購買那單位的 X 的價格，$xp'_x(x)$ 則是原本購買的 X 在價格上升 ($p'_x(x) > 0$) 後所增加的花費。由此，我們立即得知 $ME > p_x$，亦即獨買者的邊際支出，除了在 $x = 0$ 的情況外，必然大於他所面對的價格或「平均支出」(average expenditure, AE)，這個原理和獨佔的邊際收益永遠 ($x = 0$ 除外) 小於價格完全相同。現在利用供給彈性

$$e^s_x = \frac{dx}{dp_x} \frac{p_x}{x}$$

我們可將 (13.38) 寫成

$$MV = ME = p_x\left(1 + \frac{1}{e^s_x}\right) \tag{13.39}$$

圖 13.11

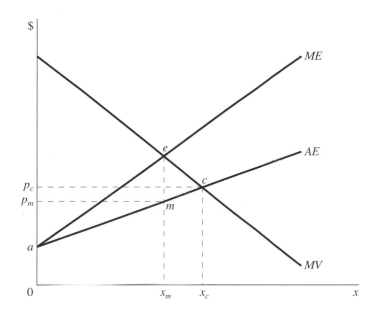

這個式子和 (13.6) 相當類似，它也是獨買者在 X 市場的均衡條件。

圖 13.11 中，我們假定 X 的供給曲線為 $p_x = a + bx$，$a > 0, b > 0$，故總支出為 $p_x x = ax + bx^2$，邊際支出為 $ME = d(p_x x) / dx = a + 2bx$。注意，因 $p_x = AE$，故 ME 和 AE 均是自縱軸截距等於 a 這點出發的直線，只不過 ME 的斜率為 AE 的兩倍而已。利用邊際替代率遞減的性質，我們知道 MV 將隨 X 消費增加而下降。圖 13.11 顯示 $MV = ME$ 所決定的均衡購買量為 x_m，均衡價格為 p_m。我們知道，若此消費者為價格接受者，則他所面對的供給曲線為水平，即 $e^s_x = \infty$，均衡條件將成為 $MV = p_x$，而均衡購買量與價格將分別為圖中之 x_c 與 p_c。因此，相對於完全競爭市場，獨買者購買較少的數量，並支付較低的價格。這個結果並不意外，只有具有影響市場價格能力的購買者方能行使這種「獨買力」(monopsony power)，以壓低購買量來爭取較低的價格。再強調一次，這原理和獨佔者行使獨佔力，出售較少數量以抬高價格一模一樣，只不過一為買方，一為賣方，以致價格變動方向相反而已。

另外，在完全競爭下，$e^s_x = \infty$，由 (13.39) 得知 p_x 和 x 之間有一對一

圖 13.12

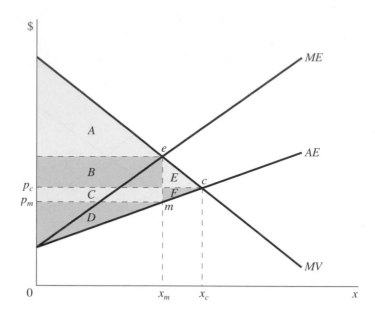

的關係，因此 MV 為消費者對 X 產品的需求曲線。但在獨買情況下，由於 e_x^s 的存在，使得 p_x 和 MV 的關係不再是一對一，故獨買者並沒有需求曲線，就好像獨佔者沒有供給曲線一樣。

獨買的福利效果

我們已經知道，獨買市場的均衡交易量與價格均和完全競爭市場不同，而完全競爭市場又可使社會福利達到最大，因此，獨買的出現必然會使社會福利下降。我們可利用圖 13.12 來說明這個結果，以及由完全競爭到獨買市場時，消費者剩餘 CS 和生產者剩餘 PS 的消長。圖中，完全競爭均衡交易量為 x_c，價格為 p_c，消費者剩餘為 $CS_c = A + B + E$，生產者剩餘為 $PS_c = C + D + F$，故社會福利 W_c 為

$$W_c = CS_c + PS_c = A + B + C + D + E + F$$

獨買下的均衡交易量與價格為 x_m 和 p_m，故 $CS_m = A + B + C$，$PS_m = D$，社會福利 W_m 為

$$W_m = A + B + C + D$$

消費者剩餘的變化為

$$\Delta CS = CS_m - CS_c = C - E \tag{13.40}$$

生產者剩餘的變化為

$$\Delta PS = PS_m - PS_c = -C - F \tag{13.41}$$

故整個社會福利的變化為

$$\Delta W = W_m - W_c = \Delta CS + \Delta PS = -E - F \tag{13.42}$$

(13.41) 告訴我們，相對於完全競爭市場，面對獨買者的生產者剩餘必然下降。比較 (13.40) 和 (13.41)，可很清楚地看到，$-C$ 的生產者剩餘損失，乃是直接轉移給獨買者而已。但除了移轉自生產者這部份外，消費者因行使獨買力而減少購買 X 則帶來損失 $-E$。 (13.42) 總合消費者剩餘與生產者剩餘的變化，得知整個社會因市場結構由完全競爭變成獨賣共遭受了 $-E - F$ 的無謂損失。讀者應可自行證明，當供給彈性 e_x^s 愈小時，獨買者的獨買力就愈大，社會的無謂損失也就愈大。

當然，為了消除獨買所造成的無謂損失，政府也可從事各種管制行為。有關獨買的價格管制，除了應設定價格下限外，其分析方法與基本結構和獨佔下的價格管制完全相同，因而不再贅述。

因素市場的獨買行為

上面有關獨佔或獨買市場的討論均是以產品市場為對象。事實上，不管是產品或因素市場，都有可能是獨佔或獨買，因此只要將獨佔或獨買者的標的函數加以必要的調整，我們所介紹的分析方法和結論大抵不會有重大改變。不過，由於獨買現象在生產因素市場較為普遍，故絕大部份有關獨買的討論均以因素市場為對象。接下來，我們就以勞動市場的獨買行為為例，來說明獨買現象。

為了簡化說明，我們假定一廠商只以某一種勞動力 L 從事生產，其生產函數為 $x = f(L)$，$f' > 0$，$f'' < 0$。我們進一步假定，此廠商雖是該種勞動力的唯一僱用者，但該廠商在產品市場則是個價格接受者，面對固

定的產品價格 p_x。若勞動的逆供給函數為 $w = w(L)$，$w' > 0$，其中 w 代表工資，則該廠商的利潤函數為

$$\pi = p_x x - wL$$

$$= p_x f(L) - w(L)L \tag{13.43}$$

利潤極大化的一階條件為

$$\frac{d\pi}{dL} = p_x f'(L) - (w(L) + Lw'(L)) = 0 \tag{13.44}$$

上式中 $f'(L)$ 為增加一單位勞動所帶來的額外產出，即前面第八章中介紹過之勞動的邊際生產實物量 MPP_L。因此，$p_x f'(L)$ 乃是將勞動的邊際生產實物量出售後的收益，即前面第十章第五節中所定義之勞動的邊際生產收益量 MRP_L 或勞動的邊際產值 VMP_L。在此再提醒讀者，邊際生產收益量和邊際產值在觀念上雖是相同，但習慣上將邊際產值這個名詞保留給產品市場為完全競爭的廠商（即 p_x 固定），而邊際生產收益量則針對產品市場不是完全競爭的廠商（即 p_x 不固定）。(13.44) 中括號部份乃是廠商多僱用一單位勞動力所必須增加的支出，故代表邊際支出 ME。因此，我們可將 (13.44) 改寫成

$$VMP_L = ME = w(L) + Lw'(L) \tag{13.45}$$

我們也可利用勞動的供給彈性

$$e_L^s = \frac{dL}{dw}\frac{w}{L}$$

將 (13.45) 寫成

$$VMP_L = ME = w\left(1 + \frac{1}{e_L^s}\right) \tag{13.46}$$

讀者現在可看到 (13.46) 和 (13.39) 基本上完全相同。因此，在勞動供給曲線為線性的假設，以及勞動邊際生產力遞減（$f''(L) < 0$）的前提下，只要將圖 13.11 之橫軸 x 以 L 取代，MV 以 VMP_L 取代，得到圖 13.13，則該圖就可用來描述獨買勞動市場的均衡。如此一來，上面有關獨買市場

圖 13.13

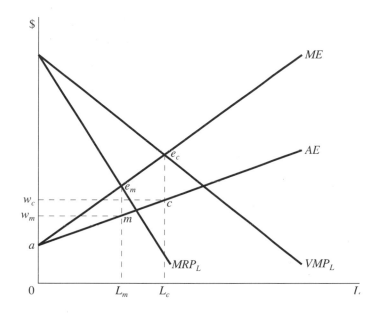

的其他分析及結果也就跟著成立了。

當然，我們可很輕易地將此廠商在產品市場為價格接受者的假設去掉。例如，我們可考慮此廠商不僅在因素市場為獨買者，而且在產品市場為獨賣者。在此情況下，只要將 (13.43) 中之 p_x 以逆需求曲線

$$p_x = p_x(x) = p_x(f(L))$$

取代即可，而其對應之一階條件則成為

$$\frac{d\pi}{dL} = (p_x'(x)f(L) + p_x(x))f'(L) - (w(L) + Lw'(L)) = 0 \tag{13.47}$$

我們已知道，$p_x'(x)f(L) + p_x(x) = p_x'(x)x + p_x(x)$ 為此獨佔廠商在產品市場的邊際收益，故

$$(p_x'(x)f(L) + p_x(x))f'(L) = MR \cdot MPP_L$$

乃代表增加一單位勞動僱用後所額外帶來的收益，也就是勞動的邊際生產收益量 MRP_L。因此，(13.47) 成為

$$MRP_L = ME \tag{13.48}$$

比較 (13.45) 和 (13.48)，我們知道，兩者差別僅在 $VMP_L = p_x \cdot MPP_L$，而 $MRP_L = MR \cdot MPP_L$ 而已。但在產品市場為獨佔時，我們有 $p_x > MR$，故如圖 13.13 所示，MRP_L 曲線將位於 VMP_L 曲線的下方。此時均衡點為圖中之 e_m 點，因而在產品市場獨佔的廠商將較競爭廠商僱用較少的勞動力，支付較低的工資，即 $L_m < L_c$，$w_m < w_c$。

【例 13.3】

假定一廠商為某類勞動市場的獨買者，此勞動市場的供給曲線為

$$w = 2,000 + 75L$$

若此廠商的勞動邊際生產收益曲線可寫成

$$MRP_L = 30,000 - 250L$$

試問：

(I) 市場均衡就業量及工資各多少？

(II) 若政府設定最低工資為 10,000元，試問其對就業量的影響為何？

【解答】

(I) 此廠商僱用勞動的總支出為

$$wL = 2,000L + 75L^2$$

故邊際支出為

$$ME = \frac{d(wL)}{dL} = 2,000 + 150L$$

均衡條件為 $MRP_L = ME$，即

$$30,000 - 250L = 2,000 + 150L$$

解得 $L_m = 70$，將 $L_m = 70$ 代入勞動供給函數得到 $w_m = 7,250$。

(II) 我們將 (I) 的結果描繪於圖 13.14。現在政府將最低工資設為 10,000，則市場勞動供給曲線成為 $abAE$，而其對應之邊際支出曲線成為

圖 13.14

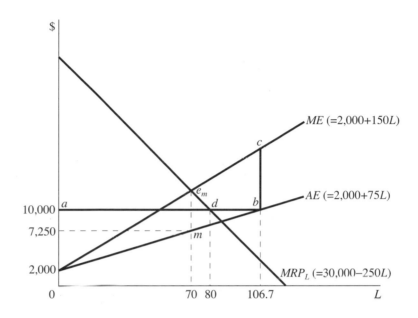

abcME（請務必確定你知道為什麼）。由圖可知，MRP_L 和 abcME 相
交於 d 點。因此，政府設定工資後會使市場的就業量由 70 人提高
到 80 人。換句話說，在獨買市場中，政府適當的價格管制，不但會
提高勞動（產品）價格，還可增加就業量（銷售量）。

14 獨賣與獨買：其他訂價法

　　前一章我們仔細討論了獨佔廠商如何透過其獨佔力，降低產量，提高價格以獲取獨佔利潤。由分析過程，我們發現，獨佔廠商獨佔利潤的來源乃是轉移自消費者剩餘。我們也發現，即使獨佔廠商利用獨佔力剝奪消費者剩餘，但在一般情形下，消費者仍保有部份的消費者剩餘。另一方面，我們知道，只要交易結果不使消費者的剩餘完全消失，消費者必可經由交易提高福利，因而交易仍將繼續下去。這個推論顯示，獨佔廠商事實上可以設法奪取更多的消費者剩餘，增加自己的利潤與福利。但何以獨佔廠商會安於 $MR = MC$ 的均衡呢？其根本原因在於，我們假設獨佔廠商只能設定單一價格。如果我們容許獨佔廠商能針對不同的消費者，或不同的銷售量設定不同的價格，則它是可以獲取較單一價格獨佔廠商更大的利潤。

　　在這一章中，我們將先討論廠商可以設定一個以上的價格的訂價政策，包括各種不同形式的*差別取價* (price discrimination)，然後再將差別取價的原理推展到獨買的情形。最後，我們將探討廠商另外一種提高利潤的訂價方式，即所謂的*包裹訂價法* (bundling)。我們的重點包括包裹訂價的原理及其適用的條件。

14.1　差別取價的意義及條件

　　在正式討論差別取價之前，我們必須特別強調，差別取價的現象並不限於獨佔市場，而是任何具有價格制訂能力的廠商，在適當的條件下，均能從事的訂價行為。換句話說，除了完全競爭廠商外，不管是獨佔廠商，或是我們即將於下一章介紹的*獨佔性競爭* (monopolistic competition) 廠商與*寡佔* (oligopoly) 廠商，只要市場條件許可，都可採取差別取價的策略來提高自身的利潤。

　　那差別取價又是什麼呢？一般將差別取價定義為，廠商針對不同的消費者或不同單位的產品訂定不同價格的現象。這種定義相當清楚易懂，但卻不盡正確。事實上，如果廠商賣給不同買方的成本或生產不同單位產品的成本不同的話，那在追求利潤極大的前提下，對不同購買者或就不同單位收取不同價格本就是必然的結果，因此也未必代表廠商有進行差別取價的現象。換句話說，當看到一個廠商對不同的購買者或不同單位的產品索取不同價格的時候，我們不應貿然下結論說，該廠商在從事差別取價。我們必須先確定，這種價格的差異是否因成本差異所引起，如果答案是肯定的，那麼就不代表差別取價。如果答案是否定的，那麼廠商當然是可能從事差別取價，但也未必盡然；或許，我們必須進一步確定，不同價格的產品本身是否真是完全相同。例如，同一家電影院，同一部片子，在正常時間放映時價錢較貴，而早場或午夜場則較便宜。這當然很可能隱含差別取價行為，但如果消費者將早場或午夜場與正常時間放映的電影，看成兩種不同商品的話，就無所謂差別取價的問題了。總之，差別取價是種看似相當容易接受的觀念，但在實際的應用上則必須非常小心；我們不但要考慮價格的差異，也要考慮成本的差異，更必須確定所談的是完全相同的產品。有了這些認知之後，現在我們正式來探討差別取價的條件、原理以及它所造成的後果。

　　前面提到，只要具有價格制訂能力的廠商，「在適當的條件下」都可從事差別取價。因此，最根本的問題是，這些「適當的條件」是什麼？一般認為，廠商要從事差別取價必須有三個條件。首先，廠商必須是價格制訂者；也就是說，廠商所面對的需求曲線必須是負斜率。這個條件並不難理解，因為廠商從事差別取價的目的乃在奪取消費者剩餘，而只有在需求曲線為負斜率時方有消費者剩餘，也才有奪取的意義。從另個角度看更為簡單，如果廠商不是價格制訂者，那它連訂定單一價格的能力都不存在，那有能力從事差別取價呢？第二個條件是，廠商必須有辦法防止購買者買賣它所出售的產品。這個道理也很簡單，因為消費者如果能將所買到的產品再賣出的話，則低價購得產品的人，就可將產品以稍低於廠商的價格，賣給無法用低價買到該產品的人以賺取差價。反過來，那些能自其他人買到比向廠商直接購買還便宜的人，自是不願再向廠商購買，如此一來，廠商差別取價的策略也就無從發揮其預期功能

了。最後，要能成功的進行差別取價，消費者對產品的需求彈性必須不同；也就是說，消費者對價格的敏感度必須不一樣，如此廠商方能針對不同的消費者索取不同的價格。

差別取價有各種不同的形式，也有不同的分類法。最常見的分類是將其分為：一級差別取價 (first-degree price discrimination)、二級差別取價 (second-degree price discrimination) 和三級差別取價 (third-degree price discrimination)。一級差別取價也稱為完全差別取價 (perfect price discrimination)，是指廠商對其所出售的任何一單位產品，均以購買者的需求價格賣出，不管不同單位的購買者是否為同一人。讀者應可很清楚體會到，這是一種相當極端的狀況，廠商必須知道所有潛在購買者對每一單位產品的需求價格，方能落實一級差別取價的策略。很明顯地，這根本是個「不可能的任務」；不要說廠商不可能具備所有潛在購買者有關需求價格的情報，即使是針對某一特定購買者，要完全掌握其對不同單位產品的需求價格都是極端困難。因此，在現實生活中，很難找到完全差別取價的例子。二級差別取價是指對不同的購買量訂定不同價格，但只要購買相同數量，不同購買者也付相同價格的現象。由於此訂價乃是以數量為準則，因而也稱為數量歧視 (quantity discrimination)；另外，因不同的購買量所支付的價格不同，所以有人將其稱為非線性訂價法 (nonlinear pricing)。除了定義上的差別外，二級差別取價和一級差別取價有一個相當重要的不同點，即二級差別取價的執行，並不需要像一級差別取價般，具備如此完整的購買者的相關情報。事實上，從事二級差別取價的廠商，根本不需要有關購買者需求價格的任何情報。廠商是利用這種訂價法來誘使購買者進行「自我選擇」(self-selection)，將自己依其需求強度歸類到不同購買群中。二級差別取價在日常生活中相當普遍；例如：成衣銷售，一件四百，三件一千，代表購買一件或兩件的價格為四百元，但在購買量達到三件時，第三件的價格即下降到 200 元。另外，我們常見的所謂兩部訂價法 (two-part tariff) 也是屬於二級差別取價，此點我們在下面將會有較詳細的說明。最後，三級差別取價乃是廠商針對具有不同特性的購買群索取不同價格，但對同一購買者，不論其購買量多寡均索取相同價格的現象。三級差別取價當然也不要求像一級差別取價那麼多的情報，但進行差別取價的廠商，卻必須有辦法（或以相當低的成本）

圖 14.1

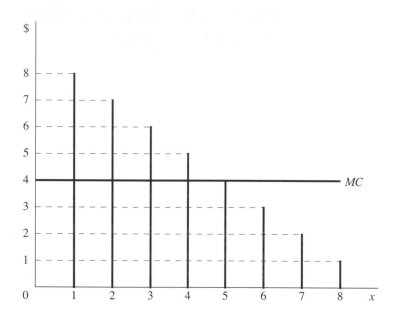

分辨不同的購買群，因而其所需有關購買者的情報遠在二級差別取價之上。和二級差別取價類似，三級差別取價在日常生活中也相當普遍。例如：各種大眾運輸均有老人或殘障優待票；有些電影院有學生、軍、警優待票，這也是三級差別取價的現象。

14.2　差別取價的種類及後果

一級差別取價

現在我們較詳細來說明一級差別取價的現象及其結果。假定圖 14.1 為某一廠商所面對的需求函數。為了便於說明，進一步假定圖中 x 產品為「不連續的」(discrete)，只能以整數 1、2、3、… 衡量，故對應於每單位產品的垂直線的高度，代表消費者對該單位產品的需求價格。若忽略固定成本，並假定此廠商的邊際成本為 $MC = 4$ 元，且它可從事一級差別，則該廠商會生產及銷售多少單位產品？

由利潤極大化的原理，我們知道，只要某一單位產品的邊際收益不

低於生產該單位產品的邊際成本，廠商就會生產與銷售該單位產品。我們已經知道，廠商生產 X 的邊際成本為固定的 4 元，因此只要能確定每一單位產品的邊際收益就可確定該廠商的最適生產量。因為這個廠商可從事一級差別取價，如圖所示我們知道第一單位產品將賣 8 元，第二單位賣 7 元，直到第八單位賣 1 元，且銷售任何一單位產品時不會影響其他單位產品的銷售價格。但這表示，每單位產品所賣的價錢也就是該單位產品的邊際收益；如此一來，需求曲線與邊際收益曲線就完全相同。由圖 14.1 可看出，當廠商銷售到第五單位時，邊際收益剛好等於邊際成本，廠商可賺取正常利潤。但在第六單位以後，每單位的邊際成本均超過邊際收益，並不值得生產與銷售。因此，圖 14.1 中的一級差別取價廠商將銷售五單位產品，總收入為 $8 + 7 + 6 + 5 + 4 = 30$ 元，總成本為 $4 \times 5 = 20$ 元，超額利潤為 10 元。

　　上述結果有兩個重要的含意。首先，一級差別取價廠商的需求曲線與邊際收益曲線相同，即 $MR = AR = p_x$。這表示追求利潤極大化的條件成為 $MC = MR = AR = p_x$，與完全競爭廠商的均衡條件相同。因此，或許有些出乎意料地，廠商從事一級差別取價的結果可達到經濟效率，而不像單一訂價獨佔廠商般會導致無謂損失。其次，我們知道，消費者剩餘乃是消費者所願支付的最高價格與實際支付價格間的差額。現在，在一級差別取價下，消費者實際所支付的價格剛好就是每單位產品的需求價格，因而在此情況下根本就沒消費者剩餘可言。讀者可輕易查證，在圖 14.1 中，若市場為完全競爭，則消費者剩餘為 10 元，剛好就是廠商的超額利潤。換句話說，所有消費者剩餘都經由一級差別取價的方式轉移給銷售者，成為廠商的利潤。將上面兩個結果合併來看，我們立即知道，經濟效率和分配問題基本上是兩回事，在一級差別取價下，即使分配問題極端惡化，但卻無損於整個社會的經濟效率。

　　我們可將上面的分析，直接推展到連續性產品的情況。圖 14.2 中，廠商面對的需求曲線為 AR，當此獨佔廠商只能訂定單一價格時，其邊際收益曲線為 MR_1。若廠商的邊際成本曲線為 MC，則我們知道，完全競爭的均衡點為 c，單一訂價獨佔廠商的均衡點為 e。若廠商採用一級差別取價法，則其邊際收益曲線 MR_2 與需求曲線 AR 完全相同，故均衡點為 c，產量與完全競爭相同，但產品價格則非唯一，而是每單位的價格均等

圖 14.2

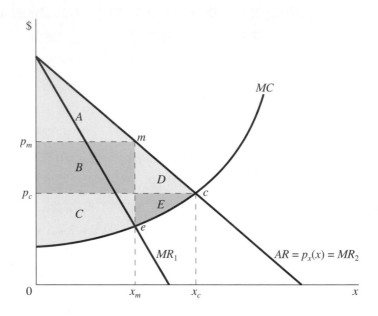

於需求價格。表 14.1 將上述三種市場型態下之產量、價格、消費者剩餘、生產者剩餘、社會福利及無謂損失並排比較，讀者可將相關資料與前面的討論對照，其結果應和不連續產品完全相同，故不再重複。

　　最後，我們可以較正式的模式來推導一級差別取價廠商的均衡條件。假定一廠商所面對的逆需求函數為 $p_x(x)$；當然，在此 p_x 正代表需求價格。因此廠商從事一級差別取價，由上面的討論得知，此廠商的總收入為逆需求曲線、橫軸及其產量所包圍面積，即

$$TR(x) = \int_0^x p_x(s)\,ds$$

若此廠商的成本函數為 $TC(x)$，則利潤為 $\pi(x) = TR(x) - TC(x)$。因此，廠商所面對的問題可寫成

$$\max_x \pi(x) = \int_0^x p_x(s)\,ds - TC(x)$$

其一階條件為

表 14.1

市場型態	產量	價格	消費者剩餘	生產者剩餘	社會福利	無謂損失
完全競爭	x_c	p_c	$A + B + D$	$C + E$	$A + B + C$ $+ D + E$	無
單一價格 獨佔廠商	x_m	p_m	A	$B + C$	$A + B + C$	$D + E$
一級差別取價	x_c	每單位之 需求價格	無	$A + B + C$ $+ D + E$	$A + B + C$ $+ D + E$	無

$$\frac{d\pi(x)}{dx} = p_x(x) - MC(x) = 0$$

故廠商的最適產量為使其生產的邊際成本等於需求價格的水準,此和上面分析的結果完全相同。又,二階條件為

$$\frac{d^2\pi(x)}{dx^2} = p'_x(x) - MC'(x) < 0$$

因需求曲線為負斜率,$p'_x(x) < 0$,故上式顯示,只要廠商的邊際成本不是遞減,滿足一階條件的產量必可使廠商利潤達到極大。

二級差別取價

前面已經提到,一級差別取價所需的情報實在太多,因而在現實生活中很難找到真正從事一級差別取價的行為。但由於絕大部份廠商都知道,其所面對的需求曲線為負斜率,故即使廠商不知那些人願付較高的價格,購買少量產品,那些人將購買大量產品,但只願付較低的價格,廠商仍可利用二級差別取價的方式來掠取消費者剩餘。在圖 14.3 中,如果此廠商為單一訂價廠商,則其最適產量與價格分別為 x_m 與 p_m,在不考慮固定成本的假設下,超額利潤為 $B + C$。現在若允許此廠商從事二級差別取價,則一個可能的選擇是,如圖 14.3 所示,廠商將前 x_1 單位產

圖 14.3

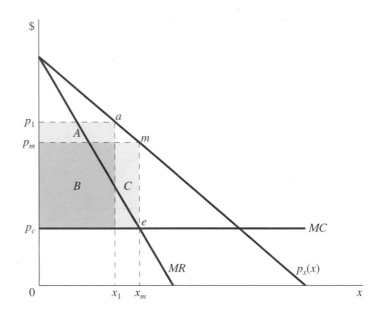

品以 p_1 的價格出售，而 $x_m - x_1$ 單位的產品以 p_m 的價格出售。如此一來，前 x_1 單位可獲得 $A + B$ 的超額利潤，而次 $x_m - x_1$ 單位可獲得 C 的超額利潤，故較單一定價時多了 A 的超額利潤。也就是說，利用圖中的兩個價格的二級差別取價，廠商即可奪取較一般單一訂價廠商更多的消費者剩餘。事實上，讀者可很輕易證明（試試看！），如果可訂三個價格，則超額利潤必會大於兩個價格的情形。另外，如下面【例14.1】所示，即使只能訂兩個價格的二級差別取價，圖 14.3 中之 p_1 和 p_m 也不是使利潤達到最大的兩個價格。

現在我們正式來看，進行二級差別取價的廠商，如何決定那些範圍的產量要訂那種價格。為了簡化分析，假定所有消費者的需求函數均相同，如圖 14.4 中之 $p_x(x)$，且此廠商之固定成本為 0，邊際成本為固定，$MC = c$。若此廠商可訂定三個價格 p_x^1、p_x^2 與 p_x^3 以進行二級差別取價，則由圖中得知，對應於此三個價格的需求量分別為 x_1、x_2 與 x_3。也就是說，此廠商的最初 x_1 單位的產品所訂的價格為 p_x^1，其次 $x_2 - x_1$ 單位產品訂價為 p_x^2，而最大的 $x_3 - x_2$ 單位產品的訂價為 p_x^3。因此，廠商的利潤

圖 14.4

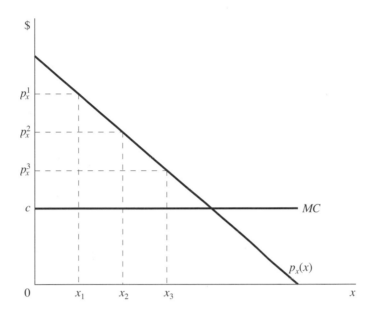

函數可寫成

$$\pi(x_1, x_2, x_3) = p_x(x_1)x_1 + p_x(x_2)(x_2 - x_1) + p_x(x_3)(x_3 - x_2) - cx_3$$

如果我們假定二階條件成立，則最適產量只要滿足下列一階條件即可

$$\frac{\partial \pi(x_1, x_2, x_3)}{\partial x_1} = p_x(x_1) + x_1 p_x'(x_1) - p_x(x_2) = 0 \tag{14.1}$$

$$\frac{\partial \pi(x_1, x_2, x_3)}{\partial x_2} = p_x(x_2) + (x_2 - x_1)p_x'(x_2) - p_x(x_3) = 0 \tag{14.2}$$

$$\frac{\partial \pi(x_1, x_2, x_3)}{\partial x_3} = p_x(x_3) + (x_3 - x_2)p_x'(x_3) - c = 0 \tag{14.3}$$

由上面一階條件即可解出 x_1^*、x_2^* 和 x_3^*，再將其代回需求函數即可得 p_x^{1*}、p_x^{2*} 和 p_x^{3*}。因此，為使利潤達到極大，此廠商將以 p_x^{1*} 的價格出售最初的 x_1^* 單位產品，以 p_x^{2*} 的價格出售次 $x_2^* - x_1^*$ 單位的產品，而以 p_x^{3*} 的價格出售最後的 $x_3^* - x_2^*$ 單位的產品。在此我們必須提醒讀者，上述分析

雖是假定廠商只訂三個價格，但這個限制是不必要的，只要廠商認為必要，它是可以訂定更多個價格的。

至於二級差別取價對福利的影響，簡單一句話，就是相當複雜。一般而言，在二級差別取價情況下，廠商的產量將大於單一價格獨佔廠商產量，因而會提高效率，增加社會福利。但另一方面，由於購買不同數量的消費者所付的價格並不相同，但彼此又無法進行買賣，使得貿易利得 (gains from trade) 無法實現，因而導致效率損失。這一失一得之間何者為大，在理論上並無法判定，故二級差別取價下，社會福利較諸單一獨佔價格時上升或下降也就無從得知了。

【例 14.1】

假定一廠商面對的逆需求函數為 $p_x = a - bx$，$a > 0, b > 0$。該廠商在生產過程中沒有固定成本，而邊際成本為 $MC = c$。若此廠商決定採用二級差別取價的策略以追求最大利潤，試問：

(I)　當此廠商訂定兩個價格時，其價格與相對應的產品數量為何？

(II)　當此廠商訂定三個價格時，其價格與相對應的產品數量為何？

(III)　由 (I) 和 (II)，你可推測廠商訂定 n 個價格的情形嗎？當 $n = 1$ 時，結果又如何？

【解答】

利用 (14.1) ~ (14.3) 的符號，並將逆需求函數以 $p_x = a - bx$ 代入

(I)　訂定兩個價格的利潤函數為

$$\pi(x_1, x_2) = (a - bx_1)x_1 + (a - bx_2)(x_2 - x_1) - cx_2$$

一階條件為

$$\frac{\partial \pi(x_1, x_2)}{\partial x_1} = -2bx_1 + bx_2 = 0 \qquad (a)$$

$$\frac{\partial \pi(x_1, x_2)}{\partial x_2} = (a - c) + bx_1 - 2bx_2 = 0 \qquad (b)$$

解 (a)、(b) 兩式可得

$$x_1^* = \frac{a-c}{3b}$$

$$x_2^* = \frac{2(a-c)}{3b}$$

將 x_1^* 與 x_2^* 分別代回需求函數得到

$$p_x^{1*} = \frac{2a+c}{3}$$

$$p_x^{2*} = \frac{a+2c}{3}$$

故此二級差別取價廠商將把第一個 $(a-c)/3b$ 單位產品的價格訂為 $(2a+c)/3$，第二個 $(a-c)/3b$ 單位產品的價格訂為 $(a+2c)/3$。

(II) 訂定三個價格的利潤函數為

$$\pi(x_1, x_2, x_3) = (a - bx_1)x_1 + (a - bx_2)(x_2 - x_1) + (a - bx_3)(x_3 - x_2) - cx_3$$

利潤極大化一階條件為

$$\frac{\partial \pi(x_1, x_2, x_3)}{\partial x_1} = -2bx_1 + bx_2 = 0 \qquad\qquad (c)$$

$$\frac{\partial \pi(x_1, x_2, x_3)}{\partial x_2} = -2bx_2 + bx_1 + bx_3 = 0 \qquad\qquad (d)$$

$$\frac{\partial \pi(x_1, x_2, x_3)}{\partial x_3} = (a - c) - 2bx_3 + bx_2 = 0 \qquad\qquad (e)$$

由 (c)、(d)、(e) 可解得

$$x_1^{**} = \frac{a-c}{4b}$$

$$x_2^{**} = \frac{2(a-c)}{4b}$$

$$x_3^{**} = \frac{3(a-c)}{4b}$$

將最適解代回需求函數得到

$$p_x^{1**} = \frac{3a+c}{4}$$

$$p_x^{2**} = \frac{2a+2c}{4}$$

$$p_x^{3**} = \frac{a+3c}{4}$$

因此，當此二級差別取價廠商訂定三個價格時，它將最初 $(a-c)/4b$ 銷售量的價格訂為 $(3a+c)/4$，第二個 $(a-c)/4b$ 銷售量的價格訂為 $(2a+2c)/4$，第三個 $(a-c)/4b$ 的價格訂為 $(a+3c)/4$。

(III) 首先來看 (I) 和 (II) 中的最適產量，讀者應立即查覺，這些最適產量均與 $(a-c)/b$ 這個數目有關。但 $(a-c)/b$ 是什麼呢？讀者可輕易證明，$(a-c)/b$ 正好就是完全競爭廠商之均衡產量。由此，我們知道，當此二級差別取價廠商只訂二個價格時，其產量將只是完全競爭廠商的 2/3。然後再將此產量平分成兩部份，分別訂定不同價格。同理，當此廠商訂定三個價格時，它將生產完全競爭廠商 3/4 的產量，再將此產量平分成三等份，分別訂定不同的價格。由此可推得，當此廠商訂定 n 個價格時，它將生產完全競爭產量的 $n/(n+1)$，然後將總產量平分成 n 等份，分別訂定不同的價格。讀者也可看到，當 $n=1$ 時，產量剛好是完全競爭產量的一半，這正好是單一訂價廠商的最適解。從這個角度看，單一訂價廠商的行為只不過是二級差別取價的「退化形式」(degenerated form) 而已。

接著來看最適訂價，比較 (I) 和 (II) 中的最適訂價，我們發覺，在訂定 n 個價格時，第 i 個最適價格可寫成

$$p_x^{i*} = \frac{(n-i+1)a+ic}{n+1}, \quad i=1,2,\ldots,n$$

當 $n=1$ 時，$i=1$，故

$$p_x^{1*} = \frac{a+c}{2}$$

此即為單一定價廠商的最適價格,與上面的結果一致。最後,必須提醒讀者,此例題的結果雖然有趣,但只在線性需求函數以及邊際成本固定的假設下方才成立。

兩部訂價法

除了上面所討論依銷售量而訂定不同價格外,另一種常見的二級差別取價稱為兩部訂價法。在兩部訂價法中,一產品的價格,包含了固定的**入場費** (entry fee) 及變動的**使用費** (usage fee) 兩部份。最有名的例子為各種遊樂區的定價,通常包括固定的門票,入場後再根據玩樂的種類及次數另外訂價收費。此外,電費、水費、行動電話費等,在使用費外,還得按月繳納基本費;有些大賣場必須先買會員卡才能進入採購,也是屬兩部訂價法。

如果我們將入場費以 A 表示,每單位 X 的使用費以 p_x 表示,則在兩部訂價法下,消費 x 單位的支出為

$$E = A + p_x x$$

因此,購買一單位產品的實際價格 p_x^r 為

$$p_x^r = \frac{E}{x} = \frac{A}{x} + p_x$$

但上式表示,隨著消費量 x 增加,消費者所支付的實際價格也是跟著下降,這也是為什麼一般將兩部訂價法視為二級差別取價的原因。

讀者必須牢記,不管是那一種訂價法,廠商目的都是在掠奪消費者剩餘以提高自己的利潤。現在我們就來看廠商如何以兩部訂價法來達到這個目的。為了使說明簡化與清楚,我們先考慮所有消費者的需求曲線都一樣的情形。假定廠商所面對的代表性消費者的需求曲線為圖 14.5 中之 AR,而此廠商之邊際與平均成本均為固定,$AC = MC = c$。由前面的討論,我們知道能從事一級差別取價的廠商是可以完全剝奪消費者剩餘 cae,使自己利潤達到最大。因此,若採用兩部訂價法的廠商也能完全取得 cae,那麼就可獲得與一級差別取價廠商同樣大的利潤。由於消費者剩

圖 14.5

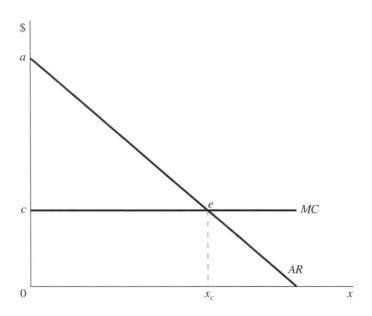

餘的多寡是決定於單位使用費，故廠商必須設定一使用費，使其所產生的消費者剩餘等於 cae。很顯然的，在圖 14.5 中之需求與邊際成本曲線下，廠商如將單位使用價格 p_x 訂為 c，則每位消費者將購買 x_c 單位的 X。因 $AC = MC = c = p_x$，故廠商無法自使用費獲得任何超額利潤。但在 x_c 的購買量下，每位消費者的消費剩餘剛好是 cae，因而廠商可將入場費定為 $A = cae$，完全將消費者剩餘轉為自己的利潤，獲得和一級差別取價廠商完全相同的結果。由此可知，當所有消費者的需求曲線都相同，且廠商擁有此需求曲線的訊息時，廠商是可利用兩部訂價法完全攫取消費者剩餘，並且使生產達到經濟效率（即生產完全競爭的產量 x_c）。當然，在這種情況下，兩部訂價法與一級差別取價一樣，所得分配也是極度惡化的。

　　不過，事實總不是如此理想，消費者需求曲線完全相同的情況，不可能存在。因此，問題是，當消費者需求函數不完全相同時，上述兩部訂價法是否仍然可行？廠商是否仍有可能取得所有消費者剩餘呢？為了便於說明，我們考慮市場上的消費者只有兩類，其代表性需求曲線分別

圖 14.6

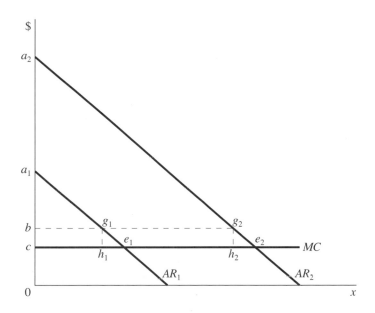

為圖 14.6 中之 AR_1 和 AR_2。由上面討論，我們知道，只要廠商能區別這兩類消費者，並能對兩類訂定不同的價格，那麼它會將所有單位使用費均訂在 $p_x = c$，但對第一類消費者索取 ca_1e_1 的入場費，對第二類消費者索取 ca_2e_2 的入場費。如此一來，廠商照樣可以獲取所有消費者剩餘，達到一級差別取價的效果。然而，若廠商無法區別此兩類消費者，或因其他原因無法對兩類消費者索取不同價格，那又該怎麼辦呢？入場費和使用費要如何訂才能使利潤達到最大呢？

　　首先，觀察圖 14.6，我們發現第二類消費者的需求遠大於第一類消費者的需求。因此，不論單位使用費 p_x 訂在那一個水準，第一類消費者的消費者剩餘 CS_1 永遠比第二類消費者的消費者剩餘 CS_2 小。現在我們要說明，廠商只會將入場費訂在 $A = CS_1$ 或 $A = CS_2$，而不會是任何其他水準。首先，若 $A > CS_2$，則沒有人會購買此產品，自是不符廠商目的。其次，若 $A < CS_1$，則雖所有人均會消費此產品，但絕不可能使廠商利潤達到極大，因廠商仍可將 A 提高到 CS_1 的水準而不失去任何顧客，卻可使自己利潤上升。最後，若 $CS_1 < A < CS_2$，則第一類消費者將不購買此

產品，但此時廠商可將 A 提高到 CS_2 以增加利潤，這隱含 $CS_1 < A < CS_2$ 也不可能發生。由以上討論歸納得知 $A = CS_1$ 或 $A = CS_2$。至於是 $A = CS_1$ 或 $A = CS_2$，則完全看兩條需求函數之間的差異有多大，以及兩類消費者人數的多寡而定。

為了便於說明，我們假定兩類消費者的人數相同，則我們只要考慮每類各一位代表性消費者的情形即可。首先考慮此兩類消費者需求函數相當懸殊的情況，如圖 14.6 所示。如果廠商設定 $p_x = c$，$A = CS_1 = ca_1e_1$，則廠商的超額利潤將是 $2ca_1e_1$。反之，如果廠商設定 $A = CS_2 = ca_2e_2$，則因第一類消費者不會購買，故廠商的超額利潤為 ca_2e_2。在兩需求函數相差夠大（如圖14.6）的情況下，$ca_2e_2 > 2ca_1e_1$，因此廠商應設定 $p_x = c$，$A = CS_2$，以使利潤達到最大。當然，廠商也可設定 $p_x = b > c$，再將入場費設為 $A = ba_1g_1$。如此一來，廠商的利潤成為 $2ca_1g_1h_1 + h_1g_1g_2h_2$，這顯然大於 $2ca_1e_1$。不過，以圖 14.6 的情況來說，仍然小於 ca_2e_2。因此，廠商的最適價格仍是 $p_x = c$，$A = ca_2e_2$。

請特別注意，上述結果乃在兩類消費者人數相同，且兩條需求函數相差夠大時方成立。如果我們放棄後面這部份的假設，考慮兩條需求函數相差不遠情形，則結果會有何不同呢？圖 14.7 和圖 14.6 基本上完全相同，只不過將 AR_1 和 AR_2 兩條需求曲線畫得靠近一點罷了。但由於這個緣故，我們發現 $2ca_1e_1 > ca_2e_2$。因此，在設定 $p_x = c$ 時，廠商應將入場費設為 $A = ca_1e_1$，方可使兩類消費者均購買此產品而賺取 $2ca_1e_1$ 的超額利潤。但是，由上面的分析，我們也可考慮將使用費設為 $p_x = b > c$，再將入場費設為 $A = ba_1g_1$。如此，廠商可自入場費賺取 $2ba_1g_1$ 的超額利潤，由使用費賺取 $cbg_1h_1 + cbg_2h_2 = 2cbg_1h_1 + h_1g_1g_2h_2$ 的超額利潤。將兩者加總得到超額利潤 $2ca_1g_1h_1 + h_1g_1g_2h_2$。由圖可知 $h_1g_1g_2h_2 > 2h_1g_1e_1$，故知 $2ca_1g_1h_1 + h_1g_1g_2h_2 > 2ca_1e_1$。因此，設定 $p_x = b > c$，$A = ba_1g_1$ 所獲得的利潤將超過 $p_x = c$ 且 $A = ca_1e_1$ 的情形。換句話說，在兩群消費者需求差距有限的情況下，採用兩部訂價法的廠商的最適單位使用費必較邊際成本高，而入場費則是需求較小的消費者剩餘。

我們還是再強調一次，這些結果均是在兩類消費者人數相同的前提下方才成立。一般而言，不僅這個假設成立的可能性極端渺茫，事實上廠商所面對消費者種類也是不勝枚舉，因而欲求最適的兩部訂價法是非

圖 14.7

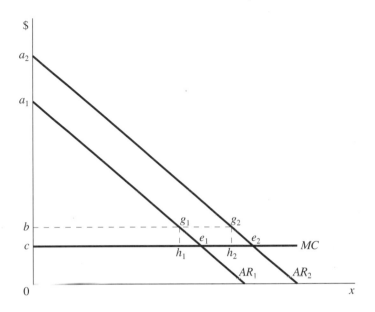

常複雜、非常困難的。一個較可行的方法是透過反覆嚐試：即先設定 p_x 的值，然後找出在這個 p_x 值下，使得利潤達到最大的 A。接著將 p_x 值改變，再求出最適的 A。如此反覆下去，直到找出使利潤達到最大的 p_x 和 A 的組合。

　　兩部訂價法對福利的影響和一般二級差別取價一樣，並不容易確定。一方面，它使購買不同數量的消費者，對此產品的邊際評價不一致，導致效率損失，會使福利下降。但另一方面，在兩部訂價法下，產品的產量可能比單一訂價廠商多，因此，相對於單一訂價廠商，效率可能提高。換句話說，在兩部訂價法下，只要產量不比單一訂價廠商產量大，福利必比單一訂價情況下降；但在產量提高時，則無法確定。然而，無論如何，兩部訂價下的產量，絕不可能達到完全競爭的水準，故福利必較完全競爭低。

【例 14.2】
假定一獨佔廠商面對兩個消費者，其需求函數分別為

$$x_1 = 100 - p_x \text{，} x_2 = 75 - p_x$$

此廠商生產之邊際成本與平均成本為固定，且 $MC = AC = 10$。若此廠商採用二部訂價法，試問其最適之入場費與單位使用費分別是多少？

【解答】

由課本中的討論，我們知道廠商的入場費必然等於 CS_1 或 CS_2。因兩位消費者的需求函數均為線性，我們先導出線性需求函數 $p_x = a - bx$ 的消費者剩餘。假定消費者購買了 x 單位的產品，則由消費者剩餘 CS 的定義得知

$$CS = \int_0^x (a - bs)ds - p_x x$$

$$= (ax - bx^2 / 2) - (ax - bx^2)$$

$$= \frac{bx^2}{2} \tag{a}$$

根據 (a)，我們得知

$$CS_1 = \frac{x_1^2}{2} = \frac{(100 - p_x)^2}{2}$$

$$CS_2 = \frac{x_2^2}{2} = \frac{(75 - p_x)^2}{2}$$

因 $CS_1 > CS_2$，故當廠商將入場費訂為 $A = CS_1$ 時，只有第一位消費者會購買此產品，此時廠商之利潤為

$$\pi(p_x) = CS_1 + (p_x - 10)x_1$$

$$= \frac{(100 - p_x)^2}{2} + (p_x - 10)(100 - p_x) \tag{b}$$

利潤極大化的一階條件為

$$\frac{d\pi(p_x)}{dp_x} = -p_x + 10 = 0 \tag{c}$$

因

$$\frac{d\pi^2(p_x)}{dp_x^2} = -1 < 0$$

故二階條件成立。由 (c) 可解得

$$p_x^* = 10$$

由 $A = CS_1$，及 (b)，我們得知在此情況下，入場費和利潤分別為

$$A^* = 4{,}050$$

$$\pi^* = 4{,}050$$

接著來看廠商將入場費訂為 $A = CS_2$ 的情形，此時兩位消費者均會購買此產品，故利潤為

$$\begin{aligned}\pi(p_x) &= 2CS_2 + (p_x - 10)(x_1 + x_2)\\ &= (75 - p_x)^2 + (p_x - 10)(175 - 2p_x)\end{aligned} \tag{d}$$

極大化一階條件為

$$\frac{d\pi(p_x)}{dp_x} = -2p_x + 45 = 0 \tag{e}$$

因二階條件成立（為什麼？），故可由 (e) 解得

$$p_x^{**} = 22.5$$

利用 $A = CS_2$ 及 (d) 即得

$$A^{**} = 1{,}378.125$$

$$\pi^{**} = 4{,}381.25$$

因 $\pi^{**} > \pi^*$，故知為了追求最大利潤，此廠商應將入場費訂為

$$A = CS_1 = 1{,}378.125$$

單位使用費訂為

$$p_x = 22.5 > 10 = c$$

三級差別取價

在三級差別取價下，廠商可根據消費者某些顯而易見的特性，如性別、年齡、職業等，將其分成幾個不同群體，然後對不同群的消費者訂定不同的價格，而同一群的消費者均付相同的價格。三級差別取價大概是所有差別取價策略中最普遍被廠商採用的一種，包括交通運輸及電影娛樂中各種老人、小孩優待票，學生可以較低的價格訂閱雜誌，以及國際貿易上耳熟能詳的*傾銷* (dumping) 等，均是三級差別取價的例子。事實上，由於三級差別取價在現實生活中是如此常見、如此重要，以致一般日常用法中的差別取價均是指三級差別取價。

現在我們來看，一個具有市場獨佔力的廠商如何從事三級差別取價。我們假定此廠商可將消費者分成兩群組，第一群和第二群的逆需求函數分別為 $p_x^1(x_1)$ 與 $p_x^2(x_2)$。現在假定廠商已決定產品的產量為 x，因此接下來就得考慮如何將此 x 單位產品銷售給這兩群消費者，以期獲取最大利潤。當然，廠商可基於某些理由將 x_1 單位銷售到第一個市場，將 x_2 單位銷售到第二個市場。如果 $MR_1(x_1) = MR_2(x_2) = r$，則廠商將沒有辦法透過將產品在兩市場重分配而提高利潤。因 $x = x_1 + x_2$，在這種情況下，我們可說廠商生產銷售 x 單位產品的邊際收益為 $MR(x) = r$。反之，如果 $MR_1(x_1) \neq MR_2(x_2)$，則廠商就可透過 x 在兩市場的重分配而獲取更大利潤。讓我們以 $MR_1(x_1) > MR_2(x_2)$ 來說明：在這種情況下，由第二類消費者市場移出一單位產品，廠商的收入降低 $MR_2(x_2)$，但將這一單位產品銷售到第一類消費者市場，廠商可獲得 $MR_1(x_1)$ 的邊際收益。由於 $MR_1(x_1) > MR_2(x_2)$，因此將一單位產品由第二市場移到第一市場可使廠商的收入及利潤增加 $MR_1(x_1) - MR_2(x_2) > 0$。根據這個邏輯，我們知道，為了追求最大利潤，廠商必須將一定量產品銷售到兩個市場，直到兩個市場的邊際收益完全相同。

上面我們說明了一定量產品在兩個市場的最適銷售法則。接下來我們必須探討廠商如何決定產量。這是個老問題，相當簡單：利潤極大化廠商，必須生產到邊際成本等於邊際收益的水準。邊際成本在這兒不是

圖 14.8

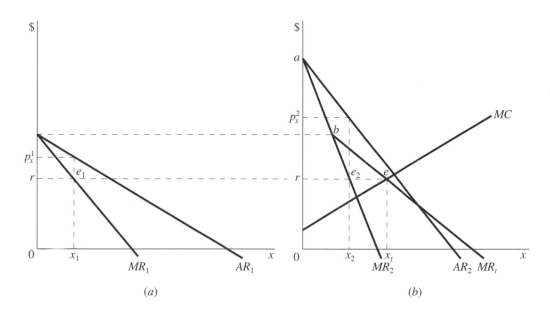

(a)   (b)

問題，廠商必須確定的是，面對兩個市場時，它的邊際收益到底是多少？幸運的是，上面的解說，已經告訴我們如何導出邊際收益。記得當廠商生產 x 單位，並將其分配到兩個市場，使得 $MR_1(x_1) = MR_2(x_2) = r$ 時，廠商生產 x 單位產品的邊際收益，就是此兩個市場共同的邊際收益，即 $MR(x) = r$。同樣道理，我們可考慮廠商任何一個生產量，來導出廠商的邊際收益函數。

圖 14.8 中，AR_1 和 AR_2 分別是兩類消費者的需求曲線，而其對應之邊際收益曲線分別為 MR_1 與 MR_2。現在將 MR_1 和 MR_2 作水平加總，成為 $abMR_t$（以下簡稱 MR_t），這就是此廠商的邊際收益曲線。為什麼呢？假定廠商生產了圖 14.8(b) 中之 x_t 單位的產品。由圖得知，MR_t 上對應於 x_t 的點為 e。現由 e 作一水平虛線，分別與 MR_1、MR_2 相交於 e_1、e_2。再由 MR_1 與 MR_2 兩邊際曲線得知，對應於 e_1 和 e_2 的銷售量分別是 x_1 與 x_2。由於 MR_t 為 MR_1 和 MR_2 的水平加總，故 $x_t = x_1 + x_2$。但在第一個市場銷售 x_1 單位，在第二個市場銷售 x_2 單位時，它們的邊際收益相等，即 $MR_1(x_1) = MR_2(x_2) = r$。根據上面的分析，我們立即得知，廠商生產 x_t

單位產品的邊際收益為 r，而 (x_t, r) 正好就是 MR_t 上面的 e 點。由此可知，在面對兩個分隔市場時，廠商的邊際收益曲線，只不過是兩個市場邊際收益曲線的水平加總而已。有了 MR_t 以後，只要再加上邊際成本線，就可決定廠商的最適產量。由圖 14.8(b)，我們得知，廠商的最適產量為 x_t，其在兩個市場的最適銷售量分別為 x_1 與 x_2，對應的價格則是 p_x^1 與 p_x^2。

我們也可很輕易地以數學模型來推導上述結果。假定廠商的成本函數為 $TC(x)$，$x = x_1 + x_2$，則其利潤可寫成

$$\pi(x_1, x_2) = p_x^1(x_1)x_1 + p_x^2(x_2)x_2 - TC(x_1 + x_2)$$

假定利潤極大化之二階條件成立，則最適解可由下列一階條件解出

$$\frac{\partial \pi(x_1, x_2)}{\partial x_1} = p_x^1 + x_1 \frac{dp_x^1}{dx_1} - TC'(x_1 + x_2) = 0$$

$$\frac{\partial \pi(x_1, x_2)}{\partial x_2} = p_x^2 + x_2 \frac{dp_x^2}{dx_2} - TC'(x_1 + x_2) = 0$$

利用邊際收益與邊際成本的符號，上述條件也可表示成

$$\frac{\partial \pi(x_1, x_2)}{\partial x_1} = MR(x_1) - MC(x_1 + x_2) = 0 \tag{14.4}$$

$$\frac{\partial \pi(x_1, x_2)}{\partial x_1} = MR(x_2) - MC(x_1 + x_2) = 0 \tag{14.5}$$

結合 (14.4) 與 (14.5) 即得

$$MR(x_1) = MR(x_2) = MC(x_1 + x_2) \tag{14.6}$$

這個結果和前面文字說明與幾何分析完全一致。

數學推導可讓我們進一步了解三級差別取價的意義。利用

$$MR(x) = p_x \left(1 - \frac{1}{e_x}\right)$$

的關係，並令第一個及第二個市場的需求價格彈性分別等於 e_1 及 e_2，則

(14.6) 第一個等式可寫成

$$p_x^1\left(1-\frac{1}{e_1}\right)=p_x^2\left(1-\frac{1}{e_2}\right)$$

或

$$\frac{p_x^1}{p_x^2}=\frac{1-\dfrac{1}{e_2}}{1-\dfrac{1}{e_1}} \qquad\qquad (14.7)$$

(14.7) 顯示廠商所訂之兩個市場的相對價格,完全受此兩市場需求彈性的影響。如果 $e_1=e_2$,則此式告訴我們,廠商在兩市場所訂的價格必完全相同,也就是廠商在這種情況下無法進行三級差別取價。這正是為什麼本章一開始時,我們提到廠商從事差別取價的三個條件之一為消費者的需求彈性必須不同的原因。接著來看 $e_1>e_2$ 的情況,讀者應很輕易得到 $p_x^1/p_x^2<1$ 或 $p_x^1<p_x^2$ 的結論。同理,$e_1<e_2$ 隱含 $p_x^1>p_x^2$。換句話說,為了使利潤達到最大,從事三級差別取價的廠商,必將需求彈性較大的市場的價格,訂在比需求彈性較小的市場價格更低的水準。這個結果並不令人感到意外。畢竟,彈性代表消費者對產品價格變動的敏感程度。當彈性較大時,價格提高將使消費者大量減少購買該產品,因而使收入減少;反之,彈性較小時,價格提高並不會損失太多銷售量,故對收入的影響也有限。廠商即可利用這個性質,以較高的價格掠奪彈性較小的市場的消費者剩餘。

【例 14.3】

假定一廠商同時將其產品銷售於國內與國外市場。該廠商在國內市場為獨佔者,面對的需求曲線為 $p_d=100-x_d$;但在國外市場此廠商為一價格接受者,面對 $p_f=60$ 元的需求曲線。若該廠商在國外市場的銷售量為 x_f,生產的成本函數為 $TC=(x_d+x_f)^2$。試問該廠商在國內、外市場的均衡銷售量與價格分別是多少?又,如果國外價格下降到 $p_f=20$ 元,則新的均衡數量與價格是多少?說明上面兩個均衡間的差別。

【解答】

此廠商的利潤為

$$\pi(x_d, x_f) = p_d x_d + p_f x_f - (x_d + x_f)^2$$

將 p_d 及 $p_f = 60$ 代入上式，得到

$$\pi(x_d, x_f) = (100 - x_d)x_d + 60x_f - (x_d + x_f)^2 \qquad (a)$$

極大化 $\pi(x_d, x_f)$ 之一階條件為

$$\frac{\partial \pi(x_d, x_f)}{\partial x_d} = 100 - 2x_d - 2(x_d + x_f) = 0 \qquad (b)$$

$$\frac{\partial \pi(x_d, x_f)}{\partial x_f} = 60 - 2(x_d + x_f) = 0 \qquad (c)$$

假定二階條件成立（您可自行驗證），由 (b)、(c) 解得

$$x_d^* = 20$$

$$x_f^* = 10 \qquad (d)$$

將 $x_d^* = 20$ 代入國內需求函數得到

$$p_d^* = 80 \qquad (e)$$

故在此情況下，此廠商將在國內以價格 80 元銷售 20 單位產品，在國外市場以價格 60 元銷售 10 單位產品。

若國外價格降為 $p_f = 20$ 元，則新的利潤函數只不過是將 (a) 式中之 $60x_f$ 以 $20x_f$ 取代而已。經由相同的過程，我們可解得

$$x_d^{**} = 40$$

$$x_f^{**} = -30 \qquad (f)$$

但因銷售量不可能為負值，這個解並沒意義。為了較清楚解釋問題所在，我們將此廠商的問題以圖 14.9 來說明。圖中 MR_d 和 MR_f 分別為國內市場和國外市場的邊際收益曲線，故在兩者水平加總後廠商的邊際收益曲線成為 abc。如此一來，圖 14.9 顯示，邊際收益和邊際成本線相交

圖 14.9

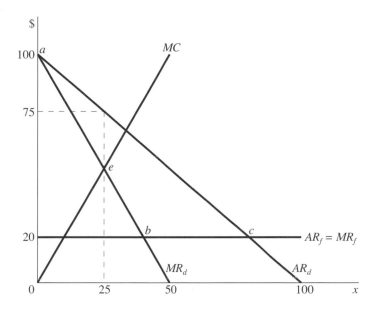

於 e 點，最適產量為 25 單位。但圖中也清楚顯示，生產 25 單位的邊際成本遠高於國外市場的邊際收益，因此廠商應將所生產的全部 25 單位產品銷售於國內市場。換句話說，由於國外市場價格實在太低，根本不值得廠商輸出，故廠商實際的利潤函數成為

$$\pi(x_d, x_f) = \pi(x_d) = (100 - x_d)x_d - x_d^2$$

極大化 $\pi(x_d)$，讀者應可很輕易解出最適產量與價格為

$$x_d^{**} = 25$$

$$p_d^{**} = 75$$

讀者應該會問，那何以前面利用 (b) ~ (f) 會得到錯誤的結果呢？簡單地說，前面的解法乃是假定廠商一定會同時銷售國內和國外市場，或說假定解為內部解。但事實上，廠商並不一定非要同時在兩市場銷售，在像本題這種特殊情況下，廠商最好的策略是放棄一個市場，因此成為角解。如此一來，利用內部解的條件所獲得的結果就可能是錯誤的。

　　在繼續探討其他問題之前，讓我們先來看看三級差別取價的福利效果。首先，我們可很輕易證明，三級差別取價的社會福利必然不及完全競爭市場。這是因為一方面廠商在各個市場仍只生產到價格大於邊際成本的水準，故整體來說，產量必低於達到經濟效率的水準。另一方面，因為不同市場的消費者支付不同的價格，因而在消費方面也還有效率損失。其次，和單一定價的獨佔廠商相較，福利增加或減少則無法確定。一方面，上述消費方面的效率損失仍然存在。但另一方面，隨著成本函數和需求函數的不同，三級差別取價下的總產量，可能較單一定價下的總產量多或少。當產量與單一定價相同或較單一定價少時，考慮消費效率的損失，我們當然可確定三級差別取價下的社會福利會較單一訂價時低，不過，如果三級差別取價下的產量較單一訂價時多的話，其福利是可能較單一訂價情況下來得高。

尖峰訂價法

上面所討論的三級差別取價，乃是指在同一時間對不同市場訂定不同價格而言。但差別取價除了可在不同市場進行外，也可能在同一市場的不同時間進行「跨時差別取價」(intertemporal price discrimination)。例如：首輪電影雖然和重映者完全相同，但價格卻通常貴了很多。有些電子產品剛上市時價格相當昂貴，但在市場趨於成熟後，價格卻也跟著下降。當然，這可能部份是由於大量生產與規模經濟所造成，但研究往往發現，這種成本的變化並不能完全解釋價格的差異，因此跨時差別取價的現象並不能排除。

　　跨時差別取價中一種相當特殊的訂價法為尖峰訂價法 (peak-load pricing)。例如，許多城市的計程車，在所謂尖峰時段 (peak-demand period) 的價格較離峰時段 (off-peak-demand period) 來得高；夏季電價往往比其他季節高等，都是尖峰訂價的典型代表。一般而言，會進行尖峰訂價的產品都具有兩個特性：第一、尖峰和離峰的需求相差甚大；第二、由於產能的限制，尖峰時段的邊際成本上升非常快速。圖 14.10 描繪具有上述兩種特性的需求與成本函數。圖中 AR_1 與 AR_2 分別為尖峰與離峰時段的需求函數，而 MR_1 與 MR_2 則分別是其對應的邊際收益曲線。廠商將分別在兩個時段依 $MR = MC$ 的原則決定最適產量與價格。因此，該廠

圖 14.10

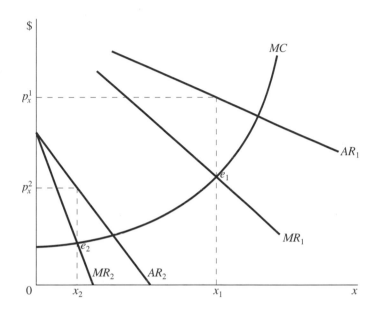

商在尖峰時段會以 p_x^1 的價格銷售 x_1 的數量，而在離峰時段則以 p_x^2 的價格銷售 x_2 的數量。很顯然地，與離峰時段相較，在尖峰時段不但價格較貴，銷售量也較大，這和一般生活經驗完全一致。

敏感的讀者或許已經發現，尖峰訂價法和一般獨佔廠商的訂價法事實上完全相同，我們只要將尖峰和離峰視為兩個完全不相干的市場即可。也由於這個緣故，我們沒必要像三級差別取價那樣，先將 MR_1 和 MR_2 水平加總起來，再與 MC 一起決定最適產量。尤有進者，尖峰訂價法和上面所討論的差別取價的概念也相去甚遠。事實上，純粹的尖峰訂價根本就不是種「差別取價」，因為尖峰與離峰間的價格差異是可以兩個時段生產成本的差異來加以解釋的。

獨買與差別取價

在第十三章中我們提到，有關獨佔廠商的各種分析，大部份都可直接引用到獨買廠商，只不過因買、賣角色互換，要注意作必要的調整罷了。在結束差別取價的討論之前，我們要再度提醒讀者，前面有關一級、二

級和三級差別取價的分析，同樣可用以分析具有獨買力廠商的差別取價行為。當然，和獨買與獨賣一樣，我們必須考慮買、賣角色對調的影響。例如，我們很可能無法想像獨買廠商有任何對應於獨賣廠商的兩部訂價行為。儘管如此，讀者只要細心思考，應可接受獨買或任何具有獨買力的廠商，在適當的條件下，是有可能從事「買方的」一級、二級和三級差別取價的。我們將這些所謂「適當條件」及「買方的」一級、二級差別取價的意義，留給讀者自行從事「腦力激盪」。在此，我們將僅就獨買廠商的三級差別取價加以說明。

假定某廠商利用某一種勞動力 L 生產 x，其生產函數為

$$x = f(L) \text{，} f'(L) > 0 \text{，} f''(L) < 0$$

若該廠商在這種勞力的僱用上具有獨買力，則該廠商為一勞動力價格制訂者。現在進一步假定，該廠商知道女性勞動力和男性勞動力的供給彈性並不相同，因此他想利用差別取價的方式僱用這兩種勞力。若以 L_m 代表男性勞工，L_f 代表女性勞工，我們可將男、女勞工的（逆）供給函數寫成

$$w_m = w_m(L_m) \text{，} w'_m > 0$$

和

$$w_f = w_f(L_f) \text{，} w'_f > 0$$

假定 x 的價格為 p_x，則此廠商的利潤函數可寫成

$$\pi = p_x f(L) - w_m(L_m)L_m - w_f(L_f)L_f$$

其中 $L = L_m + L_f$。利潤極大化的一階條件為

$$\frac{\partial \pi}{\partial L_m} = \frac{\partial (p_x f(L))}{\partial L_m} - \left(w_m + L_m \frac{\partial w_m}{\partial L_m} \right) = 0$$

$$\frac{\partial \pi}{\partial L_f} = \frac{\partial (p_x f(L))}{\partial L_f} - \left(w_f + L_f \frac{\partial w_f}{\partial L_f} \right) = 0$$

假定二階條件成立，則由上兩式可解出最適解 L_m^*、L_f^*。利用前面所定義

之邊際生產收益量及邊際支出的概念，以及

$$\frac{\partial\left(p_x f(L)\right)}{\partial L_m} = \frac{\partial\left(p_x f(L)\right)}{\partial L_f} = \frac{d\left(p_x f(L)\right)}{dL}$$

的事實（為什麼？），上述一階條件可寫成

$$\frac{\partial\pi}{\partial L_m} = MRP_L - ME_m = 0 \tag{14.8}$$

$$\frac{\partial\pi}{\partial L_f} = MRP_L - ME_f = 0 \tag{14.9}$$

其中 ME_m 和 ME_f 分別代表僱用男性工人和女性工人的邊際支出。結合 (14.8) 與 (14.9) 即得

$$MRP_L = ME_m = MF_f \tag{14.10}$$

換句話說，具有獨買力的廠商在進行買方三級差別取價時，必然會僱用兩種工人，直到他們的邊際支出同時與此廠商僱用勞工的邊際生產收益量相等為止。讀者應可看出，(14.8)、(14.9)、(14.10) 和 (14.4)、(14.5)、(14.6) 基本意義完全相同，只不過是買方與賣方的差別而已。

依據賣方三級差別取價的原理，我們也可以圖形分析來說明買方三級差別取價的現象。圖 14.11 中，AE_m 和 AE_f 分別為男性與女性勞工的供給函數，ME_m 和 ME_f 則是此廠商僱用男、女性勞工的邊際支出。我們可以利用導出圖 14.8 中 MR_t 完全相同的推論過程，得到圖 14.11 中廠商的邊際支出曲線 ME_t（試試看！）。然後由 MRP_L 與 ME_t 的交點 e 決定最適勞動僱用量 L^*。由 e 點作水平線和 ME_m、ME_f 分別交於 e_m 和 e_f 點，即得最適男、女勞工僱用量 L_m^* 和 L_f^*。因 ME_t 為 ME_m 和 ME_f 的水平加總，故我們知道 $L^* = L_m^* + L_f^*$。最後，經由 AE_m 和 AE_f，得知在僱用 L_m^*、L_f^* 時，男、女勞工的工資分別為 w_m^* 和 w_f^*。一般而言，w_m^* 和 w_f^* 並不相同，反映了買方差別取價的現象。讀者至此應該已猜測到，w_m^* 和 w_f^* 的高低會受到兩種勞動的供給彈性的影響。事實正是如此，利用

$$ME = w\left(1 + \frac{1}{e^s}\right)$$

圖 14.11

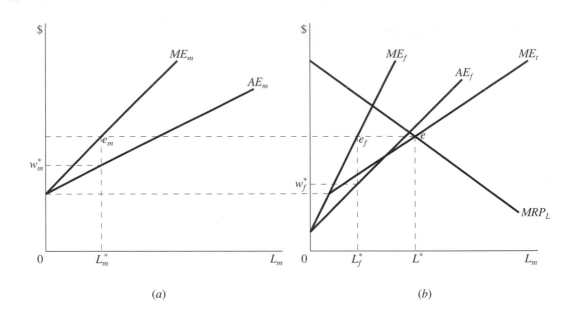

(a)   (b)

的關係，(14.10) 第二個等號隱含

$$\frac{w_m}{w_f} = \frac{1 + \dfrac{1}{e_f^s}}{1 + \dfrac{1}{e_m^s}} \tag{14.11}$$

上式中 e_m^s 與 e_f^s 分別為男性與女性勞工的供給彈性。(14.11) 告訴我們，當 $e_m^s > e_f^s$ 時，$w_m > w_f$；當 $e_m^s < e_f^s$ 時，$w_m < w_f$。換句話說，在買方三級差別取價下，供給彈性愈大的市場，價格就訂得愈高，供給彈性愈小的市場，價格就愈低，充分反映了獨買力的意義。

14.3　包裹定價法

差別取價，尤其是二級和三級差別取價，雖然是具有獨佔力的廠商，經常採用以增加利潤的方法。但廠商掠取消費者剩餘，提高利潤的方法並不限於差別取價一途。事實上，即使在單一訂價下，廠商仍可透過精心

設計的訂價方式，獲取較大的利潤。在這一小節中，我們所要介紹的包裹訂價法 (product bundling) 就是一個很有趣、也是廣泛被採用的例子。包裹訂價法又可分為單純包裹訂價法 (pure bundling) 與混合包裹訂價法 (mixed bundling) 兩種；前者購買者只能一次同時購買兩種或兩種以上產品所組成的「包裹」(package)；後者則除了購買「包裹」外，也容許消費者購買包裹中某些產品，只是通常較貴而已。現在，一個直覺的問題是，廠商為什麼要採用包裹訂價法？最簡單的答案應該是，這些產品本來就是彼此互補的產品。例如，電腦軟體和硬體乃是彼此互補的產品，因而幾乎所有電腦，在買來時都已經附加了某些最基本的軟體。另一個可能的解釋和效率有關，某些軟體，如文書處理軟體與試算表，當然可以分開購買，但往往會使交易成本 (transaction cost) 提高，故不如包裹銷售來得有效率。即使如此，我們仍可發現，廠商某些包裹訂價行為與互補性或效率並無太大關連，因而必有其他原因。在接下來的討論中，我們將告訴讀者，在某些條件下，包裹訂價事實上是廠商用以剝奪消費者剩餘、增加利潤的一種方法。

單純包裹訂價法：兩位消費者

我們先就單純包裹訂價法加以說明。為了使說明儘量簡化，假定廠商只銷售「諾貝爾文學獎全集」與「金庸合集」兩部書，且生產成本為零。另外，假定只有兩位消費者購買此兩「產品」，他們對這兩部書的需求價格如表 14.2 所示。很顯然地，如果廠商有辦法區別兩位消費者，並進行差別取價的話，那他的利潤將可達到最大，即 17,000 元。但如廠商無法區別兩位購買者，或因其他因素無法進行差別取價的話，則一般而言廠商可就兩部書訂定單一價格，分別銷售。為使利潤最大，在本例中，廠商會將諾貝爾文學獎全集訂為 4,000 元，金庸合集訂為 3,000 元。如此一來，第一位消費者購買諾貝爾文學獎全集的消費者剩餘為 5,000 − 4,000 = 1,000 元，購買金庸全集的消費者剩餘為 3,000 − 3,000 = 0 元。同理，第二位消費者購買諾貝爾文學獎全集的消費者剩餘為 4,000 − 4,000 = 0 元，購買金庸全集的消費者剩餘為 5,000 − 3,000 = 2,000 元。因此，兩位消費者均會同時購買這兩部書，而廠商將可獲得 (4,000 + 3,000) × 2 = 14,000 元的利潤。

表 14.2

	諾貝爾文學獎全集	金庸合集
消費者一	5,000	3,000
消費者二	4,000	5,000

　　但是，除了將兩部書分開銷售外，廠商還有另一種選擇，即將兩部書包裹銷售。表 14.2 的資訊顯示，第一位和第二位消費者同時購買此兩部書的需求價格分別是 8,000 元 和 9,000 元。因此，廠商如果將兩部書包裹訂價為 8,000 元，則第一位購買者的消費者剩餘為 0 元；第二位購買者的消費者剩餘為 1,000 元。兩人仍會購買這個「包裹」產品，而廠商的利潤則成為 16,000 元。從廠商的角度來看，包裹訂價當然是較為有利，因為在表 14.2 的情況下，廠商即可利用包裹訂價法提高利潤。值得再次強調的是，由前面的討論，我們知道，無論在分開銷售或包裹訂價的情況下，總剩餘均為 17,000 元。在包裹訂價的情況下，廠商利潤的增加乃完全來自消費者剩餘的剝奪。在分開銷售的情況下，兩位消費者共得到 3,000 元的剩餘，廠商則獲取 14,000 元的利潤。在包裹訂價法下，兩位消費者的剩餘只剩 1,000 元，而廠商利潤則提高到 16,000 元。換句話說，由分開銷售到包裹訂價，廠商所增加之 2,000 (= 16,000 – 14,000) 元利潤，剛好是來自消費者剩餘的減少 2,000 (= 3,000 – 1,000) 元。

　　為什麼包裹訂價會使廠商利潤較分開銷售還高呢？細心的讀者會發現，表 14.2 所列的兩位消費者的需求價格有一重要的特徵，即第一位消費者對諾貝爾文學獎全集的需求價格超過第二位消費者，而第二位消費者對金庸合集的需求價格超過第一位消費者。我們稱這種現象為兩人對這兩部書的評價具有「負相關」(negatively correlated)。反之，如果某一消費者對兩部書的需求價格均高過另一位消費者，則我們稱他們對兩部書的評價具有「正相關」(positively correlated)。表 14.2 中，兩位消費者對兩部書的評價為負相關，乃是包裹訂價可提高廠商利潤的關鍵所在。

表 14.3

	諾貝爾文學獎全集	金庸合集
消費者一	6,000	5,000
消費者二	4,000	3,000

為了凸顯這一點，我們來看兩位消費者對兩部書的評價為正相關的情形。表 14.3 中，第一位消費者對兩部書的需求價格均高於第二位消費者。在分開銷售時，廠商會將諾貝爾文學獎全集訂價 4,000 元，金庸合集訂價 3,000 元，以獲取 $(4,000 + 3,000) \times 2 = 14,000$ 元的利潤。此時，第一位消費者購買這兩部書的消費者剩餘為 4,000 元，但第二位消費者的消費者剩餘剛好為 0 元。如果廠商採包裹訂價法，則表 14.3 的資料顯示，第一位消費者的需求價格為 11,000 元，第二位消費者的需求價格為 7,000 元。因此，廠商的最適價格為 7,000 元。很顯然地，廠商利潤仍是 14,000 ($= 7,000 \times 2$) 元，而兩位購買者的消費者剩餘也與分開銷售時完全一樣。換句話說，在兩位消費者對兩部書的評價為正相關時，包裹訂價法並無法較分開銷售榨取更多消費者剩餘，因而也就無法提高廠商的利潤了。

單純包裹訂價法：多位消費者

我們可將前面的論述，推展到多位購買者的情況。假定廠商仍出售諾貝爾文學獎全集及金庸合集兩部書，但有 $n > 2$ 個消費者。如果以 r_n 和 r_k 表示消費者對諾貝爾文學獎全集與金庸合集的需求價格，則在 $n = 5$ 的假設下，我們可以圖 14.12 中 1、2、⋯、5 各點，代表第一到第五位消費者對此兩部書的需求價格。現在，如果廠商將此兩部書分開銷售，並將價格訂為 p_n 和 p_k，則由圖 14.12 可看出，第一位消費者將只購買金庸合集，因為他購買該書的消費者剩餘為正值，但購買諾貝爾獎全集的消費者剩餘為負值（請確定你知道為什麼如此）。同樣道理，我們立即可推

圖 14.12

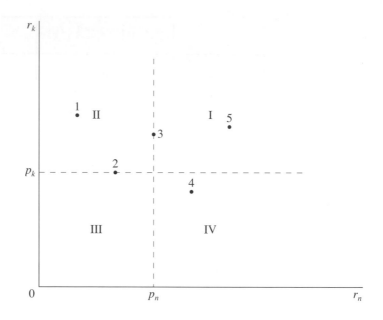

得，在圖 14.12 由 $r_n = p_n$ 和 $r_k = p_k$ 兩條線所畫分出的四個區域中，位於 I
區的消費者將同時購買這兩部書，位於 II 區的消費者將只購買金庸合
集，位於 IV 區的消費者只購買諾貝爾文學獎全集，而位於 III 的消費者
則兩部書都不會購買（請小心解釋位於 $r_n = p_n$，$r_k = p_k$ 線上的點）。

　　如果廠商採用包裹訂價法，將價格訂為 $p_B = r_n + r_k$，則在 p_B 給定的
情況下，我們可得到如圖 14.13 中之 −45° 直線，此直線將第一象限分割
成 I、II 兩區域。由前面有關包裹訂價的討論，我們知道，位於虛線上及
I 區的消費者會購買此「包裹」產品，而位於 II 區的消費者則不會購買。
比較圖 14.12 和圖 14.13，我們發現，在這兩圖所描繪的情況下，包裹訂
價會使原僅購買金庸合集的第一位消費者完全放棄購買，但使原僅購買
諾貝爾文學獎全集的第四位消費者同時購買此兩部書。這種變化對廠商
的利潤是否有助益呢？這是廠商所最關心的問題。

　　和兩個消費者的情形一樣，一般而言，若這些消費者對此兩部書的
評價為負相關時，適當地選取 p_B 最有可能使廠商的利潤較分開銷售上
升。圖 14.14 以兩個極端情況來說明；在圖 14.14(a) 中我們可將消費者

圖 14.13

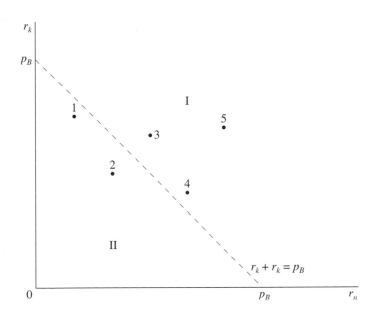

圖 14.14

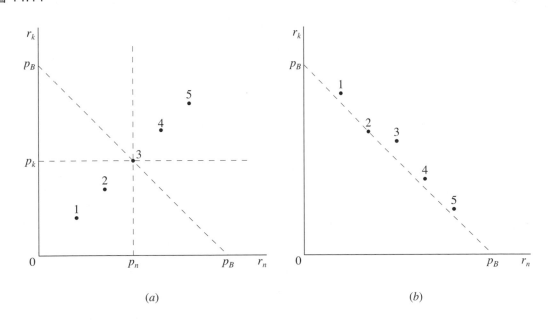

(a)   (b)

表 14.4

		諾貝爾文學獎全集	金庸合集
消費者	1	7,000	400
	2	8,000	3,000
	3	3,000	8,000
	4	400	7,000

由 1 到 5 排列，使得後面一位對同部書的需求價格永遠都較前一位消費者高。在這種情況下，由圖可清楚看出，將價格分別訂於 p_n 與 p_k 分開銷售，跟訂定包裹價格 $p_B = p_n + p_k = r_n + r_k$ 所得結果完全相同：消費者 3、4、5 會同時購買兩產品，而消費者 1、2 則都不購買，廠商的收入也都是 $3(p_n + p_k)$。反過來，在圖 14.14(b) 中，由第一位消費者到第五位消費者，他們對諾貝爾文學獎全集的需求價格不斷遞增，對金庸合集的需求價格不斷遞減。在這種情形下，適當地訂定包裹價格，如圖中之虛線，必可讓所有消費者都購買這兩部書從而提高利潤。

混合包裹訂價法

到目前為止，我們只說明在消費者對兩種產品的評價具有負相關時，廠商可透過包裹訂價法攫取更多消費者剩餘，達到提高利潤的目的。當然，廠商沒有任何理由只在分開銷售與包裹銷售兩種方式間作選擇。一個直覺的推展就是，將分開銷售與包裹銷售作適當的結合，這就成了混合包裹訂價法。在混合包裹訂價法下，消費者可購買某些包裹產品，也可分別購買單項產品，只是購買單項產品價格較貴罷了。混合包裹訂價法在兩種情況下對廠商最為有利：其一為消費者對兩產品的評價雖為負相關，但負相關程度不太強；第二種情形為生產的邊際成本夠大時。

先來看第一種情形。表 14.4 為四位消費者對諾貝爾文學獎全集與金

表 14.5

		諾貝爾文學獎全集	金庸合集
消費者	1	8,000	4,000
	2	7,000	6,000
	3	6,000	7,000
	4	4,000	8,000

庸合集的需求價格。若廠商採分開銷售策略,讀者可很容易驗證,廠商應將兩書價格均訂為 7,000 元,如此可獲得 $7,000 \times 4 = 28,000$ 元的利潤。如果廠商採單純包裹訂價法,包裹價格應訂為 7,400 元,廠商可獲 29,600 元的利潤,較分開銷售高。但如容許混合包裹訂價,則廠商可將包裹訂價訂為 11,000 元,賣給第二和第三位消費者;另兩部均分開訂價為 7,000 元,如此第一位消費者會購買諾貝爾文學獎全集,第四位消費者會購買金庸合集,則廠商的利潤成為 36,000 元,較單純包裹訂價更高。

接著來看第二種情形。這種情形和我們到目前為止的討論不同,在此生產成本變得相當重要,因此不能再假定生產成本等於 0。現在假定生產這兩部書的邊際成本同為 5,500 元,而四位消費者對兩部書的需求價格則如表 14.5 所示。因不值得將產品以低於邊際成本的價格出售,故在分開銷售時廠商必將價格訂在 5,500 元以上。讀者可自行查證,此時廠商應將兩部書價格均訂為 7,000 元,如此可獲得 6,000 元的利潤。如果採用單純包裹訂價法,則價格為 12,000 元,廠商可獲取 8,000 元的利潤。但若採混合包裹訂價法,則廠商可將兩書個別訂價為 8,000 元,包裹訂價為 13,000 元。如此一來,第二和第三位消費者將購買包裹產品,第一位消費者僅購買諾貝爾獎全集,第四位消費者僅購買金庸合集,廠商的利潤將達 9,000 元,較諸單純包裹訂價法還高。在此必須強調的是,當生產成本不能忽略時,混合包裹訂價法之所以優於單純包裹訂價法,乃

是透過這種方法，廠商可以完全避免任何一部書的售價低於生產的邊際成本。

15 寡佔與獨佔性競爭市場

不同的市場各有不同的特性，他們可能因產品性質、廠商數目及進入障礙的差異而有不同的**市場結構** (market structure)。前面我們已經討論了完全競爭與獨佔兩種市場結構。在完全競爭市場中，廠商數目雖然眾多，但卻生產相同的產品，又因沒有任何市場進入障礙，因此在達到長期均衡時，廠商不可能賺取任何超額利潤。最重要的是，由於每一廠商在該產品市場的角色是如此微不足道，故均是價格接受者。個別廠商的行為既無以影響其他廠商，也个用擔心任何個別廠商的決策對本身利潤的影響。另一方面，獨佔廠商乃是市場上的唯一供給者，在進入障礙的保護下，不存在其他競爭對手，因而即使在長期均衡時也可能賺取超額利潤。雖然，完全競爭與獨佔兩種市場結構下，廠商行為分析相對簡單，但我們不得不承認，這兩種市場結構均是極端簡化的經濟模型。在現實生活中，絕大部分的產品市場結構均是介於這兩個極端之間。為了使我們的分析更貼近現實生活，在本章中我們將介紹**寡佔** (oligopoly) 與**獨佔性競爭** (monopolistic competition) 這兩種較接近現實的市場結構。在進行分析之前，我們必須指出，寡佔或獨佔性競爭市場固然可讓我們的分析看起來較不脫離現實，但這卻是要付出相當代價的。因為，不管是寡佔或獨佔性競爭都沒有像獨佔或完全競爭那樣簡單而完整的模型，所得到的結果也會因不同的模型設定而有極大的差異。

我們將先討論有關寡佔市場的模型。寡佔市場的廠商數目相當有限，且每一廠商在市場上均佔有不可忽視的份量。在這種情況下，任何一位廠商的行為均不可避免地會對其他廠商的利潤造成衝擊，而受到影響的廠商也必然會採取對應的行動以維護自身的利益。這種廠商行為間之間的**相互依賴** (mutual interdependence) 關係，乃是寡佔競爭市場的最重要屬性，也是任何有關寡佔廠商行為分析必須考慮的因素。廠商行為的相互依賴關係的最重要後果是，任何廠商在採取任何行動之前，必然

要評估、預測其他廠商可能的反應,以及這些反應對本身利益的影響。這種廠商在從事諸如生產或訂價決策之前,必須考慮競爭對手的可能反應的現象,一般稱之為**策略性互動** (strategic interaction)。讀者應可回想一下,在完全競爭市場中,任何一廠商在決定其最適產量時,並不必考慮其他廠商的反應,因為不管他生產多少,都無法改變市場價格,也不會影響其他廠商的利潤。因此,在完全競爭市場中,並沒有策略性互動的問題。獨占市場則更簡單,因為市場中根本沒有存在其他競爭者,因此也談不上互動,或策略性互動問題。

寡佔廠商的決策行為,依其策略性互動關係,大致可分為**非合作策略** (noncooperative strategy) 與**合作策略** (cooperative strategy) 兩類型。在合作策略下,廠商可能採取**勾結** (collusion) 行動,追求最大的共同利潤,也可能採取諸如**價格領導** (price leadership) 或**優勢廠商** (dominant firm) 模式以維護利益及市場的穩定性。在非合作策略下,廠商則可能採用**訂量** (quantity-setting) 或**訂價** (price-setting) 策略從事競爭,而不論採取哪種策略,又可因訂量或訂價次序的不同,以及對手可能的不同反應而得到不同的模型與結果。我們將從非合作策略開始,介紹各種訂量與訂價模型,然後討論合作策略,最後再將各種模型所得到的重要結果作一比較。

15.1　非合作策略訂量模型

庫諾模型

最早的寡佔模型由法國學者庫諾 (Augustin Cournot) 於 1838 年所提出,探討生產相同產品的兩家廠商,如何決定生產數量以追求利潤極大。更明確點,庫諾模型包含了下列幾個假設:

(1)　市場上僅有兩家廠商,其他廠商完全無法進入。

(2)　兩家廠商生產同質產品 (homogeneous products)。

(3)　兩家廠商從事生產的邊際成本均固定,且相等。

(4)　兩家廠商均在假定競爭對手不會改變產量的前提下,決定自己最適的生產量。

(5)　兩家廠商同時決定產量,沒有前後次序關係。

第一個假設並非必要，但可大量簡化模型，並易於進行圖解分析，因此這種雙佔模型 (duopoly model) 遂成為大部分寡佔市場的主要分析工具，我們也將維持這個假設。至於相同產品的假設也沒有必要，我們在後面的例題中，將會說明生產異質產品 (differentiated products) 的情形。第三個假設的主要目的同樣在簡化分析。事實上，在庫諾原來的模型中，更進一步假定兩家廠商的邊際成本都是等於0。但為了較一般化些，我們將僅假定邊際成本固定且相等，但容許此邊際成本為正的情形，即 $MC_1 = MC_2 = c \geq 0$。第四和第五個假設可說是庫諾模型的精神所在，因此必須接受而不能隨變更動。

為了進一步簡化分析，在此我們假定產品市場的需求曲線為線性，即市場的逆需求函數為

$$p_x = a - bx \tag{15.1}$$

其中 $x = x_1 + x_2$ 為市場需求量，x_1 和 x_2 分別代表第一家和第二家廠商的產量或銷售量。現在，先來看第一家廠商的訂量行為。根據庫諾的行為假設，第一家廠商在知道第二家廠商會生產某一數量後，就認定第二家廠商不會因自己選取某一生產數量而改變其生產數量。在這種情況下，第一家廠商將自認為是在扣除第二家廠商供給量後的剩餘市場 (residual market) 的獨佔者，因此將會生產到其邊際成本等於剩餘市場的邊際收益時的產量。我們可以圖 15.1 來說明，在圖 15.1(a) 中，$p_x(x)$ 為市場需求曲線。若第一家廠商認為第二家廠商不生產任何產品，即 $x_2 = 0$，則第一家廠商將會生產獨佔廠商的產量 x_1^m。現在，若第二家廠商生產 $x_2 = x_2^1$ 的產量，則第一家廠商所面對的剩餘需求曲線為 $p_x(x - x_2^1)$，此時，第一家廠商的最適產量為 x_1^1。我們可將上面 $(x_1 = x_1^m, x_2 = 0)$，$(x_1 = x_1^1, x_2 = x_2^1)$ 的組合描繪於圖 15.1(b) 之 x_1-x_2 平面上；重複上面的過程而得到如圖中之曲線 $x_2^c x_1^m$。在此值得一提的是，x_2^c 乃是代表，當第二家廠商生產這個數量時，在給定的邊際生產成本 $MC_1 = c$ 下，第一家廠商的最適生產量為 0 的情形。由圖 15.1(a)，我們可看到 $x_2^c = cd$；換句話說，當第二家廠商生產完全競爭廠商的生產量時，第一家廠商即不再生產。由上面的推導過程，我們清楚得知，曲線 $x_2^c x_1^m$ 乃告訴我們，給定任何一個第二家廠商的生產量 x_2 下，第一家廠商的最適產量，或最適反應，因此將其稱為

圖 15.1

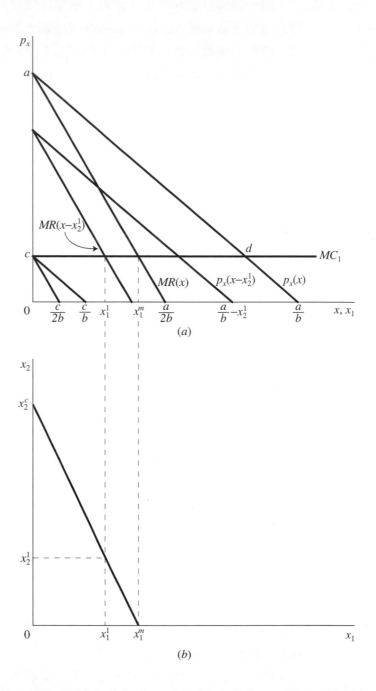

(a)

(b)

第一家廠商的反應函數 (reaction function)，並將其表示成

$$x_1 = R_1(x_2) \tag{15.2}$$

我們可以經由完全相同的過程推導出第二家廠商的反應函數

$$x_2 = R_2(x_1) \tag{15.3}$$

但為了明確起見，並為了讓讀者了解反應函數的數學推導過程，在此我們以 (15.1) 的線性需求函數，導出此兩廠商的反應函數，並進而解出庫諾模型的均衡。

在市場需求函數為 (15.1) 時，兩家廠商的利潤函數分別為

$$\pi_1 = p_x x_1 - cx_1$$
$$= (a - b(x_1 + x_2))x_1 - cx_1 \tag{15.4}$$
$$\pi_2 = p_x x_2 - cx_2$$
$$= (a - b(x_1 + x_2))x_2 - cx_2 \tag{15.5}$$

在庫諾的行為假設下，此兩家廠商利潤極大化的一階條件分別為

$$\frac{\partial \pi_1}{\partial x_1} = (a - c) - 2bx_1 - bx_2 = 0 \tag{15.6}$$

$$\frac{\partial \pi_2}{\partial x_2} = (a - c) - bx_1 - 2bx_2 = 0 \tag{15.7}$$

因 $\partial^2 \pi_1 / \partial x_1^2 = \partial^2 \pi_2 / \partial x_2^2 = -2b < 0$，故利潤極大化之二階條件成立。因此，由 (15.6) 和 (15.7) 兩式可聯立解出均衡解 (x_1^*, x_2^*)。但在解出均衡之前，讓我們先回到 (15.6)，來看看它的意義。(15.6) 可改寫成

$$x_1 = \frac{(a-c)}{2b} - \frac{1}{2} x_2 \tag{15.8}$$

此式子告訴我們，當第二家廠商的生產量 x_2 給定後，第一家廠商的最適生產量或最適反應為何。因此，它正是我們前面所介紹之第一家廠商的反應函數 (15.2)。同理，我們可由 (15.7) 得到第二家廠商的反應函數

圖 15.2

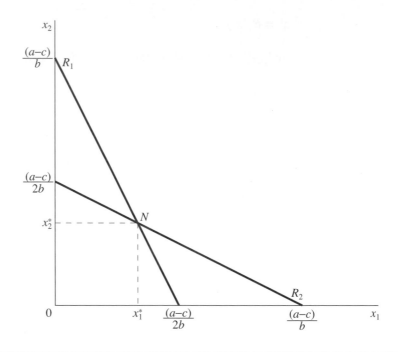

$$x_2 = \frac{(a-c)}{2b} - \frac{1}{2}x_1 \tag{15.9}$$

圖 15.2 繪出兩家廠商的反應函數 R_1 與 R_2。在此有幾點提醒讀者：

(1) 圖中兩條反應函數均是直線，這是市場需求曲線為線性，且生產的邊際成本固定下所得到的結果，一般而言，反應函數未必是直線。

(2) 在兩家廠商生產的邊際成本相等的假設下，兩條反應函數是完全對稱（於 45° 線）的。因此，R_1 與 R_2 的斜率互為倒數，R_1 的橫軸截距等於 R_2 的縱軸截距；R_1 的縱軸截距等於 R_2 的縱軸截距。此外，R_1 的橫軸截距為 $(a-c)/2b$，剛好是第一家廠商為獨佔者的產量，而其縱軸截距為 $(a-c)/b$，則是第二家廠商為價格接受者時的生產量。

(3) 兩條反應函數的交點 N 即是庫諾均衡，因反應函數為對稱，故兩廠商均衡產量必相同。由 (15.8) 和 (15.9) 可解得 $x_1^* = x_2^* = (a-c)/3b$，且兩家廠商的利潤為 $\pi_1^* = \pi_2^* = (a-c)^2/9b$。

(4) 以橫軸為準，當 R_1 較 R_2 陡時，均衡點 N 才是穩定均衡 (stable equi-

圖 15.3

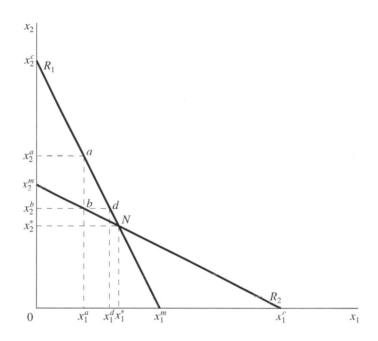

librium)，但因動態穩定問題不是本書重點，在此个再進一步討論。

現在，我們再詳細點說明庫諾均衡 (Cournot equilibrium) 的概念。在庫諾行為假設下，均衡乃是指「給定對手廠商的產量下」，廠商本身沒有任何意願改變自己的生產量，當兩廠商都沒意願改變自己的產量時，即達到庫諾均衡。我們可以圖 15.3 來說明此均衡的意義。假定一開始時，第一家廠商認為第二家廠商的產量为 x_2^a，且不會改變，則第一家廠商會生產 x_1^a 的數量，而成為圖中之 a 點。但當第二家廠商認定第一家廠商會生產 x_1^a 的數量時，根據反應函數 R_2，第二家廠商會生產 x_2^b 的數量，結果成為圖中之 b 點。因此，a 點並不是一庫諾均衡。同理，到達 b 點以後，在給定第二家廠商生產 x_2^b 的前提下，第一家廠商將再根據自己的反應函數，選取不同於 x_1^a 的產量而達於 d 點，故 b 點也不是庫諾均衡。同樣道理，讀者可很輕易證明，d 點也不是庫諾均衡。但在 N 點時，給定第二家廠商的生產數量 x_2^*，第一家廠商，根據其反應函數 R_1，將生產 x_1^* 的數量。反之，在第一家廠商生產 x_1^* 的前提下，由 R_2 知，第二家廠

商必然生產 x_2^* 的數量。由此可知,在 $N = (x_1^*, x_2^*)$ 達到時,給定對方的產量下,兩家廠商均沒有意願改變其生產量。因此,兩條反應函數的交點正是庫諾均衡。

【例 15.1】

在一雙佔模型中,假定市場的需求函數為 $p_x = 100 - (x_1 + x_2)$。若此兩廠商的成本函數分別為 $c_1 = 2x_1$,$c_2 = 2x_2$,試求庫諾均衡及兩廠商之利潤。又,若第二家廠商因創新技術而使其成本函數變成 $c_2 = x_2$,則庫諾均衡與兩廠商之利潤有何改變?

【解答】

兩廠商之利潤函數可寫成

$$\pi_1 = (p_x - 2)x_1 = (98 - (x_1 + x_2))x_1 \tag{a}$$

$$\pi_2 = (p_x - 2)x_2 = (98 - (x_1 + x_2))x_2 \tag{b}$$

利潤極大化的一階條件為

$$\frac{\partial \pi_1}{\partial x_1} = 98 - 2x_1 - x_2 = 0 \tag{c}$$

$$\frac{\partial \pi_2}{\partial x_2} = 98 - x_1 - 2x_2 = 0 \tag{d}$$

由 (c)、(d) 兩條反應函數可解得庫諾均衡(請讀者自行查驗二階條件)

$$x_1^* = x_2^* = \frac{98}{3} = 32.67$$

將均衡產量代回 (a)、(b) 可得均衡時之利潤為

$$\pi_1^* = \pi_2^* = \left(\frac{98}{3}\right)^2 = 1{,}067.11$$

當第二家廠商的的成本函數成為 $c_2 = x_2$ 時,(d) 成為

$$\frac{\partial \pi_2}{\partial x_2} = 99 - x_1 - 2x_2 = 0 \qquad\qquad (e)$$

由 (c)、(e) 可解出庫諾均衡

$$x_1^{**} = \frac{97}{3}$$

$$x_2^{**} = \frac{100}{3}$$

均衡時的利潤為

$$\pi_1^{**} = \left(\frac{97}{3}\right)^2$$

$$\pi_2^{**} = \left(\frac{100}{3}\right)^2$$

綜合上面結果,我們知道,在邊際成本固定情況下,邊際成本較低的廠商將會有較大的均衡產量及利潤。

等利潤曲線

利用推導反應函數的原理及過程,我們接著來介紹等利潤曲線的觀念。等利潤曲線乃是在 x_1-x_2 平面中,使廠商利潤達到一定水準之所有 (x_1, x_2) 所形成的集合。例如,

$$\pi_1^1 = \{(x_1, x_2) \mid \pi_1(x_1, x_2) = \pi_1^1\} \qquad\qquad (15.10)$$

即代表第一家廠商利潤等於 π_1^1 的等利潤曲線。當然,我們可以直接透過 $\pi_1(x_1, x_2) = \pi_1^1$ 來探討等利潤曲線的性質及形狀。但我們可以更直接的以圖解方式來導出等利潤曲線。圖 15.4 中,R_1 為第一家廠商的反應函數,根據反應函數的定義,在給定第二家廠商的產量為 x_2^a 時,第一家廠商生產 x_1^a 的數量可使其利潤達到最大。因此,第一家廠商在圖中 a 點的利潤必然較圖中 b 點的利潤高,故 b 點和 a 點必不在同一條等利潤曲線上。

圖 15.4

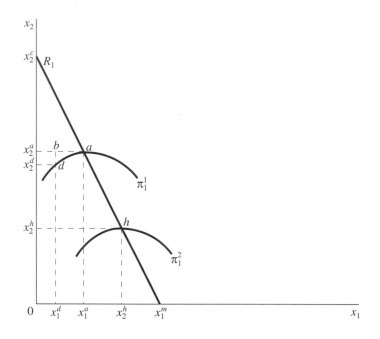

如果我們將第一家廠商的產量固定於 x_1^d，則只有將第二家廠商的生產量減少到 x_2^a 以下，方可使市場價格上升，從而使第一家廠商利潤上升。由此可知，在第一家廠商產量為 x_1^d 時，第一家廠商利潤與 a 點相同的點必然在 b 點正下方，如圖中之 d 點，故 a 和 d 點在同一條等利潤曲線上。從上面的推理可知，在 a 點左邊，離 a 點水平距離愈遠的點，必須配以愈低的第二家廠商的產量，方能維持與 a 點相同的利潤。也就是說，經過 a 點的等利潤曲線在 a 點的左側為正斜率。同樣道理，我們可推得，通過 a 點的等利潤曲線，在 a 點右側為負斜率。

綜合上面的結果，我們可描繪出通過 a 點的等利潤曲線 π_1^1。在此值得特別強調的是，等利潤曲線 π_1^1 在 a 點的斜率為 0，這正反映一階條件 (15.6)。事實上，這個結果對任何一條等利潤曲線均成立；換句話說，任何一條第一家廠商的等利潤曲線與其反應函數相交之點的斜率均等於 0。根據相同原理，我們可繪出通過圖中 h 點的一條等利潤曲線 π_1^2。反過來，我們也可說，第一家廠商的反應函數乃是其等利潤曲線與代表第二

圖 15.5

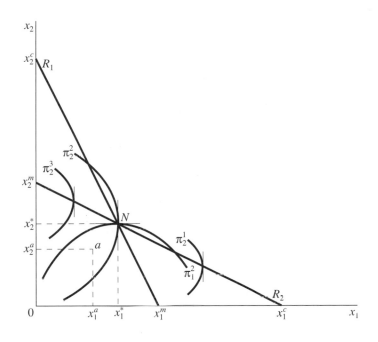

家廠商產量的水平線的切點連接而成。此外,讀者應可輕易推得,愈往右下方的等利潤曲線,代表第一家廠商愈高的利潤水準;例如圖中等利潤曲線 π_1^2 即代表較 π_1^1 高之第一家廠商的利潤水準(請確定你知道為什麼!)。

採用完全相同的過程,我們可描繪出圖 15.5 中第二家廠商的等利潤曲線 π_2^1、π_2^2 和 π_2^3。這些等利潤曲線在與第二家廠商反應函數的交點的斜率為 ∞,且愈往左上方的等利潤曲線代表愈高的第二家廠商的利潤,即 $\pi_2^3 > \pi_2^2 > \pi_2^1$。圖 15.5 中,我們也繪出通過庫諾均衡的第一家廠商的等利潤曲線, π_1^2。很明顯地,π_2^1 與 π_1^2 兩條等利潤曲線在均衡點 N 彼此相交,故兩家廠商事實上是有可能再同時調整各自的生產量,使得兩家廠商的利潤均較 N 點高。例如,如果兩廠商能將均衡點由 N 點向西南方移到如圖上的 a 點,則因 a 點在 π_1^2 的下方,在 π_2^1 的左方,代表兩家廠商的利潤可同時提高。可惜的是,在庫諾行為假設下,在 a 點兩廠商均有改變生產量的動機,因而 a 並不可能成為一均衡點。

n 家廠商庫諾模型

上面我們根據庫諾的原始假設，以雙佔模型進行討論。但在了解了雙佔庫諾模型的原理後，我們可很直接地將其擴展到 n 家廠商的庫諾模型。為了便於說明，我們仍以線性需求函數為例進行分析。假定市場需求函數為

$$p_x = a - b(x_1 + \cdots + x_n)$$

第 i 家廠商之成本函數為

$$c_i = cx_i \ , \ i = 1, \cdots, n$$

則第 i 家廠商之利潤函數可寫成

$$\pi_i = (p_x - c)x_i \ , \ i = 1, \cdots, n$$

其利潤極大化之一階條件為

$$\frac{\partial \pi_i}{\partial x_i} = a - c - 2bx_i - b\sum_{j \neq i} x_j = 0 \ , \ i = 1, \cdots, n \tag{15.11}$$

將 (15.11) 中之 n 條方程式加總可得

$$n(a - c) - (n + 1)b\sum_{i=1}^{n} x_i = 0$$

故解得

$$\sum_{i=1}^{n} x_i = \frac{n}{n+1}\left(\frac{a-c}{b}\right) \tag{15.12}$$

將 (15.12) 代回 (15.11)，或利用所有 n 家廠商均相同的關係，可解得第 i 家廠商的產量為

$$x_i = \frac{1}{n+1}\left(\frac{a-c}{b}\right)$$

當 $n \to \infty$ 時，我們可將其視為回到完全競爭模型；由 (15.12) 得知，此

時市場上的總產量為 $(a - c) / b$，而每一家廠商只生產這競爭均衡產量的 $1 / (n + 1)$。當 $n = 1$ 時，為獨佔廠商模型，此時廠商產量剛好是競爭市場產量的一半，或 $(a - c) / 2b$，這是我們所熟知的結果。當 $n = 2$ 時，我們回到前面的庫諾雙佔模型，兩廠商分別生產 $(a - c) / 3b$，市場總產量為 $2(a - c) / 3b$。

在結束庫諾模型討論之前，我們要特別指出，到目前為止，所有分析都假定廠商所生產的產品是同質的，但這些分析方法在異質產品時仍然成立。我們不擬在此重複這些過程，僅以下列例子來說明。

【例 15.2】

假定市場上兩家廠商生產 x_1 和 x_2 兩產品，其成本函數分別為 $c_1 = 4x_1$，$c_2 = 4x_2$。若此兩產品的市場需求函數為

$$p_1 = 100 \quad 2x_1 - x_2$$
$$p_2 = 200 - x_1 - 4x_2$$

試求此兩廠商的反應函數，均衡產量及利潤。

【解答】

此兩廠商的利潤函數為

$$\pi_1 = (p_1 - 4)x_1 = (96 - 2x_1 - x_2)x_1 \tag{a}$$

$$\pi_2 = (p_2 - 4)x_2 = (196 - x_1 - 4x_2)x_2 \tag{b}$$

利潤極大化一階條件為

$$\frac{\partial \pi_1}{\partial x_1} = 96 - 4x_1 - x_2 = 0 \tag{c}$$

$$\frac{\partial \pi_2}{\partial x_2} = 196 - x_1 - 8x_2 = 0 \tag{d}$$

由 (c)、(d) 可解出第一、第二家廠商的反應函數

$$x_1 = 24 - \frac{1}{4}x_2 \tag{e}$$

$$x_2 = 22 - \frac{1}{8}x_1 \tag{f}$$

由 (e) 和 (f) 解得均衡產量

$$x_1^* = \frac{572}{31}$$

$$x_2^* = \frac{688}{31}$$

將 x_1^* 與 x_2^* 代回 (a)、(b) 即得

$$\pi_1^* \approx 680.92$$

$$\pi_2^* \approx 1970.21$$

史塔克柏格模型

在庫諾模型中，兩廠商的訂量行動是同時發生的。但是在現實生活中，我們可以發現，有許多廠商在作生產決策時是有先後次序的。在決策有先後次序的狀況下，與庫諾模型最大的不同在於，後訂量的廠商可以觀察到先訂量的廠商所選取的數量，而先訂量的廠商雖然可事先考慮後訂量廠商的可能反應，但在決定數量之後即不能改變其數量。這種考慮訂量有先後順序的寡佔模型稱為**史塔克柏格模型** (Stackelberg model)，在該模型中，先訂量的廠商稱為**領導者** (leader)，後訂量的廠商稱為**追隨者** (follower)。史塔克柏格模型除了探討領導者與追隨者的均衡產量外，還有一個重點是討論作為一個領導者到底有什麼好處或壞處。

為了方便解說，並與庫諾模型的結果比較，我們回到 (15.1) 的線性模型，但假定第一家廠商為領導者，第二家廠商為追隨者。由於追隨者知道領導者在訂定數量以後不會再改變其產量，因此追隨者可在領導者產量給定下做出最適反應。換句話說，第二家廠商在進行生產決策時，必將遵照其反應函數 (15.9) 從事生產。另一方面，第一家廠商作為領導者，將會體認到第二家廠商會依據其反應函數訂定產量。因此，第一家廠商在給定第二家廠商反應函數下，訂定利潤極大化的數量。換句話

說，第一家廠商所面對的問題成為

$$\max_{x_1} \pi_1 = (p_x - c)x_1$$

$$\text{s.t. } (15.9)$$

我們可直接將限制式 (15.9) 代回 π_1 而得到

$$\pi_1 = \left((a-c) - b\left(\frac{(a-c)}{2b} + \frac{1}{2}x_1 \right) \right)x_1$$

$$= \frac{(a-c)}{2}x_1 - \frac{b}{2}x_1^2$$

因此，第一家廠商利潤極大化的一階條件為

$$\frac{d\pi_1}{dx_1} = \frac{(a-c)}{2} - bx_1 = 0 \tag{15.13}$$

因 $d^2\pi_1 / dx_1^2 = -b < 0$，二階條件成立，故可由 (15.13) 解出領導者的產量

$$x_1^{**} = \frac{a-c}{2b}$$

將 x_1^{**} 代回 (15.9) 即得追隨者的最適產量

$$x_2^{**} = \frac{a-c}{4b}$$

而領導者與追隨者的利潤分別為

$$\pi_1^{**} = \frac{(a-c)^2}{8b}$$

$$\pi_2^{**} = \frac{(a-c)^2}{16b}$$

我們已經知道，在庫諾模型下，兩廠商的均衡產量及利潤為

圖 15.6

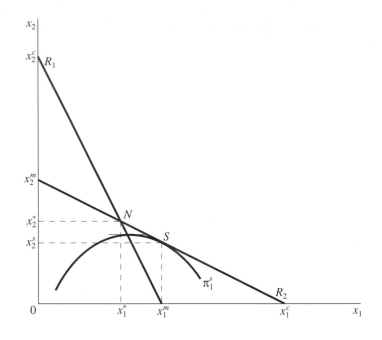

$$x_1^* = x_2^* = \frac{a-c}{3b}$$

$$\pi_1^* = \pi_2^* = \frac{(a-c)^2}{9b}$$

因此，在史塔克柏格模型中，領導者的產量及利潤不但較追隨者高，也較庫諾廠商來得大。反之，追隨者的產量及利潤均較庫諾廠商小。事實上，讀者應已注意到，領導者的產量剛好與獨佔廠商的產量相同（利潤是否也相同呢？）

　　我們也可以利用反應函數及等利潤曲線來說明史塔克柏格均衡。在圖 15.6 中，R_1 和 R_2 分別是庫諾行為假設下兩廠商的反應函數，N 為庫諾均衡。現在假定第一家廠商為領導者，第二家廠商為追隨者，則第一家廠商知道追隨者永遠按他的反應函數進行生產；也就是說，第二家廠商將會生產在 R_2 這條反應函數上。因此，第一家廠商可將 R_2 視為限制式，而在該曲線上選取使自己利潤達到最大的點。換句話說，領導者將

在 R_2 這條反應函數上找出與自己等利潤函數相切的點，以求取最大利潤。圖 15.6 顯示，S 點就是第一家廠商的等利潤曲線與 R_2 相切之點，因此該點的產出組合即是史塔克柏格均衡。在此提醒讀者，S 點剛好位於橫軸上 x_1^m 點正上方，因為我們已經知道，領導者會生產獨佔廠商的產量，而 x_1^m 正是代表第一家廠商為獨佔廠商時的產量。

最後一個問題是，何以史塔克柏格模型中的領導者能透過較大的生產量，獲取較大的利潤，而庫諾模型中的廠商沒法這樣作呢？試想在兩家廠商同時訂量的情況下，如果第一家廠商宣稱要生產領導者的產量會有什麼後果。如果第二家廠商相信第一家廠商真會生產那個數量的話，那第二家廠商自會生產追隨者的數量，則第一家廠商的「計謀」就得逞了。問題是，在庫諾行為假設下，第二家廠商根本不會相信第一家廠商會生產領導者的數量。因為，只要第二家廠商堅持生產庫諾均衡數量，那第一家廠商生產領導者數量只會降低自己的利潤，因此第一家廠商將不會真的生產領導者的數量，而是仍然會生產庫諾均衡數量。換句話說，在庫諾行為假設下，第一家廠商的「威脅」(threat) 根本就是多餘，是「唬唬人」(incredible) 而已。反過來，在史塔克柏格模型中，領導者必須在追隨者之前決定生產數量，這是個「既成事實」，追隨者不得不相信領導者確實要生產那個數量，因此追隨者為了自己的利益，自會減少自己的產量。換句話說，領導者透過「破釜沈舟」的決心，使得他的威脅有效、「可信」(credible threat)，因此能操縱追隨者的行為，獲取更大的利潤，充分發揮先行者的優勢 (first mover advantage)。

【例 15.3】

假定在本節的史塔克柏格模型中，有一家廠商為領導者，但有 n 家廠商為追隨者，試問各廠商的均衡產量及利潤各多少？

【解答】

根據題意，市場需求函數可寫成

$$p_x = a - b(x_0 + x_1 + \cdots + x_n)$$

其中 x_0 為領導者的產量，$x_i\,(i = 1, ..., n)$ 為第 i 個追隨者的產量。第 i 家追隨者的利潤函數為

$$\pi_i = (p_x - c)x_i$$

$$= (a - b(x_0 + x_1 + \cdots + x_n))x_i \ , \ i = 1, \cdots, n$$

由利潤極大化的一階條件，可得第 i 家追隨者的反應函數

$$x_i = \frac{a-c}{2b} - \frac{1}{2}\sum_{\substack{j \neq i \\ j=0}}^{n} x_j$$

因此，領導者的問題成為

$$\max_{x_0} \ \pi_0 = (p_x - c)x_0$$

$$\text{s.t. } x_i = \frac{a-c}{2b} - \frac{1}{2}\sum_{\substack{j \neq i \\ j=0}}^{n} x_j \ , \ i = 1, \cdots, n$$

將 n 個限制式加總可得

$$\sum_{i=1}^{n} x_i = \frac{n(a-c)}{2b} - \frac{1}{2}\sum_{i=1}^{n}\sum_{\substack{j \neq i \\ j=1}}^{n} x_j$$

$$= \frac{n(a-c)}{2b} - \frac{1}{2}\left(nx_0 + (n-1)\sum_{i=1}^{n} x_i\right)$$

$$= \frac{n(a-c)}{2b} - \frac{n}{2}x_0 - \frac{(n-1)}{2}\sum_{i=1}^{n} x_i$$

故

$$\sum_{i=1}^{n} x_i = \left(\frac{n}{n+1}\right)\left(\frac{a-c}{b} - x_0\right) \tag{a}$$

利用 (a)，可將領導者的利潤寫成

$$\pi_0 = \left((a-c) - b\left(x_0 + \sum_{i=1}^{n} x_i\right)\right)x_0$$

$$= \left((a-c) - \left(\frac{n}{n+1} \right)(a-c) - \frac{b}{n+1} x_0 \right) x_0$$

$$= \left(\frac{a-c}{n+1} - \frac{b}{n+1} x_0 \right) x_0$$

領導者利潤極大化的一階條件為

$$\frac{d\pi_0}{dx_0} = \frac{a-c}{n+1} - \frac{2b}{n+1} x_0 = 0 \qquad\qquad (b)$$

因 $d^2\pi_0 / dx_0 = -2b / (n+1) < 0$，二階條件成立，故可由 (b) 解得均衡產量

$$x_0^* = \frac{a-c}{2b}$$

將限制式改寫成

$$\frac{1}{2} x_i = \frac{a-c}{2b} - \frac{1}{2} \sum_{j=0}^{n} x_j$$

$$= \frac{a-c}{2b} - \frac{1}{2} \left(x_0 + \sum_{i=1}^{n} x_i \right) \qquad\qquad (c)$$

將 (a) 和 x_0^* 代入 (c)，運算整理後可得

$$x_i^* = \frac{1}{n+1} \left(\frac{a-c}{2b} \right)$$

將 x_i^* 與 x_0^* 代回廠商之利潤函數可得

$$\pi_0^* = \frac{(a-c)^2}{4b(n+1)}$$

$$\pi_i^* = \frac{(a-c)^2}{4b(n+1)^2} , \quad i = 1, \cdots, n$$

讀者可將 $n = 1$ 代入 x_0^*、x_i^*、π_0^* 與 π_i^*，結果與本節所介紹之一個領導者與一個追隨者完全相同，因而基本上我們所得到的結果是正確的。我們

發現，即使追隨者超過一個，領導者仍將生產獨佔廠商的數量，但其利潤則因追隨者數目增加而減少（為什麼？）。至於追隨者，不管產量或利潤，都會因追者廠商數目的增加而下降。

猜測變量模型

雖然我們一再強調，寡佔市場的主要特性為廠商間的相互依賴關係以及策略性互動。但到目前為止，有關廠商對其他廠商的可能反應，我們均作了相當特殊的假定：在庫諾模型中，廠商假定競爭對手不會因自己的行為而改變產量；在史塔克柏格模型中，追隨者的行為和庫諾模型相同，而領導者則認定追隨者必然依其反應函數調整產量。這些假定當然有其重要的意義與價值，然而也有其不可否認的限制。為了適度消除這種侷限性，遂有所謂的**猜測變量模型** (conjectural variation model) 的提出。現在回到 (15.1) 的雙佔模型，兩廠商的利潤函數分別為 (15.4) 與 (15.5)。在猜測變量模型下，我們並不特別假定對手廠商會有何種特定反應，因此利潤極大化的一階條件成為

$$\frac{d\pi_1}{dx_1} = (a-c) - b(x_1 + x_2) - b\left(1 + \frac{dx_2}{dx_1}\bigg|_c\right)x_1 \tag{15.14}$$

$$\frac{d\pi_2}{dx_2} = (a-c) - b(x_1 + x_2) - b\left(1 + \frac{dx_1}{dx_2}\bigg|_c\right)x_2 \tag{15.15}$$

上兩式中 $dx_2/dx_1|_c$ 代表第一家廠商對第二家廠商產量變化的預期反應，也就是第一家廠商的猜測變量；同樣的，$dx_1/dx_2|_c$ 代表第二家廠商對第一家廠商產量變化的預期反應，也就是第二家廠商的猜測變量。在此特別提醒讀者，猜測變量本身完全是個體經濟學上的觀念，而不是數學上的導數，它可以因廠商行為的假設不同而有不同的形式或數值，例如，在庫諾模型中，我們有 $dx_2/dx_1|_c = dx_1/dx_2|_c = 0$。為了簡化符號，我們將兩廠商的猜測變量分別記為 $dx_2/dx_1|_c = v_1$，$dx_1/dx_2|_c = v_2$。將 v_1、v_2 分別代回 (15.14) 和 (15.15)，我們可得到第一家和第二家廠商的反應函數

$$x_1 = R_1(x_2, v_1) = \frac{(a-c)-bx_2}{b(2+v_1)} \tag{15.16}$$

$$x_2 = R_2(x_1, v_2) = \frac{(a-c)-bx_1}{b(2+v_2)} \tag{15.17}$$

比較 (15.16) 與 (15.8)，我們發現，隨著第一家廠商猜測變量的改變，其反應函數也會跟著改變，而庫諾模型只不過是 $v_1 = 0$ 的特例。同樣結論，在 (15.17) 與 (15.9) 也是成立的。在給定 v_1 和 v_2，且二階條件成立的前提下，我們可由 (15.16) 和 (15.17) 解出猜測變量下的均衡

$$x_1^*(v_1, v_2) = \frac{(a-c)(1+v_2)}{b\big((2+v_1)(2+v_2)-1\big)} \tag{15.18}$$

$$x_2^*(v_1, v_2) = \frac{(a-c)(1+v_1)}{b\big((2+v_1)(2+v_2)-1\big)} \tag{15.19}$$

讀者可輕易查證，當 $v_1 = v_2 = 0$ 時，庫諾均衡解為 $x_1^* = x_2^* = (a-c)/3b$。

一般而言，猜測變量 v_1 和 v_2 可以是任何東西，它們可能相同，可能不同，可能是常數，也可能本身都是 x_1 和 x_2 的函數。我們當然無法在此作如此一般性的討論，也沒必要。在此，我們將僅考慮一種相對簡單的情形，即 v_1 和 v_2 都是常數，且 $v_1 = v_2 = v$ 的情形。有趣的是，經濟理論上可證明，在這種假設下，我們僅需討論 $-1 \le v \le 1$ 的範圍即可。將 $v_1 = v_2 = v$ 代回 (15.18) 和 (15.19) 得到

$$x_1^* = x_2^* = \frac{a-c}{b(v+3)} \tag{15.20}$$

現在來看 $v = -1$ 及 $v = 1$ 兩種情形。當 $v = -1$ 時，我們有

$$x_1^* = x_2^* = \frac{a-c}{2b}$$

故

$$x_1^* + x_2^* = \frac{a-c}{b}$$

因此，在兩廠商的猜測變量都等於 -1 時，市場總生產量剛好是競爭均衡下的產量，這也是為什麼這種寡佔均衡常被稱為準競爭均衡 (quasi-competitive equilibrium) 的原因。當 $v=1$ 時，(15.20) 成為

$$x_1^* = x_2^* = \frac{a-c}{4b}$$

故

$$x_1^* + x_2^* = \frac{a-c}{2b}$$

這剛好是獨佔廠商的市場產量。因此，在兩廠商猜測變量均等於 1 時，結果就好像此兩家廠商彼此勾結，共同壟斷這個市場，我們將在下面探討合作策略時再回到此點。

【例 15.4】
在一雙佔模型中，假定市場的需求函數為

$$p_x = 1 - x_1 - x_2$$

兩家廠商的成本函數分別為 $c_1 = x_1 / 2$，$c_2 = x_2 / 2$。試利用猜測變量法求出：庫諾均衡，史塔克柏格均衡，準競爭均衡與獨佔均衡，並圖解說明它們之間的關係。

【解答】
為了將注意力集中在不同均衡的比較上，直接將 $a=1$，$b=1$，$c=1/2$ 代入 (15.20)，我們得到

$$x_1^* = x_2^* = \frac{1}{2(v+3)}$$

在庫諾行為下，$v=0$，故均衡為

$$x_1^* = x_2^* = \frac{1}{6}$$

準競爭均衡為 $v=-1$ 的情形，故準競爭均衡產量為

$$x_1^* = x_2^* = \frac{1}{4}$$

獨佔均衡為 $v = 1$ 的情形，故

$$x_1^* = x_2^* = \frac{1}{8}$$

故獨佔均衡產量為（為什麼？）

$$x^* = x_1^* + x_2^* = \frac{1}{4}$$

最後來看史塔克柏格均衡。將 $a = 1$，$b = 1$，$c = 1/2$ 與 $v_2 = 0$ 代入 (15.17) 即得追隨者的反應函數

$$x_2 = \frac{1}{4} - \frac{1}{2}x_1 \tag{a}$$

在史塔克柏格模型下，領導者知道追隨者將依其反應函數進行生產，故領導者的猜測變量可由 (a) 得到

$$v_1 = \frac{dx_2}{dx_1} = -\frac{1}{2} \tag{b}$$

將 (a)、(b) 與 $a = b = 1$、$c = 1/2$ 代回 (15.16) 即可解出領導者的最適產量

$$x_1^* = \frac{1}{4} \tag{c}$$

將 (c) 代回 (a) 得到追隨者的最適產量為

$$x_2^* = \frac{1}{8}$$

接著來看這些均衡產量間的關係，將 $a = b = 1$，$c = 1/2$ 與 $v_1 = v_2 = 0$ 代回 (15.16) 與 (15.17) 得到

$$x_1 = \frac{1}{4} - \frac{1}{2}x_2$$

圖 15.7

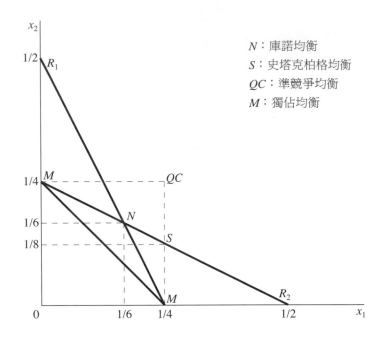

$$x_2 = \frac{1}{4} - \frac{1}{2}x_1$$

此為庫諾模型下兩廠商的反應函數,我將其繪如圖 15.7 中之 R_1 與 R_2。明確標示相關產量後,四個均衡將如圖 15.7 中之 N、S、QC 與 M 各點所示。在此特別提醒讀者幾點:

(1) 在獨佔情況下,因為只有一家廠商,故 M 可能指 $x_1 = 1/4$,$x_2 = 0$ 或 $x_1 = 0$,$x_2 = 1/4$。

(2) 史塔克柏格領導者與準競爭均衡的每一家廠商,均會生產與獨佔廠商相等的數量。

(3) 讀者應可很輕易看出,市場總產量是在準競爭均衡時最大,史塔克柏格均衡次之,庫諾均衡又次之,而如所預期的,獨佔下最小。

15.2 非合作策略訂價模型

上一節中，我們假定寡佔廠商透過訂量方式從事競爭，產品的市場價格
則由市場（逆）需求函數決定。但在現實生活中，我們發現，許多寡佔廠
商乃是從事價格競爭，而由市場需求函數決定銷售量。因此在這一節我
們將討論寡佔廠商從事價格競爭的情況，並將其結果與上節數量競爭的
結果作比較。在進行分析之前，我們要特別指出，訂價與訂量競爭的差
別，在完全競爭市場或獨佔市場並不存在。我們在第十三章已經證明獨
佔廠商訂定最適價格與訂定最適銷售量的結果完全相同，而在完全競爭
市場下，廠商則只能訂定數量。

柏臣模型：同質產品

大約在庫諾模型提出後五十年，另一位經濟學者柏臣 (Joseph Bertrand) 於
1883 年正式挑戰庫諾模型。柏臣認為許多寡佔廠商是從事價格競爭，而
價格競爭的均衡與數量競爭的均衡有極大的差異。為了讓自己的結果可
直接與庫諾均衡進行比較，柏臣採用了庫諾模型的所有假設，但將廠商
決策變數由產品數量改為產品價格。更明確點說，柏臣採用庫諾模型之
前三個假設，但將後兩個假設改為

(4′) 兩家廠商均在假定競爭對手不會改變價格的前提下，決定自己的最
適價格。

(5′) 兩家廠商同時決定價格，沒有前後次序關係。

在這些假設下，他得到一個令人相當驚異的結果，即在柏臣均衡
(Bertrand equilibrium) 時，每一寡佔廠商均將生產與完全競爭廠商相同的
數量。何以會得到這樣極端的結果呢？其實這並不難理解；首先，我們
知道沒有廠商會將價格訂得比生產的邊際成本低，因為這會造成損失，
所以，$p_1 \geq c$，$p_2 \geq c$。接著我們假定第一家廠商預期第二家廠商會訂定
$p_2^0 > c$ 的價格，此時若第一家廠商也把價格訂為 $p_1^0 = p_2^0$，則兩家廠商將
共享這個市場。在不失一般性下，如果假定兩廠商均分這個市場，則我
們可以圖 15.8 來說明兩家廠商從事價格競爭的情形。圖中 AR 為市場需
求曲線，MR 則為其對應之邊際收益曲線。當第二家廠商的價格為 p_2^0，
而第一家廠商將價格訂為 $p_1 = p_2^0$ 時，市場的總需求量為 de_0。此時第一

圖 15.8

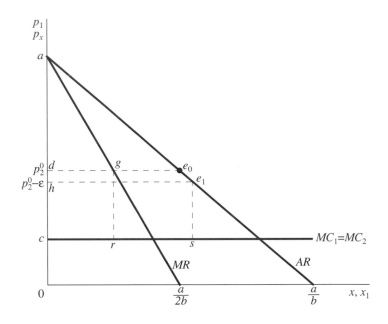

家廠商可銷售 $dg = de_0 / 2$，而獲取 $cdgr$ 的利潤（為什麼？）。現在問題是，第一家廠商可否由改變價格而使其利潤提高？如果第一家廠商將價格訂得稍低於 p_2^0，或 $p_1 = p_2^0 - \varepsilon$，$\varepsilon > 0$，則在同質產品的假設下，消費者必然只向第一家廠商購買。如此一來，第一家廠商將佔有整個市場，銷售 he_1 的數量，獲取 che_1s 的利潤。如圖 15.8 所示，只要 ε 夠小，che_1s 所代表的利潤較 $cdgr$ 高，因此為了追求最大利潤，第一家廠商必定會將價格訂為 $p_1^0 = p_2^0 - \varepsilon$。但同樣的邏輯也適用於第二家廠商，為了追求其利潤的極大化，第二家廠商在認定第一家廠商的價格為 p_1^0，會將價格訂為 $p_2^1 = p_1^0 - \varepsilon$，$\varepsilon > 0$，然後第一家廠商的價格會成為 $p_1^1 = p_2^1 - \varepsilon$。很顯然地，只要產品價格仍高於邊際成本，這個過程將繼續進行下去。只有當 $p_1 = p_2 = c$ 達到時，兩廠商才沒有動機再降低價格（為什麼？），此時方達到柏臣均衡。在此均衡下，總產量等於競爭均衡產量，兩家廠商的價格均等於邊際成本，故獲取正常利潤而沒有任何超額利潤。

　　柏臣模型與柏臣均衡最重要的意義在指出，當廠商的決策變數不同時，寡佔市場的均衡可能相當不一樣。但這立即誘發另一個問題，在不

同模型得到如此不同結果的情況下，到底我們應採用哪一個模型？這是個相當難以回答的問題，因為寡佔市場一般而言比庫諾或柏臣模型所描述的要複雜得多。目前我們知道的是，還沒有一個足以涵括所有市場情況的寡佔模型存在，故只能依所面對的問題及產品、市場特性，選取適當的模型。不過，就庫諾和柏臣兩人所探討的同質產品市場來說，我們較傾向支持庫諾模型。這主要是基於柏臣均衡的兩個與現實狀況不太一致的結果。第一，柏臣均衡下，廠商將訂定完全競爭價格，生產完全競爭產量，這似乎很難在寡佔市場中看到。第二，柏臣均衡價格與市場需求情況及廠商的數目完全無關，也與現實狀況相去甚遠。反之，庫諾均衡則沒有這些問題，我們已經知道，庫諾均衡產量介於獨佔產量與完全競爭產量之間（見 (15.12)），當廠商數目等於一時為獨佔產量，當廠商數目趨於無窮大時則為完全競爭市場產量。又因產品價格與市場銷售量間的一對一（負向）關係，我們得知，庫諾均衡價格會介於獨佔價格與完全競爭均衡價格之間，不但會受到市場需求函數的影響，也受到廠商數目的影響。

柏臣模型：異質產品

雖然在同質產品下，庫諾均衡和柏臣均衡有極大的差異，但這種差異在異質產品下則並不那麼強烈。為了較具體說明，讓我們考慮下列的異質產品線性需求函數

$$x_1 = a - bp_1 + rp_2$$

$$x_2 = a + rp_1 - bp_2$$

其中 $a > 0$，$b > r > 0$。我們要求 $b > r$ 有兩個原因：在純粹技術方面，這個條件可保證均衡的穩定性。在經濟意義方面，b 代表產品本身價格改變對產品本身需求量的影響，為自我效果 (own effect)；r 則是他種產品價格變動對此產品需求的影響，為交叉效果 (cross effect)，一般而言，在經濟學中認為自身效果應大於交叉效果。另外，在此特別一提，$r > 0$ 表示 x_1 和 x_2 兩產品為毛替代品，這與異質產品的意義較為一致，也較於接近庫諾與柏臣原始設定。

假定兩家廠商的成本函數為 $c_1 = cx_1$，$c_2 = cx_2$，則其利潤函數分別為

圖 15.9

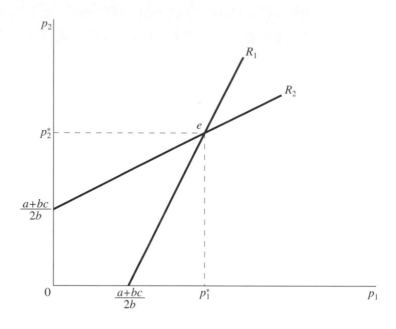

$$\pi_1 = (p_1 - c)x_1 = (p_1 - c)(a - bp_1 + rp_2)$$

$$\pi_2 = (p_2 - c)x_2 = (p_2 - c)(a + rp_1 - bp_2)$$

在柏臣的行為假設下，任何一寡佔廠商變動自己價格時，均認為其他廠商不會改變價格，故利潤極大化的一階條件為

$$\frac{\partial \pi_1}{\partial p_1} = (a + bc) - 2bp_1 + rp_2 = 0 \qquad\qquad (15.21)$$

$$\frac{\partial \pi_2}{\partial p_2} = (a + bc) + rp_1 - 2bp_2 = 0 \qquad\qquad (15.22)$$

由前面庫諾模型的解釋可推得，(15.21) 與 (15.22) 正是柏臣模型中，第一家廠商和第二家廠商反應函數所需滿足的條件。讀者應可輕易查證，第一家廠商的反應函數如圖 15.9 中之 R_1，其橫軸截距為 $(a + bc) / 2b$，斜率為 $2b / r > 1$；同理，R_2 為第二家廠商之反應函數 (其斜率為何？)。由於 $\partial^2 \pi_1 / \partial p_1^2 = -2b < 0$，$\partial^2 \pi_2 / \partial p_2^2 = -2b < 0$，二階條件成立，故可由 (15.21) 與 (15.22) 聯立求解柏臣均衡價格為

$$p_1^* = p_2^* = \frac{(a+bc)(2b+r)}{4b^2 - r^2}$$

該均衡如圖 15.9 中 e 點所示。當均衡達到時,給定對手的價格,兩家廠商均沒有改變價格的意願。值得一提的是,在柏臣行為假設下,兩廠商的反應函數都是正斜率,因為在對手廠商降低價格時,廠商為了保有自身市場,最適的反應就是降低自己的價格。另外,與庫諾均衡類似,為了確保均衡的穩定性,第一家廠商的反應函數 R_1 必然要較第二家廠商的反應函數 R_2 陡。最後,我們要特別指出,在同一市場中,若兩廠商採取柏臣競爭策略,則均衡價格一般而言會比兩廠商採取庫諾競爭策略時的均衡價格低,也就是說柏臣競爭一般而言比庫諾競爭更為激烈。為什麼呢?這是因為在庫諾行為假設下,一廠商增加產量後,由於另一廠商的生產量並不會改變,因此無法有效佔有市場。反之,在柏臣行為假設下,一廠商降低價格卻很可能大量取代另一廠商的市場,因而另一廠商在不堪受損的情況下必然採取進一步降價以為因應,如此交互報復的結果必導致均衡價格達到較低的水準。為了較具體呈現這個結果,我們以下面的例子來說明。

【例 15.5】

在一雙佔模型中,兩廠商的成本函數為 $c(x_i) = 2x_i$,$i = 1, 2$,其所面對的逆需求函數分別為

$$p_1 = 100 - x_1 - \frac{x_2}{2}$$

$$p_2 = 100 - \frac{x_1}{2} - x_2$$

試分別求在庫諾與柏臣行為假設下,兩廠商的均衡產量、均衡價格與利潤。

【解答】

(A) 庫諾均衡

兩廠商的利潤函數可寫成

$$\pi_1 = (p_1 - c)x_1 = \left(98 - x_1 - \frac{x_2}{2}\right)x_1$$

$$\pi_2 = (p_2 - c)x_2 = \left(98 - \frac{x_1}{2} - x_2\right)x_2$$

故一階條件為

$$\frac{\partial \pi_1}{\partial x_1} = 98 - 2x_1 - \frac{x_2}{2} = 0 \qquad\qquad (a)$$

$$\frac{\partial \pi_2}{\partial x_2} = 98 - \frac{x_1}{2} - 2x_2 = 0 \qquad\qquad (b)$$

因 $\partial^2 \pi_1 / \partial x_1^2 = \partial^2 \pi_2 / \partial x_2^2 = -2 < 0$，二階條件成立，故可由 (a)、(b) 解得庫諾均衡

$$x_1^* = x_2^* = \frac{196}{5}$$

將均衡數量代回需求函數即得均衡價格

$$p_1^* = p_2^* = \frac{206}{5}$$

再將均衡數量代回利潤函數可得

$$\pi_1^* = \pi_2^* = 1536.64$$

(B) 柏臣均衡

由兩條逆需求函數聯立可解得下列需求函數

$$x_1 = \frac{200}{3} - \frac{4}{3}p_1 + \frac{2}{3}p_2$$

$$x_2 = \frac{200}{3} + \frac{2}{3}p_1 - \frac{4}{3}p_2$$

現在可將利潤函數寫成

$$\pi_1 = (p_1 - c)x_1 = (p_1 - 2)\left(\frac{200}{3} - \frac{4}{3}p_1 + \frac{2}{3}p_2\right) \qquad (c)$$

$$\pi_2 = (p_2 - c)x_2 = (p_2 - 2)\left(\frac{200}{3} + \frac{2}{3}p_1 - \frac{4}{3}p_2\right) \qquad (d)$$

利潤極大的一階條件為

$$\frac{\partial \pi_1}{\partial p_1} = \frac{208}{3} - \frac{8}{3}p_1 + \frac{2}{3}p_2 = 0 \qquad (e)$$

$$\frac{\partial \pi_2}{\partial p_2} = \frac{208}{3} + \frac{2}{3}p_1 - \frac{8}{3}p_2 = 0 \qquad (f)$$

因 $\partial^2 \pi_1 / \partial p_1^2 = \partial^2 \pi_2 / \partial p_2^2 = -8/3 < 0$，二階條件成立，故可由 (e) 和 (f) 解出均衡價格

$$p_1^{**} = p_2^{**} = \frac{104}{3}$$

將均衡價格與產量代回需求函數即可得均衡產量

$$x_1^{**} = x_2^{**} = \frac{392}{9}$$

將均衡價格代回利潤函數得到

$$\pi_1^{**} = \pi_2^{**} = 1422.81$$

比較庫諾與柏臣均衡，我們得知柏臣均衡產量較大，價格與利潤也都較低，與我們的預期一致。

等利潤曲線

和庫諾模型相同，我們也可在 p_1-p_2 平面上描繪出兩廠商的等利潤曲線。圖 15.10 中，R_1 代表在柏臣模型下第一家廠商的反應函數。現在，我們要描繪第一家廠商的等利潤曲線

圖 15.10

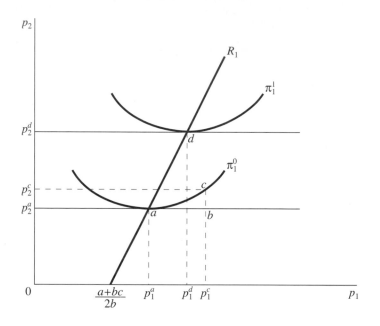

$$\pi_1^0 = \{(p_1, p_2) \mid \pi_1(p_1, p_2) = \pi_1^0\}$$

根據反應函數的定義，給定第二家廠商的價格 $p_2 = p_2^a$ 時，第一家廠商訂定價格 $p_1 = p_1^a$ 可使其利潤達到最大。當兩家廠商的價格為 (p_1^a, p_2^a) 時，剛好是圖中的 a 點。假定第一家廠商在 a 點的利潤為 π_1^0，則其在 b 點的利潤必低於 π_1^0。如果將第一家廠商的價格固定在 p_1^c，則唯有提高第二家廠商的價格，方可使消費者轉而購買第一家廠商的產品，從而提高利潤。因此，在 $p_1 = p_1^c$ 時，使得利潤等於 π_1^0 的價格組合必然在 b 點的正上方，如圖中之 c 點。同樣過程，我們知道，在 a 點右邊，第一家廠商價格較 p_1^a 愈大時，就必須配以愈高的 p_2，方能使第一家廠商的利潤維持在 π_1^0。這表示，通過 a 點的等利潤曲線，在 a 點的右邊為正斜率。反之，我們也可推得，在 a 點左邊的等利潤曲線必是負斜率，因而我們可得到圖中以利潤 π_1^0 標示的等利潤曲線。和庫諾模型相同，讀者應可輕易推得，等利潤曲線 π_1^0 在 a 點的斜率等於 0，反映了 (15.21) 式。同樣過程，如果第二家廠商價格為 p_2^d 時，第一家廠商的最大利潤為 π_1^1，則我們可描

圖 15.11

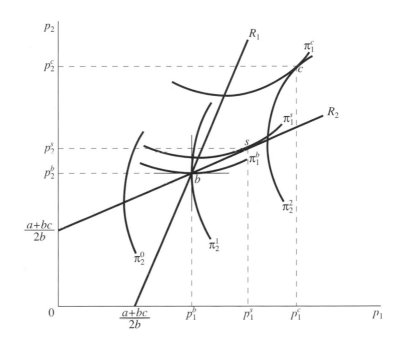

繪出圖中利潤等於 π_1^1 的等利潤曲線，且其在 d 點的斜率也等於 0。事實上，我們也可將反應函數 R_1 看成是「第一家廠商的等利潤曲線與代表第二家廠商價格的水平線的切點連接而成」。另外，在第一家廠商價格固定的前提下，只要第二家廠商提高價格，第一家廠商就可因銷售量增加而提高利潤。因此，圖 15.10 中愈高的等利潤曲線就代表第一家廠商的利潤愈高，即 $\pi_1^1 > \pi_1^0$。

經由相同的過程，我們可描繪出如圖 15.11 中第二家廠商的等利潤曲線 π_2^0、π_2^1 和 π_2^2，其中 $\pi_2^0 < \pi_2^1 < \pi_2^2$（為什麼？）。我們也知道，這些等利潤曲線在其與第二家廠商的反應函數 R_2 的交點的斜率為 ∞。圖 15.11 清楚顯示，在柏臣均衡點 b，兩家廠商的等利潤曲線彼此相交，因此兩廠商是可能再調整自己的價格，使得彼此達到更高的利潤，如圖中之 c 點。當然，在柏臣的行為假設下，在 c 點時，兩家廠商均有降低自己價格的動機，因而 c 點是不可能成為一均衡點。

我們可像訂量模型般，探討訂價模型的領導者－追隨者模型，但因

其基本原理和訂量模型中的史塔克柏格模型完全相同，因此沒必要在此重複。但我們可利用圖 15.11 簡要說明，當第一家廠商為領導者，第二家廠商為追隨者的情形。因第一家廠商為領導者，故它知道第二家廠商將依其反應函數訂定價格。因此第一家廠商可在第二家廠商的反應函數 R_2 上，找出使自己利潤達到最高的點訂定價格。由圖 15.11 可清楚看到，這將發生在第一家廠商的等利潤曲線與 R_2 相切的點 s。因此，s 點即是訂價策略下的領導者-追隨者均衡。

同樣地，我們也可探討訂價策略下的猜測變量模型，但其原理也和訂量模型相同，只不過訂價模型下兩家廠商共同的猜測變量並不具備介於 -1 與 1 之間的良好性質，因而我們不再進一步討論。

【例 15.6】

在【例 15.5】中，若第一家廠商為領導者，第二家廠商為追隨者，並假定兩廠商採取訂價策略，試求兩廠商的均衡價格、產量與利潤。

【解答】

由【例 15.5】之 (f) 式得知，第二家廠商的反應函數為

$$p_2 = 26 + \frac{1}{4}p_1 \tag{a}$$

將上式代入【例 15.5】之 (c) 式，即得第一家領導廠商的利潤函數

$$\pi_1 = (p_1 - 2)\left(84 - \frac{7}{6}p_1\right) \tag{b}$$

利潤極大的一階條件為

$$\frac{d\pi_1}{dp_1} = -\frac{7}{3}p_1 + \frac{259}{3} = 0 \tag{c}$$

因 $d^2\pi_1 / dp_1^2 = -7/3 < 0$，二階條件滿足，故由 (c) 解得

$$p_1^* = 37$$

將 p_1^* 代回 (a) 即得

$$p_2^* = \frac{141}{4}$$

將均衡價格代回【例 15.5】中逆需求函數得到

$$x_1^* = \frac{245}{6} \ , \ x_2^* = \frac{133}{3}$$

再將均衡價格與數量代回【例 15.5】之 (c)、(d) 即得利潤

$$\pi_1^* = \frac{8575}{6} \ , \ \pi_2^* = \frac{17689}{12}$$

15.3 合作策略：卡太爾模型

前面討論庫諾均衡和異質產品柏臣均衡時，我們指出，在這兩個均衡，廠商事實上是可透過產量或價格的調整，同時提高兩家廠商的利潤。但我們也指出，在庫諾或柏臣的非合作策略下，這種結果是不可能達成的。不過，如果容許兩家廠商採取合作策略，情況就不同了。當兩家廠商可進行合作或勾結 (collude) 而採取一致行動時，這兩家廠商可聯合起來決定產量或價格，獲取最大的共同利潤，然後再透過事先約定的機制來分享這些利潤。只要這種合作的機制能維持下去，那這兩家廠商是可以獲得較庫諾或柏臣均衡更高的利潤。這種透過合作策略聯合壟斷市場的廠商，經濟學上稱為卡太爾 (cartel)。

由上面的解釋，我們清楚看到卡太爾乃是市場上所有廠商結合而成的一獨佔廠商；因此，其基本行為模式和一般獨佔廠商並沒什麼差別。其與獨佔廠商的不同，乃在於如何決定卡太爾內各別廠商的產量和如何分配獨佔利潤而已。不過，就各別廠商產量而言，理論上並不難解決，我們可以兩廠商的情況來說明。假定市場需求函數為 (15.1)，兩廠商分別生產 x_1 和 x_2 的同質產品，則此兩廠商結合而成的卡太爾的利潤函數為

$$\pi = p_x x - c_1(x_1) - c_2(x_2)$$

$$= (a - b(x_1 + x_2))(x_1 + x_2) - c_1(x_1) - c_2(x_2)$$

上式中 $x = x_1 + x_2$，$c_1(x_1)$ 和 $c_2(x_2)$ 分別為第一家廠商和第二家廠商的成本函數。利潤極大化的一階條件為

$$\frac{\partial \pi}{\partial x_1} = p_x + x \frac{dp_x}{dx} - c_1'(x_1) = 0 \tag{15.23}$$

$$\frac{\partial \pi}{\partial x_2} = p_x + x \frac{dp_x}{dx} - c_2'(x_2) = 0 \tag{15.24}$$

因 $p_x + xdp_x / dx$ 為卡太爾的邊際收益，將其記成 MR，則上述一階條件隱含

$$MR = MC_1 = MC_2$$

這個條件對讀者應不陌生，它與第十三章之 (13.21) 完全相同。換句話說，卡太爾的生產決策，事實上與擁有兩（多）家工廠的獨佔廠商的生產決策完全相同，每一卡太爾的成員廠商的最適產量，為使其邊際成本和整個卡太爾的邊際收益相等的水準。因此，邊際成本線較低的廠商均衡產量必然較大，和一般經濟直覺完全一致。

　　為了便於分析比較，我們假定兩廠商有相同的成本函數 $c_1(x_1) = cx_1$，$c_2(x_2) = cx_2$，將其與 (15.1) 代回 (15.23) 和 (15.24)，可解得此卡太爾的最適產量為

$$x^* = x_1^* + x_2^* = \frac{a - c}{2b} \tag{15.25}$$

讀者應已發現，這正好是邊際成本等於 c 的獨佔廠商的最適產量。因兩家廠商生產的邊際成本相等，(15.25) 也隱含，此最適產量如何在兩廠商間生產並沒有關係。尤有進者，我們可推論得知，(x_1^*, x_2^*) 必然是圖 15.5 中兩家廠商等利潤曲線相切之點；因 (x_1^*, x_2^*) 若非等利潤曲線相切之點，則可再透過兩家廠商產量之調整，同時提高兩廠商之利潤，而卡太爾的利潤也可因而提高，此與 $x_1^* + x_2^*$ 為使卡太爾利潤達到最大的結果相互矛盾。

【例 15.7】

在【例 15.1】中，若此兩廠商採合作策略，形成卡太爾，試求此卡太爾之

均衡產量和利潤。若兩廠商生產相同產量，並平分利潤，則其產量與利潤和庫諾均衡有何不同？

【解答】

此卡太爾的利潤函數可寫成

$$\pi = p_x(x_1 + x_2) - c_1(x_1) - c_2(x_2)$$
$$= (p_x - c)x$$
$$= (98 - x)x \qquad (a)$$

一階條件為

$$\frac{d\pi}{dx} = 98 - 2x = 0 \qquad (b)$$

因 $d^2p / dx^2 = -2 < 0$，二階條件成立，故可由 (b) 解得

$$x^* = x_1^* + x_2^* = 49 \qquad (c)$$

將 x^* 代回 (a) 得到

$$\pi^* = 2,401$$

因兩廠商平分產量與利潤，故

$$x_1^* = x_2^* = 24.5$$
$$\pi_1^* = \pi_2^* = 1,200.5$$

將此結果與【例 15.1】比較，得知當廠商採取合作策略形成卡太爾時，各廠商的產量較庫諾均衡產量少，但利潤卻較高。

卡太爾的問題

雖然透過合作策略形成卡太爾，可同時提高所有寡佔廠商的利潤，但在現實社會中，卡太爾並不常見，成功的卡太爾更幾乎不存在。為什麼呢？首先，在許多國家，為了保障消費者的福利，均訂有「反托辣斯法」

圖 15.12

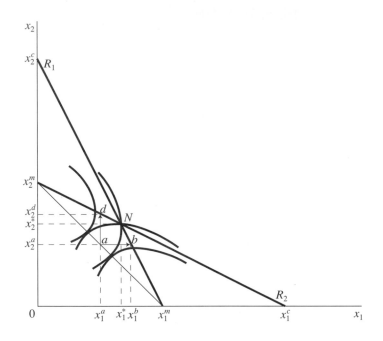

(antitrust law)，禁止廠商間的聯合壟斷或勾結行為。但除了法律明確禁止外，卡太爾之無法長期成功運作還有更根本的原因。第一，一個卡太爾要能有效行使獨佔力以獲取獨佔利潤，就必須有足夠的市場佔有率，否則非卡太爾廠商的競爭，終將使卡太爾抬高價格的努力徒勞無功。第二，即使卡太爾擁有足夠的市場佔有率，甚至壟斷整個市場，卡太爾內各會員廠商追求自身利潤的動機，也會誘使他們從事欺騙行為。在這種情況下，如果無法有效地發現並制止欺騙行為，則在大部分廠商都進行欺騙後，卡太爾將名存實亡。

　　我們可利用圖 15.12 來說明，何以會員廠商會有欺騙的動機，以及這種行為如何導致卡太爾的崩潰。圖 15.12 與圖 15.5 基本上相同，只不過我們明確標出 $x_2^m x_1^m$ 這條線上各點均為兩廠商等利潤曲線相切的點，因此，$x_2^m x_1^m$ 上各點都可能是卡太爾的生產點。如果我們進一步假定兩廠商約定平分卡太爾的生產，則 $x_2^m x_1^m$ 的中點 a 代表卡太爾均衡，因在該點兩廠商各生產獨佔廠商產量的一半。現在來看第一家廠商，若該廠商認

定第二家廠商必然會遵守卡太爾的約定，生產 $x_2^q = x_2^m / 2$，則由圖可清楚看出，第一家廠商可暗地裡將產量提高到 x_1^b 的水準，若此時第二家廠商未察覺到第一家廠商的欺騙行為而繼續生產 $x_2^m / 2$ 的數量，那麼第一家廠商的利潤就可因欺騙成功而提高。但是，同樣的推論也適用於第二家廠商，因而第二家廠商將暗地將產量提高到 x_2^d 的水準。如此一來，兩廠商的總產量不但高過獨佔廠商的產量，甚至高過庫諾均衡的產量，產品價格將急劇下降，卡太爾透過集體壟斷減少生產，提高價格和利潤的目的也就落空了。事實上，無法有效監督、制止成員廠商的欺騙行為，乃是大部分卡太爾失敗的最根本原因。

【例 15.8】

前面討論卡太爾時，我們假定卡太爾形成後即變成市場上的獨佔廠商。但事實上，我們知道，大部分卡太爾並不是某一市場的獨佔廠商，頂多卡太爾的生產和銷售只是佔了市場的大部分，成為一強勢或優勢廠商 (dominant firm) 罷了。在這種情況下，卡太爾並不能忽略其他非卡太爾廠商的行為，因而也就無法像一般獨佔廠商那樣行使獨佔策略了。在這種情況下，卡太爾又要如何訂定最適產量或價格呢？為了避免回到非合作策略的情形，我們假定所有不屬於卡太爾的廠商均是屬於價格接受者的小廠商，稱為**邊緣廠商** (fringe 或 competitive fringe)。這些邊緣廠商將依優勢廠商卡太爾所訂的價格，決定各自的最適產量。如此一來，只要將邊緣廠商的供給扣除後，卡太爾就可獨佔剩餘市場。現在假定市場需求曲線為 $x(p_x)$，所有邊緣廠商的供給曲線為 $x_s(p_x)$，則卡太爾所面對的**剩餘需求曲線** (residual demand curve) 即為

$$x_r(p_x) = x(p_x) - x_s(p_x)$$

面對剩餘需求曲線，卡太爾就可依一般獨佔廠商的訂價或訂量方式，以求利潤極大。

我們可利用圖 15.13 來說明上述結果。該圖中顯示，當價格低於 p_x^1 時，邊緣廠商的供給量等於 0，而價格高於 p_x^2 時，整個市場將由邊緣廠商供給，因此卡太爾（或優勢廠商）所面對的需求曲線 $x_r(p_x)$ 就是圖中的 $p_x^2 bad$。對應於 $x_r(p_x)$ 的邊際收益曲線為圖中之 MR_r。假定卡太爾的邊際

圖 15.13

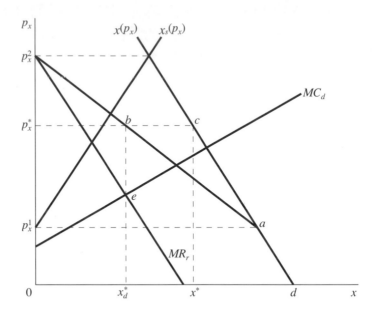

成本線為圖中之 MC_d，則利潤極大化的產量為 x_d^*，價格為 p_x^*。由圖我們也可看到，當價格為 p_x^* 時，市場的總需求量為 p_x^*c，其中 p_x^*b 由卡太爾供給，而 bc 則由邊緣廠商供給。讀者應可輕易自行驗證，當邊緣廠商存在時，卡太爾所訂定的價格必然低於獨佔廠商的最適價格。換句話說，邊緣廠商的存在有抑制卡太爾的獨佔力的作用。最後，順便一提，本例中的模型一般稱為優勢廠商模型 (dominant firm model)。

15.4　獨佔性競爭市場

在日常生活中，我們常看到一些產品，它既不是由某一廠商獨佔生產，也不符寡佔或完全競爭的特性。例如，林立街頭巷尾的早點，美而美、美加美、豆漿燒餅、飯團、蘿蔔糕等。這些為數眾多的「廠商」都屬短小輕薄，不可能有任何獨佔或寡佔力量。另外，雖然是小本生意而進出市場相當容易，但很顯然地，它們所生產的並非同質產品，因此也不是完全競爭市場。這類市場就是我們接下來要介紹的另一種更接近現實的市

場結構－獨佔性競爭市場。

從上面早餐店的例子，我們可歸納出獨佔性競爭市場的兩個主要特性：第一，各廠商生產的產品雖然具有極高的替代性，但彼此之間則具有差異性。換句話說，獨佔性競爭廠商所生產的為異質產品 (differentiated products)。在此必須提醒讀者的是，這裡所謂的差異性，主要是由消費者的觀點來看。當然，我們可說飯團和三明治都是可當早餐的異質產品。但即使同樣的三明治，有人認為美而美和美加美的不一樣，那它們就是異質產品。更極端點說，同樣的一份早報，有人認為在甲店買的和在乙店買的就是不一樣；可能因為甲店對他來說較順路、較方便；也可能因為他覺得甲店的服務態度較乙店好。總而言之，產品間是否具差異性，並不在物理的外表，甚至功能上是否真的不一樣，而在消費者主觀的認定。這種差異性產品的重要含意為，每個廠商對自己生產的產品具有一定程度的獨佔力。因為廠商知道，有些消費者就是喜歡自己的產品，所以即使提高自己產品的價格可能失去不少顧客，但絕不至於像完全競爭廠商那樣失去所有顧客。也就是說，廠商所面對的是一條負斜率的需求曲線，而不是彈性無窮大的需求曲線。獨佔性競爭廠商的第二個特性為，廠商可完全自由進出市場，故廠商數目眾多，沒有廠商認為自己的生產、銷售行為足以影響市場，也沒有廠商會認為任何一家其他廠商的行為會影響自己的利潤。這個特性有兩個重要含意：首先，廠商間不會像寡佔廠商那樣有策略性互動，他們會將其他廠商的價格視為給定。其次，在長期間廠商的進出將使所有廠商不能享有超額利潤。後面這個結果雖和完全競爭廠商相同，但第一個特性所隱含的獨佔力，以及由而所享有的訂價能力則類似獨佔廠商。事實上，這種同時具有獨佔廠商與完全競爭廠商的特性，正是獨佔性競爭市場一詞的由來。

短期均衡

瞭解了獨佔性競爭的意義之後，均衡分析就相對簡單，我們只要將上述獨佔與完全競爭的性質同時加以考慮即可。更具體點說，自由進出市場的特性，必然使各廠商不能長期保有超額利潤，而透過這個條件，我們就可決定長期均衡時廠商的數目；又因每一廠商均生產微微不同的異質產品，故廠商的數目同時也是產品種類的數目。雖然長期間廠商可自由

進出市場，但短期內則非如此，因為再怎麼自由的進出，進出市場本身
都是個重大的抉擇，都牽涉到相當的成本投入，所以相對於前面所提的
長期均衡，我們可將獨佔性競爭的短期均衡視為廠商數目固定時的均
衡。由於短期間廠商數目固定，沒有進入或退出市場，故這些廠商可能
在短期保有超額利潤，或損益平衡，甚至可能蒙受損失。從這個觀點來
看，獨佔性競爭廠商既然面對負斜率需求曲線，又沒有策略性互動行
為，因此其短期均衡的決定和獨佔廠商的情形完全相同，只是理論上其
所面對的需求函數，彈性較大而已。雖然如此，在此我們還得解決一個
問題，即這裡所說的短期均衡是指哪一家廠商的均衡？因為在獨佔性競
爭下，廠商的數目一般而言相當龐大，且各家之供需情況不相同，均衡
也就不同。當然，我們不可能各別探討各家廠商的均衡。那要如何解決
這個問題呢？在此我們採取所謂對稱性假設 (symmetry assumption)，即
各廠商雖然是生產和銷售異質產品，但他們的成本函數和所面對的需求
函數完全相同。在這個假設下，我們只要討論市場中任何一家代表性廠
商即可，因當代表性廠商達到均衡時，所有其他廠商也處於完全相同的
均衡狀態。

　　現在假定廠商所面對的逆需求函數為

$$p_n = p(x, n)，\frac{\partial p_n}{\partial n} < 0 \tag{15.26}$$

上式中 n 為市場中廠商的數目；偏微分符號負值表示，當廠商數目增加
時，個別廠商所面對的需求即下降。若廠商的成本函數為 $c(x)$，則此廠
商的利潤函數成為

$$\pi_n(x) = p(x, n)x - c(x)$$

在短期 n 為固定的情況下，利潤極大化的一階條件為

$$\frac{d\pi_n}{dx} = \frac{d(p_n x)}{dx} - c'(x)$$

或

$$MR_n(x) = MC(x) \tag{15.27}$$

圖 15.14

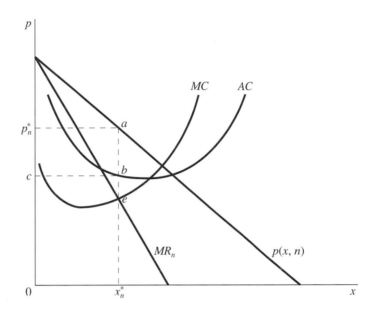

除了必須注意廠商的數目外，(15.27) 正是我們熟知的利潤極大化的一階
條件。在二階條件滿足的情況下，(15.27) 可決定短期均衡產量，再透過
需求函數即可得到短期均衡價格。上述短期均衡可以圖 15.14 來描述。
圖中 $p(x, n)$ 為需求函數，MR_n 則是對應的邊際收益曲線，由邊際收益與
邊際成本可決定短期均衡產量 x_n^* 及短期均衡價格 p_n^*。圖 15.14 顯示在短
期均衡時，廠商可賺取 $cp_n^* ab$ 的超額利潤。當然，這不是必然的結果，
如前所提，短期內廠商可能剛好損益平衡，也可能遭受損失。

長期均衡

上述廠商在短期間可能有超額利潤或蒙受損失的結果，在長期間並不能
維持。由於廠商可自由進出市場，因而在超額利潤存在時，必然會引起
新廠商加入，直到超額利潤完全消失為止。同樣的，在損失發生時，必
然會引起舊廠商退出，直到損失完全消失為止。由此可知，在達到長期
均衡時，不但廠商必須決定最適產量及價格，廠商的數目也將由市場決
定。換句話說，在長期均衡時，不僅 (15.27) 必須滿足，而且必須滿足

圖 15.15

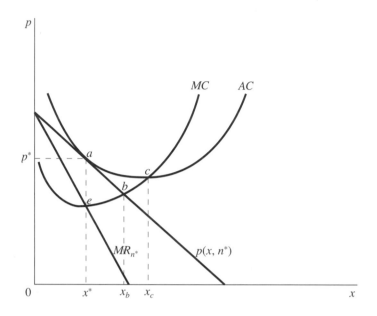

$$\pi_n(x) = p(x, n)x - c(x) = 0 \tag{15.28}$$

利用 (15.27) 和 (15.28) 兩式即可決定長期均衡產量 x^* 及廠商數目 n^*，然後透過需求函數決定長期均衡價格 p^*。圖 15.15 描繪廠商長期均衡。此長期均衡的主要特點為：第一，長期均衡時廠商只賺取超額利潤，此與獨佔廠商在長期可能保有超額利潤不同。第二，廠商雖然在長期沒有超額利潤，但廠商因面對負斜率的需求曲線，故在均衡時，平均成本處於下降階段，此與完全競爭的長期均衡在平均成本最低點不同。這個結果有極重要的福利含意，下面我們會有較詳細的說明。

　　圖 15.15 雖可清楚描繪獨佔性競爭廠商的長期均衡，也是最常見的圖形，但卻無法告知我們均衡廠商的數目 n^*。不過，我們可利用 (15.27) 和 (15.28) 兩個條件來描繪 n^* 如何決定。我們知道在 n 給定的情況下，(15.27) 可決定最適產量 $x^*(n)$，並由而決定最適價格 p_n^*。由於 p_n^* 乃是對應於固定的 n 的最適價格，因此在 n 改變時，p_n^* 也就跟著改變。如此一來，我們就可描繪出最適價格 p_n^* 與 n 之間的關係。但由需求函數 (15.26) 可看到，當廠商數目 n 增加時，每一廠商所面對的需求函數就會下降，

圖 15.16

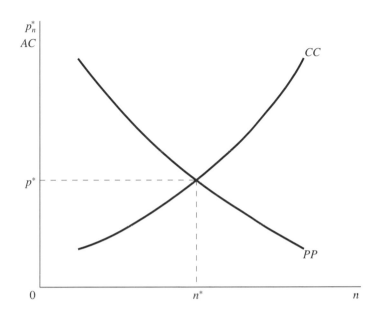

故在成本函數給定的情況下，最適價格 p_n^* 必然也跟著下降。我們可將這種 p_n^* 與 n 間的負向關係以圖 15.16 中之 PP 線來表示。接著來看 $\pi_n(x)=0$ 的條件。由 (15.28) 清楚得知，在均衡時價格必須等於平均成本 $c(x)/x$。但平均成本和廠商數目 n 之間又有什麼關係呢？由前面的討論我們知道，獨佔性競爭廠商的均衡必然在平均成本下降的階段。這表示，廠商產量愈大，平均成本就愈小。因此，當廠商數目增加時，在給定市場規模下，每個廠商所佔有的市場份額，所能生產、銷售的數量也跟著下降，由而平均生產成本必將因廠商 n 增加而上升。這種廠商數目與廠商平均成本間的正向關係可以圖 15.16 中的 CC 曲線來描述。現在，圖 15.16 中，CC 曲線上各點均代表利潤等於 0，而 PP 線上各點則代表最適價格，因此兩線的交點就同時滿足 (15.27) 和 (15.28)，由而決定了長期均衡價格 p^* 與廠商數目 n^*。當廠商數目超過 n^* 時，平均成本大於最適價格，廠商會遭受損失，致使部分廠商退出市場，直到降至 n^* 時方才停止。反之，當廠商數目小於 n^* 時，最適價格超過平均成本，廠商有超額利潤，吸引新廠商加入，只有當廠商數目達到 n^* 時才會停止進入市場。因此，

n^* 為長期均衡時的廠商數目,也是產品種類的數目(為什麼?)。

【例 15.9】

假定在一獨佔性競爭市場中,廠商所面對的需求曲線為

$$x = 1,600,000 \left(\frac{1}{n} - \frac{1}{30,000}(p-\overline{p}) \right)$$

上式中 n 為廠商數目,$\overline{p}$ 為所有其他廠商的平均價格,若此廠商的成本函數為

$$c(x) = 750,000,000 + 5,000x$$

試求:

(I)　廠商短期均衡產量、價格及利潤。

(II)　長期均衡產量、利潤及廠商數目。

【解答】

在正式求解之前,我們先解釋一下此需求函數的意義。觀察此需求函數,我們立即發現,若此廠商所訂的價格與其他廠商的平均價格相等的話,則可銷售 $1,600,000 / n$ 的數量。若 $p > \overline{p}$,則此廠商的銷售量會小於 $1,600,000 / n$。反之,若 $p < \overline{p}$,則此廠商的銷售量會大於 $1,600,000 / n$。很顯然地,在對稱性假設下,均衡時所有廠商都會訂定相同的價格,因而 $p = \overline{p}$,而各廠商的均衡產量也完全相同,於是我們可將 $1,600,000$ 直接解釋成市場總銷售量,而 $1,600,000 / n$ 則是所有廠商均分市場的銷售量。

(I)　短期均衡

將需求函數改寫成逆需求函數

$$p = \left(\frac{30,000}{n} + \overline{p} \right) - \frac{3}{160}x$$

則可輕易算出其邊際收益為

$$MR = \left(\frac{30,000}{n} + \bar{p}\right) - \frac{6}{160}x$$

$$= p - \frac{3}{160}x$$

利用 $MR = MC$ 的條件可得

$$p - \frac{3}{160}x = 5,000 \qquad (a)$$

因均衡時各廠商的最適銷售量剛好平分市場，故

$$x^*(n) = \frac{1,600,000}{n} \qquad (b)$$

將其代回 (a) 即得短期均衡價格

$$p_n^* = 5,000 + \frac{30,000}{n} \qquad (c)$$

故此廠商的短期利潤為

$$\pi^*(n) = p_n^* x^*(n) - c(x^*(n))$$

$$= \left(50,00 + \frac{30,000}{n}\right)\left(\frac{1,600,000}{n}\right)$$

$$-750,000,000 - 5,000\left(\frac{1,600,000}{n}\right)$$

$$= \frac{48,000,000,000}{n^2} - 750,000,000 \qquad (d)$$

(II)　長期均衡

在長期均衡時 $\pi^*(n) = 0$，故由 (d) 可解得

$$n^* = 8$$

將 n^* 分別代回 (b) 和 (c) 即得長期均衡產量及價格

$$x^* = 200,000$$

$$p^* = 8,750$$

獨佔性競爭與經濟效率

前面討論獨佔性競爭廠商長期均衡時，我們已經指出，長期均衡是發生在長期平均成本下降階段，而不像完全競爭廠商長期均衡乃在平均成本的最低點。我們也提到，造成這個結果的原因是由於獨佔性競爭廠商所面對的是負斜率的需求曲線，不像完全競爭廠商所面對的是水平的需求曲線。這個特性隱含，獨佔性競爭均衡並無法達到經濟效率。為什麼呢？首先，由於需求曲線是負斜率，故邊際收益曲線必然位於需求曲線的下方（為什麼？），由而我們知道，在均衡時，價格必然高於邊際成本。此點可由圖 15.15 清楚看出，圖中顯示均衡價格為 ax^*，高過邊際成本 ex^*。但這表示，在均衡時，社會上對此產品的邊際評價 ax^*，高過於生產此產品的邊際成本，因此擴增此產品的生產，必可提高社會福利。圖 15.15 中，如果將生產提高到 x_b 的水準，則邊際評價就等於邊際成本，而社會上消費此產品的福利就可增加 aeb 的面積。這個現象並不陌生，因為 aeb 正代表廠商擁有獨佔力所造成的無謂損失，和任何獨佔廠商所導致的無損所失完全相同。

其次，圖 15.15 中之均衡點 e，對應於平均成本線的下降階段。這表示，如果廠商生產的數量能夠提高，就可降低平均生產成本。換句話說，獨佔性競爭廠商，由於產量太少，並沒充分使用其現行廠房規模，產生所謂超額產能 (excess capacity) 現象。在圖 15.15 中，最低平均成本產量 x_c 與 x^* 的差距，$x_c - x^*$ 就是超額產能。有些經濟學者認為，超額產能的存在，顯示在獨佔性競爭市場結構下，廠商數目太多。因此，若能減少廠商數目，則可使繼續從事生產的廠商增加產量，降低單位生產成本，從而提高經濟效率。這種論調，乍見之下，十分具有說服力，但卻有極嚴重的盲點。這個盲點乃是，到目前為止，我們一直假定消費者的效用（或福利），完全取決於各種產品的消費量，但產品多樣化 (product variety) 本身並無法帶來效用。然而，由日常生活經驗，我們清楚看到，產品多樣化本身是有極高價值，是許多消費者追求的目標。試想，我們有多少人願意和他人穿一模一樣的衣服？有多少人能忍受連續幾天吃完

全相同的食物？我們都希望穿出自己的「品味」，嘗試各種不同的「口味」，不是嗎？在這層認知下，犧牲一些生產效率以追求消費多樣化產品，並不表示必然有效率的損失。事實上，我們大可將超額產能 $x_c - x^*$ 看成是社會上為追求產品多樣化所願意支付的代價。

16 賽局理論與策略行為

「統一獅」、「興農牛」、「兄弟象」等中華職棒球隊擁有數百萬的球迷，每天總有數萬人親自赴球場為自己支持的球員及球隊加油。全世界每年冬天有數億人觀賞美國國家足球聯盟 (NFL) 超級杯比賽的電視轉播，也因此造就了天價的電視轉播的廣告商機。觀賞各類職業球賽已經成為許多人工作外不可缺少的休閒活動。根據賽局理論 (game theory)，各種球類比賽，象棋、西洋棋、圍棋等棋賽，麻將、牌九、梭哈等賭局，百貨公司的週年慶、行動電話公司的手機綁門號等廠商間的商品戰、廣告戰、價格戰都稱為賽局 (game)。這些不同類型的賽局都有一個相同的本質，就是每一個參與競賽的人，以後稱為參賽者 (player)，都企圖運用各種策略 (strategy) 爭取比賽的勝利或追求自身最高的報酬。

每一場賽局事先無法得知競賽的結果，因賽局的結果取決於參賽者的策略，而參賽者無法事先得知對手將採取何種策略。例如在一個乒乓球賽中，只有發球者自己才會知道發球時球的旋轉方向、力道與落點，對手事先並不知道發球者發球的策略。當對手成功地接到發球者的球時，他會考慮如何回這個球才能讓發球者接不到球，而這些回球策略同樣也是發球者事先無法得知的。所以一場乒乓球賽的得分並非一個參賽者單獨可以決定的，而必須取決於自己及對手的策略。相較於球員間互動頻繁的球賽，有些運動比賽，例如游泳比賽就比較不會有策略行為 (strategic behavior)。除了刻意隱瞞實力，企圖使得對手輕敵的策略行為外，游泳比賽的成績完全取決於參賽者個人的實力，和其他競爭對手的行為沒有關係。嚴格來說，沒有競爭對手策略行為的這一類競賽，我們並不將它們歸類為賽局。

本書前面各章所討論的經濟模型，無論是消費者或生產者的「決策」(decision) 都無須考慮到其他決策者的策略行為。在消費者理論中，消費者根據「本身」的偏好及「本身」的所得來作消費決策，即使有其他決策

者的行為存在，例如政府課稅，消費者都已事先獲知這些行為。所以，消費者無須考慮其他決策者的策略行為，便可以單獨作自己的消費決策。至於廠商理論方面，在獨佔廠商模型中，由於沒有競爭廠商存在，而消費者又都是價格接受者，所以只要知道市場的需求曲線，獨佔廠商便能作出決策。而在完全競爭模型中，雖有許多廠商存在，但因個別廠商的行為對整個市場的影響小到可以被忽視，所以完全競爭廠商可以不必理會其他廠商的行為，逕自決定利潤最大的產量；同樣的，一個完全競爭廠商也沒有能力以他的決策來影響其他的競爭者的報酬。

　　然而在廠商數目不多的寡佔市場中，當一家廠商試圖以降價的行為來爭取顧客時，為了避免客源的流失，競爭對手可能同樣以降價的手段來因應，結果廠商由降價行為所爭取到的顧客將不如預期的多。如同一場球賽的勝負取決於雙方球員的攻守策略般，寡佔市場競爭的結果絕對不是一個廠商能單獨決定的。由於一個廠商僅能掌控自己的決策，對於競爭對手的決策全然無法掌握，所以先前使用於獨佔或完全競爭廠商的**決策理論** (decision theory) 將無法用來尋找寡佔廠商的均衡。一般而言，當一個經濟模型的所有決策變數都掌控在同一個決策者的手中時，我們藉決策理論訂出各個變數的均衡條件，從而找出此一經濟模型均衡所在。然而，當一個經濟模型的決策變數分屬於數個獨立決策者時，決策者間的策略互動十分複雜，「只管自己不管別人」的決策理論將無法用以尋求此類經濟模型的均衡，而必須藉重賽局理論來尋求此類經濟模型的均衡解。由於決策理論使用於處理單一決策者的問題，而賽局理論討論兩人以上的決策問題，所以在形式上我們可以視賽局理論為多人決策理論的延伸。

　　或許讀者會感到納悶，明明上一章已討論過寡佔理論，現在卻又要介紹用以分析寡佔理論的賽局理論，這豈不是本末倒置？其實此種編排方式的理由很簡單，幾個經典的寡佔模型，在賽局理論被介紹至經濟學領域裡前，早已被廣為討論了，甚至有些產業組織理論的著名學者迄今仍堅持不用賽局理論作為分析工具。在上一章討論寡佔模型分析中，我們事先對廠商的策略做了一些有關「反應」的假定；例如庫諾模型中，當一個廠商為尋找其均衡產量而變動產量時，我們假設其「對手」(rival) 的產量是不會改變的 (即產量的猜測變量等於零)。如此一來，廠商可忽略

對手的策略行為，無須依賴賽局理論，而僅使用簡單的決策理論便可以討論模型的均衡。在本章中，除了介紹賽局理論的概念外，我們也將從賽局理論的觀點來看在十五章中曾經介紹過的幾個寡占模型。

16.1 賽局理論的基本概念

近代的賽局理論可以追溯到哲梅羅 (Zermelo, 1912)，波瑞耳 (Borel, 1921)，福內曼 (John von Neumann, 1928)，及福內曼和摩根史坦 (Oskar Morgenstern, 1944) 等著作。大多數早期的賽局理論的研究成果，完成於第二次世界大戰時的普林斯頓大學。同一個時點，一批物理學家在核子研究上也有重大的發現。這兩件事情或許並非巧合。在之後近六十年中，核能物理研究成果豐碩，為人類生活帶來不少貢獻，但相對的也帶來了核子武器摧毀人類文明的潛在危機。自然地，我們期望加快社會科學研究腳步，以解決自然科學進步所帶來的兩難社會問題。這也是研究「衝突」(conflict) 與「合作」(cooperation) 的賽局理論在過去六十年中迅速發展的原因之一。

　　賽局理論為探討決策者間衝突或相互合作所產生的問題的一門學問。依據決策者間的關係為衝突或合作，我們可將賽局分為非合作賽局 (noncooperative game) 與合作賽局 (cooperative game)。球賽、棋賽、經濟學中的寡佔廠商間的競爭，乃至於政治上政黨與派系間的鬥爭，決策者都是基於追求自身的利益，來與其他的決策者交手，這些賽局都屬於非合作賽局。至於球賽中作弊放水，寡佔廠商間勾結，政黨與派系間的合縱、連橫等行為，無論是合法或非法，決策者彼此合作以追求團體最大利益的賽局都屬於合作賽局。因為合作賽局必定會牽扯出合作後利益分配的交涉問題，所以合作賽局又被稱為交涉賽局 (bargainning game)。由於本書所探討的廠商間屬於相互競爭的關係，所以本章的內容將僅限於探討非合作賽局理論。

　　賽局乃參賽者根據特定的規則進行一系列決策行為的過程。簡單的賽局如井字遊戲 (Tic-Tac-Toe)，參賽者有兩人，一人選 ○ 先下，另一人選 × 後下。兩人依序輪流將 ○ 與 × 填入九個空格中，先連成三格一線者為贏家。一個賽局從頭到尾玩一次並得到一個輸贏的結果稱為一局 (a play)。在一局井字遊戲中選 ○ 的人至多選五次空格，選 × 的人至多

選四次空格。參賽者的策略為賽局論中十分重要的概念。某位參賽者的一個策略，乃是這位參賽者在整個賽局過程中，因應每個「可能發生情況」(contingency) 的一個「完整計畫」(complete plan)。一個策略包含一系列的決策選擇，而不是在一個賽局中，某一個單一決策時點的選擇。例如，在一局井字遊戲中，選 ○ 者至多有選五次空格的機會，每一次選擇至多有九格可以選。然而，他的策略卻遠超過 45 個。一個策略須包含整個賽局過程的因應計畫，而光是涵蓋選 ○ 者前兩次空格選擇的可能計畫就有 504 個。這是因為選 ○ 者的第一次選擇有九個可能。針對每一個可能，選 × 者有八個可能的回應。所以填完前兩格後，可能產生的結果共有 $9 \times 8 = 72$ 種可能。當輪到選 ○ 者作第二次決定時，他看到的是已經下了一個 ○ 與一個 × 的 72 種可能情況中的一種，此時他有七個空格可以選擇。於是選 ○ 者下兩次的可能計畫就有 $9 \times 8 \times 7 = 504$ 個。

　　為了完整描述一個賽局，我們有**延伸型** (extensive form) 及**策略型** (strategic form) 兩種外表形式不同的賽局架構。延伸型賽局因其外表很像一棵樹，所以又稱為**樹狀型** (tree form) 賽局。由於延伸型最能完整的描述賽局的過程，所以普遍地被用於賽局理論的文獻中。策略型賽局又稱為**正規型** (normal form) 賽局，為描述一個賽局的最簡單形式，此種形式的賽局只述明各個參賽者的策略以及相對應的報酬，不管策略執行的過程。策略型也是較容易求解的一種賽局形式。因此，我們常常使用延伸型來描述一個賽局，讓讀者容易了解一個賽局是如何進行，再將其轉換為對等的策略型賽局以分析賽局可能的解。

16.2　延伸型賽局

為了介紹延伸型賽局，我們來看一個簡單的例子，稱為**虛張聲勢賽局** (game of bluff)：這是一個兩人的賽局，首先兩位參賽者各放十元賭注在一個碗裡，參賽者 1 由一疊完整的撲克牌中隨機抽出一張牌，看過後隨即壓在桌上不給參賽者 2 看這張牌。接著參賽者 1 決定是否另加注十元，如果參賽者 1 不加注則賽局結束，同時揭曉抽出的牌的顏色，如果牌為紅色，碗裡的二十元歸參賽者 1 所有；如果牌為黑色，碗裡的二十元則歸參賽者 2 所有。如果參賽者 1 加注十元在碗裡，則參賽者 2 必須決定是否跟注，如果參賽者 2 不跟注則賽局結束，無論牌為紅色或黑色，碗

圖 16.1

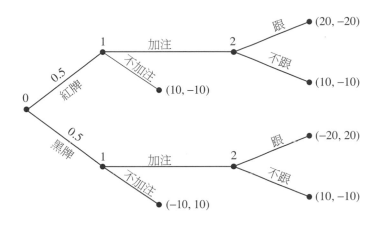

裡的三十元歸參賽者 1 所有。如果參賽者 2 跟注，也放十元在碗裡則賽
局結束，同時揭曉抽出的牌的顏色，如果牌為紅色，參賽者 1 贏走碗裡
的四十元；如果牌為黑色，參賽者 2 贏走碗裡的四十元。

　　圖16.1 中的樹狀圖，描述了整個賽局的進行過程以及所有可能發生
的結果。在說明圖16.1 之前，我們須先介紹一些延伸型賽局的基本名
詞。圖 16.1 的賽局樹 (game tree) 包含了許多線段，我們稱這些線段為
分枝 (branches)。每一分枝均連結兩個點，這些點稱為節點 (nodes)。最
左的一個節點為這棵賽局樹的根 (root)，它是這個賽局的起始節點 (initial
node)。賽局樹中有六個沒有後續分枝的節點，稱為末端節點 (terminal
nodes)，這六個末端節點就是這個賽局六個可能的終點。除了末端節點
外，這棵賽局樹有五個非末端節點 (nonterminal nodes)，分別標有 0、1、
2 的標籤。由於虛張聲勢賽局中的牌是由一疊完整的撲克牌中隨機抽出，
起始結點 0 也可用來代表此一隨機事件，又稱為機運節點 (chance node)。
緊接在機運節點後的兩分枝，則分別標有抽出紅牌與黑牌兩種可能結
果。由於牌是隨機抽取，且紅黑顏色各半，所以我們將「老天爺」(nature)
選出紅牌與黑牌的機率，各為 0.5，也標在這兩分枝上。當一個賽局不包
括「老天爺」或參賽者 0 時，我們稱它確定賽局。除了機運節點外，其
他的非末端節點還有四個，分別標有參賽者 1 與 2 的標籤，稱之為決策

圖 16.2

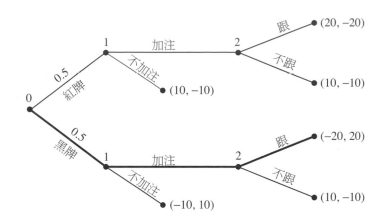

節點 (decision nodes)。決策節點後的分枝為該標籤的決策者可以選擇的
各種決策。兩個參賽者真正地賭一把虛張聲勢賽局的過程，相當於走過
整棵賽局樹由根起到末端節點的一條完整路徑，也就是我們前面所說的
一局。圖 16.1 的虛張聲勢賽局共有六個末端節點，代表每一局的結果有
六種可能，而對應的參賽者 1 與 2 的報酬就分別標在末端節點後括弧內
的前後兩個數字。例如，圖 16.2 中粗線所標出的一局，為參賽者 1 隨機
抽出了一張黑牌，他決定「加注」，接著參賽者 2 決定「跟注」，結果參
賽者 1 輸了二十元而參賽者 2 贏了二十元。

　　然而，圖 16.1 並未正確地描述虛張聲勢賽局，因為該圖完全忽略了
參賽者訊息不對稱 (asymmetric information)，即參賽者 1 被允許觀看隨
機抽出的牌，知道抽出牌的顏色後再做「加注」與否的決定；但參賽者 2
則未被允許觀看所抽出的牌，他只觀察到參賽者 1 是否「加注」的決定，
在不知道牌的顏色的情形下做「跟注」與否的決定。事實上，圖 16.1 的
賽局樹所描述的賽局為：賽局由參賽者 0（老天爺）首先開始隨機抽出一
張牌，如果是紅牌則選擇上方的分枝，如果是黑牌則選擇下方的分枝。
參賽者 1 觀察到老天爺選擇的是上方的分枝還是下方的分枝，再決定加
注與否。當參賽者 1 決定是否「加注」後，參賽者 2 看到了參賽者 1 選
擇「加注」還是「不加注」。更重要的是，參賽者 2 所看到的還不僅止於

圖 16.3

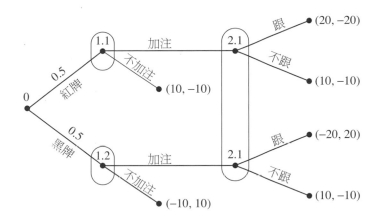

此，他還知道參賽者 1 是在什麼顏色的牌下選擇「加注」還是「不加注」，然後再決定是否「跟注」。以圖 16.2 粗線所標的一局為例，首先「老天爺」選出了黑牌，參賽者 1 看到了是黑牌，接著選「加注」，參賽者 2 看到了參賽者 1 是「加注」，更知道參賽者 1 看到了黑牌才加注的，此時參賽者 2 選擇「跟注」，穩贏二十元。然而在虛張聲勢賽局中，參賽者 2 並不知道牌的顏色，他看到了參賽者 1 「加注」，但不知是上方分枝的「加注」還是下方分枝的「加注」，只知道有 0.5 的機率是上方分枝的加注及 0.5 的機率是下方分枝的加注。參賽者 2 選擇跟注的報酬期望值等於 0，選擇不跟注的報酬期望值等於輸十元。

　　為了正確描述虛張聲勢賽局，在圖 16.3 中，我們將一些無法分辨，擁有相同訊息的節點圈在一起成為一個集合，稱為資訊集合 (information set)。圖 16.3 中，我們將參賽者 2 的兩個決策節點圈在一起成為一個資訊集合，表示這兩個決策節點擁有相同訊息；參賽者 2 無法分辨是上方的節點 (對應參賽者 0 選了紅牌) 還是下方的節點 (對應參賽者 0 選了黑牌)，所以都標成 2.1 用以表示他們都屬於參賽者 2 的第一個資訊集合。反之，參賽者 1 的兩個決策節點並未被圈在一起，因為參賽者 1 可以分辨這兩個節點，在賽局的過程中，他看到了參賽者 0 選了紅牌才到達上方的節點，參賽者 0 選了黑牌才到達下方的節點，於是我們將兩個節點

標為不同的資訊集合，一個標 1.1，另一個標 1.2，分別代表參賽者 1 的
第一個資訊集合及第二個資訊集合。加了各個參賽者的資訊集合後，圖
16.3 成為一個正確而完整的延伸型虛張聲勢賽局。在此我們要強調 1.1 及
1.2 為兩個不同的資訊集合，其後的分枝或參賽者 1 能夠選擇的行動雖然
都是標「加注」與「不加注」，但它們代表相異的兩組分枝。這兩個節點
不但可以有不同的分枝（選擇）而且它們的的分枝數（選擇數）甚至可以
不同。實質上，1.1 後的分枝應被讀為看到「紅牌」後的「加注」與「不加
注」；1.2 後的分枝應被讀為看到「黑牌」後的「加注」與「不加注」。相對
的，參賽者 2 有兩個無法分辨的決策節點，它們同屬於資訊集合 2.1，這
兩個節點無異於只有一個節點。所以其後的分枝數不但要相同，而且一
定要標相同的「跟」與「不跟」。

在結束這個例子之前，我們來看看兩位參賽者的策略。根據前面的
定義，一個策略乃某位參賽者在整個賽局過程中因應每個可能發生情況
的一個完整計畫。由於每一個資訊集合都有可能位於一個賽局的過程
中，一個完整計畫應包括參賽者在每一個資訊集合準備做的事。所以，
參賽者 1 的每一個策略有兩個元素，第一個元素說明在資訊集合 1.1 準
備做什麼，第二個元素說明在資訊集合 1.2 準備做什麼。由於每個資訊
集合各有兩個分枝，參賽者 1 可能的策略共有四個：（加注，加注），（加
注，不加注），（不加注，加注），（不加注，不加注）。以第三個策略為
例，它應被解讀為如果看到了紅牌就不加注，如果看到了黑牌就加注。
由於參賽者 2 只有 2.1 這個資訊集合，他的可能的策略共有兩個：「跟」
與「不跟」。如果在虛張聲勢賽局過程中老天爺選了黑牌，參賽者 1 選
的策略為（不加注，加注），參賽者 2 選的策略為「跟」則這一局的結果
為參賽者 1 輸二十元，參賽者 2 贏二十元。

n 人延伸型賽局

綜合前述例子的說明，我們定義一個由 *n* 位參賽者組成的延伸型賽局：
一個 *n* 人延伸型賽局 (n-person game in extensive form) 乃是具備下列結構
的一棵有根樹 (rooted tree)：

(1)　每一個非末端節點都標有一個數字來自於集合 $\{0, 1, 2, ..., n\}$。標有
　　0 的節點為機運節點。其餘 1、2、…、*n* 的標籤分別代表參賽者 1、

2、…、n。標有參賽者 i 的節點為參賽者 i 的決策節點。

(2)　機運節點後的分枝代表在此節點的隨機事件可能發生的結果。每一機運節點的隨機事件都有一個機率分配；機運節點後的的每一分枝都有一個介於 0 與 1 的發生機率，屬於同一機運節點的各個分枝發生機率的總和為一。

(3)　每一個由參賽者 i 掌控的決策節點，除了參賽者標籤 i 外，還有另一個標籤代表此決策節點的資訊狀態。當參賽者無法分辨到達某些決策節點之前所經的個別路徑的差異時，站在此參賽者的立場這些決策節點如同只有一個決策節點。對於此參賽者而言，這幾個決策節點所攜帶的資訊是相同的，於是標以相同的第二個標籤。同一個標籤 $i.j$ 的決策節點所成的集合，我們稱之為參賽者 i 的 j 資訊集合。

(4)　決策節點後的分枝，代表此節點所屬的參賽者在這個輪動 (move) 可以選擇的決策，每一個可以選擇的決策或分枝都標有一個輪動標籤。當有數個決策節點屬於同一資訊集合時，此一資訊集合中的每一個決策節點，須具備相同數目的分枝以及其所對應的輪動標籤。

(5)　每一個末端節點後有一個報酬向量 (payoff vector) $(u_1, u_2, …, u_n)$，其中 u_i，$i = 1, 2, …, n$，為此一末端節點的賽局結果下參賽者 i 的報酬。

讀者應不難發現，圖 16.3 的賽局樹滿足上述延伸型賽局的五個條件。我們可以根據這五個條件畫出井字遊戲的延伸型賽局，只是由於節點及分枝非常多，需要一張很大的紙才能容納得下一個完整的井字遊戲延伸型賽局。至於象棋、圍棋、西洋棋，更是複雜到沒有人想去嘗試畫這些棋賽的延伸型賽局。然而，我們不難發現，井字遊戲以及所有棋類的延伸型賽局都有一個共通點，即在棋賽進行中，每一位參賽者都可以看到彼此所下過的每一手棋及每一子。表現在延伸型賽局的架構中，每一個資訊集合都只包含一個決策節點，我們稱這種賽局為具備**完整訊息** (perfect information) 的賽局。反過來，一個延伸型賽局只要有一個資訊集合包含了兩個或兩個以上決策節點時，我們稱這個賽局為**不完整訊息** (imperfect information) 的賽局。圖 16.3 中，參賽者 2 的資訊集合 2.1 包含兩個決策節點，所以虛張聲勢賽局是一個不完整訊息賽局。

我們在前面提過，某位參賽者的一個策略，乃是這位參賽者在整個

賽局過程中，因應每個可能發生情況的一個完整計畫。在延伸型賽局中，一位參賽者的一個策略為該參賽者指示在每一個屬於他的資訊集合如何輪動的任何一套規則。以圖 16.3 的虛張聲勢賽局為例，參賽者 1 有1.1 及 1.2 兩個資訊集合，每一個資訊集合的輪動各有兩個選擇，所以參賽者 2 有四個可能的策略。參賽者 2 只有 2.1 這個資訊集合，資訊集合2.1 的輪動有兩個選擇，所以參賽者 2 有兩個可能的策略。以數學術語來說，一個策略是一個由資訊集合映至輪動的函數。令 $s_{ij}(I)$ 為一個函數代表參賽者 i 的第 j 個策略下在資訊集合 I 時的輪動選擇，則參賽者 1 的四個策略可以寫成四個函數 s_{11}、s_{12}、s_{13} 及 s_{14}，其函數值分別為：

$s_{11}(1.1) = $ 加注， $s_{11}(1.2) = $ 加注

$s_{12}(1.1) = $ 加注， $s_{12}(1.2) = $ 不加注

$s_{13}(1.1) = $ 不加注， $s_{13}(1.2) = $ 加注

$s_{14}(1.1) = $ 不加注， $s_{14}(1.2) = $ 不加注

為了簡化，有時僅將函數值寫出來，因此參賽者1的四個策略可以寫成：（加注，加注）、（加注，不加注）、（不加注，加注）及（不加注，不加注）。同理，參賽者 2 的兩個策略可以寫成兩個函數 s_{21} 及 s_{22}，其函數值分別為：

$s_{21}(2.1) = $ 跟

$s_{22}(2.1) = $ 不跟

簡寫成：「跟」與「不跟」。

【例 16.1】

在一同質產品雙佔市場的史塔克柏格模型中，假設廠商 1 為先訂量的領導者，廠商 2 為後訂量的追隨者。令 x_1、x_2 分別代表廠商 1 及廠商 2 的產量。同時，兩家廠商分別有 K_1、K_2 產能的限制。假設兩家廠商的成本函數分別為 $c_1(x_1)$、$c_2(x_2)$，市場的逆需求函數為 $p(x) = p(x_1 + x_2)$。試繪出此一同質產品領導者與追隨者雙佔的延伸型賽局，並說明各廠商的策略為何？

圖 16.4

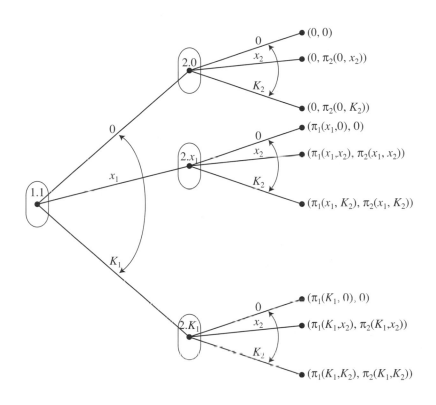

【解答】

廠商 1 的選擇 x_1 可以是介於 0 與 K_1 的任何數,所以與前面例子中有限個選擇的情況不同,廠商 1 有無限多個連續的策略,於是我們無法一一畫出每一個分枝,而改以一整片的連續分枝,如圖 16.4 所示。我們以廠商 1 的產量作為資訊集合 1.1 時的輪動標籤。在無限多個分枝之中,我們畫出其中三個分枝。最上方的分枝為產量最小,亦即產量等於 0 的選擇;最下方的分枝為產量最大,亦即產量等於 K_1 的選擇;中間的分枝的標籤為 x_1 代表一個介於 0 與 K_1 的產量選擇。由於廠商 1 只有一個資訊集合,在這個資訊集合下的產量 x_1 也是廠商 1 的一個策略,所以廠商 1 的策略集合為 $\{x_1 \mid 0 \leq x_1 \leq K_1\}$。

由於廠商 2 為市場的追隨者或第二個輪動者,他可以觀察到廠商 1 的產量,他的每一個資訊集合就是由一個廠商 1 的產量 x_1 所產生的決策

節點。因此，廠商 2 有無限個連續的資訊集合，每一個資訊集合後又是如圖 16.4 所示的一整片的連續分枝。我們也採與廠商 1 類似的輪動標籤，畫出其中具代表性的三個分枝並標上 0、x_2 及 K_2 三個輪動標籤。由於每一個廠商 1 的產量 x_1 可以產生一個廠商 2 決策節點，每一個決策節點同時也是一個資訊集合，為簡化符號。我們在「2.」後面冠上廠商 1 的策略 x_1 當成廠商 2 的資訊集合標籤。廠商 2 的一個策略必須說明在這無限多個資訊集合中的每一個資訊集合下的決策選擇，此一選擇可以寫成一個函數 $x_2(x_1)$，代表廠商 2 在「2.x_1」資訊集合下的產量決定。廠商 2 有無限多個策略或無限多個這一類型的函數，全部廠商 2 的策略集合為 $\{x_2 \mid 0 \le x_2(x_1) \le K_2, 0 \le x_1 \le K_1\}$。

在每一個末端節點後方的報酬向量 $(\pi_1(x_1, x_2), \pi_2(x_1, x_2))$ 為廠商 1 及廠商 2 在產量 x_1 及產量 x_2 下的利潤。利潤 π_i 計算如下：

$$\pi_i(x_1, x_2) = p(x_1 + x_2)x_i - c_i(x_i)，\quad i = 1, 2$$

例如，當廠商 1 的策略為 $x_1 = K_1$，廠商 2 的策略 $x_2(x_1) = 0$ 時，廠商 1 的報酬為

$$\pi_1(K_1, 0) = p(K_1)K_1 - c_1(K_1) \tag{a}$$

廠商 2 的報酬為

$$\pi_2(K_1, 0) = p(K_1) \cdot 0 - c_2(0) = 0 \tag{b}$$

請務必確定你了解剛才提到的「廠商 2 的策略 $x_2(x_1) = 0$」的真正意義。由於一個參賽者的策略為，該參賽者在整個賽局過程中，因應每個可能發生情況的一個完整計畫，參賽者必須在每個資訊集合下指定一個準備做的事。在圖 16.4 中，廠商 2 有「2.0」、…、「2.x_1」、…、「2.K_1」（不可數）無限多個資訊集合，一個廠商 2 的策略為在這些無限多個別的資訊集合中指定一個介於 0 與 K_2 間的產量。「廠商 2 的策略 $x_2(x_1) = 0$」應解讀為：「無論廠商 1 的產量為何，廠商 2 的產量都等於 0」，也就是說，廠商 2 在資訊集合「2.0」、…、「2.x_1」、…、「2.K_1」後都是選擇 $x_2 = 0$ 的分枝。讀者或許一時無法接受這種講法，嘗試給自己一些時間去體會它。另外，有些教科書將前面 (a) 式中的 $\pi_1(K_1, 0)$ 解讀成「當廠商 1 的

策略為 $x_1 = K_1$，廠商 2 的策略為看到廠商 1 選擇 $x_1 = K_1$ 後它選擇 $x_2 = 0$ 的報酬為 $\pi_1(K_1, 0)$」，而忽略了廠商 2 因應 $x_1 \neq K_1$ 時的策略。在大多數的分析中，這種簡化是無傷大雅的，但有些時候是會有影響的，在後面的分析中我們會適時提出讓讀者了解。

為確定您真正了解有關參賽者策略的意義，請驗證當廠商 1 的策略為 $x_1 = K_1$，廠商 2 採取以下的策略時兩家廠商的報酬依舊分別為 (a)、(b) 兩式：

當 $x_1 = 0$ 時，　$x_2(x_1) = 0$（在資訊集合「2.0」時選 0）

當 $x_1 = K_1$ 時，　$x_2(x_1) = K_2$（在資訊集合「2.K_1」時選 K_2）

當 $x_1 \neq 0$ 或 $x_1 \neq K_1$ 時，　$x_2(x_1) = K_2 / 2$（在其他資訊集合時選 $K_2 / 2$）

16.3　策略型賽局

描述一個賽局最簡單的方式是使用策略型賽局的架構。策略型賽局又稱正規型賽局，由以下三個要素組成：「參賽者」，各參賽者的「策略」，以及各種策略組合下參賽者的「報酬」。其形式為註明參賽者及其策略的報酬矩陣 (payoff matrix)。現在，我們以著名的囚犯困境 (prisoners' dilemma) 賽局來說明。這個賽局的故事如下：兩名慣竊在過去幾個月以來犯下了數起竊案，有一天終於在行竊時當場人贓俱獲。檢察官雖僅掌握了這一次的證據，但認為過去幾個月以來的數起竊盜案，可能也是這兩名竊賊的傑作。由於無明確的證據，於是決定將兩名竊賊申請羈押禁見並分開審問。在獨立審問時，檢察官告訴竊賊，如果他與同夥都堅稱只做過這一次人贓俱獲的壞事，先前發生的竊案一概與他們無關的話，他們將會因這次的竊案被起訴一年有期徒刑。如果他與同夥都承認過去的數起竊案都是他們所為，則他們都會被起訴四年有期徒刑。第三種情況為，當他的同夥對過去的數起竊案堅不認罪，而他認罪使得前面數起竊案得以破案，則檢察官會以污點證人荐請法官判他無罪並當庭釋放；相對的，他的同夥會因隱瞞案情，不知悔改，而被起訴六年有期徒刑。最後，如果他對過去的數起竊案不認罪，而同夥認罪，則同夥將被判決無罪並當

表 16.1　囚犯困境賽局

囚犯乙

		認罪	不認罪
囚犯甲	認罪	–4, –4	0, –6
	不認罪	–6, –0	–1, –1

庭釋放，而他會被起訴六年有期徒刑。這個賽局的策略型如表 16.1 所示，表格左方為囚犯甲及其策略，表格上方為囚犯乙及其策略，表格裡的四組數字代表兩名囚犯各種可能的策略組合下的報酬。每一組左邊的數字代表囚犯甲被關的年數，右邊的數字代表囚犯乙被關的年數。由於被關的時間越短越好，所以這些數字前都加一個負號，表示報酬是負的。例如，囚犯甲採策略「不認罪」，囚犯乙採策略「認罪」時的報酬為 (–6, 0)，即甲將被起訴六年有期徒刑，乙將不被起訴並無罪開釋。

　　表 16.1 的囚犯困境賽局是一個兩人的策略型賽局。如果是一個三人的賽局，類似表 16.1 的報酬矩陣將是一個三度空間的矩陣。三度空間的矩陣可以以數個二度空間的矩陣來表示，每一個對應第三參賽者的一個策略。但是如果有四位參賽者，我們會碰到如何作出一個四度空間報酬矩陣的困難問題。雖然如此，理論上我們還是可以定義一個 n 人策略型賽局 (n-person strategic form game) 為一個三要素組成的架構 (N, S, U)，此一架構滿足下列條件：

(1)　$N = \{1, 2, ..., n\}$ 為 n 位參賽者的集合。

(2)　$S = \{S_1, S_2, ..., S_n\}$ 為策略集合。對於每位參賽者 i，$s_i \in S_i$ 為參賽者 i 的一個策略，而 S_i 為參賽者 i 所有策略的集合。在一個策略型賽局進行過程中，每一個參賽者必須由他的策略集合中選取一個策略。令 $s = (s_1, s_2, ..., s_n) \in S_1 \times S_2 \times \cdots \times S_n$，則稱 s 為 n 位參賽者所選取的一個策略組合 (strategy profile)（注意，$S_1 \times S_2 \times \cdots \times S_n$ 第二章所介紹的笛卡兒乘積或直接乘積）。

(3)　$U = \{U_1, U_2, ..., U_n\}$ 為報酬矩陣。對於每位參賽者 i，U_i 為參賽者 i 的報酬。此報酬實際上是一個策略組合的函數，所以我們可以將它寫成 $U_i(s)$，$s \in S_1 \times S_2 \times \cdots \times S_n$。如果一個賽局中有隨機現象，在某一策略組合下的報酬為在此一策略組合下的預期報酬。

根據此一定義，每一個延伸型賽局都具有策略型賽局所需的三個要素，所以每一個延伸型賽局都可以改寫成策略型賽局。但是，反過來就不對了。這是因為樹狀的延伸型賽局包含了整個賽局進行的過程。我們可以將一個賽局的延伸型看成此一賽局的動態版本，而將此賽局的策略型看成此一賽局的靜態版本。除此之外，如果一個賽局中有隨機現象，延伸型賽局包含了機運節點，可以看到每一個隨機現象可能結果所對應的末端節點，以及此一結果下每一位參賽者的報酬。然而在策略型賽局中，每一位參賽者的報酬都以預期報酬方式表達，沒有個別隨機現象的可能結果下的報酬。

以虛張聲勢賽局為例，策略型賽局的二個要素中，首先，參賽者集合為 $N = \{1, 2\}$。其次，為了方便討論參賽者的策略，令 R(aise) = 加注，H(old) = 不加注，M(eet) = 跟，P(ass) = 不跟。由於參賽者 1 的策略，須完整描述圖 16.1 中資訊集合 1.1 及 1.2 各自的輪動選擇究竟為 R 或 H，所以參賽者 1 共有四個策略。如果將參賽者 1 在資訊集合 1.1 及 1.2 的選擇一前一後列出，參賽者 1 策略集合可以寫成 $S_1 = \{RR, RH, HR, HH\}$。以第三個策略 HR 為例，它代表等參賽者 1 在資訊集合 1.1 選「不加注」，在資訊集合 1.2 選「加注」。同理，在圖 16.1 中，參賽者 2 只有一個資訊集合 2.1，該資訊集合有 M 與 P 兩個輪動選擇，故參賽者 2 的策略集合為 $S_2 = \{M, P\}$。綜合兩人的策略，虛張聲勢策略型賽局中共有八個策略組合：(RR, M)、(RR, P)、(RH, M)、(RH, P)、(HR, M)、(HR, P)、(HH, M) 及 (HH, P)。最後，由於虛張聲勢賽局中，牌是參賽者 1 由一疊完整的撲克牌中隨機抽出的，所以報酬矩陣中，我們使用參賽者的預期報酬。令 $u_i(R, s_1, s_2)$ 及 $u_i(B, s_1, s_2)$ 分別代表抽出紅牌或黑牌，策略組合為 (s_1, s_2)，$s_1 \in S_1, s_2 \in S_2$，時參賽者 i 的報酬。則參賽者 i 在策略組合為 (s_1, s_2) 下的預期報酬 $U_i(s_1, s_2)$ 為：

$$U_i(s_1, s_2) = 0.5u_i(R, s_1, s_2) + 0.5u_i(B, s_1, s_2)，\ i = 1, 2$$

表 16.2　策略型虛張聲勢賽局

參賽者 2

	M	P
RR	0, 0	10, −10
RH	5, −5	0, 0
HR	−5, 5	10, −10
HH	0, 0	0, 0

參賽者 1

根據此一公式計算出的報酬矩陣如表 16.2 所示。以策略組合 (*HR*, *M*) 的報酬為例，我們參照圖 16.3，如果隨機抽出的是紅牌，這一局的路徑在機運結點 0 是經由上方的分枝進行，到參賽者 1 的資訊集合 1.1。參賽者 1 的策略 *HR* 的意思為，在資訊集合 1.1 選「不加注」，在資訊集合 1.2 選「加注」。由於抽出的是紅牌，賽局的過程不會經過資訊集合 1.2。參賽者 1 在 *HR* 策略下，所選的輪動為資訊集合 1.1 後的「不加注」，於是賽局就結束了。由於還未輪到參賽者 2 做選擇，賽局便告結束，參賽者 2 在資訊集合 2.1 的選擇將不影響兩位參賽者的報酬，即 $u_1(R, HR, M) = u_1(R, HR, P) = 10$，$u_2(R, HR, M) = u_2(R, HR, P) = -10$。同理，如果隨機抽出的是黑牌，這一局的路徑在機運節點 0 是經由下方的分枝進行，到參賽者 1 的資訊集合 1.2。參賽者 1 在資訊集合 1.1 選「不加注」，在資訊集合 1.2 選「加注」。所以此一策略只須用到在資訊集合 1.2 選「加注」的輪動，這一局的路徑在資訊集合 1.2 選了上方分枝進行，到達參賽者 2 資訊集合 2.1 的下方的節點（注意，此時參賽者 2 並不知道是上方或下方的節點），當參賽者 2 選了「跟」(*M*) 到了末端節點，結果為參賽者 1 輸二十元，參賽者 2 贏二十元，即 $u_1(B, HR, M) = -20$，$u_2(B, HR, M) = 20$。由於隨機抽出紅牌或黑牌的機率都是 0.5，所以參賽者 1 及參賽者 2 在策略組合 (*HR*, *M*) 下的預期報酬分別是

表 16.3 兩人零和賽局

	參賽者 2	
	M	P
RR	0	10
RH	5	0
HR	−5	10
HH	0	0

參賽者 1

$$U_1(HR, M) = 0.5u_1(R, HR, M) + 0.5u_1(B, HR, M)$$

$$= 0.5(10) + 0.5(-20)$$

$$= -5,$$

$$U_2(HR, M) = 0.5u_2(R, HR, M) + 0.5u_2(B, HR, M)$$

$$= 0.5(-10) + 0.5(20)$$

$$= 5$$

值得一提的是，在表 16.2 報酬矩陣裡，每一個策略組合下參賽者 1 及參賽者 2 的預期報酬加起來都等於零；一位參賽者贏的錢正好等於另一位參賽者輸的錢。我們稱這類型的賽局為兩人零和賽局 (two-person zero-sum game)。由於 $U_1(s_1, s_2) = -U_2(s_1, s_2)$，報酬矩陣裡有時只標明參賽者 1 的報酬，參賽者 2 的報酬只需在前面加上負號即可。如此一來，表 16.2 的報酬矩陣可以簡化為表 16.3 的形式。

16.4 賽局解

到目前為止，我們僅止於討論賽局的架構，尚未觸及參賽者會怎樣玩一個賽局，以及玩下來可能出現最終結局的問題。在這一節中，我們將討

論一個有智慧的參賽者在賽局中最有可能採取的策略，進而討論一個賽局最有可能的結局。在前面消費者理論中，只要假定消費者的目標為追求最大效用，每一個學過個體經濟學的學生都不難找出一個正確的均衡解。同樣的，在完全競爭廠商或獨佔廠商理論中，只要假定廠商的目標為追求最大的利潤，我們也不難找出一個明確而無爭議的均衡產量。然而在賽局理論中，由於參賽者有各種不同的性格與智慧，他們在一個賽局中的行為及表現不但因人而異，而且在賽局進行中，參賽者各自獨立做決策（選擇策略）。由於參賽者彼此無法掌控對方的策略，以致於參賽者單方面的策略選擇尚不足以決定其最終的報酬。一個賽局進行下來，實在很難有一套完備的規則能預期賽局最後的結局或報酬為何。於是，在賽局論中有各式各樣的規則，供我們尋找一個賽局的合理結局。我們稱這個用以預測參賽者在一個賽局中最有可能採取的策略，進而預期一個賽局結局的規則為求解概念 (solution concept)。由於賽局具備許多無法掌控的因素，不同的求解概念會造就不同的賽局的結局 或解，但我們希望能找到一個能被大多數人接受、接近真實世界，並有一個合理的結局的求解概念。一個有用的求解概念必須具備的條件為：在該求解概念下的均衡的確存在，且該求解概念具實用性，亦即一個賽局的參賽者的確會依據此求解概念來進行賽局，並選擇最佳的策略。由於賽局種類繁多，適用於某一個賽局的求解概念，並不一定是另一個賽局的最佳求解概念，以致於求解概念多得不勝枚舉。在此，我們僅介紹較簡單、較重要的少數幾個，讓讀者體會求解概念的意義與內涵。我們由賽局理論中最古老、最簡單、也是最重要的求解概念：內許均衡 (Nash equilibrium) 介紹起。

內許均衡

在此一小節中，我們將討論經濟學中最常使用的賽局理論求解概念，也就是由內許 (John Nash) 於 1951 年所提出的內許均衡。由於在一個賽局中，一個參賽者無法控制其對手的行為，所以一個參賽者只能針對其對手各個可能的行為，做一些對自己最有利的回應。內許均衡的求解概念為：如果一個策略組合是一個賽局的「解」(solution)，則針對其他對手在此一策略組合中所採用的策略，每一位參賽者在此一策略組合中所採用

的策略為所有他可以選擇的策略中最好的一個對策。反過來說,如果一位參賽者所採用的策略尚有改善的機會,也就是在給定對手的策略下,此參賽者使用其他的策略會使其報酬增加時,此一策略組合就不是一個內許均衡。在此要強調,當我們檢查一位參賽者使用其他的策略是否會使得其報酬增加時,其他對手的策略是被固定的;亦即一個策略組合要成為一個內許均衡的條件是,任何一位參賽者無法透過單獨一方的策略改變而獲利。現在,我們將一個內許均衡的嚴格定義敘述如下:

令 $s^* = (s_1^*, s_2^*, ..., s_n^*) \in S_1 \times S_2 \times \cdots \times S_n$ 為一個 n 人賽局的策略組合,$U_i(s^*)$ 為策略組合 s^* 下參賽者 i 的報酬,則 s^* 成為此一賽局的內許均衡的條件為,考慮所有參賽者 i 的可能策略 $s_i \in S_i$,每一位參賽者 i 的報酬 $U_i(s)$ 均滿足:

$$U_i(s_1^*, s_2^*, ..., s_i^*, ..., s_n^*) \geq U_i(s_1^*, s_2^*, ..., s_i, ..., s_n^*) \text{,} \quad i = 1, 2, ..., n \quad (16.1)$$

以一個二人賽局來說,若 $s^* = (s_1^*, s_2^*)$ 為一個內許均衡,則 (s_1^*, s_2^*) 滿足下列兩個條件:

$$U_1(s_1^*, s_2^*) \geq U_1(s_1, s_2^*) \text{,} \quad \forall s_1 \in S_1$$
$$U_2(s_1^*, s_2^*) \geq U_2(s_1^*, s_2) \text{,} \quad \forall s_2 \in S_2$$

以表 16.1 的「囚犯困境賽局」為例,在這個賽局中共有四個策略組合(組合中逗點左邊為囚犯甲的策略,逗點右邊為囚犯乙的策略),分別為:(認罪,認罪)、(認罪,不認罪)、(不認罪,認罪)及(不認罪,不認罪),其中僅有(認罪,認罪)這個策略組合是一個內許均衡。因為當囚犯乙採用「認罪」的策略時,囚犯甲如改採「不認罪」的策略會被起訴六年徒刑,比原先採「認罪」的四年徒刑要多二年。所以,針對囚犯乙的「認罪」策略,囚犯甲的最佳對策為採用「認罪」的策略。同樣的,當囚犯甲採用「認罪」的策略時,囚犯乙如改採「不認罪」的策略會被起訴六年徒刑,比原先採「認罪」的四年徒刑多二年。所以,針對囚犯甲的「認罪」策略,囚犯乙的最佳對策為採用「認罪」的策略。第二個策略組合(認罪,不認罪)並非內許均衡,因為當囚犯甲採用「認罪」的策略時,囚犯乙如採用「認罪」的策略會比採用「不認罪」的策略少二年。所以,針對囚犯甲的「認罪」策略,「不認罪」並非囚犯乙的最佳對策。同樣的,第

三個策略組合（不認罪，認罪）也不是內許均衡，因為當囚犯乙採用「認罪」策略時，囚犯甲如採用「認罪」的策略會比採用「不認罪」的策略少二年。最後，第四個策略組合（不認罪，不認罪）也不是內許均衡，因為只要對手「不認罪」，無論那一方只要「認罪」都會被無罪開釋，比起被起訴一年要好。所以「不認罪」不是針對對手「不認罪」的最佳對策。

　　囚犯困境賽局的唯一內許均衡策略組合為（認罪，認罪），在此一策略組合下兩名囚犯的報酬都是 -4，也就是都被起訴四年的監禁。由於它是唯一的解，很自然的我們接受此一結果為進行這個賽局的最終結局。然而當我們檢查四個策略組合所帶來的報酬，不難發現其實有一個策略組合的報酬要比這唯一的內許均衡報酬好。那就是（不認罪，不認罪）的策略組合，此策略組合的報酬為，兩方均被判處一年監禁。我們不禁要問，為何兩名囚犯不會同時由「認罪」的策略轉成「不認罪」的策略，如此兩人都獲得好處。然而根據內許均衡的精神，由於參賽者無法掌握對手的行為，一個策略組合是否為均衡，只能檢驗自己片面的策略改變是否能改善報酬。所以一個囚犯的分析邏輯，應為當對手採「認罪」的策略時，我如果由「認罪」變成「不認罪」只會使自己變得更差，並非是當我的策略由「認罪」變成「不認罪」時，對手發現如果他也由「認罪」變成「不認罪」時，兩人的報酬都會改善。這種需要雙方配合才能改善的情形並不符合內許均衡的精神。就如同前面分析的，（不認罪，不認罪）並非內許均衡，因為甲乙都有改變策略的誘因。

　　其實從下面的分析也不難看出為何（認罪，認罪）極有可能是囚犯困境賽局的最終結果。在檢察官個別訊問犯人時，可以分別告訴犯人以下的事實：給定同夥選擇「認罪」，囚犯選擇「認罪」或「不認罪」時，他會分別被起訴四年或六年監禁。而給定同夥選擇「不認罪」，囚犯選擇「認罪」或「不認罪」時，他會分別被判無罪或被起訴一年監禁。換句話說，無論他的同夥選擇那一個策略，選擇「認罪」被判的刑期都比選擇「不認罪」要短，所以他應該選擇「認罪」的策略。由於兩人的情形都一樣，所以（認罪，認罪）是囚犯困境賽局最有可能被採用策略的組合，結果兩人都將被起訴四年的監禁。當一個策略在任何情況下的報酬都比另一個策略好時，我們稱前一策略「優於」(dominates) 後一策略；或後一策略較前一策略「劣勢」(dominated)。明確地說，如果 $s_i \in S_i$ 且對每一個 $s_i' \in S_i$，

表 16.4 嚴格優勢策略

參賽者 2

		L	R
參賽者 1	U	1, 5	0, 4
	M	0, 6	1, 5
	D	4, 6	5, 5

$s_i' \neq s_i$，及所有 $s_1 \subset S_1$，$s_2 \in S_2$，…，$s_{i-1} \in S_{i-1}$，$s_{i+1} \in S_{i+1}$，…，$s_n \in S_n$，恆滿足

$$U_i(s_1, s_2, ..., s_i, ..., s_n) > U_i(s_1, s_2, ..., s_i', ..., s_n)$$

則稱 s_i 是參賽者 i 的一個嚴格優勢策略 (strictly dominant strategy)。簡言之，如果無論對手選擇什麼策略，$s_i \in S_i$ 都是唯一使得參賽者 i 的報酬最大的一個策略，則 s_i 就是參賽者 i 的一個嚴格優勢策略。在囚犯困境賽局中，我們很容易驗證，無論是那一個參賽者，「認罪」都是他的嚴格優勢策略。如果一個嚴格優勢策略存在，則此一個嚴格優勢策略是僅有的一個（為什麼？）。細心的讀者應不難發現，如果一個賽局中每一位參賽者都有一個嚴格優勢策略，則由每位參賽者的嚴格優勢策略組成的策略組合就是唯一的內許均衡。以表 16.4 的賽局為例，參賽者 1 的策略 D 為嚴格優勢策略；參賽者 2 的策略 L 為嚴格優勢策略。所以策略組合 (D, L) 為唯一的內許均衡策略組合，其對應的報酬為 $(4, 6)$。

並非每一個賽局中的每一個參賽者都有嚴格優勢策略。事實上，每一個參賽者都有嚴格優勢策略的情形十分少見。反之，與嚴格優勢策略對立的所謂嚴格劣勢策略 (strictly dominated strategy) 就比較容易找到。如果 $s_i \in S_i$ 且存在一個 $s_i' \in S_i$，$s_i' \neq s_i$，以及所有的 $s_1 \in S_1$，$s_2 \in S_2$，…，$s_{i-1} \in S_{i-1}$，$s_{i+1} \in S_{i+1}$，…，$s_n \in S_n$，恆滿足

表 16.5　嚴格劣勢策略

參賽者 2

		L	R
參賽者 1	U	5, 1	4, 0
	M	6, 0	5, 1
	D	6, 4	5, 5

$$U_i(s_1, s_2, \dots, s_i', \dots, s_n) > U_i(s_1, s_2, \dots, s_i, \dots, s_n)$$

則稱策略 s_i 是參賽者 i 的一個嚴格劣勢策略，同時我們稱策略 s_i' 嚴格優於 (strictly dominates) 策略 s_i。有了此一定義，我們可以重新詮釋一個「嚴格優勢策略」為「嚴格優於所有其他策略的策略」。根據內許均衡的定義，我們不難發現，一個嚴格劣勢策略不可能成為一個內許均衡策略組合的一部份。因此，當一個賽局無嚴格優勢策略存在時，我們可以藉由消去嚴格劣勢策略的技巧來節省尋找內許均衡的時間。以表 16.5 的賽局為例，此賽局沒有嚴格優勢策略，但參賽者 1 的策略 U 為一個嚴格劣勢策略。由於嚴格劣勢策略不可能成為內許均衡策略組合的一部份，所以我們去掉報酬矩陣的第一列。當我們檢視剩餘的 2 乘 2 的報酬矩陣時，發現參賽者 2 的策略 L 為一個嚴格劣勢策略。於是我們又去掉報酬矩陣的第一行。如今只餘 (M, R) 及 (D, R) 兩個策略組合，其所對應的報酬分別是 (5, 1) 及 (5, 5)。事實上，(M, R) 及 (D, R) 都是內許均衡策略組合。細心的讀者或許已經察覺到，在參賽者 1 的嚴格劣勢策略 U 尚未被消去前，參賽者 2 的策略 L 並非一個嚴格劣勢策略。參賽者 2 的策略 L 是在參賽者 1 的嚴格劣勢策略 U 被消去後，才成為嚴格劣勢策略而被消去，此種消去的方法被稱為嚴格劣勢策略的「反覆消去法」(iterated deletion)。

　　由前面的例子，我們發現一個賽局可能只有一個內許均衡，也有可能產生數個內許均衡的多重均衡 (multiple equilibria) 情形。當有多重均

衡時，究竟那一個內許均衡是賽局的結局，就成為頭痛的問題，此時以
單純的內許均衡條件當成賽局的求解概念顯然不夠嚴格，因而必須加進
比內許均衡更為嚴格的條件作為賽局的求解概念，此一步驟稱為內許均
衡的「精練」(refinement)，我們將在後面討論這個問題。相對於多重均衡
的另一個極端的問題是，一個賽局可能沒有內許均衡。以表 16.2 的虛張
聲勢賽局為例，首先策略組合 (RR, M)，(HR, M) 及 (HH, M) 都不是內許
均衡，因為當參賽者 2 選擇 M 時，參賽者 1 選擇 RH 比 RR，HR 及 HH
要好。然而 (RH, M) 也不是一個內許均衡，因為參賽者 1 選擇 RH 時，
參賽者 2 選擇 P 比選擇 M 要好。同樣的，策略組合 (RH, P) 及 (HH, P)
都不是內許均衡，因為當參賽者 2 選擇 P 時，參賽者 1 選擇 RR 或 HR
比選擇 RH 及 HH 要好。然而策略組合 (RR, P) 及 (HR, P) 也不是內許均
衡，因為在此兩個策略組合下，參賽者 2 的策略 P 並非參賽者 1 的策略
RR 及 HR 的最佳對策。所以，表 16.2 的虛張聲勢賽局的八個策略組合
都不是內許均衡，內許均衡並不存在。當內許均衡不存在時，以內許均
衡的概念討論賽局的結局就變得毫無意義，而必須藉助其他的求解概念
了，我們也將在後面回到這個問題。

寡佔市場模型：內許均衡的應用

到目前為止，我們所看到的例子中，參賽者可以選擇的策略都是有限多
個，然而由 (16.1) 式，我們可以清楚看出，內許均衡對參賽者 i 策略集
合 S_i 並沒有做任何限制。事實上，應用賽局理論討論的經濟模型，參賽
者的策略集合通常為正實數空間，所以可用的策略數目是有無限多的。
現在，我們就以賽局理論的方式，討論第十五章中曾經出現過的幾個寡
佔模型。首先來看庫諾模型，在十五章中我們介紹過庫諾模型包含的假
設有：市場上僅有生產同質產品的兩家廠商，兩家廠商同時決定產量，
沒有前後次序關係。將圖16.4 的史塔克柏格領導者與追隨者產量競爭賽
局稍加修飾，得到如圖 16.5 所描述的庫諾模型延伸型賽局的樹狀圖。兩
個圖最大的差異為廠商 2 的資訊集合。與史塔克柏格模型不同，在庫諾
模型中廠商 2 無法看到廠商 1 的產量，因此無法區分 2.0、⋯、2.x_1、⋯、
2.K_1 為不同的節點，故這些節點同屬於同一個資訊集合。在此請讀者自
行驗證，圖 16.5 中將廠商 1 與廠商 2 對調後，所描述的還是同一個庫諾

圖 16.5　庫諾模型的延伸型賽局

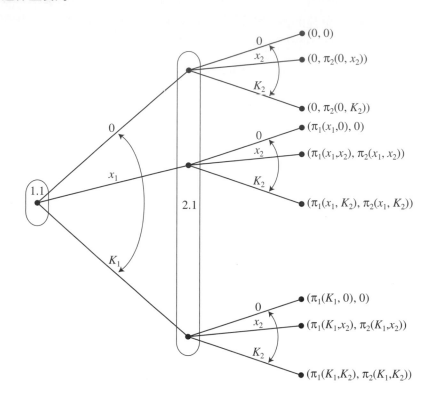

模型；但如果將圖 16.4 中將廠商 1 與廠商 2 對調後，領導者與追隨者的
角色就互換，成為兩個不同的賽局。圖 16.5 與第十五章的庫諾模型有一
個小差異，即圖 16.5 中廠商多了產能 K_1 與 K_2 的限制，但這只是考量繪
圖方便而已，對均衡分析並沒有影響。由於兩家廠商各有一個資訊集
合，其策略分別為廠商 1 的產量 x_1（告訴我們在資訊集合 1 的輪動）與
廠商 2 的產量 x_2（告訴我們在資訊集合 2 的輪動），所以一個策略組合
為 (x_1, x_2)，$0 \leq x_1 \leq K_1$，$0 \leq x_2 \leq K_2$。第十五章的庫諾模型還假設了「兩
家廠商均在假定競爭對手不會改變生產量的前提下，決定自己最適的生
產量」，此假設即是內許均衡解的概念：「在均衡下任何一位參賽者無法
透過單獨一方的策略改變而獲利」。所以，有些經濟學文獻或教科書，將
庫諾模型的均衡稱為庫諾內許均衡 (Cournot Nash equilibrium)，用以描述
寡佔市場以產量為策略的內許均衡。相對的，將第十五章中的柏臣模型

的均衡稱為柏臣內許均衡 (Bertrand Nash equilibrium)，用以描述寡佔市場以價格為策略的內許均衡。根據內許均衡的解概念，庫諾模型的內許均衡 (x_1^*, x_2^*) 滿足

$$\pi_1(x_1^*, x_2^*) \geq \pi_1(x_1, x_2^*) , \quad \forall 0 \leq x_1 \leq K_1 \tag{16.2}$$

$$\pi_2(x_1^*, x_2^*) \geq \pi_1(x_1^*, x_2) , \quad \forall 0 \leq x_2 \leq K_2 \tag{16.3}$$

其中，$\pi_i(x_1, x_2)$，$i = 1, 2$ 為廠商 i 的利潤（報酬）。

【例 16.2】

在庫諾模型中，假定產品市場的逆需求函數為

$$p_x = a - b(x_1 + x_2) \tag{a}$$

上式中 x_1 和 x_2 分別代表第一家和第二家廠商的產量。若兩家廠商的成本函數分別為

$$c_1(x_1) = cx_1 , \quad c_2(x_2) = cx_2 \tag{b}$$

則此一同質產品庫諾內許均衡為何？

【解答】

根據 (a) 與 (b)，廠商的利潤函數分別為

$$\pi_1(x_1, x_2) = p_x x_1 - cx_1$$
$$= (a - c - b(x_1 + x_2))x_1$$
$$\pi_2(x_1, x_2) = p_x x_2 - cx_2$$
$$= (a - c - b(x_1 + x_2))x_2$$

根據 (16.2)，給定 x_2^*，若 x_1^* 極大化下列利潤函數

$$\pi_1(x_1, x_2^*) = (a - c - b(x_1 + x_2^*))x_1$$

則 (x_1^*, x_2^*) 為庫諾模型的內許均衡。極大的一階條件為

$$\frac{\partial \pi_1(x_1^*, x_2^*)}{\partial x_1} = a - c - 2bx_1^* - bx_2^* = 0 \tag{c}$$

同理，由 (16.3) 得知，給定 x_1^*，若 x_2^* 為

$$\pi_2(x_1^*, x_2) = (a - c - b(x_1^* + x_2))x_2$$

的極大值，則 (x_1^*, x_2^*) 為庫諾模型的內許均衡。其一階條件為

$$\frac{\partial \pi_2(x_1^*, x_2^*)}{\partial x_2} = a - c - bx_1^* - 2bx_2^* = 0 \qquad (d)$$

由 (c) 與 (d) 解得

$$x_1^* = x_2^* = \frac{a-c}{3b}$$

此一結果與在第十五章所得到的完全相同，在此我們的目的只是要讓讀者體會，庫諾模型的均衡即內許均衡。

柏臣模型的內許均衡，討論方式與庫諾模型的內許均衡類似，請讀者自行驗證，第十五章得到的柏臣模型的均衡，就是該模型用賽局理論分析方法所得到的內許均衡。接下來我們討論史塔克柏格模型的內許均衡，我們將用「投機」的方式，直接測試第十五章中史塔克柏格模型的均衡是否符合內許均衡的定義。為方便讀者閱讀，讓我們將史塔克柏格模型簡要再說明如下：廠商 1 為先定量的領導廠商，其產量為 x_1，廠商 2 為後定量的追隨廠商，其產量為 x_2。市場的逆需求函數，廠商的成本函數如【例 16.2】的 (a) 與 (b) 所示。由第十五章的討論得知，廠商 2 的反應函數為

$$x_2 = \frac{(a-c)}{2b} - \frac{1}{2}x_1 \qquad (16.4)$$

廠商 1 在給定廠商 2 的反應函數下，解出利潤最大的產量為

$$x_1^* = \frac{a-c}{2b} \qquad (16.5)$$

根據廠商 2 的反應函數與廠商 1 的最適產量，解出廠商 2 的最適產量

$$x_2^* = \frac{a-c}{4b} \tag{16.6}$$

現在我們來驗證 (16.5) 與 (16.6) 的 (x_1^*, x_2^*) 是否是內許均衡。(16.6) 的 x_2^* 係將 (16.5) 的 x_1^* 帶入反應函數 (16.4) 中得到的。所以，給定 (16.5) 的 x_1^*，(16.6) 的 x_2^* 的確是使得廠商 2 利潤最大的產量。接下來我們驗證，給定 (16.6) 的 x_2^*， (16.5) 的 x_1^* 是否為廠商 1 利潤最大的產量。當廠商 2 的產量為 x_2^* 時，廠商 1 的利潤等於

$$\pi_1(x_1, x_2^*) = (a - c - b(x_1 + x_2^*))x_1$$

$$= \left(\frac{3(a-c)}{4} - bx_1 \right)x_1$$

讀者不難求出，讓 $\pi_1(x_1, x_2^*)$ 最大的 x_1 並非 (16.5) 的 x_1^*，而是

$$x_1' = \frac{3(a-c)}{8b}$$

這意味著我們在第十五章所算出的史塔克柏格模型均衡 (x_1^*, x_2^*) 並非內許均衡！這怎麼可能，究竟是哪裡出了差錯？

假如讀者還記得【例 16.1】的討論，應不難發現，兩家廠商的策略組合並非兩家廠商的產量組合 (x_1, x_2)，所以，(x_1^*, x_2^*) 並不是史塔克柏格模型賽局合法的策略組合，更別說是內許均衡了。記得在【例 16.1】中我們討論過，廠商 1 僅有一個資訊集合，所以 x_1 是廠商 1 在該資訊集合的輪動選擇，同時也是廠商一的策略。然而，廠商 2 有許許多多個資訊集合，x_2 僅僅是在一個資訊集合的輪動選擇而已，並非廠商 2 的策略。正確的策略係由「所有」資訊集合的輪動選擇組合而成。由於廠商 1 的一個產量選擇便造就一個廠商 2 的資訊集合，所以廠商 2 的策略可以視為一個由 x_1 映至 x_2 的函數，將其寫成 $x_2(x_1)$。因此，一個正確的策略組合應寫為 $(x_1, x_2(x_1))$。現在我們可將第十五章中的所得的均衡稍事包裝一下，寫成

$$x_1^* = \frac{a-c}{2b} \tag{16.7}$$

$$x_2^*(x_1) = \frac{(a-c)}{2b} - \frac{1}{2}x_1 \tag{16.8}$$

則 $(x_1^*, x_2^*(x_1))$ 就是一個正確的內許均衡了（請務必驗證）。實際上，第十五章中解出的 (x_1^*, x_2^*) 是內許均衡 $(x_1^*, x_2^*(x_1))$ 的「結果」，而不是內許均衡的「策略組合」。

現在，我們對 (16.8) 廠商二的均衡策略做一個小修正如下：

$$x_2'(x_1) = 0 \qquad\qquad ，若\ x_1 = 0$$

$$x_2'(x_1) = \frac{(a-c)}{2b} - \frac{1}{2}x_1 \qquad ，若\ x_1 \neq 0 \tag{16.9}$$

則 $(x_1^*, x_2'(x_1))$ 依舊是一個內許均衡（請務必驗證），在此內許均衡下的產量依舊是 (x_1^*, x_2^*)。事實上，在史塔克柏格模型中，我們可以找到太多太多的內許均衡（試試看），只是有許多內許均衡是我們不要的，我們將在 16.6 節回到這個問題。

小中取大策略及大中取小策略

在一個賽局中，參賽者不似一個在決策問題中的決策者可以完全掌控局勢，以追求最高的報酬。參賽者無法預期或掌控其對手的行為，所以他的報酬具備不確定性。當參賽者是一位保守的人，沒有強烈的企圖心非要求最好的結局不可，但他依舊可以找到至少獲得某一個保障報酬的策略，此一策略就是小中取大的策略 (maximin strategy)。以一個兩人賽局為例，當參賽者 1 檢閱某一個自己的策略 s_1 時，他的報酬視對手的策略而定。當最糟糕情形發生時，他的報酬為

$$\min_{s_2} U_1(s_1, s_2) \tag{16.10}$$

如果對應於 (16.10) 問題的解為 s_2^*，參賽者 1 採用 s_1 的報酬為 $U_1(s_1, s_2^*)$。如果參賽者 2 採用的策略不是 s_2^*，參賽者 1 的報酬就不小於 $U_1(s_1, s_2^*)$，所以 $U_1(s_1, s_2^*)$ 為參賽者 1 採用 s_1 的「保障報酬」。在比較每一個 s_1 策略的保障報酬後，如果參賽者 1 選擇其中能給他最高保障報酬的策略，即

$$\max_{s_1} \min_{s_2} U_1(s_1, s_2) \tag{16.11}$$

則無論參賽者 2 採用什麼策略，參賽者 1 都可以穩穩地至少獲得 (16.11) 的報酬。由此可見，當一個賽局的參賽者為極端保守的人時，「小中取大」策略不失為一個好的求解概念。

以表 16.1 的囚犯困境賽局為例，囚犯甲考慮，如果他認罪，最糟的結局為囚犯乙也認罪，他會被求處四年監禁；如果他不認罪，最糟的結局為囚犯乙認罪，他會被求處六年監禁。如果囚犯甲為極端保守的參賽者，在被求處四年與六年監禁兩者中，他應擇優選擇前者。只要囚犯甲選擇認罪，無論囚犯乙如何選擇，囚犯甲至多只會被求處四年監禁。所以，囚犯甲的小中取大策略 (小心，此地的小或大不是求處監禁年限的小或大) 為「認罪」。同樣的，囚犯乙的小中取大策略也是「認罪」。如果兩人都是採用小中取大策略，則囚犯困境賽局的結局與內許均衡相同；兩名囚犯都「認罪」，都會被求處四年監禁。

檢視非合作賽局的報酬矩陣時，我們發現，有時參賽者間的利益並非在任何情形下都是相互衝突的。以囚犯困境賽局為例，兩位參賽者都喜歡兩人都不認罪結局勝過於兩人都認罪的結局。當非合作賽局的報酬矩陣顯示，參賽雙方的利益在任何一個結局下都互相衝突時，我們稱這個賽局為一個*嚴格競爭賽局* (strictly competitive game)。更明確地說，對一個二人嚴格競爭賽局中的任意兩個結局 A 與 B，只要一位參賽者喜好結局 A 勝過於結局 B，則其對手就會喜好結局 B 勝過於結局 A。因此，二人零和賽局就是一種嚴格競爭賽局。我們知道，在一個嚴格競爭賽局中，參賽者 1 在審視他的報酬時，無論參賽者 2 使用什麼策略，只要參賽者 1 使用小中取大策略，他的報酬至少為 (16.11) 式。從另一個角度看，由於在嚴格競爭賽局中懲罰對手就是獎賞自己，參賽者 2 為使自己獲得最佳的結局，應盡可能地傷害參賽者 1。參賽者 2 應如何做才能保證參賽者 1 的報酬不會超過某一個水準？針對此一問題，只要參賽者 2 使用符合 (16.12) 的*大中取小策略* (minimax strategy)，則無論參賽者 1 如何回應，參賽者 1 的報酬至多為

$$\min_{s_2} \max_{s_1} U_1(s_1, s_2) \qquad\qquad (16.12)$$

以表 16.6 的賽局為例，這是一個零和賽局所以也是一個嚴格競爭賽局。當甲採用 T 時，他的最小報酬為 1，當甲採用 B 時，他的最小報酬

表 16.6　賽局的小中取大值

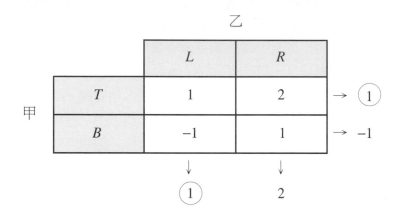

為 −1 。取兩者較大者，如報酬矩陣右側打圈的報酬 1 即甲採「小中取
大策略」下的報酬。無論乙如何回應，只要甲採 T，甲至少獲得的報酬為
1 。相對的，當乙採用 L 時，甲的最大報酬為 1。當乙採用 R 時，甲的
最大報酬為 2。取兩者較小者，故報償矩陣下方打圈的報酬 1 即是乙的
「大中取小策略」下甲的報酬。無論甲如何回應，只要乙採 L，甲最多獲
得的報酬為 1 。

　　當 (16.11) 及 (16.12) 兩個值相等時，我們稱這個值為此賽局的**大中
取小值** (minimax value)。以表 16.6 的賽局為例，甲採小中取大策略的報
酬和乙的大中取小策略下甲的報酬都等於 1，所以這個賽局的大中取小值
為 1。但並非每一個嚴格競爭賽局都有大中取小值存在。以表 16.7 的銅
板正反面配對賽局 (matching penny game) 為例，在此賽局中甲、乙兩人
同時獨立選擇銅板的正面或反面，如果兩人所選的為同一面，則甲贏一
元，兩人所選的為不同面，則乙贏一元。表 16.7 顯示，無論甲採正面或
反面，甲的最小報酬都為 −1，取其中最大的還是 −1，正面和反面都是甲
的小中取大策略。所以，甲採小中取大策略的報酬等於 −1。同樣的，無
論乙採正面或反面，甲的最大報酬都是 1，取其中最小的還是 1，正面和
反面都是乙的小中取大策略。所以，乙採小中取大策略下甲的報酬等於
1。兩者並不相等，銅板正反面配對賽局並無大中取小值存在。

　　在二人零和賽局下 $U_1(s_1, s_2) = -U_2(s_1, s_2)$，由 (16.12) 式

表 16.7 銅板正反面配對賽局

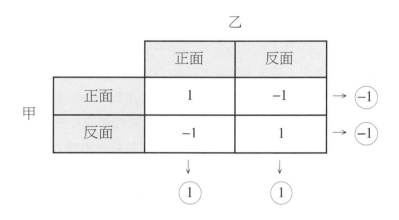

$$\min_{s_2} \max_{s_1} U_1(s_1, s_2) = \min_{s_2} \max_{s_1} - U_2(s_1, s_2)$$

由於一個函數的極大值等於負的該函數的極小值，此式又等於

$$\min_{s_2} \left(-\min_{s_1} U_2(s_1, s_2) \right)$$

由於一個函數的極小值等於負的該函數的極大值，此式最後等於

$$-\max_{s_2} \min_{s_1} U_2(s_1, s_2)$$

由以上一系列的關係得知，在二人零和賽局下，參賽者 2 採大中取小策略時參賽者 1 的報酬等於負的參賽者 2 採小中取大策略下參賽者 2 的報酬。所以，一個二人零和賽局中，如果參賽雙方採小中取大策略下的報酬值互為負值時，此賽局的小中取大值存在。事實上，這一組小中取大策略就是此零和賽局的內許均衡。在表 16.6 中的例子中，讀者應不難發現，甲採 T 乙採 L 是該賽局的內許均衡。此內許均衡下甲的報酬等於 1。相反的，如果一個二人零和賽局有內許均衡存在，則此賽局也必有小中取大值存在，但此一特性的證明已超出本書程度，故不在此多做說明。

16.5 混合策略

參賽者的策略為構成一個賽局的重要元素，一個策略說明了參賽者在其

所屬的每一個資訊集合下的行動。只要每一位參賽者告訴我們其選擇的某一個特定的策略，我們就知道一個賽局的結局。以表 16.7 的銅板正反面配對賽局為例，甲、乙兩人同時獨立選擇銅板的正面或反面，如果兩人所選的為同一面則甲贏一元，兩人所選的為不同面則乙贏一元。如果我們允許參賽者隨機選取銅板的正反面，根據參賽者賦予正反面不同的機率，參賽者的策略就由兩個策略延伸成無限多個策略。我們稱這種策略形態改變後的新賽局為原賽局的混合延伸 (mixed extension)。為區分延伸的策略，我們稱原先的策略為純粹策略 (pure strategy)。一個參賽者的延伸策略為定義於該參賽者的純粹策略集合上的一個機率分配，我們稱它為混合策略 (mixed strategy)。在銅板正反面配對賽局中，甲的純粹策略有正面及反面兩個。而他的混合策略可以定義為以 p，$0 \leq p \leq 1$，的機率選擇正面，以 $1 - p$ 的機率選擇反面。為簡化說明，直接以機率 p 代表甲的混合策略。$p = 0.5$ 的混合策略相當於甲以丟擲銅板來決定他要選擇正面還是反面。同理，乙的混合策略可以定義為以 q，$0 \leq q \leq 1$，的機率選擇正面，以 $1 - q$ 的機率選擇反面。混合延伸賽局中每一位參賽者都有無限多個混合策略，因此整個賽局也會有無限多個策略組合。但因事後每位參賽者的選擇不是正面就是反面，所以結局只有如表 16.7 所示的四個可能。

由於混合策略的選擇是一種隨機現象，故各個參賽者的報酬事前只是一個預期值。如果甲選擇混合策略 p，乙選擇混合策略 q，則兩個銅板都出現正面的機率為 pq；兩個銅板都出現反面的機率為 $(1 - p)(1 - q)$。由於甲有 $1 - p - q + 2pq$ 的機率贏一元，有 $p + q - 2pq$ 的機率輸一元（為什麼？），所以他的預期報酬為 $1 - 2p - 2q + 4pq$ 元，而乙的預期報酬為 $-(1 - 2p - 2q + 4pq)$ 元。

現在，我們來定義一個兩人賽局的混合策略及混合延伸賽局的報酬。若參賽者 1 有 m 個純粹策略，其純粹策略集合為 $S = \{s_1, s_2, ..., s_m\}$。參賽者 2 有 n 個純粹策略，其純粹策略集合為 $T = \{t_1, t_2, ..., t_n\}$。當參賽者 1 選擇策略 $s_i \in S$，參賽者 2 選擇策略 $t_j \in T$ 時，兩位參賽者的報酬分別為 $U_1(s_i, t_j)$ 及 $U_2(s_i, t_j)$。我們定義參賽者 1 的一個混合策略為一定義在 S 上的機率分配函數 σ，滿足 $0 \leq \sigma(s_i) \leq 1$ 及 $\sigma(s_1) + \sigma(s_2) + \cdots + \sigma(s_m) = 1$。同樣的，參賽者 2 的一個混合策略為一定義在 T 上的機率分配函數 τ，

滿足 $0 \leq \tau(t_j) \leq 1$ 及 $\tau(t_1) + \tau(t_2) + \cdots + \tau(t_m) = 1$。當參賽者 1 選擇混合策略 σ，參賽者 2 選擇混合策略 τ 時，參賽者 1 及 2 的預期報酬分別為：

$$U_1(\sigma, \tau) = \sum_{s_i \in S} \sum_{t_j \in T} \sigma(s_i)\tau(t_j) U_1(s_i, t_j)$$

$$U_2(\sigma, \tau) = \sum_{s_i \in S} \sum_{t_j \in T} \sigma(s_i)\tau(t_j) U_2(s_i, t_j)$$

混合延伸賽局的內許均衡

如果參賽者被允許採用混合策略，則比照前面內許均衡的定義，混合策略組合 (σ^*, τ^*) 為一個內許均衡必須滿足下列兩個條件：

$U_1(\sigma^*, \tau^*) \geq U_1(\sigma, \tau^*)$，$\sigma$ 為參賽者 1 任何可能的混合策略，

$U_2(\sigma^*, \tau^*) \geq U_2(\sigma^*, \tau)$，$\tau$ 為參賽者 2 任何可能的混合策略。

由於任何一個賽局都有無限多個混合策略，我們不可能比對每一個混合策略組合的預期報酬來找出內許均衡，因此必須另謀其他方法。根據內許均衡的精神，當對手的策略釘住內許均衡策略時，任何參賽者不會因片面離開內許均衡策略而獲利。在混合策略下，以參賽者 1 為例，如果參賽者 2 釘住內許均衡策略 τ^*，我們來檢視參賽者 1 的每一個純粹策略。當某一個參賽者 1 的純粹策略 s_i 滿足

$U_1(s_i, \tau^*) > U_1(s, \tau^*)$，$\forall s \in S, s \neq s_i$

則純粹策略 s_i 將是參賽者 1 面對參賽者 2 的混合策略 τ^* 的唯一最佳回應，此時參賽者 1 採用混合策略將不可能是一個內許均衡（為什麼？）。為了讓參賽者 1 在內許均衡下能採用混合策略，參賽者 1 針對參賽者 2 的混合策略 τ^* 的最佳回應至少要有兩個以上（含兩個）報酬相等的純粹策略。當參賽者 1 考慮混合策略時，僅會分配正的機率給這幾個最佳回應的純粹策略，採用其他純粹策略的機率等於零（為什麼？）。

為加深讀者對混合策略的了解，我們以銅板正反面配對賽局為例來說明。首先，讀者不難發現這個賽局並沒有純粹策略的內許均衡。令 p 為甲選擇正面的機率，同時用以代表甲的混合策略，q 為乙選擇正面的機率，同時用以代表乙的混合策略。針對乙選擇 q，如果

$$U_{甲}(正面, q) > U_{甲}(反面, q)$$

則對於任何一個 $p > 0$，恆有

$$U_{甲}(正面, q) > pU_{甲}(正面, q) + (1 - p)U_{甲}(反面, q)$$

故甲選擇唯一最佳回應的純粹策略「正面」，較任何一個混合策略 p 佳。反之，如果

$$U_{甲}(反面, q) > U_{甲}(正面, q)$$

則甲選擇唯一最佳回應的純粹策略「反面」，較任何一個混合策略 p 佳。所以，要使得甲有動機採用混合策略的條件為

$$U_{甲}(正面, q) = U_{甲}(反面, q) \qquad\qquad (16.13)$$

當乙以 q 的機率選「正面」，以 $1 - q$ 的機率選「反面」時，甲選擇「正面」的預期報酬為 $q - (1 - q)$，甲選擇反面的預期報酬為 $-q + (1 - q)$。根據 (16.13) 的條件

$$q - (1 - q) = -q + (1 - q)。$$

此方程式的唯一解為 $q = 0.5$。亦即只有在 $q = 0.5$ 的條件下，甲才有可能在內許均衡下採用混合策略。同樣地，要讓乙在內許均衡下採用混合策略的條件為

$$U_{乙}(p, 正面) = U_{乙}(p, 反面)$$

此條件相當於

$$p - (1 - p) = -p + (1 - p)$$

此方程式的唯一解為 $p = 0.5$。因此銅板正反面配對賽局的混合策略內許均衡，為兩位參賽者都以擲銅板來決定選擇正面或反面，且在內許均衡下的預期報酬都等於 0。

接著我們來看另一個沒有純粹策略內許均衡的例子，它是表 16.2 的虛張聲勢賽局。這個賽局中，參賽者 2 有兩個純粹策略 M 與 P。令 q 為參賽者 2 選擇 M 的機率，同時代表參賽者 2 的混合策略。針對參賽者 2 的混合策略 q，因為

$$U_1(RR, q) = 10(1 - q)$$

$$U_1(RH, q) = 5q$$

$$U_1(HR, q) = -5q + 10(1 - q)$$

$$U_1(HH, q) = 0$$

故只要 $0 < q < 1$，則

$$U_1(RR, q) > U_1(HR, q)$$

$$U_1(RR, q) > U_1(HH, q)$$

即參賽者 1 選擇 *RR* 比選擇 *HR* 及 *HH* 好。所以如果參賽者 1 要採用混合策略，選擇 *HR* 及 *HH* 的機率為零。參賽者 1 只需考慮如何混合 *RR* 及 *RH*。令 p 為參賽者 1 選擇 *RR* 的機率，則選擇 *RH* 的機率等於 $1 - p$。給定參賽者 1 的混合策略 p，要讓參賽者 2 在內許均衡下採用混合策略的條件為參賽者 2 選擇 *M* 與 *P* 的預期報酬相等，即

$$U_2(p, M) = U_2(p, P)$$

此條件相當於

$$-5(1 - p) = -10p$$

此方程式的唯一解為 $p = 1/3$。同樣的，給定參賽者 2 的混合策略 q，要讓參賽者 1 在內許均衡下採用混合策略的條件為

$$U_1(RR, q) = U_1(RH, q)$$

此條件相當於

$$10(1 - q) = 5q$$

此方程式的唯一解為 $q = 2/3$。所以，虛張聲勢賽局雖然沒有純粹策略內許均衡，但卻有一個唯一的混合策略內許均衡。此一混合策略內許均衡是參賽者 1 選擇 *RR* 的機率為 1/3，選擇 *RH* 的機率為 2/3，選擇 *HR* 及 *HH* 的機率為 0；參賽者 2 選擇 *M* 的機率為 2/3，選擇 *P* 的機率為 1/3。在混合策略內許均衡下，參賽者 1 的預期報酬為贏 10/3 元，參賽者 2 的

預期報酬為輸 10/3 元。

　　由前面兩個例子可以看出混合策略的重要性。當純粹策略內許均衡不存在時，預測一個賽局的結局成為一個問題，混合策略提供了一個賽局解概念的解決方案。但混合策略是否完全解決了解不存在的問題呢？還是它只解決了部份問題？很幸運地，賽局專家們證明，只要一個賽局中純粹策略的個數是有限時，此一賽局就有混合策略的內許均衡。遺憾的是，此一證明遠超出本書的程度，我們無法討論。

混合延伸賽局的小中取大及大中取小策略

討論過如何尋找混合策略的內許均衡，接下來我們討論混合延伸賽局的小中取大及大中取小策略。我們曾經在上一節中討論過，在一個二人零和賽局中，純粹策略的內許均衡值和小中取大值是一致的，同樣的結論也可以適用於混合延伸賽局。然而在其他類型的賽局，這兩種賽局解大多不會相同。在此我們以表 16.8 的賽局為例，說明如何求混合策略的小中取大值。這個賽局的純粹策略內許均衡並不存在。如表 16.8 所示，假定甲採用以 p 的機率選擇 T，$1 - p$ 的機率選擇 B 的混合策略；乙採用以 q 的機率選擇 L，$1 - q$ 的機率選擇 R 的混合策略。在此一組混合策略下，甲的預期報酬為

$$U_甲(p, q) = pq + 3p(1 - q) + 4(1 - p)q + 2(1 - p)(1 - q)$$

$$= -4pq + p + 2q + 2$$

$$= -(1 - 2p)(0.5 - 2q) + 2.5 \tag{16.14}$$

為找出甲的小中取大策略，我們先在每一個 p 值（甲的混合策略）下，找出使得 $U_甲(p, q)$ 最小的 q 值（乙的混合策略）。當 p 值固定時，檢視 (16.14) 我們發覺 $U_甲(p, q)$ 是 q 的線性函數。當 $p > 0.5$ 時，$U_甲(p, q)$ 是 q 的遞減函數。因 q 介於 0 與 1 之間，所以 $q = 1$ 時，$U_甲(p, q)$ 的值最小，此時 $U_甲(p, 1) = -3p + 4$。同樣地，當 $p < 0.5$ 時，$U_甲(p, q)$ 是 q 的遞增函數。所以 $q = 0$ 時，$U_甲(p, q)$ 的值最小，此時 $U_甲(p, 0) = p + 2$。綜合以上的推論，

表 16.8 混合延伸賽局

<table>
<tr><td></td><td></td><td colspan="2" align="center">乙</td><td></td></tr>
<tr><td></td><td></td><td align="center">L</td><td align="center">R</td><td></td></tr>
<tr><td rowspan="2">甲</td><td align="center">T</td><td align="center">1</td><td align="center">3</td><td>p</td></tr>
<tr><td align="center">B</td><td align="center">4</td><td align="center">2</td><td>$1 - p$</td></tr>
<tr><td></td><td></td><td align="center">q</td><td align="center">$1 - q$</td><td></td></tr>
</table>

$$\min_q U_甲(p, q) = p + 2 , \quad 若 p \le 0.5$$

$$= -3p + 4 , \quad 若 p \ge 0.5$$

如圖16.6 所示，$\min_q U_甲(p, q)$ 的極大值在 $p = 0.5$，它的值為

$$\max_p \min_q U_甲(p, q) = 2.5$$

所以甲的小中取大混合策略為 $p = 0.5$。同樣的，在尋找乙的大中取小策略中，

$$\max_p U_甲(p, q) = -2q + 3 , \quad 若 q \le 0.25$$

$$= 2q + 2 , \quad 若 q \ge 0.25$$

如圖16.7 所示，$\max_p U_甲(p, q)$ 的極小值在 $q = 0.25$，它的值為

$$\min_q \max_p U_甲(p, q) = 2.5$$

我們得到乙的大中取小混合策略為 $q = 0.25$。由於

$$\max_p \min_q U_甲(p, q) = \min_q \max_p U_甲(p, q) = 2.5$$

圖 16.6

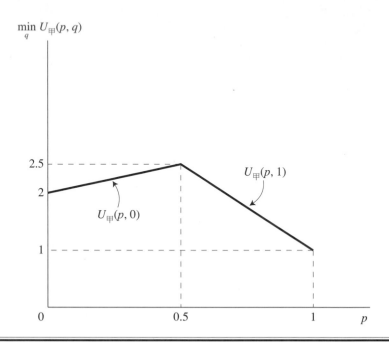

圖 16.7

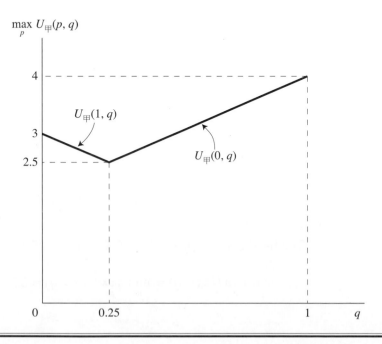

圖 16.8

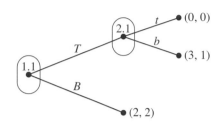

這個賽局的大中取小值為 2.5。另外,由於這是一個二人零和賽局,所以 $p = 0.5$,$q = 0.25$ 也是這個賽局的混合策略內許均衡。

16.6　子賽局完整內許均衡

上一節中的混和策略,解決了純粹策略下部份賽局解不存在的問題。均衡不存在固然是一個問題,相反的,一個賽局有數個均衡也會造成困擾,因為我們不確定應使用那一個均衡做為此賽局的解。所以,當賽局的均衡(不限於內許均衡)太多時,我們希望透過均衡的精練,定義出一些條件較嚴的新的求解概念。由於篇幅的關係,我們僅介紹經濟學裡最常用,由賽爾頓 (Reinhard Selten) 於 1965 年所提出的子賽局完整內許均衡 (subgame perfect Nash equilibrium),看它如何由數個內許均衡中,精練出我們認為較為合理的均衡。

現在來看圖16.8 的延伸型賽局,這個賽局的策略型如表 16.9 所示,它有 (T, b) 及 (B, t) 兩個純粹策略內許均衡,其對應的均衡報酬為 (3,1) 及 (2,2)。策略組合 (T, b) 為一個內許均衡,因為如果甲選擇 T 則乙選擇 t 的報酬為 0,選擇 b 的報酬為 1,故針對甲選擇 T,乙的最佳對策為選擇 b。相對的,如果乙選擇 b 則甲選擇 T 的報酬為 3,選擇 B 的報酬為 2,故針對乙選擇 b,甲的最佳對策為選擇 T。另外,策略組合 (B, t) 之所以成為一個內許均衡,乃因為如果甲選擇 B,則乙選擇 t 或 b 的報酬都是 2。而如果乙選擇 t,則甲選擇 T 與 B 的報酬分別為 0 與 2,故甲的最佳對策為選擇 B。所以在策略組合 (B, t) 下,兩人都不會想片面地改變策略。

表 16.9

	乙	
	t	*b*
甲　*T*	0, 0	3, 1
B	2, 2	2, 2

　　回到圖 16.8 的延伸型賽局中來檢視內許均衡 (*B*, *t*)，我們發現，如果甲在資訊集合 1.1 選擇 *B*，則此賽局在進行過程中不會抵達乙的資訊集合 2.1。此時，我們稱資訊集合 2.1 在「均衡路徑外」(off the equilibrium path)。當乙的資訊集合 2.1 在均衡路徑外時，在資訊集合 2.1 無論乙選擇 *t* 或 *b* 都不會影響乙的報酬（也不會影響甲的報酬）。所以，給定甲在資訊集合 1.1 選擇 *B*，乙在資訊集合 2.1 的最佳回應為選擇 *t*（也可以為選擇 *b*）。另一方面，當乙在均衡路徑外的資訊集合 2.1 選擇 *t* 時，若甲在資訊集合 1.1 選擇 *T* 而抵達資訊集合 2.1，他的報酬將為 0，低於在資訊集合 1.1 選擇 *B* 的報酬 2。因此，甲在資訊集合 1.1 應選擇報酬為 2 的均衡策略 *B*。由此一例子，我們發現，一位參賽者在均衡路徑外的選擇會影響其對手在均衡路徑內的選擇。

　　由於圖 16.8 的賽局有兩個均衡，究竟那一個比較有可能是賽局的最終結局呢？觀察表 16.9 中兩個內許均衡的報酬，(*T*, *b*) 對應的報酬 (3, 1) 對甲較有利，而 (*B*, *t*) 對應的報酬 (2, 2) 對乙較有利。我們無法從表 16.9 的策略型賽局，推論出那一個內許均衡較可能成為賽局的結果。圖 16.8 的延伸型賽局，較表 16.9 的策略型賽局多了一些有關賽局進行過程的資訊，我們來看看這些資訊是否能協助我們選擇較為合理的賽局解。 首先，我們要問：「內許均衡策略組合 (*B*, *t*) 是否為一個合理的賽局解？」。站在甲的立場，暫且不論什麼原因，當圖 16.8 的賽局走到資訊集合 2.1 時，甲知道乙站在自利的立場將會選擇報酬較高的 *b*（報酬為 1）而不會選擇 *t*（報酬為 0）。往回推，甲在資訊集合 1.1 選擇 *T*（乙在資訊集合 2.1

選擇 b) 的報酬將等於 3。另一方面，甲在資訊集合 1.1 選擇 B 的報酬等
於 2。於是甲較佳的選擇便是一開始選擇 T，而逼著乙在資訊集合 2.1 選
擇 b，最後的結果為甲、乙的報酬分別為 3 與 1。 (B, t) 之所以能成為一
個內許均衡，係因乙在資訊集合 2.1 選擇 t，此時甲的最佳回應當然是 B。
如果我們認定，萬一不小心，一個賽局離開了它該經過的路徑，而跑到
「均衡路徑外」時，參賽者後續的行為依舊會以理性的態度，就未完成賽
局的部份追求最高的個別報酬，則我們將可排除乙會在資訊集合 2.1 選
擇 t 的可能性。因而可以排除內許均衡 (B, t) 成為此賽局的結果。這種
透過分析延伸性賽局過程來篩選「合理」均衡解的概念，即是接下來要討
論的子賽局完整內許均衡的基礎。

　　在某些延伸型賽局中，一個好的解應考量，當賽局路徑抵達每一個
節點時，由該節點起，每一位參賽者都應當成他正在均衡路徑內做輪動
選擇，並追求對他最有利的行動。換言之，當賽局路徑抵達某一個節點
時，每位參賽者應如同在參加以此一節點為起始點的新延伸賽局。我們
稱此新延伸賽局為原來賽局的**子賽局** (subgame)。簡單地說，子賽局為一
個賽局的部份集合，它是某一個節點及其後續的節點、分枝及報酬所形
成的賽局。值得注意的是，一個子賽局的決策點所屬的資訊集合，可能
並未完整地包含在此一子賽局內。在這種情況下，子賽局的資訊結構與
原先賽局的資訊結構不同，由而從子賽局所得到的結論對原賽局就沒有
意義。所以，當我們考量一個內許均衡是否符合前面所述，在每一節點
往後參賽者都是使用最佳回應的賽局解時，此類的子賽局應被排除在
外。當一個子賽局內每一決策點所屬的資訊集合都能完整地包含在此一
子賽局內時，我們稱其為**真子賽局** (proper subgame)。圖 16.8 中的子賽
局 2.1 是一個真子賽局。反之，在圖 16.9 的虛張聲勢賽局中，資訊集合
2.1 包含了兩個節點，其中各有一個節點並未包含在的子賽局 1.1 及子賽
局 2.1 中。所以，子賽局 1.1 及子賽局 2.1 都不是真子賽局。考慮一個延
伸型賽局的內許均衡策略組合 s，令 s_i 為以資訊集合 i (此資訊集合由單
一節點構成) 為根的真子賽局中的一個策略組合，且 s_i 為 s 中刪除不在
此真子賽局中的資訊集合的輪動的策略組合，當 s_i 也是各個 i 真子賽局
的內許均衡策略組合時，則稱 s 為「子賽局完整內許均衡」。在圖 16.8 的
賽局的兩個內許均衡策略組合 (T, b) 及 (B, t) 中，只有 (T, b) 是子賽局完

圖 16.9

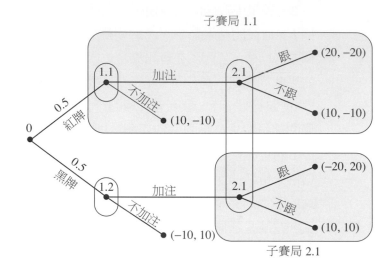

整內許均衡，因為真子賽局 2.1 的內許均衡為乙使用策略 *b*。

　　圖 16.4 的史塔克柏格領導者與追隨者產量競爭賽局，為一兩階段賽局 (two-stage game)。在第一階段中，廠商 1 為市場中的領導者，先決定產量。廠商 2 為市場中的追隨者，他先觀察對手在第一階段的產量後，於賽局的第二階段時決定自己的產量。在前面的討論中，我們發現此賽局有許多（實際上有無限多個）內許均衡，我們希望由這些許內許均衡中找出較為合理的解，而且最好只有一個。一般而言，一個多階段的延伸型賽局往往會有許多的子賽局，而子賽局完整內許均衡的條件自然成為這類賽局最佳的精練條件（注意，策略型賽局無法用這種精練方式）。在史塔克柏格領導者與追隨者產量競爭賽局中，每一個資訊集合都只包含一個單一節點，所以，每一個節點及其後續的節點、分枝及報酬所形成的賽局都是真子賽局。為了尋找子賽局完整內許均衡，我們採用「由後往前推論法」(backward induction)，先找出最後一層真子賽局的內許均衡，再逐層往前推論出整個賽局的內許均衡。為了易於說明，我們以下面簡單的模型來討論子賽局完整內許均衡。

【例 16.3】

假定在史塔克柏格產品模型中，市場的逆需求函數為

$$p = 100 - (x_1 + x_2) \qquad (a)$$

x_1 和 x_2 分別代表第一家（領導者）和第二家廠商（追隨者）的產量。兩家廠商的成本函數分別為

$$c_1(x_1) = 20x_1 ， c_2(x_2) = 20x_2$$

此一同質產品史塔克柏格子賽局完整內許均衡為何？

【解答】

廠商 i 的利潤函數如下：

$$\pi_i(x_1, x_2) = (100 - (x_1 + x_2))x_i - 20x_i ， i = 1, 2 \qquad (a)$$

在圖 16.4 的賽局中，最後一層真子賽局的根為廠商 1 選擇產量後的節點；例如廠商 1 選擇產量 x_1 後的子賽局的根為 $2.x_1$。如果一個策略組合 (x_1, x_2) 為子賽局完整內許均衡，則廠商 2 的產量 x_2 必須是在 x_1 已知下使廠商 2 利潤最大的產量。此一廠商 2 針對 x_1 的最佳對策是一個 x_1 的函數 $x_2(x_1)$。事實上，這就是我們所熟知的廠商 2 的反應函數。在給定廠商 1 的產量 x_1 下，廠商 2 利潤極大化的一階條件為

$$\frac{\partial \pi_2(x_1, x_2)}{\partial x_2} = 80 - x_1 - 2x_2 = 0$$

由此可得到廠商 2 的反應函數：

$$x_2 = 40 - 0.5x_1 \qquad (b)$$

廠商 1 雖然是先下決定的參賽者，在下決策前無法觀察到廠商 2 的產量，然而在子賽局完整內許均衡策略組合中，廠商 2 的策略 x_2 必須滿足反應函數 (b) 的條件。所以，廠商 1 不只能自主地決定自己的策略，同時也能間接地決定廠商 2 的策略。考慮對手子賽局的最適反應後，代入(b) 的條件，廠商 1 的利潤僅為自己產量的函數。換言之，整個賽局成為廠商 1 的決策問題。此時，只要找出一個使廠商 1 利潤最大的 x_1 就是廠商 1

的子賽局完整內許均衡策略。將 (b) 代入 (a) 得到廠商 1 的利潤函數：

$$\pi_1(x_1,\ x_2(x_1)) = (40 - 0.5x_1))x_1$$

由此一利潤函數求得廠商1 利潤最大的產量為 $x_1 = 40$。當廠商 1 的產量為 40 時，由 (b) 得知廠商 2 的最佳回應為 $x_2 = 20$。此時市場價格為 \$40，廠商 1 的利潤等於 \$800，廠商 2 的利潤等於 \$400。由於廠商 2 有許多資訊集合，它們都是各個真子賽局的根，根據策略的定義，廠商 2 的策略應指明在每一個資訊集合下的選擇，而且這些選擇都必須是最佳的回應。所以 $x_1 = 40$ 及 $x_2 = 20$ 並不是正確的子賽局完整內許均衡策略，正確的子賽局完整內許均衡策略應為 $x_1 = 40$ 及 $x_2 = 40 - 0.5x_1$。

由於子賽局完整內許均衡的求解概念，會去除一些多餘的內許均衡，所以我們稱此一刪除的程序為內許均衡的精練。那麼在【例 16.3】的史塔克柏格模型中，我們刪除了那些內許均衡呢？首先讀者必須掌握，在此賽局中廠商 1 的策略是產量，廠商 2 的策略是廠商 1 產量的函數。要使 $(x_1^*, x_2^*(x_1))$ 成為一個內許均衡，則給定廠商 1 的策略 x_1^*，資訊集合 $1.x_1^*$ 會「在均衡路徑上」(on the equilibrium path)，且在資訊集合 $1.x_1^*$，廠商 2 的輪動選擇必須是使用 $x_2^* = 40 - 0.5x_1^*$ 的產量（為什麼？）。至於在「均衡路徑外」，內許均衡要求的條件比子賽局完整內許均衡的條件少；子賽局完整內許均衡，不但要求廠商 2 的 $x_2^*(x_1)$ 在「均衡路徑上」的輪動選擇是最佳回應，而且在均衡路徑外的輪動選擇也必須是最佳回應。所以，在均衡路徑外的資訊集合 $1.x_1$，$x_1 \neq x_1^*$，廠商 2 的輪動選擇必須是使用 $x_2 = 40 - 0.5x_1$ 的產量。雖然內許均衡對在「均衡路徑外」的輪動選擇要求較低，但也並非完全沒有規範。內許均衡對在均衡路徑外的輪動選擇，不能讓廠商 1 想要放棄選擇原來給定的內許均衡策略 x_1^*。【例 16.3】中內許均衡下的產量為 $x_1^* = 40$ 及 $x_2^* = 20$，且廠商 1 的利潤為 \$800。如果在廠商 2 均衡路徑外 $1.x_1$ 的輪動選擇 x_2 滿足

$$\pi_1(x_1, x_2) = (80 - (x_1 + x_2))x_1 \leq 800 \tag{16.15}$$

就不會威脅到 $x_1^* = 40$ 及 $x_2^* = 20$ 成為內許均衡的結果。(16.15) 的條件可以改寫成，

$$x_2 \geq 80 - x_1 - \frac{800}{x_1} \tag{16.16}$$

例如，如果廠商 2 的策略 $x_2(x_1)$ 滿足

$$x_2(x_1) = 20 \text{，當 } x_1 = 40$$
$$= 10 \text{，當 } x_1 = 20 \tag{16.17}$$

則 $\pi_1(40, x_2(x_1)) = 800$，$\pi_1(20, x_2(x_1)) = 1,000$。由於

$$\pi_1(20, x_2(x_1)) > \pi_1(40, x_2(x_1))$$

此時，$x_1 = x_1^* = 40$ 及 $x_2(x_1) = x_2^* = 20$ 將無法成為內許均衡的結果，這是因為 (16.17) 不滿足 (16.16) 的條件。相對的，如果在均衡路徑外的 $x_2(x_1)$ 滿足 (16.16) 的條件，並配合在均衡路徑內 $x_1 = 40$ 及 $x_2 = 20$ 的 $(x_1, x_2(x_1))$ 都是內許均衡。

最後，讀者應已發現，第十五章用傳統寡佔理論所得到的均衡與本章以賽局理論所得到的的均衡，所產生的結果是一樣的。但賽局理論中定義的廠商策略與第十五章中廠商的決策是有差別的，於是均衡也會有所不同。以史塔克柏格模型為例，第十五章中所討論的史塔克柏格模型均衡，實際上是本章中的史塔克柏格子賽局完整內許均衡，而且是唯一的，但是史塔克柏格賽局的內許均衡卻有無限多個（其中一個是史塔克柏格子賽局完整內許均衡）。

16.7 重複賽局

到目前為止，我們所討論的都是進行一次即結束的單次賽局 (one shot game)。（注意，前面討論過的多階段賽局也只進行一次）。當一個完整賽局係由同一個賽局進行許多次，甚至無限多次所構成時，這種賽局稱為重複賽局 (repeated game)。由於一次賽局的結局很可能會影響後續幾次賽局的行為，重複賽局比單次賽局要複雜許多。在這一節中，我們僅介紹幾種較簡單的重複賽局的例子，讓讀者了解重複賽局可能會出現在單次賽局中不可能出現的結局。首先，我們介紹一個賽局重複次數有限的重複賽局。

表 16.10   囚犯困境賽局

乙

		C	D
甲	C	2, 2	0, 3
	D	3, 0	1, 1

有限次數重複賽局：以囚犯困境賽局為例

為了介紹重複賽局，我們由著名的重複囚犯困境賽局 (repeated prisoners' dilemma) 談起。此賽局係重複進行 n 次如表 16.10 所示的單次囚犯困境賽局。表 16.10 與前面曾經介紹過的表 16.1 囚犯困境賽局報酬雖不相同，但兩者都存在有如表 16.10 中的嚴格優勢策略 D，於是 (D, D) 成為唯一的內許均衡，非內許均衡 (C, C) 下兩位參賽者的報酬 $(2, 2)$ 均較 (D, D) 下的報酬 $(1, 1)$ 高。在此，一個有趣的問題是，當此賽局不只進行一次時，參賽雙方是否可「獲取教訓」而避免囚犯困境的發生。可惜的是，我們能證明，當甲乙雙方均知道此賽局將被重複 n 次，且每次賽局進行中都清楚知道過去每次已進行過的賽局過程，則唯一的子賽局完整內許均衡為每一次甲乙雙方都採用 D，每一次的報酬均為 $(1, 1)$，重複 n 次的總報酬為 (n, n)。換句話說，只要重複賽局重複的次數是有限的，囚犯困境的現象就無法消除。造成此一結果的邏輯如下：在進行第 n 次賽局時，雙方知道這是最後一次的賽局，無後顧之憂，所以雙方都會選擇對自己最有利的 D。在進行第 $n-1$ 次的賽局時，雙方都知道本次賽局的結局將不會影響第 n 次賽局，故可以忽略第 n 次賽局，而僅僅考慮本次賽局該如何進行對自己最有利，於是雙方都會選擇對自己最有利的 D。同樣的邏輯可以運用到第 $n-2$ 次，第 $n-3$ 次，…，第 1 次的賽局，故在每一次的賽局中，雙方都會選擇對自己最有利的 D。所以，唯一的子賽局完整內許均衡為每一次甲乙雙方都採用 D，每一次的報酬均為 $(1, 1)$，重

表 16.11 比膽量賽局

	乙	
	B	C
甲 B	–3, –3	6, 1
甲 C	1, 6	4, 4

複 n 次的總報酬為 (n, n)。

　　上面我們以囚犯困境的特殊例子，說明重複賽局的形態與求解方式。實際上，同樣的手法可以應用到其他許多同一類型的賽局，但基於篇幅的關係，我們就此打住。接下來，我們還是用簡單的例子來說明，當一個有限的 n 次重複賽局擴展到無窮多次時，均衡結果會有怎樣的變化。

無限次數重複賽局：以比膽量賽局為例

在參賽者清楚過去已完成的賽局過程的條件下，無限次數地重複進行一個確定賽局所產生的賽局稱為超級賽局 (super game)。這一節中，我們討論一個由表 16.11 所示的比膽量賽局 (game of chicken) 所衍生出的超級賽局。考慮甲、乙雙方各開一部車準備對撞來比膽量，兩人各有 B 與 C 兩個策略，分別代表直接衝向對方的「有膽」(bold) 與避開對方的「沒膽」(chicken)。當雙方都選擇 B，則兩人都將車毀人傷，報酬為各損失 3。當雙方都選擇 C，則兩人都全身而退，此時的報酬各等於 4。如果一方選擇直衝以顯現其「有膽」(B)，一方選擇避開以顯現其「沒膽」(C)，則選擇 B 的報酬為 6，選擇 C 的報酬為 1。如果此賽局只玩一局，(C, C) 似乎是一個不錯的結局，但它卻不是一個內許均衡。此單局的比膽量賽局共有兩個純粹策略內許均衡，分別為 (B, C) 與 (C, B)（請自行確認）。

　　現在讓此賽局一再重複進行，在新的超級賽局中，我們發現在定義報酬時會遭遇到無法計算的困擾，因參賽者的報酬在累計無限多次後不

圖 16.10

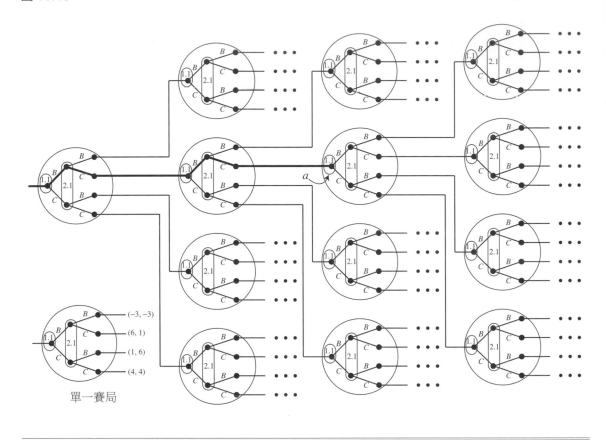

單一賽局

是正無窮大就是負無窮大。為了解決此問題,我們以報酬序列的現值來取代報酬序列的加總。假定每一期的利率 r 均相等,則計算現值的貼現因子為 $\delta = 1 / (1 + r)$。根據定義,參賽者的策略係針對其每一個資訊集合指定一個輪動選擇。如圖 16.10 所示,在超級賽局中,任何一個單一賽局的結局(末端節點)就是下一個單一賽局的起始點(根)。由於參賽者清楚過去已完成的賽局過程,所以包含各個單一賽局起始點的資訊集合,如圖 16.10 中的 a,為只包含此節點的「單一節點」(singleton) 資訊集合。而且包含此單一節點及其後續的各個單一賽局,構成超級賽局中的一個真子賽局。而在一個單一節點前的路徑為此節點過去的歷史,也是引導賽局抵達此節點的過程,故一個單一節點可以視為先前各單一賽局的策略產生的結果。例如,圖 16.11 中的 a,為第一次及第二次單一賽

局中參賽者 1 都選擇 B，參賽者 2 都選擇 C 的結果。於是，一位參賽者的策略（記得，參賽者的策略為其資訊集合的函數），實際上可以視為過去各單一賽局策略的函數。在許多超級賽局中常被拿來討論，著名的**以牙還牙策略 (tit-for-tat strategy)** 就是一個合於此定義的策略。一個參賽者採用以牙還牙策略時，他首先採用較保守的策略，例如在比膽量賽局中先採用 C，接著採用對手在上一局中所採用的策略。

在比膽量賽局的超級賽局中，如果甲乙雙方都採用以牙還牙策略時，則甲乙雙方將在每一局比膽量賽局中都採用 C 的輪動選擇（就超級賽局而言，C 不是策略）。在這種情況下，甲乙雙方每玩一局的報酬都是 4，故在雙方都採用以牙還牙策略下，雙方的報酬都是

$$4 + \delta 4 + \delta^2 4 + \delta^3 4 + \cdots = \frac{4}{1-\delta} \tag{16.18}$$

值得一提的是，「甲乙雙方都採用以牙還牙策略組合」與「甲乙在每一局中都採用 C 的策略組合」，雖然在外表上是相同的策略組合（因兩個都是在每一局中採用輪動選擇 C），但它們卻是兩個不同的策略組合。首先，「甲乙在每一局中都採用 C 的策略組合」並非內許均衡。因為給定對手無論過去各局的結果如何都選擇 C 的策略，任何一方只要在任何一局選擇 B 就會比選擇 C 多賺 $6 - 4 = 2$，所以只要給定對手每一局中都採用 C 的策略，參賽者的最佳反應為在每一局中都採用 B 的策略，其報酬等於

$$6 + \delta 6 + \delta^2 6 + \delta^3 6 + \cdots = \frac{6}{1-\delta}$$

由於上式比 (16.18) 大，故兩人在每一局都採用 C 的策略組合不是一個內許均衡。接著我們來看，「甲乙在每一局中都採用 C 的策略組合」在何種情形下能成為一個內許均衡解。給定對手採用以牙還牙策略，一位參賽者考慮偏離以牙還牙策略，在某一局中採用對他最有利的 B，但在下一局中他會遭致對手以 B 報復，此時他得回頭選擇 C，否則在該局中會損失更多。於是偏離一次，參賽者可以從當局中多賺 $6 - 4 = 2$，但卻須在下一局中少賺 $4 - 1 = 3$。所以一來一往，並考慮貼現因子，每偏離一次參賽者將比原先多出 $2 - 3\delta$ 的額外報酬。當 $2 - 3\delta > 0$ 時，參賽者偏離以牙還牙策略將有利可圖，而且會不止一次的偏離。他會重複地一局

採 B，下一局採 C 的輪替方式地偏離，其報酬（由第一次偏離起算）等於

$$6 + \delta 1 + \delta^2 6 + \delta^3 1 + \cdots = 6 + \delta^2 6 + \delta^4 6 + \cdots + \delta 1 + \delta^3 1 + \delta^5 1 + \cdots$$

$$= \frac{6}{1-\delta^2} + \frac{\delta}{1-\delta^2}$$

$$= \frac{6+\delta}{1-\delta^2} \tag{16.19}$$

當 $2 - 3\delta > 0$ 時，(16.19) 式的報酬將大於 (16.18) 式的報酬（請自行驗算）。給定對手以牙還牙策略，當參賽者偏離一次的額外報酬 $2 - 3\delta \le 0$ 時，參賽者將不會想在任何一局偏離以牙還牙策略，此時雙方均採用以牙還牙策略將是一個內許均衡。$2 - 3\delta \le 0$ 相當於折現因子 $\delta \ge 2/3$ 或利率 $i \le 50\%$。所以只要折現因子夠大或利率夠小，或對偏離懲罰夠大的話，則參賽者雙方均採以牙還牙的策略組合為一個內許均衡，在此內許均衡下的結果為雙方在每一局均採用 C，這個結果是不可能發生在單局比膽量賽局的。

即使在比膽量超級賽局中雙方採以牙還牙的策略組合是一個內許均衡，但它卻不是子賽局完整內許均衡。我們考慮在第一局時，甲選擇 C，但乙不小心選擇 B，使得賽局過程成為以牙還牙的策略組合內許「均衡路徑外」時，如果接著在第二局及以後各局，甲乙均採用以牙還牙的策略，則 (B, C) 為雙數賽局下輪動選擇的結果，(C, B) 為單數賽局下輪動選擇的結果，此時甲的報酬現值等於

$$1 + \delta 6 + \delta^2 1 + \delta^3 6 + \delta^4 1 + \delta^5 6 + \cdots = \frac{1}{1-\delta^2} + \frac{6\delta}{1-\delta^2} = \frac{1+6\delta}{1-\delta^2} \tag{16.20}$$

如果甲在第二局時偏離以牙還牙策略改選擇 C，在第三局以後再回到以牙還牙的策略，則此賽局除了第一局的結局為 (C, B) 外，第二局以後的結局均為 (C, C)，此時甲的報酬現值等於

$$1 + \delta 4 + \delta^2 4 + \delta^3 4 + \cdots = 1 + \frac{4\delta}{1-\delta} = \frac{1+3\delta}{1-\delta} \tag{16.21}$$

將 (16.21) 減去 (16.20) 等於

$$\frac{1+3\delta}{1-\delta} - \frac{1+6\delta}{1-\delta^2} = \frac{(1+3\delta)(1+\delta)-(1+6\delta)}{1-\delta^2} = \frac{-2\delta+3\delta^2}{1-\delta^2} \tag{16.22}$$

當折現因子 $\delta > 2/3$ 時，(16.22) 式大於零，(16.21) 將大於 (16.20)。所以，當 $\delta > 2/3$ 時，在第一局的結局為 (C, B) 後緊接的真子賽局裡，以牙還牙策略組合並非內許均衡。除了 (C, B) 後緊接的真子賽局外，讓我們再看看甲乙在第一局不小心選擇 (B, B) 後的真子賽局；在此真子賽局中，甲乙均採以牙還牙策略後的結局將是每一局都是 (B, B)，因此每一局雙方的報酬都是最差的 -3。此時，給定對方使用以牙還牙策略，任何一位參賽者只要偏離以牙還牙策略，所獲得的報酬都會比 -3 好。這又再度驗證，甲乙均採以牙還牙的策略組合並非子賽局完整內許均衡。

我們花了很大的篇幅，說明以牙還牙策略組合並非比膽量超級賽局的子賽局完整內許均衡策略。然而此賽局究竟有沒有子賽局完整內許均衡呢？由於超級賽局架構龐大，相對的參賽者策略選擇變化多端（許多策略組合會對應到同一個結局），所以該超級賽局往往有許多子賽局完整內許均衡。接下來，我們介紹比膽量超級賽局諸多子賽局完整內許均衡中最容易討論的酷吏策略 (grim strategy) 組合。

酷吏策略係針對不合作的參賽者採取不原諒的持續報復。此策略與以牙還牙策略最大的差異在於，以牙還牙策略會原諒知過能改的對手，只要對手回頭選擇 C，參賽者也會捨棄 B 改採 C。但在酷吏策略下，只要對手一選擇 B，即便是對手不小心的錯選，參賽者會堅持一路選擇 B，即使往後對手後悔改採 C，參賽者也不會心軟。更明確地說，在比膽量超級賽局中採取酷吏策略時，只要一發生在同一局中有人大膽（選擇 B），有人謹慎（選擇 C），則謹慎參賽者將由該局的下一局起的各局中都選擇 B。讀者要小心解讀此酷吏策略，當同一局中兩人都選擇 B 時，或非第一次發生有人選擇 B，同時有人選擇 C 的情形時，都不適用遭致永久性懲罰的條件。當甲乙雙方都採用酷吏策略時，比膽量超級賽局的結局為甲乙雙方在每局中都選擇 C。這個結局與以牙還牙策略組合產生的結局相同，報酬也一樣。每玩一局雙方的報酬都是 4，整個比膽量超級賽局甲乙雙方的報酬現值等於 (16.18) 的 $4 / (1 - \delta)$。

　　接下來，我們再來練習一下，看看在什麼條件下酷吏策略組合能夠成為內許均衡。給定對手採用酷吏策略，參賽者考慮偏離酷吏策略，在某一局中採用對他最有利的 B（此局中對手選 C），但由下一局起他會遭致對手持續無限期地以 B 報復。面對對手如此嚴酷的懲罰，參賽者只得回頭選擇 C（報酬等於 1），否則在該局中會損失更多（報酬等於 −3）。於是偏離一次，參賽者可以從當局中多賺 6 − 4 = 2，但卻須在該局後的各局中少賺 4 − 1 = 3。所以，給定對手採用酷吏策略，參賽者偏離酷吏策略後的報酬現值減不偏離的報酬現值等於

$$2 - \delta3 - \delta^23 - \delta^33 + \cdots = \frac{2-5\delta}{1-\delta} \tag{16.23}$$

所以，當 $2 - 5\delta > 0$ 時，參賽者偏離酷吏策略將有利可圖。相反的，當 $2 - 5\delta \le 0$，雙方均採用酷吏策略將是一個內許均衡。$2 - 5\delta \le 0$ 的條件，相當於折現因子 $\delta \ge 0.4$ 或利率 $i \le 150\%$。我們發現，由於酷吏策略對不合作的懲罰較以牙還牙策略重，因此對支持酷吏策略組合成為內許均衡的貼現因子或利率的要求較低（由 $\delta \ge 2/3$ 降為 $\delta \ge 0.4$）。

　　接著我們來驗證，雙方均採用酷吏策略也是一個子賽局完整內許均衡。在比膽量超級賽局中，我們將任何一個真子賽局的根，依據上一局雙方的選擇 (B,B)、(B,C)、(C,B)、(C,C) 分為四類。首先，當真子賽局的根由 (B,B) 所產生時，若雙方在該真子賽局均採用酷吏策略，則在該真子賽局的第一局中雙方的選擇將都將回到 C，同時在接下來的各局也會繼續選擇 C。根據前面的討論，當 $\delta \ge 0.4$ 時，此酷吏策略組合是此真子賽局的內許均衡。其次，當真子賽局的根由 (B,C) 所產生時，若雙方在該真子賽局均採用酷吏策略，則乙在真子賽局的第一局及往後的各局中選擇 B，甲在各局中選擇 C。由前面的討論得知，酷吏策略組合是此真子賽局的內許均衡。同樣的結果在真子賽局的根由 (C,B) 所產生仍然成立，在此不再重複。最後，當真子賽局的根由 (C,C) 所產生時，真子賽局與完整的比膽量超級賽局相同，所以，酷吏策略組合也是此真子賽局的內許均衡。綜合以上的分析，我們得到，酷吏策略組合是比膽量超級賽局的子賽局完整內許均衡。

無限次數重複賽局：以庫諾模型競爭賽局為例

為了討論重複進行無限多次庫諾模型競爭的超級賽局，我們採用上一章中的單期庫諾模型，假定第 t 期產品市場的逆需求函數為

$$p_t = a - b(x_{1t} + x_{2t})$$

其中 x_{1t} 和 x_{2t} 分別代表第一家和第二家廠商第 t 期的產量。兩家廠商的成本函數分別為

$$c_1(x_{1t}) = cx_{1t}$$

$$c_2(x_{2t}) = cx_{2t}$$

我們想知道，在此架構下，此超級賽局的以牙還牙策略內許均衡為何？

令計算現值的貼現因子為 $\delta = 1 / (1 + r)$，$r \geq 0$ 為利率，廠商 i 的各期產量選擇組合為 $x_i = (x_{i1}, x_{i2}, ..., x_{it}, ...)$，則廠商 i 的各期利潤現值加總等於

$$\pi_i(x_1, x_2) = \sum_{t=1}^{\infty} \delta^{t-1}\Big(a - c - b(x_{1t} + x_{2t})\Big)x_{it} \tag{16.24}$$

當以牙還牙策略組合為內許均衡時，給定廠商 j 採用以牙還牙策略，廠商 i 使用以牙還牙策略下，各期產量的選擇必須是利潤最大的產量。換句話說，在以牙還牙策略組合下的內許均衡 (x_1^*, x_2^*) 滿足

$$\pi_1(x_1^*, x_2^*) = \max_{x_1} \ \pi_1(x_1, x_2^*)$$

$$\pi_2(x_1^*, x_2^*) = \max_{x_2} \ \pi_1(x_1^*, x_2)$$

我們首先討論在以牙還牙策略組合下，廠商 1 的均衡產量。給定廠商 2 採用以牙還牙策略時，

$$x_{2t+1} = x_{1t}, \quad t = 1, 2, 3, ...$$

由 (16.24) 廠商 1 的利潤函數可寫為：

$$\pi_1(x_1, x_2) = (a - c - b(x_{11} + x_{21}))x_{11} + \sum_{t=2}^{\infty} \delta^{t-1}\Big(a - c - b(x_{1t} + x_{1t-1})\Big)x_{1t}$$

一階條件為

$$\frac{\partial \pi_1(x_1, x_2)}{\partial x_{11}} = (a - c - 2bx_{11} - \delta bx_{12}) - bx_{21} = 0 \qquad (16.25)$$

$$\frac{\partial \pi_1(x_1, x_2)}{\partial x_{1t}} = \delta^{t-1}(a - c - 2bx_{1t} - bx_{1t-1}) - \delta^t bx_{1t+1} = 0 \ ,$$

$$t = 2, 3, 4, \dots \quad (16.26)$$

採同樣的方法可得廠商 2 的一階條件為

$$\frac{\partial \pi_2(x_1, x_2)}{\partial x_{21}} = (a - c - 2bx_{21} - \delta bx_{22}) - bx_{11} = 0 \qquad (16.27)$$

$$\frac{\partial \pi_2(x_1, x_2)}{\partial x_{2t}} = \delta^{t-1}(a - c - 2bx_{2t} - bx_{2t-1}) - \delta^t bx_{2t+1} = 0 \ ,$$

$$t = 2, 3, 4, \dots \quad (16.28)$$

將 (16.25) 與 (16.27) 相減，並利用 $x_{22} = x_{11}$ 及 $x_{12} = x_{21}$，我們得到 x_{11} 與 x_{21} 相等，且

$$x_{11} = x_{21} = \frac{a - c}{(3 + \delta)b} \qquad (16.29)$$

由於 $x_{it+1} = x_{jt}$，$i, j = 1, 2, 3, \dots$，$i \neq j$，根據 (16.29)，

$$\frac{a - c}{(3 + \delta)b} = x_{11} = x_{22} = x_{13} = x_{24} = x_{15} = x_{26} = \cdots$$

$$\frac{a - c}{(3 + \delta)b} = x_{21} = x_{12} = x_{23} = x_{14} = x_{25} = x_{16} = \cdots$$

亦即每位參賽者每一期的產量均相等，以符號表示：

$$x_{it} = \frac{a - c}{(3 + \delta)b} \ , \quad i = 1, 2 \ , \quad t = 1, 2, 3, \dots \qquad (16.30)$$

因為貼現因子 $\delta = 1 / (1 + r)$，當 $r = 0$ 時，$\delta = 1$，故由 (16.30) 得知參賽者 i 在第 t 期的產量等於

$$x_{it} = \frac{a-c}{4b}$$

於是，第 t 期的總產量等於

$$x_t = x_{1t} + x_{2t} = \frac{a-c}{2b}$$

由第十五章的討論得知，這個總產量就是獨佔廠商的產量，亦即兩位參賽者處於合作追求總利潤最大的產量。另一個極端，當 $r = \infty$ 時，$\delta = 0$，由 (16.28) 得知參賽者 i 在第 t 期的產量等於

$$x_{it} = \frac{a-c}{3b}$$

這個產量正是第十五章所得到的庫諾廠商的均衡產量，亦即兩位參賽者處於不合作的均衡產量。

由以上兩種極端的結果，我們發現貼現因子或利率扮演決定性角色。以牙還牙策略組合能促成參賽者彼此合作的原理，是對於不合作的對手在下一期予以懲罰。當利率等於 0 或貼現因子等於 1 時，表示下一期的懲罰較重（因為下一期每一元完全不須折現而與這一期的一元是完全相同），於是促成參賽者使用完全合作的獨佔產量。相反的，當利率等於 ∞ 或貼現因子等於 0 時，表示背離合作的懲罰等於零，於是產生最不合作的庫諾均衡產量結果。在此提醒讀者，上面兩個極端的結果都是在參賽者採用以牙還牙策略的前提下產生的。根據以上的討論，我們可得到下面的結論：當利率越低或貼現率越高，在以牙還牙策略組合的內許均衡下，廠商每一期的總產量越接近完全合作的獨佔產量，產品的市場價格也越高。利率低除了代表未來的懲罰貼現值高以外，也可以代表參賽者針對對手背離合作的行為懲罰回應快，懲罰回應越快，對手越是不敢背離合作。然而何以利率低即代表懲罰回應快呢？它的邏輯如下：當年利率等於 10% 時，一年之後的懲罰 f 需用年利率 10% 來貼現，該懲罰相當於現在 $f / 1.1$ 的懲罰；而四個月之後的懲罰 f 需用季利率 2.5% 來貼現，該懲罰相當於現在 $f / 1.025$ 的懲罰。因此，當一個懲罰用較低的利率來貼現時，表示懲罰的回應較快。

16.8 結論

由於篇幅的關係，我們僅就賽局的部份基本概念做介紹。本章涵蓋的內容包括延伸型及策略型賽局的基本架構。延伸型賽局較能完整描述一個賽局的進行過程，而策略型賽局結構較簡單，也較容易討論賽局的均衡解。策略型賽局的策略是賽局結構中十分重要的部份，正確的策略概念並非只是單純的決策節點下的選擇，它必須能夠說明在每一個可能抵達的資訊集合下的選擇決策。一個賽局建構完成後，我們希望能預測最後的結局，在賽局理論中有各式各樣的解的概念，用以討論不同類型的賽局的合理結局。在本章中我們除了討論最基本同時也是最重要的內許均衡，也討論了賽局論中最早被討論到的小中取大及大中取小策略。賽局解中常觸及均衡解不存在及過多均衡解的問題，本章中我們利用混合策略解決均衡不存在的問題，而以子賽局完整內許均衡的概念，做均衡的精練來解決均衡過多的問題。然而，這些只是許許多多解概念的一小部份。很可惜，在取捨中我們放棄了近來發展相當迅速，也是很重要的序列均衡 (sequential equilibrium) 的解概念，有興趣的讀者可以由其他討論賽局理論的書籍中，進一步認識這些解概念的使用時機及特性。另外，在這一章最後部份，我們討論了重複賽局。我們發現，有限次數的重複賽局，基本上與單次賽局類似。雖然無限次數的重複賽局或超級賽局相當複雜且難掌握解的概念，但卻可以發掘出一些令人振奮的結局。我們發現，一些原來在不合作單次賽局中不會發生的均衡，在反應時間夠短或利率夠低時，有可能發生在不合作超級賽局裡。最後，如同在本章引言所提到的，我們僅觸及非合作賽局，賽局理論中同等重要的合作賽局理論則未加討論。

17 一般均衡與福利經濟學：交換經濟

到目前為止，我們多在「其他狀況不變」(*ceteris paribus*) 的假設下，針對某個特定產品或因素市場進行分析，而不考慮不同市場之間的相互關連或相互影響。在許多情形下，這種將分析重點侷限於某特定市場的**部份均衡分析法** (partial equilibrium analysis) 對經濟現象的初步了解確實非常方便，非常有用。例如，在颱風來襲之前，我們大致可預見蔬菜價格會上漲（為什麼？），而不必大費周章去考慮其與魚肉市場間的關係。尤有進者，如果某些經濟現象確實具有市場侷限性，或至少接近市場侷限性，那麼部份均衡分析法自然就可滿足我們的需要。例如，我們若想知道政府引進外籍勞工，對本國勞工工資的影響，我們只要針對勞動市場進行分析，大概就可達到目的，而不太需要去探討勞動市場與其他市場間的關係。

不過，部份均衡分析也有它的缺點，當某些市場間具有緊密的關連時，忽略這些市場間的相互影響，可能導致不當的結論，甚至帶來錯誤的決策。例如，政府為了加入「世界貿易組織」(World Trade Organization, WTO) 而承諾了各種降低貿易障礙的措施；其中，農產品的自由化將無可避免地衝擊到國內各種農產品市場。低價農產品進口將導致國內農產品價格下降，輕則使農民收入減少，重則迫其放棄農業生產。因此，如果從部份均衡分析的觀點，單就農產品市場或整個農業部門來看，這個政策的影響不但巨大，且方向相當明確。也因此，農民的抗爭與反彈是完全可以預見和理解。問題是，我們是否可因而不採取這些措施，放棄加入 WTO 的目標？答案恐怕是否定的。因為我們不要忘了，在本國農業部門受到衝擊的同時，我們的資源也可能做更有效率的運用，我們的其他部門（例如，製造業、資訊產業）可在國際市場上獲取更有利的競爭地位，從而為整個國家帶來更大的好處。換句話說，在分析諸如加入 WTO 這類問題時，我們必須採用所謂的**一般均衡分析法** (general equilibrium analysis)，同時考慮其對不同市場的影響，以及生產資源在這些市場間的流動關係，方能得到較為可靠的結論。

　　上面所談部分均衡分析法與一般均衡分析法的分野及應用，概念上並不困難。不過，在此必須指出，這兩種分析方法的區別並非機械式的，而是研究者面對相關問題時，在「主觀」上必須進行的抉擇。因為，從純粹理論的觀點來看，整個經濟體系的各個部門、各個市場乃是彼此相依，環環相扣，我們幾乎永遠可以聲稱某一市場所發生的任何波動永遠會直接、間接地影響其他市場。縱使不是影響全部其他產品市場，至少也會影響部份與此產品或生產因素關係較為密切的市場。因此，在理論上部份均衡分析並不足取。不過，從實際應用的觀點來看，即使市場間確可相互影響，但只要這種影響的程度不大，是否有必要花費巨大的成本，去進行繁複的一般均衡分析，就值得商榷了。或許，這也是為什麼部份均衡分析還是普遍被接受的原因。也因為如此，任何研究者，在面對特定問題時，必須先對此問題的相關經濟背景及研究目的做仔細的思考，以便能夠提供足夠的理由來支持其所選取的分析方法。

　　現在假定，我們決定以一般均衡進行分析，則我們必須立即面對一個棘手的問題，即對於如此複雜的經濟體系：有這麼多的產品，這麼多的生產因素，這麼多的生產者、消費者，到底要如何處理呢？我們是否要將國外市場納入考量，或將分析限於本國市場呢？不可否認的，即使我們僅討論國內市場，即使我們擁有最高效率的電腦設備，要鉅細靡遺地將國內每個相關經濟單位納入分析，恐怕也會徒勞無功。因此，我們像在部份均衡分析一樣，必須透過適當的假設，來建立一簡化、可解，但卻不失「一般均衡」意義的經濟模型，才有辦法進行分析。為了達到這個目的，本章將先介紹不包含生產活動的交換經濟 (exchange economy)，利用此簡單的模型，說明一般均衡中諸如效率 (efficiency)、柏萊圖最適境界 (Pareto optimum)、競爭均衡 (competitive equilibrium) 等概念，下一章再將其擴展到包含生產活動的較為複雜的一般均衡模型。

17.1 交換經濟模型

交換的概念

在最簡單的交換經濟模型中，我們除了不考慮生產活動外，並假定：

(1) 此經濟體系中僅有兩個經濟個體 (economic agent)，

(2) 稟賦 (endowment) 固定的兩種商品，

(3) 兩種產品市場均為完全競爭市場。

乍看之下，這些假設顯得相當脫離現實，相當不可思議，但事實並非如此。首先，兩個經濟個體與兩種產品，大致就可掌握一般均衡分析中不同市場與經濟單位之間相互依賴、相互影響的特質，但卻同時可以讓我們進行最熟悉的「圖解分析」(graphical analysis)。尤有進者，我們可將兩個經濟個體解釋成「兩群」不同經濟個體，而在各自一群中，雖然經濟個體數量眾多，但卻彼此完全相同（在此指偏好和擁有的產品稟賦完全一樣）。其次，完全競爭的假設一方面承襲瓦拉斯 (Leon Walras) 一般均衡分析的歷史傳統，另方面則可簡化分析。因為，不完全競爭下的一般均衡理論發展並未成熟，也太過複雜，並不適於初學者。幸運的是，當我們將兩個經濟個體解釋成「兩群」不同經濟個體時，市場經濟個體太少（假設 (1)）與完全競爭（假設 (2)）兩個假設間的明顯矛盾就可適度消除了。

為了便於說明，首先定義相關符號。假定兩個經濟個體為 A 和 B，兩種產品為 X 和 Y。A 的稟賦為 (x_0^A, y_0^A)，B 的稟賦為 (x_0^B, y_0^B)；因此，整個經濟體系的稟賦為 $(x_0, y_0) = (x_0^A + x_0^B, y_0^A + y_0^B)$。當 A、B 的消費分別為 (x^A, y^A) 和 (x^B, y^B) 時，他們的效用函數分別為 $U^A(x^A, y^A)$ 和 $U^B(x^B, y^B)$。如果 A、B 彼此不相往來，只能消費各自的稟賦，則在未飽和 (nonsatiation) 的假設下，他們將各自消費所擁有的稟賦，獲得 $U^A(x_0^A, y_0^A)$ 和 $U^B(x_0^B, y_0^B)$ 的效用，其情形如圖 17.1 (a) 和 (b) 所示。圖中 e^A 和 e^B 分別代表 A 和 B 的稟賦 (x_0^A, y_0^A) 和 (x_0^B, y_0^B)；u_0^A 代表 A 的效用水準為 $u_0^A = U^A(x_0^A, y_0^A)$ 的無異曲線，而 u_0^B 代表 B 的效用水準為 $u_0^B = U^B(x_0^B, y_0^B)$ 的無異曲線。我們特地將圖形畫成在點 e^A 無異曲線的斜率（絕對值）較點 e^B 為小。我們知道，無異曲線上某一點的斜率為兩產品在該點的邊際替代率，代表消費者在

圖 17.1

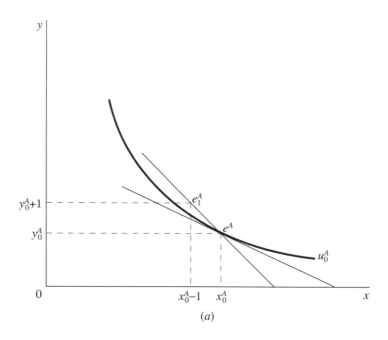

(a)

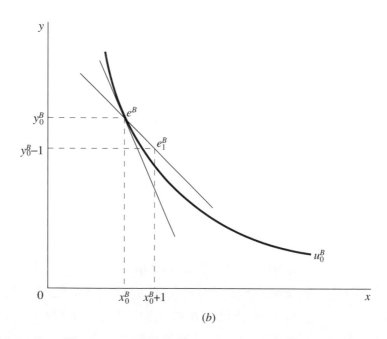

(b)

此點對兩消費品的主觀評價。如果我們假定在點 e^A 的斜率為 2/3，而在點 e^B 的斜率為 2，則代表 A 在其稟賦點時認為一單位的 X 相當於 2/3 單位的 Y，而 B 在其稟賦點時認為一單位的 X 相當於 2 單位的 Y。換句話說，在彼此互不交往的情況下，A 對 X 產品的評價（2/3 單位的 Y）較 B（2 單位的 Y）為低。反之，A 對 Y 產品的評價則較 B 高（為什麼？）。在這種情況下，如果這兩個人可以有機會互通有無，彼此進行交換，那麼我們會發現 A 將願意拿出一些 X 去和 B 交換 Y，而 B 也會願意以一些 Y 和 A 交換 X。

現在，假定 A 減少一單位 X 的消費，對他而言相當於減少了 2/3 單位 Y 的消費，因此只要他能由 B 那兒換回不少於 2/3 單位的 Y，他的效用就不會降低，他就願意進行這個交換。但這一單位的 X 對 B 來說，相當於 2 單位 Y，因此，只要 B 不必拿出超過 2 單位的 Y 去跟 A 換取那單位的 X，他就樂於進行這個交換。由此可知，只要兩人能彼此商定一單位 X 交換任何介於 2/3 與 2 單位 Y 的交換條件，那麼這個交換就會進行。這又是為什麼呢？假定兩人決定以一單位 X 交換一單位的 Y，（所以 2/3 < 1 < 2），則 A 放棄一單位 X，換回一單位 Y，對他來說乃相當於增加了 1/3 單位 Y，他的效用因而上升。同樣地，B 放棄一單位 Y，換回一單位 X，對他來說相當於增加一單位 Y（為什麼？），效用同樣上升。既然在交換比率為 1 的情況下，兩人效用都增加，那麼這個交換活動在不受任何干預或限制下就必然會發生了。

上面的推理也可以圖 17.1 來說明。我們可通過 e^A 和 e^B 兩點，畫出斜率為 -1 的兩條直線（$-45°$ 線），代表兩人商定的交換比率。很顯然地，在 A 以一單位 X 和 B 交換一單位 Y 之後，A 的稟賦點變成 e_1^A 而 B 的稟賦點移到 e_1^B。因 e_1^A 和 e_1^B 分別位於 u_0^A 和 u_0^B 的上方，故兩人的效用在交換後都提高了。現在，問題是，當兩人稟賦點移到 e_1^A 和 e_1^B 後，是否還可以透過進一步交換，再一次提高彼此的效用？如果你充分了解上面兩人進行交換的原理，相信應該已經相當清楚，這兩個人之所以會進行交換，乃是因為透過交換可以獲利，使兩人的效用提高。而交換之所以可提高兩人效用的根本原因，則是因為在各自原有的稟賦下，兩個人對 X 和 Y 兩種產品的主觀評價不同（$MRS_{xy}^A(x_0^A, y_0^A) \neq MRS_{xy}^B(x_0^B, y_0^B)$）。根據這個原理，我們立刻得知，在達到 e_1^A 和 e_1^B 後，兩人是否會再進行交換，完

圖 17.2

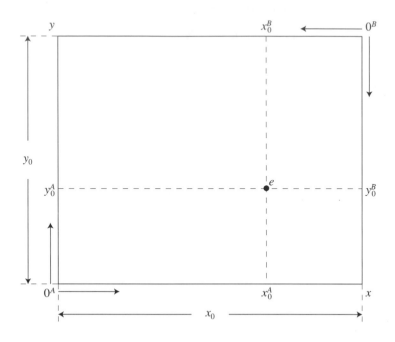

全決定於在 e_1^A 和 e_1^B 兩點此兩人的邊際替代率是否相等。只要兩人邊際替代率相等，交換就不可能同時提高兩人的效用，因而不必進一步交換；反之，只要兩人邊際替代率不等，則有再進行交換的空間。

箱形圖與效率

雖然上面的討論及圖 17.1 已可有效闡明交換的意義，但是為了進一部探討一般均衡分析中一些重要的概念，經濟學者通常採用另一種較圖 17.1 更為方便、更為清楚的設計來進行圖解分析。這種分析的工具就是**艾奇渥斯箱形圖**（Edgeworth Box，以下簡稱箱形圖）。現在，我們就以前面的交換經濟模型，來說明箱形圖的意義。我們以該經濟體系的稟賦為邊長，繪出如圖 17.2 的方形（箱形）。若將左下角定為對應於圖 17.1(a) 的原點，記為 0^A，則我們可將圖 17.1(a) 直接繪在此箱形圖上。換句話說，以圖 17.2 中左下角為原點的座標看，點 e 相當於圖 17.1(a) 中之 e^A，代表 A 的稟賦。但因

圖 17.3

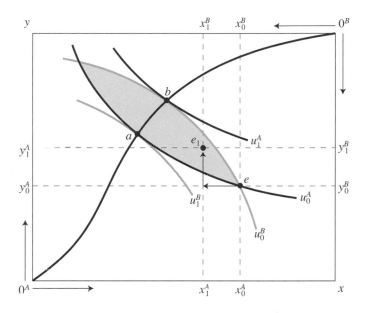

$$x_0 = x_0^A + x_0^B$$

$$y_0 = y_0^A + y_0^B$$

我們知道，$x_0^A x = x_0 - x_0^A$ 代表 x_0^B，而 $y_0^A y = y_0 - y_0^A$ 則代表 y_0^B。現在將右上角頂點看成另一原點 0^B，但其 x 軸朝左（在箱形上方），y 軸朝下（在箱形右方），則因 $x_0^A x = 0^B x_0^B$，$y_0^A y = 0^B y_0^B$，故在以 0^B 為原點的座標中，e 點正好是 B 的稟賦點。換句話說，利用箱形圖，我們可以用唯一點 e 同時表示兩個經濟個體的稟賦，而不必分開於兩個圖形中。反過來說，只要一經濟體系的稟賦為 (x_0, y_0)，則圖 17.2 中任何一點，均代表這個稟賦在此兩經濟個體間的一個分配 (allocation)；例如，箱形底部 x_0^A 這一點所代表的分配為 $(x^A, y^A) = (x_0^A, 0)$，$(x^B, y^B) = (x_0^B, y_0)$。

　　圖 17.3 和圖 17.2 完全相同，但將圖 17.1 中兩條無異曲線 u_0^A 和 u_0^B 畫到箱形圖中來（切記，u_0^B 對應於原點 0^B）。因 u_0^A 和 u_0^B 在 e 點彼此相交，代表兩條無異曲線在 e 點的斜率或邊際替代率並不相等。更明確地說，圖 17.3 顯示

$$MRS^A_{xy}(x^A_0, y^A_0) < MRS^B_{xy}(x^B_0, y^B_0)$$

所以在原有稟賦下，A 對 x（相對於 y）的評價較 B 為低，而 B 對 y（相對於 x）的評價較 A 為低。根據前面的說明，只要不受阻礙，A 將以一些 X 和 B 交換 Y，而使兩人效用同時提高。我們知道，在 u^A_0 的右上方部份，A 的效用大於 u^A_0，而 u^B_0 的左下方部份則代表 B 的效用大於 u^B_0。因此，只有透過交換，將分配點移到圖中之陰影區域，方能使兩人的效用同時增加。前面說明中，兩人以 1 單位 X 交換 1 單位 Y 的結果，可以圖 17.3 中由 e 點移到 e_1 點來表示。雙方透過交換而使兩人效用均不降低，且至少有一個人效用獲得提高的現象稱為柏萊圖改進 (Pareto improvement)。由此可知，只要透過交換可以達到柏萊圖改進，交換就會繼續進行下去，直到這種改進的可能消失為止。當消費者間透過交換而使得柏萊圖改進的機會消失時，我們稱這種情況為柏萊圖最適境界，或者說經濟體系已達到經濟效率 (economic efficiency) 或柏萊圖效率 (Pareto efficiency)。

由前面的討論，我們知道，只要兩人透過交換，直到對兩種產品的邊際評價相同時（即兩人之邊際替代率相等時），就不再有柏萊圖改進的空間，因而也就到達了柏萊圖最適境界。圖 17.3 中，a 和 b 兩點分別為此兩消費者之兩對無異曲線（u^A_0 和 u^B_1，u^A_1 和 u^B_0）相切之點，故均滿足 $MRS^A_{xy} = MRS^B_{xy}$，所以 a 和 b 兩點都是代表柏萊圖最適境界。仔細觀察 a 和 b 兩點，我們有兩個重要發現：首先，我們發現，只要離開 a 或 b 點，至少有一個人的效用必須減少。也因為這個原因，柏萊圖最適境界常被定義成：「不可能提高一個人的效用而不以他人效用的減少為代價的狀態」。這個定義的好處是，它很清楚地告訴我們，達到柏萊圖最適境界的點通常不止一點。事實上，此兩位消費者任何兩條無異曲線的相切之點，均代表柏萊圖最適境界，而所有這些柏萊圖最適境界的集合稱為柏萊圖集合 (Pareto set)。圖 17.3 中，由 0^A 出發，經 a、b 兩點到 0^B 的曲線，即是 A、B 兩人所有無異曲線相切之點的連線，因此是這個經濟體系的柏萊圖集合，也常稱為契約線 (contract curve)。第二個重要發現是，b 點乃是消費者 B 效用固定於 u^B_0 水準下，使得 A 的效用達到最大的點；同理，a 為消費者 A 效用固定於 u^A_0 時，使 B 的效用達到最大的點。這個發現，正是我們下面以數學方法求解柏萊圖最適境界或契約線的根據。

圖 17.4

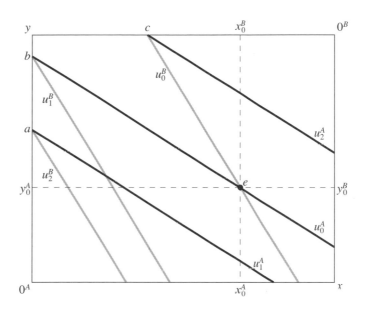

不過，在進行數學分析之前，我們還要特別指出兩點：

(1) 前面提到 $MRS_{xy}^A = MRS_{xy}^B$ 代表達到柏萊圖最適境界；但反過來，柏萊圖最適境界則不一定要滿足 $MRS_{xy}^A = MRS_{xy}^B$ 這個條件。關於這一點，我們可利用柏萊圖最適境界乃是「固定一位消費者的效用水準下，使得另一人的效用水準達到最大」的概念來加以說明。圖 17.4 中，假定這兩位消費者的無異曲線均為直線，且 $MRS_{xy}^A < MRS_{xy}^B$；亦即 A、B 兩人對 X 和 Y 兩產品的相對評價均是固定，且 A 對 X 的相對評價永遠較 B 為低。由圖中可清楚看出，當消費者 A 的效用分別固定於 u_0^A、u_1^A、u_2^A 時，消費者 B 的效用分別在 b、a、c 點達到極大，故此三點均為柏萊圖最適境界。但我們也很清楚看到，在 a、b、c 二點 $MRS_{xy}^A = MRS_{xy}^B$ 的條件並不滿足。事實上，在這種特殊偏好下，契約線乃是箱形圖的左邊和上邊 $(0^A abyc0^B)$ 所組成，而契約線上任何一點均是 $MRS_{xy}^A < MRS_{xy}^B$。

(2) 前面有關交換、柏萊圖最適境界及契約線等觀念的討論，隱含任何一個分配，若不在契約線上，就有透過交換而獲得柏萊圖改進的可

能；或者說，這樣一種分配是無效率的 (inefficient)。反之，只有在契約線上的點才代表有效率的分配 (efficient allocation)。但是，在自由交換的前提下，針對任何一無效率的分配，並非所有有效率的分配均可能成為交換的均衡。很顯然地，沒有任何一位可自由進行交換的人，願意為了達到有效率的分配而犧牲自己的效用。因此，在圖 17.3 中，當稟賦點為 e 時，消費者 A 所願接受的有效率的分配僅是契約線上的 $a0^B$ 部份，而消費者 B 可能接受的有效率分配則是 $b0^A$ 部份。由此可知，即使經過交換而達到柏萊圖最適境界，最後的均衡點必然只可能在契約線的 ab 部份，我們稱 ab 這部份的契約線為此經濟體系的核心 (core)。簡單地說，核心就是由通過稟賦點的兩條無異曲線所包圍的契約線的部份。同樣地，讀者應該很容易看出，若圖 17.4 的稟賦點為 e，則該經濟體系的核心為契約線上 byc 部份。核心的一個重要特性為，當經濟體系中的經濟個體（在此為交換經濟中的消費者）不斷增加時，核心將不斷縮小，直到成為一個點。這個性質在較深入的一般均衡分析中，扮演相當重要的角色，不過這已經不是本書所能探討的範圍。

數學分析

前面我們介紹了交換經濟中的一些重要概念，但由於柏萊圖最適境界或契約線乃是一般均衡分析中主要的分析基準，故在此我們進一步設立一正式模型，以數學方法推導契約線的函數型態。當然，基於一般微分技巧的應用，這種方法僅適用於契約線位於箱形圖內部（如圖 17.3）的「內部解」的情形。至於像圖17.4 這種「角解」的契約線，則須視實際問題個別處理，而無法以這裡所介紹的方法求得。

首先，我們知道，契約線上任何一點 (x^A, y^A)（或 (x^B, y^B)），必須滿足整個經濟體系的稟賦限制，即

$$x^A + x^B = x_0 = x_0^A + x_0^B$$

$$y^A + y^B = y_0 = y_0^A + y_0^B$$

其次，前面我們提過，柏萊圖最適境界可視為固定某一消費者的效用水準，而使另一消費者效用達到極大的點。因此，若我們將 B 的效用固定

於 u_0^B，則我們可透過解下列的極大化問題來求得契約線：

$$\max_{x^A, y^A, x^B, y^B} U^A(x^A, y^A)$$

$$\text{s.t.} \quad U^B(x^B, y^B) = u_0^B$$

$$x^A + x^B = x_0^A + x_0^B$$

$$y^A + y^B = y_0^A + y_0^B \tag{17.1}$$

我們可以利用拉格朗日法直接解 (17.1)。但為了讓計算儘量簡化，我們先利用後兩個限制式消去 x^B 和 y^B，故 (17.1) 可改寫成

$$\max_{x^A, y^A} U^A(x^A, y^A)$$

$$\text{s.t.} \quad U^B(x_0^A + x_0^B - x^A, y_0^A + y_0^B - y^A) = u_0^B$$

而其對應之拉格朗日函數為

$$\mathcal{L} = U^A(x^A, y^A) + \lambda(u_0^B - U^B(x_0 - x^A, y_0 - y^A))$$

上式中，λ 為拉格朗日乘數。一階條件為

$$\frac{\partial \mathcal{L}}{\partial x^A} = \frac{\partial U^A}{\partial x^A} + \lambda \frac{\partial U^B}{\partial x^B} = 0 \tag{17.2}$$

$$\frac{\partial \mathcal{L}}{\partial y^A} = \frac{\partial U^A}{\partial y^A} + \lambda \frac{\partial U^B}{\partial y^B} = 0 \tag{17.3}$$

$$\frac{\partial \mathcal{L}}{\partial \lambda} = u_0^B - U^B(x_0 - x^A, y_0 - y^A) = 0 \tag{17.4}$$

假定極大化之二階條件成立 (你知道二階條件是什麼嗎？)，則 (17.2)、(17.3) 和 (17.4) 三個式子剛好可用來解 x^A、y^A 和 λ 三個變數。當然，在效用函數未給定的情況下，我們是無法真正的加以解出的。但我們仍可由 (17.2) 和 (17.3) 兩式得到

$$\frac{\dfrac{\partial U^A}{\partial x^A}}{\dfrac{\partial U^A}{\partial y^A}} = \frac{\dfrac{\partial U^B}{\partial x^B}}{\dfrac{\partial U^B}{\partial y^B}}$$

或

$$MRS^A_{xy} = MRS^B_{xy} \tag{17.5}$$

因此，滿足 (17.1)，亦即達到柏萊圖最適境界，或柏萊圖效率的點必須是兩位消費者在該點之邊際替代率相等（最後這句話為何沒問題？）。這個結果和我們前面以直接推理方式得到的完全相同。

【例 18.1】

在一交換經濟體系中，若稟賦為 (x_0, y_0)，且兩消費者的效用函數分別為

$$U^A(x^A, y^A) = x^A + \ln y^A$$

$$U^B(x^B, y^B) = x^B y^B$$

試求其契約線。

【解答】

$$MRS^A_{xy} = \frac{\partial U^A / \partial x^A}{\partial U^A / \partial y^A} = \frac{1}{1/y^A} = y^A$$

$$MRS^B_{xy} = \frac{\partial U^B / \partial x^B}{\partial U^B / \partial y^B} = \frac{y^B}{x^B}$$

由 (17.5) 並利用稟賦 (x_0, y_0) 可得

$$y^A = \frac{y^B}{x^B} = \frac{y_0 - y^A}{x_0 - x^A}$$

故此契約線可寫成

$$y^A = \frac{y_0}{1 + x_0 - x^A}$$

因

$$\frac{dy^A}{dx^A} = \frac{y_0}{(1 + x_0 - x^A)^2} > 0$$

$$\frac{d^2 y^A}{d(x^A)^2} = \frac{2y_0}{(1 + x_0 - x^A)^3} > 0$$

所以，在以 0^A 為原點的座標系中，這是一條凸函數。讀者應嘗試在箱形圖中畫出此契約線（要小心喔！）。

17.2　交換經濟之競爭均衡

前面我們解釋了柏萊圖最適境界或經濟效率的意義，並描述了在兩位（兩類）消費者的情況下，彼此如何透過交換以達到經濟效率。這種方法雖然對相關觀念的了解很有幫助，但也有它的基本缺陷。一方面，我們都知道，在現實經濟社會中，絕不止是兩個消費者或兩類消費者，因此，要透過這種直接進行交換的方式來達到經濟效率，事實上並不可能。另方面，就是能做到，我們最多也僅知道，最後的均衡必然是在此經濟體系的核心而已，並無法確切知道均衡點是核心中的那一個點。為了解決這些問題，在此我們將介紹完全競爭體系或市場經濟體系如何達到經濟效率。然而，在正式介紹之前，我們必須特別強調，達到經濟效率或達到某一特定的有效率的分配的方法，並不限於市場經濟體系。例如，在一個前蘇聯式中央計畫經濟體系 (central planning economy) 中，若政府真能擁有包括消費者偏好及稟賦的所有訊息 (information)，那麼理論上政府就可選定契約線上任何一點，再透過計劃、命令的方式，直接使經濟體系達到該點，而不必借重任何市場機能。不過，我們也知道，政府事實上並不可能擁有作成如此完美計劃的資訊，這也是過去採用中央計劃經濟政策的國家，其經濟表現普遍不理想的主因。也因為如此，了解競爭市場機制如何達到經濟效率遂成為重要的課題。

在完全競爭市場的假設下，所有消費者均是價格的接受者，因而只要市場價格給定，每一消費者就可在這些價格下，決定各自的最適消費量。基於這個理由，我們可想像，在原來的交換經濟中，除了兩位（兩類）消費者外，存在一個公正的第三者，擔任叫價的角色，以模擬競爭市場的運作情形。一開始時，叫價者 (auctioneer) 先叫出一組價格 (p_x^1, p_y^1)，於是兩位消費者在這組價格下，可分別算出各自的貨幣所得為

$$m^A = p_x^1 x_0^A + p_y^1 y_0^A$$

$$m^B = p_x^1 x_0^B + p_y^1 y_0^B$$

然後，面對價格 (p_x^1, p_y^1) 及所得 m^A 和 m^B，兩位消費者可選取使其效用達到最大的購買量 (x^{A*}, y^{A*}) 及 (x^{B*}, y^{B*})。但，一般而言，消費者對 X 的總需求量 $x^{A*} + x^{B*}$ 和市場上 X 的總供給量 $x_0^A + x_0^B$ 並不會相等。同樣地，消費者對 Y 的總需求量 $y^{A*} + y^{B*}$ 和市場上 Y 的總供給量 $y_0^A + y_0^B$ 也可能不會相等。因此，叫價者可根據市場供需情形，更改兩種產品的價格。如

$$x^{A*} + x^{B*} > x_0^A + x_0^B$$

則 X 產品市場有超額需求 (excess demand)，故應將 X 產品的價格提高至 $p_x^2 > p_x^1$。反之，若 X 產品有超額供給 (excess supply)，即

$$x^{A*} + x^{B*} < x_0^A + x_0^B$$

則應將 X 產品的價格降低。同樣原理可應用於 Y 產品而得到其新價格 p_y^2。在面對新的產品價格 (p_x^2, p_y^2) 下，消費者可像面對 (p_x^1, p_y^1) 一樣，重新再作最適選擇，然後叫價者再比較兩產品的總供給和總需求，以決定是否須再調整價格。如此不斷反覆下去，直到 X 和 Y 兩產品市場都不再有超額供給或超額需求才停止。此時，我們就說此交換經濟體系已經達到競爭均衡或市場均衡 (market equilibrium)。另外，因上述這種利用叫價方式調整達到均衡的概念，係源自經濟學家瓦拉斯，故也常稱為瓦拉斯均衡 (Walrasian equilibrium)。

現在我們利用箱形圖來說明，競爭均衡如何達到。當消費者所面對的價格為 (p_x^1, p_y^1) 時，A的預算限制式為

$$p_x^1 x^A + p_y^1 y^A = m^A = p_x^1 x_0^A + p_y^1 y_0^A$$

圖 17.5(a) 中，假定稟賦點為 e，則 A 的預算線為以 0^A 為原點，通過 e 點，斜率為 p_x^1 / p_y^1 的直線。由圖可知 A 的最適消費點為 a，或 (x^{A*}, y^{A*})。同理，B 的預算線也是通過 e 點，斜率為 p_x^1 / p_y^1，只不過是對應於原點 0^B，因而其最適消費點為 b，或 (x^{B*}, y^{B*})。由圖 17.5(a)，我們很清楚看到，此時

$$x^{A*} + x^{B*} < x_0^A + x_0^B$$

圖 17.5

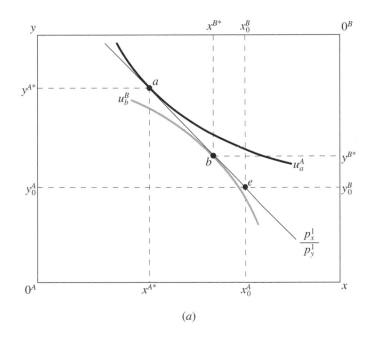

(a)

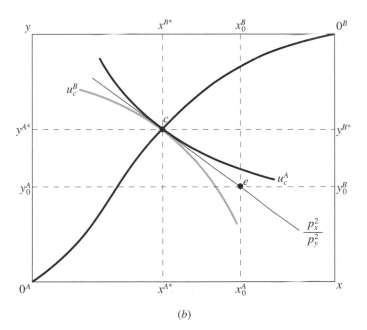

(b)

$$y^{A*} + y^{B*} > y_0^A + y_0^B$$

即在價格為 (p_x^1, p_y^1) 時，X 產品市場有超額供給，而 Y 產品市場有超額需求，因此 (p_x^1, p_y^1) 並未使市場達到均衡，故非競爭均衡價格。由前面描述得知，欲使此兩產品市場達到均衡，叫價者須提高 Y 的價格，降低 X 的價格。假定叫價者所決定的新價格為 (p_x^2, p_y^2)，其中 $p_x^2 < p_x^1$，$p_y^2 > p_y^1$，則對應於此新價格的預算線為通過 e 點，斜率為 p_x^2 / p_y^2 的直線。因

$$p_x^2 / p_y^2 < p_x^1 / p_y^1$$

故此新預算線較圖 17.5(a) 之原預算線平坦，我們將其繪於圖 17.5(b) 中，以防圖形過於複雜。

如圖17.5(b)所示，在面對此新預算線時，兩消費者的無異曲線同時與此預算線相切於 c 點，故此時最適消費量分別為 (x^{A*}, y^{A*}) 與 (x^{B*}, y^{B*})。由圖我們也清楚看到，在此情形下，

$$x^{A*} + x^{B*} = x_0^A + x_0^B$$

$$y^{A*} + y^{B*} = y_0^A + y_0^B$$

因而兩市場同時達到均衡，故 (p_x^2, p_y^2) 乃是一組競爭均衡價格。此外，因

$$x^{A*} < x_0^A，y^{A*} > y_0^A$$

$$x^{B*} > x_0^B，y^{B*} < y_0^B$$

我們也知道，此兩消費者在市場價格為 (p_x^2, p_y^2) 下，由 A 出售 $x_0^A - x^{A*}$ 的 X 產品給 B，再向 B 購買 $y_0^B - y^{B*}$ 的 Y 產品。最後，由消費者效用極大化的條件可知，在 c 這點恆滿足

$$MRS_{xy}^A = \frac{p_x^2}{p_y^2} = MRS_{xy}^B$$

故 c 是契約線上的一點。換句話說，在市場機能運作下達到競爭均衡時，該經濟體系也達到了柏萊圖最適境界。這個結果一般稱之為福利經濟學第一定理 (the first theorem of welfare economics)，也是亞當史密斯 (Adam Smith) 所強調的「市場（價格）機能像一隻看不見的手 (an invisible hand)」的精義所在。這是一個支持市場經濟制度的很重要的結果，因為它清楚

地顯示，在自由市場運作下，個人追求效用極大的「自利」行為，將導致整體經濟效率的達到。

競爭均衡的數學分析

在消費者為價格接受者的假設下，我們希望找到一組市場價格 (p_x^*, p_y^*) 或一相對價格 p_x^* / p_y^*，使得每一位消費者的效用達到極大，且所有產品市場都達到均衡。現在假定市場價格為 (p_x, p_y)，則此兩位消費者的貨幣所得分別為

$$m^A = p_x x_0^A + p_y y_0^A$$

$$m^B = p_x x_0^B + p_y y_0^B$$

而他們所面對的問題成為

$$\max_{x^i, y^i} U^i(x^i, y^i)$$

$$\text{s.t.} \quad p_x x^i + p_y y^i = m^i \quad , \quad i = A, B$$

由我們所熟知的求限制極大的技巧，可解得兩人的最適解分別為

$$x^{A*} = x^A(p_x, p_y, m^A)$$

$$y^{A*} = y^A(p_x, p_y, m^A)$$

及

$$x^{B*} = x^B(p_x, p_y, m^B)$$

$$y^{B*} = y^B(p_x, p_y, m^B)$$

因此均衡價格 (p_x^*, p_y^*) 可由下列市場均衡條件解出

$$x^A(p_x^*, p_y^*, m^{A*}) + x^B(p_x^*, p_y^*, m^{B*}) = x_0^A + x_0^B$$

$$y^A(p_x^*, p_y^*, m^{A*}) + y^B(p_x^*, p_y^*, m^{B*}) = y_0^A + y_0^B$$

或

$$x^A(p_x^*, p_y^*, m^{A*}) + x^B(p_x^*, p_y^*, m^{B*}) - x_0^A - x_0^B = 0 \tag{17.6}$$

$$y^A(p_x^*, p_y^*, m^{A*}) + y^B(p_x^*, p_y^*, m^{B*}) - y_0^A - y_0^B = 0 \tag{17.7}$$

上面式子中，m^{A*} 和 m^{B*} 分別代表價格為 (p_x^*, p_y^*) 時 A 和 B 兩人的貨幣所得。(17.6) 及 (17.7) 表示，在達到均衡時，兩產品市場的超額需求均等於 0。我們的目的是求出滿足 (17.6) 及 (17.7) 的 p_x^* 和 p_y^*。基本上，這是由 (17.6) 和 (17.7) 兩條方程式聯立求解兩個變數而已，數學上應該沒有什麼困難。不過，從經濟學的角度看，則並不如此單純。主要問題在於 x^{A*}、y^{A*}、x^{B*} 和 y^{B*} 這四個需求函數，均是所有價格與貨幣所得的零次齊次函數（為什麼？）。由

$$m^{A*} = p_x^* x_0^A + p_y^* y_0^A$$

$$m^{B*} = p_x^* x_0^B + p_y^* y_0^B$$

得知，當 p_x^* 和 p_y^* 同時成為原來的 t 倍，即 tp_x^* 和 tp_y^* 時 $(t > 0)$，m^{A*} 和 m^{B*} 也變成原來的 t 倍，即 tm^{A*} 和 tm^{B*}，因而 x^{A*}、y^{A*}、x^{B*} 和 y^{B*} 並不會改變。如果我們取 $t = 1 / p_y^*$，則 (17.6) 和 (17.7) 可寫成

$$x^A(p_x^* / p_y^*, x_0^A, y_0^A) + x^B(p_x^* / p_y^*, x_0^B, y_0^B) - x_0^A - x_0^B = 0$$

$$y^A(p_x^* / p_y^*, x_0^A, y_0^A) + y^B(p_x^* / p_y^*, x_0^B, y_0^B) - y_0^A - y_0^B = 0$$

現在，以 ED_x 和 ED_y 表示 X 和 Y 兩市場的超額需求，並不考慮稟賦的變動，則 X 和 Y 兩市場的均衡即成為

$$ED_x(p_x^* / p_y^*) = 0 \qquad\qquad\qquad (17.8)$$

$$ED_y(p_x^* / p_y^*) = 0 \qquad\qquad\qquad (17.9)$$

(17.8) 及 (17.9) 顯示，我們有兩條方程式，但卻只要決定一個變數 p_x^* / p_y^*。因此，一個馬上得面對的問題是，這兩條方程式彼此是否會矛盾，而無法解出一 p_x^* / p_y^* 同時滿足這兩條式子？幸運的是，我們可以證明，任何 p_x^* / p_y^*，只要滿足 (17.8) 或 (17.9) 的任何一式，另一個式子就必然成立。

假定在價格為 (p_x, p_y) 時，A 和 B 兩人的貨幣所得為 m^A 與 m^B，而他們對兩產品的需求函數為 $x^A(p_x, p_y, m^A)$、$y^A(p_x, p_y, m^A)$ 與 $x^B(p_x, p_y, m^B)$、$y^B(p_x, p_y, m^B)$，則需求函數必須滿足下列預算限制

$$p_x x^A(p_x, p_y, m^A) + p_y y^A(p_x, p_y, m^A) = p_x x_0^A + p_y y_0^A$$

$$p_x x^B(p_x, p_y, m^B) + p_y y^B(p_x, p_y, m^B) = p_x x_0^B + p_y y_0^B$$

將此兩限制式整理可得

$$p_x(x^A(p_x, p_y, m^A) + x^B(p_x, p_y, m^B) - x_0^A - x_0^B) +$$

$$p_y(y^A(p_x, p_y, m^A) + y^B(p_x, p_y, m^B) - y_0^A - y_0^B) = 0$$

利用超額需求的符號及需求函數為零次齊次的特性，上式可簡化成

$$p_x ED_x(p_x / p_y) + p_y ED_y(p_x / p_y) = 0$$

因此，不管產品價格為何，此兩產品的超額需求的總值必然為 0，這個結果，就是有名的瓦拉斯法則 (Walras law)。在此須特別注意的是，瓦拉斯法則是對任何 (p_x, p_y) 均成立，因此在價格為 (p_x^*, p_y^*) 時，當然也成立，故

$$p_x^* ED_x(p_x^* / p_y^*) + p_y^* ED_y(p_x^* / p_y^*) = 0$$

現在，我們可以很清楚看到，只要 $ED_x(p_x^* / p_y^*) = 0$，則 $ED_y(p_x^* / p_y^*) = 0$，反之亦然。換句話說，瓦拉斯法則隱含，在兩種產品情況下，只要其中一個市場達到均衡，另一個市場必然也達到均衡。事實上，這個結果可直接推廣到 N 種產品的情形；亦即，在 N 種產品市場中，只要其中任意 $N-1$ 個市場達到均衡，剩下那個市場也必然達到均衡。由這個結果，我們知道，由 (17.8) 及 (17.9) 解均衡相對價格時，必然不會有矛盾現象發生，因而我們只須解其中任何一條方程式即可。

【例 18.2】

在一交換經濟體系中，假定

$$e^A = (x_0^A, y_0^A) = (2, 0)，\quad e^B = (x_0^B, y_0^B) = (0, 2)$$

$$U^A = \left(\sqrt{x^A} + \sqrt{y^A}\right)^2$$

$$U^B = \left(\sqrt{x^B} + \sqrt{y^B}\right)^2$$

試求競爭均衡價格及均衡時兩產品的交換情形。

【解答】

A 所面對的問題為

$$\max_{x^A, y^A} U^A = \left(\sqrt{x^A} + \sqrt{y^A}\right)^2$$

$$\text{s.t.} \quad p_x x^A + p_y y^A = 2p_x$$

其拉格朗日函數為

$$\mathcal{L} = \left(\sqrt{x^A} + \sqrt{y^A}\right)^2 + \lambda(2p_x - p_x x^A - p_y y^A)$$

一階條件為

$$\frac{\partial \mathcal{L}}{\partial x^A} = \frac{\left(\sqrt{x^A} + \sqrt{y^A}\right)}{\sqrt{x^A}} - \lambda p_x = 0 \tag{a}$$

$$\frac{\partial \mathcal{L}}{\partial y^A} = \frac{\left(\sqrt{x^A} + \sqrt{y^A}\right)}{\sqrt{y^A}} - \lambda p_y = 0 \tag{b}$$

$$\frac{\partial \mathcal{L}}{\partial \lambda} = 2p_x - p_x x^A - p_y y^A = 0 \tag{c}$$

由 (a) 和 (b) 可解得

$$y^A = \left(\frac{p_x}{p_y}\right)^2 x^A$$

將其代入 (c) 可解出

$$x^{A*} = \frac{2}{1+p}$$

$$y^{A*} = \frac{2p^2}{1+p}$$

其中 $p = p_x / p_y$。同樣的過程，我們可以解得

$$x^{B*} = \frac{2}{p + p^2}$$

$$y^{B*} = \frac{2p}{1 + p}$$

我們利用 X 市場的均衡條件來解均衡相對價格 $p^* = p_x^* / p_y^*$，即

$$x^{A*} + x^{B*} = \frac{2 + 2p^*}{p^* + p^{*2}} = 2$$

故 $p^* = 1$。將均衡價格代回需求函數可得

$$x^{A*} = 1 \text{，} y^{A*} = 1 \text{，} x^{B*} = 1 \text{，} y^{B*} = 1$$

因此，在均衡時，A 以 1 單位的 X 和 B 交換 1 單位的 Y。

在前面的討論中，我們隱含地假設 (17.8) 及 (17.9) 具有唯一的解。然而，像 (17.8) 及 (17.9) 這麼一般化的方程式中，不但解是否為唯一值得商榷，即使是解的存在都令人存疑。莘運的是，只要超額需求函數（如 ED_x）為連續函數，我們就可利用數學上的定點定理 (fixed point theorem) 證明競爭均衡的存在。但因定點定理的引用，需要超過本書程度的數學觀念，故在此不再進一步討論。我們僅在此指出：

(1) 只要所有消費者的偏好均為嚴格凸性，則需求函數就是連續函數，而超額需求函數也就是連續函數。

(2) 即使有部分消費者的偏好使得他們的需求函數不是連續函數，但只要市場消費者數量夠多，使得每一消費者均成為價格接受者，則市場超額需求函數仍將是連續函數。

第 (1) 種情形，基本上就是本書一直採用的假設，而第 (2) 種情形更可說是完全競爭市場最重要的特性。因此，在往後的討論中，我們將完全忽略競爭均衡的存在問題。不過，即使是所有消費者均具有完美的偏好 (well-behaved preferences)，如嚴格凸性，我們仍然無法排除可能有多個競爭均衡的現象。為了說明此點，並進一步闡釋競爭市場與經濟效率的

圖 17.6

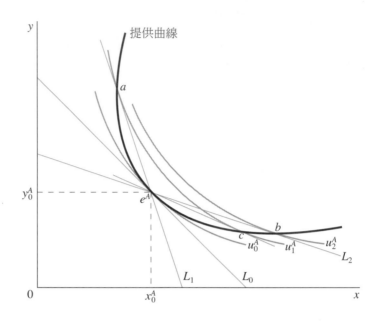

關係，我們將先介紹提供曲線 (offer curve) 的概念。

提供曲線與競爭均衡

提供曲線是我們在第四章中導出的價格消費曲線的另一個名稱，它告訴我們，在不同的相對價格下，消費者所做的最適選擇。現在我們以消費者 A 為例，導出 A 的提供曲線。圖 17.6 中，A 的稟賦點為 $e^A = (x_0^A, y_0^B)$。由 A 的預算限制式

$$p_x x^A + p_y y^A = p_x x_0^A + p_y y_0^A$$

可知，對應於價格 (p_x, p_y) 的預算線，為通過 e^A 點，斜率等於 $-p_x / p_y$ 的直線（請務必確定你知道原因）。圖中，我們畫出 L_0、L_1 和 L_2 三條對應於不同價格的預算線，並假定面對此三條預算線，A 的最適選擇分別為 e^A、a 和 b 三點。值得注意的是，當相對價格為預算線 L_0 的斜率時，A 的最適選擇就是他原所擁有的稟賦，因而在這種情況下，A 不須與他人進行交換，即已達到最大效用。除此以外，在任何其他相對價格下，A 的

圖 17.7

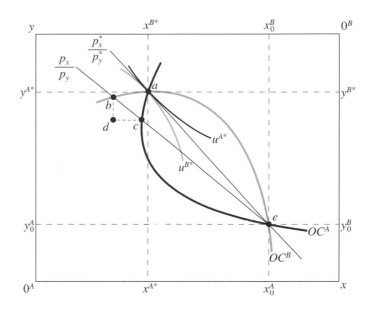

最適選擇均會異於 e^A，而有與他人進行交換的動機。由圖我們知道，當相對價格為預算線 L_1 之斜率時，A 之最適選擇為 a，因此他希望以 X 產品交換 Y 產品；反之，當相對價格為預算線 L_2 之斜率而均衡為 b 點時，他希望以 Y 產品與他人交換 X 產品。我們可以重複不同的 p_x 和 p_y，然後將所得到的最適點連接起來，即成為圖上之提供曲線。此提供曲線有兩個重要性質：

(1) 它只位於無異曲線 u_0^A 的右上方；事實上，提供曲線本身及無異曲線 u_0^A 乃同時與預算線 L_0 相切於點 e^A（為什麼？）。

(2) 提供曲線上任何一點必有一無異曲線與某一預算線相切。

第 (2) 點事實上只是將上述提供曲線導出的過程反過來陳述而已；這是一個很重要，但許多同學在引用提供曲線時常常忽略的性質，值得特別注意。

了解了提供曲線的意義和性質後，現在我們可以在箱形圖中畫出 A、B 兩人的提供曲線。圖 17.7 中，A、B 兩人的提供曲線 OC^A 和 OC^B，除了通過稟賦點 e 之外，並相交於 a 點。我們可以證明，連接 e 和 a 兩點

的直線的斜率即是競爭均衡價格 p_x^* / p_y^*。首先，a 點同時位於 A、B 兩人的提供曲線上。根據提供曲線的性質，a 點乃是 A、B 兩人在預算線為 ae 時的最適點。由於 u^{A*}、ae 和 u^{B*} 同時切於 a 點，故在該點

$$MRS_{xy}^A = \frac{p_x^*}{p_y^*} = MRS_{xy}^B \tag{17.10}$$

因而達到經濟效率。其次，在 p_x^* / p_y^* 的價格下，A 願以 $x_0^A - x^{A*}$ 的 X 交換 $y^{A*} - y_0^A$ 的 Y，這剛好與 B 願以 $y_0^B - y^{B*}$ 的 Y 交換 $x^{B*} - x_0^B$ 的 X 意願一致，即

$$x_0^A - x^{A*} = x^{B*} - x_0^B$$

$$y^{A*} - y_0^A = y_0^B - y^{B*}$$

但這兩個等式正代表 X 和 Y 兩個產品市場達到均衡，由此可知 p_x^* / p_y^* 是一競爭均衡價格。為了進一步理解均衡市場相對價格的意義，讀者可檢視對應於相對價格 p_x / p_y 的預算線 bce。雖然在此情況下，b 點和 c 點分別可使 B 和 A 達到效用極大，但在此相對價格下，市場上對 X 會有超額需求 cd，對 Y 會有超額供給 bd（為什麼？），因而 p_x / p_y 並非均衡價格。透過市場競爭機能，此相對價格必會逐漸上升，直至 p_x^* / p_y^* 為止。

總結而言，我們可直接以 A、B 兩人的提供曲線決定市場均衡價格。又因 OC^A 和 OC^B 在 e 之外的另一個交點上滿足 (17.10)，所以此交點必然位於契約線上（但何以 e 點通常並不在契約線上？），這正是福利經濟學第一定理所告訴我們的結果。事實上，利用前面有關提供曲線的第 (1) 個性質，我們可進一步知道這個交點必然位於此經濟體系的核心。

利用提供曲線，我們可以如部份均衡分析般，探討獨佔市場的效率或福利損失。在第十三章中我們提及，獨占者可因其擁有的獨占力量，將市場價格提高至其邊際成本之上，以攫取獨占利潤，但卻因而導致無謂損失。這種現象，在一般均衡下，並沒不同。如果我們想像，一個交換經濟體系中的消費者 B 具有獨佔力量，並清楚知道 A 的提供曲線為圖 17.8 中的 OC^A。由提供曲線的意義我們知道，只要 B 決定任何相對價格，則 A 的最適選擇都是在 OC^A 與其預算線的交點。反過來說，只要 B 在 OC^A 上選定任何一點，則此點與 e 點相連的直線所決定的相對價格，必

圖 17.8

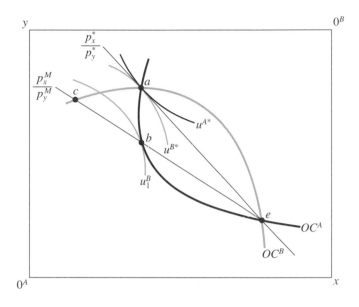

然使 B 所選定的點成為 A 的最適選擇。由此可知，B 為了使自己效用達到最大，必然會在 A 的提供曲線上，選取與自己無異曲線相切的那一點來決定價格。圖 17.8 中，若 B 為價格接受者的提供曲線為 OC^B，由前面的討論，我們知道 p_x^*/p_y^* 為競爭市場均衡價格，點 a 則為競爭均衡分配 (competitive equilibrium allocation)。由圖可清楚看到，在競爭均衡分配點 a，B 的無異曲線 u^{B*} 並不與 OC^A 相切，因此 a 點並不是 OC^A 上使 B 的效用達到最大的點。如果我們嘗試通過 OC^A 線上其他點的 B 的無異曲線，我們會發現，只有在 b 這點，是 B 的無異曲線與 OC^A 相切的點。換句話說，在 OC^A 上，b 點可使 B 的效用達到極大值 u_1^B。因此，獨占者 B 可決定價格 p_x^M/p_y^M，迫使 A 交易於 b 點以使自己的效用達到極大。比較 a 和 b 兩個均衡，讀者應可很輕易查證：

(1)　$p_x^M/p_y^M < p_x^*/p_y^*$，也就是說，在 B 為獨占者的情況下，他所提供的產品 (Y) 的相對價格上升了。因此，他提供相同數量的 Y，在獨占的情形下，所能換回的 X 較他是價格接受者的情形下來得多。以經濟學的術語來說，B 的貿易條件 (terms of trade) 改善了。反之，A 的

貿易條件當然是惡化了（為什麼？）。

(2) B 的效用上升，而 A 的效用下降（讀者務必確定，何以 A 的效用下降）。

(3) B 的獨占行為帶來了無謂損失。為什麼呢？根據提供曲線的定義，我們知道，當價格為 p_x^M / p_y^M 時，B 的無異曲線與預算線相切於 c 點，因而在 b 點必然是 $MRS_{xy}^B \neq p_x^M / p_y^M$。但另一方面，$b$ 點在 A 的提供曲線 OC^A 上，因此必滿足 $MRS_{xy}^A = p_x^M / p_y^M$。由此可知在 b 點 $MRS_{xy}^A \neq MRS_{xy}^B$，故 b 點並不在此經濟體系的契約線上，未達到經濟效率。這種經濟效率的損失就是一種無謂損失，因為我們知道，在此情況下進一步交換可達到柏萊圖改進。經濟學上常將 $MRS_{xy}^A \neq MRS_{xy}^B$ 的現象稱為市場上存在「扭曲」(distortion)。任何價格制定者透過其所擁有的價格影響力，制定價格並由而導致扭曲的現象，稱為價格扭曲 (price distortion)，而其所導致的效用（或福利）損失稱為扭曲損失 (distortion loss)。

最後，我們可以利用提供曲線說明，即使在消費者偏好相當「完美」的情況下，競爭均衡也未必是唯一的，而可能會有多重均衡 (multiple equilibria)。圖 17.9 中，OC^A 和 OC^B 形狀雖然有點怪異，但他們卻可能來自很平常的效用函數。不論如何，此兩人的提供曲線相交於 a、b、c 三點，因而此交換經濟體系有三個可能的競爭均衡價格 p_x^1 / p_y^1、p_x^2 / p_y^2 和 p_x^3 / p_y^3。基本上，當我們解出這三個均衡時，我們並不知道哪一個均衡價格會真正在市場上實現。不過，如果你對前面的圖 17.7 中，價格如何由 p_x / p_y 調整到 p_x^* / p_y^* 的過程確實了解的話（確定嗎？），你會發現，當價格稍微偏離 p_x^1 / p_y^1 時，市場上會自動產生調節力量，使價格進一步偏離 p_x^1 / p_y^1。反之，當價格稍微偏離 p_x^2 / p_y^2 或 p_x^3 / p_y^3 時，市場力量會使價格調回到此兩均衡價格。換句話說，均衡價格 p_x^1 / p_y^1 的出現乃是相當偶然的，必須一開始市場就處於這個均衡狀態，才有可能達到。反之，只要一開始市場價格不是 p_x^1 / p_y^1，自由競爭的力量終會使市場價格調整至 p_x^2 / p_y^2 或 p_x^3 / p_y^3，因而後兩組相對價格發生的可能性就大多了。在經濟分析中，我們稱 p_x^1 / p_y^1 這種均衡為不穩定均衡 (unstable equilibrium)、而 p_x^2 / p_y^2 和 p_x^3 / p_y^3 為穩定均衡 (stable equilibrium)。在絕大部分的情況下，穩定均衡才是我們探討的對象。

圖 17.9

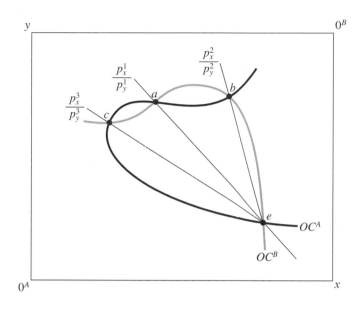

福利經濟學第二定理

福利經濟學第一定理告訴我們,在市場為完全競爭的情況下,市場自由
運行所決定的均衡,必然達到經濟效率,即均衡點必然在此經濟體系的
契約線上。但我們必須特別強調,經濟效率或柏萊圖最適境界,純粹是
技術性觀念。只要經濟個體無法再透過交易達到柏萊圖改進,即已達到
經濟效率,因此,它與市場結構或經濟制度沒有任何關係。福利經濟學
第一定理只不過是說,如果市場真的是完全競爭的話,那麼其所決定的
均衡必然滿足經濟效率而已。切記,競爭均衡只是達到經濟效率的可能
方式之一,而不是非得透過競爭市場才能達到經濟效率。其次,如前所
提,即使競爭均衡導致經濟效率,這也只不過是說資源的配置沒有浪
費,沒有「無效率」的狀況發生,而不包含對於此均衡的任何評價。我們
最多只能說,不在契約線上的均衡,不可能是個最適或最好的均衡(為什
麼?),但我們卻完全不知道,契約線上到底哪一點最適或最好。因為
「好」或「壞」,或是更明確點,「公平」或「不公平」,都含有主觀的價值
判斷,而無法由技術性的客觀方法來判定。當一個經濟體系由不同的消

圖 17.10

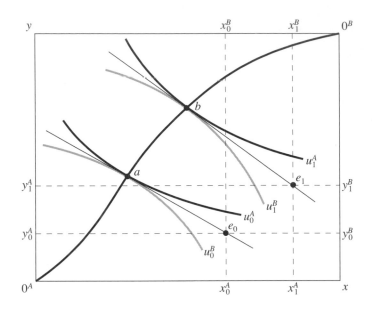

費者組成，而不同的消費者又有不同的價值判斷時，社會上最適的資源
分配就得透過各種機制來共同決定。一般而言，不管以哪一種機制所決
定出來的社會最適 (social optimum) 分配，與競爭均衡所決定的資源分配
是不太可能相同的。

　　在圖 17.10 中，假定原始稟賦點為 e_0，且唯一競爭均衡點為 a，此
時 A、B 兩人的效用分別為 u_0^A、u_0^B。然而，如前所述，均衡點 a 並不見
得是此經濟體系中大家所共同接受的最適點。如果假定，透過某種社會
機制，大家同意 b 點才是最適的分配，那麼最直接的問題是，如何達到
此社會最適點 b？顯然地，如果完全不加以干預而讓市場自由運行的話，
經濟體系會停留於 a 點而非 b 點。當然，在一個完全計畫經濟體系下，
只要計畫主持者能確定社會最適點為 b，就可直接將資源重分配到 b 點。
不過，在此重要的是，只要能確定社會最適點為 b，那麼在適當的條件
下，我們只要將原始稟賦點加以「重分配」(reallocation)，但不用直接干
預市場的運行，就可使 b 點成為新稟賦下的競爭均衡。以圖 17.10 而言，
我們可很清楚看到，只要將稟賦點 e_0 加以調整，使新的稟賦點位於直線

be_1 上（如 e_1 點），則在均衡為唯一的假設下，b 點就會成為競爭均衡；於是，透過適當的稟賦（或所得）重分配（由 e_0 點到 e_1 點可視為將 B 的部份所得移轉給 A，或 B 將部份 X 和 Y 產品移轉給 A），市場機能不但達成經濟效率，也達到了社會最適點。這個結果就是所謂的**福利經濟學第二定理** (the second theorem of welfare economics)。

將福利經濟學第一定理和福利經濟學學第二定理加以結合，我們可得到：競爭均衡必然達到經濟效率；反之，在適當的假設下，契約線上任何一點，均可透過適當的所得或資源重分配，成為一競爭均衡。

上面的敘述，給我們福利經濟學第二定理只不過是福利經濟學第一定理的逆定理的感覺。這種看法基本上沒錯，但並不完全對。主要的問題在於，如果仔細回憶的話，讀者會發現，在談論福利經濟學第一定理的時候，我們幾乎沒有談到任何前提條件，但在敘述福利經濟學第二定理時，則一定加上「適當的條件」或「適當的假設」，由此可見，福利經濟學第二定理的成立，是有比較嚴格的要求。現在我們來看這「適當的條件」到底是什麼。第一個條件是 A、B 兩人的偏好必須都是（嚴格）凸性，亦即兩人的 MRS 必須都是遞減。當這個假設不成立時，福利經濟學第二定理就可能不成立。圖 17.11 中，A 的無異曲線為正常的（嚴格）凸性，但 B 的無異曲線則不具備這個性質。圖中 a 為 u_0^A 與 u_0^B 相切之點，故 $MRS_{xy}^A = MRS_{xy}^B$，而為契約線上的點。由前面的討論及圖 17.11，我們發現，可能使 a 點成為競爭均衡的預算線為 ae；但由圖上我們也清楚看到，在此預算線下，a 雖然為 A 的最適選擇，但 B 的最適選擇則是 b 點。因此，a 點事實上不可能成為一競爭均衡，而福利經濟學第二定理也就不成立了。

接著我們來看第二個條件，即競爭均衡必須是唯一。前面我們提過，只要要消費者偏好均為（嚴格）凸性，則競爭均衡的存在就不是問題，但這並無法排除多重均衡的可能性。在超過一個以上均衡的狀況下，這些均衡通常是有些為穩定均衡，有些為不穩定均衡。以圖 17.9 來說，a 為不穩定均衡，而 b 和 c 都是穩定均衡。現在假定 a 點為此經濟體系成員所共同決定的最適點，那麼即使透過所得重分配或資源移轉，將稟賦點移到 ea 線上，除非價格也正好是 p_x^1 / p_y^1，否則市場自由運行所產生的競爭均衡也絕不會是 a 點。在這種情況下，我們就無法宣稱，契

圖 17.11

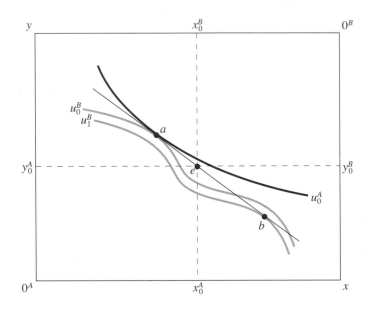

約線上任何一點都可經由自由市場來達到，而福利經濟學第二定理也就不成立了。這也是為什麼我們必須假定市場有唯一競爭均衡的理由，因為若要分析有意義，這個唯一的均衡必須是個穩定均衡。在此，我們要提醒讀者，在絕大部份個體經濟學教本中，均未明確作此假設。基本上，這並不能說是不對，重要的是，在沒有「競爭均衡為唯一」這個條件時，福利經濟學第二定理必須略作修正，成為「當消費者的偏好皆為凸性時，契約線上任何一點，在適當的所得或資源重分配下，均『可能』成為一競爭均衡」。注意，在此契約線上任何一點成為競爭均衡只是一種「可能」，而不是「必然」的結果。很可惜的，絕大部份教本雖然忽略了這個假設，但卻未對此定理作上述必要的修正，而誤導其經濟與政策含意。

　　上面討論中，我們假定社會中所有人共同接受的最適點已經選出。然而，只要這個社會最適點無法決定，那麼福利經濟學第二定理也就無用武之地了。因此，更基本的問題是，社會最適點如何決定？這是個相當棘手的問題，屬於社會選擇 (social choice) 的範疇，我們留待下一章再

圖 17.12

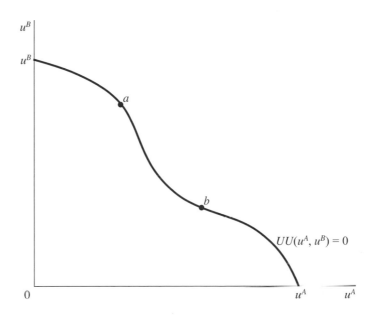

來討論。但在此,我們利用簡單的交換經濟模型,大略指出思考的方向。

　　我們的目的是在契約線上,找出社會所共同接受的最適點。因契約線上的點,除了代表不同的分配外,它還告訴我們 A、B 兩人在各不同分配下所獲得的效用。因此,我們可將社會的選擇過程,看成是決定 A、B 兩人效用如何組合,方可使大家滿意的過程。為了便於說明,我們可將契約線上 u^A 和 u^B 的值「映射」(mapping) 到 u^A-u^B 平面上。以圖 17.10 中之契約線 $0^A ab 0^B$ 為例,我們可由 0^A 出發,將其上各點的 u^A 和 u^B 值映射到圖 17.12 中。圖 17.10 中,0^A 點代表所有產品均為 B 所有,故 A 沒有消費任何東西,我們可將 A 的效用視為 0,即 $U^A(0, 0) = 0$,而 B 的效用則達到 $U^B(x_0, y_0) = \bar{u}^B$,故此點可以圖 17.12 中縱軸上的 $\bar{u}^B$ 點來表示。當沿著契約線由 0^A 往 0^B 移動時,我們知道 u^A 逐漸增加,u^B 則不斷下降,故在圖 17.12 中,所映射出來的為一負斜率的曲線,其中 a、b 和 $\bar{u}^A = U^A(x_0, y_0)$,分別對應於圖 17.10 的 a、b 和 0^B 點。由契約線的意義,我們知道,圖 17.12 中 $\bar{u}^B ab \bar{u}^A$ 這條線告訴我們,給定其中一人的效用下,

另一人所能達到的最大效用。因此，我們將其稱為效用可能曲線 (utility possibility frontier)，或以數學符號表示 $UU(u^A, u^B) = 0$。值得一提的是，雖然效用可能曲線必定是負斜率，但它未必有諸如凸性、凹性等性質，因為效用函數並非唯一，我們可隨時將 u^A 或 u^B 作正的單調轉換而得到不同形狀的效用可能曲線。

　　現在的問題是，此經濟社會如何在效用可能曲線上選取其認為最適的點。如前所提，這是一個主觀價值判斷的問題，它需要整個社會的共識，因而所謂的最適點，必然受到各經濟社會的倫理觀念、風俗習慣、宗教信仰等因素的影響。不過，從純理論的層次來看，如果我們能找到一個排列各種 (u^A, u^B) 組合優劣順序的機制，我們應可由效用可能曲線上找出最適的點。因此，我們嘗試一定義於 u^A-u^B 平面的社會福利函數 (social welfare function) $W(u^A, u^B)$；此社會福利函數將賦予最適的 (u^A, u^B) 最高的福利水準，而隨著 (u^A, u^B) 優先性的下降，減少其所賦與的福利水準。有了社會福利函數以後，此經濟社會所面對的問題即成為

$$\max_{u^A, u^B} W(u^A, u^B)$$

$$\text{s.t.} \quad UU(u^A, u^B) = 0$$

由我們熟悉的拉格朗日法，我們可輕易得到社會最適點應滿足下列邊際條件（導導看！）

$$\frac{\dfrac{\partial W}{\partial u^A}}{\dfrac{\partial W}{\partial u^B}} = \frac{\dfrac{\partial UU}{\partial u^A}}{\dfrac{\partial UU}{\partial u^B}}$$

由上式我們得知，社會最適點乃是某一等福利曲線 (iso-welfare curve) 與效用可能曲線相切的點。這個原理和消費者在預算限制下求效用極大完全相同，只不過在這兒預算線為效用可能曲線，並不一定是直線罷了。圖 17.13 繪出 W_0、W_1 和 W_2 $(W_0 < W_1 < W_2)$ 三條等福利曲線，其中 W_1 和效用可能曲線切於 a 點。因此，契約線上對應於 a 點的分配，即是此經濟體系所欲追求的最適點。在最適點決定以後，福利經濟學第二定理就可加以引用了。

圖 17.13

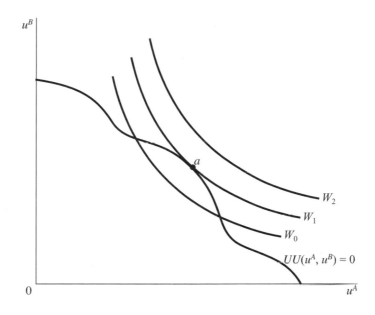

最後，我們必須強調，圖 17.13 中的等福利曲線，乃是為了作圖方便而「假設」的，其實際形狀如何，乃由社會福利函數 $W(u^A, u^B)$ 的形式決定。在下一章中，我們將較詳細地介紹一些經濟學上較為廣泛使用的社會福利函數。

18 一般均衡與福利經濟學：生產經濟

前一章，我們利用簡單的交換經濟模型，介紹了一般均衡分析中經濟效率（柏萊圖最適境界）、契約線、競爭均衡等重要觀念，並闡明競爭市場如何達到經濟效率（福利經濟學第一定理），以及如何透過所得重分配或資源重分配，使競爭均衡與社會的最適選擇一致（福利經濟第二定理）。在本章中，我們要將交換經濟模型加以擴展；明確地說，我們不再假定 X 和 Y 兩種產品為給定的稟賦 x_0 和 y_0，而是允許 X 和 Y 由競爭市場廠商經由利潤極大化的過程決定其供給量。如此一來，經濟體系的選擇就包括了 X 和 Y 產量的決定，以及 X 和 Y 產量決定後，如何將其分配於 A、B 兩位（類）消費者兩個部份。顯然地，在 X 和 Y 的產量決定之後，接下來的分析，就回到了交換經濟的情形。因此，在這裡我們討論的重點是在 X 和 Y 產量的選擇上。

18.1 含生產行為的一般均衡理論

我們假定 X 和 Y 兩產品均以資本 K 和勞動力 L 為生產要素，其生產函數為

$$x = f(K_x, L_x)$$
$$y = g(K_y, L_y)$$

上兩式中，K_x 和 L_x 分別代表使用於 X 產品生產的資本量和勞動力，K_y 和 L_y 分別代表使用於 Y 產品生產的資本量和勞動力。假定整個經濟體系所擁有的資本量和勞動力為固定的 K_0 和 L_0，則在生產資源沒有投閒置散的情形下，我們可寫出下列資源限制式

$$L_x + L_y = L_0$$
$$K_x + K_y = K_0$$

圖 18.1

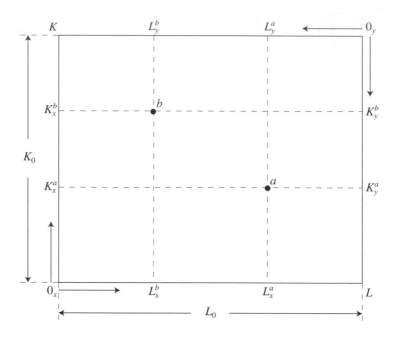

從整個經濟體系的觀點來看，在決定生產那些數量的 (x, y) 之前，我們
得先決定如何將有限的資源或生產因素 (K_0, L_0) 在 X 和 Y 兩部門間做最
有效的配置，以免發生資源浪費現象。何謂生產因素的有效配置 (efficient
allocation of inputs) 呢？我們可直接引用柏萊圖最適境界的概念來定義：
所謂生產因素的有效率配置，是指我們無法經由資源在 X 和 Y 兩部門的
移動，以增加其中一種產品的產量而不以另一種產品的減少為代價。當
這種生產上的柏萊圖最適境界達到時，我們也常稱此經濟體系在生產方
面已達到技術效率 (technically efficient)。敏感的讀者或許已經發現，在
這樣的定義下，找出滿足技術效率的因素配置的方法，應該是與交換經
濟中找出契約線的方法相同。事實正是如此，現在我們就分別利用箱形
圖與數學方法來說明及導出生產契約線 (production contract curve) 和生
產可能曲線。

生產契約線

圖 18.1 的箱形圖和和圖 17.2 基本上一樣，所不同的是水平長度代表此
經濟體的總勞動力 L_0，而高度代表總資本量 K_0；另外，左下角為 X 產

圖 18.2

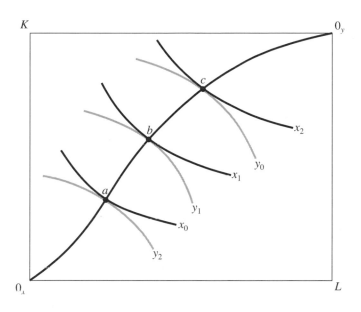

品的原點 0_x，右上角為 Y 產品的原點 0_y。很明顯地，箱形圖中任何一點
均代表 K 和 L 兩種資源在 X 和 Y 兩部門間的配置。例如，點 a 代表 X 部
門使用了 L_x^a 的勞動力與 K_x^a 的資本；Y 部門使用了 L_y^a 的勞動力與 K_y^a 的
資本。而點 b 則代表 X 部門使用了 L_x^b 的勞動力與 K_x^b 的資本；Y 部門使
用了 L_y^b 的勞動力與 K_y^b 的資本。我們可在箱形圖中，以 0_x 和 0_y 為原點，
分別繪出 X 和 Y 兩產品的等產量線，並透過等產量線相切之點連接而成
圖 18.2 中的生產契約線 $0_x abc 0_y$。這些過程與交換經濟中由 A、B 兩人無
異曲線求取契約線完全相同。如果讀者暫時忽略圖 18.2 中箱形圖兩軸的
符號，事實上，我們並無法區別其與圖 17.3 的不同。最後，從數學的觀
點來看，我們也可由

$$\max_{K_x, L_x, K_y, L_y} x = f(K_x, L_x)$$

$$\text{s.t.} \quad y_0 = g(K_y, L_y)$$

$$L_x + L_y = L_0$$

$$K_x + K_y = K_0 \tag{18.1}$$

求出契約線，即是所有滿足

$$MRTS_{LK}^x = MRTS_{LK}^y$$

的點所構成。我們不在此重複數學推導過程，而以下面的例子來加以說明。

【例 18.1】

假定一經濟體系擁有的勞動力和資本量為 (K_0, L_0)，X 和 Y 的生產函數分別為

$$x = K_x^{1/2} L_x^{1/2}$$

$$y = K_y^{1/3} L_y^{2/3}$$

試求其生產契約線。

【解答】

利用 (18.1) 最後兩資源限制式消去 L_y、K_y，可將對應於 (18.1) 的拉格朗日函數寫成

$$\mathcal{L} = K_x^{1/2} L_x^{1/2} + \lambda(y_0 - (K_0 - K_x)^{1/3}(L_0 - L_x)^{2/3})$$

其一階條件為

$$\frac{\partial \mathcal{L}}{\partial L_x} = \frac{1}{2} K_x^{1/2} L_x^{-1/2} + \frac{2}{3} \lambda(K_0 - K_x)^{1/3}(L_0 - L_x)^{-1/3} = 0 \tag{a}$$

$$\frac{\partial \mathcal{L}}{\partial K_x} = \frac{1}{2} K_x^{-1/2} L_x^{1/2} + \frac{1}{3} \lambda(K_0 - K_x)^{-2/3}(L_0 - L_x)^{2/3} = 0 \tag{b}$$

$$\frac{\partial \mathcal{L}}{\partial \lambda} = y_0 - (K_0 - K_x)^{1/3}(L_0 - L_x)^{2/3} = 0 \tag{c}$$

由 (a) 和 (b) 可解得

$$\frac{K_x}{L_x} = 2 \frac{(K_0 - K_x)}{(L_0 - L_x)} = \frac{2K_y}{L_y} \tag{d}$$

讀者應可輕易驗證，上式左、右兩邊分別為 X 和 Y 兩部門的邊際技術替

圖 18.3

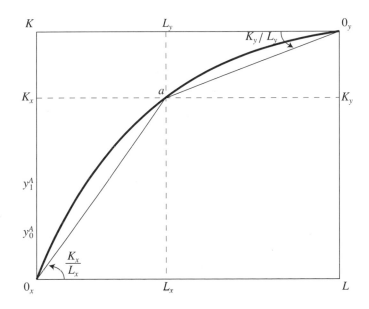

代率 $MRTS_{LK}^x$ 和 $MRTS_{LK}^y$，因而此式反映了前面所提，生產契約線乃是所有滿足 $MRTS_{LK}^x = MRTS_{LK}^y$ 之點所形成的集合。將 (d) 進一步求解可得到

$$K_x = \frac{2K_0 L_x}{L_0 + L_x} \tag{e}$$

此即是以 0_x 為原點來表示的生產契約線方程式。很明顯地此契約線通過 0_x 和 0_y 兩點（為什麼？）。又因

$$\frac{dK_x}{dL_x} = \frac{2K_0 L_0}{(L_0 + L_x)^2} > 0$$

$$\frac{d^2 K_x}{dL_x^2} = -\frac{4K_0 L_0}{(L_0 + L_x)^3} < 0$$

故知此契約線之形狀如圖 18.3 所示之凹函數。此外，我們知道由此生產契約線上任何一點與 0_x 連線，其與橫軸之夾角代表 K_x / L_x；同理，此生產契約線上任何一點與 0_y 連線，其與橫軸之夾角代表 K_y / L_y。在圖 18.3

圖 18.4

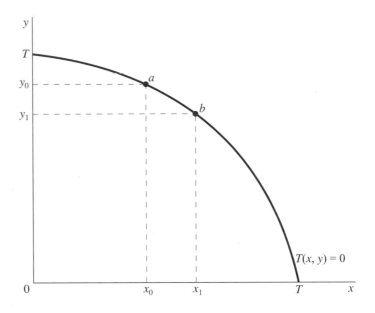

中，$a0_x$ 與下橫軸之夾角為 K_x / L_x，而 $a0_y$ 與上橫軸之夾角為 K_y / L_y。由 (d) 知，圖 18.3 之契約線必須具備，由其上任何一點所得到的 K_x / L_x 均為 K_y / L_y 的兩倍的性質。換句話說，在任何滿足技術效率的資源配置下，X 部門使用的資本勞動比率必然永遠為 Y 部門使用的資本勞動比率的兩倍。在這種情況下，我們稱 X 相對於 Y 為資本密集 (capital-intensive) 產品；反之，Y 相對於 X 為勞動密集 (labor-intensive) 產品。

生產可能曲線

在上一章交換經濟的討論中，我們曾說明效用可能曲線的意義，並詳述了如何由交換契約線 (圖17.10) 導出效用可能曲線 (圖17.12)。在此我們可經由完全相同的方法，將圖 18.2 的生產契約線映射到 x-y 平面上，以導出圖18.4 的生產可能曲線 $T(x, y) = 0$。生產可能曲線告訴我們，在給定生產資源、生產技術及 X 的數量下，此經濟體所能生產的最大的 Y 的數量；或在給定的生產資源、生產技術及 Y 的數量下，此經濟體所能生

產的最大的 X 的數量。此外，生產可能曲線也告訴我們，當生產組合改變時，原使用於某部門的資源，如何「轉換」(transform) 到另一個部門，以維持技術效率。因此，它也常被稱為**轉換線** (transformation curve)。

　　和效用可能曲線一樣，生產可能曲線必然如圖 18.4 所示，是一條負斜率的曲線。但生產可能曲線和效用可能曲線的相似之處僅到此而已，它們之間卻存在一個很大且很重要的差異，而這個差異的根本原因在於效用函數並非唯一。我們知道，任何效用函數的正的單調轉換均與原來的效用函數代表相同的偏好，也因此我們在描繪效用可能曲線時，除了知道其為負斜率之外，並無法確定其形狀。但是，在生產方面則不是這樣，任何一生產函數的正的單調轉換（除了極端情形，如改變產品計算單位），基本上均代表生產技術的改變。因此，只要生產技術給定，生產可能曲線的形狀也就固定下來。為了說明這點，我們先在此導出生產可能曲線的斜率。

$$\frac{dy}{dx} = \frac{dg(K_y, L_y)}{df(K_x, L_x)} = \frac{\dfrac{\partial g}{\partial K_y}dK_y + \dfrac{\partial g}{\partial L_y}dL_y}{\dfrac{\partial f}{\partial K_x}dK_x + \dfrac{\partial f}{\partial L_y}dL_x} \tag{18.2}$$

由 (18.1) 的資源限制式知

$$dL_x + dL_y = 0$$

$$dK_x + dK_y = 0$$

將其帶回 (18.2) 可得

$$\frac{dy}{dx} = -\frac{\dfrac{\partial g}{\partial K_y}dK_x + \dfrac{\partial g}{\partial L_y}dL_x}{\dfrac{\partial f}{\partial K_x}dK_x + \dfrac{\partial f}{\partial L_x}dI_x}$$

$$= -\frac{\dfrac{\partial g}{\partial K_y}\left(dK_x + \dfrac{\partial g/\partial L_y}{\partial g/\partial K_y}dL_x\right)}{\dfrac{\partial f}{\partial K_x}\left(dK_x + \dfrac{\partial f/\partial L_x}{\partial f/\partial K_x}dL_x\right)}$$

$$= - \frac{MPP_K^y \left(dK_x + MRTS_{KL}^y dL_x \right)}{MPP_K^x \left(dK_x + MRTS_{KL}^x dL_x \right)}$$

因轉換線上的點均滿足技術效率，$MRTS_{LK}^x = MRTS_{LK}^y$，故上式成為

$$\frac{dy}{dx} = - \frac{MPP_K^y}{MPP_K^x} = - \frac{MPP_L^y}{MPP_L^x}$$

上式告訴我們（讀者應確定最後一個等號何以成立），生產可能曲線的斜率（絕對值），正好是 K 或 L 兩種生產因素在兩部門的邊際實物生產量的比，一般將其稱為邊際轉換率 (marginal rate of transformation)，記成 MRT_{xy}，即

$$MRT_{xy} = - \frac{dy}{dx} = \frac{MPP_K^y}{MPP_K^x} = \frac{MPP_L^y}{MPP_L^x} \tag{18.3}$$

因此，只要我們知道生產因素的邊際實物生產量在 X 和 Y 兩部門的變化，即可得知轉換線上不同點的邊際轉換率，從而得知轉換線的形狀。

我們也可利用邊際成本的概念來闡釋轉換線的形狀。假定因素市場為完全競爭市場，而生產者所面對的資本和勞動力的價格分別為 r 和 w，則我們可將 (18.3) 改寫成

$$MRT_{xy} = \frac{r / MPP_K^x}{r / MPP_K^y} = \frac{w / MPP_L^x}{w / MPP_L^y} = \frac{MC_x}{MC_y}$$

因此，生產可能曲線上任何一點的斜率，乃是在該點所代表的生產組合下，此兩產品的邊際成本的比。現在假定兩種產品的邊際成本均為遞增（何以這個假設是合理的？），我們就可比較圖 18.4 中 a 和 b 兩點的邊際轉換率。很清楚地，由 a 點到 b 點乃代表生產資源由 Y 部門移轉到 X 部門，使 X 的生產增加，Y 的生產減少。因此，MC_x 隨 X 生產增加而上升，MC_y 隨 Y 產量減少而下降，故 b 點的邊際轉換率較 a 點大。根據這個邏輯，讀者可很輕易得到，只要 X 和 Y 兩部門的邊際生產成本均是遞增，則當生產組合由縱軸上的 T 點，持續往右下方移動到橫軸上的 T 點，MRT_{xy} 就會不斷上升，從而得到如圖 18.4 之凹向原點的生產可能曲線。

凹向原點的生產可能曲線告訴我們，當 X 產量越大（Y 產量越小）時，為了增加額外一單位 X 的生產，所須放棄的 Y 的數量就越多；也就是說生產額外一單位 X 的機會成本，隨著X產量的增加而增加。這也是為什麼這種凹向原點的生產可能曲線，常被稱為（邊際）成本遞增的原因。同樣道理，讀者可自行驗證，當圖 18.4 之轉換線為直線時，代表的是固定成本，而當轉換線為凸向原點的曲線時則代表成本遞減。

理論上，生產可能曲線可能是任何一種形狀；例如，它可能同時有一部份是成本遞增，有一部份是成本遞減，甚至有一部份是成本固定。但在經濟分析中，一般以成本遞增為主要討論對象。這有兩個原因，一方面，成本固定或成本遞減的生產可能曲線，隱含經濟體系很容易形成專業生產 X 或 Y（為什麼？），這與現實社會生產多元化的現象不一致。另一方面，在現實社會中，生產因素並不如前面模型所設定的，所有勞動力或資本均為「齊質的」(homogeneous)。事實是，勞動力的品質，資本的性質並非完全相同；因此，有些生產因素較適合生產 X，而有些生產因素較適合生產 Y。在這種情形下，假定經濟體系原本專業化生產 Y，而現在決定開始生產 X，則由生產可能曲線的意義得知，生產者必然將最適合生產 X（最不適合生產 Y）的資源先行釋出以生產 X，由於這些生產因素本就不適合生產 Y，因而所犧牲的 Y 產品自然有限。但隨著 X 產品不斷增加，自 Y 部門釋出的生產因素將越來越不適合生產 X，因而為增加一單位 X 所需來自 Y 部門的生產因素也就越多，以致所必須放棄的 Y 的數量也就越來越大。換句話說，在生產因素非齊質的事實下，凹向原點反映成本遞增的生產可能曲線，乃是與現實最為一致的。但是，在此要特別指出，即使生產因素具有齊質性，生產可能曲線也有可能是成本遞增。事實上，當 X 和 Y 的生產函數都是固定規模報酬時，只要此兩部門所使用的資本勞動比率不同，則生產可能曲線仍然是凹向原點。雖然我們無法在此進行嚴謹的證明，但因這個結果在經濟分析上非常重要，在國際貿易理論中也一再出現，我們將在下面提供一些較為「直覺」(intuitive) 的說明。

固定規模報酬與轉換線

我們將分兩個步驟來說明上述結果。首先，我們可證明當 X 和 Y 兩部門

圖 18.5

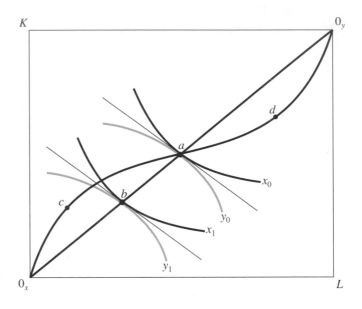

均為固定規模報酬生產技術時，生產契約線不是與箱形圖的對角線 0_x0_y 重合，就是在對角線 0_x0_y 的一邊（兩端點除外）。換句話說，在這種情形下，生產契約線不可能如圖 18.5 中之 0_xcad0_y 那種一部份在對角線 0_x0_y 之上方，另一部份在其下方。為什麼呢？這牽涉到固定規模報酬生產函數的一個重要性質，即其擴張線為由原點出發的射線（見第九章）。反過來說，當生產函數為固定規模報酬時，由原點出發的任一射線，其上任何一等產量線的斜率（或邊際技術替代率）均相等。我們利用反證法來回答上面的問題。假定生產契約線如圖 18.5 中的 0_xcad0_y，其與對角線 0_x0_y 相交於 a 點。根據契約線的定義，在 a 點必然有一 X 和 Y 的等產量線（x_0 和 y_0）彼此相切。但我們知道，由原點 0_x 出發之射線 0_xa 上的任一等產量線，如 x_1，其斜率均與 x_0 在 a 點的斜率相等。因此，等產量線 x_1 在 b 點的斜率與 x_0 在 a 點的斜率相等。同理，以 0_y 為原點來看，我們也得到 y_1 在 b 點的斜率與 y_0 在 a 點的斜率相等。由此可知，x_1 和 y_1 兩等產量線在 b 點彼此相切，故 b 點應在生產契約線上。同樣道理，我們得知，對角線 0_x0_y 上任何一點都是在契約線上。因此，在 X 和 Y 的生產

圖 18.6

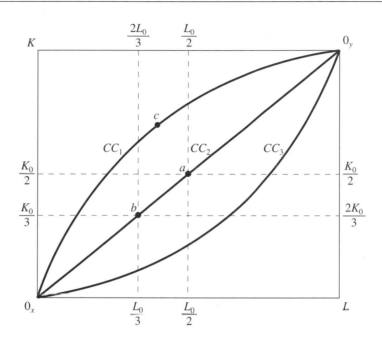

技術均為固定規模報酬的情況下,只要(兩端點除外)契約線與對角線 0_x0_y 相交,則 0_x0_y 就是契約線;反之,則契約線必不與對角線 0_x0_y 相交(端點除外),而位於 0_x0_y 的一邊。由此可知,在兩部門均為固定規模報酬時,生產契約線只能如圖 18.6 中 CC_1 之凹性,CC_2 之直線或 CC_3 之凸性三種形狀。前面【例 18.1】正是 CC_1 之情形,表示 X 為資本密集產品,Y 為勞動密集產品。CC_3 之情形則剛好相反,X 為勞動密集產品,Y 為資本密集產品。至於 CC_2,則代表 X 和 Y 兩產品永遠使用相同的資本勞動比率;在這種情形下,X 和 Y 根本可看成是完全相同的產品,因此,其對應的生產可能曲線必然為一直線(為什麼?)。

在排除了 X 和 Y 兩部門資本勞動比率相等的情形後,我們可以生產契約線 CC_1 為例來討論其對應的生產可能曲線的形狀(CC_3 的情形完全相同)。圖 18.7 中,x_M 為將所有生產資源 (L_0, K_0) 用於生產 X 產品時的 x 產量;y_M 為將所有生產資源 (L_0, K_0) 用於生產 Y 產品時的 y 產量。因此 x_M 對應於圖 18.6 中之 0_y,y_M 則對應於圖 18.6 中之 0_x。假定一開始時生產點為 x_M,現在將 $L_0 / 2$ 和 $K_0 / 2$ 自 X 的生產上撤出,用以生產 Y。由

圖 18.7

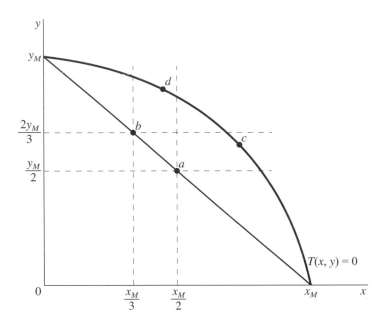

固定規模報酬的性質，我們立即知道，此時必可生產 $x_M / 2$ 和 $y_M / 2$。在圖 18.7 中，$(x_M / 2, y_M / 2)$ 正好是連接 x_M 和 y_M 這條直線的中點 a（為什麼？），而在圖 18.6 中，則對應於對角線 0_x0_y 的中點 a（為什麼？）。因此，我們知道，將一半的資本和一半的勞動力分別用以生產 X 和 Y 是一個「可能的資源配置」(feasible allocation)。不過，由圖 18.6 及生產契約線為 CC_1 的假設，我們知道，圖 18.6 中的 a 點並不是一個「有效率的配置」(efficient allocation)。我們可以設法將其移到生產契約線上，使得 X 和 Y 的生產同時增加（如圖 18.6 與圖 18.7 之 c 點）。同樣地，我們可將 $(L_0 / 3, K_0 / 3)$ 用以生產 X，$(2L_0 / 3, 2K_0 / 3)$ 用以生產 Y，而得到圖 18.6 中 b 點所代表的資源配置，以及圖 18.7 中 b 點所代表的生產組合。但，和前面的推理一樣，我們知道，圖 18.6 中 b 點和圖 18.7 上 b 點均不符合技術效率。在圖 18.7 中，符合技術效率的點必然在 b 點的東北方向，如 d 點。反覆上述過程，我們得到，除了 x_M 和 y_M 兩個端點外，直線 y_Mx_M 上任何一點均不滿足技術效率，而對應於該點，必然可在其東北方向找到滿足技術效率的點。由此可知，當 X 和 Y 兩部門均為固定規摸報酬，

圖 18.8

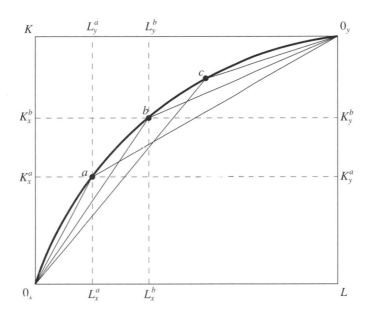

且兩部門使用的資本、勞動比率不同時，其生產可能曲線除了兩個端點，必然都位於直線 $y_M x_M$ 之外，而成為像圖 18.7 中 $y_M d c x_M$ 之凹向原點的曲線。前面我們已經說過，當生產可能曲線凹向原點時，所代表的乃是邊際成本遞增的現象。但何以在 X 和 Y 均為固定規模報酬時，生產 X 的邊際成本會隨著其產量增加而遞增呢？

圖 18.8 乃是 X 為資本密集產品下的生產契約線。現在考慮資源分配點由 a 移動到 b，再到 c，代表 X 產量不斷增加，而 Y 產量不斷下降。我們可看到，雖然 X 為資本密集產品，但隨著 X 產量的增加，其所使用的資本勞動比率則不斷下降（Y 部門呢？請小心確定你了解其意義）。為什麼呢？先來看 a 點到 b 點的情形，為了多生產 X，就必須犧牲 Y 產品的生產以釋放出資本和勞動力，供 X 生產之用。但因 Y 為勞動密集產品，X 為資本密集產品，故 Y 部門會釋放出相對於 X 部門所需還要多的勞動，以及相對少的資本，導致勞動市場有超額供給，而資本市場有超額需求的現象。為了消除因素市場的失衡，X 和 Y 兩部門均必須降低其所使用之資本勞動比率。因此，由 a 點到 b 點時，K_x / L_x 必然下降，即 K_x^a / L_x^a

$> K_x^b / L_x^b$。另一方面，由固定規模報酬生產函數的性質，我們知道（見第八章），資本與勞動的邊際技術替代率 $MRTS_{LK}^x$ 受資本勞動比率 K_x / L_x 的影響，即隨著 K_x / L_x 下降，$MRTS_{LK}^x(K_x / L_x)$ 也會下降。因此，由 a 點移到 b 點隱含 $MRTS_{LK}^x(K_x^a / L_x^a) > MRTS_{LK}^x(K_x^b / L_x^b)$。換句話說，當 X 部門所使用的資本勞動比率下降時，在 X 部門中要以勞動力替代資本的困難度也就越高。現在假定，由 b 到 c 代表與由 a 到 b 相同的 X 的增加量，則由 b 到 c 所必須犧牲的 Y 的產量，就比由 a 到 b 時的犧牲來得大，這正好反映了邊際成本遞增的現象。由此我們知道，即使 X 和 Y 兩部門均是規模報酬固定的生產技術，此經濟體系的生產可能曲線也必然是成本遞增的形狀。

最後，值得一提的是，生產可能曲線與 x、y 兩軸所圍成的區域（如圖 18.7 之 $0y_M dc x_M$）稱為生產可能集合 (production possibility set)，因為在此區域內之任一產出組合均是該經濟體系所「可能」生產的。當生產可能曲線凹向原點時，生產可能集合成為一凸集合，因此我們也常稱此生產技術為凸性生產技術 (convex technology)。讀者或許可在不同書籍，甚至同一本書中，看到生產可能集合為凸集合，凸性生產技術，生產可能曲線為凹函數，以及成本遞增的生產可能曲線等不同名詞，以致產生混淆。經過上面的說明，希望讀者可以清楚掌握這些名詞之間的相互關係，進而了解，他們事實上只是相同概念的不同表達方式罷了。

【例 18.2】
求【例18.1】中經濟體系之轉換線。

【解答】
將【例18.1】中 (e) 式

$$K_x = \frac{2K_0 L_x}{L_0 + L_x}$$

及

$$K_y = K_0 - K_x$$

$$L_y = L_0 - L_x$$

代回 X 和 Y 的生產函數

$$x = K_x^{1/2} L_x^{1/2}$$

$$y = K_y^{1/3} L_y^{2/3}$$

整理可得

$$x = \left(\frac{2K_0}{L_0 + L_x} \right)^{\frac{1}{2}} L_x \tag{a}$$

$$y = \left(\frac{K_0}{L_0 + L_x} \right)^{\frac{1}{3}} (L_0 - L_x) \tag{b}$$

由 (a) 可得到

$$L_x = \frac{x^2 + \sqrt{x^4 + 8K_0 L_0 x^2}}{4K_0}$$

將其代入 (b)，再經一些頗為複雜的演算程序解出

$$y = \frac{4K_0 L_0 - x^2 - \sqrt{x^4 + 8K_0 L_0 x^2}}{\left(16K_0 \left(4K_0 L_0 + x^2 + \sqrt{x^4 + 8K_0 L_0 x^2} \right) \right)^{\frac{1}{3}}}$$

此即轉換線方程式。讀者可查證，此曲線通過 $(K_0^{1/2} L_0^{1/2}, 0)$ 和 $(0, K_0^{1/3} L_0^{2/3})$ 兩點，且具有負斜率，即 $dy/dx < 0$。其二階導數 $d^2 y / dx^2 < 0$ 的求解相當困難，我們不在此加以推導。圖 18.9 為假定 $K_0 = L_0 = 1$ 及 $K_0 = L_0 = 4$ 兩種情形下所得的兩條轉換線，和我們前面的推論一致，它們均凹向原點，代表成本遞增的轉換線。

最適產出、消費組合

我們已經知道

(1)　要達到技術效率，生產組合必須在生產可能曲線上面。

圖 18.9

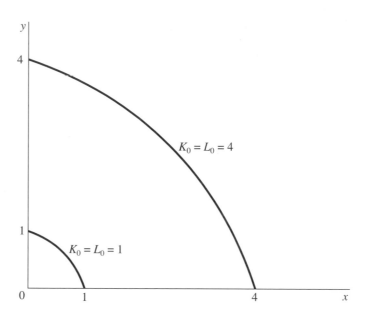

(2) 在選定生產組合後，這些產品的分配必須在契約線上，方能達到消
費上的分配效率。

現在問題是，如何選取生產點和消費點，以同時達到生產上的技術效率
和消費上的分配效率，或柏萊圖最適境界。很明顯地，由 (2)，我們知道
消費組合必須在契約線上而滿足 $MRS_{xy}^A = MRS_{xy}^B$。現在假定如圖 18.10 中
所示，我們選取生產組合 a 或 (x_0, y_0)，則我們可形成如圖中之箱形圖
$0y_0ax_0$。假定對應於此箱形圖的契約線為 $0cba$。因為契約線上的點均滿足
$MRS_{xy}^A = MRS_{xy}^B$，故我們必須決定，到底其上哪一個分配點才是有效率的
分配。為解決這個問題，我們得回顧 MRS_{xy} 和 MRT_{xy} 的意義。首先，在
a 點的邊際轉換率告訴我們，技術上多生產一單位的 X 所必須犧牲的 Y
的數量，即生產 X 的邊際成本。其次，A、B 兩人相同的邊際替代率則
告訴我們，此兩人在某一消費組合下，為了多消費一單位的 X 所願意放
棄的 Y 產品的消費量。從整個社會的觀點來看，只要多生產一單位 X 的
邊際成本與消費者為多消費一單位 X 所願意放棄的 Y 不同，就可透過消
費組合或生產組合的改變來提高效率。在圖 18.10 中，我們假定 c 點的

圖 18.10

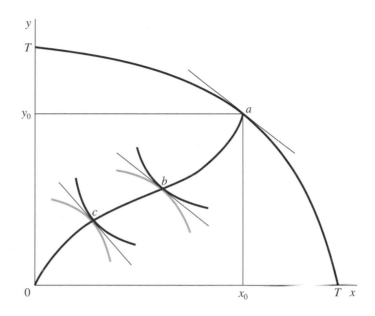

$MRS_{xy}^A = MRS_{xy}^B$ 大於轉換線在 a 點的 MRT_{xy}。也就是說，當生產組合為 a 而消費組合為 c 時，A 和 B 兩位消費者為多消費一單位 X 所願意放棄的 Y，超過生產額外一單位 X 的邊際成本。但這代表在 (a, c) 的生產、消費組合下，增加 X 的消費或生產都可進一步提高效率，故為了達到柏萊圖最適境界，消費點應由 c 往 b 的方向移動，而生產點則應往東南方向調整；當然，這兩者也可同時進行。反之，若 b 點的邊際替代率剛好與 a 點的邊際轉換率相等，A、B 兩人此時對 X 的邊際評價剛好與生產 X 的邊際成本相同，故無法再透過生產或消費組合的改變來增進 A 或 B 的效用，因而 b 所代表的消費組合配上 a 所代表的生產組合即已達到柏萊圖效率：我們不可能提高 A 或 B 的效用而不以另一人效用的降低為代價。

總結而言，在含有生產活動的一般均衡體系中，柏萊圖最適境界的條件包括：

(1) 生產因素配置效率（或技術效率）

$$MRTS_{LK}^x = MRTS_{LK}^y \tag{18.4}$$

如此方可使生產組合在生產可能曲線上。

(2) 消費分配效率

$$MRS_{xy}^A = MRS_{xy}^B \tag{18.5}$$

(3) 產出、消費組合效率

$$MRS_{xy}^A = MRS_{xy}^B = MRT_{xy} \tag{18.6}$$

數學分析

接下來，我們將以數學分析法來導出柏萊圖效率的條件。事實上，除了產品組合並非給定，而是在生產可能曲線上外，整個求導的方法和過程與 (17.1) ~ (17.5) 完全相同。我們可將所面對的問題寫成

$$\max_{x^A,y^A,x^B,y^B} U^A(x^A, y^A)$$

$$\text{s.t.} \quad U^B(x^B, y^B) = u_0^B$$

$$x^A + x^B = x$$

$$y^A + y^B = y$$

$$T(x, y) = 0$$

其中 $T(x, y) = 0$ 代表生產可能曲線。對應於此問題之拉格朗日函數可寫成

$$\mathcal{L} = U^A(x^A, y^A) + \lambda_1(u_0^B - U^B(x^B, y^B)) - \lambda_2 T(x^A + x^B, y^A + y^B)$$

上式中 λ_1 和 λ_2 為拉格朗日乘數。一階條件為：

$$\frac{\partial \mathcal{L}}{\partial x^A} = \frac{\partial U^A}{\partial x^A} - \lambda_2 \frac{\partial T}{\partial x} = 0 \tag{18.7}$$

$$\frac{\partial \mathcal{L}}{\partial y^A} = \frac{\partial U^A}{\partial y^A} - \lambda_2 \frac{\partial T}{\partial y} = 0 \tag{18.8}$$

$$\frac{\partial \mathcal{L}}{\partial x^B} = -\lambda_1 \frac{\partial U^B}{\partial x^B} - \lambda_2 \frac{\partial T}{\partial x} = 0 \tag{18.9}$$

$$\frac{\partial \mathcal{L}}{\partial y^B} = -\lambda_1 \frac{\partial U^B}{\partial y^B} - \lambda_2 \frac{\partial T}{\partial y} = 0 \qquad (18.10)$$

$$\frac{\partial \mathcal{L}}{\partial \lambda_1} = u_0^B - U^B(x^B, y^B) = 0 \qquad (18.11)$$

$$\frac{\partial \mathcal{L}}{\partial \lambda_2} = -T(x, y) = 0 \qquad (18.12)$$

由 (18.7) 和 (18.8) 可得到

$$\frac{\frac{\partial U^A}{\partial x^A}}{\frac{\partial U^A}{\partial y^A}} = \frac{\frac{\partial T}{\partial x}}{\frac{\partial T}{\partial y}} \qquad (18.13)$$

由 (18.9) 和 (18.10) 可得到

$$\frac{\frac{\partial U^B}{\partial x^B}}{\frac{\partial U^B}{\partial y^B}} = \frac{\frac{\partial T}{\partial x}}{\frac{\partial T}{\partial y}} \qquad (18.14)$$

由 (18.13) 和 (18.14)，我們立即得到 (18.5)，$MRS_{xy}^A = MRS_{xy}^B$。

將 (18,12) 全微分可求得轉換線的斜率

$$\frac{dy}{dx} = -\frac{\frac{\partial T}{\partial x}}{\frac{\partial T}{\partial y}}$$

因此，$(\partial T / \partial x) / (\partial T / \partial y)$ 正好是 MRT_{xy}，於是 (18.13) 和 (18.14) 隱含 $MRS_{xy}^A = MRS_{xy}^B = MRT_{xy}$，此即 (18.6)。此外，因 X 和 Y 必須在轉線上，故知滿足技術效率 (18.4)。

柏萊圖效率的進一步探討

前面討論柏萊圖效率過程中，我們只是導出達到此境界的消費和產出組合所必須滿足的條件，而未曾觸及滿足這些條件的解是否真的存在，或

圖 18.11

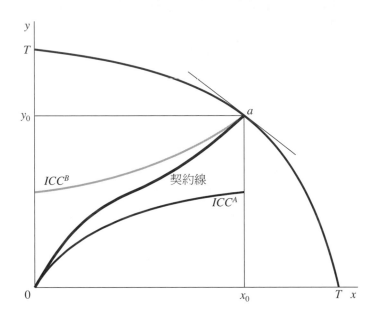

者在解存在時，這個解是否為唯一解的問題。雖然，在本書中，我們無法深入探討這些問題，但因其在下面的福利經濟分析上具有重要的意義，我們將在此簡要加以介紹。

　　現在以圖 18.11 來說明。假定 a 為轉換線 TT 上任意一個點，而對應於 a 點的邊際轉換率為 MRT^a_{xy}。我們的問題是：在 a 和原點 0 所形成的「交換經濟」$0y_0ax_0$ 的契約線 $0a$ 上，是否能找到兩位消費者的邊際替代率 $MRS^A_{xy} = MRS^B_{xy}$ 剛好等於 MRT^a_{xy} 的分配？很顯然地，「客觀的」生產技術（反映於 MRT_{xy}）和「主觀的」消費者偏好（反映於 MRS_{xy}）之間並沒有任何必然的關係，因此滿足上述條件的點可能存在，可能不存在；可能只有一點，也可能超過一點，甚至可能有無窮多點。但是，如果這就是我們所能得到的答案，那和沒有答案根本是一樣的。我們希望能有更具體一點的結果。

　　我們首先來看如何找到這樣一個分配。因為 MRT^a_{xy} 已經固定，我們可以想像兩位消費者必須在相對價格為 $p_x / p_y = MRT^a_{xy}$ 下進行消費活動。那麼，我們可以導出 A、B 兩人的所得消費曲線 ICC^A 和 ICC^B。由所得

圖 18.12

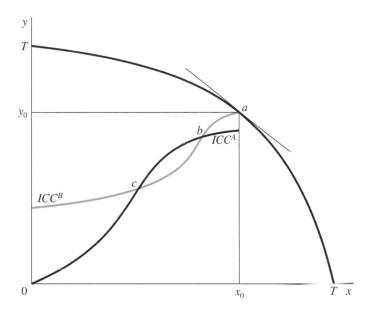

消費曲線的意義得知，只要 ICC^A 和 ICC^B 有交點，則在該點必然滿足 $MRS^A_{xy} = MRS^B_{xy} = MRT^a_{xy}$，由而我們也就找到了滿足柏萊圖效率的消費與生產組合。圖 18.11 中，ICC^A 和 ICC^B 並不相交，故在生產點為 a 的情況下，並無法找到滿足 $MRS^A_{xy} = MRS^B_{xy} = MRT^a_{xy}$ 的分配，而必須調整生產點方有可能達到柏萊圖最適境界。反之，圖 18.12 中，ICC^A 和 ICC^B 相交於 b, c 兩點，故對應於生產點 a，有兩個消費組合可達到柏萊圖效率。在這種情況下，一個重要的含意是，該經濟體系可純粹經由所得重分配方式來改變社會福利，而不影響柏萊圖效率。例如，假定該經濟體系原生產於 a 點，消費於 b 點，但因 b 點代表消費者 A 佔用了絕大部份的 X 和 Y 兩產品，有違社會公平正義的理念，則該社會可直接將部份 X 和 Y 重分配給 B，以使消費組合達到較公平的 c 點。經由這種方式，生產點既不必改變，柏萊圖效率仍然維持，且可達到較為符合社會公義的境界。

　　雖然，透過所得消費曲線可幫助我們進一步了解柏萊圖效率的意義及其可能的政策含意，但我們似乎並未解決真正的問題，即在什麼情況

下 ICC^A 和 ICC^B 會相交？相交一次？或多次？如前所說，這並不是本書水準所能圓滿回答的問題，故在此我們僅討論幾種較簡單的情形。讀者由前面的討論應已看出，在 MRT^x_{xy} 給定的情形下，決定滿足柏萊圖效率解的因素，僅是兩位消費者的偏好而已。因此，我們來看 A、B 兩人的偏好如何影響滿足柏萊圖效率的解的數目。

(1) A，B 兩人效用函數均為位似函數，但彼此偏好不同。我們知道效用函數為位似函數的一個特性是，其 ICC 曲線均是自原點出發的射線。因 A、B 兩人偏好不同，故 ICC^A 和 ICC^B 的斜率不一樣。因此 ICC^A 和 ICC^B 不是不相交，就是只相交於一點。由是我們得知，在此情況下，最多只有一組生產和消費組合滿足柏萊圖效率。

(2) A、B 兩人的效用函數均為位似函數，且兩人偏好完全相同。在這種情況下，利用上述位似函數的特性，讀者可很輕易驗證，ICC^A 和 ICC^B 以及契約線均是箱形圖的對角線。因此，對角線上任何一點均滿足柏萊圖效率而有無窮多的解。

(3) 若 A、B 兩人的效用函數並非位似函數，但彼此偏好相同，且 ICC^A 和 ICC^B 不是遞增的（嚴格）凹函數就是遞增的（嚴格）凸函數。在此情況下，結果與 (1) 相同，不是沒有滿足柏萊圖效率的分配，就是僅有唯一一個滿足柏萊圖效率的分配。

(4) 若兩人的效用函數並非位似函數，且彼此偏好不同，則滿足柏萊圖效率的解可能不存在，可能有一個，也可能有多個。

競爭市場與柏萊圖效率

在了解了含有生產活動情形下柏萊圖效率的意義後，接下來的問題是如何達到這個境界。這個問題基本上與交換經濟的情形相同。理論上，我們可以找到不同的經濟制度來達成這個目的，但在實際政策執行上，任何透過計畫方式的經濟體制，所要求的資訊往往是無法辦到的。在此我們要再一次證明，要求資訊最少的競爭市場，仍是可以引導經濟體系達到柏萊圖效率。換句話說，福利經濟學第一（和第二）定理，在含有生產活動的一般均衡模型中仍然成立。當然，由於生產活動的關係，這些定理成立的條件也較強。我們不擬對相關假設條件深入探討，但我們要指出，其中最重要的假設為該經濟體系的生產可能集合為一（嚴格）凸集

合，或生產可能曲線必須是凹向原點的形狀。這個假設的一個重要結果
是，它可排除生產技術為規模報酬遞增的情形。我們要排除規模報酬遞
增的主要理由是，在這種生產技術下，市場結構將會成為不完全競爭（為
什麼？），此與競爭市場的基本假設下一致。

　　假定產品市場的價格為 p_x、p_y，而資本與勞動的價格分別為 r 和 w，
且生產者與消費者不論在產品或因素市場均為價格接受者。現在，所謂
競爭均衡，乃是指生產者達到利潤極大，消費者達到效用極大兩個條
件，再加上 X 和 Y 兩產品市場的供給等於需求這個條件而已。由利潤極
大化的假設，我們知道，生產 X 的廠商對資本和勞動力的僱用必須滿足

$$w = VMP_L^x = p_x MPP_L^x \tag{18.15}$$

$$r = VMP_K^x = p_x MPP_K^x \tag{18.16}$$

故

$$\frac{w}{r} = \frac{MPP_L^x}{MPP_K^x} = MRTS_{LK}^x \tag{18.17}$$

　　同理，生產 Y 的廠商為了達到利潤極大必須僱用資本和勞動力直到

$$w = VMP_L^y = p_y MPP_L^y \tag{18.18}$$

$$r = VMP_K^y = p_y MPP_K^y \tag{18.19}$$

故

$$\frac{w}{r} = \frac{MPP_L^y}{MPP_K^y} = MRTS_{LK}^y \tag{18.20}$$

由 (18.17) 和 (18.20) 可得到

$$MRTS_{LK}^x = \frac{w}{r} = MRTS_{LK}^y$$

這剛好代表生產資源的配置達到效率，即 (18.4)。因此，只要因素市場為
完全競爭，則透過市場機能必可達到技術效率而使生產點在轉換線上。

　　另一方面，(18.15) 和 (18.18) 可改寫成

$$p_x = \frac{w}{MPP_L^x} = MC_x$$

$$p_y = \frac{w}{MPP_L^y} = MC_y$$

因而得到

$$\frac{p_x}{p_y} = \frac{MC_x}{MC_y} = MRT_{xy} \tag{18.21}$$

另外，由消費者效用極大的條件得知

$$MRS_{xy}^A = \frac{p_x}{p_y} = MRS_{xy}^B \tag{18.22}$$

此即 (18.5)。結合 (18.21) 和 (18.22) 即可得到

$$MRS_{xy}^A = MRS_{xy}^B = \frac{p_x}{p_y} = MRT_{xy} \tag{18.23}$$

這正是 (18.6)，因而達到產出及消費組合效率。由此可知，只要因素市場及產品市場均為完全競爭市場，則市場均衡恆滿足所有效率條件而達到柏萊圖最適境界。因此，即使在含有生產活動的一般均衡體系，福利經濟學第一定理仍然成立，亞當史密斯那隻「看不見的手」仍可完全發揮其功效。同樣地，當消費者偏好及生產技術均為凸性時，我們可證明福利經濟學第二定理也是成立；即，任何一滿足柏萊圖效率的生產及消費組合，透過適當的資源重分配後均可能成為一競爭均衡。當然，在此我們同樣得面對競爭均衡是否存在及唯一等問題，但其基本原理和交換經濟相同，不再重複。

【例 18.3】

假定一經濟體系中，A、B 兩人分別擁有 60 和 40 單位勞動力，且他們的所得僅來自出售勞動力。兩人的效用函數分別為

$$U^A = x^{A^{1/2}} y^{A^{1/2}}$$

$$U^B = x^{B^{1/4}} y^{B^{3/4}}$$

X 和 Y 兩產品的生產函數為

$$x = L_x$$

$$y = \frac{1}{2} L_y$$

試求競爭市場均衡（相對）價格及均衡時 A、B 兩人對 X 和 Y 的消費量。

【解答】

此經濟體系只有 X，Y 和勞動力三個市場，由瓦拉斯法則知我們可解出兩個相對價格。在此，我們將工資設為 $w = 1$，則以工資表示的價格成為 p_x 和 p_y，且 A、B 兩人的所得分別為 $m^A = 60$，$m^B = 40$。由我們熟悉的寇布－道格拉斯效用函數的性質，可得 A、B 兩人對 X 和 Y 的需求函數為

$$x^A = \frac{1}{2} \frac{60}{p_x} = \frac{30}{p_x}$$

$$y^A = \frac{1}{2} \frac{60}{p_y} = \frac{30}{p_y}$$

$$x^B = \frac{1}{4} \frac{40}{p_x} = \frac{10}{p_x}$$

$$y^B = \frac{3}{4} \frac{40}{p_y} = \frac{30}{p_y}$$

另外，由 X 和 Y 的生產函數可求得生產可能曲線

$$x + 2y = L_x + L_y = 100 \qquad (a)$$

由 (a) 及 (18.23) 最後一個等式知

$$MRT_{xy} = -\frac{dy}{dx} = \frac{1}{2} = \frac{p_x}{p_y}$$

故

$$p_y = 2p_x \qquad (b)$$

利用市場均衡條件 $x^A + x^B = x$，$y^A + y^B = y$ 及 (a) 式可得

$$\frac{40}{p_x} + \frac{120}{p_y} = 100 \qquad\qquad (c)$$

結合 (b) 與 (c) 即得

$$p_x^* = 1$$

$$p_y^* = 2$$

將均衡價格代回需求函數即得到

$$x^{A*} = 30 \ , \ y^{A*} = 15$$

$$x^{B*} = 10 \ , \ y^{B*} = 15$$

$$x^* = x^{A*} + x^{B*} = 40$$

$$y^* = y^{A*} + y^{B*} = 30$$

總效用可能曲線

在交換經濟中我們已經提過，競爭均衡只是代表達到經濟效率而已，並未隱含任何價值判斷。因此，競爭均衡是否是一個社會所共同接受的最好，或最符合公平正義的均衡，我們完全無法確定，因為不同社會、不同經濟體系，有不同的價值判斷。我們也提過，如果一經濟體系真能透過某種機制，決定其最理想的生產與分配，則在市場均衡為唯一的假設下，由福利經濟學第二定理得知，該理想的生產與分配自可透過競爭市場來達到。但，這個最理想的生產與分配要如何決定呢？在交換經濟體系中，我們是利用效用可能曲線以及等福利曲線來決定。這種方法，可直接應用到含有生產活動的經濟體系中。不過，這裡有一個重要的差別，因為在交換經濟中，產品組合只有一種，只有一條契約線，因而只有一條對應的效用可能曲線。但我們知道，在有生產活動時，生產可能曲線上任何生產組合都是可能的。由前面的討論，我們知道，對應於生產可能曲線上任何一點均可得到一箱形圖，一條契約線，因而有一條對

圖 18.13

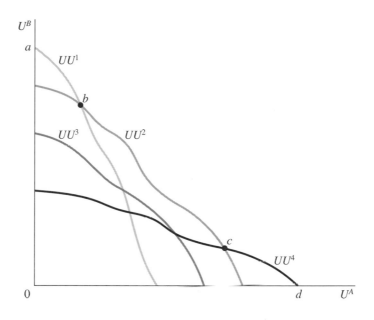

應的效用可能曲線。由此可知，在有生產活動時，該經濟體系事實上有無限多條效用可能曲線。那怎麼辦呢？幸好，只要我們清楚效用可能曲線的意義乃是「在給定一個人的效用後，另外一個人所可能達到的最大效用」，就可很輕易解決這個問題。

　　為了簡化說明，假定圖 18.13 代表對應於某四個生產組合的四條「效用可能曲線」，則我們即刻知道，此經濟體系的「真正的」效用可能曲線應如圖上的 abcd 這條曲線（為什麼？），其中 ab 部份來自效用可能曲線 UU^1，bc 部份來自效用可能曲線 UU^2，cd 部份來自效用可能曲線 UU^4。由數學的觀點，這條「真正的」效用可能曲線只不過是 UU^1、UU^2、UU^3 及 UU^4 四條效用可能曲線的包絡線罷了，因此我們將其稱為總效用可能曲線 (grand utility possibility frontier，GUPF)。當然，個別效用可能曲線並不只如圖 18.13 中的四條，而是有無窮多條，而總效用可能曲線和個別效用可能曲線的關係將如圖 18.14 所示。讀者應可回憶起來，總效用可能曲線和個別效用可能曲線的關係與長期（平均）成本線和短期（平均）成本線的關係完全相同。

圖 18.14

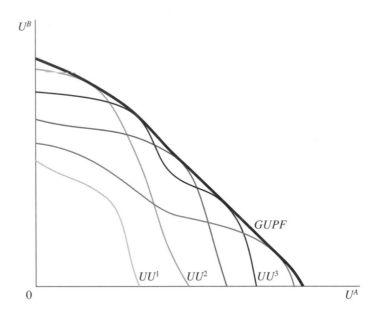

細心的讀者或許已經發現，在圖 18.14 中，有些個別的效用可能曲線（如 UU^1）並沒和總效用可能曲線有任何接觸，有些則有一點（如 UU^2）在總效用可能曲線上，甚至有些超過一點（如 UU^3）在總效用可能曲線上。為什麼呢？我們知道，總效用可能曲線上的點，代表不可能增加任何一人的效用而不以他人效用的減少為代價，因而它實際上就是所有滿足 $MRS^A_{xy} = MRS^B_{xy} = MRT_{xy}$ 的分配所對應的 (U^A, U^B)。了解這個道理後，再回到前面「柏拉圖效率的進一步探討」那小節，我們就知道，給定一生產組合及其對應的契約線，該契約線上滿足上述條件的點可能不存在。在此情況下，我們必可透過生產點的改變來提高至少一人的效用（而不犧牲另一人的效用），因而由該條契約線所映射出來的效用可能曲線，就不會有任何一點在總效用可能曲線上。同樣道理，如果該契約線上有一點（或多點）滿足前面之效率條件，則這（些）點就不可能再透過生產或分配的改變以達到柏萊圖改進，故這（些）點所代表的 U^A 和 U^B 就正好對應於該效用可能曲線與總效用可能曲線相接觸的點。由於這個緣故，我們也可從另一個角度來闡釋總效用可能曲線的意義。假定我們由縱軸開

始,沿生產可能曲線不斷改變生產組合直至橫軸,則在任何一生產集合下,我們均可查看有那些消費組合滿足 $MRS_{xy}^A = MRS_{xy}^B = MRT_{xy}$,然後將滿足此條件之消費組合所對應的 (U^A, U^B) 映射到 U^A-U^B 平面上,則所有這些點的集合就是總效用可能曲線。

有了一經濟體系的總效用可能曲線後,如果其社會福利函數也知道,那麼我們就可以總效用可能曲線與等福利曲線相切的方法,決定該經濟體系的最適選擇了。當然,社會福利函數是否存在,其形式又是如何,這些都與該經濟體系的倫理觀念、文化風俗及價值判斷有關。嚴格地說,經濟學本身很難加以置喙,但經濟學家並不因此而放棄有關這些問題的探索。事實上,這種如何決定整個社會共同選擇的問題,乃是經濟學中社會選擇 (social choice) 理論主要的研究對象,在本章最後這一節,我們將簡要介紹這方面的一些基本概念。

18.2 社會選擇理論

社會福利函數

到目前為止,我們討論的重點在於柏萊圖效率的概念,以及競爭市場如何導致柏萊圖效率兩個「實證性」(positive) 問題。雖然,經由福利經濟學第二定理,我們說明了在某些條件下,任何一柏萊圖最適境界均有可能成為一競爭均衡;但是,更根本的「規範性」(normative) 問題是:如何在眾多滿足柏萊圖效率的生產與消費組合中,決定一經濟體系所共同接受的「最理想」或「最適」的組合?我們曾經提到,利用社會福利函數及總效用可能曲線來決定最適點的方法。不過,當時我們只是指出最基本、最抽象的原則,而未針對社會福利函數的本質以及實際決策的方法加以討論。在這一節中,我們將對相關問題進行簡要介紹。為了討論方便,我們以交換經濟為例,但所得到的基本結果並不會因生產活動而改變。

圖 18.15 為一交換經濟的契約線及其對應的效用可能曲線。我們的目的是要在契約線或效用可能曲線上找出一個最適點。由於契約線或效用可能曲線上的點顯示,A 效用的增加必然同時導致 B 效用的減少,或 B 效用的增加必然同時導致 A 效用的減少,因而,在此「最適」的意義

乃是 A、B 兩人透過某種機制所達成的共識。這種共識的形成，通常是植基於該經濟體系中，個人所擁有以及彼此所共同接受的倫理價值、道德規範或文化習俗。由於這個原因，不同地區、不同時代的經濟體系通常會有不同的「最適」概念，而不可能存在一放諸四海、百世不惑的標準。文獻上，最常被提及的標準包括：(1) 平等主義 (eqalitarian)，(2) 羅氏準則 (Rawlsian criterion)，以及 (3) 功利主義 (utilitarian)。

平等主義又有兩種看法，一種認為「最適」乃是所有個人均消費等量的產品，如圖 18.15(a) 中之 a 點。很顯然地，a 點一般而言並不會在契約線上。因此，持這種觀點的人認為，產品分配上的絕對公平，遠較效率來得重要，故為了「公平」，部份經濟效率的犧牲是值得的。當然，從經濟學的觀點來看，這種分配方式很難避免不必要的效率損失。不過，它的一個重要優點在於觀念簡單，執行容易，且無須對不同消費者的效用進行比較。最後這個優點是其他幾種標準所沒有的。平等主義的另一種解釋是 A 和 B 兩人獲得相同的效用，如圖 18.15(b) 中之 e 點。e 點位於 45° 線與效用可能曲線的交點，故在這點所代表的分配下，A 和 B 兩人達到相同效用水準。又因 e 在效用可能曲線上，故這種分配滿足柏萊圖效率。從這個角度衡量，這一種解釋法似乎較第一種看法來得「有效率」。不過，這種方法基本上假定 A 和 B 兩人的效用可以進行比較，但我們知道，效用函數並非唯一，不同的效用函數所得到的結果就不一樣，這是一個重大的缺陷。

羅氏準則認為，所謂「最適」分配，應是使社會上最不幸（效用最低）的人的效用達到最高那種分配。根據這個概念，我們可將羅氏準則以下列社會福利函數來表示

$$W(U^A, U^B) = \min \{U^A, U^B\} \tag{18.24}$$

換句話說，社會福利的大小，完全決定於社會中最不幸的人的效用。讀者應該已很熟悉，對應於社會福利函數 (18.24) 的等福利曲線，為以 45° 線為頂點的一組 L 型線，故羅氏準則下，最適點仍是圖 18.15(b) 中之 e 點。當然，這個結果也會受到效用函數改變的影響（試試看！）。

現在來看英國哲學家邊沁 (Jeremy Bentham) 所主張的功利主義準則，這也是我們所熟知的「追求最多數人的最大幸福」的思想。當然，要求

圖 18.15

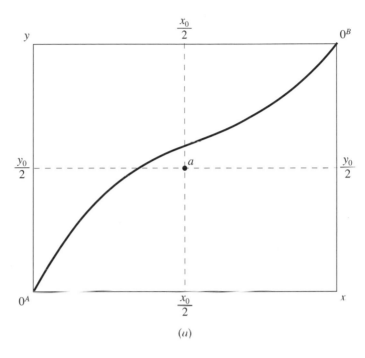

(a)

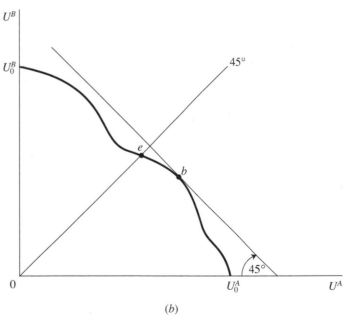

(b)

「最多數人」的「最大幸福」已經隱含地假設了這些人的「幸福」（或「效用」）是可以彼此比較的。更明確點，我們可將功利主義的社會福利函數表示成

$$W(U^A, U^B) = U^A + U^B \tag{18.25}$$

換句話說，所謂「最適」分配，就是使經濟體系中所有個人效用總和達到最大的分配。因為對應於社會福利函數 (18.25) 的等福利曲線為負 45° 的直線，故在圖 18.15(b) 中，b 為功利主義準則下的最適點。功利主義社會福利函數 (18.25)，隱含 A、B 兩人的效用在整個社會的評價中是同樣重要。但現實社會中，大家可能認為不同個人間的重要性並不完全相同，因此，不同人的效用在社會福利函數中的比重也就不一樣。在這種考慮下，我們可將 (18.25) 更加一般化地寫成

$$W(U^A, U^B) = g^A U^A + g^B U^B \tag{18.26}$$

其中，$g^A \geq 0$，$g^B \geq 0$，$g^A + g^B = 1$，分別代表 A 和 B 兩人的效用在社會福利中的權數。當 A 或 U^A 被認為越重要時，g^A 即越大；當 A 和 B 兩人重要性相同時，$g^A = g^B = 1/2$，我們基本上就回到 (18.25)。從等福利曲線的觀點來看，對應於 (18.26) 的等福利曲線也是直線，只不過其斜率不一定是負一，而是 $-g^A / g^B$，因此等福利曲線可能是介於水平和垂直的任何負斜率直線。

上面的討論顯示，除了第一種平等主義的觀點外，其他各種社會福利函數所決定的最適點都是在效用可能曲線上，因此都滿足柏萊圖效率。事實上，只要社會福利是任何一位消費者效用的增函數，上述這個結果，即最適點必然達到柏萊圖效率，就一定成立（為什麼？）。反過來說，我們也可很輕易證明，當效用可能曲線為凹函數，如圖 18.16，只要我們設定適當的權數 g^A 和 g^B，則任何一滿足柏萊圖效率的點，均可能成為社會福利函數 (18.26) 的最適點。圖 18.16 中之 a 和 b 點分別對應於權數為 $g_a^A < g_b^A$ 的最適點。換句話說，在 (18.26) 的社會福利函數下，當 A 越不重要（B 越重要）時，最適的分配選擇將是使 A 所得到的效用越小，與一般直覺完全相符。

圖 18.16

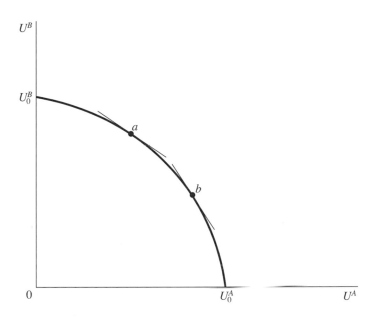

柏格遜－薩穆森福利函數

上面討論社會福利函數時，我們將社會福利定義成 A 和 B 兩人的效用的
函數，而未曾考慮他們的效用是如何產生。從理論的觀點來看，我們可
將兩人的效用函數表示成

$$U^A = U^A(x^A, y^A, x^B, y^B)$$

$$U^B = U^B(x^A, y^A, x^B, y^B)$$

也就是說，A 和 B 兩人的效用是由此交換經濟的分配所決定；消費者不
僅關心自己消費的數量，同時也關心其他人所能消費的產品數量。這種
自己的效用受他人消費影響的現象，稱為消費外部性 (consumption exter-
nality)。消費外部性在現實生活中相當普遍（請自行思考相關例子），但
卻不是本書討論的主要對象，因為我們一直假定每個人的效用只是決定
於自己所消費的產品數量。柏格遜 (Abram Bergson) 和薩穆森 (Paul A.
Samuelson) 兩人，在四、五十年代探討社會福利函數時，即明確假定消
費外部性不存在，而將社會福利函數寫成

$$W = W(U^A(x^A, y^A), U^B(x^B, y^B)) \tag{18.27}$$

我們於是稱這種社會福利函數為柏格遜－薩穆森社會福利函數 (Bergson-Samuelson social welfare function)。當社會福利函數成為 (18.27) 的形式時，我們可以得到一些重要的結果。首先，由於消費外部性不存在，我們知道福利經濟學第一和第二定理成立。將此與上面所得到之最適點與柏萊圖效率的關係相結合，我們可立即得到：「競爭均衡必然使得某些社會福利函數所代表的社會福利達到極大；反之，使得社會福利達到極大的最適點必然可能成為一競爭均衡」（為什麼？）。其次，薩穆森證明了「當這種社會福利函數存在，且所得永遠重分配到使社會福利達到極大時，則在產品空間中存在一組和個人無異曲線性質完全相同的*社會無異曲線圖* (social indifference map)」。這是一個相當重要的結果，因為有了代表整個社會的偏好的社會無異曲線圖後，我們可以直接在產品空間中進行一般均衡分析，而不必再回到效用空間中，去面對效用可能曲線等複雜的問題。

如果我們將對應於一組社會無異曲線 (social indifference curve, *SIC*) 的*社會效用函數* (social utility function) 寫成 $U(x, y)$，則社會福利極大化問題就簡化成

$$\max_{x,y} U(x, y)$$

$$\text{s.t. } T(x, y) = 0 \tag{18.28}$$

圖 18.17 中，社會無異曲線 *SIC* 和轉換線 *TT* 相切之點 a 即代表 (18.28) 的解，此時 $MRT_{xy} = MRS_{xy}$，整個經濟體系達到柏萊圖最適境界（別忘了，*SIC* 背後已含有最適所得重分配的假設）。在此，我們要特別提醒讀者，小心區別社會福利函數 $W(U^A, U^B)$ 和其對應之等福利曲線，以及社會效用函數 $U(x, y)$ 和其對應之社會無異曲線。前者是定義在效用空間，而後者則定義在產品空間。雖然，有些書本並不嚴格區別，甚至交互混用，但在了解 *SIC* 背後所隱含的特別假設及其代表的意義後，我們覺得這種區別仍是必要的。

最後，我們來看在 *SIC* 架構下，競爭市場均衡如何達到。在圖 18.17 中假定市場相對價格為 p_x^1 / p_y^1，則消費面的均衡發生於 $MRS_{xy} = p_x^1 / p_y^1$，

圖 18.17

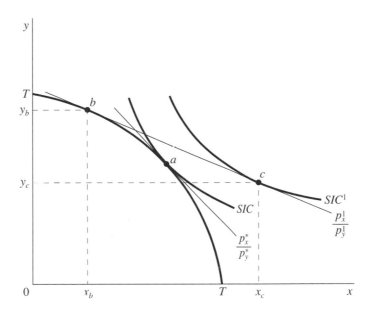

即 c 點，故在此相對價格下，該經濟體系之消費者總共需求 x_c 單位的 X 產品，y_c 單位的 Y 產品。另一方面，生產的均衡條件為 $MRT_{xy} = p_x^1 / p_y^1$，即 b 點，故生產 x_b 單位的 X，y_b 單位的 Y。由圖上我們很清楚看到，此時 $x_c > x_b$，$y_c < y_b$，X 市場有超額需求，Y 市場有超額供給，故 p_x^1 / p_y^1 並不是均衡相對價格。市場力量將迫使 p_x 上升，p_y 下降，或 p_x / p_y 上升，如此將使 X 市場的超額需求減少，同時使 Y 市場的超額供給減少。但只要 p_x / p_y 尚未調整到 p_x^* / p_y^* 的水準，X 和 Y 兩市場就無法達到均衡，價格也會繼續調整。當相對價格調整到 p_x^* / p_y^* 時，生產點和消費點合而為一成為 a 點，此時 X 和 Y 的供給都等於需求，市場上不再有超額供需存在，p_x^* / p_y^* 遂代表一均衡價格。從另一個角度看，我們可以說，SIC 和轉換線相切之點，乃是經濟體系在既有資源和技術下所能達到的福利最大的生產和消費點，或說此經濟體系的均衡點，而 SIC 與轉換線相切之點的共同切線的斜率（絕對值），就是競爭均衡價格。

【例 18.4】

假定一經濟體系的社會效用函數為

$$U(x, y) = xy$$

生產函數為

$$x = K_x^{1/2} L_x^{1/2}$$

$$y = 2K_y^{1/2} L_y^{1/2}$$

資源稟賦為 $K_0 = 100$，$L_0 = 100$。若將資本的報酬 r 標準化為 $r = 1$，試求競爭均衡時 $w, p_x, p_y, x, y, L_x, L_y, K_x, K_y$ 之值。

【解答】

以資本報酬衡量的所得為

$$m = rK_0 + wL_0 = 100(1 + w)$$

故 X 和 Y 的需求函數分別為（為什麼？）

$$x = \frac{1}{2}\left(\frac{100(1+w)}{p_x}\right) \tag{a}$$

$$y = \frac{1}{2}\left(\frac{100(1+w)}{p_y}\right) \tag{b}$$

因 $MRTS_{LK}^x = K_x / L_x$，$MRTS_{LK}^y = K_y / L_y$，故資源配置效率的條件為

$$\frac{K_x}{L_x} = \frac{K_y}{L_y} = \frac{K_x + K_y}{L_x + L_y} = \frac{100}{100} = 1$$

因此

$$K_x = L_x，\quad K_y = L_y$$

將此結果代回生產函數得到

$$x = L_x，\quad y = 2L_y$$

故生產可能曲線可寫成

$$2x + y = 2L_x + 2L_y = 2(L_x + L_y) = 200 \qquad (c)$$

所以

$$MRT_{xy} = 2$$

因 $MRS_{xy} = y / x$，故由 $MRT_{xy} = MRS_{xy}$ 的條件可得到

$$y = 2x \qquad (d)$$

由 (c) 和 (d) 可解出最適產量為

$$x^* = 50 \text{ , } y^* = 100$$

再由因素市場的均衡條件 $w / r = MRTS_{LK}^x$ 得知（因 $r = 1$）

$$w^* = \frac{w}{r} = \frac{K_x}{L_x} = 1$$

將 x^*、y^* 和 w^* 代回 (a)、(b) 可解得

$$p_x^* = 2 \text{ , } p_y^* = 1$$

最後，將 w^*、p_x^*、p_y^*、x^* 和 y^* 代入下兩式

$$w = VMP_L^x = p_x MPP_L^x = p_x \left(\frac{1}{2} \frac{x}{L_x} \right)$$

再利用 $K_x = L_x$，$K_y = L_y$ 即可得到

$$L_x^* = K_x^* = 50$$

$$L_y^* = K_y^* = 50$$

艾羅不可能定理

社會選擇問題，基本上是一個將社會中每個人的偏好加以「加總」(aggregate) 以形成一個「社會偏好」的問題。很顯然地，社會福利函數是達到這個目的的一種方法，其在凸顯社會選擇的觀念及理論推演上具有

表 18.1

經濟個體	偏好
A	$S1 \succ S2 \succ S3$
B	$S2 \succ S3 \succ S1$
C	$S3 \succ S1 \succ S2$

極重要的價值。但由前面的介紹中，我們也深切體認到，社會福利函數的主要功能，乃在於進行較抽象的分析，至於在實際政策的形成上，則仍難見其功效。現實社會中，一般而言，在較為集權的體系下（如強人政治體系），公共選擇問題並下大，因為最高掌權者就可直接作出選擇；只要最高掌權者為一人，則這種選擇就等於個人選擇，不牽涉到前述的「加總」問題。另一方面，在一般民主政治體系下，公共選擇則大部份通過各式各樣的投票以作成決定。我們並不打算，也無法對各種投票方式加以探討，而是簡要介紹一下最為通行的所謂**多數決投票** (majority voting) 方法及其所可能產生的問題，以凸顯社會選擇問題的基本困境。

在多數決的投票方法下，直覺上我們會認為，只要所有投票者的偏好均滿足我們在第三章中所提到的各種假設，那麼透過這種方式所顯現出來的「社會偏好」，必然也會具有與個人偏好相同的性質，而能達到理性的抉擇。很不幸地，一旦所要進行選擇的「社會狀態」(social states) 是三個或三個以上（如，核能發電、火力發電或瓦斯發電即是三種社會狀態），那麼上述的「直覺」就是錯誤的。現在假定具有投票權的有 A、B、C 三個人，要就上面所提之三種社會狀態 — 核能發電 ($S1$)，火力發電 ($S2$) 和瓦斯發電 ($S3$)，作最後抉擇，以決定應興建那一種發電設備。A、B 和 C 三個人對這三種發電方式的偏好如表 18.1 所示。除了假定 A、B、C 三人的偏好均滿足相關假設外，我們進一步假設，他們均會誠實地按自己的偏好投票，而不會有任何其他策略性考慮。由表 18.1 我們很清楚看到 A 和 C 兩人對 $S1$ 的偏好均較 $S2$ 強，故在多數決的情況下，我們會得到

$S1 \succ S2$；同樣地，A 和 B 兩人對 $S2$ 的偏好均強過 $S3$，故多數決會導致 $S2 \succ S3$。如果多數決所反映出來的社會偏好與個人偏好具有相同的性質，則我們應得到 $S1 \succ S3$，即遞移律成立。可惜的是，表 18.1 顯示 B 和 C 兩人對 $S3$ 的偏好均較 $S1$ 強，故多數決將導致 $S3 \succ S1$。換句話說，即使像多數決這種廣被採用的投票方法，也不能滿足理性選擇所必備的遞移律。事實上，早在 1785 年法國哲學家康朵塞 (Marguis de Condorcet) 就已發現這種矛盾現象，故也常被稱為康朵塞投票矛盾 (Condorcet voting paradox)。

　　讀者或許會質疑，我們只說明了在多數決的投票規則下會產生矛盾的現象，但其他投票方式呢？經濟學家艾羅 (Kenneth Arrow) 等人曾對這個問題作了深入研究，他們發現，這種投票矛盾的現象乃是普遍存在，而非僅限於多數決投票，艾羅不可能定理 (Arrow's impossibility theorem) 正是這個問題的最有力的註腳。艾羅認為，包括投票在內的任何一種社會決策機制 (social decision mechanism)，若要能整合社會每一份子的偏好，以達到最適選擇的目的，就必須滿足下列幾個淺顯且易於接受的性質：

(1) 無限制範圍 (unrestricted domain)：這個性質要求任何一種個人偏好，只要它滿足偏好的基本性質，就不能加以排除。換句話說，在形成「社會偏好」的過程中，所有形式的個人偏好均應被允許。

(2) 柏萊圖原理 (Pareto principle)：就是當社會中的每一份子均認為社會狀態 $S1$ 較 $S2$ 好時，則此社會決策機制也必須得到 $S1$ 較 $S2$ 好的結果。必須提醒讀者的是，在此要求「每一份子」均同樣認為 $S1$ 較 $S2$ 好，而非「大部份人」認為這樣就可以了。

(3) 獨立性 (independence)：這個性質要求社會決策機制對社會狀態 $S1$ 和 $S2$ 的排列次序，不會因第三種社會狀態 $S3$ 的出現而改變。

(4) 非獨裁性 (nondictatorship)：即社會決策機制不能由某一特定分子的偏好來決定。值得注意的是，所謂某一特定分子並不一定指社會中特別強而有力的人士，即使是隨便挑出的一個人也算是「獨裁者」(dictator)。

很不幸地，經過嚴謹的分析後，艾羅證明滿足上述四個性質的社會決策機制都違反了遞移律。換句話說，艾羅將康朵塞投票矛盾加以推廣，得

到了更一般化的結論。由此可知，在民主社會中廣泛使用的各式各樣的投票方法，嚴格地說，都無法真正反映整個社會的偏好。這是個令人相當洩氣的結論。不過讀者或許也不必如此悲觀，因為在現實社會中，上面四個性質或許並沒必要全部滿足；例如，有些極端特殊的偏好，在某些社會中根本不必加以考慮，因此第一個性質的要求就太嚴格了。在這種情況下，我們是「可能」找到具有遞移性的投票法或社會決策機制。事實上，檢討這四個性質是否可以放寬，正是艾羅不可能定理提出以後，有關公共撰擇問題最主要的研究方向之一。

最後，值得一提的是，在現實社會中，投票行為也較我們所描寫的更為複雜。一方面，有權主導投票過程的人可能會進行議程操控 (agenda manipulation)；但另一方面，投票者也有可能進行策略性投票 (strategic voting)。在表 18.1 的例子中，如果有人可以決定 S1、S2 和 S3 的投票次序，則讀者可很輕易看到，先投 S1 和 S2，再以勝者和 S3 投票，必然會選出 S3。若先投 S2 和 S3，再以勝者與 S1 投票，必然會選出 S1。由此可知，當會議主席可以決定投票次序時，他可以進行議程操控，以期得到他所欲達到的結果。不過，從投票者的觀點來看，如果他們知道議程有受到操控的可能，他們也可能隱瞞自己真實偏好，進行策略性投票，以反制議程操控，或以此達到自己想獲得的結果。讀者應可從各式各樣的選舉活動或運動競賽中，看到這些行為。只是在考慮議程操控及策略性投票行為之後，整個社會選擇問題就變得相當複雜，其討論也遠超過本書的範圍了。

18.3　一般均衡與福利經濟學：小結

上一章及這一章探討了一般均衡理論與福利經濟學的相關問題，我們的討論大致可分為實證經濟和規範經濟兩部分。前者討論經濟效率的觀念及競爭市場如何達到經濟效率，完全與價值判斷無關；後者則探討社會福利的本質以及社會選擇，直接牽涉到價值判斷問題。方法上，我們首先以最簡單的交換經濟模型，闡釋經濟效率(或柏萊圖效率，柏萊圖最適境界)的概念，進而說明競爭市場，如何透過價格機能的運作達到柏萊圖最適境界，此即是亞當史密斯著名的「一隻看不見的手」的福利經濟學第一定理，而有關福利經濟學第二定理的意義及其成立的相關條件，也加

以詳細的解釋。接著，我們將交換經濟體系加以擴展，允許生產活動存在，從而得到資源最適配置與最適生產組合等其他經濟效率的條件。我們發現，即使有生產活動存在，競爭市場同樣可以引導經濟體系達到柏萊圖最適境界，而福利經濟學第一和第二定理在適當的條件下仍然成立。在這實證經濟分析的部份，讀者必須特別注意的是，柏萊圖效率和市場制度之間，在觀念上並沒任何關係。效率完全是一種技術上的條件，而競爭市場只是達到這種效率的制度之一而已。

　　在討論福利經濟學第二定理時，我們面對了如何決定社會所共同接受的社會狀態的問題。在社會中每一份子均具有合理偏好的假設下，這個問題，本質上就是如何將個人偏好加總成為一社會偏好的問題。在純粹理論的層次，我們可以利用社會福利函數的觀念來選取最適點，但在現實生活中，社會選擇通常是透過諸如投票等民主程序來決定。很遺憾的是，艾羅不可能定理指出，在一些淺顯易明的前提下，投票的矛盾性永遠是存在的。因此，探討在那些情況下可以消除投票矛盾，已成為社會選擇理論，尤其是投票行為的重要研究方向。

19 訊息不對稱理論

上一章我們仔細介紹了一般均衡理論，並探討了兩個重要的福利經濟學定理。如果暫時撇開具有主觀性質的分配問題，則我們所得到的最重要結論就是福利經濟學第一定理，即完全競爭均衡必然使經濟體系達到經濟效率或柏萊圖最適境界。事實上，福利經濟學第一定理正是所有自由經濟政策及制度的最根本的理論基礎。當然，我們也知道，今天世界上沒有任何一個國家完全放任市場自由運作而絲毫不加干預。另一方面，除了少數較為極端的學者外，絕大多數學者也不認為亞當史密斯那隻看不見的手在現實社會中真的可導引一個經濟體系完全達到經濟效率。為什麼呢？這主要牽涉到福利經濟學第一定理背後一些直接或隱含的假設。首先，我們知道，福利經濟學第一定理成立的明確要求是，包括產品、勞務及生產因素在內的所有市場必須為完全競爭市場。但由本書前面部份的討論得知，在現實社會中，真正滿足完全競爭條件的市場即使存在，也是少之又少。在這種情況下，具有價格制定能力的賣方追求利潤極大化的條件為 $MC = MR < P$ (若買方非價格接受者，其效用極大化條件為何？)，因而第十八章的 (18.6) 就無法成立 (為什麼？)，福利經濟學第一定理也就無用武之地了。其次，即使所有市場都是完全競爭市場，福利經濟學第一定理仍有一隱含的假設，那就是所有產品、勞務及生產因素市場必須都存在，換句話說，我們有所謂的**完全市場** (complete markets)。完全市場的重要性是很容易理解的，因為任何一種財貨若沒有市場，則根本談不上經由市場機能達到經濟效率與否的問題。但在現實生活中，我們卻可很輕易觀察到許多產品或勞務市場「不存在」(missing 或 incomplete)；例如，我們找不到「國防安全」市場，找不到「潔淨空氣」市場，找不到「幸福家庭」市場，找不到「貧困保險」市場，甚至愛滋病疫苗，瘧疾疫苗市場都不存在。由此可見，福利經濟學第一定理的假設是比想像中要嚴格得多。或許，我們可利用反向思考的方法來體會

此定理的重要性；我們可以說，福利經濟學第一定理事實上是在明白告訴我們，何以自由運行的市場體系也無法保證達到柏萊圖最適境界。

　　由上面的討論可知，造成自由市場無法達到經濟效率的因素大致可分兩類：第一，不完全競爭市場結構所帶來的賣方或買方的價格制訂力量；第二，某些產品、勞務或生產因素市場不存在。在經濟理論上，我們稱這種現象為**市場失靈** (market failure)。更具體地說，在市場自由運行情況下，若柏萊圖最適境界的條件 (18.4)、(18.5) 和 (18.6) 在任何一個環節不成立時經濟效率就無法達到，因而有市場失靈的現象。當市場失靈發生時，經濟體系必須借助某些外在於市場的力量來矯正或消除這種失靈現象。因此，傳統經濟理論主張在市場失靈發生時，可經由政府各種**政策干預** (intervention) 來減少或消除市場失靈以恢復經濟效率。不過，在此我們必須提醒讀者，上述這種主張乃是隱含地假設政府本身是全知全能的、中性的。但事實上，政府與市場一樣，並非全知全能，也非中性，同樣可能出現**政府失靈** (government failure) 的現象。因此，市場失靈並非政府進行市場干預的充分條件。

　　有關不完全競爭市場結構，特別是獨佔、獨買和寡佔市場所帶來的市場失靈及福利損失，我們在第十三章至第十五章已有詳細討論，因此沒有必要在此重複。在本書最後這兩章，我們將把注意力集中在**不完全市場** (incomplete markets) 所導致的市場失靈與效率或福利損失。一般而言，造成不完全市場的原因包括**訊息不對稱** (asymmetric information)、**外部性** (externalities) 以及公共財的存在。我們將分別探討這三種現象的本質，它們如何造成市場失靈，市場參與者（買方及賣方）如何面對這些問題，以及目前所知解決這些問題的可能方法。

　　在這一章中，我們將先探討訊息不對稱理論。直到目前為止，我們所探討的各種模型均隱含地假設市場參與者擁有對稱訊息 (symmetric information)，交易雙方不是具有完全相同的完整訊息（如完全競爭市場），就是對市場訊息同樣無知（如不確定模型中之保險市場）。但我們知道，在許多現實情況下，這樣的假設恐怕過於強烈。例如，不管你對電腦是如何內行，針對某特定電腦的特性，你是不太可能比該電腦的製造商更清楚。當我們去看醫生時，我們對所買的藥品了解程度絕對比不上處方的醫生。當我們投保人壽保險時，保險公司不可能比我們更清楚自

己的身體狀況或生活習慣。由此可知，在許多日常交易活動中，交易雙方確實是普遍存在訊息不對稱的現象。在這種情況下，一個很正常的結果是，擁有較多訊息的一方，通常會利用其擁有較多訊息的優勢來欺騙或剝削訊息較為不足的一方，以致造成市場失靈的現象。

　　訊息不對稱現象大致可分成兩種類型：第一種類型是，交易之一方清楚自己或其進行交易的產品的特性，但另一方則對此特性毫無所知，或所知有限，這種類型我們稱為「隱藏特性」(hidden characteristics) 的訊息不對稱。在此必須強調的是，這些「特性」在交易進行當時已經存在，只是一方無法觀察到而已。最明顯的例子是報章雜誌上經常看到的有關密醫、神棍之類的報導，這些密醫、神棍通常以「祖傳密方」、「特殊際遇」、「靈異能力」為說詞，讓病人「相信」其具有獨特的醫療能力。但事實上，病人的「相信」並不代表病人真的擁有關於這些密醫、神棍的醫療能力的訊息。反之，密醫、神棍本身則清楚這些「祖傳密方」、「特殊際遇」和「靈異能力」到底是什麼。第二種類型的訊息不對稱現象來自於「隱藏行為」(hidden action)。這是指在雙方確定進行交易之後，交易一方採取某些足以影響另一方之利益的行動，但後者卻無法直接察覺，或無法有效監督的現象。最著名的「隱藏行為」發生在保險市場。例如，投保人壽保險後，投保者可能就不再那麼注意自己健康狀況，不再從事例行的健康檢查。車子保了全險之後，在車子的保養方面可能就鬆懈了，而開車時也不再那麼小心。或許，你也聽說過這樣的話，「我發覺和我結婚的人並不是當初和我戀愛的那個人」，這通常也是隱含「隱藏行為」的現象。當然，你可能不同意最後這個例子是「隱藏行為」，而認為它應該是「隱藏特性」問題。這種看法絕對沒錯。事實上，這個例子告訴我們「隱藏特性」和「隱藏行為」兩種訊息不對稱現象，雖然前者在交易時已存在，後者則在交易確定後才發生，但在同一次「交易」中，兩者確可能同時存在，也常常同時存在，甚至有時根本無法明確加以區別。

19.1　隱藏特性與逆向選擇：二手車模型

　　我們首先來看隱藏特性所造成的訊息不對稱及其所帶來的問題。這一類問題雖然普遍地存在於許多交易過程中，但一直到 1970 年艾可洛夫 (George A. Akerlof) 分析二手車市場後才引起經濟學界較為廣泛的討論。

其基本原理相當容易理解；假定消費者知道二手車市場上有一定比例的「好車」(gems)，和一定比例的「爛車」(lemons)，但卻無法分辨那一輛車是好車，那一輛車是爛車。另一方面，擁有二手車的銷售者則完全清楚其所欲銷售的車子的好壞，因而買賣雙方有了訊息不對稱現象。在這種情況下，二手車市場就不可能出現好車和爛車兩種價格，而只有唯一的「二手車價格」。這二手車價格當然不可能高過消費者所願支付的好車價格（為什麼？）。如果這價格仍不低於好車擁有者所願接受的最低價格（供給價格），則市場上將會同時有好車及爛車銷售。不過，如果此二手車價格低於好車擁有者的供給價格，則擁有好車的人將因而退出市場，使得二手車市場僅存爛車進行交易，而消費者在二手車市場也永遠不可能「幸運地」買到好車了。當最後這種好車自市場消失，而二手車市場僅存爛車的現象出現時，我們稱之為逆向選擇 (adverse selection)。更明確地說，所謂逆向選擇指的是，在自由市場中，當產品或勞務具有隱藏特性時，擁有相對「訊息較多的一方」(the informed)，透過其「自我選擇」(self-selection) 行為，從而使「資訊較窮乏的一方」(the less informed) 受損的現象。由上面簡單討論得知，逆向選擇一個最重要的後果是使某些產品（如上例之好車）的市場萎縮，甚至消失，導致不完全市場及市場失靈。

有了隱藏特性及逆向選擇的基本概念後，現在我們就可進一步較正式地討論艾可洛夫的二手車模型。假定二手車市場上有 n_g 部好車 X_g，n_b 部爛車 X_b。這些二手車的擁有者基於他們過去使用這些車輛的經驗，清楚知道自己所要出售的車子性能的好壞，因此好車擁有者的供給價格 p_g^s 較爛車擁有者的供給價格 p_b^s 高，即 $p_g^s > p_b^s$。另一方面，欲購買二手車的消費者，對於好車的需求價格為 p_g^d，對爛車的需求則是 p_b^d，且我們假設，在此兩價格下對兩種車子的需求彈性均為無窮大；當然，我們會有 $p_g^d > p_b^d$ 的關係。另外，為了使好車和爛車市場能同時存在，我們進一步假定 $p_g^d > p_g^s$，$p_b^d > p_b^s$。因此，市場上兩種二手車的供需情況可以圖 19.1 來表示。

訊息對稱均衡

雖然我們的目的是分析訊息不對稱情況下的市場均衡，然而為了凸顯訊息不對稱的影響，我們先討論訊息對稱狀況下的均衡，以作為比較的基

圖 19.1

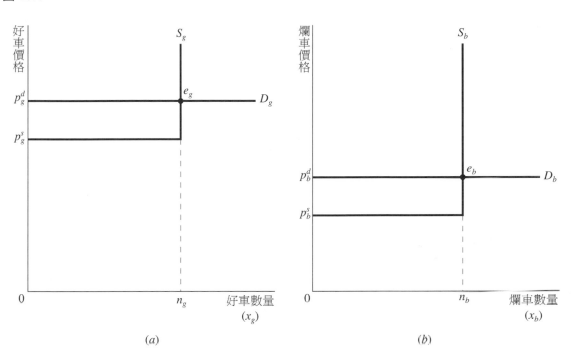

(a)　　　　　　　　　　(b)

礎。由於二手車的賣方清楚知道其所要出售車子的好壞，故我們來看購買者也可完全分辨好車和爛車時，市場均衡會是什麼樣子。很明顯地，在這種情況下，好車和爛車會成為兩個隔離的市場 (segmented markets)，其均衡就如圖 19.1 所示：好車市場的均衡點為 e_g，均衡價格為 p_g^d，均衡交易量為 n_g。爛車市場的均衡點為 e_b，均衡價格為 p_b^d，均衡交易量為 n_b。由於好車及爛車市場完全隔離而各自達到均衡 e_g 和 e_b，我們稱此時二手車市場有分離均衡 (separating equilibrium)。在此分離均衡下，不管好車或爛車的交易都完成，且兩車子均由評價較低的賣方轉手到評價較高的買方手中，因此達到經濟效率而沒有市場失靈的現象。

　　值得特別一提的是，上面所得到「在訊息對稱狀況下，市場達到經濟效率」的結果，與買賣雙方擁有完全訊息的假設毫無關係。只要訊息對稱，即使買賣雙方均無法分辨好車和爛車，市場均衡同樣可以達到經濟效率，同樣不會造成市場失靈。為什麼呢？為了讓分析簡化，除了買賣雙方無法分辨好車和爛車外，我們進一步假設雙方均為風險中立者（請回

到第七章,確定你清楚風險中立的意義)。將二手車市場上好車和爛車所佔比例分別記為 $s_g = n_g / (n_g + n_b)$,$s_b = n_b / (n_g + n_b)$,則二手車購買者對二手車的期望價值 (expected value) 為 $s_g p_g^d + s_b p_b^d$,這也是任何一購買者購買二手車時所願支付的價格。另一方面,對於無法分辨好車與爛車的銷售者來說,他對任一二手車的期望價值為 $s_g p_g^s + s_b p_b^s$,這也是他出售二手車時所要求的最低價格。因 $p_g^d > p_g^s$,$p_b^d > p_b^s$,故我們得到

$$s_g p_g^d + s_b p_b^d > s_g p_g^s + s_b p_b^s \tag{19.1}$$

因此,在這種買賣雙方均無法分辨二手車品質好壞的情形下,購買者將會以 $s_g p_g^d + s_b p_b^d$ 的價格自銷售者手中購買這些車子。在這種情況下,好車和爛車不可能加以區隔,因此不再有分離均衡,而是整個二手車市場上只有一均衡價格的混合均衡 (pooling equilibrium)。雖然這樣,但市場均衡仍使所有交易完成,且車子仍由評價較低的銷售者手中移轉到對其評價較高的購買者手中,因此市場仍然達到經濟效率。換句話說,只要買賣雙方訊息對稱,不管訊息是否完整,福利經濟學第一定理就會成立。

雖然,在訊息對稱下,兩種均衡均達到經濟效率,不過,正如契約線上每一點均滿足經濟效率,但不同點卻代表不同的分配一樣,上面分離均衡和混合均衡也代表不同的分配結果。我們知道,在訊息完全且對稱的分離均衡下,好車可賣 p_g^d,爛車則賣 p_b^d。反之,在訊息不足但對稱的混合均衡下,不管好車或爛車均以 $s_g p_g^d + s_b p_b^d$ 賣出。因此,在兩種車子均完全賣出的情況下,恆有 $p_g^d > s_g p_g^d + s_b p_b^d > p_b^d$。很顯然地,相較於訊息完全的情況,好車銷售者吃虧,而爛車銷售者則因魚目混珠而獲利(購買者呢?)。

訊息不對稱均衡

現在我們來討論訊息不對稱的情況,即二手車銷售者完全知道其車子品質的好壞,但購買者則無法在購買時分辨好車及爛車。由前面討論得知,此時購買者所願支付以購買二手車的價格為其對二手車的期望價值 $p_E^d = s_g p_g^d + s_b p_b^d$。因銷售者清楚知道所要出售的二手車品質,故他們出售好車及爛車所要求的最低價格分別為 p_g^s 及 p_b^s。雖然在我們的模型中,

圖 19.2

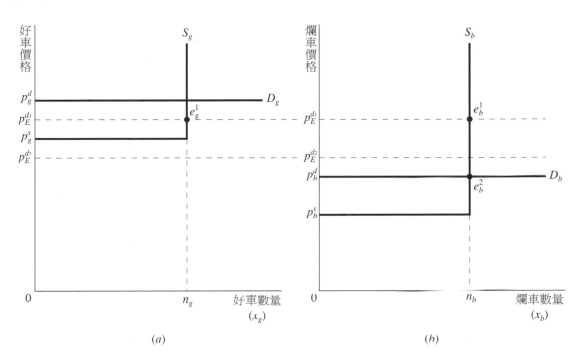

(a)　　　　　　　　　　　　　　(b)

恆有 $p_E^d > p_b^s$，但卻可能 $p_E^d > p_g^s$ 或 $p_E^d < p_g^s$ 兩種情形。圖 19.2 與圖 19.1 完全相同，但略去 e_g 和 e_b 符號並加上高度等於 $p_E^{d_1}$ 和 $p_E^{d_2}$ 兩條水平虛線。$p_E^{d_1}$ 代表 $p_E^d > p_g^s$ 時購買者對二手車的期望價值；反之，$p_E^{d_2}$ 則是 $p_E^d < p_g^s$ 時購買者對二手車的期望價值。

　　當 $p_E^d = p_E^{d_1} \geq p_g^s$ 時，會出現混合均衡，不管好車或爛車均以 $p_E^{d_1}$ 價格銷售。圖19.2 中，好車市場的均衡點為 e_g^1，而爛車市場的均衡點為 e_b^1。所有二手車均完成交易，且由評價較低的銷售者移轉到評價較高的購買者手中，因此達到經濟效率。在這種情形下，訊息不對稱並沒有造成市場失靈現象。當然，分配問題仍然存在。與買賣雙方均擁有完全訊息相較，由於買方之無法分辨好車和爛車，使得好車的銷售者遭受損失，而爛車的銷售者則因而得利（為什麼？）。另外，就買方而言，幸運買到好車的人當然撈到一筆額外利益，但不幸買到爛車的人只能自嘆倒霉了。

　　當 $p_E^d = p_E^{d_2} < p_g^s$ 時，由圖 19.2(a) 可清楚看到，此時好車的供給曲線 S_g 全部位於需求曲線 $p_E^{d_2}$ 上方，故均衡並不存在。簡單地說，由於購買

者對二手車的期望價值（即其所願支付的價格）永遠小於銷售者所願接受的最低價格，因此擁有好車的人將不會在二手車市場上出售他們的車子，以致好車自二手車市場上消失。但購買者也會發現，市場上只有爛車，故他們所願支付的價格也會從 p_E^{d2} 調降到 p_b^d，均衡點成為 e_b^2，二手車市場上僅有 n_b 的爛車成交。二手車市場出現典型的「劣車驅逐良車」現象，直接導致效率損失；好車擁有者無法經由市場交易將其轉手到評價較高的可能購買者手中，整個社會因而仍有柏萊圖改進的空間。

總結而言，上述簡單的二手車市場模型清楚顯示，在買賣雙方訊息不對稱時，競爭市場有可能因逆向選擇而使得好車自市場上逐漸消失，導致市場失靈的現象。

【例 19.1】

假定在本節之訊息不對稱的二手車模型中，$p_g^d = 35$ 萬元，$p_b^d = 20$ 萬元，$p_g^s = 30$ 萬元，$p_b^s = 15$ 萬元，試問市場上好車所佔的比例 s_g 必須達到多少，方可避免逆向選擇和市場失靈發生？

【解答】

由本節討論，我們知道在 $p_E^d \geq p_g^s$ 的條件下就可避免逆向選擇發生。由 p_E^d 的定義，此條件可寫成

$$s_g\, p_g^d + s_b\, p_b^d = s_g\, p_g^d + (1 - s_g)\, p_b^d$$
$$= s_g(\, p_g^d - p_b^d\,) + p_b^d$$
$$\geq p_g^s$$

或

$$s_g \geq \frac{p_g^s - p_b^d}{p_g^d - p_b^d} \tag{a}$$

因此，好車所佔比例滿足上式時就可避免逆向選擇，達到經濟效率。將 $p_g^d = 35$ 萬元，$p_b^d = 20$ 萬元，$p_g^s = 30$ 萬元，代入 (a) 式中可得 $s_g \geq 2/3$。換句話說，只要二手車市場中好車的比例夠大（不少於 2/3），逆向選擇所帶來的市場失靈即可避免。

19.2　逆向選擇：其他例證

雖然二手車模型是探討逆向選擇問題的最著名模型，但如上面所提到的，在現實生活中，逆向選擇的現象可說無所不在，這可由「劣幣驅逐良幣」的俗諺中得到最佳詮釋。在這節中，我們再簡單介紹幾個例子以加深讀者的印象。

保險市場

事實上，逆向選擇在保險市場中最為普遍，也最早被發覺討論。以常見的醫療保險為例，保險公司雖可透過要求體檢等手段來確定投保者的健康狀況，但無論如何，公司絕無法如投保者那樣清楚，訊息不對稱情形於是產生。因此，面對為數眾多的投保者，公司根本無法針對個人健康狀況各別簽訂保約，而只能以整體投保者一般身體狀況作為訂約的標準。如此一來，不管健康狀況好壞，其所訂立的保約及要求的保費就完全相同。於是健康較好的人會覺得保費太貴，保險條件不夠優厚而不願投保，或降低投保額度。反之，健康狀況較差的人則發現這種保約相當便宜，相當划算，因而投保全險。在這種情況下，最可能的後果當然是保險公司賠錢。為了彌補或防止進一步損失，保險公司就會以提高保費來因應，於是另一群身體狀況較佳的人又會降低投保金額或不再投保，保險公司財務更加惡化，於是再提高保費。如此不斷惡性循環，到最後保險公司保到的客戶，剛好就是那些他們所最不願接受的投保者。這正是典型的逆向選擇，其原理與二手車市場完全相同。當然，與二手車市場一樣，在某些條件下，即使有訊息不對稱的現象，仍有可能達到健康狀況良好與不良的人同時投保的混合均衡，在這種情況下，自然也就沒有市場失靈的現象了。

　　上述有關醫療保險市場的簡單推論，事實上可以利用我們在第七章所介紹的**狀態偏好法** (state-preference approach) 進行較為完整與嚴謹的分析。但如上所提，其原理與二手車模型相當類似，因此，不在此重複。

銀行放款

一般銀行放款時通常會評估借款者的風險（或借款者所進行的投資計畫的風險）。不過，現實上，這種風險評估往往因成本太高，或涉及極端專業

的投資計畫，以致效果有限。為了凸顯訊息不對稱現象，我們簡化地假設銀行無法確定任何一位借款者所含有的風險，因而對所有借款者所要求支付之包含風險貼水在內的利率均相同。另一方面，我們除假設借款者均清楚他們自己所從事之投資計畫的風險外，也假定借款者預期，扣除風險貼水後所有投資的淨報酬率均相等。後面這個假設雖然強了一點，但卻掌握了高風險的投資計畫也具有高毛報酬 (gross returns) 這個重要事實。在這種情況下，風險愈高的借款者將發現其實際負擔的利息愈輕（為什麼？），因此愈有意願向銀行借款，而銀行本身所擔負的風險也就愈大。當銀行發覺其可能蒙受損失，或因某些外在因素而緊縮信用時，就會提高利率，進一步提高低風險者的負擔，而使他們減少或停止借款。結果就是我們現在已熟知的逆向選擇，與銀行打交道的正是他們所極欲避免的高風險客戶，資源分配也就沒能達到柏萊圖效率了。

人才外流

開發中國家長期以來均苦於人才外流 (brain drain)，無法有效從事經濟發展的問題。台灣、韓國過去已有這種經驗，今日之印度、中國大陸及東南亞、中南美國家仍然面臨這個問題。利用訊息不對稱的觀念，我們可以清楚看到，所謂人才外流問題，基本上可看成一種逆向選擇的現象。現在考慮某一開發中國家一群在已開國家完成學業的留學生，他們正進入就業市場找尋工作。他們可找尋在留學國或祖國工作的機會。假定這些學生求職時並未考慮「報效祖國」等愛國心問題，而是以各種工作所提供的報酬為唯一考量，追求最高待遇的工作。我們進一步假定，在已開發的留學國市場中，因為各種評估求職者的方法較為進步，且因求職者就在該國，雇主可透過面試等方式，正確地得知各個求職者的能力，從而依據他們各自的能力分別提供適當的待遇。反之，作為祖國的開發中國家，一方面因較為落後而缺乏有效評估求職者能力的方法；另方面，這些留學生又遠在國外，無法經由面試實際鑑定他們個別的能力。因此，開發中國家的雇主只能憑藉一般情況，或過去雇用留學生的經驗，提供一「平均」的待遇。如果我們以每位留學生的邊際產值代表其能力，上面的敘述表示，在已開發國家市場中，每位留學生的報酬將等於他的邊際產值，而如果他們回到開發中國家工作，他的待遇將是所有留學生

的平均產值。如此一來,在追求最高待遇的前提下,邊際產值超過所有留學生平均產值的留學生,自會選擇留在已開發國家工作,只有邊際產值低於此平均產值的學生,才會返回到開發中國家工作。換句話說,生產力較高的高級人才,將會因兩地雇主的訊息不對稱而滯留國外。

值得注意的是,在其他狀況不變下,上述這種人才外流現象將會與時俱增。如上所述,在訊息不對稱下,開發中國家雇主所雇用的將是那些生產力低於原先他門所估計的「平均值」的留學生。在雇用了這些人後,他們會發現,生產力遠低於過去的預期,從而調降他們對留學生生產力的平均值,結果就是下一次雇用留學生時,他們將會雇用愈來愈少,且生產力愈來愈低的一群。這種逆向選擇的過程,終將使大部分留學生滯居海外,形成大量人才外流,楚材晉用的現象。

19.3　解決逆向選擇的方法

逆向選擇不但可能造成經濟效率損失,也會使得參與交易雙方有所得重分配的問題,因而不管從整個經濟體系的觀點,或從交易者的觀點來看,都是有加以消除的動機。逆向選擇既然來自訊息不對稱,故消除的方法不外乎設法使訊息較多的一方,減少利用訊息優勢剝削訊息不足的一方,或者設法改進訊息不足一方所擁有的訊息。一般而言,市場參與者本身基於自利的原則,就會採用各式各樣的對策以達到平衡訊息的目的。但在某些牽涉到整體社會利益,或者是包含較為專門技術性質的交易上,政府以及各種社會團體也會介入。下面我們分別介紹,常見的市場及政府或社會團體對逆向選擇問題的反應及對策。不過,在介紹之前,我們必須強調,不管來自市場本身、社會團體或政府採取的對策,雖然有可能消除隱藏特性所帶來的逆向選擇的問題,但這並不保證一定能達到其所設定的目的,甚至這些對策本身的代價,還可能超過原本逆向選擇所造成的損失。

市場對逆向選擇的反應

一般而言,市場對隱藏特性所造成之訊息不對稱的反應可分為兩方面,即訊息較不足的一方,會以各種策略就交易對象進行篩選 (screening),而訊息較充分的一方,會設法向可能的交易對象進行訊息傳遞 (signaling)。

我們先就前面所舉的例子來看篩選。

(1) 二手車市場：二手車購買者可以貨比三家，打聽那家二手車經銷商較為可靠；可參閱各種汽車雜誌或消費者報導，以獲取關於不同廠商，不同牌子的二手車的品質和價格；可請一些對汽車性能內行的朋友、技師實際駕駛、檢驗有可能購買之二手車的品質；他們也可要求檢視此二手車過去曾經轉手過幾次，各次擁有者是什麼樣的人，以及其過去的保養記錄。另外，他們也可看看經銷商所提供的各種保證，包括範圍、期限，因為只有出售好車的人願意提供較充分的保證。

(2) 保險市場：前面已經提過，對於醫療保險，保險公司均會要求投保者進行健康檢查，甚至於為了確定檢查結果的可靠性，還可能指定到某些特定醫療機構檢查，以便區別不同投保者的健康狀況，從而決定是否接受投保，或訂立何種條件的保約。同樣地，保險公司也可能根據過去的統計結果，評估不同年齡層，不同性別，不同職業的風險程度來決定保約，這種篩選方式在壽險、汽車保險上相當普遍。當然，不同性質的保險，保險公司用以作為篩選的標準、項目也就不一樣，但不論如何粗略，對投保者進行篩選幾乎是必然的過程，而且隨著保險業的發展，篩選的工作也就做得更精細。不過，在此特別強調的是，篩選並不是保險公司避免逆向選擇的唯一方法。另一種消除逆向選擇的方法是透過團體保險 (group insurance)。因為團體保險要求屬於某一團體（如，公司，學校，產業公會等）的所有成員都要同時投保，如此一來，就不會發生條件較佳的人透過自我選擇的方式不加保，自然地消除了逆向選擇的現象。由於團體保險可免於逆向選擇的問題，保險公司可節省不少篩選成本，故一般保費均較個別投保低，可說是一種值得推廣的雙贏策略。

(3) 銀行放款：西方有句諺語說：「銀行是你向其證明你是個有錢人的地方」。這清楚地表達了，雖然銀行在放款過程中的徵信手續仍有許多困難，但篩選放款對象則是必然的。銀行一方面會要求借款者提出信用證明，另方面則可審查、評估投資計畫風險的大小，最後還可能要求一定的抵押品，連帶保證人等。表面上看，這只是銀行用以確保放款不致形成呆帳的手段，但事實上，透過種種要求，銀行卻

已對可能的客戶作了篩選的工作。

（4）人才外流：開發中國家政府或可能的雇主，最常用以篩選留學生的方法，就是看留學生畢業的學校。因為一般而言，能自好學校畢業的學生代表他有較好的稟賦，故能通過較為嚴格的訓練與考驗，當然也就會有較高的生產力。另一種，也是台灣最近幾年常用的方法是，找尋那些不但在國外畢業，而且已在先進國家的著名公司服務一段時間的人士，藉著這些公司的「檢驗」，確保他們的能力。此外，隨著經濟情況的改善，全球化的趨勢及交通運輸成本的下降，不少公司、政府機構，尤其是學校，通常會藉著各種學術會議所提供的就業市場，直接派人前往國外接洽、面談，以期篩選出真正的人才回國服務，降低「魚目混珠」所帶來的逆向選擇的可能性。

最後，我們提醒讀者兩點：首先，市場上訊息不對稱是常態，而非例外。因此，訊息相對不足的一方，為了自己的利益，永遠有進行篩選的動機。其次，儘管交易者進行篩選是常態而非例外，但因篩選本身通常包括相當的訊息成本 (information costs)，故篩選只會進行到其所帶來的邊際收益等於邊際成本為止，由而我們很難期待，篩選本身能完全消除訊息不對稱所造成的市場失靈現象。事實上，我們甚至可以說，訊息成本的存在，正是造成訊息不對稱以及逆向選擇的元凶。

接著我們來看擁有訊息較多一方的訊息傳遞行為。由前面的二手車、保險及銀行放款等例子，我們看到，當隱藏特性存在時，即使劣幣驅逐良幣的現象沒有發生，較高品質產品擁有者也會因所得重分配而受損。因此，擁有高品質產品的人必然會透過各種不同的方式，設法讓訊息不足的一方知道，這就是訊息傳遞。各種不同形式的產品廣告，就是最直接與最明顯的訊息傳遞方法。但由產品銷售者直接進行說明的產品廣告，通常會予人「老王賣瓜」的感覺，說服力不強，因此透過社會名人，如影、歌星，運動明星的推薦以增加可信度的廣告乃屢見不鮮。第二種常見的訊息傳遞就是耐用財 (durable goods) 的各種耐用年限、維修保證 (guarantees, warranties)，如汽車、冰箱、洗衣機等通常附有保證書和保固期。第三種訊息傳遞是經由品牌、商譽的建立，例如「百年老店」，「金字招牌」，「麻豆文旦」，「大溪豆干」等。當然，百貨公司，精品店中琳琅滿目的名牌皮包、服飾、化妝品更是耳熟能詳。當消費者欲購

買某種產品時，如果沒有更好的情報，通常這些品牌或商譽就是品質保證、信心來源。第四種訊息傳遞方式是透過產品標準化 (standardization) 來達到目的。例如，到國外旅行時，除非你好奇地想品嚐各國不同的食物，為了最基本的飲食健康，你或許可到麥當勞 (McDonal's)，肯塔基炸雞店 (Kentucky Fry Chicken)，或必勝客 (Pizza Hut) 解決民生問題。這些國際大連鎖店不僅標誌鮮明，易於找尋，而且出售的產品即使不同地區微有差異，但本質上相當標準化，你絕對不用擔心吃到意料之外的口味或原料。同樣地，不管你在台北、東京、紐約、開羅或莫斯科所喝到的可口可樂也都完全相同。廠商訊息傳遞的第五種方法為透過政府或某些團體的品質認證。許多產品均標示有 *UL* (Underwriters' Laboratories) 以顯示其符合國際水準，現在又有各種 *ISO* (International Standardization Organization) 認證。在台灣藥品標示有 *GMP* (Good Manufacturing Practice) 者代表其品質可靠性，而吉園圃標誌則代表農委會檢定合格可安心食用的蔬菜。凡此種種，無非是要告知消費者，他們所購買、消費之產品品質，以使其有別於其他相同或類似的替代品，從而降低訊息不對稱對他們這些高品質產品銷售者的傷害。

在此順便一提，訊息傳遞的一個重要地點是在勞動市場。面對雇用者無法明確判別各別求職者能力的事實，你會發現，每一位求職者會在求職的過程中，盡量地向雇主顯現自己的優點。相信當你前往某一公司應徵面談時，不會不按時前往，衣冠不整，出言不遜，或隱藏實力吧？由於勞動市場的訊息傳遞現象相當具體、有趣且和教育的功能有密切的關係，我們將在下一節中詳細加以討論。

最後，與篩選的情形一樣，訊息傳遞也必須考慮成本問題，訊息傳遞一方只會進行到其邊際收益等於邊際成本的程度。但一般而言，這個程度的訊息傳遞，並無法完全解決隱藏特性所帶來的訊息不對稱及逆向選擇問題。此外，上述的討論均隱含假定所傳遞的訊息都正確無誤，訊息傳遞者也未存心欺瞞、詐騙或誤導訊息不足的一方。當我們將這些問題加以考慮時，情形將變得相當複雜，而為了解決這種惡意的訊息傳遞問題，公權力的介入也就很難避免了，這就是接下來我們要討論的問題。

政府及社會團體對逆向選擇的反應

前面我們提過，只要市場失靈發生，政府就有可能扮演介入市場、消除市場失靈的角色。就隱藏特性所造成的訊息不對稱來說，政府大致可採取下列作法以防止或減輕逆向選擇的危害。首先，承接上面的討論，政府可以公權力規範不實的訊息傳遞行為。例如，常見的誇大不實的瘦身美容廣告，可以治療絕症的藥品、醫療廣告等均是政府規範取締的對象。其次，對於某些涉及公共安全、公共利益的政策，政府可以透過立法消除逆向選擇；公保、勞保、全民健康保險，強制性第三汽車責任險以及美國的社會安全體系都屬於這類。第三，政府可以強制規定，訊息較充分的一方須向訊息較不足的一方提供必要的資訊。例如，政府規定各種食品、藥品必須標示成份、有效期限、使用時必要的注意事項，以及使用後可能產生的生理反應等。歐、美等先進國家要求廠商，將經由生物科技與遺傳工程所創造出的新品種產品，明確加上「基因改造食品」(genetically modified food, *GMF*) 的標示，可說是近幾年來最著名的例子。最後，對於某些產品，政府可設定產品品質標準，只有通過檢驗標準的產品，政府方發給證明文件 (certificate)，准許上市。事實上，這大概是政府最重要的訊息管制工具。在台灣，絕大部份產品必須經中央標準局檢驗合格方能銷售。政府相關單位對餐館、飯店、電影院則有分級制度以讓消費者明白其可能獲得的消費品質。另外，各國對與嬰兒、小孩及老人有關的玩具、產品及服務業等也都有更為嚴格的安全管制標準。至於勞動市場方面，大家所熟知的醫師、律師、藥劑師、會計師、建築師證照制度，同樣是政府品質與訊息管制制度的一環。

除了政府之外，不少社會團體如消費者文教基金會（消基會），各種產業公會及學術研究機構，均可扮演一些消除逆向選擇現象的角色。不過，由於這些團體不像政府般具有強制執法的公權力，他們的活動主要集中於對訊息不足者提供訊息，以及對產品品質提供認證兩方面。例如，消基會時常針對一些大眾普遍需要的產品，在市場上進行不同品牌抽樣檢驗，然後在其每月出刊的消費者報導刊登其檢驗結果。這些資料通常包括廠牌、品名、價格、生產地區或國家、年限、標示、優缺點等，對於欲購買該種產品的消費者有相當的助益。至於認證方面，前面所提過的 *UL* 和 *ISO* 則是最有名的例子。

在結束本節之前，我們還是再重複一遍，政府雖可在市場失靈發生時，對市場進行干預以恢復市場的功能，但因政府干預本身也是有相當成本，甚至政府本身也可能失靈，因此市場失靈並不是政府干預市場的充分條件。以上面所討論的政府所可能採取的政策來說，如果其所牽涉的干預成本不高，並且能確實達到其訊息傳遞或維護產品品質的目的，則對整個社會來說應該是有益的。但若政府（或社會團體）在品質的認定，證照的審核上無法維持其應有的標準，則反可能提供不正確的訊息，誤導訊息不足的消費大眾。再者，若政府透過公權力，過度的限制某些產品的銷售，則有可能賦予合乎標準的廠商壟斷力量，造成「反競爭」(anticompetitive) 效果。當價格因壟斷而上升所帶來的傷害超過產品平均品質提升的效益時，反而使社會福利下降。

19.4 訊息傳遞與文憑主義

「文憑主義」(sheepskin effect)、「博士滿街跑」是報章雜誌上常見的討論題材，標示著許多人對社會上追求高教育文憑現象的不滿，也隱含著教育投資所造成的資源浪費。雖然，絕大部份對文憑主義的撻伐都言之成理，充滿理想，但是，一個不爭的事實是，文憑主義可說是源遠流長，中外皆然。事實上，今日台灣各地不斷增設的進修碩士、進修博士班，甚至社區大學，儘管標榜著終身教育等崇高理想，又何嘗不是為了滿足一些人取得更高文憑的願望？如果文憑主義確如一般論者所言，有如此多的問題，如此多的害處，那何以大家又對之束手無策呢？從經濟學的觀點來看，文憑主義完全是勞動市場訊息不對稱，以致成為求職者從事訊息傳遞的一種手段。反過來說，只要雇主沒法有效分辨各別求職者的能力，而又認為文憑可以代表或反映求職者的能力，那麼文憑主義將永無消失之日，從而對文憑主義的任何譏評也變得毫無意義。在這一節中，我們將簡要介紹由經濟學者史賓斯 (Michael Spence) 所提出的訊息傳遞模型 (signaling model)，來說明這種現象。

現在假定產品和勞動市場均為完全競爭市場，則任一廠商在雇用勞工時其所支付的工資將等於勞工的邊際產值。假定勞動市場中只有高生產力和低生產力兩種勞工，前者的邊際產值為 VMP_h，後者為 VMP_l，因此 $VMP_h > VMP_l$。高生產力勞工佔勞動市場總勞動力的比例為 s_h，低生

產力勞工所佔的比例為 $s_l = 1 - s_h$。很顯然地，如果廠商能分辨高生產力勞工和低生產力勞工，則高生產力勞工的工資為 $w_h = VMP_h$，而低生產力勞工的工資則是 $w_l = VMP_l$，於是市場有分離均衡。由前面的討論我們知道，在此情況下並沒有市場失靈或效率損失。

反過來，假定廠商知道 s_h，但卻完全無法區別高生產力和低生產力的勞工，則在廠商為風險中立的前提下，廠商將依勞工的**期望邊際產值** (expected value of marginal product) 支付所有雇用者相同的工資 w_e，即

$$w_e = s_h VMP_h + s_l VMP_l = s_h w_h + s_l w_l \tag{19.2}$$

在這種情況下，勞動市場可能達到一混和均衡。只要高生產力勞工和低生產力勞工樂於接受 w_e（例如，高生產力勞工也不知道自己的生產力較高），則不會產生逆向選擇問題，也沒有效率損失。從廠商方面看，平均而言也不會蒙受損失，因他雖然支付低生產力勞工過高的工資，但卻可由高生產力勞工的偏低工資得到彌補。因此，在這種混合均衡下，唯一的受害者是高生產力勞工。

文憑主義

接者，我們來看另一種情形。假定廠商雖然無法直接觀察和分辨高生產力勞工與低生產力勞工，但卻相信唯有高生產力勞工方有可能完成較高的教育。因為求學（尤其是追求較高學位時）過程往往相當艱辛，不但智力必須達一定水平，還要有堅強的毅力，再加上不斷努力方能克竟全功，而智力、毅力和努力通常與生產力有直接關係。基於這種信念，假設此廠商決定，凡是獲得碩士學位以上者，其工資一律為 w_h，凡未獲碩士學位者則支付 w_l。我們的目的是要看廠商這種雇用方法對勞動市場以及勞工的求學決策會有什麼影響。

為了凸顯文憑主義現象，我們假定教育本身毫無提高勞動生產力的效果。雖然如此，受教育卻須支付相當的成本。如果進一步假定教育成本會隨所受教育年限的增加而增加的話，我們將立即發現，勞工不是不願意接受任何教育，就是只讀到碩士學位為止；也就是說，既沒有人會接受低於碩士學位的教育，也沒有人會攻讀博士學位（為什麼？）。另外，必須強調的是，這個求學成本，除了有形的學雜費用及機會成本

外，還包括求學過程所必須承受的各種無形的精神煎熬。在這種情況下，只要高生產力勞工真如廠商相信般具有較高的智力、較強的毅力、也會較為努力的話，他們將可較為輕易的克服各種求學過程的困難，較為快速的完成學位。但這正隱含高勞動生產力者完成碩士學位的成本 C_h 會比低生產力者完成碩士學位的成本 C_l 低，即 $C_h < C_l$。

在上述有關勞工求學以及廠商雇用勞工的策略下，我們可以分析勞動市場的均衡性質。更明確地說，我們將檢視勞動市場是否可能有分離均衡，是否有可能達到混合均衡，以及達到兩種不同均衡的條件。

(1) 分離均衡：這只有兩種可能，一是低生產力者完成碩士學位，而高生產力者未接受任何教育；另一種可能則是高生產力者完成碩士學位，而低生產力者未接受教育。第一種情形表示低生產力者取得碩士學位所得到的報酬超過其所支付的成本，即

$$w_h - w_l > C_l \tag{19.3}$$

同理，高生產力者不願接受教育隱含獲得碩士學位的代價超過其帶來的報酬，即

$$w_h - w_l < C_h \tag{19.4}$$

但 (19.3) 和 (19.4) 隱含 $C_h > C_l$，這與我們「高生產力者完成碩士學位的成本 C_h 比低生產力者完成碩士學位的成本 C_l 低」的假設相互矛盾。因此，這種分離均離不可能發生。

現在我們來看第二種情形：高生產力者完成碩士學位，而低生產力者未接受教育。根據上面的解譯，我們可得到

$$w_h - w_l > C_h$$
$$w_h - w_l < C_l$$

或

$$C_h < w_h - w_l < C_l \tag{19.5}$$

(19.5) 告訴我們，在給定 w_h 和 w_l 時，只要低生產力者的教育成本夠高且高生產力者教育成本夠低，分離均衡就可能達到。當 (19.5) 成

立時，高生產力者必會完成碩士學位，從而得到 w_h 的工資；低生產力者則因教育成本太高而安於接受 w_l，因此兩類勞工均無改變行為的動機。另一方面，廠商也達到支付給每一工人其邊際產值的目的，故同樣沒有動機改變其雇用策略，勞動市場的均衡於是建立。我們必須強調的是，在這個均衡下，碩士教育並未帶來任何產值的增加，碩士學位純粹扮演著訊息傳遞的功能，讓廠商達到區別高生產力勞工和低生產力勞工的目的而已。文憑主義和任何意識形態無關，完全是廠商無法直接觀察不同勞工的生產力，以及相信學位與生產力之間有直接的關係的必然結果。

(2) 混合均衡：這同樣有兩種可能，即所有勞工均取得碩士學位與所有勞工均不接受任何教育。因不管高生產力或低生產力勞工，取得碩士學位後所增加的收入均為 $w_h - w_e$，而攻讀碩士的成本則有 $C_h < C_l$ 的關係，故只要低生產力者選擇攻讀碩士，則高生產力者也會攻讀碩士。換句話說，當

$$w_h - w_e > C_l$$

或

$$s_h < 1 - \frac{C_l}{w_h - w_l} \tag{19.6}$$

成立時，所有勞工均會攻讀碩士學位。不過，這不可能成為均衡，因為在這種情況下，廠商會遭受損失而改變其雇用政策。例如，此時廠商可能要求有博士學位的勞工方可獲得 w_h 的工資。反過來，如果連高生產力者都選擇不攻讀碩士時，我們就可得到所有勞工均不接受教育的混和均衡，其條件為

$$w_h - w_e < C_h$$

或

$$s_h > 1 - \frac{C_h}{w_h - w_l} \tag{19.7}$$

(19.7) 顯示，在勞動市場中，若高生產力者所佔比率夠高，則 w_e 將

圖 19.3

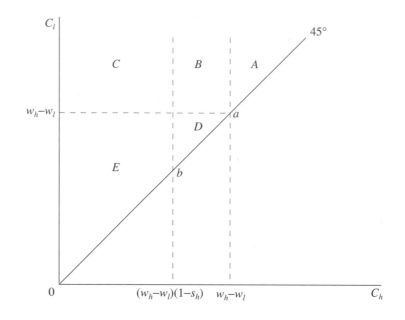

會很接近 w_h，碩士學位所帶來的好處有限，因而所有勞工均不願接受教育。另一方面，在此情況下，因不管高生產力或低生產力勞工的工資均為 w_l，廠商可獲得超額利潤，而沒有改變僱用策略的動機，故可成為一混合均衡。

　　(19.5) 和 (19.7) 告訴我們，隨著勞工生產力，兩類勞工攻讀碩士的成本，以及高生產力勞工所佔比率的不同，我們可能有不同性質的均衡。現在，我們用圖 19.3 來加以說明。圖中橫軸和縱軸分別是高生產力者和低生產力者攻讀碩士學位的成本 C_h 與 C_l。因 $C_h < C_l$，故圖中相關部份僅在 45° 線左上方部份。如果 s_h 設定為介於 0 與 1 之間的值，則在 w_h 和 w_l 已知的前提下，我們可繪出 $C_h = (w_h - w_l)$ 和 $C_h = (w_h - w_l)(1 - s_h)$ 兩條垂直虛線以及 $C_l = (w_h - w_l)$ 的水平虛線。很顯然地，如圖中的 a 點，$C_h = (w_h - w_l)$ 和 $C_l = (w_h - w_l)$ 這兩條虛線必然與 45° 線有一個共同交點（為什麼？）。因此，45° 線的左上方部份剛好被此三條虛線分割成 A、B、C、D、E 五個區域。當 $C_h > (w_h - w_l)(1 - s_h)$ 時，(19.7)成立，故我們知道，若 (C_h, C_l) 落在

A、B、D 三個區域,則可能有所有勞工均不接受教育的混合均衡。當 (C_h, C_l) 位於 B、C 兩區域時,(19.5) 成立,因此可能會有高生產力勞工取得碩士學位,低生產力勞工未接受教育的分離均衡。值得注意的是,雖然我們可確定 C 區為分離均衡,A 和 D 區僅能有混合均衡,而 E 區不可能成為均衡,但當 (C_h, C_l) 位於 B 區時,則無法確定其為分離均衡或混合均衡。

最後,我們必須提醒讀者,圖 19.3 是在 w_h、w_l 和 s_h 均給定的情形下繪出的,當此三個「參數」中任何一個發生變動時,圖中虛線就可能會跟著移動,而各個區域的相對大小也就跟著改變。例如,當 $w_h - w_l$ 下降時,a、b 兩點將沿 45° 線往原點移動,造成 A 區擴大,C 和 E 兩區域縮小。讀者應可嘗試依據前面的分析,說明這些變化的經濟意義。

福利效果

上面分析告訴我們,只有在 B、C 兩區的分離均衡狀況下教育才能達到訊息傳遞的目的,即區隔高生產力和低生產力勞工。在這種情況下,高生產力勞工固然可經由碩士文憑的取得來提高自己的待遇,但卻是以低生產力勞工待遇的下降為代價。在教育完全無法提高勞動生產力的極端假設下,廠商以及整個社會總生產並不因高生產力者接受較高的教育而增加。因此,教育的功用僅止於傳遞訊息,帶來所得重分配而已。尤有進者,由於教育必須支付成本,故從整個社會的觀點來看,教育支出剛好代表了社會資源的浪費。由此可知,教育的訊息傳遞功能雖然可使個人獲利,但卻使整個社會蒙受損失。從這個觀點來看,文憑主義確是不足為訓,因此一個合乎邏輯的推論是:政府如果禁止教育將可能帶來柏萊圖改進,提高經濟效率。不過,在接受這個推論之前,我們必須提醒讀者下列幾個必須思考的因素:

(1) 這個推論乃是在「教育不能提高勞動生產力」的前提下得到的。然而,教育僅有訊息傳遞功能的假設不但幾乎沒人能接受,也與現實不符。例如,台灣有很多中、小企業,很多「老闆」,這些人有不少在當了老闆之後,仍然把握機會回學校進修。如果教育的功能僅是訊息傳遞,這些老闆應該沒有任何理由再進修,因為他們沒有必要

「向自己」傳遞訊息。

（2）只要雇主無法分辨不同生產力的勞工，且生產力較高的勞工也知道自己有較高的生產力，則高生產力勞工必然會以各種方法來向雇主傳遞訊息。因此，即使政府關閉所有學校教育，高生產力勞工仍然會以其他手段從事訊息傳遞。但是，我們沒法得知，其他方式或手段所造成的社會損失是否一定比較小。

（3）如果教育真有訊息傳遞功能，則政府的明令禁止也很可能使其化明為暗，轉入地下。為了取締與禁絕這些非法教育活動，政府必須支付各種取締成本。這種禁止、取締所造成的扭曲恐怕比教育的浪費還更為嚴重。

19.5　隱藏行為或道德危險

到目前為止，我們所談之訊息不對稱問題均來自於隱藏特性。在本章剩下幾節中，我們將探討因隱藏行為所帶來的各種問題，以及訊息不足一方面對這類問題時可能採取的對策。隱藏行為和隱藏特性最大的差別在於，後者在交易進行當時已經存在，且這些特性的存在，並不是其擁有者「理性選擇」的結果；前者則是在交易雙方決定交易之後，一方基於「理性選擇」所採取的行動，只不過另一方對於這些行動無法有效加以監督，因而受到損害。由此可見，隱藏特性所牽涉到的，純粹是訊息傳遞問題，但隱藏行為所牽涉到的則是誘因 (incentives) 問題。換句話說，隱藏行為所關心的是這種行為可能造成什麼後果，以及如何提供適當的誘因以避免隱藏行為發生。另外，由於隱藏行為乃是交易的一方，為了追求自身最大利益，採取了對交易另一方造成傷害的行動，因此在保險實務及文獻上也常將之稱為道德危險 (moral hazard) 問題。

由上面簡單的描述，我們知道，所謂隱藏行為或道德危險，有兩個必要的因素；一是交易雙方具有不同的「標的函數」(objective function)，如此才可能使一方的利益因他方追求其最大利益而受損害。另一因素為，交易一方無法有效監督另一方的行為。因為如果能有效監督的話，可能受損的一方就可對另一方的行動加以制止，或採取反制行動。事實上，「有效監督」本身就隱含不可能有「隱藏行為」了。一般而言，交易雙方具有不同的標的函數是很容易理解的，但何以在許多情況下，「有效

監督」是如此困難呢？

　　當然，監督成本太高是最直接的答案。以本章一開始所舉的「車子保了全險之後，在車子的保養方面可能就鬆懈了，而開車時也不再那麼小心」為例，保險公司絕不可能在某人投保車險後，派人隨時追蹤該車的保養狀況，更不用提監督此人開車情形了。不過，從更基本的角度來看，所謂監督成本太高事實上往往是表示「無法進行監督」，因為有些事件的發生，根本就無法明確釐清其原因。再以前面的汽車保險為例，如果投保者發生車禍，除非有直接證據顯示車禍發生的原因，否則往往很難認定車禍是因駕駛人過於粗心，開車精神不集中，或者是車子本身突然出了毛病，或其他非其所能掌控的因素（如，躲避路邊突然闖出的小狗，但沒人能證明）所造成。在這種情況下，道德危險與純粹的風險就無法加以區別，因此也就談不上有效監督了。有趣的是，在有關隱藏行為的訊息不對稱模型中，道德危險和風險承擔 (risk bearing) 之間往往存在著此消彼長的「抉擇」(trade-off) 關係：當道德危險降低時，風險趨避者所承擔的風險就提高；當風險趨避者透過某些制度設計減少風險時，道德危險就跟著增加。如何在此「兩險」間取得平衡，也就成為探討道德危險問題中一個重要的課題了。

　　明白道德危險產生的原因及其消除的困難後，我們就可以較有系統地探討相關的問題。在接下來幾節中，我們將利用幾個文獻上經常討論的模型，說明道德危險對經濟效率的影響，然後討論一些解決這個問題的方法，最後則對隱藏行為與風險間的抉擇關係加以簡要介紹。和逆向選擇問題一樣，道德危險問題的研究也是起源於保險市場。因此，在本節中，我們將先探討保險市場中的道德危險問題，而將有關隱藏行為的另外兩個重要模型，頭家－代理人 (principal-agent) 問題和有效工資 (efficiency wage) 模型置於接下去的兩小節中。

保險市場的道德危險問題

在保險市場中，道德危險乃指投保者在保險契約生效之後，改變其行為模式，以致使不幸事件發生的機率提高或損失額度增加的現象。現在，我們就以產險市場來說明隱藏行為導致不幸事件發生機率提高，由而造成經濟效率損失的情形。

假定投保者擁有一棟價值 W 的房子，在未曾投保的狀況下，為了預防房子遭到損害而減損其價值，此人將花費一定的心力來維護其安全。如果我們將可能的損害來源簡化成火災，則為了防止火災發生，他會隨時注意瓦斯爐具以及各種電器用品使用的安全，盡量減少在室內堆放易燃物品，設置煙霧探測器與滅火器等消防設備，甚至保持房子周圍巷道的通暢，以便於失火時，消防車能無障礙地進行灌救。假定火災發生的機率為 π，而此人花費在火災預防上的支出為 C。當防火支出愈大時，火災發生的機率愈小，反之則愈大，故 $\pi = \pi(C)$，$\pi'(C) < 0$。不過，防火支出的效率一般而言會隨支出的增加而遞減，所以 $\pi''(C) > 0$。假定此房子在火災發生時所遭受的損失為 L，因此，在未保險的情況下，若沒發生火災，其房子的淨價值為 $W_g = W - C$；若發生火災，則其淨價值為 $W_b = W - C - L$，故此房子的期待淨價值 EW 為

$$EW = (1 - \pi)W_g + \pi W_b$$

$$= W - C - \pi(C)L \tag{19.8}$$

屋主希望採取適當的防火支出，使得其房子的期望淨價值達到最大。由 (19.8) 可得其一階條件為：

$$\frac{dEW}{dC} = -1 - \pi'(C)L = 0 \tag{19.9}$$

或

$$-\pi'(C)L = 1 \tag{19.10}$$

二階條件為：

$$\frac{d^2EW}{dC^2} = -\pi''(C)L < 0$$

很顯然地，在 $\pi''(C) > 0$ 的假設下，二階條件自然成立。(19.10) 等號左邊為增加 1 元防火支出所帶來的期待火災損失的減少，故代表防火支出的**邊際效益**（marginal benefits, *MB*）。因此，(19.10) 正是我們所熟知的邊際效益等於邊際成本的條件。

圖 19.4

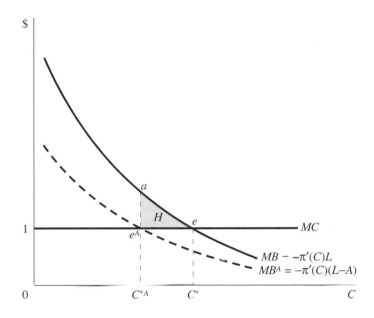

上面的結果可以利用圖 19.4 來加以說明。因 $\pi'(C) < 0$，故在 $L > 0$ 給定的情形下，$MB = -\pi'(C)L > 0$。再由 $dMB/dC = -\pi''(C)L < 0$，得知 MB 可表示成圖 19.4 中那條負斜率的實線（請確定你「知其所以然」），代表隨著此人防火支出增加，其支出所帶來的邊際效益就不斷下降。MB 和 $MC = 1$ 的交點 e 所決定的最適值 C^* 即是 (19.9) 的解。換句話說，在沒有保險的情況下，此人為了使其房子的期待淨值達到最大的最適防火支出水準為 C^*。

接著我們來看，當屋主為其房子投保火災保險後，他的行為會有什麼改變。假定一保險公司提供單位保費為 P 元的火災保險。屋主在仔細考慮之後決定投保 A 元的火災保險。當火災沒有發生時，房子的淨價值為 $W_g = W - C - PA$，而火災發生時成為 $W_b = W - C - L - PA + A$，故此房子的期待淨價值可寫成

$$EW = (1 - \pi)W_g + \pi W_b$$
$$= W - C - PA + \pi(C)(A - L) \qquad (19.11)$$

如果我們進一步做個不太不合理的假定，假定保險公司不接受超過火災損失的投保金額，即 $A \leq L$，則由 (19.11) 我們立即可觀察到，當此人投保全險，即 $A = L$ 時，他將不會花費任何防火支出。因為在 $A = L$ 時，(19.11) 成為

$$EW = W - C - PA$$

上式的值在 $C = 0$ 時達到最大。這個發現告訴我們，在保了全險之後，理性的投保者將沒任何誘因從事防火工作。如果保險公司在決定單位投保價格 P 時，未能正確預期到這種行為的改變，必然會因火災發生機率的提高而遭受損失，這正是我們一再重複的隱藏行為或道德危險現象。

上述結果雖然淺顯易明，但問題是，在未保全險 $(A < L)$ 的狀況下是否仍然會產生道德危險呢？我們可由 (19.11) 中 EW 達到極大的一階條件來說明。假定二階條件成立（請自行查證二階條件為何），此一階條件為

$$\frac{dEW}{dC} = -1 + \pi'(C)(A - L) = 0 \qquad (19.12)$$

或

$$-\pi'(C)(L - A) = 1 \qquad (19.13)$$

(19.13) 與 (19.10) 的經濟意義完全相同，即最適的防火支出必須滿足防火的邊際效益等於邊際成本的條件。如果我們將 (19.13) 左邊有投保情況下的邊際效益記為 MB^A，則因 $L - A < L$，我們得知對應於任一防火支出 C，恆有 $MB > MB^A$ 的關係。因此，我們可得到圖 19.4 中位於 MB 下方的虛線 MB^A。MB^A 的位置隨投保金額 A 而改變，當 A 愈小時，MB^A 愈往上移動向 MB 接近，當 $A = 0$ 時，$MB = MB^A$，兩條線重合，因為投保零元就等於沒保險。反之，隨投保金額 A 增加，MB^A 就不斷往下移動。在保全險時，$MB^A = 0$。圖19.4 顯示 MB^A 與 MC 交點 e^A 決定了 C^{*A}，此即是 (19.12) 的解，代表此人投保 A 元的火災保險後，他最適的防火支出水準。很明顯地，只要投保金額 $A > 0$，我們就得到 $MB > MB^A$ 與 $C^{*A} < C^*$ 的結果。換句話說，有了保險之後，即使不是投保全險，此人的防災支出就會跟著減少，道德危險必然發生。這個結果雖然有些令人驚訝，實則相當容易理解。當 $A > 0$ 時，MB^A 位於 MB 的下方，這表示

在投保火險之後，每一防火支出水準的邊際效益都下降了。但另一方面，防火的邊際成本則仍為 1 元，沒因投保火險而改變。在這種情況下，如果此人仍維持原來的防火支出 C^*，則其邊際效益就會小於邊際成本。為了維持一階條件，他就會削減防火支出以提高邊際效益，這正是所謂的道德危險。在此，我們必須指出，上述「道德危險」完全是理性選擇的結果，它是一個「實證上」(positive) 的觀念，與一般生活中含有價值判斷的「道德」兩字並沒有直接的關係。

道德危險與經濟效率

道德危險除了可能造成保險公司的損失外，從整個社會的觀點來看，它也會帶來經濟效率損失。為什麼？其主要癥結在於保險本身並不能減少火災所帶來的社會損失。從「整個社會」的觀點而言，投資於火災預防的邊際效益並不會因有沒有保險而改變。因此，圖 19.4 中的 MB 所代表的正是整個「社會的防火邊際效益」(social marginal benefits) 曲線，只不過在沒有投保的情況下，此社會邊際效益曲線正好也是此房屋擁有者的私人防火邊際效益曲線罷了。由此可知，在此人未曾投保狀況下的最適防火支出 C^* 也剛好是滿足經濟效率的社會最適防火支出（何以私人防火邊際成本也是社會防火邊際成本呢？）。

現在來看投保火險的情形。前面已經提過，防火的社會邊際效益並不會因投保火險而改變，故 MB 仍是社會邊際效益曲線。但在有火災保險的狀況下，從投保者觀點來看，火災的損失在其投保金額範圍內是由保險公司支付，而非本身支付，因此他進行防災所帶來的邊際效益也就沒有不投保時那樣高；換句話說，在有投保火險的狀況下，投保者「認知的私人邊際效益」(perceived private marginal benefits) MB^A 就小於社會邊際效益，從而導致私人最適防火支出 C^{*A} 低於社會最適防火支出 C^* 的結果。由圖 19.4 可清楚看到，在 C^{*A} 的防火支出下，防火的社會邊際效益較邊際成本高了 ae^A。因此，如果能將防火支出水準由 C^{*A} 提高到 C^* 的水準，整個社會的福利將可增加圖中 H 這塊面積所代表的福利。反過來看，則 H 正代表了因道德危險所肇致的社會效率損失。

道德危險的防止與道德危險和風險的抉擇

道德危險除了導致經濟無效率外，如前面所提到的，還可能使保險公司
利潤減少，甚至遭受損失。為了降低這種損失，在保險業中發展出一些
抑制道德危險的策略。由於道德危險發生的根本原因為投保者將風險移
轉到保險公司，以致降低本身從事防止不幸事件發生的誘因。因此，如
何將部份風險交由投保者承擔，遂成為這些策略的共同特性。保險市場
上最常見的降低道德危險的方法包括共保條款 (co-insurance clause, 簡稱
co-insurance) 和自負額 (deductible) 兩種，或是這兩者的結合。共保條款
指當損失發生時，保險公司並不全額賠償損失，而只在投保額度內賠償
部份損失（如 80%），其餘部份則由保戶自行負擔，以期提高保戶防止災
害發生的誘因，或避免災害發生後損失擴大。我們利用前面火災保險的
例子來說明這種保險政策，並假設保險公司的損失賠償率為 r，$0 < r < 1$。
在這種情形下，當火災沒有發生時，房子的淨價值為 $W_g = W - C - PA$，
當發生火災時，房子的淨價值成為 $W_b = W - C - L - PA + rL$，且 $rL \leq A$。
因此，(19.11) 成為

$$EW = W - C - PA + \pi(C)(r - 1)L$$

而其對應之 EW 極大化的一階條件則是

$$-\pi'(C)(1 - r)L = 1$$

或

$$-\pi'(C)(L - rL) = 1 \qquad\qquad\qquad (19.14)$$

因 $rL \leq A$，故 $L - A \leq L - rL$。比較 (19.14) 和 (19.13) 可知，對應於相同的
C，共保條款下防災支出的邊際效益 $-\pi'(C)(1 - r)L$ 必不小於 MB^A。因
此，除非 $rL = A$，共保條款下之防災邊際效益曲線必然介於 MB 和 MB^A
兩條曲線之間。因防災支出的邊際成本恆等於 1，故我們知道，共保條款
下保戶的防災支出在大部分情況下應會介於 C^* 和 C^{*A} 之間，因而降低了
道德危險與經濟效率損失。

　　至於自負額政策，則是指當災害發生時，在事先議定之一定金額內
由保戶自行負擔，而當損失超過此事先議定的自負額後，則由保險公司

全部賠償，直至所投保金額為止。我們可以透過類似共保條款的討論方法，將前面產險的例子略加修改，證明自負額政策亦可減少道德危險的程度，但因其基本原理與共保條款相同，在此不再重複。

　　雖然共保條款和自負額政策可以消除部份的道德危險，但很顯然地，在共保條款中，只要損失不是完全由保戶自行負擔，而在自負額政策下自負額不夠大，則道德危險就無法消除，經濟效率的損失也就存在。我們必須注意的是，即使透過諸如共保條款或自負額等方式可完全消除道德危險，這也不代表經濟體系完全達到柏萊圖最適境界。這是由於在含有風險的狀況下，柏萊圖最適境界除了要求滿足傳統的生產、分配和最適生產組合效率外，還必須達到風險承擔效率 (efficiency in risk bearing)。所謂風險承擔效率，乃是指由較不介意風險的一方（如風險中立者或風險趨避程度較低的一方）承擔較大的風險。因為保險公司通常擁有眾多的保戶，可以分散風險而使其行為類似一風險中立者，而風險趨避的各別保戶，則可透過投保方式將各自所面對的風險，部份或全部轉嫁給風險中立的保險公司，因而整個社會達到風險承擔效率。現存，如果保險公司採取諸如共保條款或自負額等政策，此固可消除部份的道德危險而提高「生產」（對投保物品的防災服務的生產）效率，但卻也同時將災害的部份風險移回由風險趨避的保戶承擔，從而導致風險承擔效率的損失，柏萊圖最適境界同樣無法達到。這種頗為無奈的現象，正是我們前面所提道德危險與風險承擔間的抉擇問題。

【例 19.2】

　本小節中產險的例子，雖然對說明道德危險的概念很有幫助，但在保險業中，最普遍的道德危險則發生在「醫療保險」（health insurance），且其呈現的方式多為醫療資源的浪費，此亦與產險的情形稍有不同，因此我們利用這個例題說明醫療保險中的道德危險問題。考慮某人決定支付每年 I 元的保費投保醫療保險。保險契約規定投保人必須先支付自負額 D 元，其後每一筆醫療支出由保險公司支付 r % 的費用，$0 < r < 100$。若此人的貨幣所得為 M，效用函數為 $U(h, z) = h^a z^{1-a}$，$0 < a < 1$，h 為醫療服務數量，z 為花費於醫療服務之外的總支出（故 $p_z = 1$）。如果醫療服務的單位價格為 p_h，試問在何種狀況下，此保險會導致道德危險？

圖 19.5

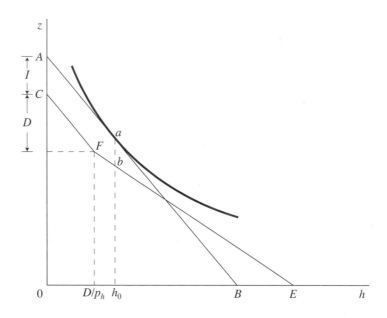

【解答】

在此所謂道德危險乃是指投保之後，此人因而增加醫療服務消費的現象。我們先以圖 19.5 來說明一般情形。圖中 AB 為此人沒參加保險時的預算線，其橫軸與縱軸截距分別為 M/p_h 和 M/p_z。a 點為沒有保險的均衡，此時對醫療服務的需求量為 h_0。投保醫療保險後，此人先支付 I 的保費，這使他的預算線往下平移 I 的距離（為什麼？）。接著在原來的醫療價格下，此人若消費醫療服務，則必須負擔 D 元的自負額，其後則以 $(1-r\%)p_h$ 的價格購買醫療服務。因此，在此醫療保險契約下，此人的預算線成為折線 CFE（為什麼？），其中 CF 部份的斜率為 p_h，FE 部份的斜率為 $(1-r\%)p_h$。由圖上可很清楚看出，只要無異曲線與 CFE 相切於 b 點之右邊，則此人會因投保醫療保險而增加醫療服務的消費，有道德危險發生。

現在回到我們的題目。因此人之效用函數為 C-D 形式，故我們知道在未曾保險的情況下，他對醫療服務的需求為

$$h = \frac{\alpha M}{p_h} \qquad (19.15)$$

因為我們的目的是要找出發生道德危險的條件，故可不考慮預算線中的 CF 部份，而將注意力集中於通過 F 點，斜率為 $(1 - r\%)p_h$ 這條預算線（為什麼？）。因 F 點的座標為 $(D / P_h, M - I - D)$，故此預算線的方程式可寫成（請確定您知道如何得到）

$$(1 - r\%)p_h h + z = M - I - r\%D$$

故此時對醫療服務的需求 h^A 為

$$h^A = \frac{\alpha(M - I - r\%D)}{(1 - r\%)p_h} \qquad (19.16)$$

由前面討論及 (19.15)、(19.16) 兩式，得知道德危險發生的充分必要條件為

$$\frac{\alpha(M - I - r\%D)}{(1 - r\%)p_h} > \frac{\alpha M}{p_h}$$

或

$$r\% > \frac{I}{M - D}$$

由此可知，在此人貨幣所得給定的情況下，若：(1) 共保條款中，保險公司負擔的比例愈高，(2) 保費 I 愈低，或 (3) 自負額 D 愈低，則發生道德危險的可能性就越大，與一般「經濟直覺」(economic intuition) 完全一致。

19.6　頭家－代理人問題

道德危險問題並不限於保險市場，在其他許多經濟性、甚至非經濟性的交易中也普遍存在。例如，當你將車子送修或保養時，通常你並不知道修理或保養人員是否真的完成所有應檢測的項目，是否使用了新的、合格的替代零件。1999 年台灣九二一大地震後，許多人在斷垣殘壁裡，赫

然發現他們房子的牆壁中竟填塞了不少沙拉油桶,這絕對不是當初他訂購預售屋時就知道,而顯然是訂購後廠商在施工過程中的「傑作」。我們選國代、立委,甚至總統等公職人員,當然是希望他們能為我們這些「頭家」服務,但事實證明,許許多多的公職人員,在當選後的所作所為,根本和頭家的期待背道而馳。凡此種種,也都是屬於隱藏行為或道德危險問題。這類問題通常是交易的一方,即頭家 (principal),與另一方,即代理人 (agent),訂立某種型式的契約 (contract),由後者替前者執行某些工作。當頭家因資訊不足而無法有效監督代理人的行為時,代理人就可能採取隱藏行為而使頭家受損。在此情況下,頭家通常會設法在契約中提供適當的誘因,以期消除這種道德危險。由於這類問題的重點在探討頭家與代理人之間的誘因與互動關係,文獻上特別將之稱為「頭家–代理人」問題,或「頭家–代理人」模型。

農業生產

雖然頭家–代理人模型應用的範圍非常廣泛,但在此我們將以最古老的農業生產活動為例,來說明這種關係。假定一地主(頭家)擁有一塊土地,想請人(代理人)來耕種,這地主所面對的問題是,要以什麼方式來支付為他耕種這塊土地的人。他可聘雇「長工」,每月支付「長工」固定的薪水,而自己保有扣除工資後所有生產收入。反過來,他可將土地出租給願耕種的人,收取定額現金,而耕種的收成完全歸於承租者。當然,地主也可將土地由「佃農」(sharecropper) 耕作,然後與佃農分享耕作成果。

　　一般而言,農業生產收入除了受代理人(以下簡稱為農民)投入勞力與努力的影響外,還受到許多不確定因素(如氣候、種子的品質等)的影響,因此我們可將耕種的總收入 TR 寫成

$$TR = TR(N, \theta) \tag{19.17}$$

上式中,N 代表「有效勞動力」(efficient labor),為一勞動投入與「努力」(effort) 的綜合指標。θ 代表所處的「狀態」(state of nature),如 $\theta = 1$ 代表風調雨順之年,$\theta = 0$ 代表五穀不登之歲,$0 < \theta < 1$ 則介於兩極端之間的狀態。換句話說,θ 反映了生產的不確定性。(19.17) 明確告訴我們,總

收入的變動可能因 N 或 θ 發生變化而來，故在此所謂道德危險有兩個可能的原因：首先，起因於頭家無法分辨收成不好到底是來自於農民有效勞動力投入不足或 θ 發生變化；其次，頭家可能無法有效監督農民有效勞動的投入，只要上述兩種情形的任何一個存在，農民就有「怠惰生產」(shirking) 的動機。

　　為了便於說明，我們先討論 (19.17) 的一個特例，即 θ 的值並不改變，因此可將其簡化成

$$TR = TR(N) \tag{19.18}$$

在此情況下，不確定性並不存在，因此也就沒有風險分擔的問題。假定地主支付給農民的費用為 $W(N)$，則地主保有的收入為

$$\pi(N) = TR(N) - W(N) \tag{19.19}$$

地主希望尋找一支付函數 $W(N)$，以使自己保有的收入 π 達到最大。不過，這種願望要達到有一個先決條件，那就是農民願意耕種這塊土地，否則就不可能有任何收入。假定農民認為有效勞動力，特別是努力的投入有其成本 $C(N)$，而他耕種這塊土地的機會成本為 G，則地主支付的費用必須滿足

$$W(N) - C(N) \geq G \tag{19.20}$$

上式一般稱之為參與限制條件 (participation constraint)（地主有沒有參與限制條件？）。很顯然地，地主為了極大化自己的收入，將不會支付農民超過 $C(N) + G$ 的費用，因此我們可僅考慮 (19.20) 中等號成立的情況。如此一來，我們可直接將此參與限制條件代回 (19.19) 而得到

$$\pi(N) = TR(N) - C(N) - G \tag{19.21}$$

地主收入極大的一階和二階條件分別為

$$\frac{d\pi(N)}{dN} = \frac{dTR(N)}{dN} - \frac{dC(N)}{dN} = 0$$

$$\frac{d^2\pi(N)}{dN^2} = \frac{d^2TR(N)}{dN^2} - \frac{d^2C(N)}{dN^2} < 0 \tag{19.22}$$

假定 $TR(N)$ 和 $C(N)$ 分別為 N 的凹函數和凸函數，則 $d^2TR(N)/dN^2 < 0$，$d^2C(N)/dN^2 > 0$，二階條件必然成立。定義有效勞動力 N 之邊際生產收益量 (marginal revenue product) 為 $MRP_N(N) = dTR(N)/dN$，其邊際因素成本 (marginal factor cost) 為 $MFC_N(N) - dC(N)/dN$，則一階條件 (19.22) 可寫成

$$MRP_N(N^*) = MFC_N(N^*) \tag{19.23}$$

其中 N^* 為使地主收益達到最大之有效勞動力投入。換句話說，只有當農民願耕種此土地且投入 N^* 的有效勞動力時，地主才有最高的收入。

上述結果可以用圖 19.6 來說明。暫時不管圖中虛線部份，圖 19.6(a) 中 $TR(N) - G$ 和 $C(N)$ 兩曲線的垂直距離為圖 19.6(b) 中 $\pi(N)$ 的高度。因 $TR(N) - G$ 和 $TR(N)$ 在同一 N 下，其斜率相等，故在 $N = N^*$ 時，$C(N)$ 和 $TR(N)$ 的斜率相等，即 (19.23) 成立，$\pi(N)$ 達到極大。

雖然如此，但地主所面對的問題是農民不一定願意提供 N^* 的有效勞動力，因為農民的標的函數不是 (19.19) 或 (19.21)，而是

$$V(N) = W(N) - C(N) \tag{19.24}$$

很顯然地，農民追求 $V(N)$ 極大之最適有效勞動力投入並不一定是 N^*。因此，地主如何透過支出函數 $W(N)$ 的設計，提供足夠的誘因使農民願意供給 N^* 的有效勞動力遂成為頭家–代理人問題中的重要課題。這個問題看似簡單，但事實上卻相當不容易解決。其主要原因為地主（頭家）和農民（代理人）間通常有訊息不對稱的問題存在。前面我們定義有效勞動力 N 為包括勞動投入與努力的綜合指標，即使地主可以觀察到農民投入耕種的時間與人數，他也無法像農民本身般清楚自己努力程度，更何況地主連農民耕種的總時數通常都無法有效掌握呢！在這種狀況下，怠惰行為或道德危險自然就很容易出現了。不過，為了清楚顯示訊息不對稱下的結果，在此我們先來看看，當地主對農民有效勞動力投入擁有「完全訊息」(full information) 時，不同的支出函數 $W(N)$ 對農民提供的有效勞動力的影響。

圖 19.6

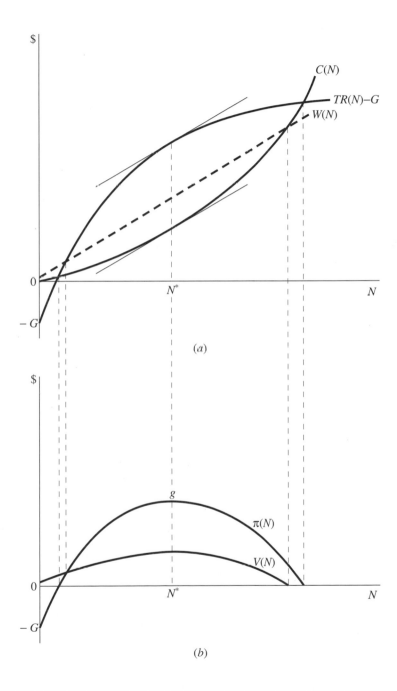

(a)

(b)

地主擁有完全訊息

在地主擁有完全訊息的狀況下，最直接了當的方法就是由地主直接要求
農民提供 N^* 的有效勞動力，支付農民 $W(N^*) = C(N^*) + G$ 的報酬，而只
要農民提供的有效勞動力 $N \neq N^*$，則 $W(N) = 0$。當然，在這種情況下，
農民耕不耕種這塊田地並無差別，因此，他也不一定要接受這個契約。
但不管如何，這種毫無妥協餘地的「全有或全無」(all-or-nothing) 契約，
背後隱含地主有絕對的主宰權，在現實社會上的重要性恐值得商榷。因
此，我們較有興趣的是，在地主不採取這種極端的手段下，是否存在支
付函數，使得農民提供 N^* 的有效勞動力？

在討論各種支付函數之前，我們先就「能提供誘因以使農民供給 N^*
的有效勞動力」的支付函數所須具備的性質加以探討。由 (19.24) 我們知
道，使農民收益達到極大的有效勞動力 $\hat{N}$ 必須滿足一階條件

$$\frac{dV}{dN} = \frac{dW}{dN} - \frac{dC}{dN} = 0$$

或

$$W'(\hat{N}) = MFC_N(\hat{N}) \tag{19.25}$$

如果支付函數 $W(N)$ 確實能誘使農民提供對地主最有利的有效勞動力，
N^*，則 N^* 就必須同時滿足 (19.25)，即

$$W'(N^*) = MFC_N(N^*) \tag{19.26}$$

當 (19.26) 成立時，地主和農民的標的函數同時達到極大，因此一般將其
稱為誘因相容限制條件 (incentive-compatibility constraint)，而稱滿足這個
條件的支付函數為誘因相容 (incentive-compatible) 支付函數。

結合 (19.23) 和 (19.26) 兩式，我們立即發現，任何一誘因相容支付
函數 $W(N)$ 必須滿足

$$MRP_N(N^*) = W'(N^*)$$

換句話說，任何誘因相容支付函數，在使得地主收益最大的有效勞動水
準 N^* 下，其斜率必須等於在該有效勞動水準下的邊際生產收益量。這個

結果，可以作為檢驗任何一個支付函數是否為誘因相容的標準。在圖 19.6(*a*) 中，我們以虛線描繪一條斜率為 $MRP_N(N^*)$ 的直線。根據上述的標準，這條直線所代表的支付函數就是一個誘因相容支付函數。這個結果也反映在圖 19.6(*b*) 中，該圖顯示，在 $N = N^*$ 時地主和農民的收益，$\pi(N)$ 和 $V(N)$ 同時達到極大。

現在，我們來看農業生產上幾種被廣泛使用的契約或支付函數。

(1) 長工契約：在長工契約下，通常由地主按月或按年支付耕種農民固定金額的報酬，故此時 $W(N) = K$，其中 K 為一定值且滿足參與限制條件。因 $W'(N^*) = 0$，而 $MRP_N(N^*) = C'(N^*) > 0$，故知這種支付函數並非誘因相容。換句話說，在這種長工契約下，除非透過嚴格監督，農民是不太可能提供使地主收益達到極大的有效勞動力。這個結果的經濟意義相當簡單：農民的收入既然固定，那麼不論他工作多少時間，使用多少努力，報酬都是一樣的，在提供有效勞動力的成本為正的前提下，他自然會盡量減少有效勞動力的供給。另一方面，因地主具有完全資訊，因此他可明確觀察到，並要求農民提供對其最有利的有效勞動力 N^*。

(2) 土地承租契約：在土地承租契約下，農民承諾支付一定的租金 R 給地主，然後進行耕種並保有扣除租金後的所有收入，所以支付函數為 $W(N) = TR(N) - R$，R 為一定數。因 $W'(N^*) = TR'(N^*) = MRP_N(N^*)$，故這種支付函數為誘因相容；即使地主對農民的耕作活動不加監督，農民為了追求自己收益極大也會提供 N^* 的有效勞動力。這個結果的經濟直覺很簡單：農民在付給地主固定的租金後，任何努力所得都將歸於自己，因此他自然有誘因投入最適當的有效勞動力。此外，地主可利用參與限制條件，將 R 訂在 $R = TR(N^*) - C(N^*) - G$ 的水準，以使自己的收入達到最大，這正是圖 19.6(*b*) 中的 gN^*。

(3) 佃農契約 (sharecropping)：佃農制度在人類農業生產活動上佔有相當重要的地位，世界各地由古至今幾乎都可以看到它的影子。雖然不同地區，不同時代的佃農制度存在著種種差異，但基本上這種制度在佃農的收入方面均包含兩個部份。其中一部份是固定的，用以維持佃農最基本的生活需要；另一部份則是來自於耕種的收益，佃農通常可在耕種總收益中分得一定比例。如果我們將固定收入部份以

F 表示，而佃農分得總收益的比例以 α 表示，$0 < \alpha < 1$，則佃農契約下地主的支付函數可寫成 $W(N) = \alpha TR(N) + F$。由此立即可以得到 $W'(N^*) = \alpha TR'(N^*) = \alpha MRP_N(N^*) < MRP_N(N^*)$，可知此支付函數並不滿足誘因相容限制條件。因此，在佃農制度下，一般而言佃農並不會提供使地主收入達到極大的有效勞動力。為什麼呢？其理由是，每增加一單位的有效勞動力的邊際因素成本必須完全由佃農負擔，但此額外一單位有效勞動力所帶來的邊際生產收益量並非完全由佃農獲得，因此佃農自然沒有意願提供足夠的有效勞動力。更明確地說，雖然在 N^* 的有效勞動投入下可得到 $MRP_N(N^*) = MFC_N(N^*)$，但就佃農來說他只取得 $\alpha MRP_N(N^*)$，故有 $\alpha MRP_N(N^*) < MFC_N(N^*)$ 的關係，佃農可以透過減少有效勞動力的投入來增加自身的利益。

地主未擁有完全訊息

接著我們來看，在地主對農民有效勞動力投入缺乏完全訊息，因而有訊息不對稱的情況下，上述三種不同的耕種契約可能造成的結果。

(1) 長工契約：這種情形可以圖 19.7 來說明。圖 19.7(a) 中之水平線 K 代表地主支付給農民的固定報酬，即 $W(N) = K$。由前面的討論，我們知道，$K > G$ 方有可能滿足農民的參與限制條件。圖 19.7(b) 描繪出在圖 19.7(a) 中所設定的 K 值下，地主與農民的標的函數 $\pi(N)$ 和 $V(N)$。在圖 19.7(b) 中，我們可以清楚看到，當 $N < N_1$ 時，$\pi(N) < 0$，而當 $N > N_2$ 時，$V(N) < G$，因此在 $W(N) = K$ 的報酬下，只有在農民提供 $N_1 \leq N \leq N_2$ 的有效勞動力時，這個耕種契約方有意義，方可維持下去。又由圖 19.7(b) 得知，$\pi(N)$ 和 $V(N)$ 隨著有效勞動力的增加分別上升或下降，故地主的收入在 $N = N_2$ 時達到最大，而農民的標的函數在 $N = N_1$ 時達到最大。在地主缺乏完全訊息，無法有效監督的前提下，農民自有怠惰生產的誘因，道德危險的現象也就產生了。

(2) 土地承租契約：由上一小節的討論，我們知道這種契約下的支付函數為誘因相容，農民永遠會提供對地主最有利的有效勞動 N^*，因此即使地主未擁有充分訊息，無法有效監督，也不會發生道德危險問題。

圖 19.7

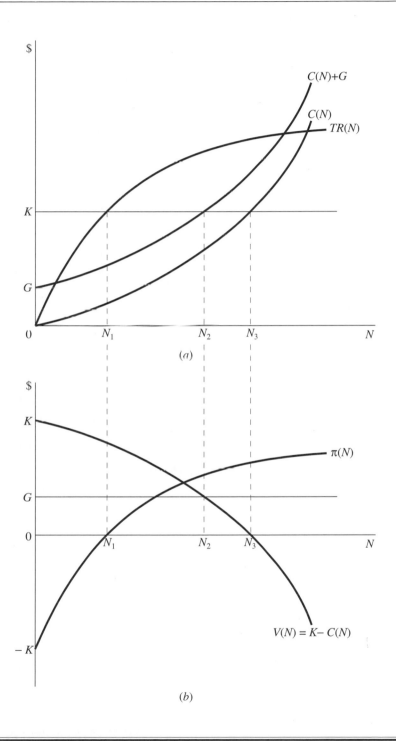

(a)

(b)

(3)　佃農契約：我們可以利用圖 19.8 來說明佃農契約。圖 19.8(*a*) 中，$W(N) = \alpha TR(N) + F$ 曲線是將 $TR(N)$ 曲線的垂直距離縮減為原來的 α 倍 $(0 < \alpha < 1)$，然後再將整條 $\alpha TR(N)$ 往上移動 F 的距離而成，故其縱軸的截距為 F。在圖 19.8(*a*) 中，我們假定 $C(N) + G$ 曲線在縱軸的截距 G 大於 F，但事實上 F 和 G 的相對大小並不影響分析的結果。由圖可知，只有當有效勞動力 N 滿足 $N_0 \leq N \leq N_3$，參與限制條件方才成立。另一方面，當 $N < N_1$ 時，$\pi(N) < 0$，故我們只要將注意力集中於 $N_1 \leq N \leq N_3$ 的範圍即可。假定 $N = N_2$ 時，農民的標的函數 $V(N) = W(N) - C(N)$ 達到極大，但由圖19.8 (*b*) 得知 $\pi(N)$ 隨著 N 的增加而不斷上升，故使地主收入達到最大的有效勞動投入量為 N_3。很顯然地，$N_3 > N_2$，這和我們上一小節所得到的結果相同。因此，在地主訊息不足而無法有效監督佃農的情況下，佃農自然會有怠惰的誘因，道德危險也就成為必然的結果了。

上面的分析顯示，在訊息不對稱的情況下，只有土地承租契約是誘因相容支付方式。因此從地主的觀點來看，在訊息不對稱的前提下，他應該堅持採用這種契約，以消除農民怠惰的誘因。但和現實生活相對照，這個推論似乎並不完全成立。首先，我們發現，即使在不是採用土地承租契約的支付方式下，許多農民事實上也非常勤奮地進行耕作。其次，如果土地承租契約真是最好的，那何以在世界各地，由古至今仍普遍存在長工制與租佃契約呢？

就第一個問題而言，我們發現，即使地主無法有效監督，但在大部份的情形下，地主仍會以各種方式來控管農民工作狀況，地主可直接派遣「工頭」監工，也可透過比較和自己土地大致相同的其他土地的收成，來評估所雇用的長工的工作效率。如果「長工」有明顯怠惰的證據，地主當然可以解約。在這種壓力下，「長工」就不可能過分或明顯怠惰。另一方面，並不是所有的人都會怠惰。有些人基本上就認為努力工作就是一種很好的德行，因而根本就不會想到怠惰。有些人認為「拿人之俸」就得「忠人之事」，否則就太沒道德了。有的人更認為地主能提供他這個工作機會，就是莫大的恩惠，感恩圖報都來不及了，更何況是怠惰工作呢！

至於第二個問題，最簡單的答案就在我們到目前為止所作的假設中。為了簡化分析，我們將耕種總收入函數 (19.17) 中的 θ 加以固定，

圖 19.8

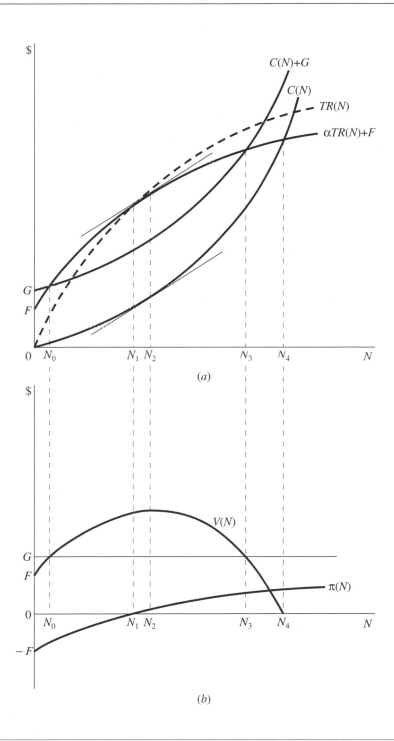

(a)

(b)

成為 (19.18)，因而排除了不確定性與風險承擔問題。但在現實生活中，這種不確定性是不可能被「假設」掉的。如此一來，在土地承租契約下，不管實際收成如何，豐收或凶年，土地承租者都得每年支付固定的租金給地主，從而承擔了所有的風險。但只要農民不是風險中立者且地主不是風險趨避者，這種由農民承擔所有風險的契約就未達到風險承擔效率。從各種實證資料觀察，我們發現，地主的經濟狀況一般均比農民好得多，他們往往擁有大量土地，以不同契約方式由他人耕種，故較能分散風險，使其較接近風險中立者。反之，農民通常就是靠自身勞力幫人耕種來維持生活，他們顯少有其他收入來源，幾乎沒有風險分散的可能，因此他們風險趨避的程度通常較高。在這種情況下，如果地主真是風險中立者，則地主就應承擔所有風險方可達到風險承擔效率。即使地主也是風險趨避者，地主和農民也要共同分擔耕作收入不確定的風險，方能達到風險承擔效率。這正說明了，何以土地承租契約在現實社會中無法完全取代其他支付契約的原因。同時，這也為佃農制度長久普遍存在的事實提供了最佳的註解，因為佃農制度正是地主與佃農共同分擔風險的一種契約。

生產效率與風險承擔的抉擇

前面討論保險市場中的道德危險問題時，我們得到了生產效率與風險承擔效率間存在著抉擇問題。當風險承擔效率提高時，道德危險就隨之加劇，從而增加生產效率損失，反之亦然。現在我們來檢視，這種生產效率與風險承擔效率間的抉擇，是否也存在於頭家–代理人的問題。我們仍以農業生產的例子來加以說明，但將農業總收入函數回復到 (19.17)。從整個社會的觀點來看，當農業產值與成本投入的差距達到最大時即達到生產效率。因農業總產值為 $TR(N)$ ，而成本投入為 $C(N)$ ，故整個社會由此農業生產所得到的利潤可寫成

$$\pi_s(N) = TR(N) - C(N) \tag{19.27}$$

比較 (19.27) 和 (19.21)，我們知道兩者間只相差一個常數 G；因此 $\pi(N)$ 和 $\pi_s(N)$ 極大化的條件完全相同，為 (19.23)。換句話說，在我們所設定的農業生產模型下，使地主收入達到最大的產出，也就是使整個社會達

到生產效率的產出水準。由前面分析，我們知道，在訊息不對稱的情況下，只有土地承租契約能達到生產效率。不過，前面的分析也告訴我們，土地承租契約下，風險是由農民完全承擔。很顯然地，在一般地主風險趨避程度小於農民風險趨避程度的現實中，這並不是有效率的風險承擔。如果我們進一步假定，地主是風險中立，而農民是風險趨避者，則「長工」契約可以達到風險承擔效率。不過，此時就很可能發生道德危險而無法達到生產效率。由此可見，「長工契約」與「土地承租契約」是兩個極端的制度，它們可以充分反映出生產效率與風險承擔效率間的抉擇關係。這個結論和原理，與保險市場的情形完全相同。

從生產效率與風險承擔效率抉擇的角度來看，我們可將「佃農契約」看成是這種抉擇關係的折衷處理方式。我們知道，佃農契約下的支付函數為 $W(N) = \alpha TR(N) + F$，$0 < \alpha < 1$。如果考慮 $\alpha = 0$ 的極端情形，則我們就得到了長工契約下的支付函數。反之，考慮另一 $\alpha = 1$ 且 $F < 0$ 的極端情形，則我們就得到土地承租契約下的支付函數。因此，α 和 F 兩參數的值，正反映了地主與農民間相對風險趨避程度，從而決定了生產效率與風險承擔效率的抉擇。

19.7　有效工資理論

農業生產的例子，雖可清楚闡釋當頭家與代理人間有訊息不對稱時，道德危險如何產生，以及經濟效率與風險承擔效率間的抉擇關係。但在現實社會中，生產活動並不限於農業生產，且隨著產業性質的變化與時代的演進，各式各樣防止道德危險的工作契約也不斷被推出。例如，常見的代工生產，其支付函數通常是採所謂「按件計酬」(piece rates) 方式，即依代理人生產的數量來支付。這種支付方式當然可以降低，甚至消除怠惰現象，但也有它的缺點。首先，並不是所有工作均能按件計酬，因為有些產品的數量並無法有效加以衡量；例如，公司的高級經理，其主要貢獻乃在規畫、統合、指揮公司的營運，因而他們的「產品」根本就無法「計件」。其次，這種支付方式容易導引代理人「重量不重質」，這對某些注重品質的產品並不恰當。例如，台灣砂石車肇事的機率特別高，主要就是因為砂石車司機的報酬是依他們所載的「次數」來計算，以致司機們為了獲取較高的收入而超速、超勞開車。另外一種普遍採用的減少道

德危險的支付方式為「年終獎金」制。這種制度基本上並不依員工個人的表現為標準，而是以整個公司全年營業利潤的多寡來決定各別員工可獲得多少年終獎金。科學園區的高科技廠商大多採取這種方式，或者以現金，或者以配股方式來激勵員工工作效率，降低道德危險，並且達到與公司分擔風險的目的。當然，由於年終獎金的多寡僅決定於公司的整體業績，與個人表現無關，這種支付方式也無法避免另一種形式的道德危險，即濫竽充數或混水摸魚的現象。

上面所談降低道德危險的兩種支付方式，都是屬於「激勵」型。但公司往往也會採用另外一種「懲罰」型支付方式，來抑制道德危險。例如，公司可能規定遲到或早退次數超過一定限度時，就會扣員工的薪水；若考績未達一定標準者，就無法加薪，年終獎金會打折，甚至無法升遷。另外，許多工程契約中，規定承包廠商要繳交一定金額的押金，當工程無法如期完成，或品質無法通過檢驗時，這些押金就可能被沒收，這些都是屬於懲罰型的道德危險防止機制。文獻上，最著名的屬於這種懲罰型道德危險防止機制，大概就是勞動市場中的*有效工資* (efficiency wage)理論，這也是我們在這小節所要介紹的課題。

我們已經知道，在訊息不對稱的情形下，雇主對所雇用的勞工並無法進行有效監督，因而會有道德危險。勞動市場中，一種防止這種道德危險的方法，就是雇主支付勞工遠高於市場均衡工資的報酬，而這個防止怠惰的超高工資就稱為有效工資。何以有效工資可以防止怠惰呢？其原理是這樣的：如果雇主支付的是市場均衡工資 W_0，則勞工就會有怠惰的誘因，因為即使勞工因怠惰被發現而遭解雇，那他們隨時可到市場上找到其他工作，獲取相同報酬 W_0。如此一來，就是最嚴厲的懲罰－「解雇」，對勞工都不會有實質的傷害，因此也不會有減少怠惰的功效。反過來，如果雇主支付的工資 $W_e > W_0$，那麼工人如果因怠惰而被解雇時，他所能找到的其他工作很可能只支付 W_0 的報酬，那麼 $W_e - W_0$ 就成為他怠惰、解雇的機會成本。只要這機會成本足夠高，那他因怠惰被解雇的懲罰就愈大，而怠惰行為也可以遏止了。上面的解說固然合理，但有一個嚴重的缺陷，因為我們只從一個廠商的角度來看這個問題。事實上，所有廠商所處的情況基本上相同，因而所有廠商均會支付有效工資 W_e 來防止道德危險。在這種情況下，當工人被解雇後，不是也可在其他

地方找到工資為 W_e 的工作嗎？如果這樣，有效工資的懲罰效果不就消失了嗎？事實不然，我們知道，有效工資乃是高於市場均衡工資，故在這個工資下必然有失業現象存在，那麼被解雇的人就得面對找不到工作的危險，有效工資的懲罰作用仍然存在，仍可遏止道德危險。

數學模型

為了進一步闡述有效工資理論，現在我們來考慮一較為正式的模型。假定勞工（代理人）為風險中立者，且其效用函數為

$$U(W, D) = W + V(D)$$

上式中 W 為工資，D 則是代表怠惰水準的指標。為了簡化分析，假定僅有 $D = 0$ 和 $D = 1$ 兩個值，前者代表此勞工完全沒有怠惰，後者代表有怠惰的情況。一般而言，勞工之所以會怠惰乃反映其可因怠惰獲得效用，故假定 $V(1) > V(0) = 0$。同樣地，為了簡化分析，我們進一步假定勞工怠惰被查獲的機率為定值 π，而工人被查獲怠惰解雇後，可立即找到工資 W_0 的工作。在前述假設下，我們得知勞工不怠惰時可獲得有效工資 W_e，故其效用為 $U(W, 0) = W_e$；勞工怠惰而未被查獲時，也可賺取有效工資 W_e，其效用為 $U(W, 1) = W_e + V(1)$，而勞工由於怠惰而被查獲解雇時的效用為 $U(W, 1) = W_0$。因此，勞工選擇怠惰時的期望效用為

$$EU = \pi W_0 + (1 - \pi)(W_e + V(1))$$

由此可知，只有當雇主所支付的有效工資滿足下列條件時，方可遏止工人怠惰的道德危險，即

$$W_e \geq \pi W_0 + (1 - \pi)(W_e + V(1))$$

或

$$W_e - W_0 \geq \frac{1 - \pi}{\pi} V(1)$$

換句話說，只有在有效工資至少高出市場均衡工資達 $(1 - \pi)V(1) / \pi$ 時，工人的怠惰行為方可能完全消除。很顯然地，當勞工由怠惰所獲得的效用 $V(1)$ 愈大，或訊息不對稱情形愈嚴重以致查獲怠惰的機率愈小時，有效工資就必須愈高，方足以使勞工怠惰的機會成本夠大，進而防止道德

危險發生。

　　上面分析中，我們假定勞工怠惰被發現的機率 π 是固定的。但事實上，雇主可設法透過訊息收集與加強監督等方式來提高 π，從而降低其支付的有效工資。雖然如此，但我們必須注意，為了收集資訊或加強監督，雇主也會有額外的支出，於是雇主就得面對降低有效工資與增加查核成本的抉擇。現在假設 $C(\pi)$ 為查核員工的成本函數；隨著查核工作的加強，成本就會增加，但查獲勞工怠惰的機率也會跟著提高，故 $C'(\pi) > 0$。另外，和一般成本函數一樣，我們假定查核的邊際成本不可能遞減，亦即 $C''(\pi) \geq 0$。現在雇主面對的問題是，找出一最適當的 π 使得雇主查核成本與有效工資支出成本達到極小。我們可將雇主的總成本寫成

$$TC(\pi) = C(\pi) + \frac{1-\pi}{\pi} V(1)$$

上式極小化的一階和二階條件分別為

$$\frac{dTC}{d\pi} = C'(\pi) - \frac{V(1)}{\pi^2} = 0 \tag{19.28}$$

$$\frac{d^2TC}{d\pi^2} = C''(\pi) + \frac{2V(1)}{\pi^3} > 0$$

因 $C''(\pi) \geq 0$，故二階條件成立，而最適的 π 值也可直接由 (19.28) 解出。讀者應可很輕易看出，一階條件正是我們所熟知的，提高 π 所帶來的邊際收益等於其所帶來的邊際成本罷了。

19.8　本章小結

在這一章中，我們首先介紹了市場失靈的概念，以及造成市場失靈的原因：不完全競爭市場與不完全市場。接著，我們將重點擺在探討訊息不對稱如何帶來市場失靈與經濟效率損失。我們區別了隱藏特性與隱藏行為兩種型態的訊息不對稱模型，闡明兩者的主要差別，並說明前者如何可能造成逆向選擇，而後者如何導致道德危險，以及它們對經濟效率的

影響。我們分別以各種常見的例子，如文憑主義與醫療保險的浪費來凸顯逆向選擇與道德危險的普遍性，並討論了市場、政府及社會團體對這兩種訊息不對稱的反應及對策。在結束本章之前，我們願再次提醒讀者兩點：第一，如本章一開始時所提到的，隱藏特性與隱藏行為有時並不是那麼容易區別，在許多狀況下，他們甚至無法區別，或共存共榮。事實上，在某些情況下，頭家可透過逆向選擇的防止，來達到避免道德危險的目的。例如，雇主可提供勞工不同的支付方式的選擇，然後再由員工的選擇中獲取相關的資訊，從而制定適當的管理與雇用制度，降低道德危險。第二，在有關道德危險的討論中，我們一直假定訊息不對稱指的是頭家所擁有的訊息較代理人少。但事實也不一定如此，在某些狀況下，可能頭家擁有的訊息比代理人還多，以致道德危險反而發生在頭家一方。例如，許多公司的營業狀況或獲利大小，往往只有公司的擁有者才清楚，如果公司採取依銷售額或利潤大小為標準的支付或獎勵方式，那麼就很可能發生頭家低報營業額或利潤，以減少對員工支出的現象，結果受害者反而是代理人而非頭家了。

20 外部性與公共財

我們已討論了不完全競爭市場及訊息不對稱現象，如何導致市場失靈及經濟效率損失。在本書這最後一章中，我們要進一步探討另外兩種造成市場失靈的原因，即外部性 (externalities) 和公共財 (public goods)。事實上，讀者將會發現，外部性和公共財的關係相當密切，我們甚至可以說，公共財只是一般外部性現象的極端例子，因此其造成市場失靈並不令人感到意外。但因公共財在分析上有其特殊的性質，故常分開處理，本書也將沿用這種習慣。本章第　部份將討論外部性，我們首先說明外部性的意義及其對經濟效率的影響，接著來看市場對外部性的可能反應，然後針對政府可能的干預策略加以討論。第二部份則探討公共財問題，除了明確定義公共財外，重點將擺在最適公共財數量的決定。

　　所謂外部性，是指任何一經濟單位的行為，直接影響到另一經濟單位的福利的現象。這個定義看似簡單，但又顯得有點難以捉摸。為了明確掌握外部性的意義，我們在此指出有關外部性的幾個重要性質：第一、所謂經濟單位，在此可指個人或廠商，可指消費者或生產者，但重點是，外部性必須牽涉到至少兩個經濟單位。例如：

(1) 開車所造成的空氣污染，可能使其他人的健康受損，此為一消費者消費行為，對另一消費者所造成的外部性。

(2) 河川上游養豬戶排放污水，使下游居民生活環境惡化，這是生產者生產活動，對消費者所帶來的外部性。

(3) 廠商對員工施以特殊職業訓練之後，某些員工跳槽至其他公司，此為廠商行為對另一廠商的外部性。

第二、外部性可能是正的，即某一經濟單位的行為，直接造成另一經濟單位福利的增加，如上所舉之例 (3)。外部性也可能是負的，也就是某一經濟單位的行為，直接導致另一經濟單位的福利損失，前面的例 (1) 和 (2) 即有負的外部性。第三、外部性指的是生產或消費行為，對其他經濟

單位福利的「直接」影響。在此所謂「直接」，是指這種影響並不是透過市場，不是經由價格機能來傳遞。例如，消費者因害怕得口腔癌而減少檳榔消費，使其價格下降，降低了檳榔種植者的收入與福利，這並不是一種外部性。因為透過價格機能的調整，只要相關條件仍然滿足，福利經濟學第一定理仍然成立，新的均衡仍可達到經濟效率。另一方面，因檳榔消費減少，「直接」使檳榔汁、檳榔渣對環境的污染減少，則是負的外部性的減少。第四、外部性具有相互性 (reciprocal nature)，這或許是有關外部性的最隱晦、最深入的性質。就前面所舉的 (1)、(2)、(3) 三個例子來說，我們似乎很清楚地可認定開車、養豬和廠商職業訓練是形成外部性的「因」，在日常生活中大概也沒什麼人會反對這種說法。但從外部性的學理來看，並不如此單純，它牽涉到所謂財產權 (property right) 的觀念。這點我們在後面會有較完整的討論，但在此我們可以大家耳熟能詳的二手煙的例子來說明其要旨。我們大都知道二手煙對其他人，尤其是不抽煙的人，是很難忍受、也對健康相當有害的。很顯然地，對不願吸二手煙的人來說，二手煙絕對是抽煙者對他們所造成的負的外部性，這也是為什麼禁止抽煙的場所愈來愈多的原因。但是，當我們設立禁煙場所的同時，基本上就是已經認定或接受，在該場所不吸煙的人，擁有了對該場所的「清新空氣」的財產權，因而二手煙構成對他們的財產權的傷害，損害了他們的福利。然而，就像有一些吸煙的人已開始反問，為什麼這些場所就應該由不吸煙的人所「佔有」呢？為什麼不是叫不吸煙的人不到那些地方去？如果不吸煙的人不到那些場所，他們不就不會受害，吸煙不就不會產生外部性呢？更何況，有些場所打從一開始就可吸煙，何以現在又「逼迫」他們不得吸煙。這些抗議背後基本上隱含著吸煙者對「污染空氣」的財產權的主張。事實上，仔細思考之下，只要我們認定吸煙者對「污染空氣」具有財產權，那麼對「清新空氣」的堅持與禁煙區的設立，同樣「污染」或「反污染」了吸煙者的「污染空氣」，同樣對吸煙者帶來外部性。在此必須澄清，上面的論述並不是要為二手煙除罪，我們只是要凸顯外部性所牽涉到的相互性，及其與財產權間的微妙關係。至於二手煙所造成的醫學、衛生上的問題則不是我們考慮的重點。

20.1 外部性與經濟效率

前面一再指出，外部性乃是造成市場失靈的原因之一，在此我們就要明確來說明。雖然外部性可能是正的，也可能是負的，但因分析的基本原理完全相同（只是方向相反），且負的外部性在現實生活中較為普遍，也較受重視，因此我們的說明均以負的外部性為對象。至於正的外部性對經濟效率的影響，則請讀者自行推理、練習。

消費外部性

我們繼續前面二手煙的例子，來說明外部性對經濟效率的影響。另外，為了清楚起見，我們直接假定非吸煙者擁有「清新空氣」的財產權。在此情況下，二手煙就會帶來負的消費外部性。在圖 20.1(*a*) 中，橫軸 x 代表某一吸煙者在一定期間內的香煙消費量。在競爭市場下，因個別消費者為價格接受者，故消費香煙的邊際成本 *MC* 剛好是固定的香煙價格 p_λ。個人需求曲線 *d* 反映吸煙對此人的*邊際私人效益* (marginal private benefit, *MPB*)，而 *MSD* 則是此人吸煙對社會上其他人所造成的*邊際社會傷害* (marginal social damage, *MSD*)，我們假定其隨著此人香煙消費量的增加而提高。此消費者為了追求本身效用極大，將消費至 *MPB* = *MC* 的水準 x_c。但是從整個社會的觀點來看，此人消費香煙所造成的負的外部性，必須自此人吸煙的 *MPB* 中扣除方是*邊際社會效益* (marginal social benefit, *MSB*)。圖 20.1(*a*) 中之 *MSB* 曲線，即是將 *MPB* 減去 *MSD* 的垂直距離而得。因此，就整個社會來看，此人的最適香煙消費量應是在 *MSB* = *MC* 的水準，即 x_s。因 *MSB* 必然在 *MPB* 的下方，故 x_s 必然較 x_c 小。換句話說，滿足經濟效率或柏萊圖最適境界的香煙消費量應是 x_s，但在競爭市場中，因價格未能反映吸煙的外部性，以致個人均衡消費量 x_c 超過了社會最適消費量。由圖 20.1(*a*)，我們也可立即得知在 x_c 產量下，社會產生了 $e_s e_c a$ 的福利損失。因此，這個例子清楚地顯示了外部性會帶來福利或效率損失。

上面的分析是從個別消費者的角度來看，但相同的結論在整個產業的範圍仍然成立。圖 20.1(*b*) 中各曲線的意義均和圖 20.1(*a*) 相同，只不過為了區別個人和產業，所有符號均加上了上標 *I* 以代表產業罷了。另

圖 20.1

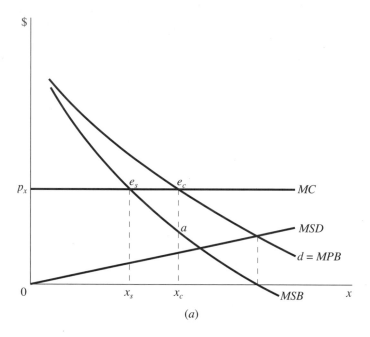

(a)

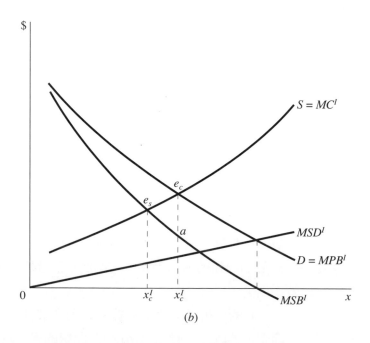

(b)

圖 20.2

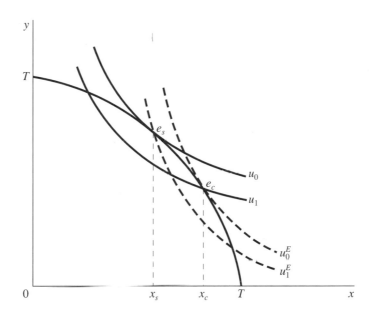

外，我們將產業需求曲線的符號改為 D，且邊際成本線成為正斜率，以反映產業邊際成本遞增的普遍現象。根據與上面有關個別消費者類似的推論，我們知道，在負的外部性下，市場的均衡產量 x_c^I 必然超過社會的最適產量 x_s^I，而市場均衡所帶來的福利損失為 $e_s e_c a$。

圖 20.1 是以部份均衡分析法來說明（負的消費）外部性對效率與福利的影響。同樣的結果也可以一般均衡分析得到。圖 20.2 中 x 代表會產生負的消費外部性的香煙產量及消費量，Y 則是 X 以外之所有其他不會造成外部性的產品，TT 為生產可能線。競爭均衡滿足

$$MRS^E = \frac{MPB_x}{MPB_y} = \frac{p_x}{p_y} = MRT \tag{20.1}$$

上式中 MRS^E 代表未考慮外部性的邊際替代率。在 X 的消費會對他人帶來外部傷害的情況下，前面的討論告訴我們

$$MSB_x = MPB_x - MSD_x \tag{20.2}$$

因此，未考慮外部性的邊際替代率 MRS^E 與考慮了外部性的邊際替代率 MRS 有下列關係

$$MRS^E = \frac{MPB_x}{MPB_y} > \frac{MSB_x}{MSB_y} = MRS \tag{20.3}$$

結合 (20.1) 與 (20.3)，我們得到

$$MRT = \frac{p_x}{p_y} = MRS^E > MRS \tag{20.4}$$

(20.4) 清楚顯示，在 X 的消費具有負的外部性時，競爭市場會導致經濟效率損失。

上述結果也可利用圖 20.2 來說明。(20.3) 隱含，當 X 的消費具有負的外部性時，對任何 (x, y) 的消費組合，均有 $MRS^E > MRS$ 的關係。換句話說，對應於 MRS^E 的無異曲線（圖中之虛線），在圖 20.2 中任何一點，均會較對應於 MRS 的無異曲線（圖中之實線無異曲線）陡。現在可以很清楚看到，當 X 具負的消費外部性時，競爭市場均衡為 e_c，而不是滿足 $MRS = MRT$ 的最適點 e_s。競爭均衡因為使 X 產品的生產高於社會最適生產量 x_s，導致社會福利由 u_0 下降到 u_1，這正代表外部性所造成的福利損失。這些結果，與部份均衡分析結果完全一致。

在結束二手煙的例子之前，我們再強調兩點：首先，這個例子雖只告訴我們，在某一產品的消費具有負的外部性時，這個產品的市場均衡產量及消費量會高於社會最適產量及消費量，但同樣的邏輯可應用到消費具有正的外部性的情形。讀者將會發現，在這種情況下，該產品的市場生產及消費會低於社會最適產量及消費量。其次，不管負的或正的消費外部性，造成市場均衡數量與社會最適數量不一致的根本原因為，消費者未曾將外部性納入其消費決策，以致產生社會邊際效益與私人邊際效益的不同。消費者因未考慮負的外部性，以致使消費量高於最適水準，導致效率損失。同樣的，消費者因未考慮正的外部性，以致使消費量低於最適水準，也將導致效率損失。

生產外部性

和消費行為一樣,生產活動也可能具有外部性。事實上,生產外部性,特別是負的生產外部性,是社會上有關外部性問題討論的焦點,相關的討論或爭論遠較其他形式的外部性多。基本上,生產外部性對經濟效率的影響和消費外部性對經濟效率的影響是一樣的,其主要根源來自生產的邊際私人成本 (marginal private cost, MPC) 與邊際社會成本 (marginal social cost, MSC) 的差異。當生產活動具有負的外部性時,邊際私人成本因未考慮此外部性,以致低估生產的邊際社會成本,所以產量會高於社會最適產量。反之,在生產具有正的外部性時,因生產者未考慮此外部性對社會的貢獻,以致邊際私人成本高過邊際社會成本,使得均衡產量小於社會的最適產量。

圖 20.3 所描繪的情況與圖 20.1 類似,只是現在考慮的邊際社會傷害 MSD 係來自 X 的生產過程。圖 20.3(a) 係針對個別廠商,圖中 $d = MB$ 代表廠商所面對的需求曲線。因消費沒有外部性,所以在此無須區別邊際私人收益與邊際社會收益。又因個別廠商為價格接受者,故其需求曲線為高度等於 p_x 的水平線。廠商為追求利潤極大,將生產至 $MB = MPC$ 的水準 x_c。但從整個社會的觀點來說,生產 X 的成本,除了該廠商所須支付的私人成本外,還得將其造成的社會損害計入,故生產 X 的邊際社會成本為 MPC 和 MSD 的垂直加總,即圖 20.3(a) 中之 MSC。因此,從社會觀點來看,此廠商的最適產量為 x_s,小於 x_c。廠商因未考慮其負的生產外部性而生產 x_c 的福利損失,為圖 20.3(a) 中之三角形 $e_s a e_c$。很明顯地,在生產具有負的外部性的情況下,廠商的均衡產量會帶來經濟效率及福利損失。

圖 20.3(b) 和圖 20.3(a) 所傳達的訊息完全相同,只是針對整個 X 產業,其解釋與個別廠商的情形及圖 20.1(b) 幾乎完全相同,我們不再贅述。在此僅再提醒讀者,負的生產外部性使得競爭市場均衡產量 x_c^I 大於最適產量 x_s^I,並導致 $e_s a e_c$ 的福利損失。

當然,我們也可以一般均衡分析法來說明負的生產外部性的影響。我們已經知道,在沒有外部性情況下,滿足柏萊圖最適境界或經濟效率的條件為

圖 20.3

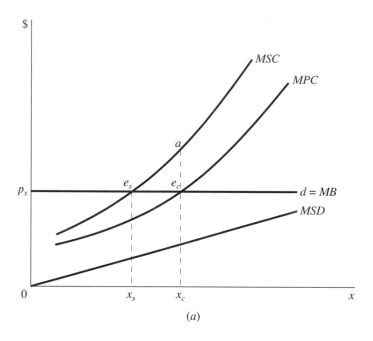

(a)

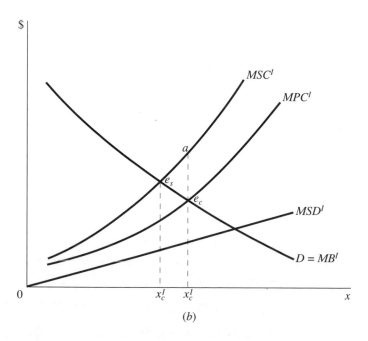

(b)

圖 20.4

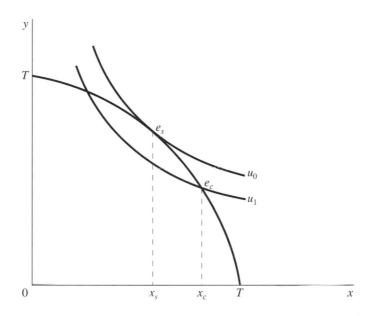

$$MRS = \frac{MPC_x}{MPC_y} = \frac{MSC_x}{MSC_y} = MRT \tag{20.5}$$

在圖 20.4 中，e_s 滿足上述條件，故 e_s 為最適點。但在 X 的生產具有負的外部效果時，因

$$MSC_x = MPC_x + MSD$$

故得知競爭市場均衡滿足

$$MRS = \frac{p_x}{p_y} = \frac{MPC_x}{MPC_y} < \frac{MSC_x}{MSC_y} = MRT \tag{20.6}$$

比較 (20.5) 和 (20.6)，我們立即得知競爭均衡並不滿足經濟效率。由無異曲線與轉換曲線的性質，我們知道，滿足 (20.6) 的均衡點必然位於轉換曲線上 e_s 點的右下方，如圖中之 e_c。我們再次得到，X 的生產因為廠商忽略了負的外部性，使其邊際私人成本低於邊際社會成本，導致生產過量，均衡產量 x_c 大於社會最適產量 x_s，並由而帶來福利損失。

圖 20.5

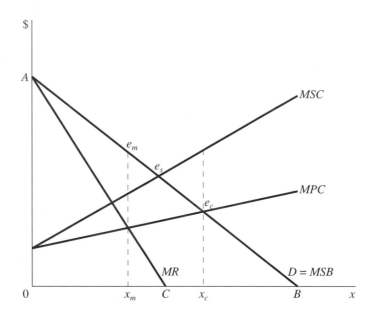

【例 20.1】

我們已經知道，當廠商生產帶來負的外部性時，競爭市場均衡產量必然大於最適產量，試問這個結果在獨佔市場結構下是否仍然成立？如果不成立，請詳細說明原因。

【解答】

我們可以圖 20.5 來說明，圖中 AB 和 AC 分別為 X 產品的市場需求曲線及對應於此需求曲線的邊際收益曲線。MPC 為生產 X 的邊際私人成本，MSC 則為生產 X 的邊際社會成本；MSC 和 MPC 的垂直距離代表生產 X 所造成的負的外部性或邊際社會損害。我們知道，從社會觀點來看，最適生產水準下應滿足 $MSB = MSC$，故最適點為圖中 e_s，而最適產量為對應於 e_s 之 x_s（圖中未標出以免過於擁擠）。若市場為完全競爭，則均衡條件為 $MSB = MPC$，故均衡點為 e_c，X 產量為 x_c。這是我們所熟知的結果，在具有負的生產外部性時，競爭均衡產量大於最適產量，即 $x_c > x_s$。

　　當市場為獨佔時，均衡條件為 $MR = MPC$，故均衡點為 e_m，均衡產量為 x_m。就本圖情況來說，我們得到 $x_m < x_s$。換句話說，即使 X 的生產

具有負的外部性，獨佔廠商生產量仍然小於最適產量。這個結果和競爭市場不同。當然，讀者可自行查驗，即使在獨佔市場結構下，也可能得到 $x_m > x_s$。因此，我們可獲得這樣的結論：當市場結構為獨佔（或其他不完全競爭市場）時，市場均衡產量可能大於或小於社會最適生產量。

　　為什麼呢？主要原因是獨佔廠商在生產具負的外部性產品時，得同時面對兩股方向相反的力量。一方面，我們已經知道，獨佔廠商將運用其獨佔力，壓低產品數量於最適水準之下，以獲取最大利潤。另方面，由於廠商並未考慮其生產外部性，以致低估了生產的邊際社會成本，因而會使其生產數量超過最適水準。因上述兩股力量方向剛好相反，故最後結果為何並無法確定，而是決定於兩股力量的相對強度。

20.2　生產外部性：數學模型

　　上一小節已經對外部性與經濟效率的一般性質作了討論，在這一小節中，我們將進一步以一簡單的含有生產外部性的數學模型，來說明外部性的影響。雖然，在某種意義上數學模型所能傳達的訊息與文字或圖解說明並沒差別，但它卻可以很明確地定義及量化各種相關概念，而且有時還能透露出一些不易在一般討論中察覺的內涵，因此仍是值得讀者費心嘗試與理解的。

　　現在考慮沿一條河流的兩家廠商，位於上游的廠商從事養豬業，其產量以 x 表示；位於下游的廠商從事養殖魚業，產量以 y 表示。上游廠商在養豬過程會有副產品 Z，即豬的排泄物，數量以 z 表示。假定養豬廠商可透過防污設備，決定將多少數量的 Z 排入河流中。雖然直接將 Z 排入河中，可節省養豬廠商防污設備的成本支出，但這些排泄物會污染河水，進而增加下游養殖業廠商的生產成本。換句話說，這兩家廠商的成本函數可表示成

$$c^x = c^x(x, z) , \quad \frac{\partial c^x}{\partial x} > 0 , \quad \frac{\partial^2 c^x}{\partial x^2} > 0 , \quad \frac{\partial c^x}{\partial z} < 0 , \quad \frac{\partial^2 c^x}{\partial z^2} > 0$$

$$c^y = c^y(y, z) , \quad \frac{\partial c^y}{\partial y} > 0 , \quad \frac{\partial^2 c^y}{\partial y^2} > 0 , \quad \frac{\partial c^y}{\partial z} > 0 , \quad \frac{\partial^2 c^y}{\partial z^2} > 0 \qquad (20.7)$$

在上兩式中，前面兩個偏導數只是我們所熟悉的邊際成本遞增的性質而已。至於 $\partial c^x / \partial z < 0$，表示污染排放量的增加可降低 x 的生產成本；但我們假設這種效果是遞減的，所以 $\partial^2 c^x / \partial z^2 > 0$。$\partial c^x / \partial y > 0$ 則是反映負的外部性。此兩廠商的利潤函數分別為

$$\pi^x = p_x x - c^x(x, z)$$

$$\pi^y = p_y y - c^y(y, z)$$

假定兩廠商在產品市場上均為價格接受者，則上游廠商將選取最適的 x 和 z 以達到最大利潤，其一階條件為

$$\frac{\partial \pi^x}{\partial x} = p_x - \frac{\partial c^x}{\partial x} = 0 \tag{20.8}$$

$$\frac{\partial \pi^x}{\partial z} = -\frac{\partial c^x}{\partial z} = 0 \tag{20.9}$$

但因下游廠商無法決定污染量，因此只能選取最適產量 y 以極大化利潤，故其一階條件為

$$\frac{\partial \pi^y}{\partial y} = p_y - \frac{\partial c^y}{\partial y} = 0 \tag{20.10}$$

(20.8) 和 (20.10) 顯示，兩家廠商必須生產到價格等於生產的邊際成本的水準，這正是典型的完全競爭廠商利潤極大化的條件。但就上游廠商來說，除了產品數量外，它還可選取最適的污染排放量 z。前面已經提到，$\partial c^x / \partial z$ 乃是增加一單位污染排放量，所可減低的 X 的生產成本，故我們可將 $-\partial c^x / \partial z$ 解釋成上游廠商排放污染的私人邊際收益。根據 (2.7) 的假設，$-\partial c^x / \partial z$ 的圖形將如圖 20.6 中之 *MPB* 曲線。(20.9) 隱含，為了追求利潤極大，養豬業者將會排放污染到私人邊際收益等於 0 的水準，如圖 20.6 中之 z_0。

　　但從整個社會的觀點來看，養豬污染物的排放，除了為上游廠商帶來 $-\partial c^x / \partial z$ 的私人邊際收益外，還給養殖業者帶來 $\partial c^y / \partial z$ 的邊際社會損害（圖 20.6 中之 *MSD*）。因此，在決定整個社會的最適污染量時，就必須將此兩廠商所受到的影響同時加以考量。圖 20.6 清楚顯示，當污染排

圖 20.6

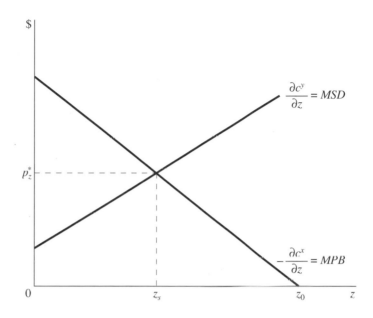

放量小於 z_s 時 $MPB > MSD$，故增加 z 的排放可提高社會福利水準，反之，當污染排放量大於 z_s 時 $MPB < MSD$，故減少 z 的排放可提高社會福利水準，因而最適的污染量為 $z_s < z_0$。因此，競爭均衡將會有市場失靈的現象，導致社會福利損失（圖中那個地方代表福利損失？）

我們可從另一個角度來看 z_s 與 z_0 的關係。我們已經知道，外部性的發生必然牽涉到至少兩個經濟單位，在只有一個經濟單位存在時，就不可能產生所謂的外部性的問題。從這個論點出發，我們可設想上下游廠商合併成單一廠商。如此一來，養豬和養魚成為這一家廠商所擁有的兩個生產部門，其利潤函數成為

$$\pi = p_x x + p_y y - c^x(x, z) - c^y(y, z)$$

現在這家廠商必須同時決定 X，Y 和 Z 的數量以獲取最大利潤，其一階條件成為

$$\frac{\partial \pi}{\partial x} = p_x - \frac{\partial c^x}{\partial x} = 0 \tag{20.11}$$

$$\frac{\partial \pi}{\partial y} = p_y - \frac{\partial c^y}{\partial y} = 0 \tag{20.12}$$

$$\frac{\partial \pi}{\partial z} = -\frac{\partial c^x}{\partial z} - \frac{\partial c^y}{\partial z} = 0 \tag{20.13}$$

如所預期地，(20.11) 與 (20.12) 分別和 (20.8) 與 (20.10) 相同。但決定最適污染量的條件 (20.13) 與 (20.9) 則差了 $-\partial c^y / \partial z$，將該項移到第二個等號右邊即得

$$-\frac{\partial c^x}{\partial z} = \frac{\partial c^y}{\partial z}$$

因此，在沒有外部性，或更明確地說，在透過廠商合併將外部性內部化 (internalized) 後，廠商最適污染排放量，為使其養豬部門的邊際收益與養魚部門的邊際成本相等時的水準。這正好是圖 20.6 中，MSD 與 MPB 這兩條曲線相交點所決定的 z_s，與上面所得的結果完全相同。在此，除了進一步確定 $z_s < z_0$ 外，我們特別提醒讀者，除了負的外部性相對極強，以致於圖 20.6 中之 MSD 永遠較 MPB 曲線高的情形外，一般而言，最適污染量均為正值，而不是 0。這是個相當重要的結果，因為在污染必然伴隨生產活動而來的情況下（如本例中養豬必然有排泄物），零污染隱含不生產，那麼任何能得自這些產品的好處也就跟著消失了。相信我們不會因開車會造成空氣污染而決定不生產汽車、不開車吧！

【例 20.2】

假定一鐵工廠與一洗衣店比鄰，鐵工廠的成本函數為 $c^x(x) = x^2$，其中 x 為鋼鐵生產量。由於鐵工廠生產過程會排放不潔空氣，弄髒洗衣店的衣服，使得洗衣店常須重新清洗衣服。現在假定洗衣店清洗 y 件衣服的成本函數為 $c^y(y, x) = y^2 + 0.5x$。若鐵工廠與洗衣店均為價格接受者，分別面對 $p_x = 40$，$p_y = 10$ 的價格，試問：

(I)　在競爭市場下，X 和 Y 的產量各為多少？

(II)　若某一財團同時買下鐵工廠與洗衣店，並繼續經營兩項業務，則 X 和 Y 的產量又是多少？

(III)　比較說明 (I) 和 (II) 的結果。

【解答】

(I)　鐵工廠的利潤函數為

$$\pi^x = 40x - x^2$$

利潤極大化的一階條件為

$$\frac{d\pi^x}{dx} = 40 - 2x = 0 \qquad\qquad (a)$$

因二階條件成立，故由 (a) 可解得

$$x_c = 20$$

洗衣店的利潤函數為

$$\pi^y = 10y - y^2 - 0.5x$$

利潤極大化的一階條件為

$$\frac{d\pi^y}{dy} = 10 - 2y = 0 \qquad\qquad (b)$$

因二階條件成立，故由 (b) 可解得

$$y_c = 5 \quad \circ$$

(II)　鐵工廠與洗衣店合併後的利潤函數為

$$\pi = 40x + 10y - x^2 - y^2 - 0.5x$$

故利潤極大化之一階條件為

$$\frac{\partial \pi}{\partial x} = 40 - 2x - 0.5 = 0 \qquad\qquad (c)$$

$$\frac{\partial \pi}{\partial y} = 10 - 2y = 0 \qquad\qquad (d)$$

$$\frac{\partial^2 \pi}{\partial x^2} = -2 \;,\; \frac{\partial^2 \pi}{\partial x \partial y} = \frac{\partial^2 \pi}{\partial y \partial x} = 0 \;,\; \frac{\partial^2 \pi}{\partial y^2} = -2$$

$$|H| = \begin{vmatrix} -2 & 0 \\ 0 & -2 \end{vmatrix} = 5 > 0$$

故知利潤極大化之二階條件成立。由 (c)、(d) 可解得最適解為

$$x^* = 19.75 \quad , \quad y^* = 5 \, \circ$$

(III) 洗衣店因不產生任何外部性，永遠生產到價格等於邊際私人成本的產量，故合併前、後的產量相同。反之，在合併前，鐵工廠決定最適產量時，並未考慮其生產活動對洗衣店的負面影響，其產量高達 20 單位。但在合併後，鋼鐵部門生產對洗衣部門的不利影響，必須納入生產決策的考量，故產量會較未考慮外部性時少，成為 19.75 單位。最後，順便提一下，在兩廠商各自決策的情況下，最大利潤分別為 $\pi^x = 400$，$\pi^y = 15$。合併後廠商的利潤則為 $\pi = 415.06$。因為，$\pi > \pi^x + \pi^y$，表示考慮外部性後的利潤（社會福利）必大於忽略外部性，廠商各自決策的情況。

20.3　外部性的消除：政府角色

外部性既然會導致市場失靈，妨礙經濟效率，如何將其消除遂成了重要的課題。在一般視政府為獨立於市場之外，負有維持、增加社會福利責任的觀點中，由政府以公權力直接介入市場，矯正失靈乃成為最自然的選擇。就上一小節所探討的負的生產外部性來說，目前政府所採取的消除此外部性的方式大致包括：(1) 課污染稅，(2) 排放標準管制，和 (3) 發行可交易排放許可證 (tradable emissions permits)。現在，我們就來介紹這三種政府消除負的生產外部性的政策。

污染稅

在圖 20.6 中，我們知道，當上游廠商自行決定污染的數量時，它會生產到污染的邊際收益等於 0 的 z_0。由於排泄物為養豬所必須面對的副產品，事實上我們可將豬的排泄物看成是養豬的生產要素之一，就像勞動力或資本投入一樣。而我們已經熟知，為了追求利潤極大，廠商對勞動力和

資本的僱用，必然是在他們的價格與邊際產值（或邊際收益生產量）相等的水準。同樣道理，廠商對「污染」這個因素的僱用也要滿足其價格等於其邊際產值的條件。在 20.2 節的模型中，「污染」這個投入的邊際產值正好就是 $MPB = -\partial c^x / \partial z$。由 (20.9) 我們立即發現，廠商之所以會投入 z_0 水準的「污染」，乃是因為該因素的價格為 0 所造成。換句話說，(20.9) 隱含，在未將外部性加以考慮時，上游廠商所面對的生產因素「污染」的價格為 0，是一個錯誤的價格，因為從社會的觀點來看，這個因素的價格應是它對下游廠商所帶來的損害 $MSD = \partial c^y / \partial z$。

　　從這個觀點來看，政府所要作的就是讓上游廠商面對污染的「正確價格」。也就是說，讓廠商在僱用污染這個「生產因素」時，必須支付價格。為了達到這個目的，政府可直接就廠商僱用（排放）每一單位的污染，課徵 t 元的稅收。只要政府所訂的單位稅收恰當，廠商對污染的僱用（排放）就會達到最適水準，從而消除經濟無效率。在政府課徵此污染稅收後，上游廠商的利潤函數成為

$$\pi^x = p_x x - c^x(x, z) - tz$$

此時利潤極大的一階條件成為

$$\frac{\partial \pi^x}{\partial x} = p_x - \frac{\partial c^x}{\partial x} = 0$$

$$\frac{\partial \pi^x}{\partial z} = -\frac{\partial c^x}{\partial z} - t = 0 \tag{20.14}$$

由 (20.13) 和有關 c^x 的假設，我們立即得知，在課了稅之後，Z 的排放量必然較 z_0 小。也就是說，只要政府對污染課稅，必然可抑制上游廠商的污染排放量。尤有進者，比較 (20.14) 與 (20.13)，我們知道，只要政府將單位污染稅訂為

$$t = \frac{\partial c^y(y_s, z_s)}{\partial z} \tag{20.15}$$

那麼外部性就可完全消除，柏萊圖最適境界自然也可達到了。這個政府透過稅收方式消除外部性的方法，最早由經濟學家庇古 (A. C. Pigou) 所

提出，因而一般將 (20.15) 中的最適單位稅稱為**庇古稅 (Pigouvian tax)**。在此順便一提，庇古稅在正的外部性時仍然成立，只不過單位稅為負值，變成補貼而已。

庇古稅的觀念相當簡單，但在實際執行上則有許多難以克服的困難。首先， (20.15) 顯示，庇古稅乃取決於最適的 y_s 和 z_s，但通常這兩個最適水準，尤其是 z_s 在制訂單位稅時並不知道。在這種情況下，政府可能透過訪查方式來估計，但這很容易引起道德危險問題，污染排放者必然淡化污染所造成的損害，而承受污染損害的人必然會誇大這些損害。其次，在我們的模型中，問題相當簡單，養豬戶是唯一的污染源，養魚戶是唯一的受害者。但在現實生活中，不但污染源可能很多，甚至可能有不同的污染物造成相同或類似的損害，如此一來就很難釐清責任，分別課稅。另一方面，受害的人也可能很多，分布在不同的地方，受害的程度不同，庇古稅的估計幾乎註定成為不可能的任務。

排放標準管制

前面提到，庇古稅的制訂必須先知道最適污染水準 z_s。但既然政府已經知道最適污染水準，最有效的消除外部性的方法，應該就是直接以立法或行政命令方式，要求廠商排放 z_s 水準的污染，而不必多花一道手續去課稅。以圖 20.6 來看，最適污染水準為 z_s，庇古稅為 p_z^*。因此，在給定 $MPB = -\partial c^x / \partial z$ 的情況下，政府課徵庇古稅或直接規定排放標準為 z_s，結果完全相同。事實上，只要資訊完全且兩種政策的行政成本相同，他們的結果就完全一樣。

當然，在現實社會中，不但租稅和管制的行政成本很難期望其相同，即使假設它們相同，我們仍得面對資訊不完全的事實。當資訊不完全時，政府所訂的單位稅收剛好等於庇古稅的可能性幾乎等於零；同樣地，我們也很難相信，政府訂定的排放標準會是社會最適水準。在這種情況下，污染稅與排放標準兩種政策的效果就可能大異其趣。問題是，那種政策較好，或較適當？

圖 20.7 描繪有兩家上游養豬廠商，其排放污染的邊際私人收益分別為 MPB_1 與 MPB_2 的情形。假定政府原採取每單位污染課 t 元稅收的方式抑制污染。由圖可知，在面對 t 元的單位租稅下，第一家廠商會排放

圖 20.7

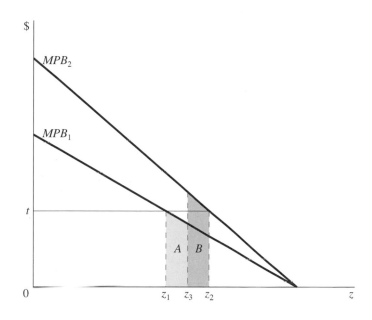

z_1 單位的污染，而第二家廠商則會排放 z_2 單位。現在，考慮以管制方式取代污染稅，但維持總污染量不變，即總污染量仍為 $z_1 + z_2$。由於政府對各廠商的邊際私人收益並不清楚，故無法依不同廠商訂定不同污染水準，只能劃一要求所有廠商滿足同樣的排放標準。在目前兩個廠商的情況，每一廠商的排放標準為 $z_3 = (z_1 + z_2) / 2$。因此，在兩廠商均遵守管制時，總污染量將與課徵污染稅時相同。

由圖 20.7 可以看到，在污染稅政策下，廠商經由利潤極大化過程，將排放不等的污染量，但其污染的邊際私人收益則相等。反之，排放標準強制兩廠商排放相同污染量 z_3，但此時第二家廠商的邊際私人收益高過第一家廠商的邊際私人收益。由熟悉的經濟學原理，我們知道，當兩廠商的邊際量不相等時，適當地調整兩廠商的排放量必可提高總和利潤。假定將將第一家廠商的排放量減少 $z_3 - z_1$，第二家廠商的排放量增加 $z_2 - z_3$，則因 $z_3 - z_1 = z_2 - z_3$，故總污染量並沒改變。但第一家廠商減少污染排放的利潤損失為圖中梯形 A 的面積，而第二家廠商提高污染排放所增加的利潤為梯形 B 的面積，很顯然地，$B - A > 0$，故經此調整後，

圖 20.8

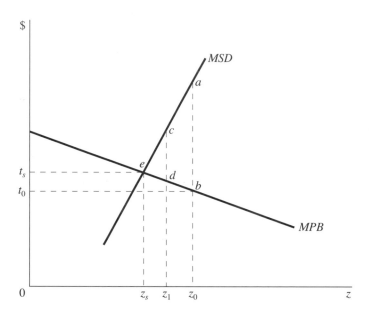

兩廠商的總和利潤與社會福利必然增加。換句話說,在資訊不完全的狀
況下,「一般而言」污染稅較排放標準管制較有效率。何以會有這種結果
呢?基本上,污染稅並未破壞市場機能,廠商仍可在給定的外在條件(單
位污染稅)下,調整污染排放量,以追求最大利潤。但污染排放標準則剝
奪了廠商作最適選擇的可能性,由而使市場機能完全消失。

　　上面我們說,在資訊不完全的情況下,「一般而言」污染稅較排放標
準有效率。我們特別強調,這個結果是在「一般情況」下成立。但這同時
表示,在某些情況下,排放標準管制會較污染稅來得有效率。圖 20.8 和
圖 20.6 中之 MPB 和 MSD 意義相同,只不過我們刻意凸顯 MSD 相對於
MPB 陡了很多,表示隨著污染排放量增加,雖然養豬戶的邊際私人收益
下降很慢,但養魚戶所受的邊際損害則急速增加。在這種情況下,如果
政府因資訊不足,訂定一個低於庇古稅 t_s 的單位污染稅 t_0,則上游廠商
污染排放量 z_0 將高出最適水準 z_s 相當多,因而導致大量社會損失 eab。
另一方面,如果政府採取排放標準 z_1,且為了比較起見,我們假定政府
管制標準高於最適水準 z_s 的程度與污染稅過低的程度相等,即圖 20.8 中

$z_sz_1 / 0z_s = t_0t_s / 0t_s$（用點腦筋，確定你知道 z_1 介於 z_s 與 z_0 之間！）。圖中顯示，在這種相同的「過鬆」的排放標準管制政策下，社會福利損失將是 ecd。顯然地，管制政策的福利損失較租稅政策小，因而管制政策較有效率。為什麼呢？簡單地說，就是這種污染的外部性太大、太可怕了。因此，社會無法冒這個風險讓其大量產生，而排放量的管制則是將這類污染控制在一定程度內的最佳保證。

可交易排放許可證

上面的討論告訴我們，在訊息不完全的情況下，污染稅與排放標準管制各有其優缺點，不論採用那一種政策都有潛在的危險。污染稅雖可避免效率損失，卻無法掌握污染量；相反地，排放標準管制可確實控制污染的程度，但卻會惡化經濟效率。由於這個緣故，近一、二十年來，許多經濟學家一直提倡所謂「植基於市場」(market-based) 的解決方法，可交易排放許可證即是最具代表性的例子。

在可交易排放許可證架構下，先由政府主管機關（如環保署）決定每年允許的總污染量，然後再將此容許的總污染量以配額方式分配給每一廠商一固定配額。如果一廠商的污染量少於它所擁有的配額，則它可將剩餘的配額出售。反之，若廠商欲排放超過其所擁有的配額，那它就必須先在市場上購買配額。若廠商未購買足夠的配額，但卻排放超過其所被容許的污染量，它可能面對包括關廠在內的重大懲罰。在這種情況下，一個排放許可證市場將會產生，且在均衡時許可證的價格會剛好等於各廠商排放污染的邊際收益。我們可利用圖 20.9 只有兩家污染廠商的情形來加以說明。圖中 0_10_2 的長度代表政府主管機關所決定的一年總污染量。由原點 0_1 往右代表第一家廠商排放的污染量，而 MPB_1 則是其對應的邊際私人收益曲線。同樣道理，由原點 0_2 往左衡量第二家廠商排放的污染量，MPB_2 為其對應的第二家廠商的邊際私人收益曲線。如此一來，0_10_2 中任何一點均代表總污染量在兩家廠商間的分配。例如，N 點代表第一家廠商排放 0_1N 單位，第二家廠商排放 0_2N 單位的污染。在沒有任何其他情報下，假定政府分配兩家廠商各 $0_10_2 / 2$ 的配額，則 0_10_2 的中點 M 即代表兩家廠商可交易許可證的「稟賦點」。由圖 20.9 可以看出，在這稟賦點，第一家廠商的邊際私人收益為 Mb，故第一家廠商願以

圖 20.9

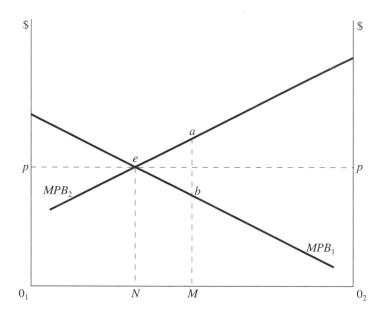

任何不低於 Mb 的價格出售一單位的污染許可證。反之，第二家廠商在
稟賦點的邊際私人收益為 Ma，故願以任何不高於 Ma 的價格購買一單位
的污染許可證。因 $Ma > Mb$，故這個交易必可達成，雖然實際成交的價
格並無法確定。我們可重復同樣的論證，只要 $MPB_1 \neq MPB_2$，交易必然
持續進行。只有達到圖中 e 點，此時 $MPB_1 = MPB_2$，交易方才停止，市
場處於均衡狀態。現在我們可以清楚看到，市場污染許可證的均衡價格
p 剛好等於兩家廠商在 e 點的邊際私人收益。交易結果顯示，在稟賦點
邊際私人收益較低的第一家廠商，將 MN 單位的污染許可出售給邊際私
人收益較高的第二家廠商，整個社會的福利增加了 eab。因此，從機會成
本的觀點來看，可交易排放許可證制度，可使維持一定污染程度的成本
達到最小。尤有進者，如果我們能確定 0_10_2 為社會最適污染量，則可交
易排放許可證制度還可達到經濟效率。

　　我們可以很清楚看到，可排放許可證的方法同時兼具了污染稅與排
放管制的優點。一方面，透過政府對污染總量的管制，確保達到降低污
染的目標；另方面，透過污染許可證市場的建立，充分發揮市場機能，

避免了一般排放管制所造成的扭曲，降低社會成本。由此可知，可交易排放許可證將是未來最有潛力的政府防治污染的制度。雖然如此，我們仍不得不在此再次提醒讀者，與任何政府干預市場的政策一樣，可交易排放許可證制度仍須面對可能的政府失靈的考驗。當政府失靈發生時，總污染量的訂定，可能受到廠商左右而偏離應有水準；排放許可的分配，也可能因廠商的競租行為行為而造成不必要，甚至比污染本身更嚴重的資源浪費。

20.4　外部性的消除：內部化與寇斯定理

在 20.2 節的數學模型中，我們已經證明，透過合併可將外部性內部化，從而提高社會福利。但讀者若仔細思考，在該數學模型中，所謂的邊際社會損害，根本就是對下游養殖業者利潤的損害。換句話說，在該模型中，因為不牽涉到上、下游兩廠商之外的第三者，故所謂外部性對社會福利的影響，根本就是外部性對下游廠商利潤的影響。如此一來，內部化可提高社會福利，就等同於內部化可提高兩個廠商的總和利潤。這個結果在例 20.2 中也獲得證實。不僅如此，我們還可進一步獲得更一般化的結論：即只要兩廠商的生產決策會影響彼此的利潤，那麼此兩廠商彼此合併或合作，必能獲取較各自獨立行動時更大的總和利潤。這個原理與寡佔市場中勾結的利潤必高於（不小於）庫諾的利潤一樣。

上述的結果隱含，市場自然地存在著驅使生產者將外部性內部化的動力。試想 20.2 節中的上、下游廠商，當他們知道內部化後的利潤會高於各自生產的利潤之和時，必然會有動機，以對方所能獲得的利潤的代價，將對方買下，自己進行合併生產，來謀取更大的利潤。事實上，不僅現存的上、下游廠商有合併對方的動機，即使是市場中的第三者，也可以目前此兩廠商各自獲得的利潤的價格，同時買下這兩家廠商，然後自己進行合併生產，獲取利潤。這或許可以解釋，為什麼在現實社會中，這種明顯的、純粹的生產外部性並不多見，因為市場所引發的內部化動機，會自動解決這個問題。

寇斯定理

前面我們提到，外部性具有相互性的特質。在 1930 年代至 1960 年代間，

經濟學者寇斯 (Ronald Coase) 即從這種相互性出發，抨擊利用庇古稅解決外部性的觀念；他認為在某些前提下，庇古稅根本沒有必要，甚至會使社會更偏離柏萊圖最適境界。以前面養豬與養魚的例子來說，當我們導出 (20.15) 的庇古稅時，我們事實上已經接受了養豬廠排放污染物是外部性的「因」，而擁有不受污染的河水則是養魚廠商的權利，故應由養豬業者付出代價來獲取污染河水的權利。以經濟學的術語來說，在導出上述庇古稅時，我們已經將「不受污染」的財產權設定給養魚業者。由於財產權乃是由法律訂定，保障擁有者可以自由處分他們的財產，並禁止他人加以干預的權利。因此，除非養魚戶獲得足夠的補償，他就可禁止養豬戶排放污水進入河中。反過來，如果養豬戶不想因無法處理排泄物而停止養豬，他就必須付出相當的成本來取得擁有財產權的養魚戶同意其將污水排入河中，而庇古稅只不過是以政府公權力的形式收取這些代價而已。

但根據相互性，我們同樣可以說，如果養殖魚業者不將工廠設於該河流下游，那他的利潤就不會受影響，不會有外部性。因此，養魚業者的出現才是外部性的「因」，如果要課庇古稅的話就要課養魚廠商。很顯然地，在這種論證之下，排放污水的財產權是歸養豬廠商所有。養魚廠商唯有支付代價，補償養豬廠商方可讓其減少污染。現在問題是，如果沒有清楚的界定財產權，那麼庇古稅要向誰課徵呢？如果課徵對象錯誤，不是讓經濟效率更進一步受損呢？

上面的解說隱含，只要財產權有清楚的界定，且廠商彼此進行「協商」(bargaining) 的交易成本 (transaction cost) 不大，政府並沒必要介入解決這種生產外部性問題。最重要的是，我們可以證明：在交易成本不存在或極小的情況下，只要財產權界定清楚，則不管財產權是如何界定，協商的均衡必可達到經濟效率，這就是一般通稱的寇斯定理 (Coase theorem)。在此有幾點必須提醒讀者：第一、寇斯定理中只要求財產權必須明確界定，並沒牽涉到財產權界定本身的「對錯」或「正確與否」的問題。第二、上面只提到，協商的均衡必可達到經濟效率，並沒牽涉到不同財產權的界定是否會有相同均衡點的問題，我們可將其視為弱寇斯定理。讀者在其他書籍或論文中或許會看到，「不管財產權如何界定，最後均衡都相同」的強寇斯定理。第三、上述的寇斯定理，是由另一位經濟

圖 20.10

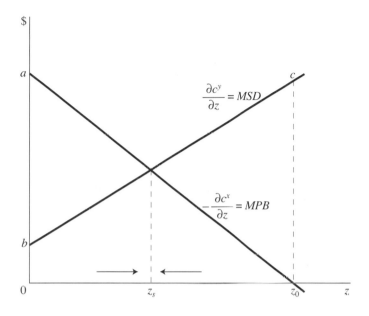

學者史蒂格勒 (George Stigler) 於 1960 年代提出並發揚光大，寇斯本人似乎從未明確提出這樣一個定理。事實上，有些經濟學者認為這個寇斯定理根本曲解了寇斯的原意，是學術上極大的不幸。此點我們在後面的討論還會提到，但在此我們仍暫時以史蒂格勒的看法為討論對象。

　　現在我們以 20.2 節中的模型來說明寇斯定理。圖 20.10 與圖 20.6 完全相同，其中 $-\partial c^x / \partial z$ 代表養豬廠商排放污染的邊際私人收益 (MPB)，而 $\partial c^y / \partial z$ 則是養魚業者因污染所遭受的邊際損失 (MSD)。首先假定養魚業者擁有不受污染河水的財產權，此時養豬業者如要排放污水，就必須補償養魚業者以取得污染的權力。很顯然地，只有當其所付出的補償金額不大於來自污染的邊際收益時，養豬業者方願意付出補償。另一方面，唯有所獲得的補償不低於其因污染所遭受的損失，養魚業者方願接受補償，容忍養豬業者將污水排入河中。因財產權在養魚業者，故我們可將這種狀況視為 $z = 0$。由圖 20.10 可以看到，當 $z = 0$ 時，養豬業者污染的邊際收益 $0a$ 遠超過養魚業者的邊際損失 $0b$，因此，只要協商的成本不存在或極少，透過協商雙方必可達到讓養豬業者排放第一單位污染

的結果。事實上，圖 20.10 清楚顯示，上述的論證在 $z < z_s$ 時永遠成立，故污染排放量將一直持續到 z_s 水準。反之，在 $z > z_s$ 時，養豬戶所願提供的補償已少於養魚戶的最低要求，即 $MPB < MSD$，故雙方不可能再進行協商，污染排放量也不會超過 z_s。由此可見，將財產權明確歸于養魚廠商的均衡污染量為 z_s，這正好是 20.2 節中所得到的最適污染水準，因此達到經濟效率。

　　反過來，我們可以假定養豬業者擁有污染河水的財產權，在這種情況下，為了追求最大利潤，我們知道養豬業者將排放至 z_0 的水準。此時如果養魚業者希望降低污染，就必須補償養豬業者因降低污染排放所遭受的損失。只要養魚業者所願提供的補償，不小於養豬業者的損失，這個協議就可達成，污染也就可以減低。圖 20.10 顯示，在 $z = z_0$ 時，養魚業者因減少一單位污染所減少的損失為 $z_0 c$，這代表其所願提供的最高補償金額。很顯然地，這高過第 z_0 單位的污染為養豬戶帶來的邊際收益，因此上面所提，自 z_0 減少一單位污染的協議必可達成。同樣地，讀者可以論證，只要 $z > z_s$，這種協議就會成立，直到污染降到最適水準 z_s 方才停止。我們得到與財產權歸養魚業者完全相同的結果，也因而證明了（強）寇斯定理。

數學模型

為了完整起見，我們延續 20.2 節的數學模型來證明寇斯定理。先來看養魚廠商擁有乾淨河水的財產權的情形。假定為了能夠排放污水，養豬廠商願意補償養魚業者每單位污染 p_z 的價錢，則兩廠商的利潤函數成為

$$\pi^x = p_x x - p_z z - c^x(x, z)$$

$$\pi^y = p_y y + p_z z - c^y(y, z)$$

在此須特別小心，養魚廠商不像過去被動接受養豬業所決定的污染排放量，而是可以透過協商與其共同決定污染排放量。因此兩廠商利潤極大化的條件成為

$$\frac{\partial \pi^x}{\partial x} = p_x - \frac{\partial c^x}{\partial x} = 0 \tag{20.16}$$

$$\frac{\partial \pi^x}{\partial z} = -p_z - \frac{\partial c^x}{\partial z} = 0 \tag{20.17}$$

$$\frac{\partial \pi^y}{\partial y} = p_y - \frac{\partial c^y}{\partial y} = 0 \tag{20.18}$$

$$\frac{\partial \pi^y}{\partial z} = p_z - \frac{\partial c^y}{\partial z} = 0 \tag{20.19}$$

(20.16) 與 (20.18) 分別和 (20.11) 與 (20.12) 相同，為熟悉的利潤極大化條件。 (20.17) 可視為養豬廠商對「污染權」的需求函數，而 (20.19) 則可視為養魚廠商的「污染權」的供給函數，由此兩者即可決定最適污染水準及價格，亦即

$$p_z = -\frac{\partial c^x}{\partial z} = \frac{\partial c^y}{\partial z} \tag{20.20}$$

因 (20.20) 第二個等號的意義與 (20.13) 完全相同，故其所決定之均衡污染量即為最適污染量 z_s。

接著假定養豬廠商擁有 $z = z_r \geq z_0$ 的污染權，而養魚廠商為降低污染水準，願支付 p_z^* 的單位污染價格給養豬廠商以使其降低污染。於是兩廠商的利潤函數可寫成

$$\pi^x = p_x x + p_z^* (z_r - z) - c^x(x, z)$$

$$\pi^y = p_y y - p_z^* (z_r - z) - c^y(y, z)$$

兩廠商利潤極大化的一階條件為

$$\frac{\partial \pi^x}{\partial x} = p_x - \frac{\partial c^x}{\partial x} = 0 \tag{20.21}$$

$$\frac{\partial \pi^x}{\partial z} = -p_z^* - \frac{\partial c^x}{\partial z} = 0 \tag{20.22}$$

$$\frac{\partial \pi^y}{\partial y} = p_y - \frac{\partial c^y}{\partial y} = 0 \tag{20.23}$$

$$\frac{\partial \pi^y}{\partial z} = p_z^* - \frac{\partial c^y}{\partial z} = 0 \tag{20.24}$$

(20.21)、(20.23) 分別與 (20.16)、(20.18) 相同,而 (20.22) 和 (20.24) 隱含

$$p_z^* = -\frac{\partial c^x}{\partial z} = \frac{\partial c^y}{\partial z}$$

此結果與 (20.20) 相同,因而所決定的均衡污染量 z^* 亦與 z_s 相同。由此可見,不論將財產權歸給養豬或養魚業者,只要產權清楚,結果完全相同;亦即在兩種情況下,不論是 x 和 y 的生產量,或污染水準,均完全相同,且達到經濟效率。

　　讀者或許已經注意到,在上面的數學模型,我們事實上說明了強寇斯定理。何以在此強寇斯定理成立?那在什麼情況下強寇斯定理不成立,但弱寇斯定理成立呢?我們不擬作嚴謹深入的探討,僅在此指出,寇斯定理,不論強弱,所關心的只是效率問題。雖然寇斯定理說明了效率不受財產權歸屬的影響,但明顯地,財產權的歸屬卻會影響所得分配,這點由上面的數學模型中,不同的補償方向可以很清楚看到。由於所得分配在不同的財產權歸屬下並不相同,故欲在不同財產權下得到完全相同的結果,就必須是所得分配不影響對污染的需求。換句話說,強寇斯定理僅在對污染或造成污染的產品的需求不具所得效果時方才成立(那種偏好具有這個性質?),這也是上面例子中所隱含的假設。

寇斯定理在實用上的限制

表面上看起來,寇斯定理相當簡單,也相當容易理解,因此有不少學者喝采這是個不可思議的結果。但在現實應用上,寇斯定理並不如想像以及理論中容易,其主要原因包括:

(1) 財產權的界定:寇斯定理中最重要的是財產權必須清楚界定,但現實生活中並非永遠如此。例如,政府要在某些地區興建水庫或焚化爐,往往會受當地居民激烈反對,由於水庫或焚化爐提供的服務並不限於當地居民,於是就有了財產權的爭議。到底是當地居民擁有不建水庫或焚化爐的財產權,或其他相關居民擁有建水庫或焚化爐

的財產權。顯然這是一個相當難解，甚至無解的問題。這種財產權的界定問題，在牽涉國際性外部性時更為尖銳；例如，海中的鯨魚到底是那一些國家或人民所擁有，就是一個相當棘手的問題，也是今天各主要捕鯨國與環保人士間爭議的根源所在。

(2) 交易成本：寇斯定理成立的另一個要件為協商的交易成本很小，甚至不存在，但事實與此恐怕相去甚遠。一般而言，大部分有關負的外部性的問題，都牽涉到很多個人與團體；有些問題如跨國性的酸雨、溫室效應等甚至涉及很多國家數以千萬人。在這種情況下，要集合、組織這些人進行協商，所需的交易成本不但不是小數目，根本就是個天文數字。即使是地區性的環保抗爭，也決不能輕易地把交易成本給「假設」掉。如此一來，寇斯定理的實用性就大打折扣了。事實上，有不少經濟學者即強調，寇斯定理的真正意義乃在指出交易成本的重要性，而非交易成本夠小的假設。與交易成本相關的一個問題是，當協商過程必須付出交易成本，且相關的個人或經濟體眾多時，大家都希望由他人出面進行協商，而自己則坐享最後的協商成果，這就是所謂的**搭便車問題** (free-rider problem)。但在每個人都想搭便車的情況下，根本就不可能有協商發生，寇斯定理自然就失效了。

(3) 兩方面參與問題：在寇斯定理中，參與協商的只有兩個個人或團體，但如上面所提及的，受外部性影響的往往是很多個人及團體。如此一來，不同團體或個人所受的損害不僅很可能程度不一，還可能連型態也不相同，所以最後協議的達成，絕不像兩個參與者般單純，所牽涉的交易成本必然相當可觀，而搭便車問題也必然無法避免。

(4) 競爭行為：寇斯定理基本上要求參與者採取競爭行為，而非**策略性行為** (strategic behavior)。但這個要求卻正好與上面兩個參與者的假設彼此矛盾。在只有兩個參與者的情況下，就像寡佔競爭市場一樣，雙方都會有利用策略性行為增進自己利益的動機。如此一來，真正的競爭行為恐怕並不存在，寇斯定理不成立也就不意外了。

(5) 訊息不對稱問題：寇斯定理隱含地假設，參與協商的雙方均有完整的資訊，特別是對方對外部性的評價。但如果有一方不清楚對方的

評價或偏好，要經由協商達到經濟效率並不容易。事實上，第十九章有關訊息不對稱問題的討論已告訴我們，訊息不對稱本身就是無法達到經濟效率的主要原因之一。

寇斯定理可說是經濟理論中最具爭議性的「定理」，有些學者甚至不認為這是一個「定理」，而只是個恆真命題 (tautology)。我們不擬、也沒能力在此參與這場仍在激烈進行的學術論戰，但在結束之前，我們仍要再重複一次，上面有關寇斯定理的描述和討論，乃是根據廣被接受的史蒂格勒的闡釋。有些學者認為，寇斯本人所欲傳達的訊息與史蒂格勒的闡釋剛好相反，寇斯強調，在現實社會中交易成本是如此的高，如此的重要，因此如何界定財產權的歸屬乃是一個重要的問題，因為這可能影響最後的結果。

【例 20.3】

寇斯定理明確指出清楚界定財產權的重要性。但財產權的重要性，在現實生活中或許比寇斯定理更為直接與顯著，在此我們以有名的公有財的悲劇 (the tragedy of the commons) 為例，來說明在財產權界定不清時可能造成的後果。

假定在一較為傳統的村莊中，有一塊可供放牧的草地，人們在上面放牧 x 頭牛可生產的牛奶、牛肉等產品數量為 $f(x)$。這些產品可以固定的價格 p 在市場上出售。若這塊草地為私人所有，則為了極大化利潤，這位私人擁有者會選取最適的放牧量 x_s，x_s 滿足

$$MRP(x_s) = c \qquad\qquad (a)$$

其中 $MRP(x_s) = pf'(x_s)$，c 為一固定數，代表每一頭牛的單位成本。

現在，假定經過村莊會議之後，決定將這塊草地開放給村中所有的人自由放牧。那麼，在原來擁有者已牧養 x_s 頭牛的情況下，其他人是否有加入放牧的誘因呢？很顯然地，只要加入放牧後的收入超過成本，其他的人就有動機加入放牧。當第一個人加入放牧一頭牛後，他的收入為

$$p\left(\frac{f(x_s+1)}{x_s+1}\right) \qquad\qquad (b)$$

因此只要

$$p\left(\frac{f(x_s+1)}{x_s+1}\right) > c \qquad\qquad (b)$$

他就會加入放牧。但 (b) 式左邊剛好是平均生產收益量 (average revenue product, ARP)，故 (b) 可寫成

$$ARP(x_s + 1) > c$$

換句話說，只要新加入放牧的人加入放牧後的平均生產收益量超過一頭牛的單位成本，他就會加入。這種情形只有持續到全部放牧的牛隻數量 x_c 滿足

$$ARP(x_c) = c \qquad\qquad (c)$$

方才達到均衡。比較 (a) 和 (c) 兩式，即可得知 x_s 與 x_c 的相對大小。如果我們依正常狀況，假定生產函數 $f(x)$ 具有邊際產量遞減的性質，則我們可以得到類似圖 20.11 中之 ARP 與 MRP 曲線。因除了 $x = 0$ 外，MRP 永遠位於 ARP 之下方，故由 (a) 與 (c) 所決定之 x_s 與 x_c 必然有如圖中之 $x_s < x_c$ 的關係。也就是說，在開放自由放牧之後，牛隻的放牧量必然超過社會最適的放牧量 x_s，公有財因此有被過度使用的現象。這種現象如果持續下去，這片公有草地終會喪失復原能力，成為舉目可見的公有財產被掠奪淨盡的後果，這也是「公有財的悲劇」這個名詞的由來。公有財之所以發生問題，根本原因在於財產權界定不清，以致造成人人欲據公有為私有的現象。近幾年來，報章雜誌不時報導的遠洋漁場的萎縮，稀有動物絕種的危機，臭氧層破洞的擴大，甚至網際網路塞車的惡化等，都是典型的公有財的悲劇。

20.5　公共財

到目前為止，本書所討論的財貨都是所謂的*私有財* (private goods)。私有財具有兩個重要的屬性，即*敵對性* (rivalry) 和*排他性* (exclusion)。敵對性指的是，當有人消費了某一產品以後，該產品就被「用盡」，其他的人

圖 20.11

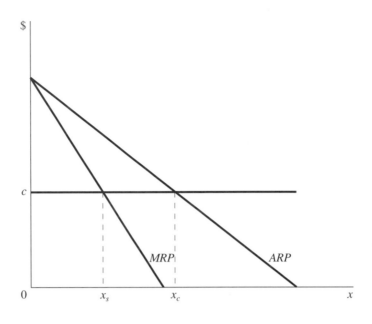

就不能再消費那些產品。例如，你買一個包子吃了，別人就不可能再吃那個包子。同樣地，若別人買了某一班機的某個機位後，別人就不可能再訂該機位。至於排他性，是指擁有某一產品的人可以防止他人來消費、享用該產品。例如，你絕對可以不讓他人住進你所擁有的房子；餐廳老闆永遠可以拒絕為不付錢的客人提供餐點。雖然現實生活中，私有財相當普遍，但未具有敵對性與排他性的產品仍然不可忽視。有些產品雖具有敵對性，但並不具排他性；例如，陽明山在花季期間，由於遊客量太多，有些人因上山較晚，找不到落腳停歇之處，故此時陽明山就具有敵對性。但因陽明山為國家公園，任何人只要願意，還是可以隨時上山，故並不具排他性。例 20.3 中之公有財也是典型的不具排他性，但具有敵對性的財貨。事實上，有些教科書就直接稱這種具有敵對性，但不具排他性的財貨為公共財。反過來，有些產品雖無敵對性，但卻具有排他性。例如，學校的游泳池，在不太擁擠的時候，基本上不會有敵對性，但學校可以透過收費以及檢查證件等方式排除「外人」到校游泳。同樣地，各種採取會員制的高爾夫球場、健身房等，只要不是在尖峰使用

時段，大概都沒有敵對性，不過卻可以排除非會員享用，也因為這個緣故，這種不具敵對性，但具有排他性的財貨通常被稱為俱樂部財 (club goods)。

經濟學上，一般將不具敵對性的財貨稱為公共財，因此，俱樂部財就是一種公共財。當然啦！公共財可能同時不具有排他性，例如社區的路燈、無線電視、國防等。我們稱這種同時具有非敵對性 (nonrivalry) 與非排他性 (nonexclusion) 的財貨為純粹公共財 (pure public goods)。公共財，尤其是純粹公共財，和外部性關係相當密切，但卻有一些獨特的性質，我們將利用本章最後這一部份來說明。不過，在探討公共財之前，我們必須提醒讀者，公共財，或排他性、敵對性等觀念，並不是絕對的，而是相對的，或具程度性的。在某些情況下，有些產品是公共財，但在其他情況下，這種公共財的性質就會消失。以上面所舉陽明山為例，在非花季，非假日期間，我們可稱陽明山為公共財，但在例假口，特別是花季期間，就具有嚴重的敵對性，而不再是公共財了。同樣地，因技術條件改變或環境變遷，一財貨是否是公共財，也可能必須從新認定。

公共財的效率條件

在第十八章中，我們導出達到柏萊圖最適境界的條件為

$$MRS_{xy}^A = MRS_{xy}^B = MRT_{xy} \tag{20.25}$$

在此我們想知道的是，如果 X 產品不再是私有財而是公共財，則上述經濟效率的條件是否仍然成立？如果不成立，則在 X 為公共財時，滿足經濟效率的條件又是什麼？我們可以直接將 (18.6) 的模型略加修正，來回答這些問題。假定 X 為公共財，則此兩消費者的社會所面對的問題可寫成

$$\max_{x,y^A,y^B} U^A(x, y^A)$$

$$\text{s.t.} \quad U^B(x, y^B) = u_0^B$$

$$y^A + y^B = y$$

$$T(x, y) = 0 \tag{20.26}$$

讀者應已注意到，(20.26) 與 (18.6) 唯一的不同，在於 (18.6) 中 A、B 兩人消費的 X 產品的總和剛好等於整個社會所生產的 X。但在 (18.26) 中，則是兩位消費者都可消費整個社會所生產的 X，這正好反映 X 非敵對性的特性。

對應於 (20.26) 的拉格朗日函數可寫成

$$\mathcal{L} = U^A(x, y^A) + \lambda_1(u_0^B - U^B(x, y^B)) - \lambda_2 T(x, y^A + y^B)$$

其中 λ_1 和 λ_2 為拉格朗日乘數。極大化的一階條件為

$$\frac{\partial \mathcal{L}}{\partial x} = \frac{\partial U^A}{\partial x} - \lambda_1 \frac{\partial U^B}{\partial x} - \lambda_2 \frac{\partial T}{\partial x} = 0 \tag{20.27}$$

$$\frac{\partial \mathcal{L}}{\partial y^A} = \frac{\partial U^A}{\partial y^A} - \lambda_2 \frac{\partial T}{\partial y} = 0 \tag{20.28}$$

$$\frac{\partial \mathcal{L}}{\partial y^B} = -\lambda_1 \frac{\partial U^B}{\partial y^B} - \lambda_2 \frac{\partial T}{\partial y} = 0 \tag{20.29}$$

$$\frac{\partial \mathcal{L}}{\partial \lambda_1} = u_0^B - U^B(x, y^B) = 0$$

$$\frac{\partial \mathcal{L}}{\partial \lambda_2} = -T(x, y^A + y^B) = 0$$

由 (20.28) 和 (20.29) 可解得

$$\lambda_2 = \frac{\partial U^A / \partial y^A}{\partial T / \partial y}$$

$$\lambda_1 = -\frac{\partial U^A / \partial y^A}{\partial U^B / \partial y^B}$$

將 λ_1 和 λ_2 代回 (20.27)，再稍加整理可得

$$\frac{\partial U^A / \partial x}{\partial U^A / \partial y^A} + \frac{\partial U^B / \partial x}{\partial U^B / \partial y^B} - \frac{\partial T / \partial x}{\partial T / \partial y} = 0$$

但上式正好是

$$MRS_{xy}^A + MRS_{xy}^B = MRT_{xy} \tag{20.29}$$

換句話說，在 X 為公共財的情況下，達到柏萊圖境界或經濟效率的條件為 A、B 兩位消費者邊際替代率之和剛好與 X、Y 兩產品的邊際轉換率相等。但這代表什麼經濟意義呢？記得

$$MRS_{xy}^A = \frac{MU_x^A}{MU_{y^A}^A}$$

乃是以 Y 產品衡量的消費者 A 對公共財 X 的邊際評價；同樣的，MRS_{xy}^B 是以 Y 產品表示之消費者 B 對公共財 X 的邊際評價。但因 X 為公共財，A、B 兩人所消費的 X 的數量必然相等，故整個社會對額外一單位 X 的邊際評價，就是社會中每一位消費者對此額外一單位 X 的邊際評價之和，即 $MRS_{xy}^A + MRS_{xy}^B$。另一方面，我們知道 X 和 Y 兩產品的邊際轉換率乃表示，為了增加一單位的 X 的生產，所必須放棄的生產品的數量，因此 MRT_{xy} 就是以 Y 產品衡量的 X 的邊際成本。我們知道，就任一產品而言，只要社會對該產品的邊際評價人於生產該產品的邊際成本，增加該產品的生產必可獲得柏萊圖改進；相反的，當該產品的邊際評價小於生產該產品的邊際成本時，減少該產品的生產可達到柏萊圖改進。因此，唯有在該產品的邊際社會評價與生產的邊際成本相等時，即 (20.29) 成立時，方可達到柏萊圖最適境界或經濟效率。

我們也可以圖解法來導出 (20.29)。圖 20.12(a) 中，TT 為生產可能曲線，u_0^B 為滿足 $U^B(x, y^B) = u_0^B$ 之 B 的無異曲線。因此，TT 和 u_0^B 的垂直距離代表，在給定的技術與 B 的效用水準 u_0^B 下，對應於每一公共財消費量，A 所能消費的私有財 Y 的最大數量。例如，當 $x = x^*$ 時，A 所能消費的 Y 的最大數量為 $y^{A*} = y^* - y^{B*}$。由此可知，當公共財的生產量為 x^* 時，(x^*, y^{A*}) 即是 A 的消費可能線上的一點，此為圖 20.12(b) 中之 e 點。同樣方法，我們可將所有可能的 x 產量下的 TT 與 u_0^B 的垂直距離，繪於圖 20.12(b) 中而得到

$$y^A(x) = y(x) - y^B(x) \tag{20.30}$$

其中，$y(x)$ 乃解自生產可能曲線 $T(x, y) = 0$，$y^B(x)$ 則解自 $U^B(x, y^B) = u_0^B$。很明顯地，$y^A(x)$ 正是給定 $T(x, y) = 0$ 與 $u_0^B = U^B(x, y^B)$ 下的 A 的消費可能

圖 20.12

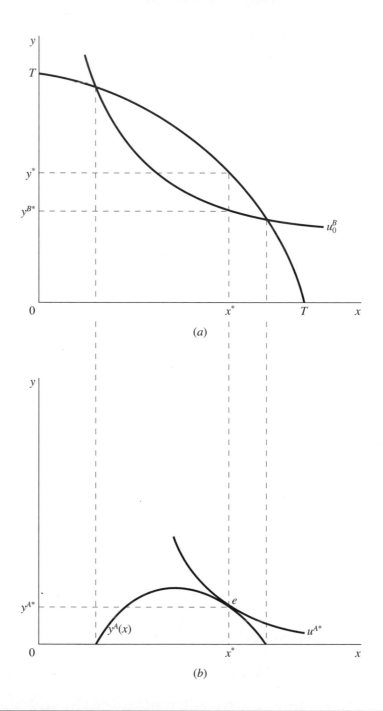

(a)

(b)

線。因此，消費者 A 的問題成為，在 $y^A(x)$ 上找出使其效用達到最大的點，即

$$\max_{x,y^A} \quad U^A(x, y^A)$$

$$\text{s.t.} \quad y^A(x) = y(x) - y^B(x)$$

將限制式代入 $U^A(x, y^A)$，並對 x 作微分可得一階條件

$$\frac{\partial U^A}{\partial x} + \frac{\partial U^A}{\partial y^A}(y'(x) - y^{B\prime}(x)) = 0$$

或

$$-\frac{\partial U^A / \partial x}{\partial U^A / \partial y^A} = y'(x) - y^{B\prime}(x)$$

或

$$MRS^A_{xy} = MRT_{xy} - MRS^B_{xy} \tag{20.31}$$

這結果與 (20.29) 完全相同。此外，因圖 20.12(b) 中 $y^A(x)$ 曲線之斜率等於 $y'(x) - y^{B\prime}(x)$，故 (20.31) 表示均衡點發生在 A 的無異曲線與其消費可能線相切之 e 點。圖 20.12 同時顯示，均衡時公共財與私有財的最適生產與消費量分別為 x^* 與 y^*。

　　比較 (20.25) 與 (20.29)，讀者可清楚看到，私有財與公共財的效率條件存在著有趣的對稱性。在私有財效率條件中，我們要求所有消費者對產品的邊際評價必須相同，但並不要求他們對產品的消費量一定要相同。反過來，在公共財的情況下，每一位消費者所消費的公共財必須完全相同，但卻容許各個消費者對公共財有不同的邊際評價。如我們接下來要說明的，這個對稱性質隱含，公共財的市場需求曲線為個人需求曲線的垂直加總，而非如私有財般的水平加總。

部份均衡分析

上面我們從一般均衡的觀點推導出公共財最適供給的條件。我們也可以部份均衡分析法，利用市場供需曲線來決定公共財最適產量。在此，公

圖 20.13

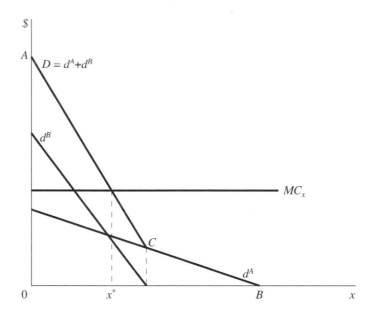

共財的供給曲線與一般私有財供給曲線並無不同，供給曲線正好是提供
公共財的邊際成本曲線。反之，公共財市場需求曲線的求得與私有財市
場需求曲線完全不同。我們已經知道，私有財的市場需求曲線，是在固
定價格下將所有消費者的購買量加總起來。但在公共財情況下，因為每
位消費者所消費的公共財數量都一樣，故數量加總毫無意義。不過，我
們可由逆需求函數的角度來看這個問題。由第五章有關消費者剩餘的討
論，我們知道，在所得效果不存在的前提下，一般需求曲線所隱含的需
求價格，正好反映消費者對某特定數量產品的邊際評價。因此，就某一
特定數量的公共財，我們知道，整個社會對它的邊際評價，就是所有個
別消費者的邊際評價的總和。由熟知的推理過程得知，唯有當整個社會
的邊際評價剛好等於邊際成本時，公共財方才達到最適產量，整個社會
也才達到柏萊圖最適境界。

　　圖 20.13 描繪只有兩個消費者情況下，如何決定公共財的最適產量。
圖中 d^A、d^B 分別為兩位消費者對公共財 X 的個人需求曲線。由上面的討
論得知，此兩需求曲線的需求價格，即代表他們對某一特定量的公共財

的邊際評價。因此，整個社會對公共財的邊際評價，可由 d^A 和 d^B 兩個人需求曲線垂直加總得到。圖中 ACB 即是由 d^A 與 d^B 垂直加總而來，代表整個社會對 X 的邊際評價，也是整個社會對 X 的需求曲線。整個社會對 X 的邊際評價與生產 X 的邊際成本 MC_x，或 X 的市場需求與市場供給曲線即決定公共財的最適生產與消費量 x^*。

上面的分析很容易理解，也很容易進行。唯一的問題是，經由供需曲線決定最適公共財數量與 (20.29) 的條件又有何關係？兩者是否一致呢？上面已經提過，部份均衡分析，嚴格地說，只有在所得效果不存在時方才適用。因此，我們可將 A、B 兩位消費者的效用函數設為下列準線性效用函數

$$U^i(x, y^i) = V^i(x) + y^i \ , \ i = A, B \tag{20.32}$$

如果我們進一步假定 y^i 為消費者 i 花費於產品 X 以外的所有的支出，則 $p_y = 1$。現在以消費者 A 為例，其效用極大化的條件為

$$MRS_{xy}^A = \frac{p_x}{p_y} = p_x \tag{20.33}$$

又，由 (20.32) 得知

$$MRS_{xy}^A = \frac{\partial U^A / \partial x}{\partial U^A / \partial y^A} = \frac{V^{A'}(x)}{1} = V^{A'}(x) \tag{20.34}$$

結合 (20.33) 與 (20.34) 可得

$$V^{A'}(x) = p_x \tag{20.35}$$

但 (20.35) 即是消費者 A 對 x 的逆需求函數，p_x 為其需求價格。為了避免混淆，我們以 p_x^A 表示 A 的需求價格，則 (20.35) 可寫成

$$p_x^A = V^{A'}(x)$$

同理，我們可得到

$$p_x^B = V^{B'}(x)$$

前面的討論告訴我們，整個社會對 X 的邊際評價 p_x^{A+B} 為 A 和 B 兩人邊

際評價之和，故

$$p_x^{A+B} = p_x^A + p_x^B = V^{A\prime}(x) + V^{B\prime}(x)$$

再由 (20.34)，與同理可得之

$$MRS_{xy}^B = V^{B\prime}(x)$$

即知

$$p_x^{A+B} = MRS_{xy}^A + MRS_{xy}^B \tag{20.36}$$

我們已知道 MRT_{xy} 代表生產 X 之邊際成本，故上面的分析告訴我們，均衡的條件為

$$p_x^{A+B} = MC_x = MRT_{xy} \tag{20.37}$$

結合 (20.37) 與 (20.36) 立即得到 (20.29)。由此可知，只要所得效果不存在，部份均衡分析與一般均衡分析所得到的結果完全相同。

【例 20.4】

假定一經濟體系中有兩位消費者，他們消費公共財 X 與私有財 Y。若此兩人的貨幣所得分別為 m_1 和 m_2，生產 X 的邊際成本為 c，試就下列兩效用函數，求出最適公共財供給量，並說明兩者的主要差異。

(I) $U^i(x, y_i) = x^{\alpha_i} y_i^{1-\alpha_i}$，$i = 1, 2$

(II) $U^i(x, y_i) = \alpha_i \ln x + y_i$，$i = 1, 2$

【解答】

(I) 此為我們所熟知的寇布－道格拉斯效用函數，隱含對 X 的需求函數可寫成

$$x = \frac{\alpha_i m_i}{p_x^i} \tag{a}$$

由 (a) 可解得兩位消費者對 X 的需求價格

$$p_x^1 = \frac{\alpha_1 m_1}{x}$$

$$p_x^2 = \frac{\alpha_2 m_2}{x}$$

故均衡條件為

$$p_x^1 + p_x^2 = \frac{\alpha_1 m_1}{x} + \frac{\alpha_2 m_2}{x} = c$$

我們可得到最適公共財數量為

$$x^* = \frac{\alpha_1}{c} m_1 + \frac{\alpha_2}{c} m_2 \qquad\qquad (b)$$

(II) 對應於此題之拉格朗日函數為

$$\mathcal{L} = \alpha_i \ln x + y_i + \lambda(m_i - p_x^i x - p_y y_i)$$

一階條件為

$$\frac{\partial \mathcal{L}}{\partial x} = \frac{\alpha_i}{x} - \lambda p_x^i = 0 \qquad\qquad (c)$$

$$\frac{\partial \mathcal{L}}{\partial y_i} = 1 - \lambda p_y = 0 \qquad\qquad (d)$$

由 (c)、(d) 可得

$$p_x^i = \frac{\alpha_i p_y}{x}$$

故均衡條件為

$$p_x^1 + p_x^2 = \frac{\alpha_1 p_y}{x} + \frac{\alpha_2 p_y}{x} = c$$

由上式解得最適公共財數量

$$x^* = (\alpha_1 + \alpha_2)\frac{p_y}{c} \qquad\qquad (e)$$

比較 (b) 和 (e) 兩式，我們發現，兩者最主要的差別在於，(b) 中含

有兩位消費者的所得，而 (e) 中則無。這表示，當效用函數為 (II) 中之準線性函數時，所得效果不存在，因而社會中最適公共財數量為唯一。反之，除非 $\alpha_1 = \alpha_2$，最適公共財數量將會隨所得分配之改變而改變，因此並不是唯一。

公共財的市場供給

我們已詳細討論了公共財的經濟效率條件，接下來的問題是競爭市場是否能達到經濟效率，或競爭市場能否提供最適的公共財數量。首先，我們指出，純粹公共財因不具排他性，本質上乃是一種具有正的消費外部性的產品。由前面有關外部性的討論，我們立即知道，當正的外部性存在時，市場均衡供給量必然低於社會最適供給量。更明確點說，純粹公共財供給不足的最重要原因就是搭便車問題。在不具排他性的情況下，消費者為了自身的利益，將會隱藏自己對此公共財的偏好強度，而生產者在缺乏每一位消費者偏好的訊息下，自是無法自消費者收取適當的費用。當大部分消費者都從事搭便車時，廠商所收取的費用就無法反映此公共財對整個社會的邊際效益，因此其供給量也就低於最適水準了。事實上，在極端情況下，我們甚至可說純粹公共財的市場根本就不可能存在，因此只能由政府來提供。

那麼，具有排他性的公共財是否就不會有純粹公共財的問題呢？我們大致可以說，即使公共財具有排他性，一般而言市場供給量仍將小於社會最適量。為什麼呢？這牽涉到公共財不具敵對性這個根本屬性。當一產品不具敵對性時，在一定的供給量下，多一個人來消費的邊際成本等於 0。如果消費者認知他消費的邊際成本為 0，則他將只願支付極低的價格來消費這個產品。如此一來，生產者的總收入將無法支付此公共財的生產成本，在這種情況下，市場將根本不提供此公共財。即使生產者能將價格提高到足以支付生產成本的程度，但因每人對公共財的邊際評價並不相同，那些評價低於價格的人將被排除於市場之外，由而市場的均衡供給量仍會低於社會最適數量。

圖 20.14

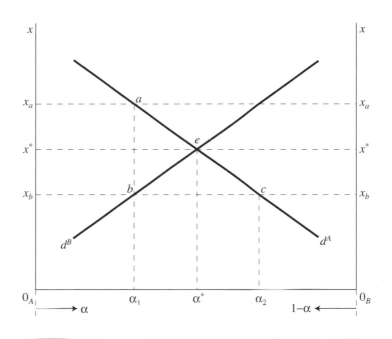

20.6　政府與公共財的提供

我們已經知道,競爭市場並無法提供適量的公共財,甚至有些公共財的市場根本不可能存在。一個可能的彌補方式就是由政府透過稅收取得財源,進而直接提供公共財。但這裡牽涉了兩個問題:其一是人們願意繳交多少稅來換取政府所提供的公共財?其二是,如何保證政府所提供的公共財滿足經濟效率?在正式探討這些問題之前,我們必須提醒讀者,這些問題到目前為止並沒有完美的答案。在此我們謹介紹兩個較為簡單、較為通行的理論:林達價格 (Lindahl price) 與克拉克稅 (Clarke tax)。

林達價格

對政府籌措財源提供公共財的問題,最早最完整的提議由瑞典經濟學家林達 (Erik Lindahl) 於 1919 年所提出。我們可以一兩消費者模型來說明。假定兩消費者都消費公共財 (X) 與私有財 (Y) 兩產品,其價格分別為 p_x 與 $p_y =1$。圖 20.14 描繪出兩位消費者對公共財的需求曲線。在此特別提醒讀者,圖 20.14 中價格是在橫軸上,且代表的是兩位消費者所願承擔

的公共財價格的比率；因此，0_A 到 0_B 剛好是 1。第一位消費者所願承擔的比率 α 由 0_A 點往右衡量，而第二位消費者所願承擔的比率 $1 - \alpha$ 由 0_B 點往左衡量。左、右兩邊的縱軸均代表公共財的數量 x。根據需求法則，我們可繪出兩位消費者的需求曲線 d^A 與 d^B。現在我們可以很輕易地得知，只有在 d^A 與 d^B 的交點 e 才是均衡點，而對應於此點公共財的數量為 x^*，第一位消費者所負擔的價格比率為 α^*，第二位消費者所負擔的價格比率為 $1 - \alpha^*$。為什麼呢？首先假定政府選定第一位消費者承擔的比率為 α_1，此時第一位消費者對公共財的需求量 $0_A x_a$，將超過第二位消費者的需求量 $0_B x_b = 0_A x_b$。但因兩人公共財的消費量必須相同，為了解決這個問題，政府必須提高 α 以降低消費者 A 對 X 的需求量，同時提高消費者 B 對 X 的需求量，因此 α 會由 α_1 往 α^* 調整。同樣道理，如果 α 原在 α^* 的右邊，則會往左往 α^* 調整。只有在達到 $\alpha = \alpha^*$ 時，兩人對公共財的需求量才都等於 x^*，才沒有再調整 α 的必要。

我們也可由另一個角度來看這個問題。假定政府決定提供 x_b 數量的公共財，此時消費者 A 所願承擔的價格比率為 α_2（圖 20.14 中 $0_A \alpha_2$ 的長度）；消費者 B 所願承擔的價格比率為 $1 - \alpha_1$（圖 20.14 中 $0_B \alpha_1$ 的長度）。但 $\alpha_2 + (1 - \alpha_1) > 1$，即兩人合起來願意支付超過提供 x_b 的公共財的成本，因此他們將會要求政府提供超過 x_b 的公共財，故 x_b 會往 x^* 調整。同樣地，若 $x > x^*$（例如圖中的 x_a），兩人所願承擔的價格將小於提供 X 的成本，因此政府只能將公共財的生產量減少，往 x^* 的水準調整。唯有在 x^* 達到時，兩人所願支付的價格總和，剛好等於生產 x^* 的成本，因而沒有再調整的必要而達到均衡。

在建立上述的「林達均衡」(Lindahl equilibrium) 後，我們接著必須回答，林達均衡是否達到經濟效率的問題。這個答案是肯定的，而且很幸運地，我們很容易證明這個結果。在 α^*、p_x 及 $p_y = 1$ 給定的前提下，我們知道兩位消費者效用極大化的件為

$$MRS^A_{xy} = \alpha^* p_x \tag{20.38}$$

$$MRS^B_{xy} = (1 - \alpha^*)p_x \tag{20.39}$$

另一方面，生產者追求利潤極大化的條件為

$$MRT_{xy} = p_x \tag{20.40}$$

將 (20.38) 與 (20.39) 相加,再利用 (20.40) 即得

$$MRS_{xy}^A + MRS_{xy}^B = \alpha^* p_x + (1 - \alpha^*)p_x = p_x = MRT_{xy}$$

這正好是 (20.29),故我們知道林達均衡必然使經濟體系達到柏萊圖最適境界。

上面的討論似乎顯示,林達訂價法 (Lindahl pricing) 是個相當可靠的解決公共財問題的方法。當兩位消費者均能真實地透露他們對公共財的偏好時,結果確是如此,事實上這也是林達訂價法的隱含假設。但在現實生活中,情況恐怕不是如此樂觀。我們知道,只要公共財已經生產,那不管消費者承擔了多少代價,他所消費的公共財與別人沒任何差別。但在林達訂價法中,由於消費者所承擔的價格比率與其所透露的偏好有直接關係,因此我們所熟知的「搭便車」的幽靈必然出現。以圖 20.14 來說,為了減少自己的負擔,兩位消費者均會低報自己對公共財偏好的強度,以致 d^A 與 d^B 兩條需求曲線同時往下移動。如此一來,不管最後均衡點為何,公共財供給量必然低於社會最適水準 x^*。在極端情況下,d^A 和 d^B 將不會有交點,使得該公共財的供給量降低到 0,結果與政府未介入時沒有多大差別。

上述結果顯示,在處理公共財問題時,最重要的乃是如何誘使消費者透露出他們真正的偏好。這確實是一件相當困難、相當具挑戰性的工作。幸運的是,如果我們願意接受消費者偏好為準線性,因而沒有所得效果的假設,至少在理論上我們是有辦法達到這個目的,這就是我們接下來所要介紹的克拉克稅。

克拉克稅

為了簡化說明,我們假定只有三位消費者,政府則考慮是否建造一座成本為 c 的橋樑供大家使用。假定此三人對該橋樑的評價分別是 v_1、v_2 和 v_3,則很顯然地,只要下式成立,政府就應興建這座橋樑。

$$v_1 + v_2 + v_3 \geq c \tag{20.41}$$

現在,問題是如何誘使消費者透露他們的真實評價。我們知道,如果消費者將來所須支付的價格或稅收與他們所透露的評價成正比,則大家都

有可能低報評價，結果 (20.41) 就很可能不成立，原本該建的橋樑就建不成，因而也無法達到經濟效率。反之，如果消費者將來要付的價格或租稅與其所透露的評價無關，則贊成建橋者將誇大其評價以保證 (20.41) 成立，但反對建橋的人則會儘量低報自己的評價以期 (20.41) 不會成立。

　　仔細觀察上面的論述，我們發現，消費者之所以「敢」隱藏自己真正偏好的根本原因，在於未透露自己真實的偏好並不須支付任何代價，或不受任何懲罰。克拉克稅的基本精神，即在將這些「謊報」的成本內部化。現在假定政府決定，建橋的成本必須由三人分攤，即第 i 個消費者必須付 c_i $(i = 1, 2, 3)$，使得

$$c_1 + c_2 + c_3 = c$$

在上述支付架構下，則該座橋樑對第 i 個消費者來說，其淨價值為

$$v_i^n = v_i - c_i，i = 1, 2, 3$$

很顯然地，只要

$$v_1^n + v_2^n + v_3^n \geq 0 \qquad\qquad (20.42)$$

則 (20.41) 就成立，那麼不管 v_1^n、v_2^n 和 v_3^n 各自是多少，並不會影響建橋的決策。反過來，當 (20.42) 不成立時，v_1^n、v_2^n 和 v_3^n 的值也無關緊要。唯有當某一個人淨價值會使 (20.42) 的符號發生改變時，這個人才是決策的「關鍵者」(pivotal agent)。例如，當

$$v_2^n + v_3^n < 0 \qquad\qquad (20.43)$$

與

$$v_1^n + v_2^n + v_3^n \geq 0$$

兩式同時成立時，第一位消費者即成關鍵者。同樣地，在

$$v_2^n + v_3^n \geq 0 \qquad\qquad (20.44)$$

與

$$v_1^n + v_2^n + v_3^n < 0 \qquad\qquad (20.45)$$

同時成立時，第一位消費者也是關鍵者。不管上面那一種情形發生，第一位消費者均改變了決策的方向。當然，上面只是個例子，事實上，每個人都有可能是關鍵者，也有可能完全沒關鍵者存在。

由於關鍵者一人可改變決策的方向，因此他的行為自然會使其他的人受到損害。例如，(20.43) 表示，此橋對二、三兩位消費者來說，其淨價值是負的，但因第一位消費者的緣故，此橋被修建了。這無疑對他們兩人造成了 $-(v_2^n + v_3^n)$ 的損害。同樣地，在 (20.44) 與 (20.45) 中，這座橋對二、三兩位消費者具有正的淨價值，卻因第一位消費者而無法興建，使他們損失了 $v_2^n + v_3^n$。克拉克稅的精神，即是要求關鍵者必須承擔其對他人所造成的損害。因此，在第一位消費者為關鍵者的情況下，他所要支付的克拉克稅即為

$$T_1 = |v_2^n + v_3^n|$$

同理可得到

$$T_2 - |v_1^n + v_3^n|$$
$$T_3 = |v_1^n + v_2^n|$$

與庇古稅類似，克拉克稅將某一經濟單位所造成的外部性內部化，因而使其透露對公共財的真實偏好。

表面上看來，克拉克稅是較林達稅進步，它是種誘因相容的設計。但我們必須提醒讀者，克拉克稅仍有不少不可忽視的缺陷：

(1) 準線性偏好的假設固然好用，但在現實生活中是否成立，值得存疑。

(2) 克拉克稅的均衡並不是柏萊圖最適境界。為什麼呢？這是由於克拉克稅必須由政府收取，且不能發回給消費者。因為在稅收會發回給消者的情況下，消費者可能為了分享稅收而改變決策，不透露真實的偏好，那麼原有的目的就無法達到。但另一方面，政府如果讓這些稅收憑空消失，則必然無法達到柏萊圖最適境界。因為，即使公共財的提供已達最適境界水準，但那些「消失的稅收」本是可以用來消費私有財，現在卻無法消費，因而無法達到經濟效率。

(3) 最後，由於政府事先決定的成本分攤 c_i ($i = 1, 2, 3$) 並不需任何特殊

根據，因此，即使有關公共財的決策能使整體社會福利提高，但這並無法保證社會中每一個人的福利都提高。換句話說，常見的「效率」(efficeiency) 與「公平」(equity) 的抉擇對價問題，在克拉克稅架構下是不能完全忽略的。

中文索引

五 劃

英漢對照索引

I

imperfect information
不完整訊息 665

implicit income
隱藏所得 248

incentive-compatibility constraint
誘因相容限制條件 824

incentive-compatible
誘因相容 824

incentives
誘因 810

income elasticity
所得彈性 186

income consumption curve
所得消費曲線 162

income effect
所得效果 197

incomplete contract
不完全契約 327

incomplete markets
不完全市場 790

increasing cost industry
成本遞增產業 480

increasing marginal returns
邊際報酬遞增 335

increasing returns to scale
規模報酬遞增 350

independence
獨立性 785

indifference curve
無異曲線 41, 114

indifference map
無異曲線圖 41, 114

indirect utility function
間接效用函數 153

individual demand curve
個人需求曲線 168

individual denand funtion
個人需求函數 168

inefficient
無效率的 722

inferior good
劣等物品 164

inflation
通貨膨脹 270

information
訊息 17, 725

information costs
訊息成本 801

information set
資訊集合 663

initial node
起始節點 661

input substitution effect
因素替代效果 406

inputs
投入 14

insurance premium
保費 298

interest
利息 373

interest rate
利率 260

interior solution
內部解 156

internal economies of scale
內部規模經濟 480

internalized
內部化 850

intertemporal budget constraint
跨期預算限制 261

intertemporal choice
跨期選擇 260

個體經濟學

2005年8月初版

2012年10月初版第四刷

有著作權‧翻印必究

Printed in Taiwan.

定價：新臺幣1200元

著　　者	蔡	攀	龍
	張	寶	塔
發 行 人	林	載	爵
叢書主編	沙	淑	芬
封面設計	胡	筱	薇

出　版　者　聯 經 出 版 事 業 股 份 有 限 公 司
地　　　址　台 北 市 基 隆 路 一 段 1 8 0 號 4 樓
台北聯經書房　台 北 市 新 生 南 路 三 段 9 4 號
　　　電話　(0 2) 2 3 6 2 0 3 0 8
台 中 分 公 司　台 中 市 北 區 健 行 路 3 2 1 號 1 樓
暨 門 市 電 話　(0 4) 2 2 3 7 1 2 3 4　e x t . 5
郵 政 劃 撥 帳 戶 第 0 1 0 0 5 5 9 - 3 號
郵 撥 電 話　(0 2) 2 3 6 2 0 3 0 8
印　刷　者　世 和 印 製 企 業 有 限 公 司
總　經　銷　聯 合 發 行 股 份 有 限 公 司
發　行　所　新 北 市 新 店 區 寶 橋 路 2 3 5 巷 6 弄 6 號 2 F
　　　電話　(0 2) 2 9 1 7 8 0 2 2

行政院新聞局出版事業登記證局版臺業字第0130號

本書如有缺頁，破損，倒裝請寄回台北聯經書房更換。　ISBN　978-957-08-2877-1 (精裝)
聯經網址 http://www.linkingbooks.com.tw
電子信箱 e-mail:linking@udngroup.com

勘誤網址：http://micro.econ.nthu.edu.tw

國家圖書館出版品預行編目資料

個體經濟學／蔡攀龍、張寶塔著．
　--初版 . --臺北市：聯經，2005年
936面；19×26公分．
ISBN　978-957-08-2877-1（精裝）
〔2012年10月初版第四刷〕

1.個體經濟學

551　　　　　　　　94009236